Stefan Loose Travel Handbuch

Kambodscha

2., vollständig überarbeitete Auflage

Beverley Palmer, Steven Martin

Aktuelle Reisetipps auf 320 Seiten!

Kambodscha
Stefan Loose Travel Handbücher
2., vollständig überarbeitete Auflage Mai 2006

Das Buch basiert auf der englischsprachigen Originalausgabe
Cambodia von Beverley Palmer und Steven Martin,
ISBN 1-84353-482-7, © Rough Guides Ldt,
62-70 Shorts Gardens, London WC2H 9AH.

Gesamtredaktion und -herstellung:
Bintang Buchservice GmbH
Zossener Str. 55/2, 10961Berlin
www.bintang-berlin.de

Fotos: Bildnachweis s.S. 6

Übersetzung: Werner Mlyneck, Günter Feigel, Diethelm Hofstra

Lektorat: Andrea Kimmel

Karten: The Rough Guides, Anja Linda Dicke, Klaus Schindler

Layout und Herstellung: Gritta Deutschmann

Schlussredaktion: Jan Düker

Farbseitengestaltung: Matthias Grimm

Umschlaggestaltung: Gritta Deutschmann, Britta Dieterle

Printed in China

ISBN 978-3-7701-6141-6

Stefan Loose Travel Handbücher

Wir danken dem Team der Rough Guides und allen, die uns mit Informationen versorgt und geholfen haben.
Ein herzliches Dankeschön auch an unsere Leser, die mit ihren Zuschriften zum Gelingen dieses Buches beigetragen haben.

Ein besonderes Dankeschön an Nicolas Gaube, der uns Fotos für dieses Buch zur Verfügung gestellt hat.

Schreiben Sie uns!
Wir freuen uns über Ergänzungen und Korrekturen, die uns helfen, dieses Buch zu verbessern und aktuell zu halten, am besten per E-Mail. Neue Adressen möglichst in einen Plan einzeichnen. Auch Anregungen, Lob und Kritik sind willkommen.
Besonders hilfreiche Leserbriefe belohnen wir mit einem Freiexemplar aus unserem Verlagsprogramm.

Zuschriften bitte an:
Stefan Loose Travel Handbücher
Zossener Str. 52/2, 10961 Berlin
✉ info@loose-verlag.de

Bildnachweis

Umschlag
vorn: Per-Andre Hoffmann / Look, München
innen: Volker Klinkmüller

Farbseiten
Block I: S. 1 Renate Loose, S. 2-4 (6) Volker Klinkmüller
Block II: alle (8) Volker Klinkmüller
Block III: alle (7) Volker Klinkmüller

s/w-Fotos
Nicolas Gaube: S. 7, 29, 30, 31, 61, 85, 87, 95, 132, 143, 169, 175, 202, 212 und 299.
Volker Klinkmüller: S. 40, 93, 113, 115, 154, 191, 221, 235, 243, 250, 254, 263, 293 und 296.
Renate Loose: S. 2, 9 und 89.

Wissenswertes im Kasten

Das Land der Khmer erwacht

Obwohl die Zahl seiner Besucher längst nicht diejenige der Nachbarländer Thailand und Vietnam erreicht, hat sich Kambodscha fest auf der touristischen Landkarte Südostasiens etabliert. Die meisten Besucher kommen in erster Linie wegen der überwältigenden Tempel Angkors, doch das Land hat noch viel mehr zu bieten: zahlreiche unerschlossene goldene Strände, unberührte Wälder, ein mildes Klima und eine überaus entspannte und kaum von Unannehmlichkeiten getrübte Atmosphäre.

Angesichts seiner geringen Größe weist Kambodscha eine überraschende Vielfalt an Geländeformen und Landschaften auf. Für die klassische Szenerie des vorwiegend flachen, landwirtschaftlich ausgerichteten Staates sorgen die Reisfelder, obwohl es auch bedeutende Hochlandgebiete und, im Zentrum des Landes, den riesigen Tonle Sap gibt, den größten Süßwassersee Südostasiens. Im Osten des Landes bildet der mächtige Mekong eine natürlich Trennlinie zum gebirgigen, dicht bewaldeten Nordosten. Auch der Südwesten ist gebirgig und weitgehend von Dschungelgebieten überzogen; der Südosten wiederum wird regelmäßig durch die über die Ufer tretenden Fluten des Mekong und dessen Schwesterfluss Bassac überschwemmt.

Die natürliche Schönheit und das reiche Kulturerbe Kambodschas aber wurden in den vergangenen Jahrzehnten auf tragische Weise vom Regime der fanatischen Roten Khmer überschattet.

In den 70er Jahren missbrauchten die Roten Khmer ihre Machtstellung zum Massenmord an der eigenen Bevölkerung, die anschließend noch bis 1998 unter einem fortwährenden Guerillakrieg zu leiden hatte. Inzwischen ist das gesamte Land befriedet, doch die Infrastruktur liegt am Boden und es herrscht akuter Fachkräftemangel, was mit Schlaglöchern übersäte Stadtstraßen, zerstörte Gebäude und der entsetzliche Zustand mancher Überlandverbindungen bezeugen. Viel bleibt zu tun, um Kambodscha wieder auf die Beine zu stellen, und es wird noch einige Zeit verstreichen, bis sich der Lebensstandard der Bevölkerungsmehrheit spürbar verbessert, doch positive Zeichen stimmen optimistisch: Die erneute Förderung privaten Unternehmertums lässt die Märkte pulsieren, und zumindest in Phnom Penh hat sich inzwischen eine bescheidene neue Mittelklasse herausgebildet. Zu einem nicht geringen Teil ist diese Entwicklung der Zielstrebigkeit und dem unerschütterlichen Optimismus der kambodschanischen Bevölkerung zu verdanken, die ihre ausländischen Besucher gerne empfängt und überaus herzlich willkommen heißt.Trotz der durch die Schreckensherrschaft der Roten Khmer lange Zeit vernachlässigten Entwicklung des Landes muss eine Reise durch Kambodscha nicht zur Strapaze werden. Es gibt genügend Unterkünfte unterschiedlichen Standards, und die kambodschanische Küche, die chinesische und thailändische Einflüsse aufweist, überrascht durch ihre Vielfalt und Würze. Die Wiederbelebung des kambodschanischen Kunsthandwerks führte zur Eröffnung vieler neuer Geschäfte, die faszinierende und qualitativ hochwertige Souvenirs anbieten. Die meisten Städte haben sich ein Stück des Charmes der alten Welt bewahrt, und die Noblesse der vergangenen französischen Kolonialzeit spiegelt sich in den malerischen Terrassen der Geschäftshäuser und anderen Bauwerken dieser Ära wider. Noch unmittelbarer an das Erbe der französischen Fremdherrschaft erinnern die knusprigen Baguettes, die am frühen Morgen bergeweise überall auf den Straßen angeboten werden.

Reisevorbereitung

Einreiseformalitäten

Reisepass

Für die Einreise nach Kambodscha ist ein Reisepass erforderlich, der mindestens noch sechs Monate nach der geplanten Ausreise gültig sein muss. Kinder brauchen einen eigenen Pass. Die Pässe sollten ausreichend Platz für die Stempel haben – schon das Visum für Kambodscha nimmt eine ganze Seite ein. Den Pass zu verlieren ist höchst ärgerlich. Für die Beantragung eines neuen Passes werden viele Angaben und der Nachweis der Identität benötigt. Deshalb: am besten Pass und Visum nach der Einreise kopieren und getrennt von den Originalen aufbewahren.

Visa

Deutsche, Österreicher und Schweizer erhalten bei der Ankunft an den Flughäfen von Phnom Penh und Siem Reap sowie bei der Einreise aus Thailand und Vietnam an allen Grenzübergängen ein Visum für 30 Tage. Seit kurzem gibt es auch am laotisch-kambodschanischen Grenzübergang Dong Krolor ein Visum bei der Einreise. Allerdings ist es vorerst sicherer, sich nicht darauf zu verlassen und das Visum vorab bei einer Diplomatischen Vertretung einzuholen. Wer über Land einreist, sollte unbedingt darauf achten, dass der Grenzbeamte den Reisepass mit einem **Einreisestempel** versieht. Ohne diesen Stempel kommt es bei der Ausreise wahrscheinlich zu Problemen.

In Bangkok besorgen auch Reisebüros das Visum. Die Ausstellung nimmt nur einen Tag in Anspruch. In Berlin ist das Visum in ein bis zwei Tagen erhältlich, auf dem Postweg in einer Woche. Dafür müssen zwei Visa-Anträge (herunterzuladen unter 💻 www.kambodscha-botschaft.de), zwei Passfotos, 30 € und der Pass per Einschreiben an die Botschaft geschickt werden. Auch ein frankierter und adressierter Rückumschlag muss beiliegen.

Das Touristenvisum, das bei der Einreise ausgestellt wird, kostet US$20 (Passfoto erforderlich) und kann nur einmal um einen Monat verlängert werden. Kambodschanische Beamte verlangen an der Grenze nach Thailand nicht selten 1000 Baht (etwa US$25), doch wenn man um eine Quittung bittet, reduziert sich dieser Betrag mitunter auf US$20.

Ein **Geschäftsvisum** (US$25 plus Passfoto) ist ebenfalls bei der Einreise erhältlich und 30 Tage gültig. Es kann theoretisch unbegrenzt verlängert und auf vielfache Einreisen ausgeweitet werden.

Visumsverlängerung

Visa können nur in Phnom Penh im Department for Foreigners, ✆ 012/854874, verlängert werden. Es liegt sehr ungünstig gegenüber dem Pochentong Airport, 8 km außerhalb der Stadt, 🕒 Mo–Fr 8–11 und 14–16 Uhr.

Die Verlängerung eines Touristenvisums (US$35) dauert offiziell bis zu 28 Tage – eine absurde Situation, da die Verlängerung dann effektiv nur wenige Tage gültig ist. Denn: Das neue Visum tritt bereits mit dem Tag der Beantragung und nicht mit dem Tag nach Ablauf des noch gültigen Visums in Kraft. Aus diesem Grund nehmen fast alle Antragsteller die dreitägige Expressbearbeitung zu US$40 für eine einmonatige Verlängerung in Anspruch. Selbst dann ist die Prozedur zeitraubend, denn es sind mindestens zwei Fahrten zum Flughafen erforderlich. Reisebüros und Gästehäuser der Hauptstadt übernehmen für einige US$ Provision die gesamte Lauferei. Die Überziehung des Visums wird mit US$5 pro Tag geahndet.

Zoll

Bei der Einreise nach Kambodscha ist eine Zollerklärung auszufüllen, obwohl die Zollbestimmungen sehr lasch gehandhabt werden und das Gepäck selten untersucht wird. Eingeführt werden dürfen 200 Zigaretten (oder das entsprechende Äquivalent in Zigarren oder Tabak), eine Flasche Alkohol und eine „annehmbare" Menge Parfüm. Es dürfen nicht mehr als US$10 000 Bargeld eingeführt und nicht mehr als 100 000 Riel ausgeführt werden.

Achtung

Ein spezielles Problem mit Betrügereien gibt es am thai-kambodschanischen Grenzübergang Aranyaprathet / Poipet. Dort wird man möglicherweise nach einem Gesundheitsnachweis oder internationalen Impfausweis gefragt, soll für ein SARS-Formular bezahlen oder wird genötigt, vor Ort bis zu US$100 zu einem fürchterlichen Kurs in Riel zu tauschen. Da nichts davon legal ist, sollte man nach Möglichkeit hart bleiben und kein Geld herausrücken.

Botschaften und Konsulate

Kambodschanische Vertretungen im Ausland

Diplomatische Vertretungen von Kambodscha im Ausland sind noch ziemlich dünn gesät, aber es kommen nach und nach neue hinzu. Für den gesamten deutschsprachigen Raum ist zuständig:

Deutschland
Benjamin-Vogelsdorff-Str. 2
13187 Berlin
✆ 030/48637901, ✆ 48637972
◷ Mo–Fr 8.30–12 und 13.30–16.30 Uhr
💻 www.kambodscha-botschaft.de

Wer das Visum in Südostasien beantragen will:

Thailand
185 Ratchdamri Rd.
Bangkok 10330
✆ 02/254 66 30
✉ recbkk@cscoms.com

Vietnam
71 Tran Hang Dao
Hanoi
✆ 04/9424788
✉ ach@fpt.vn
Konsulat
41 Phung Khac Khoan
Ho-Chi-Minh-Stadt
✆ 08/8292751
✉ cambodge@hcm.vnn.vn.

Laos
Thadeua Rd, KM 2
Vientiane, BP 34
✆ 021/314950, ✆ 314951
✉ recamlao@laotel.com

Malaysia
46 Jalan U-Than
55000 Kuala Lumpur
✆ 03/42561150
✉ reck@tm.net.my

Singapore
152 Beach Rd. #11-05 Gateway East
Singapore 189721
✆ 62993028
✉ cambodiaembassy@pacific.net.sg

Ausländische Vertretungen in Kambodscha

Sämtliche Botschaften und Konsulate haben ihren Sitz in Phnom Penh. Ihre Zahl ist inzwischen ziemlich hoch, aber die nächstgelegene diplomatische Vertretung einiger Länder wie Österreich und Schweiz befindet sich in Bangkok.

Die in Phnom Penh ansässigen Botschaften informieren ihre Staatsangehörigen normalerweise bereitwillig über die aktuelle Sicherheitslage in Kambodscha und besorgen einen neuen Pass, falls er gestohlen oder verloren wurde. Geld für die Heimreise bekommt man dort jedoch nicht, höchstens die Möglichkeit, sich mit Angehörigen im Heimatland in Verbindung zu setzen, damit sie Geld schicken können.

Deutschland
76-78, Ph 214, Phnom Penh
✆ 018/426381, ✆ 427746

Laos
15-17 Mao Tse Toung Blvd, Phnom Penh
✆ 018/426441, ✆ 427454

Thailand
4 Monivong Blvd, Phnom Penh
✆ 018/426124
Für die Einreise nach Thailand ist kein Visum erforderlich, sofern man nicht länger als einen Monat im Land bleiben will.

Vietnam
436 Monivong Blvd, Phnom Penh
✆ 018/810694
Vietnamesische Konsulate in Sihanoukville und Battambang.
Ein einmonatiges Visum mit Berechtigung zur einmaligen Einreise für Vietnam kostet US$50 und wird nach fünf Arbeitstagen ausgestellt.
Je mehr man bezahlt, desto schneller geht es – bis zur Obergrenze von US$80 bei nur einem Tag Bearbeitungszeit. Für den Einreiseort Moc Bai wird keine Sondergebühr erhoben.

Informationen

Während im In- und Ausland zu Hauf Informationen über die Tempel von Angkor zur Verfügung stehen, ist der Rest des Landes eher dürftig dokumentiert.

Wer abseits der gängigen Touristenpfade unterwegs ist, erhält über dieses Buch hinausgehende Auskünfte in der Regel von Gästehausbesitzern und anderen Reisenden.

Fremdenverkehrsämter

Die meisten Provinzhauptstädte besitzen inzwischen Touristenbüros *(destjow montepiak)*, die jedoch nicht immer leicht zu finden sind und oft irgendwo auf dem Gelände der Provinzverwaltung versteckt liegen. Da die Öffnungszeiten (meist Mo–Fr 8–11 und 14–16 Uhr) nicht unbedingt eingehalten werden, sind mitunter mehrere Besuche erforderlich, um jemanden im Büro anzutreffen. Gewöhnlich spricht ein Mitarbeiter ein wenig Englisch oder Französisch, doch nur selten stehen weiterführende Informationen oder Broschüren zur Verfügung. Mit etwas Glück ist ein Stadtplan zu ergattern, doch oft muss man sich damit begnügen, Fotos von den Sehenswürdigkeiten anzuschauen. Leider gibt es keine kambodschanischen Fremdenverkehrsämter im Ausland, und die Botschaften erteilen keine touristischen Auskünfte.

Internet

Online ist Kambodscha bislang nicht besonders gut repräsentiert. Die Situation bessert sich jedoch allmählich, da staatliche Stellen, Privatunternehmen (besonders Reiseveranstalter) und Einzelpersonen in zunehmendem Maße Informationen ins Netz stellen.

Allgemeine Informationen

Beauty and Darkness
www.mekong.net/cambodia
Website über die finstere Seite von Kambodschas jüngerer Geschichte, dazu eine Fotogalerie und persönliche Reiseberichte.

Cambodia Daily
www.cambodiadaily.com
Artikel und Sonderbeilagen von jüngeren Ausgaben der Zeitung.

Cambodian Embassy in Washington DC
www.embassy.org/cambodia
Offizielle Regierungsberichte und einige touristische Informationen.

Cambodian Information Centre
www.cambodia.org.
Gemischte Inhalte mit allen möglichen Informationen, von Clubs und Organisationen bis zum Rechtssystem.

Go Cambodia
www.gocambodia.com
Ausgezeichnete Website mit allgemeinen Informationen und Beiträgen zu sämtlichen Aspekten des kambodschanischen Lebens – von Sport über Musik bis zu Frauenrechten.

Library of Congress
lcweb2.loc.gov/frd/cs/khtoc.html
Länderstudie über Kambodscha aus den 80er Jahren mit vielen noch stets relevanten historischen, wirtschaftlichen und politischen Informationen.

Phnom Penh Post
www.phnompenhpost.com
Leitartikel der vierzehntägig erscheinenden englischsprachigen Zeitung.

Royal Government of Cambodia
www.cambodia.gov.kh.
Offizielle Website der kambodschanischen Regierung mit Kurzbiografien des Königs und Premierministers sowie Informationen über Senat und Verfassung.

Reise und Tourismus

Andy Brouwer
www.andybrouwer.co.uk.
Die Homepage dieses Kambodscha-Liebhabers steckt voll von Reiseberichten, Interviews mit renommierten Experten und vielen Links zu verwandten Seiten.

Bayon Pearnik
www.bayonpearnik.com
Online-Ausgabe des kostenlosen Magazins mit Reiseberichten über Kambodscha.

Cambodian Ministry of Tourism
🖳 www.mot.gov.kh
Stellt nach Provinzen geordnet die interessantesten Reiseziele heraus und vermittelt Informationen über Unterkünfte, Geschichte und die Khmer-Kultur.

Canby Publications
🖳 www.canbypublications.com
Praktische Online-Version der kostenlosen kambodschanischen Stadtführer.

Phnom Penh
🖳 www.phnompenh.gov.kh
Widmet sich den Sehenswürdigkeiten in Kambodschas Hauptstadt und liefert eine detaillierte Darstellung seiner Geschichte.

Tales of Asia
🖳 www.talesofasia.com
Ausführliche Darstellung Kambodschas des in Siem Reap lebenden Gordon Sharpless, gespickt mit Geschichten und Informationen über die Wechselfälle des Reisens in Kambodscha.

Landkarten und Stadtpläne

Da Kambodscha aufgrund der politischen Wirren in der jüngeren Vergangenheit nur dürftig erfasst und vermessen wurde, sind auf vielen Landkarten Straßen und Dörfer nur ungenau oder fehlerhaft eingezeichnet. Als Hauptstraße markierte Verbindungswege müssen nicht unbedingt in gutem Zustand sein. Da weite Teile des Landes noch stark vermint sind, ist es wichtig, sich nur auf einwandfrei definierten Straßen zu bewegen (s. S. 58).

Die verlässlichste aktuelle Karte ist die Straßenkarte *Cambodia* von Gecko Maps (🖳 www.geckomaps.com) im Maßstab 1:750 000 inklusive Extrakarten von Angkor und dem Nationalpark Ream (1:150 000) sowie Stadtplänen von Phnom Penh, Siem Reap und Sihanoukville.

Die Karte *Cambodia and Laos* von International Travel Maps (Maßstab 1:750 000) bezieht das Nachbarland mit ein. Die Unzulänglichkeiten halten sich im Rahmen und bereiten den meisten Benutzern keine nennenswerten Probleme. *Periplus* hat ebenfalls eine reine Kambodscha-Karte (Maßstab 1:1 100 000) herausgegeben, die jedoch nicht unbedingt meisterhaft erarbeitet ist.

Innerhalb von Kambodscha bieten vorwiegend die Buchläden an Psar Thmei und Psar Toul Tom Poung in Phnom Penh eine Auswahl an Landkarten und Plänen an. Amerikanische Militärkarten sind die detailliertesten erhältlichen Materialien, doch man muss gegebenenfalls viele Läden durchstreifen, um den benötigten Landesteil zu finden, da niemand das gesamte Sortiment besitzt. Diese Karten kosten rund $5 pro Stück. Für wenige Dollars sind außerdem Karten des *Ministry of Tourism* mit einem Stadtplan auf der Vorderseite und einer Landkarte auf der Rückseite zu haben.

Klima und Reisezeiten

Als tropisches Land hat Kambodscha ganzjährig hohe Temperaturen, allerdings lassen sich mehrere Jahreszeiten deutlich voneinander unterscheiden.

In der **Trockenzeit** von November bis Mai regnet es nur selten. Diese Periode unterteilt sich wiederum in zwei unterschiedliche Phasen: Die kühle Zeit (Nov–Feb) ist die touristische Hauptsaison, denn die Tage sind ausreichend kühl, um eine entspannte Erkundung der Tempelanlagen zuzulassen, und gleichzeitig warm genug, um an der Küste in der Sonne zu liegen. Die Temperaturen erreichen in diesen Wochen Werte von 25–30° C, doch wenn gelegentliche Wettereinbrüche das Thermometer auf unter 20° C sinken lassen, beginnt man unwillkürlich zu frösteln. Die folgende heiße Phase dauert von März bis Mai. Bei hoher Luftfeuchtigkeit verzeichnen Phnom Penh und Battambang in diesen Monaten durchschnittliche Tageshöchstwerte von 33–35° C. Um die körperliche Belastung zu minimieren, folgt man am besten den Gepflogenheiten der Einheimischen: Früh aufstehen und früh aufbrechen, mittags eine Pause einlegen und erst am späteren Nachmittag wieder aktiv werden. In der heißen Jahreszeit sind Reisen auf den unbefestigten Landstraßen am beschwerlichsten, denn die unter den Rädern der Fahrzeuge aufwirbelnden Staubwolken überziehen alles und jeden unerbittlich mit einer feinen Schmutzschicht. Die unbarmherzig vom Himmel sengende Sonne und das Fehlen jeglicher Luftbewegung machen die Besichtigung von Angkors Tempelanlagen zu einem anstrengenden Unterfangen, doch an der Küste lässt es sich in jenen Wochen gut aushalten.

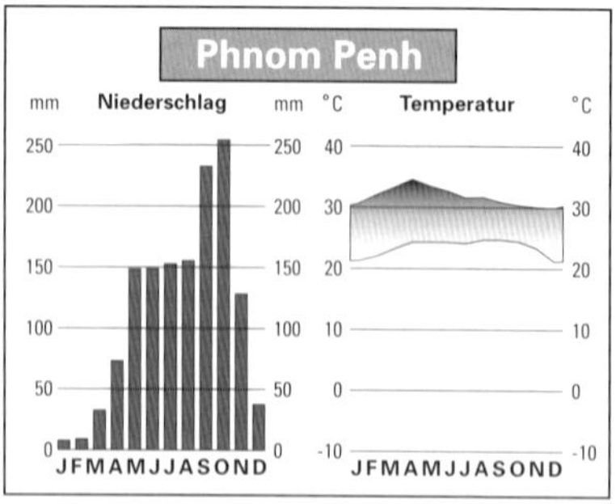

In der **Regenzeit** von Juni bis Oktober beschert der über den Golf von Siam kommende Südwestmonsun dem gesamten Land ergiebige Niederschläge. Über Monate schwillt der Wasserstand der Flüsse dramatisch an, und im September bzw. Oktober wird die Infrastruktur des Landes auf ihre härteste Probe gestellt, wenn sich die unbefestigten Straßen in tiefe Matschwege verwandeln und vor allem in den Provinzen ständig Überschwemmungsgefahr droht. Da es jedoch vorwiegend nachmittags regnet, eignen sich diese Monate durchaus für einen Besuch des Landes, sofern keine Reisen in Gebiete abseits der gängigen Pfade auf dem Programm stehen und Besichtigungen vornehmlich auf den Vormittag gelegt werden. Es ist die mit großem Abstand ruhigste Touristensaison – in Angkor hat man die Tempel fast für sich allein. Und natürlich schillert das Land zu jener Zeit in den sattesten Grüntönen.

Anreise

Da es keine direkten Flüge aus Europa gibt, ist Kambodscha nur über andere Länder Südostasiens zu erreichen. Von mehreren Städten dieser Region bestehen inzwischen regelmäßige Verbindungen nach Phnom Penh, von Bangkok, Kuala Lumpur, Singapore, Pakxe und Ho-Chi-Minh-Stadt aus auch nach Siem Reap.

Am höchsten sind die Flugpreise in der Hauptsaison, also von November bis Februar, und am niedrigsten in der Nebensaison von Mitte April bis Ende Mai.

Die Flugzeiten hängen von der jeweiligen Route ab. Ein Nonstop-Flug von Frankfurt nach Bangkok dauert etwa zehn bis elf Stunden, der Anschlussflug von Bangkok nach Phnom Penh noch einmal eine Stunde.

Flugbuchung im Internet

Um Flüge online zu buchen, muss man kein Reiseexperte sein. Am besten beschränkt man sich bei der Suche auf einige der etablierten Reiseportale. Auch die Seiten der Fluggesellschaften lohnen einen Blick, da es hier oft besondere Online-Tarife gibt. Grundsätzlich aufpassen, dass Kreditkartendaten verschlüsselt übertragen werden.

Von der Stiftung Warentest geprüft und für gut befunden:

L'Tur	www.ltur.de
Expedia	www.expedia.de
AVIGO	www.avigo.de

Weitere Websites:

1A-FLY.DE	www.1a-fly.de
Billiger reisen	www.billiger-reisen.de
Billigflüge	www.billigfluege.de
Del Mundo	www.delmundo.de
Discount-Flug	www.discount-flug.de
Flug.de	www.flug.de
Flugbörse	www.flugboerse.de
Opodo	www.opodo.de
STA Travel	www.statravel.de
Travel Jungle	www.traveljungle.de
Travel Overland	www.traveloverland.de
Travel Scout 24	www.travelscout24.de

Wer noch einen **Reisepartner** sucht, kann z. B. folgende Seiten anklicken:

Globetrotter	www.globetrotter.de/de/forum
DZG	www.dzg.com/schwarzesbrett/reisepartner

Anreise aus den Nachbarländern

Die Zahl der Flüge aus Nachbarländern nach Phnom Penh und Siem Reap hat in den letzten Jahren stark zugenommen, wobei Bangkok die meisten Verbindungen bietet.

Auf dem Landweg sind inzwischen eine Reihe von Grenzübergängen für Ausländer geöffnet – vier aus Thailand, zwei aus Vietnam und einer aus Laos.

Thailand

Thai Airways, Bangkok Airways und Siem Reap Airways bieten täglich Flüge von Bangkok nach Phnom Penh an. Bangkok Airways fliegt außerdem mehrmals täglich von Bangkok nach Siem Reap. Flüge mit Siem Reap Airways sind zwar etwas günstiger als die der beiden thailändischen Fluggesellschaften, können aber nur in Bangkok und Kambodscha gebucht werden.

In Bangkok gibt es viele Angebote für Reisen von Thailand nach Kambodscha auf dem **Landweg**, besonders in der Khao San Road. Dort werben Reisebüros für ihre Touren Bangkok – Siem Reap mit dem Argument, dass Individualreisende Probleme mit kambodschanischen Grenzbeamten und der Organisation von Transportmitteln hätten. In Wirklichkeit ist die Fahrt mit öffentlichen Verkehrsmitteln unkompliziert, während es bei Privattouren zu langen Wartezeiten (zwischen vier und acht Stunden) kommen kann, bis die erforderliche Anzahl an Passagieren erreicht ist. Mitunter wird auch versucht, Reisende über's Ohr zu hauen: „Wir besorgen das Visum" (für 1200 Baht); „Die Grenze ist geschlossen, deshalb müssen wir eine andere Strecke wählen" oder „Es ist zu spät, Sie müssen in diesem Gästehaus übernachten" und so weiter. Individualreisende kostet die rund zehnstündige Fahrt von Bangkok nach Siem Reap zwischen US$5 und US$35. Mit den Pauschalanbietern in der Khao San Road (US$15–25) kann die Reise erheblich länger dauern – 17 Stunden oder mehr sind keine Seltenheit. Manche Reisebüros sind zuverlässig, andere nicht, und es gibt viele Reisende, die über die oben genannten Probleme klagen. Wer eines dieser Pakete buchen möchte, sollte daher aktuelle Information bei anderen Travellern oder in Gästehäusern einholen.

Alle vier Grenzübergänge sind täglich von 7–20 Uhr geöffnet und stellen vor Ort Visa aus. Der Übergang **Aranyaprathet / Poipet** eignet sich gut für Reisen in den Norden nach Siem Reap und Battambang. Aranyaprathet ist von Bangkok mit dem Zug (1x tgl., 7 Std.) und mit AC-Bussen (häufige Abfahrten vom Nördlichen Busbahnhof ab 4 Uhr, Fahrtdauer 4 Std.) erreichbar. Auf kambodschanischer Seite stehen in Poipet Sammeltaxis und Pickups nach Sisophon (Umsteigestation für Siem Reap) und Battambang bereit (s. S. 152). Im Widerspruch zu manchen Landkarten gibt es keine Eisenbahnverbindung nach Poipet, der erste Bahnhof hinter der Grenze befindet sich in Sisophon.

Der weiter südlich gelegene Grenzübergang **Trat / Koh Kong** bietet sich für Reisen nach Sihanoukville und Phnom Penh an. Vom Busbahnhof im Osten Bangkoks fahren AC-Busse nach Trat (12x tgl., 5 Std.). Auf der kambodschanischen Seite der Grenze gibt es neuerdings eine Straße, die Koh Kong über Sre Ambel mit der Nationalstraße 4 verbindet. Somit besteht je nach Ankunftszeit in Koh Kong die Möglichkeit, über Land oder mit dem Schiff weiterzufahren. Express-Boote legen am frühen Morgen von Koh Kong nach Sihanoukville ab (Einzelheiten s. S. 272). Seit kurzem gibt es auch Grenzübergänge im Osten Thailands von Chanthaburi nach **Pailin / Phsa Prom**, wo Anschluss nach Battambang besteht, und von Surin nach **O'Smach** (alias Anlong Veng), 150 km nördlich von Siem Reap im Norden Kambodschas.

Vietnam

Vietnam Airlines bietet täglich mehrere Flüge von Ho-Chi-Minh-Stadt nach Phnom Penh und Siem Reap sowie zwei Flüge täglich von Hanoi nach Siem Reap an.

Wer über Land anreisen will: Grenzüberbergänge gibt es in **Moc Bai / Bavet**, 200 km südöstlich von Phnom Penh, und **Chau Doc**, am Fluss Bassac. An beiden Grenzübergängen wird bei der Einreise ein kambodschanisches Visum ausgestellt. In Bavet stehen Sammeltaxis für die Fahrt auf der neu ausgebauten Nationalstraße 1 nach Phnom Penh (3 1/2 Std.) zur Verfügung. Ho Wah Genting betreibt einen täglich verkehrenden internationalen Bus zwischen Phnom Penh und Ho-Chi-Minh-Stadt. Von Chau Doc fährt morgens ein Express-Boot (1x tgl., 5 1/2 Std.) direkt nach Phnom Penh. Alternativ dazu kann man sich – sofern verfügbar – ein Moto für die 60 km nach Phnom Penh nehmen, doch angesichts der schlechten Straßenverhältnisse ist es sinnvoll, nur die 10 km zum Dorf K'am Samnar am Mekong mit einem Moto zurückzulegen, dort ein Boot ins nördliche Neak Leung (3 Std.) zu besteigen und für die restlichen 37 km ins westliche Phnom Penh einen Bus oder ein Sammeltaxi zu nehmen. Es kursieren Gerüchte, dass die Straße von Chau Doc nach Phnom Penh ausgebaut werden soll, aber Genaueres war während der Recherche nicht zu erfahren.

Achtung

Trotz gegenteiliger Behauptungen des vietnamesischen Konsulats in Sihanoukville dürfen nur Kambodschaner und Vietnamesen die Grenze in Hat Tien an der Küste östlich von Kep überqueren.

Das Sinh Café in Ho-Chi-Minh-Stadt organisiert täglich den Transport per Minibus und Boot nach Phnom Penh (das Capitol Hotel in Phnom Penh vermittelt die Fahrt in der Gegenrichtung).

Laos

Vietnam Airlines bietet in Kooperation mit Lao Airlines täglich Flüge von Vientiane nach Phnom Penh an. Lao Airlines startet außerdem 2–4x wöchentlich von Vientiane über Pakxe nach Siem Reap.

Abenteuerlustige können die Einreise auf dem Landweg über den Grenzübergang auf der Mekonginsel **Veun Kham** wählen, ⌚ 8–16 Uhr. Für die zweistündige Bootsfahrt von der Grenze nach Stung Treng stehen Privatboote zur Verfügung (US$30, 4 Pers.). Da auf keiner Seite der Grenze Visa ausgestellt werden, muss man diese schon parat haben. Unter Umständen muss man auch mit den Beamten vor Ort verhandeln, damit sie die nötigen Ein- und Ausreisstempel in den Pass setzen. Der übliche Preis liegt bei US$1–2. Seit geraumer Zeit organisieren Gästehäuser und Touranbieter auf den laotischen Mekonginseln Don Khong und Don Det die gesamte Fahrt bis nach Stung Treng, Kratie oder sogar Phnom Penh.

Seit die Nationalstraße 7 ausgebessert wurde, können Reisende auch wieder den Landübergang **Dong Krolor**, nur etwa 10 km südöstlich von Veun Kham, nutzen. An der Grenze gibt es seit kurzem Visa für Kambodscha bei der Einreise (US$20 plus Foto). Da diese Regelung jedoch noch ziemlich neu ist, sollte man sich besser nicht darauf verlassen und vor Ort noch einmal nachfragen. Wie in Veun Kham verlangen die Grenzbeamten auf beiden Seiten eine Stempelgebühr (um US$2). Gästehäuser auf Don Khong und Don Det können den Trip zur Grenze und zu allen Städten entlang der Nationalstraße 7 bis Phnom Penh organisieren. Wer allein anreist, muss sich vor Ort um die Weiterfahrt kümmern. Ein Taxi nach Stung Treng kostet US$20 (4 Pers.), ein Platz im Minibus US$5.

Gesundheit

Um die Gesundheitsfürsorge ist es in Kambodscha schlecht bestellt. Selbst die besten Krankenhäuser des Landes sind schlecht ausgestattet, und Hygiene wie Patientenbetreuung lassen zu wünschen übrig. Man sollte ihre Dienste nur in dringendsten Notfällen in Anspruch nehmen und bei ernsten Erkrankungen (so möglich) lieber nach Bangkok reisen. Wenn es sich nicht umgehen lässt, ein kambodschanisches Krankenhaus aufzusuchen, sollte man sich unbedingt der Hilfe eines Freundes (im Idealfall mit Khmer-Kenntnissen) versichern.

In Phnom Penh leisten einige private, westlich ausgerichtete und teurere **Kliniken** bessere Dienste. Außerhalb der Hauptstadt sind die Selbstdiagnose und Selbstbehandlung oft empfehlenswerter, als eine Klinik aufzusuchen. Wer medizinische Dienste in Anspruch nimmt, muss für die Behandlung, Medikamente, Unterbringung und Verpflegung im Voraus zahlen. Zwar gibt es in jeder Stadt gut ausgestattete **Apotheken** (⌚ gewöhnlich 7–20 Uhr), doch viele Verkäufer besitzen nicht die erforderliche Qualifikation. Daher sollte man vor dem Kauf die Beipackzettel und Verfallsdaten sorgfältig überprüfen. Nur in Phnom Penh gibt es gute Apotheken (s. S. 129) mit qualifiziertem Personal, das bei einfachen gesundheitlichen Problemen mit einer Diagnose und Arzneimitteln helfen kann.

Vor längeren Reisen sollte man unbedingt eine **Zahnuntersuchung** vornehmen lassen, da nur in Phnom Penh Behandlungen möglich sind. **Brillenträger** sollten ihre Daten oder eine Ersatzbrille im Gepäck haben, da Brillengläser nur in der Hauptstadt preiswert ersetzt werden können.

Vor der Reise

Es ist ratsam, sich rechtzeitig im Voraus um einen ausreichenden Impfschutz zu kümmern, vor allem den Basisimpfschutz gegen Tetanus (Wundstarrkrampf), Polio und Diphterie aufzufrischen, wenn die letzte Impfung mehr als zehn Jahre zurückliegt. Für Kambodscha ist eine Immunisierung gegen Hepatitis A, Tuberkulose und Typhus empfehlenswert. Manche Ärzte raten auch zum Schutz gegen Hepatitis B, Tollwut und Japanische Enzephalitis. Bei der Einreise nach Kambodscha ist eine Impfung gegen Gelbfieber nur erforderlich, sofern man aus einem Infektionsgebiet kommt (Westafrika,

Zentralafrika oder Südamerika). Da die Impfungen bis zu acht Wochen vor dem Abflug erfolgen müssen, empfiehlt es sich, frühzeitig einen Tropenarzt zu konsultieren. Die Prophylaxe gegen Malaria beginnt bereits vor der Einreise in gefährdete Gebiete. Alle Impfungen werden in einen **Internationalen Impfausweis** eingetragen, der zu den Reiseunterlagen gehört. Selbst wenn man nicht vorhat, über Land nach Kambodscha einzureisen (und sich somit auch nicht dem „Gesundheitskartenschwindel" an der Grenze aussetzt, s. S. 10), ist es sinnvoll, den Impfpass für den Fall einer Krankheit oder eines Hundebisses mitzuführen.

Maßnahmen unterwegs

Obwohl Restaurants und Garküchen oft sehr einfach wirken, ist das Essen im Allgemeinen vollkommen unbedenklich, da die meisten Betriebe täglich Waren frisch einkaufen und erst auf Bestellung zubereiten. Als Faustregel gilt: Restaurants wählen, die unter Einheimischen beliebt sind, denn die Khmer sind sehr penibel, was ihr Essen anbelangt, und geben Lokalen, mit denen sie unzufrieden waren, selten eine zweite Chance. Das Essen von Straßenhändlern ist in der Regel in Ordnung, wenn man beim Kochen zuschauen kann.

Unsauberes **Wasser** ist die Ursache vieler Erkrankungen, von Durchfall bis hin zu Typhus. Auf keinen Fall sollte man Leitungswasser trinken, und auch bei Eis und Eiswürfeln ist Vorsicht anzuraten, da diese auf offener Straße aus großen Blöcken gehackt oder geraspelt werden, die zuvor durch viele Hände gewandert sind (westliche Restaurants achten meist darauf, dass ihr Eis direkt vom Produzenten kommt und sauber ist). Abgefülltes Wasser ist überall erhältlich, entweder in weißen Plastikflaschen (500 Riel pro Liter) oder in Form des teureren *Ozone* in durchsichtigen Plastikflaschen (1000 Riel pro Liter) – nur Flaschen mit versiegeltem Verschluss kaufen, da skrupellose Händler geleerte Flaschen mit Leitungswasser füllen. Auch Getränke in Flaschen oder Dosen werden überall angeboten. Tee und Kaffee sind ebenfalls bedenkenlos zu genießen.

Gesundheitsrisiken

Hier eine alphabetische Aufstellung der Gesundheitsrisiken. Aber bitte keine Panik – die meisten sind durch umsichtiges Verhalten minimierbar.

Tropenmedizinische Institute

Berlin	Spandauer Damm 130, Haus 10, 14050, ✆ 030/301166, 💻 www.charite.de/tropenmedizin
Dresden	Friedrichstr. 39, 01067, ✆ 0351/480 3801
Düsseldorf	Moorenstr. 5, 40225, ✆ 0211/811 7031
Hamburg	Bernhard-Nocht-Str. 74, 20359, ✆ 040/4281 8805, ✉ rmz@gesundes-reisen.de, 💻 www.gesundes-reisen.de
Heidelberg	Im Neuenheimer Feld 324, 69120, ✆ 06221/562925, Informationen vom Band über Lateinamerika ✆ 565635. 💻 www.klinikum.uni-heidelberg.de
Leipzig	Delitzscher Str. 141, 04129, ✆ 0341/9092614/-12, 💻 www.mccl.de
München	Leopoldstr. 5, 80802, ✆ 089/218 013 500, Informationen vom Band über Lateinamerika ✆ 218 013 509. 💻 www.tropinst.med.uni-muenchen.de
Rostock	Ernst-Heydemann-Str. 6, 18057, ✆ 0381/494 7583, 💻 www.tropen.med.uni-rostock.de
Tübingen	Keplerstr. 15, 72074, ✆ 07071/298 2365, ✉ reisemedizin@med.uni-tuebingen.de, 💻 www.medizin.uni-tuebingen.de/tropenmedizin

Aids

In Kambodscha stellt Aids ein großes Problem dar, denn 1% der männlichen Bevölkerung zwischen 15 und 49 Jahren ist mit dem HIV-Virus infiziert. Es ist nicht bekannt, auf welchem Weg das Virus nach Kambodscha gelangte, doch eine tragende Rolle dürfte der gravierende Anstieg der Zahl der Prostituierten in den Jahren der UNTAC gespielt haben.

Ein hoher Prozentsatz der männlichen Khmer besucht Prostituierte, und die Aversion gegen die Benutzung von Kondomen konnten selbst Aufklärungsprogramme nicht ausräumen. Diese Tatsache und der steigende Drogenmissbrauch führt zu einer unkontrollierten Ausbreitung des Virus in der Bevölkerung.

Cholera

Die Cholera wird vom Bakterium *Vibrio cholerae* verursacht und durch direkten Kontakt mit infizierten Personen, deren Ausscheidungen oder durch verunreinigte Nahrungsmittel übertragen. Die Symptome – wässrige Durchfälle und Erbrechen – treten nach ein bis fünf Tagen auf und können schnell zur Dehydrierung führen. Wer erkrankt, muss umgehend zum Arzt und die verlorene Flüssigkeit ersetzen.

Die Impfung gegen Cholera wird von der WHO nicht mehr empfohlen. Solange man auf eine saubere Umgebung und hygienische Nahrungsmittel achtet und nicht geschwächt ist, wird man kaum gefährdet sein.

Dengue-Fieber

Diese Viruskrankheit kann überall epidemieartig auftreten, am ehesten während der Regenzeit an der Küste. Sie wird durch die Mücke *Aedes aegypti* übertragen, die an ihren schwarz-weiß gebänderten Beinen zu erkennen ist. Sie sticht während des ganzen Tages.

Nach der Inkubationszeit von bis zu einer Woche kommt es zu plötzlichen Fieberanfällen, Kopf- und Muskelschmerzen. Nach 3–5 Tagen kann sich ein Hautausschlag über den ganzen Körper verbreiten. Bei Stufe 1 klingen die Krankheitssymptome nach 1–2 Wochen ab.

Ein zweiter Anfall (Stufe 2) kann zu Komplikationen (inneren und äußeren Blutungen) führen. Wie bei der Malaria ist ein Moskitonetz und der Schutz vor Mückenstichen die Vorsorge. Es gibt keine Impfung oder spezielle Behandlung, aber Paracetamol oder andere Fieber senkende Mittel und Wadenwickel lindern die Symptome. Keinesfalls sollten ASS, Aspirin oder ein anderes acetylsalicylsäurehaltiges Medikament genommen werden, da diese einen lebensgefährlichen hämorrhagischen Verlauf herausfordern.

Durchfälle

Häufige Verursacher von Durchfällen (Diarrhöe) sind verdorbene Lebensmittel, ungeschältes Obst, Salate, kalte Getränke oder Speiseeis. In harmlosen Fällen reicht eine Elektrolyt-Lösung (*Elotrans,* für Kinder *Oralpädon*) völlig aus, um die verlorene Flüssigkeit und Salze zu ersetzen. Man kann sich selbst eine Lösung herstellen aus 4 gehäuften Teelöffeln Zucker oder Honig, 1/2 Teelöffel Salz und 1 l Orangensaft oder abgekochtem Wasser. Zur Not, etwa vor langen Fahrten, kann auf *Imodium*, das die Darmtätigkeit ruhig legt, zurückgegriffen werden (Beipackzettel beachten!). Wer Durchfälle mit Fenchel, Kamille und anderen uns bekannten Kräutertees lindern möchte, sollte sich einen Vorrat mitnehmen. Zudem hilft eine Bananen- oder Reis-und-Tee-Diät und Cola in Maßen, denn es enthält Zucker, Spurenelemente, Elektrolyte und ersetzt das verloren gegangene Wasser. Generell sollte man viel trinken und die Zufuhr von Salz nicht vergessen.

Bei länger anhaltenden Erkrankungen empfiehlt es sich, einen Arzt aufzusuchen – es könnte auch eine bakterielle oder eine Amöben-Ruhr (Dysenterie) sein.

Verstopfungen können durch eine große Portion geschälter Früchte, z. B. Ananas oder eine halbe Papaya (mit Kernen essen), verhindert werden.

Erkältungen

Erkältungen kommen in den Tropen häufiger vor, als man denkt. Schuld sind vor allem Ventilatoren und Klimaanlagen, die krasse Temperaturwechsel und zu viel Zugluft bescheren. Nass geschwitzt in klimatisierte Räume zu flüchten, ist nicht ratsam, wenn man nicht etwas zum Wechseln oder Überziehen dabei hat.

Geschlechtskrankheiten

Gonorrhöe und die gefährlichere Syphilis sind in Asien weit verbreitete Infektionskrankheiten, vor allem bei Prostituierten. Bei den ersten Anzeichen einer Erkrankung (Ausfluss / Geschwüre) nach der Rückkehr unbedingt ein Krankenhaus zum Anlegen einer Kultur und zur Blutentnahme aufsuchen. Die Benutzung einwandfreier Kondome – bevorzugt westliche Marken – verringert die Gefahr einer Infektion.

Hauterkrankungen

Bereits vom Schwitzen kann man sich unangenehm juckende Hautpilze holen. Gegen zu starkes Schwitzen hilft Körperpuder, der angenehm kühlt und in Apotheken erhältlich ist. Nicht selten treten an Stellen, an denen die Kleidung eng aufliegt, Hitzepickel auf, die man mit *St Luke's Prickly Heat Powder,* Zinkoxyd oder Titanoxyd behandeln kann. Gegen Kopfläuse hilft *Organoderm,* oder, falls man wieder in Deutschland ist, *Goldgeist forte.*

Hepatitis

Die schwere Lebererkrankung Hepatitis B wird vor allem durch sexuellen Kontakt und durch Blut (ungenügend sterilisierte Injektionsnadeln, Bluttransfusionen, Tätowierung, Piercen, Akupunktur) übertragen. Eine rechtzeitige vorbeugende Impfung, etwa mit *Gen H-B-Vax* oder *Engerix,* ist sehr zu empfehlen.

Die **Hepatitis A** wird durch infiziertes Wasser und Lebensmittel oral übertragen – zu den besonderen Gefahrenherden gehören in Kambodscha von Straßenhändlern verkaufte Schalentiere, unbehandeltes Wasser und Kontakte mit infizierten Personen. Vor einer Ansteckung schützt der Impfstoff *Havrix* oder *Vagta* (auch als Kombi-Impfung *Twinrix* für Hepatitis A und B erhältlich). Während in Kambodscha die meisten Menschen nach einer harmlosen Hepatitis-A-Infektion im Kindesalter gegen diese Krankheit immun sind, trifft dieses nur auf ein Drittel aller Europäer zu. Ob die Impfung notwendig ist, zeigt ein Antikörpertest (empfehlenswert nur bei Reisenden, die älter als 50 Jahre sind).

Hepatitis C und D werden auf demselben Weg übertragen wie Hepatitis B und können ebenfalls zu gefährlichen Langzeitschäden führen.

Insektenstiche

Insekten und Fliegen sind allgegenwärtig und zu Beginn der Trockenzeit eine wahre Plage. Auch in der heißen Jahreszeit (März–Mai) lassen sie sich in Scharen von Lichtquellen und Wärme anlocken, doch die meisten sind eher lästig als gefährlich. Vorsicht ist vor Moskitos geboten, da gewisse Arten Dengue-Fieber und Malaria übertragen.

An einigen Sandstränden treten vor allem am späten Nachmittag und Abend **Sandfliegen** auf, deren gemeine Stiche sich erst einige Stunden später durch juckende, extreme Hautrötungen bemerkbar machen. Kratzen erhöht die Gefahr einer Entzündung, die mitunter erst nach einem Monat abklingt und hässliche Narben hinterlässt. Da sich die kleinen Plagegeister nur in begrenzten Bereichen aufhalten, sollte man sich von diesen Stränden fern halten. Zudem hilft *Skin-So-Soft* von *Avon.*

Flöhe und **Wanzen**, deren Stiche sehr jucken können, verstecken sich bevorzugt in schmutzigem Bettzeug. Wanzenstiche bilden gewöhnlich eine säuberliche Linie. Nicht kratzen, sondern ein Antihistamin (Salbe) gegen Entzündungen auftragen.

Auf dem Land sind viele Tiere mit **Zecken** infiziert, die sich in gesättigtem Zustand von ihrem Wirt fallen lassen und auf das nächste Opfer warten, dem sie ihre mit Haken besetzten Köpfe ins Fleisch bohren können, um Blut zu saugen. Es ist wichtig, sie vorsichtig zu entfernen, damit keine Haken stecken bleiben.

Blutegel sind nach der Regenzeit (ab Ende Oktober) im Dschungel eine Plage, besonders beim Durchqueren feuchter Stellen und von Wasser. Sobald sie sich mit Blut voll gesogen haben, fallen sie ab, doch schon vorher kann man sie mit brennenden Zigaretten oder Salz vertreiben. Ein wenig schützen langärmelige Hemden und in die Socken gesteckte lange Hosen.

Japanische Enzephalitis (Hirnentzündung)

Diese Krankheit wird durch Moskitos in Agrarregionen übertragen. Zwischen Mai und Oktober ist das Risiko am höchsten. Eine Vorbeugung empfiehlt sich nur bei längerfristigen Aufenthalten in ländlichen Gebieten in der genannten Risikoperiode.

Der Impfstoff der Firma *Biken* kann allerdings nur über wenige große Impfzentren (zum Beispiel Landesimpfanstalten und Tropeninstitute) direkt aus Japan mit Kühlkette importiert werden und soll nur wenige Nebenwirkungen haben.

Kinderlähmung

Selbst in Europa treten immer noch Epidemien auf. Wer während der letzten zehn Jahre die Impfungen versäumt hat, sollte sich vom Hausarzt den Impfstoff verschreiben lassen.

Malaria

Malaria, die häufigste Todesursache bei Kindern und Erwachsenen, stellt mit Ausnahme von Phnom Penh und Siem Reap landesweit eine ganzjährige Bedrohung dar. Als besonders hoch gilt das Risiko in der Grenzregion zu Thailand.

Die Mücke *Anopheles*, die den Malaria-Tropica-Erreger *Plasmodium falciparum* übertragen kann, sticht während der Nacht, also zwischen Beginn der Dämmerung und Sonnenaufgang.

Über die beste **medikamentöse Vorbeugung** ist in den vergangenen Jahren immer wieder heftig debattiert worden. Allen Mitteln gemeinsam ist, dass sie unangenehme Nebenwirkungen hervorrufen können. Zu den am häufigsten verschriebenen Präparaten gehören *Lariam* und *Malarone*. Reisende sollten sich auf jedem Fall vor der Reise von einem Arzt beraten lassen.

Die beste Vorbeugung gegen Malaria besteht darin, nicht gestochen zu werden (**Expositionsprophylaxe**): Am Abend schützen lange Hosen, langärmlige Hemden, engmaschige Socken und ein Mücken abweisendes Mittel auf der Basis von *Deet*, das auf die Haut aufgetragen wird und die Geschmacksnerven stechender Insekten lähmt. Einige Apotheken bieten sanftere Mittel an, die auf Zitronella- und Nelkenöl basieren, etwa *Zedan*. Bewährt hat sich der Wirkstoff *Permethrin*, mit dem Kleidung und Moskitonetz eingesprüht werden. Er geht eine Verbindung mit dem Gewebe ein und bleibt wochenlang wirksam. In Deutschland ist er in den Handelsmarken *NO BITE*, 💻 www.nobite.com, und *TYRA-X*, 💻 www.tyrax.de, enthalten.

In den Provinzen und in besonders gefährdeten Gebieten – beispielsweise in der Umgebung von Seen – stellen die meisten Gästehäuser Moskitonetze zur Verfügung, nach denen man unbedingt fragen sollte, wenn keine im Zimmer vorhanden sind. Am sichersten ist ein eigenes Netz, Löcher verschließt man mit Klebeband. Manche Gästehäuser besitzen keine Moskitonetze, wenn die Fenster mit Gitternetzen abgeschirmt sind, doch diese bieten keinen absoluten Schutz, da Moskitos auch durch Ventilationslöcher oder Spalten an Türen eindringen können. Vor dem Abendessen sollte man darum bitten, die Zimmer aussprühen zu lassen, um nach der Rückkehr nicht durch summende Störenfriede belästigt zu werden. Notfalls verringern das Risiko auch *Coils*, grüne Räucherspiralen, die wie Räucherstäbchen abbrennen und für zirka acht Stunden die Luft verpesten. Oft werden sie abends in offenen Restaurants unter die Tische gestellt, um die herumschwirrenden Moskitos zu vertreiben.

Wer sich in einem Gebiet ohne ärztliche Versorgung infiziert hat, kann zur Überbrückung mit einer Standby-Therapie mit Mefloquin *(Lariam)*, Atovaquon/Proguanil *(Malarone)* oder Artemether/Lamefantrin *(Riamet)* beginnen. Wer aus Kambodscha zurückkehrt und an einer nicht geklärten fieberhaften Erkrankung leidet, auch wenn es sich nur um leichtes Fieber und Kopfschmerzen handelt und erst Monate nach der Rückkehr auftritt, sollte dem Arzt unbedingt über den Tropenaufenthalt berichten und auf einem Bluttest bestehen. Die ersten Symptome einer Malaria können denen eines banalen grippalen Infektes ähneln und werden daher häufig verkannt, was schon nach wenigen Tagen das Leben bedrohen kann.

Pilzinfektionen

Frauen leiden im tropischen Klima häufiger unter Pilzinfektionen. Vor der Reise sollten sie sich entsprechende Medikamente verschreiben lassen. Eine Creme oder Kapseln sind besser als Zäpfchen, die bei der Hitze schmelzen. Ungepflegte Swimming Pools in den Tropen sind Brutstätten für Pilze aller Art.

Schlangen- und Skorpionbisse, giftige Meerestiere

Die weit verbreitete Angst steht in keinem Verhältnis zur realen Gefahr, denn Giftschlangen greifen nur an, wenn sie attackiert werden. Gefährlich ist die Zeit nach Sonnenuntergang zwischen 18 und 20 Uhr, vor allem bei Regen. Einige Schlangen töten durch ein Blutgift, in diesem Fall benötigt man sofort ein Serum, andere töten durch ein Nervengift, dann ist außerdem eine künstliche Beatmung wichtig.

Skorpionstiche sind in dieser Region generell nicht tödlich. Kräutertabletten und Ruhigstellen des Körperteils lindert den Schmerz, Wasserkontakt meiden. Normalerweise lassen die anfangs starken Schmerzen nach 1–2 Tagen nach.

Durchaus real ist in den Tropen die Gefahr, mit nesselnden und giftigen Meerestieren in Kontakt zu kommen. Nur zwei Arten von Fischen können gefährlich werden, die man nur schwer vom Meeresboden unterscheiden kann: zum einen **Stachelrochen**, deren Gift fürchterliche Schmerzen verursacht, zum anderen **Steinfische**, die sehr giftige Rückenstacheln besitzen. Beim Schnorcheln führt die Berührung von **Feuerkorallen** zu stark brennenden Hautreizungen, während giftige Muränen, Rotfeuerfische und Seeschlangen nur ganz selten gefährlich werden. **Seeigel** sind zwar nicht giftig, ein eingetretener Stachel verursacht aber lang eiternde Wunden.

Wie überall auf der Welt breiten sich auch in Kambodschas Meeren vermehrt **Quallen** aus, so dass Badende immer häufiger ihre giftigen Tentakel streifen. Gehen die schmerzhaften Bläschen nach der Behandlung mit hochprozentigem Essig, Cortisonspray oder säurehaltigem Pflanzenbrei nicht innerhalb einer Stunde zurück, muss ein Arzt aufgesucht werden. Menschen, die unter einer Allergie leiden, sind besonders gefährdet.

Thrombose
Aufgrund des Bewegungsmangels verringert sich bei langen Flugreisen der Blutfluss im Körper, vor allem in den Beinen. Dadurch kann es zur Bildung von Blutgerinnseln kommen, die, wenn sie sich von der Gefäßwand lösen und durch den Körper wandern, eine akute Gefahr darstellen (Lungenembolie). Gefährdet sind vor allem Personen mit Venenerkrankungen oder Übergewicht, aber auch Schwangere, Raucher und Frauen, die die Pille nehmen. Das Risiko verhindern Bewegung, viel trinken (aber keinen Alkohol) und notfalls Kompressionsstrümpfe der Klasse 1–2.

Tollwut
Wo streunende oder auch verendete Hunde zu sehen sind, ist Vorsicht geboten. Wer von einem Hund, einer Katze oder einem Affen gekratzt oder gebissen wird, muss sich sofort, am besten innerhalb von 24–48 Std., impfen lassen, da eine Infektion sonst tödlich endet. Eine vorbeugende Impfung ist sehr teuer und nur bei längerem Aufenthalt sinnvoll.

Tuberkulose
Tuberkulose wird durch Tröpfchen übertragen, die infizierte Personen aushusten. Die Krankheit ist in Kambodscha weit verbreitet und gehört zu den Haupt-Todesursachen von Kindern. Daher sollte man überprüfen, ob man im Kindesalter gegen Tuberkulose geimpft worden ist. Bei Unsicherheiten klärt ein Hauttest (Heaf), ob Immunität besteht.

Typhus / Paratyphus
Typische Symptome: über 7 Tage hohes Fieber, das mit einem eher langsamen Puls und Benommenheit einhergeht. Empfehlenswert ist die gut verträgliche Schluckimpfung mit *Typhoral L* für alle Reisende. Drei Jahre lang schützt eine Injektion des neuen Typhus-Impfstoffs *Typhim VI* oder *Typherix*, ehe er wieder aufgefrischt werden muss.

Wurmerkrankungen
Winzige oder größere Exemplare, die überall lauern können, setzen sich an verschiedenen Körperstellen bzw. -organen fest und sind oft erst Wochen nach der Rückkehr festzustellen. Die meisten sind harmlos und durch eine einmalige Wurmkur zu vernichten, andere sind gefährlich, z. B. Hakenwürmer. Sie bahnen sich den Weg durch die Fußsohlen, deshalb sollte man auf feuchten Böden unbedingt Sandalen tragen. Nach einer Reise in abgelegene Gebiete ist es empfehlenswert, den Stuhl auf Würmer untersuchen zu lassen. Notwendig ist das, wenn man über längere Zeiträume auch nur leichte Durchfälle hat.

Wundinfektionen
Unter unhygienischen Bedingungen können sich schon aufgekratzte Moskitostiche zu beträchtlichen Infektionen auswachsen, wenn sie unbehandelt bleiben. Wichtig ist es, dass jede noch so kleine Wunde sauber gehalten, desinfiziert und evtl. mit Pflaster geschützt wird. In jeder Apotheke gibt es Antibiotika-Salben, die den Heilprozess unterstützen.

Wundstarrkrampf (Tetanus)
Wundstarrkrampf-Erreger findet man überall auf der Erde. Verletzungen kann man nie ausschließen, und wer evtl. noch keine Tetanusimpfung hatte, sollte sich unbedingt zwei Impfungen im 4-Wochen-Abstand geben lassen, die nach einem Jahr aufgefrischt werden müssen. Danach genügt eine Impfung alle 10 Jahre. Am besten ist die Impfung mit dem Tetanus-Diphterie-(Td-)Impfstoff für Personen über 5 Jahre, um gleichzeitig einen Schutz vor Diphterie zu erhalten.

Vorschlag für eine Reiseapotheke

Basisausstattung
- → Verbandzeug (Heftpflaster, Leukoplast, Blasenpflaster, Mullbinden, elastische Binde, sterile Kompressen, Verbandpäckchen, Dreiecktuch, Pinzette)
- → sterile Einmalspritzen und -kanülen in verschiedenen Größen (mit ärztl. Bestätigung, dass sie medizinisch notwendig sind, damit man nicht für einen Fixer gehalten wird)
- → Fieberthermometer
- → Kondome
- → Ohrstöpsel (gegen Lärm)
- → Beipackzettel

Malaria
- → Lariam*, Malarone* oder Riamet* zur Standby-Therapie
- → Mückenschutz

Schmerzen und Fieber
- → keine acetylsalicylsäurehaltigen Medikamente, Benuron, Dolormin
- → Buscopan (gegen krampfartige Schmerzen)
- → Antibiotika* gegen bakterielle Infektionen (in Absprache mit dem Arzt)

Magen- und Darmerkrankungen
- → Imodium akut gegen Durchfall
- → Elotrans (zur Rückführung von Mineralien; Kinder: Oralpädon Pulver)
- → Dulcolax Dragees, Laxoberal Tropfen (gegen Verstopfung)
- → Talcid, Riopan (gegen Sodbrennen)

Erkrankungen der Haut
- → Desinfektionsmittel (Betaisodona Lösung, Hansamed Spray, Kodan Tinktur)
- → Tyrosur Gel, Nebacetin Salbe RP (bei infizierten oder infektionsgefährdeten Wunden)
- → Soventol Gel, Azaron Stift, Fenistil Tropfen (bei Juckreiz nach Insektenstichen oder allergischen Reaktionen)
- → Soventol Hydrocortison Creme, Ebenol Creme (bei starkem Juckreiz oder stärkerer Entzündung)
- → Cortison- und antibiotikahaltige Salbe gegen Bläschenbildung nach Quallenkontakt
- → Wund- & Heilsalbe (Bepanthen)
- → Fungizid ratio, Canesten (bei Pilzinfektionen)
- → Berberil, Yxin (Augentropfen bei Bindehautentzündungen)

Erkältungskrankheiten
- → Olynth Nasenspray, Nasivin
- → Dorithricin, Dolo Dobendan (bei Halsschmerzen)
- → Silomat (Hustenstiller)
- → Acc akut, Mucosolvan, Gelomyrtol (zum Schleimlösen)

Reisekrankheit
- → Superpep Kaugummis, Vomex

Sonnenschutz mit UVA- und UVB-Filter
- → Ladival Milch bzw. Gel, Ilrido ultra Milch
- → Sonnenschutzstift für die Lippen

Bei allen Medikamenten Gegenanzeigen und Wechselwirkungen beachten und sich vom Arzt oder Apotheker beraten lassen. (rezeptpflichtig in Deutschland).*

Weitere Risiken

SARS (Severe Acute Respiratory Syndrome) ist ein höchst ansteckendes Virus, das erstmals 2002 entdeckt wurde und durch engen Kontakt mit einer infizierten Person übertragen werden kann. Auffällige Symptome sind Fieber (über 38 °C), trockener Husten und schwere Atemnot (wobei es sich bei Atembeschwerden aber auch um eine Lungenentzündung handeln kann). SARS-Fälle wurden bislang aus China, Vietnam und Thailand gemeldet. Zur Zeit der Recherche war noch kein Fall aus Kambodscha bekannt.

Die **Vogelgrippe** trat erstmals 2003 bei Geflügel in Südostasien auf. Das hauptsächlich unter frei lebenden Vögeln und domestiziertem Geflügel grassierende Virus ist unter den Tieren höchst ansteckend und tödlich. Auf den Menschen kann es sich durch Kontakt mit infizierten Vögeln übertragen. Zur Zeit der Recherche wies die WHO darauf hin, dass keine Gesundheitsgefährdung vom Verzehr von Geflügel oder Geflügelprodukten ausgeht, auch nicht von Eiern. In den meisten bekannten Fällen wurde das Virus vom Vogel auf den Menschen übertragen, doch nach Ansicht von Experten nehmen die Fälle zu, in denen es auch von Mensch zu Mensch übertragen wird. Bisher wurden allerdings nur engste Familienmitglieder von betroffenen Personen infiziert. Die Symptome (Fieber, Halsschmerzen und Husten) ähneln denen der Grippe. In Kambodscha wurde das Virus bislang nur in einem einzigen Fall nachgewiesen und wird nicht als ernsthafte Gefahr für Touristen eingestuft.

Versicherungen

Die großen Versicherungsunternehmen bieten eine verwirrende Vielzahl von Versicherungspaketen an, die Reiserücktritt-, Unfall-, Gepäck- und Auslandskrankenversicherung einschließen können. Letztlich liegt es im Ermessen des Reisenden, was er alles versichert haben möchte. Die einzig wichtige Urlaubsversicherung ist eine private Auslandskrankenversicherung, die den Krankenrücktransport einschließt.

Reiserücktrittskostenversicherung

Bei pauschal gebuchten Reisen ist gelegentlich eine Reiserücktrittskostenversicherung im Preis inbegriffen (Kleingedrucktes lesen oder nachfragen!). Wer individuell plant, muss sich um die Absicherung dieses Risikos selbst kümmern. Das kann über die Reisebüros geschehen. Viele Reiserücktrittskostenversicherungen müssen kurz nach der Buchung abgeschlossen werden (in der Regel bis 14 Tage danach). Eine Reiseunfähigkeit wegen Krankheit muss ärztlich nachgewiesen werden. Auch bei Krankheit oder Tod eines Familienmitglieds oder Reisepartners ersetzt die Versicherung die Stornokosten der Reise.

Reisegepäckversicherung

Viele Versicherungen bieten die Absicherung des Verlustes von Gepäck an, meist als Teil eines Paketes. Allen Versicherungen ist gemein, dass die Bedingungen, unter denen das Gepäck abhanden kommen darf, sehr eng gefasst sind. Deshalb ist es wichtig, die Bedingungen genau zu studieren und sich entsprechend zu verhalten. Bei vielen Versicherungen ist etwa das Gepäck in unbewacht abgestellten Kraftfahrzeugen zu keinem Zeitpunkt versichert. Kameras oder Fotoapparate dürfen wegen möglicher Mopedräuber nicht über die Schulter gehängt werden, sondern müssen am Körper befestigt sein, sonst zahlt die Versicherung nicht (so Gerichtsurteile). Ohnehin sind foto- und videotechnische Geräte meist nur bis zu einer bestimmten Höhe oder bis zu einem bestimmten Prozentsatz des Neuwertes versichert, auch Schmuck unterliegt Einschränkungen, ebenso Bargeld. Wer eine wertvolle Foto- oder Kameraausrüstung mitnimmt, kann eine Zusatzversicherung abschließen.

Entscheidet man sich für eine Reisegepäckversicherung, ist darauf zu achten, dass sie Weltgeltung hat, die gesamte Dauer der Reise umfasst und in ausreichender Höhe abgeschlossen ist.

Tritt ein Schadensfall ein, muss der Verlust sofort bei der Polizei gemeldet werden. Eine zuvor angefertigte Checkliste, auf der alle Gegenstände und ihr Wert eingetragen sind, ist dabei hilfreich. Generell sollte alles, was nicht ausreichend versichert ist, nach Möglichkeit im Handgepäck transportiert werden.

Auslandskrankenversicherung

Ohne eine Auslandskrankenversicherung mit Rücktransport abgeschlossen zu haben, sollte niemand sein Heimatland verlassen. Bei Krankheiten und Unfällen kann sehr schnell eine erhebliche Summe zusammenkommen, die sonst aus eigener Tasche bezahlt werden müsste. Versicherte können die Kosten hingegen nach Einreichen der Rechnungen bei der Versicherung geltend machen. Einschränkungen gibt es natürlich auch hier, besonders bei Zahnbehandlungen (nur Notfallbehandlung) und chronischen Krankheiten (Bedingungen durchlesen!).

Der Unterschied liegt im Detail: Die meisten Versicherer zahlen den Rücktransport nur, wenn er „medizinisch notwendig" ist. Beim *ADAC*, der *Europäischen Reiseversicherung* und *Huk-Coburg* genügt es, dass der behandelnde Arzt den Transport in die Heimat für sinnvoll erachtet. Bei einer Schwangerschaft ist eine schriftliche Bestätigung des Versicherers ratsam, dass er für Kosten von Frühgeburten und die medizinische Versorgung des Neugeborenen aufkommt.

Die bei der Versicherung einzureichende **Rechnung** sollte folgende Angaben enthalten:

→ Name, Vorname, Geburtsdatum, Behandlungsort und -datum
→ Diagnose
→ erbrachte Leistungen in detaillierter Aufstellung (Beratung, Untersuchungen, Behandlungen, Medikamente, Injektionen, Laborkosten, Krankenhausaufenthalt)
→ Unterschrift des behandelnden Arztes
→ Stempel

Gepäck-Checkliste

Kleidung
→ Feste Schuhe (für Trekking-Touren reichen Turnschuhe)
→ Sandalen
→ Gummi- oder Trekkingsandalen (unter Duschen Pilzgefahr!)
→ Hosen / Röcke aus Baumwolle, die nicht zu eng sitzen sollten
→ Kurze Hosen (bei Männern bis zum halben Oberschenkel, bei Frauen bis zum Knie, Shorts nur am Strand)
→ Hemden oder Blusen
→ T-Shirts / Polo-Shirt mit Ärmel (mit Kragen fürs Schnorcheln)
→ Jacke (für die An- und Abreise, kühle Nächte in den Bergen und AC-Bussen)
→ Pullover
→ Regenschirm (keine Gummijacke wegen Wärmestau!)
→ Sonnenschutz
→ Socken (für den Abend dichte, nicht allzu kurze Socken als Moskitoschutz)
→ Unterwäsche (Baumwolle); für Frauen BH
→ Badekleidung, für Frauen einteiliger Badeanzug

Hygiene und Pflege
→ Zahnbürste, Zahnpasta
→ Shampoo
→ Nagelschere und Nagelfeile
→ Rasierer (in abgelegenen Gebieten Nassrasierer)
→ Kosmetika und Hautpflegemittel
→ Papiertaschentücher
→ Feuchties (zur Hygiene unterwegs und wo es kein Wasser gibt)
→ Tampons (außer in Supermärkten und Minimärkten in Phnom Penh, Siem Reap und Sihanoukville nur schwer zu finden)
→ Toilettenpapier (in einfachen Hotels und vielen öffentlichen Toiletten nicht vorhanden)
→ Nähzeug

Sonstiges
→ Adapter
→ Reisewecker
→ Taschenlampe
→ Taschenmesser
→ Reiseapotheke (s. S. 22)
→ Notizbuch und Stifte
→ Reisepass (evtl. Internationaler Studentenausweis und Personalausweis, der zum Geld abheben reicht, wenn der Pass hinterlegt wurde)
→ Impfpass (oder zumindest eine Kopie davon)
→ Führerschein
→ Reisekasse
→ Flugtickets
→ Kopien der Dokumente (nach der Einreise wegen Einreisestempel anfertigen)
→ Reiseführer, Landkarten, Reiselektüre

Für einfache Unterkünfte außerdem
→ Seife im bruchsicheren Behälter
→ Handtücher, die schnell trocknen (meist in den Hotels vorhanden)
→ Waschmittel in der Tube
→ Kordel (als Wäscheleine oder zum Aufspannen des Moskitonetzes)
→ Klebeband (um zu packen und Löcher im Moskitonetz zu verschließen)
→ kleine Nägel oder Reißzwecken (zum Befestigen des Moskitonetzes)
→ Vorhängeschloss (und kleine Schlösser fürs Gepäck)
→ Moskitonetz
→ Schlafsack (Leinenschlafsack, Bettbezug oder 2 dünne Tücher)

Auslandskrankenversicherungen werden von nahezu allen großen Versicherern und auch von einigen Kreditkartenorganisationen angeboten. Sie sind meistens für ein Jahr gültig, decken jedoch nur Reisen von jeweils bis zu 42 Tagen, manche bis acht Wochen ab. Es empfiehlt sich der Abschluss eines **Jahresvertrages**. Wer länger als sechs Wochen verreisen möchte, sollte nach Langzeittarifen fragen.

Gepäck

Wer überwiegend mit öffentlichen Verkehrsmitteln unterwegs ist und längere Strecken zu Fuß zurücklegen will, reist am Besten mit Rucksack. Beim Kauf probiert man ihn mit etwa 15 Kilo Inhalt an. Ein Kompromiss zwischen Koffer und Rucksack stellen die Koffer-Rucksäcke dar, die von der Vorderseite bepackt werden und bei denen das Tragegestell eingepackt werden kann. Wer sein Gepäck nicht weit tragen muss, kann auch mit Koffer reisen. Vorteil: Man wird nicht mit dem negativen Image belegt, das Rucksack-Touristen manchmal haben.

Ein zusätzlicher **Tages-Rucksack** *(Daypack)* oder eine Falttasche kann unterwegs bei Tagesausflügen oder Kurztrips das Gepäck aufnehmen und auf dem Heimflug für weiteren Stauraum sorgen. Notfalls gibt es überall billige Koffer und Reisetaschen zu kaufen. Für Kameras benötigt man Fototaschen, die möglichst nicht schon von außen auf den wertvollen Inhalt schließen lassen. Sie sollten aus festem Material bestehen (nicht aufschlitzbar!), gut verschließbar sein und Platz für weiteres Handgepäck haben.

Wertsachen, wie Geld, Pässe, Schecks und Tickets, lassen sich am besten nah am Körper in einem breiten **Hüftgurt** aus Baumwollstoff aufbewahren. Unter Hosen und locker fallenden Kleidern kann man ihn um die Hüfte gebunden unauffällig tragen.

Alle Papiere – auch das Geld – werden zusätzlich durch eine Plastikhülle geschützt, denn Schweiß ist zerstörerisch, und unleserliche Bankbescheinigungen oder Flugtickets machen Ärger.

Geld

Währung

Neben der Landeswährung, dem Riel, hat sich der US-Dollar in der kambodschanischen Wirtschaft etabliert. Diese Situation hat ihre Wurzeln im Einsatz der UNTAC Anfang der 90er Jahre, als gut verdienende Einsatzkräfte im Land stationiert wurden, die ihre in Dollar ausgezahlten Gehälter ausgaben.

Es gibt weder Riel-Münzen noch werden amerikanische Münzen akzeptiert. Riel-Banknoten gibt es in folgenden Notierungen: 100, 200, 500, 1000, 2000, 5000, 10 000, 20 000, 50 000 und 100 000. 2002 wurden neue, kleinere Geldscheine eingeführt, aber auch die alten Scheine sind noch gültig. Der **Wechselkurs** liegt stabil bei zirka 4000 Riel für einen US-Dollar. Die besten Kurse werden in Phnom Penh geboten, vor allem in der Umgebung des Psar Thmei.

Die meisten Dinge können in Dollar, Riel oder in einer Mischung aus beiden Währungen bezahlt werden. Höhere Beträge werden überwiegend in Dollar gezahlt, ebenso Übernachtungen, Einkäufe in Supermärkten, Essen in westlichen Restaurants, Flugtickets und manche Schiffspassagen. Es ist zu beachten, dass bei Leistungen, die in Dollar ausgepreist, aber in Riel gezahlt werden, der Wechselkurs um 2–3% niedriger als die offiziellen Kurse der Wechselstuben liegt. Preise auf Märkten, in Nudel- und Garküchen sowie für öffentliche Transportmittel (Moto, Bus, Pick-up, etc.) werden in Riel genannt (nur Tagestouren werden gewöhnlich in US$ angeboten). Noch etwas komplizierter werden die Dinge nahe der thailändischen Grenze, wo der Baht bevorzugt wird. Wer keine Baht in der Tasche hat, kann in der Regel auch in US-Dollar oder Riel zahlen, wobei der Preis aber durchaus ein wenig höher liegen kann. Riel und Dollars können bei lokalen Geldwechslern in Baht umgetauscht werden. Das vorliegende Buch nennt die Preise in der jeweils wahrscheinlichsten Währung.

Für Reisen in die Provinzen empfiehlt sich die Mitnahme von Dollarnoten in kleiner Stückelung, um Dienstleistungen vor Ort und Einkäufe auf Märkten leichter abwickeln zu können. Wechselgeld wird bei größeren Beträgen meistens in Dollar herausgegeben, bei kleineren Summen gibt es dagegen Riel zurück.

Wechselkurs

1 €	= 5000 r		1000 r	=	0,20 €
1 sFr	= 3200 r		1000 r	=	0,31 sFr
1 US$	= 4200 r		1000 r	=	0,24 US$
1 Baht	= 108 r		1000 r	=	9,30 Baht

Banken und Geldwechsler

Kambodschas Banken öffnen in der Regel Mo–Fr 8.30–15.30 Uhr, oft auch Sa 8.30–11.30 Uhr. Sie wechseln jedoch keine Fremdwährungen, weshalb man nur bei Geldwechslern Dollar in Riel umtauschen kann (das Wechseln anderer Währungen – mit Ausnahme des thailändischen Baht – gestaltet sich schwierig; Euros werden u.U. im Psar Thmei von Phnom Penh und in der Umgebung des Marktes von Siem Reap umgetauscht). Wechselschalter finden sich in allen Städten, vor allem in der Nähe der Märkte. Viele Goldschmiede und Juweliere betreiben gleichzeitig Wechselstuben, die an den Vitrinen mit gebündelten Banknoten zu erkennen sind. Sind die Märkte geschlossen, wechseln auch manche Läden (vorwiegend Telefonkartenverkäufer), wenn auch zu etwas schlechteren Kursen.

Normalerweise tippt der Geldwechsler den auszuzahlenden Betrag in einen Taschenrechner und zahlt nach der Zustimmung dem Kunden die entsprechende Summe aus. Diese sollte gleich nachgezählt werden, da später keine Unstimmigkeiten reklamiert werden können. Am besten lässt man sich Stückelungen mittlerer Größe geben (5000 oder 10 000 Riel), da diese bei kleineren Transaktionen eher gewechselt werden können. Bei brandneuen Scheinen sollte man sorgfältig nachzählen, da listige Geldwechsler in manchen Fällen nicht die erwartete Summe auszahlen, weil neuen Scheinen unterschwellig ein höherer Wert beigemessen wird – Differenzbeträge nachfordern und sich ggfs. alte Scheine geben lassen.

Vor der Ausreise können Riel bei den meisten Geldwechslern in Poipet in US-Dollar oder Baht zurückgetauscht werden. Sobald man das Land verlassen hat, besteht keine Möglichkeit mehr zum Umtausch von Riel.

Die Reisekasse

Bargeld

Es empfiehlt sich vor allem bei der Einreise auf dem Landweg, genügend US-Dollar in bar mit sich zu führen, um die ersten ein bis zwei Tage zu überbrücken. Reiseschecks werden nur in den Flughäfen von Phnom Penh und Siem Reap während der Öffnungszeiten der Schalter (🕓 Mo–Fr 8–15 Uhr) gewechselt. Für das kambodschanische Visum sind bei der Einreise US$20 in bar zu zahlen.

Reiseschecks

Sicherheit bieten US$-Reiseschecks (Travellers Cheques) von *AMEXCO (American Express)* oder *Thomas Cook*, die gegen eine geringe Provision bei jeder Bank erhältlich sind. Da die Gebühr beim Einlösen pro Scheck berechnet wird, sollte man lieber weniger Schecks mit einem höheren Wert mitnehmen. Bei Verlust oder Diebstahl werden sie im nächsten Vertragsbüro ersetzt. Wichtig ist, dass für den Nachweis die Kaufabrechnung an einer anderen Stelle aufbewahrt wird als die eigentlichen Schecks. Außerdem hilft eine Aufstellung aller bereits eingelösten Schecks, denn diese werden nicht ersetzt.

Als einzige ausstellende Gesellschaft in Kambodscha ist *American Express* vertreten, repräsentiert durch *Diethelm Travel*, Street 240, Phnom Penh, ✆ 023/219151. *Thomas Cook* hat zwar keine Repräsentanz, ersetzt jedoch verlorene Schecks.

Kreditkarten

Immer mehr Einrichtungen, in erster Linie Luxushotels und westlich orientierte Nobelrestaurants in Phnom Penh und Siem Reap, akzeptieren mittlerweile Kreditkarten. In einigen Hotels der mittleren Preisklasse und bestimmten Reisebüros in Phnom Penh ist ebenfalls Kartenzahlung möglich, allerdings gegen eine Gebühr von 4%.

Auszahlungen auf Visa Card leisten theoretisch mehrere Banken in Phnom Penh, Siem Reap und Sihanoukville, auf MasterCard die Zweigstellen von Canadia Bank und Cambodia Commercial Bank in allen größeren Städten sowie auf American Express Card die Cambodia Commercial Bank in Phnom Penh und Siem Reap. Man sollte sich jedoch keinesfalls auf die Kreditkarten verlassen, da die Computersysteme unzuverlässig sind und für Wochen ausfallen können. Zu beachten ist, dass Bargeldauszahlungen nur von gedeckten Konten möglich sind und Gebühren für die Transaktion erhoben werden.

Bei Drucklegung gab es noch keine mit ausländischen Karten funktionierenden **Geldautomaten** in Kambodscha.

Frauen unterwegs

Kambodschaner respektieren und beschützen ihre Frauen, so dass auch ausländische Touristinnen in der Regel keine Probleme zu befürchten haben. Wie überall sonst sollten sie sich dennoch dezent kleiden und übermäßige Vertraulichkeiten vermeiden, die besonders von alkoholisierten Männern missgedeutet werden könnten. Wenn jemand die Grenzen des Anstands überschreitet, genügt gewöhnlich ein resolutes „*No*", um die Situation zu klären. Khmer-Frauen bringen sich auf geschickte Weise in eine gesicherte, respektable Position, indem sie sich „ältere Schwester" *(bpong serey)* oder „Tante" *(ming)* nennen und den Mann als „Neffen" *(kmaoy bprohs)* bezeichnen. In Ermangelung anderer Möglichkeiten hilft es normalerweise, einen gehörigen Aufstand zu verursachen, so dass alle Leute ringsum begreifen, was vor sich geht – dies beschämt und vertreibt in der Regel jeden aufdringlichen Störenfried.

Schwule und Lesben

Schwule und lesbische Reisende haben in Kambodscha nicht mit ernsthaften Problemen oder Diskriminierungen zu rechnen. Homosexualität ist nicht illegal, wird aber weder öffentlich gezeigt noch zum Gesprächsthema gemacht. Es ist durchaus akzeptabel, wenn zwei Männer oder Frauen in der Öffentlichkeit Händchen halten oder Arm in Arm gehen, was gemischte Paare jedoch keinesfalls tun sollten. Der öffentliche Austausch von Zärtlichkeiten aber ruft Missfallen hervor. Eine homosexuelle Szene oder ein unterstützendes Netzwerk gibt es nicht.

Reisende mit Behinderungen

Kambodscha verzeichnet weltweit den höchsten Anteil an behinderten Menschen pro Kopf der Bevölkerung (einer von 236). Verantwortlich dafür sind Landminen, Kinderlähmung und andere schwere Krankheiten. Da es kein spezielles Versorgungsnetz für die Betroffenen gibt, sind behinderte Reisende in besonderem Maße auf die eigene Durchsetzungskraft angewiesen, obwohl Einheimische sehr hilfsbereit sind.

Vor Reisen nach Kambodscha sollten Behinderte die Bedingungen auf Langstreckenflügen und Inlandsflügen prüfen. Alle Medikamente und wichtigen Hilfsmittel müssen mitgeführt werden. Auch gilt es zu prüfen, ob die Reiseversicherung unvorgesehene Dinge wie etwa den Verlust des Rollstuhls abdeckt. Zudem sind vor Ort nur selten Unterkünfte mit Rampen oder Aufzügen ausgestattet.

Problematisch ist auch die Besichtigung von Pagoden und Tempeln, da überall Stufen zu bewältigen sind. Selbst in relativ eben angelegten Pagoden werden Treppenfluchten und Kanten zu Hindernissen. Besonders große Schwierigkeiten werfen die Tempel von Angkor auf, da zu jedem Pavillon und zentralen Heiligtum unweigerlich Treppen führen. Für US$10–15 pro Tag lassen sich allerdings Helfer auftreiben, und wenn nicht der Anspruch besteht, jede Ecke und jeden Winkel aufzusuchen, sind Tempelbesuche auch Rollstuhlfahrern möglich.

Internationale Behindertenorganisationen

Bundesarbeitsgemeinschaft Hilfe für Behinderte
Kirchfeld Str. 149, 40215 Düsseldorf
☏ 0211-310060, 📠 3100648
✉ info@bagh.de, 💻 www.bagh.de
Gibt eine Liste von Telefonnummern und spezialisierten Reiseveranstaltern heraus.

Bundesverband Selbsthilfe Körperbehinderte
Altkrautheimer Str. 17, 74238 Krautheim/Jagst
☏ 06294-680, 📠 0694-68155
Hilft mit Informationen und Ratschlägen für Reisen mit Behinderungen weiter.

Access-Able
💻 www.access-able.com
Online-Infos für behinderte Reisende.

Wheels Up!
☏ 1-888/389 4335
💻 www.wheelsup.com
Bietet verbilligte Flüge und Touren für Reisende mit Behinderungen, einen kostenlosen monatlichen Newsletter und eine umfangreiche Website.

Mit Kindern unterwegs

Steht nur der Besuch von Angkor und Phnom Penh auf dem Plan, dürfte es keine Probleme geben; aber Abenteuerreisen sollte man in Kambodscha besser nicht mit Kindern wagen. Auch mit einem Säugling ist es wenig ratsam, nach Kambodscha zu fahren, da die hygienischen Bedingungen während des Reisens und das heiße Klima zu gesundheitlichen Belastungen führen können. Die Anreise per Flugzeug und die damit verbundene Zeitverschiebung ist immer beschwerlich, muss jedoch nicht zum Stress werden. Am lästigsten sind die Wartezeiten auf den Flughäfen. Man kann sie allerdings sehr gut nutzen, um sich und die Kinder in den überall vorhandenen Wasch- bzw. Mutter und Kind-Räumen in Ruhe zu waschen, die Zähne zu putzen und die Kleidung zu wechseln, was in den beengten Flugzeugtoiletten nur mit Mühe zu bewerkstelligen ist.

Der Komfort im Flugzeug selbst variiert je nach Fluggesellschaft. Die renommierten bieten „schwebende" Kinderbettchen für Säuglinge und Kinder-Menüs, die vor denen für Erwachsene ausgegeben werden, damit man den Kindern beim Essen behilflich sein kann. Meist gibt es Spiele, Bastelmaterial oder Ähnliches.

Nicht vergessen!

Reisepass (Kinder jeglichen Alters brauchen für Kambodscha einen eigenen)
Impfpass
SOS-Anhänger mit allen wichtigen Daten
Kleidung – möglichst strapazierfähige, leichte Sachen
Wegwerfwindeln
Babynahrung
Fläschchen für Säuglinge
Walkman und Kassetten
Spiele und **Bücher**
Fotos von wichtigen Daheimgebliebenen gegen Heimweh
Kuscheltier (muss gehütet werden wie ein Augapfel, denn ein verloren gegangener Liebling kann allen den Rest der Reise verderben – reiseerprobte Kinder beugen vor, indem sie nur das zweitliebste Kuscheltier mitnehmen)
Sonnencreme mit hohem Lichtschutzfaktor
Kopfbedeckung

Es kann aber passieren, dass es weder Milch noch eine Möglichkeit, sie zu erwärmen, gibt, von Babynahrung ganz zu schweigen. Besonders mit einem Kind unter 2 Jahren, das noch keinen Anspruch auf einen Sitzplatz hat, sollte nur eine der großen Fluggesellschaften in Betracht gezogen werden; der Service ist ungleich besser, und man wird beim Aus- und Einsteigen bevorzugt behandelt, was bei Billiganbietern nicht der Fall ist.

Eine Rückentrage für die Kleinsten hat sich bestens bewährt, man kann sie notfalls auch im Flugzeug aufstellen und dem Kind somit ein Minimum an Bewegungsfreiheit geben. Ein Krabbelkind 10 Stunden auf dem Schoß zu halten, geht über die Kräfte eines einzelnen Menschen. Gerade als allein reisendes Elternteil sollte man sich nicht scheuen, Mitreisende und Flugpersonal um Hilfe zu bitten. In jedem Fall empfiehlt sich eine Ausrüstung mit Windeln, Babynahrung und Wechselwäsche wie für eine Dreitagereise, denn für einen unvorhergesehenen Aufenthalt sollte man immer gewappnet sein.

Für die ersten Nächte nach der Ankunft braucht man ein gutes, möglichst ruhiges Hotel, in dem sich niemand übermäßig durch ein weinendes oder aufgedrehtes Kind gestört fühlt. Auch die Eltern brauchen gute Nerven und eine gute Konstitution, um den Jetlag zu überwinden. Ältere und reisegewohnte Kinder kommen mit der Umstellung eher zurecht, dennoch sollte man auf großartige Unternehmungen gleich nach der Ankunft tunlichst verzichten. Für die Nacht muss unbedingt etwas zu essen und zu trinken bereitgehalten werden.

Keine übertriebene Angst vor Schmutz, Krankheiten und fremder Sprache! Kinder haben normalerweise gute Abwehrkräfte, finden leicht Anschluss und regeln viele Sachen nonverbal. Sie verstehen sehr schnell die Notwendigkeit, sich öfter als gewohnt die Hände zu waschen, kein Wasser aus der Wasserleitung zu trinken etc. Man sollte das Kind vor der Reise gründlich untersuchen lassen und darauf achten, dass es alle erforderlichen Impfungen – einschließlich gegen Kinderkrankheiten – besitzt.

Natürlich bringt das Reisen mit Kind auch Nachteile. Es ist auf jeden Fall teurer, denn die Benutzung glitschiger Gemeinschaftsduschen ist mit Kindern kein Vergnügen. Folglich wird man mehr auf Mittelklasse-Unterkünfte zurückgreifen. Und vom öffentlichen Nachtleben ist man ausgeschlossen, es sei denn, man wechselt sich mit jemandem

Ta Prohm, Angkor: ein Ort wie aus einer anderen Welt

bei der Betreuung ab. Für Extrabetten für Kinder berechnen die Hotels gewöhnlich ein Drittel weniger als bei zusätzlicher Zimmerbelegung durch einen Erwachsenen. In öffentlichen Verkehrsmitteln reisen Kinder kostenlos, wenn sie den Sitz mit einem Erwachsenen teilen, ansonsten für rund ein Drittel billiger als Erwachsene.

Bei jeder noch so kurzen Fahrt sollte man etwas Proviant und zumindest ein Kinder-T-Shirt zum Wechseln im Handgepäck haben. Erwachsene können warten, bis irgendwann angehalten wird, wo es etwas zu essen und zu trinken gibt – Kindern verdirbt eine unfreiwillige Hungerkur oder Durststrecke nachhaltig die Lust am Reisen.

Lebensmittelvorräte sollte man in Plastikdosen aufbewahren oder mit Klebeband luftdicht verschließen, sonst kann man sich vor Ameisen und anderem Kleinvieh bald nicht mehr retten. Auf Reisen sind Plastikwindeln von Vorteil, bleibt man länger an einem Ort, sollte man besser auf Baumwollwindeln zurückgreifen.

Sehr wichtig ist die Einbeziehung der Kinder in die Vorbereitung der Reise. Kinder möchten am Planen oder Kofferpacken teilnehmen und ihre Wünsche sollten im Rahmen des Möglichen berücksichtigt werden. Es ist auch hilfreich, darüber zu sprechen, was es in Kambodscha zu sehen und zu erleben gibt. Kambodschaner lieben Kinder, doch sie bringen ihre Zuneigung (auch ausländischen Kindern gegenüber) gerne durch Kneifen zum Ausdruck, was zwar liebevoll gemeint ist, jedoch ein wenig weh tun kann.

Reiseziele

Die meisten Touristen verbringen während ihres Kambodscha-Aufenthalts einige Tage in der kosmopolitischen Hauptstadt **Phnom Penh**, deren niedrige Silhouette und begrünte Boulevardstraßen eine angenehme Atmosphäre versprühen. Besonders sehenswert sind die extravagante Pracht des **Königspalastes** und der **Silberpagode** sowie die nur einen Steinwurf entfernt im **Nationalmuseum** ausgestellten herausragenden Schaustücke der antiken Khmer-Kunst.

Am Flussufer hat sich eine lebendige Szene mit zahlreichen Cafés und Bars gebildet, und außerdem bietet die Hauptstadt die besten **Einkaufsmöglichkeiten** des Landes – auf den bunten Märkten finden sich schillernde Seidenstoffe und schöne kunsthandwerkliche Gegenstände.

Eines von mehr als 200 Steingesichtern am Bayon, Angkor

Die meisten Besucher kommen jedoch wegen der berühmten Tempelanlagen von **Angkor** nach Kambodscha – unmittelbar vor den Toren der einnehmenden Stadt Siem Reap gelegen. Das bedeutendste dieser großartigen Bauwerke ist der majestätische **Angkor Wat**, doch in der Nähe gibt es noch wesentlich mehr Tempel zu entdecken: Der kompakte **Banteay Srei** mit seinen entzückenden Reliefs sittsamer Göttinnen, der scheinbar aus einer anderen Welt entrückte und im würgenden Griff gigantischer Baumwurzeln ächzende **Ta Prohm** und der überwältigende Tempelkomplex des **Bayon** wetteifern allesamt um die Aufmerksamkeit der Besucher.

Wer den Menschenmengen in Angkor entkommen möchte, kann einige abgelegenere Orte des Landes besuchen, beispielsweise den ausgedehnten Tempelbezirk **Banteay Chmar** im Nordwesten und die Tempel von **Preah Vihear**, die im fernen Norden direkt an der Grenze zu Thailand in spektakulärer Weise an einem Steilabbruch zu kleben scheinen.

Faulenzen an unberührten weißen Sandstränden, die von den Fluten des Golfs von Siam umspült werden, steht in **Sihanoukville** auf dem Programm. Dicht vor den Toren Sihanoukvilles lassen sich im **Ream-Nationalpark** bei einer gemächlichen Fahrt flussabwärts Affen beim Spiel im Mangrovendickicht beobachten, während oben am Himmel Fischadler ihre Kreise ziehen.

Östlich von Sihanoukville befindet sich die reizende Stadt **Kampot**, in der sich französische und chinesische Einflüsse mischen. Kampot ist das Sprungbrett für Ausflüge zum **Bokor-Nationalpark**, der sich wegen eines stimmungsvollen, verlassenen Bergortes und seiner mit Dschungel überzogenen Hänge großer Beliebtheit erfreut.

Ein anderer Ausflug führt von Kampot ins kleine Seebad **Kep**, das noch immer verblichene Noblesse ausstrahlt und dessen winziger Strand zum Picknick und Ausspannen einlädt. Tiefer im Landesinneren liegt **Angkor Borei**, Kambodschas Hauptstadt des 3. Jhs., die ebenso wie die Bergruinen von **Phnom Da** aus dem 6. Jh. oft nur auf dem Wasserweg zugänglich ist.

Nordöstlich der Hauptstadt sorgen nahe der Stadt **Kratie** am Mekong **Irrawaddy-Delfine** für spektakuläre Erlebnisse. Wesentlich zeitraubender und anstrengender ist die Reise zu den nordöstlichen Provinzhauptstädten **Banlung** und **Sen Monorom**, doch die natürliche Schönheit dieses Landesteils sucht in ganz Kambodscha ihresgleichen. Das von Dschungel überzogene Hügelland mit versteckten romantischen Wasserfällen beherbergt eine vielfältige Tier- und Pflanzenwelt und ist die angestammte Heimat einer ethnischen Minderheit, der **Chunchiet**-Stämme.

Im Nordwesten genießt die Grenzstadt **Poipet** zunehmende Beliebtheit als Einreiseort aus Thailand. Auf dem direkten Weg von Poipet nach Phnom Penh oder bei einem Umweg von Siem Reap dorthin bietet sich ein Zwischenaufenthalt im nahen **Battambang** an, wo die attraktivste Kolonialarchitektur des Landes zu bewundern ist.

Praktische Tipps

Übernachtung

Unterkünfte sind in der Regel leicht zu finden, denn selbst in den Provinzstädten stehen einfache Gästehäuser und preiswerte Hotels zur Verfügung. Phnom Penh und Siem Reap verfügen über ein breit gefächertes Angebot an Unterkünften aller Preislagen. Der einzige andere Ort mit Unterkünften außerhalb der Budgetkategorie ist Sihanoukville. Abseits der gängigen Touristenpfade gibt es kaum andere Quartiere als einfache Herbergen für LKW-Fahrer, die im Allgemeinen laut und schäbig sind.

Die Fahrer der Straßentransportmittel setzen Passagiere auf Wunsch gerne an einem bestimmten Gästehaus ab oder schicken sie zumindest in die richtige Richtung.

In den Touristenzentren passen zahlreiche Schlepper die eintreffenden Verkehrsmittel ab, um Reisende „kostenlos" zu Unterkünften zu befördern, von denen sie Provisionen beziehen, doch natürlich kann man sie einfach ignorieren und eigene Wege gehen. In vielen Städten erhalten auch Motofahrer von Gästehäusern, denen sie Kunden bringen, Provisionen in Höhe von 1000–2000 Riel, die natürlich auf den Zimmerpreis aufgeschlagen werden.

Obwohl Budgetunterkünfte gewöhnlich keine Vorausbuchungen akzeptieren, haben einige Unterkünfte in Siem Reap damit begonnen, Reservierungen vorzunehmen und ihre Gäste bei rechtzeitiger Anmeldung am Flughafen oder Pier abzuholen.

Die Zimmer der einfachsten Unterkünfte heißen im Hoteljargon entweder *moi kreh* (ein Bett) oder *bpee kreh* (zwei Betten), was besagt, dass sie mit einem oder zwei Doppelbetten ausgestattet sind. Wenn das Zimmer bezahlt ist, schert sich niemand darum, wie viele Personen sich dort zusammen einquartieren. Unterkünfte der Mittelklasse bieten in der Regel herkömmliche Einzel- und Doppelzimmer an, doch in Häusern der unteren Kategorie können die Zimmer mit einem bis vier Doppelbetten ausgestattet sein. Gehobene Hotels bieten den üblichen internationalen Standard. Abgesehen von den Hotels der gehobenen Kategorie ist das Frühstück gewöhnlich nicht im Preis inbegriffen, denn nur wenige Unterkünfte – außer in Phnom Penh und Siem Reap – besitzen eigene Restaurants.

Viele Hotels stellen Safes für die Aufbewahrung der Wertsachen ihrer Gäste bereit. Auch die Gästehäuser der touristischen Zentren nehmen gewöhnlich die Wertgegenstände ihrer Gäste in Verwahrung. Überall ist es üblich, die Rechnungen vor der Abreise zu begleichen und nicht schon bei der Ankunft Zahlungen zu leisten.

Preiswerte Unterkünfte

In ganz Kambodscha kosten einfache Budgetzimmer US$3–5 pro Nacht. Meistens handelt es sich um winzige fensterlose Kammern mit papierdünnen Wänden, in denen ein Doppelbett mit Nylonbettdecke steht und die mit Laken, Handtuch und elektrischem Ventilator ausgestattet sind. In dieser Preiskategorie gibt es gewöhnlich nur Toiletten und Waschräume, die sich die Gäste teilen müssen. Die Laken sind in der Regel sauber, doch da die Decken nicht zwangsläufig gewechselt werden, empfiehlt es sich, einen Sarong oder ein Laken im Gepäck zu haben. Außerhalb von Phnom Penh und Siem Reap sollte ein Moskitonetz gestellt werden – ist dies nicht der Fall, unbedingt danach fragen.

Der Standard von Toiletten und Waschräumen – ob im Zimmer oder auf dem Gang – schwankt beträchtlich. Das Spektrum der hygienischen Anlagen reicht von Hocktoilette und *mandi* – Becken mit kaltem Wasser, das man sich mit einer Schöpfkelle über den Körper gießt und in die man nicht hineinsteigen darf, weil auch andere das saubere Wasser benutzen wollen – bis hin zu sauberen Toiletten und Duschen nach westlichem Stil. In Zimmern mit Bad stehen in der Regel Toilettenpapier und Seife zur Verfügung.

Selbst in der Budgetkategorie gibt es erhebliche Qualitätsunterschiede. Zum Aufpreis von nur US$5 sind oft Zimmer mit Bad, TV, Baumwolllaken – im feuchten Klima Kambodschas angenehm – und mitunter Kühlschrank zu haben, und für noch einige Dollars mehr sind in der Regel eine Decke und eine heiße Dusche inbegriffen. In den wichtigsten Touristenzentren werden immer mehr Zimmer mit einer Klimaanlage ausgestattet, die man nach eigenem Ermessen nutzen oder auch abstellen kann. Bei Benutzung wird ein Aufschlag von US$5–10 auf den Übernachtungspreis fällig, um die Stromkosten zu decken.

Gästehäuser machen den Löwenanteil unter den Budget-Unterkünften in Kambodscha aus, weichen in Stil und Aufmachung aber stark voneinander ab. Am wenigsten verlockend wirken einstöckige Etablissements, die mit nebeneinander gereihten und durch Sperrholz abgetrennten Zimmern eher an Ställe erinnern. Diese Art von Gästehäusern findet man gewöhnlich in der Nähe von Verkehrshaltestellen. Überwiegend aber haben Gästehäuser – vor allem in Stadtzentren – die Gestalt unpersönlicher Betonbauten, die zwar sauber sind, jedoch keine Behaglichkeit ausstrahlen. Gelegentlich aber findet man noch traditionelle Pfahlhäuser aus Holz, die zwar nicht mit Klimaanlagen oder Zimmern mit Bad aufwarten können, dafür jedoch durch das weiche Baumaterial und attraktive Balkonbereiche sehr gemütlich wirken. Es ist zu beachten, dass die Grenze zwischen Gästehäusern und billigen Hotels in Kambodscha mitunter etwas verschwimmt. So werden beispielsweise in den „Guesthouses" von Siem Reap Preise verlangt, die an die der billigeren Hotels heranreichen.

Mittlere Preisklasse

Die Unterkünfte der Mittelklasse weisen ein breites Preisspektrum auf, das von ca. US$15 bis US$80 reicht und sich durch Zimmer sehr unterschiedlicher Qualität erklärt. Vor der Einquartierung sollte man sich getrost einige Zimmer zeigen lassen. Am unteren Ende der Preisskala sind die Räume meist mit Bad, heißer Dusche, Klimaanlage, TV und Kühlschrank ausgestattet. Mit steigendem Preis wird die Einrichtung vornehmer, und möglicherweise kommt sogar eine richtige Badewanne hinzu.

Hotels mit Zimmerpreisen über US$25 akzeptieren in der Regel Kreditkarten, erheben jedoch gewöhnlich eine Gebühr von 4%. Es lohnt sich zu prüfen, ob Steuern und Bedienungsgelder im Preis inbegriffen sind, da beide zusammen die Rechnung um 20% erhöhen. Das Frühstück ist nicht unbedingt im Preis enthalten, doch die besseren Hotels dieser Kategorie gehen zu dieser Regelung über.

Luxusklasse

Unterkünfte der Luxusklasse mit Preisen von mehr als US$80 pro Nacht für ein Doppelzimmer gibt es nur in Phnom Penh und Siem Reap. Es empfiehlt sich zu reservieren, da diese Hotels bevorzugt von Konferenzteilnehmern und Gruppenreisenden genutzt werden und ausgebucht sein können.

Neben großen bequemen Zimmern gibt es in diesen Häusern Restaurants und Bars, meist einen Swimmingpool, und womöglich steht im Zimmer sogar ein Laptop-Anschluss bereit. Die Spitzenhotels dieser Kategorie verfügen über mehrere Restaurants, Bars, Geschäfte, ein Fitnesszentrum, Tennisplätze sowie andere Einrichtungen für sportliche Aktivitäten, und sie können sich mit den besten internationalen Hotels messen.

Zimmerpreise

Die Unterkünfte sind in diesem Reiseführer nach den unten genannten **Preiskategorien** eingestuft. Sie beziehen sich auf den Minimalpreis, der für ein Doppelzimmer in der betreffenden Unterkunft zu entrichten ist. Stehen Schlafsäle zur Verfügung, so wird im Text der Preis für ein Bett in Riel oder Dollar genannt – üblich sind US$1–2. Anmerkung: Außer in Phnom Penh, Siem Reap und Sihanoukville sind kaum Zimmer oberhalb der Kategorie ❸ zu finden.

Preiskategorien:

❶	unter US$5
❷	US$5–10
❸	US$10–15
❹	US$15–25
❺	US$25–50
❻	US$50–80
❼	US$80–140
❽	US$140–200
❾	über US$200

Essen und Trinken

Kambodschanische Mahlzeiten sind nicht besonders scharf, dafür jedoch oft mit aromatischen Kräutern wie Zitronengras oder Koriander verfeinert. Viele Gerichte sind Variationen von Speisen aus anderen asiatischen Ländern, vornehmlich aus China, das einen großen Einfluss auf die kambodschanische Küche hat.

Gekocht wird zumeist im Wok auf einem mit Holzkohle befeuerten Ofen, doch zunehmend werden in den Städten auch Gasbrenner eingesetzt – viele Einheimische schwören auf den rauchigen Geschmack der auf Holzkohle zubereiteten Speisen.

Viele Gerichte werden in Palmöl gebraten, und da man sie vor dem Servieren nicht abtropfen lässt, kommen sie recht ölig auf den Tisch. Vegetarier sollten wissen, dass der Wok zwischen der Zubereitung von Fleisch- und Gemüsegerichten nur selten ausgewaschen wird. Nur wenige Kambodschaner besitzen einen Kühlschrank, doch selbst wenn sie einen haben, kaufen sie lieber auf dem Markt Frischwaren nach aktuellem Bedarf ein.

Wie in vielen Ländern, in denen Reis das Grundnahrungsmittel darstellt, ist er auch in Kambodscha praktisch zum Synonym für Essen geworden. Die geläufige Vokabel für essen ist *nyam bye*, wörtlich übersetzt: „Reis essen".

Wo essen?

Das preiswerteste Essen bieten **Straßenhändler** an, die ihre Spezialitäten in Handkarren oder an Tragstangen auf der Schulter zum Markt bringen – egal ob gebratene Nudeln oder Baguettes, frisches Obst oder Speiseeis.

Ein weiterer Anlaufpunkt für preiswerte Nahrungsmittel sind die **Märkte** des Landes, die tags und nachts an teils unvermuteten Stellen zu finden sind, offerieren Stände eine bunte Vielfalt von Gerichten und Nachspeisen zu Preisen, die nur geringfügig über denjenigen der Straßenhändler liegen. Die einzelnen Stände bieten jeweils eigene Spezialitäten an, doch es kann von jedem Stand bestellt werden – egal wo man gerade sitzt. Am Ende der Mahlzeit zahlt man beim Besitzer der Bestuhlung, der mit den Kollegen, die etwas gebracht haben, intern abrechnet.

Überall in den Städten und besonders in der Nähe von Märkten und Haltestellen gibt es **Nudelküchen** und **preiswerte Restaurants**. Nudelküchen, *haang geautiev* genannt, öffnen um circa 5.30 Uhr fürs Frühstücksgeschäft und bieten zu dieser Tageszeit diverse Nudelsuppen, Dampfbrötchen und Reis-Porridge an. Gegen 9 oder 10 Uhr verwandeln sie sich in Kaffeestuben, die heißen und kalten Tee und Kaffee sowie Softdrinks und junge Kokosnüsse anbieten, bis sie zwischen 16 und 17 Uhr schließen.

Preiswerte Restaurants *(haang bye)* sind an einer Reihe von Töpfen zu erkennen, in denen sich die Gerichte des Tages befinden, die nach erlaubtem Lüpfen der Topfdeckel einen authentischen Einblick in die heimische Familienküche vermitteln. Die durch Fingerzeig ausgewählten Speisen werden in separaten Schalen zusammen mit einem Teller Reis zum Tisch gebracht. Das Essen in diesen kleinen Küchen schmeckt sehr gut und ist mit 2000 Riel pro Portion preislich vergleichbar mit einer Mahlzeit an einem Marktstand – inklusive Reis und Eistee, der nach Wunsch nachgefüllt wird.

Die **internationale Küche** ist sowohl in Phnom Penh als auch in Siem Reap mit einer enormen Auswahl vertreten. Ohne große Mühe sind französische und japanische Spezialitäten, Pizzas, Burger und sogar Sonntagsbraten zu finden. Hingegen kann das Angebot in ländlichen Gebieten und kleinen Ortschaften so begrenzt sein, dass abends bestenfalls eine Schüssel Fertignudeln aufzutreiben ist. Zwischen diesen beiden Extremen haben die meisten Städte ausschließlich Gerichte aus der Khmer-Küche zu bieten. Lediglich in größeren Städten gibt es chinesische Restaurants mit umfangreichen Speisekarten.

Nahezu alle Restaurants sind **täglich geöffnet**. Nur manche westlich orientierte Lokale haben an einem Tag in der Woche geschlossen, was in diesem Reiseführer an entsprechender Stelle vermerkt ist. Die Khmer speisen gemessen am westlichem Standard früh: Das Frühstück ist um 8 Uhr gewöhnlich beendet, zu Mittag gegessen wird gegen 12.30 Uhr und das Abendessen ist eine recht ruhige und kurze Angelegenheit, da die Menschen (vor allem in den Provinzen) ihr Essen lieber mit nach Hause nehmen. Khmer-Restaurants sind in den Provinzen gewöhnlich von circa 6 Uhr bis 19 oder 20 Uhr geöffnet, in Phnom Penh, Siem Reap und Sihanoukville bis 21 oder 22 Uhr. Es ist normalerweise selbst in teuren Restaurants nicht nötig, Reservierungen zu treffen. Dieses Buch gibt daher eine Telefonnummer nur für solche Lokale an, die ihre Mahlzeiten mit einem Kulturprogramm verknüpfen – wie beispielsweise in Siem Reap – oder sich für besondere Feierlichkeiten eignen.

Mahlzeiten und Tischetikette

Grundlage der meisten kambodschanischen Mahlzeiten ist polierter weißer Reis, der entweder in einer großen Schüssel, aus der man sich selbst bedient, oder in kleinen individuellen Portionen auf den Tisch kommt. Der Reis wird mit Gabel und Löffel – Kambodschaner benutzen keine Messer – aus einer flachen Schale gegessen, die einem Suppenteller ähnelt. Man führt den Löffel mit der rechten Hand und benutzt die Gabel, um das Essen zu zerkleinern und auf den Löffel zu schieben.

Weit verbreitet sind Nudeln, die man mit Hilfe von Stäbchen und einem chinesischen Suppenlöffel verzehrt, doch man isst sie eher als Snack denn als eigenständige Mahlzeit. Chinesische Restaurants servieren Reis und Nudeln in kleinen Porzellanschalen und legen Essstäbchen dazu.

Eine Tischgesellschaft bestellt je nach Personenzahl mehrere Gerichte – Fisch oder Fleisch, Gemüse und vielleicht eine Suppe –, die mitten auf den Tisch gestellt werden, so dass sich jeder nach Belieben bedienen kann. Wird die Suppe nicht zusammen mit den anderen Speisen serviert, wie meist in chinesischen Lokalen, so folgt sie zum Schluss und wird aus einer großen Schüssel in die individuellen kleinen Porzellanschalen gelöffelt.

Es empfiehlt sich, vor dem Essen die Schalen, Bestecke und Gläser mit den auf allen Tischen bereitliegenden Papiertüchern zu putzen. Obwohl Kambodschaner normalerweise nicht mit den Fingern essen, darf man Fleischbrocken oder Hühnerteile durchaus mit der rechten Hand greifen – keinesfalls jedoch mit der linken, denn diese ist unrein, da sie nach dem Toilettengang zur Reinigung dient. Auf jedem Restauranttisch stehen Zahnstocher bereit – die Tischsitten schreiben vor, den Zahnstocher mit einer Hand zu führen und mit der anderen den geöffneten Mund zu verdecken.

Kambodschanisches Essen

Viele kambodschanische Speisen sind Variationen chinesischer Gerichte, die im Wok unter Rühren gebraten werden. Im Grunde eignet sich jede denkbare Kombination von Zutaten für diese Art der Zubereitung. Huhn und Schwein oder Froschschenkel können mit Ingwer, Frühlingszwiebeln und Knoblauch unter Rühren gebraten werden, und Basilikum ist eine passende Abrundung zu Garnelen oder Hühnerfleisch. Zu den beliebten Kombinationen gehören Reis und Nudeln mit klein geschnittenem Schweinefleisch, Rindfleisch, Krabben und Gemüse, alles zusammen kurz angebraten und serviert mit untergerührtem Ei oder obenauf liegendem Spiegelei.

Süßsaure Gerichte sind ebenfalls erhältlich, in der Regel mit Fisch, Huhn oder einfach nur Gemüse, die kurz angebraten und unter anderem mit Ananas, Zwiebeln und grünen oder roten Tomaten zubereitet werden.

Marktstände und preiswerte Restaurants bieten zahlreiche Eintopf- und Currygerichte an. Kambodschanischer Eintopf wird meist auf der Grundlage einer leichten Brühe (mit Rindfleisch oder Fisch) zubereitet, und oft gehört auch ein hart gekochtes Ei dazu. Currygerichte, meist mit Rindfleisch, sind nur mäßig scharf und für den europäischen Gaumen im Allgemeinen etwas trocken.

Überall führen Straßenstände und Restaurants Huhn und Fisch im Angebot, die auf Holzkohle gegrillt werden und deshalb etwas rauchig schmecken. Fisch wird mit einer Sauce aus geriebener grüner Mango, Chili, Knoblauch und Fischsauce serviert, während zu Hühnergerichten Salatgarnierungen und eine süße Chilisauce gereicht werden.

Die Khmer-Küche kennt zwei verschiedene Suppenarten: *Sumlar* wird auf Bestellung hin frisch zubereitet und unter großer Hitze rasch aufgekocht, während *sop* auf einer Brühe basiert und in der Regel schon länger köchelt. Auf nahezu allen Speisekarten steht *sumlar sngouw jerooet* mit Hühnerfleisch oder Fisch, die mit Zwiebeln, Zitrone und Schnittlauch zubereitet wird.

Reis und Nudeln

Abgesehen von gekochtem Reis essen Kambodschaner gerne einen Reisbrei namens *borbor*, der als Frühstück oder Nachtmahl an Marktständen, auf Nachtmärkten und in preiswerten Restaurants angeboten wird. *Borbor* wird entweder ungewürzt aufgetragen, so dass man ihn nach eigenem Geschmack mit Trockenfisch, gesalzenen Eiern oder gebratenem Gemüse anreichern kann, oder er wurde bereits in einer Brühe gekocht und mit Fisch-, Hühnerfleisch- oder Schweinefleischbrocken verlängert. Zum Nachwürzen eignen sich zerkleinerter frischer Ingwer, einige Spritzer Limonensaft oder scharfe Sojabohnenpaste, die allesamt auf den Tischen der Restaurants bereitstehen.

Geautiev (ausgesprochen „goi tiel"), weiße Nudeln aus Reismehl, sind in verschiedenen Formen und Größen erhältlich – in dünnen Fäden für Nudelsuppe oder breit und dick für *nom bany jowk*, das Straßenverkäuferinnen aus Körben verkaufen, die sie an Tragstangen geschultert zum Markt bringen; das Gericht besteht aus kalten Nudeln mit einer lauwarmen Currysoße. Gelbe Eiernudeln *(mee)* werden aus Weizenmehl hergestellt und für Suppen verwendet oder angebraten serviert. Frisch zubereitete *mee* – genannt *mee kilo,* da sie nach Gewicht verkauft werden – sind in größeren Städten zu bekommen. In der Provinz essen die Einheimischen eher Fertignudelgerichte, die abgepackt aus Thailand und Vietnam importiert werden. *Loat chat,* den Makkaroni ähnelnde Hohlnudeln, werden von Straßenhändlern, die mit Handkarren und Kohleöfen ausgestattet sind, frisch gebraten. Eine solche Mahlzeit mit Spiegelei kostet 1000–1500 Riel.

Fleisch

Fleisch ist relativ teuer, wird unweigerlich in kleine Stücke oder Streifen geschnitten und mit viel Gemüse aufgetragen. Schweinefleisch ist fast überall erhältlich, was die zahlreichen Schweine bezeugen, die selbst in den kleinsten Dörfern umherstreifen, doch Rindfleisch ist seltener im Angebot, da Kühe als Arbeitstiere eingesetzt werden und nicht unbedingt zur Fleischgewinnung dienen. Das beste Rindfleisch gibt es in großen Städten, während es andernorts oft zäh und sehnig ist.

Sop chhnang day, weniger eine Suppe als eine eigene Mahlzeit, erinnert an ein Fondue: Ein Tontopf mit heißer Brühe und Fleischbällchen wird auf eine in der Tischmitte von unten befeuerte Pfanne gestellt. Sobald die Suppe kocht, gibt man individuell gewünschte Zutaten, die auf Serviertellern auf dem Tisch stehen, in den Topf. Rohes Rindfleisch oder Wildbret wird bei vielen Gerichten vor dem Kochen mit rohen Eiern vermengt; dazu kommen Kräuterzweige, diverse Gemüsesorten, gelbe und weiße Nudeln, Tofu, Pilze und getrocknete Plättchen aus Sojabohnen, die entfernt an Hühnerhaut erinnern. Brühe und Zutaten werden nachgereicht, bis der Hunger gestillt ist, und am Ende der Mahlzeit wird nach der Anzahl der auf dem Tisch stehenden Teller abgerechnet. Restaurants, die *sop chhnang day* als Spezialität anbieten, machen in der Regel durch ein Schild mit einer dampfenden Pfanne über einem Brenner auf sich aufmerksam.

Sehr beliebt als abendlicher Snack zu Getränken ist *sait gow ang:* Rindfleisch, das am Tisch auf einem kleinen Kohlebrenner zubereitet und mit eingelegtem Gemüse und frischen Kräutern gegessen wird. Das in ähnlichem Stil zubereitete Gericht *chhnang phnom pleung* – der Name spielt auf die Form des Brenners an und bedeutet so viel wie „Vulkantopf" – ist eher eine Hauptmahlzeit: Das in Streifen angerichtete Rindfleisch oder Wildbret wird vor dem Kochen mit einem rohen Ei vermischt; dazu werden rohe Gemüse wie grüne Tomaten, Paprika oder grüne Salate gereicht. Nachdem Fleisch und Gemüse nach individuellem Geschmack gegrillt worden sind, werden sie in Salatblätter gewickelt und vor dem Verzehr in eine Sauce getunkt.

Eine Spezialität preiswerter Restaurants ist *kaar*, ein gedämpftes Gericht aus Schweinsfüßen und grünem Kohl oder aus Fisch und Bambussprossen; dazu wird ungewürzter Reisbrei *(borbor)* gereicht. Kambodschanische Frühlingsrollen sind gewöhnlich mit Schweinefleisch gefüllt (besonders vietnamesische Restaurants reichen sie aber auch als Appetithappen in vegetarischer Form). Sie werden entweder gedämpft oder frittiert, mit Gurkenscheiben, Bohnensprossen und Kräutern in Salatblätter gewickelt und vor dem Essen in eine süße Chilisauce getunkt. Insbesondere vietnamesische Restaurants bieten auch vegetarische Versionen an.

Geflügel

Hühner- und Entengerichte beinhalten in Kambodscha oft mehr Knochen als Fleisch. Außerhalb der Touristenrestaurants werden die Tiere samt Knochen kleingehackt, so dass man bei jedem Bissen Knochenstücke aussortieren muss.

Eine erfrischende Alternative ist *sumlar ngam ngouw*, eine klare Hühnerbrühe mit Limonen und Kräutern. Unbedingt versuchen sollte man die eher selten angebotenen Brathühnchen, die in einem Metalltopf auf mit Holz befeuerten Öfen zubereitet werden und wirklich lecker sind. Da sie gewöhnlich nur auf besondere Bestellung hin zubereitet werden, sind längere Wartezeiten die Regel.

Fisch

Fisch gibt es überall, und für die meisten Kambodschaner ist er die wichtigste Proteinquelle. In der Nähe des Tonle Sap ist die Auswahl an Süßwasserfischen besonders groß, während überall an der Küste reichlich Meeresfische angeboten werden, die im Landesinneren wiederum nur in Phnom Penhs Spezialitätenrestaurants erhältlich und dort entsprechend teuer sind.

Fisch wird in allen Zubereitungsarten serviert: gegrillt, gebraten, gedämpft oder in Suppen. Nicht leicht zu finden ist das köstliche *amok*, ein mildes Fischcurry nach kambodschanischer Art – der Fisch wird mit Kokosmilch und Gewürzen versetzt, in Bananenblätter gewickelt und gebraten. Einige Restaurants in Siem Reap kochen ihn als interessante Variante in der Schale einer jungen Kokosnuss.

Sehr beliebt ist Trockenfisch. Besonders geeignet zum Trocknen in der Sonne sind große Süßwasserfische aus dem Tonle Sap, die wie Lachs längsseitig aufgeschnitten, über Holzkohle gegrillt und mit Reis gegessen werden. Bei günstigen Marktpreisen tragen die Einheimischen diese Fische körbeweise heim, um sie vor der eigenen Haustür zu trocknen.

Vegetarisch

Kambodschas Märkte bieten eine reiche Vielfalt an Gemüsesorten, darunter auch etliche, die Ausländern unbekannt sind. Alle Gemüsesorten kommen täglich frisch auf den Markt, doch viele von ihnen sind auf den Speisekarten der Restaurants nicht zu finden. Beliebt ist das exotische Gemüse *trokooen*, ein Windengewächs – es handelt sich um eine Wasserpflanze mit dickem hohlem Stiel und länglichen herzförmigen Blättern, die vor dem Kochen sorgfältig entfernt werden müssen. Dieses Gemüse wird meist zusammen mit Knoblauch und Austernsauce unter Rühren gebraten und erinnert im Geschmack an Spinat.

Obwohl gläubige Buddhisten alle zwei Wochen mindestens einmal vegetarisch essen sollen, können Kambodschaner im Allgemeinen nicht verstehen, warum Leute auf Fleisch und Fisch verzichten, wenn sie sich diese Nahrungsmittel leisten können. Selbst Mönche leben heutzutage nicht unbedingt strikt vegetarisch.

Wer unbedingt vegetarisch essen möchte, sollte bei der Bestellung verdeutlichen, dass die Mahlzeit ohne Fleisch *(ot dak sait)* oder Fisch *(ot dak trei)* zubereitet werden soll. Bei den meisten unter Rühren gebratenen Gerichten und Suppen ist dies problemlos möglich. Eventuell aber muss man sich belehren lassen, dass ein Gericht ohne Fleisch „nicht schmeckt", und womöglich kommt der Kellner mehrmals zurück, um sich zu vergewissern, dass er die Bestellung richtig verstanden hat. Um sicher zu sein, dass weder Krabben noch Huhn, Ente oder Innereien hinzugefügt werden und keine Fleischbrühe zum Einsatz kommt, muss man eine umfangreiche Verbotsliste aufstellen. Daher ist ein gewisses Maß an Flexibilität hilfreich. Veganer müssen unbedingt darauf hinweisen, dass keine Eier verwendet werden sollen (dazu sagt man *ot yoh pong mawn* bzw. *pong dteer)*, denn Eier gehören für Kambodschaner zu vielen Gerichten einfach dazu. Hingegen sind Probleme mit Milchprodukten kaum zu erwarten, da diese außerhalb westlicher Restaurants kaum angeboten werden.

Jedes Khmer-Restaurant bietet gemischtes gebratenes Gemüse an. Die Zutaten wechseln je nach Saison, und in manchen Lokalen können die Gäste ihr Gericht aus dem Tagesangebot selbst zusammenstellen. Zu dieser und anderen Speisen werden häufig grüne Tomaten gereicht, die herzhaft und erfrischend sind. Rote Tomaten sind nur beschränkt erhältlich und gehören zu den eher ausgefallenen Rezepten.

Wer eine größere Auswahl an vegetarischen Gerichten sucht, ist in chinesischen Restaurants gut aufgehoben. An Straßenständen und auf Märkten werden *noam gachiey* angeboten, eine Art Burger, die aus Reismehl, Schnittlauch und Kräutern hergestellt und gedämpft oder gebraten werden; dazu wird eine süße Sauce auf Basis von Fischsauce gereicht oder auch einfach nur Sojasauce. Viele Restaurants bieten inzwischen sogar Pommes frites an, die Kambodschaner eher selten essen und die mit verschiedenen Gewürzen und Zutaten wie Zitronensaft mit Pfeffer oder süßer orangefarbener Chilisauce aufgetragen werden.

Das kambodschanische Wort *gee* bezeichnet alle Kräuterarten, die beim Kochen verwendet, als Nebengericht gereicht oder zu medizinischen Zwecken eingenommen werden. Nur die wenigsten von ihnen – etwa Minze und Koriander – sind leicht zu identifizieren. Zu den exotischeren Arten gehören Wassergras, Rebsorten und junge Baumblätter.

In Salzlake eingepökelte Gemüsesorten werden gerne als Appetithappen, Nebengericht oder Füllung für Baguettes serviert. Es gibt eine Vielzahl an Kombinationen von Kohl, Gurken, Ingwer, weißen Rüben, Bambussprossen, Zwiebeln und Bohnensprossen, die nicht selten als Blickfang zu kunstfertig geschnitzten Formen arrangiert werden. Salat aus grüner Papaya, getrockneten Shrimps, Fischpaste und zerstoßenen Erdnüssen wird nach laotischer Art als Hauptspeise mit Klebreis oder einfach nur als Snack gereicht.

Snacks

Das Angebot der zahlreichen Snacks verändert sich im Tagesablauf. Zum Frühstück oder als Snack am Nachmittag locken zahlreiche Straßenhändler und Restaurants mit *noam bpaow* – Dampfbrötchen oder -nudeln, die der chinesischen Küche entlehnt sind. Der weiße Teig enthält eine Füllung aus einer Mischung aus Schweinehackfleisch, Rüben, Ei und Schnittlauch. Seltener zu finden ist eine kleinere süße Variante, die mit grüner Mungbohnenpaste gefüllt ist.

Nachmittags und abends bieten Straßenhändler für ca. 2000 Riel knusprige Baguettes an, die je nach Wahl mit Hackfleisch, Sardinen oder eingelegtem Gemüse gefüllt werden. In den Bierlokalen der Nachtmärkte werden zu alkoholischen Getränken *grueng klaim* gereicht, herzhafte getrocknete Rind- oder Schweinefleischstreifen mit eingelegten Gemüsesorten.

Bany chaev, im Wok zubereitete Pfannkuchen, sind an zahlreichen Marktbuden erhältlich. Sie werden aus Reismehl hergestellt, mit Schnittlauch versetzt und durch den Zusatz von Kurkuma grellgelb. Ihre Füllung besteht aus gebratenem Schweinehackfleisch, Zwiebeln, Krabben und Bohnensprossen, und man isst sie häppchenweise, indem man sie in Kopfsalatblätter wickelt und vor dem Verzehr in ein Gemisch aus Fischsauce, Knoblauch, Zitrone und zerstoßenen Erdnüssen tunkt.

Unglaublich beliebt als Snack sind Eier in allen Variationen. Sie sind einfach überall erhältlich – bei Straßenhändlern, auf Nachtmärkten oder an Verkehrshaltestellen. Besonders gefragt sind happengroße Wachteleier. Die schwarzen Eier, die überall auf Märkten und in Garküchen angeboten werden, sind die so genannten „tausendjährigen Eier" – Enteneier, die in Gläsern mit Salzlake gelagert werden, bis die Schale schwarz und das Eiweiß und Eigelb zu einer gallertartigen Masse geronnen sind, die an die Konsistenz weich gekochter Eier erinnert.

Vor allem auf Nachtmärkten werden zum Bier *pong dteer gowne* angeboten, wörtlich: Enteneier mit Entchen. Diese Eier mit angebrüteten Küken sollen kräftigend und gesundheitsfördernd sein. Sie werden gekocht und mit Kräutern sowie einer Sauce aus Salz, Pfeffer und Zitronensaft serviert – schmeckt nicht schlecht, solange man nicht zu genau hinschaut, was man isst.

Zu den beliebtesten Snacks gehören Kochbananen, die mit Salz gewürzt und entweder über Holzkohle gegrillt oder im Wok zusammen mit Sesamsamen gebraten werden. Letztere schmecken kochend heiß am besten. Ebenfalls auf allen Märkten zu finden ist *noam ensaum jayk*, süßer Klebreis in verschiedenen Formen wie etwa Pyramiden oder Rollen, in dem ein Stück Banane steckt und der in Bananenblättern verpackt wird.

Zu den ungewöhnlichen Snacks gehört das äußerst beliebte *grolan*, eine köstliche Füllung aus Klebreis, Kokosmilch und dunklen Bohnen, die im Bambusrohr über Holzkohle gegart und von Straßenhändlern vor allem in den Provinzen bündelweise verkauft wird. Der Bambus wird nach dem Kochen bis auf die letzte dünne Hülle entfernt, die man vor dem Verzehr abschälen muss, um an den Inhalt zu gelangen. Je nach Saison erhältlich sind *chook*, die kegelförmigen grünen Samen der Lotosblume, die ebenfalls bündelweise zu drei oder fünf Stücken verkauft werden. Man muss die Samen aus den grünen gummiartigen Hülsen lösen, die Außenhaut abziehen und nur den innersten Kern essen, der ähnlich wie Erbsen schmeckt.

Beilagen

Keine kambodschanische Mahlzeit wäre ohne diverse Beilagen komplett. Zu den beliebtesten unter ihnen gehört *prohok*, eine gesalzene fermentierte Fischpaste, die wie rosafarbene Pastete aussieht und einen unglaublich intensiven Geschmack hat, der an Sardellen erinnert. Ein Klecks dieser Paste wird auf einem Beistellteller zusammen mit rohem Gemüse, *gee* und essbaren Blumen serviert. Man tupft entweder eine kleine Menge mit dem bereitstehenden Gemüse auf oder schöpft ein Häppchen mit einem Löffel Reis ab. Auf den Speisekarten von Restaurants der gehobenen Klasse ist *prohok* nicht unbedingt zu finden, doch allgegenwärtig ist es an Ständen, in Marktbuden und in kambodschanischen Privathäusern.

Die im Geschmack weniger dominante Fischsauce *dtuk trei* riecht ebenfalls recht penetrant. Sie dient als Tunke für alle Sorten von Speisen und wird aus Salz- und Süßwasserfischen hergestellt, die schichtweise mit Salz in großen Fässern eingelagert werden. Während des Fermentierens wird der Saft unten am Fass in Flaschen abgezapft.

Weitere Beilagen sind Chilisauce und Sojasauce, die nach individuellem Geschmack mit Chilis und Knoblauch angereichert werden, die entweder schon in Gefäßen auf dem Tisch bereitstehen oder jederzeit nachbestellt werden können.

Frühstück

Zum Frühstück essen Kambodschaner gerne Reis mit gebratenem Hühner- oder Schweinefleisch, der mit Gurkenstreifen, eingelegtem Gemüse und einer Schale klarer Suppe gereicht wird. Ebenfalls großer Beliebtheit erfreut sich *geautieuv sop*, eine klare Brühe mit Reisnudeln sowie Hühner-, Schweine- oder Rindfleischstreifen: Die anderen üblichen Zutaten sprechen den westlichen Gaumen etwas weniger an, denn es handelt sich um Dinge wie zerkleinerte Gedärme, Magenwände und geronnenes Blut, die Kambodschaner mit Hingabe schlürfen, da sie den Körper stärken sollen. Auf dem Tisch stehen zur individuellen Bedienung gewöhnlich Bohnensprossen und Limonenscheiben bereit.

Gästehäuser, Hotels, Cafés und Restaurants in Phnom Penh und Siem Reap, die auf Touristen und ausländische Arbeiter eingestellt sind, führen westliches Frühstück im Angebot.

In den Provinzen bewirten mitunter bestimmte Restaurants die Mitarbeiter von NGOs zum Frühstück mit Spiegeleiern oder Omelettes mit Brot, doch ansonsten ist es schwierig, zum Tagesbeginn etwas anderes als Khmer-Kost aufzutreiben.

Desserts und Süßigkeiten

Spezialitätenbuden, die um die Mittagszeit auf den Märkten oder am späten Nachmittag und Abend am Straßenrand den Betrieb aufnehmen, bieten einheimische Desserts in einer breiten Farben- und Formenvielfalt an. Auf großen flachen Auslagebrettern liegen Süßwaren aus Vanillepudding, Grütze oder Klebreis, die zu mundgerechten Stücken geschnitten und in Schalen mit geraspeltem Eis und einem Schuss Kondensmilch aufgetischt werden. Eine Variante bilden getrocknete und kandierte Früchte, Bohnen und Nüsse mit geraspeltem Eis und Sirup.

Zu den weiteren Süßspeisen gehören süßer Klebreis mit Getreidekörnern, Mungbohnen oder Lotossamen sowie pochierter Kürbis oder auch Palmfrüchte mit Sirup, die allesamt an Marktständen aus großen Schüsseln geschöpft und in kleinen Portionen aufgetischt werden.

Khmer-Restaurants servieren hingegen nur selten andere Nachspeisen als frisches Obst, doch bessere Lokale führen mitunter importiertes Speiseeis im Angebot. In großen Städten bieten eine Hand voll Bäckereien Kuchen und Backwaren an, darunter so vertraute Dinge wie gefüllte Puddingteilchen und Kokos-Törtchen. In vielen Städten bieten Marktstände Biskuitgebäck an. In Phnom Penh gibt es Croissants, die jedoch recht teigig sind.

Obst

Überall in Kambodscha gibt es bunte Obststände mit einer vielfältigen Auswahl an frischen Produkten. Die Verkäufer lassen neugierige Kunden vor dem Einkauf gerne probieren. Importierte Obstsorten wie Äpfel, Birnen und Trauben sind relativ teuer.

Kambodschanische Delikatessen

Kambodschaner essen fast alles, denn nichts entgeht der Genussfreude eines wahren Gourmets, nicht einmal Insekten. Auf den Märkten stehen große Auslagekästen mit Käfern und Grillen, die geröstet, tütenweise verkauft und als Naschwerk verspeist werden. Spinnen sind eine Spezialität der Stadt Skone zwischen Phnom Penh und Kompong Cham – dort werden große schwarze und haarige Taranteln aufgespießt und geröstet.
In Phnom Penh bieten gehobene chinesische Restaurants und auf Meeresfrüchte spezialisierte Lokale neben zahlreichen Gerichten mit Schalentieren und Fischen auch Schlangen, Schildkröten und wilde Tierarten wie Rotwild, Wildschwein, Hase und **Eidechsen** an.
Manche Lokale führen mitunter auch illegal gefangene Tiere wie Palmenroller oder Bären im Angebot, doch eine scharfe Kampagne hat diese üble Sitte in der jüngeren Vergangenheit stark zurückgedrängt.
Hingegen werden in vielen Khmer-Restaurants winzige gebratene **Spatzen** *(jarb jeyan)* und andere kleine Vögel zum Verzehr angeboten.

Provinz Battambang, die Reiskammer Kambodschas

Es gibt viele unterschiedliche Bananensorten, die im Westen zum Teil unbekannt sind. Sie wachsen nahezu überall, sind mit rund 1000 Riel pro Kamm sehr billig und werden in großen Mengen als Snack, zum Kochen oder auch als Opfer für die Pagode verkauft. Fast überall zu finden ist die schlanke Sorte *jayk oumvong*, die auch in reifem Zustand grün bleibt. Die mittelgroße, drall wirkende gelbe Banane *jayk numvar* soll kühlend auf den Körper wirken, während die sehr süße und etwas teurere *jayk pong mowan* wärmen soll. Die großen roten oder grünen Bananen mit trockenem und faserigem Fruchtfleisch werden zum Kochen verwendet.

Die hartschalige stachelige Durian hat die Größe eines Rugbyballs. Während die Khmer diese Frucht sehr schätzen, müssen sich Ausländer erst an sie gewöhnen, denn sie stinkt fürchterlich. Innen hat sie mehrere Segmente mit zwei oder drei Kernen, die von bleichgelbem Fruchtfleisch mit cremiger Konsistenz umgeben sind. Das Fruchtfleisch kann durchaus süchtig machen, wenn man den Gestank erst einmal überwunden hat.

Longan, auch als Drachenaugen bekannt, wachsen fast das ganze Jahr über und werden meist büschelweise am Zweig verkauft. Das Fleisch der kirschgroßen Früchte mit harter brauner Schale ähnelt in Konsistenz und Geschmack der Lychee. Die hellgrüne stachelige Sirsak, englisch *soursop* genannt, hat weißes, herbsüßes Fruchtfleisch. Die harte, runde und an einen grünlich-gelben Kricketball erinnernde Guava hat festes und trockenes Fruchtfleisch – etwa wie eine harte Birne.

Die flachen braunen Schoten der Tamarinde sind einfach zu essen: aufspalten, das faserige Innere entfernen, das dunkelbraune würzige Fleisch heraussaugen und auf die harten Kerne achten. Die exotischste Frucht aber ist die rosafarbene Drachenfrucht, die an einer kaktusartigen Kletterpflanze wächst – ihr delikates weißes Fruchtfleisch unter der wächsern wirkenden Schale ist mit vielen kleinen schwarzen Samen durchsetzt, die mitgegessen werden können.

Getränke

Kambodschas **Leitungswasser** ist keinesfalls sicheres Trinkwasser, und auch das Eis, das – außer bei ausdrücklicher gegenteiliger Anweisung – überall zu kalten Getränken gereicht wird, ist nicht unbedingt hygienisch sauber. Eine Ausnahme bildet das Eis in den meisten westlich orientierten Restaurants.

Tee und Kaffee

Kambodschaner trinken sehr viel grünen **Tee**, der überall in Cafés und an Marktständen ausgeschenkt wird – normalerweise kostenlos zum Essen. Wer seinen Tee stark mag, trifft mit *tdai grolab* eine gute Wahl: Man gibt eine bestimmte Menge Teeblätter in ein kleines Glas, gießt heißes Wasser darüber, setzt eine Untertasse auf den Glasrand und schüttelt das Ganze, bis der Tee dunkel genug geworden ist. Dann gießt man ihn in eine Tasse um und gibt viel Zucker, jedoch keine Milch hinzu. Zitronentee aus rotem Tee und Limonensaft erfrischt als heißes und kaltes Getränk und wird gewöhnlich mit einem großzügigen Schuss Zucker angeboten. Indischer Tee, der unter der Marke Lipton gehandelt wird, ist nur in Hotels und Restaurants erhältlich, die auf Ausländer eingestellt sind.

Nudelküchen, Kaffeestuben und Restaurants servieren vom frühen Morgen bis zum Nachmittag **Kaffee**, der abends fast nur noch in Restaurants für Ausländer zu haben ist. Die Kaffeebohnen stammen meist aus Laos und Vietnam, wesentlich seltener aus den heimischen Anbauregionen Rattanakiri und Mondulkiri. Alle Lokale vermischen ihren Kaffee während des Röstens nach eigenen Rezepten mit Wein, Butter oder Schokoladenpulver. Das Resultat ist immer eine dicke starke Brühe. Weißer Kaffee wird mit gesüßter Kondensmilch serviert, die sich beim Eingießen bereits als Bodensatz im Glas befindet – also nicht umrühren, wenn man das Getränk nicht zu süß mag. Da schwarzer Kaffee häufig mit viel Zucker serviert wird, ist auf andere Wünsche rechtzeitig aufmerksam zu machen.

Selbst zum Frühstück trinken Kambodschaner ihren Kaffee oder Tee gerne mit Eis. Wer ihn heiß trinken will, muss ihn *ot dak tuk kork* bestellen, ohne Eis. Milch wird entweder in sterilisierter und konservierter oder aber in gesüßter und kondensierter Form angeboten; außer im Kaffee oder Tee wird Milch manchmal mit Eis und einem roten oder grünen Likör getrunken.

Säfte und Limonaden

Weitaus weniger süß als allgemein vermutet und dafür herrlich erfrischend ist **Zuckerrohrsaft**, der mit Eis zum Kostenpunkt von rund 500 Riel pro Glas angeboten wird. Überall sieht man die Verkäufer mit ihren gelben Karren, die mit einer Zuckerrohrpresse ausgestattet sind, deren Mahlwerk den Saft aus den hindurchgeschobenen Stangen presst. Zur Verfeinerung kann der frisch gepresste Saft mit einem Stück Orange angereichert werden. Ebenso erfrischend ist der Saft der jungen Kokosnuss (800–1500 Riel), die oben aufgeschlagen wird, so dass man den Saft direkt aus der Frucht trinken kann. Wer anschließend auch noch das dünne weiche Fruchtfleisch essen möchte, kann die Schale aufspalten lassen.

Fruchtsäfte gehören landesweit zu jeder abendlichen Unterhaltungsrunde. Die Verkaufsstände, die in der Regel ab dem späteren Nachmittag öffnen, sind sehr leicht an ihrem ausgestellten Obstsortiment und den Mixgeräten zu erkennen. Die Kunden können die gewünschte Mischung der Obstsorten selbst bestimmen, bevor Kokosmilch, Zuckersirup, Kondensmilch, geraspeltes Eis und vielleicht sogar ein rohes Ei hinzugefügt werden – wer dies nicht wünscht, sage *ot pong mowan.*

Morgens verkaufen Straßenhändler frische **Sojabohnenmilch**, deren grüne Variante gesüßt und dickflüssiger ist als das ungesüßte weiße Getränk. Sojabohnenmilch ist ebenso wie der aus einer eigentümlich süßen, fast erdig schmeckenden Feldmelone gewonnene Wintermelonentee auch in der Dose erhältlich. **Limonaden** wie Coca Cola, 7-Up und Sprite stehen in vielen Läden in Flaschen oder Dosen zum Verkauf, und vielerorts umfasst das Angebot auch Tonic und Sodawasser.

Alkohol

Jede kambodschanische Stadt besitzt ihre Karaoke-Bar, in der einheimische Männer abends zusammenhocken und sich amüsieren. Alkohol ist hier ebenso leicht zu bekommen wie in den zahlreichen Nachtclubs und Diskotheken von Phnom Penh, Siem Reap und Sihanoukville.

Abgesehen von Nightclubs und Bars servieren auch die meisten Restaurants und Nachtmärkte **Bier**. Das einheimische *Angkor* wird im Rahmen eines australisch-kambodschanischen Joint Ventures in Sihanoukville gebraut und in Dosen, großen Flaschen und mitunter auch vom Fass angeboten. Die Preise bewegen sich zwischen rund 4000 Riel für eine Dose und 6000–8000 Riel für eine große Flasche Bier. Vielerorts angeboten werden außerdem die Marken *Tiger, VB, Beer Lao* und *ABC Stout* sowie zahlreiche lokale Sorten. Selbst kaltes Bier wird oft zusätzlich mit Eis serviert.

Beer Girls und Taxi Girls

Der im Restaurant eintreffende Gast hat meist schon ein Biermädchen an seiner Seite, bevor er überhaupt Platz genommen hat. Die Mädchen tragen Uniformen, deren Farben die Biersorte erkennen lassen, die sie vertreten, und sie beziehen Provisionen nach der Menge der Getränke, die sie verkaufen. Sie öffnen deshalb eifrig neue Flaschen oder Büchsen und füllen beständig die Gläser der Gäste nach, um den Umsatz an ihrem Tisch in die Höhe zu treiben. Die Kosten erscheinen am Ende durch Nachzählen der geleerten Flaschen und Büchsen auf der Rechnung. Nicht selten trinken die Mädchen mit kambodschanischen Männern mit, um den Umsatz zu steigern, doch weiter geschieht nichts, da die Bierfirmen dafür sorgen, dass die Frauen sicher nach Hause kommen.
„Anständige" kambodschanische Frauen gehen weder in Bars noch trinken sie Alkohol. Selbst in Restaurants wagen sie sich erst seit wenigen Jahren. Man schaut auf die Biermädchen deshalb ein wenig herab – doch Taximädchen, die sich in Karaoke-Bars und Nightclubs herumtreiben, stehen im Ansehen noch weiter unten. Diese Mädchen stammen gewöhnlich aus sehr armen Familien und agieren als Gesellschafterinnen, Tanzpartnerinnen und zum Teil auch als Callgirls. Die Kosten für Einladungen an den Tisch oder zum Tanz erscheinen am Ende des Abends zusammen mit den Kosten für die Getränke auf der Rechnung.

Nur größere Restaurants, Nightclubs und westliche Bars schenken **Spirituosen** aus. Wenige Lokale der gehobenen Kategorie bieten importierte Weine an, doch in den Regalen von Supermärkten und Minimärkten sind durchaus ausländische Weine zu finden.

Viele Einheimische halten sich lieber an lokale Reisweine, denen eine medizinische Wirkung nachgesagt wird und die in kleinen Läden mit der Schöpfkelle aus großen Behältern gelöffelt werden, in denen Pflanzen- und Tierteile herumschwimmen. Diese Gebräue sind recht süß, stark und für den westlichen Gaumen kaum zu genießen, doch mit nur wenigen hundert Riel pro Glas sind sie ausgesprochen billig.

Zu den lokalen Getränken gehört ferner rasch gärender **Zuckerpalmsaft**, der bereits kurz nach dem Zapfvorgang in denselben Bambusbehältern verkauft wird, in denen er aufgefangen wurde (s. S. 146). Dieser erfrischende Saft mit rasch steigendem Alkoholgehalt ist überall in den Städten und Dörfern zu bekommen.

Verkehrsmittel

Gemessen an der Größe des Landes besitzt Kambodscha eine bemerkenswerte Vielfalt an Transportmitteln. Auf wichtigen Strecken verkehren Züge, Boote, Flugzeuge und AC-Busse, während Sammeltaxis, Minibusse und abenteuerliche Pick-ups Menschen und Güter in die abgelegeneren Regionen des Landes befördern. In den Städten Kambodschas existieren keinerlei öffentliche Verkehrsmittel, aber die praktischen Motos (Motorradtaxis) sind allgegenwärtig.

Dennoch ist das Reisen in Kambodscha kein Kinderspiel. Die **Straßen** gehören nach wie vor zu den schlechtesten Südostasiens, wenngleich viele in letzter Zeit weiter ausgebaut wurden. In der Regenzeit (Juni–Okt) werden Abschnitte der Fernstraßen regelmäßig unterspült, während viele kleinere Straßen so holprig und unbefestigt sind, dass sie das Reisen zu einer zeitaufwändigen und unbequemen Angelegenheit werden lassen. Die kambodschanischen Fahrer sind weder sehr geduldig noch übermäßig sicherheitsbewusst (nur wenige haben Fahrstunden genommen, geschweige denn eine Prüfung abgelegt). Vor allem in Phnom Penh ist der Verkehr äußerst chaotisch, und viele Fahrer steuern unerschrocken durch unglaublich schmale Lücken in den fließenden Gegenverkehr hinein – schlimm genug für den, der in der relativen Sicherheit eines Land Cruisers sitzt, doch ein Albtraum für Passagiere auf dem Rücksitz eines Motos. Davon abgesehen gibt es jedoch nicht annähernd so viele Unfälle, wie man vermuten würde, denn die kambodschanischen Verkehrsteilnehmer scheinen eigene Spielregeln entwickelt zu haben, mit denen sich Zusammenstöße vermeiden lassen.

Es gibt aber auch durchaus Positives zu vermelden. Mit dem Ausbau des Straßennetzes sind einige

Strecken jetzt schneller befahrbar, und es existieren neue Busverbindungen (z. B. zwischen Phnom Penh und Siem Reap). Nach dem Ausbau der **Nationalstraße 1** zur vietnamesischen Grenze ist die Überfahrt mit der Fähre bei Neak Leung das einzige noch verbliebene Nadelöhr. Nach Fertigstellung der geplanten Brücke über den Mekong wird die Fahrt zur Grenze nur noch ca. 2 1/2 Stunden dauern.

Es existiert kein generelles Sicherheitsproblem mehr in Kambodscha (s. S. 56. Sämtliche Landesteile sind gefahrlos mit öffentlichen Transportmitteln zu erreichen, und es ist unwahrscheinlich, dass Reisende andere Probleme als Fahrzeugpannen erleben werden. Da die Khmer selbst auf sicheres Reisen bedacht sind, wird es keine Transporte geben, wenn die Fahrer Bedrohungen durch Banditen befürchten.

An öffentlichen **Feiertagen** (besonders zum Khmer-Neujahr Mitte April, s. S. 49) kann das Reisen innerhalb von Phnom Penh sowie hinaus in die Provinzen schwierig sein. Da spätestens am Vorabend des Neujahrsfestes alle Khmer zu ihren Dörfern und Familien aufbrechen, sind in diesen Tagen sämtliche Transportmittel noch voller als ohnehin schon. Insbesondere Phnom Penh ist dann sehr ruhig, und es ist kaum ein Moto zu bekommen. Diejenigen, die an den Feiertagen ihre Dienste anbieten, machen ein Bombengeschäft, indem sie ihre Fahrpreise verdoppeln.

Busse

Im Vergleich zu den meisten anderen asiatischen Ländern ist das kambodschanische Busnetz relativ lückenhaft. Das liegt vor allem an den schlechten Straßenverhältnissen, die Busunternehmen davon abhält, Verbindungen abseits der Hauptstrecken anzubieten.

Privatbusse fahren von Phnom Penh in andere größere Städte, darunter Sihanoukville, Siem Reap, Battambang und Kompong Cham. Zwischen kleineren Provinzstädten bestehen dagegen keine Verbindungen. Die große Mehrheit der Busse wird von *Ho Wah Genting* betrieben, die Konkurrenten *GST* und *DH Cambodia* steuern Sihanoukville an. *Mekong Express* unterhält eine Verbindung nach Siem Reap.

Expressbusse *(laan tom)* fahren von Phnom Penh nach Sihanoukville, Siem Reap und Battambang. Die sauberen und klimatisierten Fahrzeuge verkehren fahrplanmäßig und bieten ein angenehmes Reiseerlebnis mit schönen Ausblicken auf die Landschaft. Die Preise sind sehr günstig (US$4 nach Sihanoukville, US$4–6 nach Siem Reap). Um sich einen Platz zu sichern, empfiehlt es sich, die **Fahrkarte** bereits am Tag vor der Abreise beim Busbahnhof zu kaufen. In den Bussen gibt es keine Stehplätze.

Kleine Stadtbusse namens *laan kerong* verkehren regelmäßig zwischen Phnom Penh und den nahen Städten Kompong Chhnang, Kompong Speu, Neak Leung and Takeo. Diese Fahrzeuge sind oft bis auf den letzten Platz besetzt, doch da sie unterwegs im Allgemeinen mehr Passagiere absetzen als aufnehmen, erhöht sich die Ellbogenfreiheit mit zunehmender Fahrtdauer. Stadtbusse sind langsamer als Sammeltaxis und weniger komfortabel als Express-Busse, aber alles in allem eine vernünftige Alternative für kürzere Fahrten. Die nach Fahrplan verkehrenden Busse sind nicht nur sicher, sondern auch billig (z. B. 8000 Riel nach Kompong Cham).

Bei Bussen ist das Ziel immer in Khmer und Englisch angeschrieben. An Busbahnhöfen sind die Fahrkarten an den zuständigen Schaltern zu lösen, während unterwegs ein Schaffner die Tickets verkauft.

Eisenbahn

Das 1932 in Betrieb genommene kambodschanische Eisenbahnnetz hatte in der Vergangenheit schwer unter Vernachlässigung und Terrorismus zu leiden (die Khmer Rouge versuchten regelmäßig, Gleise und Züge in die Luft zu sprengen). Als Folge davon ist nur noch die Strecke **zwischen Phnom Penh und Battambang** in Betrieb. Da die Reise im Schneckentempo geschlagene zwölf Stunden dauert und alles andere als komfortabel ist, wird sie nur von eingefleischten Eisenbahn-Freaks oder völlig abgebrannten Travellern in Angriff genommen. Eine **Fahrkarte** von der Hauptstadt nach Battambang kostet gerade einmal 4500 Riel, die Fahrt in Gegenrichtung jedoch merkwürdigerweise das Dreifache.

Der Zug verlässt Phnom Penh an **ungeraden Tagen** des Monats um 6.30 Uhr (nicht jedoch am 31. jeden Monats und am 29. Februar in Schaltjahren) und kehrt am Folgetag in die Hauptstadt zurück. Da es häufig zu **Betriebsschäden** kommt, ist es ratsam, am Abend vor der geplanten Abfahrt am

Bahnhof nachzufragen, ob der Zug auch wirklich fährt. Am Reisetag sollte man sich früh zum Bahnhof begeben, um die Fahrkarte zu kaufen und einen Sitzplatz zu reservieren. Der Zug verfügt lediglich über drei Passagierwaggons mit harten Sitzbänken. Bei den restlichen Waggons handelt es sich um Frachtabteile, in denen auch Passagiere befördert werden, was aber nicht zu empfehlen ist. Obwohl Wasser und Softdrinks im Zug verkauft werden und an jeder Station Händler ihre Snacks anbieten, sollte man eigenen Proviant im Gepäck haben.

Schiffe

Das Reisen per **Fähre** ist in Kambodscha weit verbreitet. Boote verkehren in den verschiedenen Landesteilen auf Flüssen, auf dem See Tonle Sap und sogar an einem Abschnitt der Küste.

Über Jahre hinweg war die Fähre das Hauptverkehrsmittel zwischen der Hauptstadt und **Siem Reap**, doch nach dem Ausbau der Straße ist eine Fahrt mit dem Bus oder Taxi mittlerweile ebenso einfach und zudem viel billiger. Es ist jedoch zu erwarten, dass die überteuerten Fahrpreise für Ausländer auf der Fähre (US$25) infolge der Konkurrenz auf der Straße sinken werden; einige Hotels und Gästehäuser bieten bereits billigere Tickets an. Die Bootsfahrt über den Tonle Sap ist zudem landschaftlich nicht besonders reizvoll, denn er ist so groß, dass man das Gefühl hat, sich auf dem Meer zu befinden.

Zwischen Battambang und Siem Reap verkehren Schnellboote, die 12–30 Personen aufnehmen können, doch bei rauem Wetter kann der Tonle Sap starken Wellengang haben und die Fahrt in den kleinen, unbequemen und geradezu gefährlichen Booten zu einem zweifelhaften Vergnügen machen. Selbst bei relativ gutem Wetter bleiben Passagiere und Gepäck kaum von Nässe verschont.

Die Bootsfahrt über den Mekong **von Kompong Cham nach Stung Treng** gehört zu den landschaftlich schönsten in Kambodscha. Am Flussufer gibt es eine Menge zu sehen, und auch das Beobachten des regen Bootsverkehrs auf dem Strom ist interessant. Es ist jedoch zu beachten, dass die Verbindung nach Kratie am Ende der Trockenzeit bei zu geringem Wasserstand des Mekong eingestellt werden kann. Wer von Kratie weiter nach Stung Treng möchte, muss in Kratie umsteigen; gerade diese Verbindung wird aber bei niedrigem Wasserpegel im April und Mai häufig eingestellt.

Seit kurzem verkehrt täglich ein Express-Boot auf dem Mekong zwischen Phnom Penh und der vietnamesischen Grenze bei **Chau Doc**. Außerdem betreiben das *Capitol Hotel* in Phnom Penh und seine Partnerorganisation in Ho-Chi-Minh-Stadt seit neuestem eine Touristenfähre von Phnom Penh über Chau Doc nach Ho-Chi-Minh-Stadt (ca. US$8 für die gesamte Strecke).

Von Sihanoukville fahren täglich Boote nach **Koh Kong** in der Nähe der thailändischen Grenze. Da sie an der Küste entlang fahren, kann die Verbindung bei schlechtem Wetter eingestellt werden, aber selbst bei gutem Wetter ist die Fahrt alles andere als komfortabel.

Langsame Boote verkehren ohne festen Fahrplan auf dem Tonle Sap und dem Mekong, doch sie benötigen für die Fahrt von Phnom Penh flussaufwärts nach Siem Reap oder Kratie bis zu drei Tagen und werden daher von Touristen kaum in Anspruch genommen.

Inlandflüge

Kambodscha besitzt keine staatliche, aber drei private Fluggesellschaften: *President Airlines, Royal Phnom Penh Airways* und *Siem Reap Airways* bieten Inlandsflüge von der Hauptstadt nach Siem Reap und Banlung/Stung Treng an.

Die Route von Phnom Penh nach Siem Reap wird von allen drei Airlines bedient, die vom frühen Morgen bis zum späten Abend ein Dutzend Flüge absolvieren. *President Airlines* und *Royal Phnom Penh Airways* fliegen vormittags von Phnom Penh nach Banlung in Rattanakiri; an bestimmten Wochentagen wird auf dem Rückflug eine Zwischenlandung in Stung Treng eingelegt. Es ist zu beachten, dass Flüge nach Banlung in der Regenzeit (Juni–Okt) gestrichen werden können. Zur Zeit der Recherche gab es keine Flugverbindungen von Phnom Penh nach Battambang oder Koh Kong, doch bei entsprechender Nachfrage könnten diese in Zukunft durchaus wieder aufgenommen werden.

Die Flugpläne ändern sich häufig, doch die örtlichen Agenturen kennen sich aus. Alle Tickets müssen spätestens am Vortag der Reise bei den Fluggesellschaften oder Agenturen in Phnom Penh oder Siem Reap gelöst werden. In Banlung und Stung Treng ist Barzahlung erforderlich. Ein **Einzelticket** kostet auf allen Strecken US$45–55, ein Rückflugticket das Doppelte. Flüge von Banlung oder Stung Treng müssen am Vortag im Büro der Fluggesellschaft rückbestätigt werden, was bei Abflügen aus der Hauptstadt nicht erforderlich ist.

Flughafensteuern: Von Phnom Penh und Siem Reap US$25 für internationale und US$6 für Inlandsflüge, von Banlung US$4.

Sammeltaxis, Pick-ups und Minibusse

Bei Reisen in abgelegene Regionen abseits der Touristenpfade gibt es keine Alternative zum Heer der klapprigen Minibusse, Sammeltaxis und Pick-ups. Das Sammeltaxi (meistens ein Toyota Camry) dient als schnelles, aber nicht immer bequemes Beförderungsmittel zwischen Zielen in den Provinzen. Voll besetzte Pick-ups bedienen teilweise dieselben Strecken und quälen sich ebenfalls über die schlechtesten Straßen des Landes. Minibusse sind nicht zu empfehlen; sie sind zwar billiger als Taxis, aber meistens rappelvoll, in schlechtem technischen Zustand und hoffnungslos überladen. Entsprechend häufig sind sie in Unfälle verwickelt, nicht selten mit tödlichem Ausgang. Sammeltaxis und Pick-ups sind in jedem Fall zu bevorzugen.

Doch zumindest bewegt man sich in einem funktionierenden und zudem transparenten System. Sobald Reisende an der örtlichen Abfahrtsstelle das eigene Ziel nennen, versuchen Schlepper sie zu ihren Fahrzeugen zu locken. Die Fahrzeuge fahren erst ab, wenn sie voll sind, d. h. je voller ein Fahrzeug bereits ist, desto früher fährt es wahrscheinlich ab. Nachdem man seine Auswahl getroffen hat, gilt es sich mit dem Fahrer über den Preis zu einigen. Die meisten sind korrekt, doch einige versuchen gelegentlich, Ausländern einen höheren Preis abzuknöpfen. Im Zweifel kann man sich bei anderen Passagieren erkundigen, was sie gezahlt haben, und auf demselben Preis beharren.

Mit **Pannen** ist jederzeit zu rechnen, doch die Fahrer sind auf Reparaturen am Straßenrand spezialisiert, und die mitreisenden Passagiere nehmen Zwischenfälle dieser Art mit stoischer Ruhe auf.

Die Bezahlung der Fahrt wird erst am Zielort erwartet, doch manchmal erbitten Fahrer einen Vorschuss für Benzin – diesen können auch die Einheimischen leisten.

Sammeltaxis quetschen vier Passagiere auf den Rücksitz und zwei auf den Vordersitz – mit besonders viel Komfort ist also nicht zu rechnen. Wer seine Beinfreiheit verbessern oder früher losfahren möchte, kann auch für zwei Plätze zahlen oder das gesamte Taxi chartern. Die Fahrzeuge fahren ohne Fahrplan von festen Haltestellen in allen Provinzstädten zwischen dem frühen Morgen und frühen Nachmittag ab (am besten findet man sich gegen 8 Uhr ein). Nach dem Mittagessen sind die Aussichten nicht mehr so günstig, weil dann weniger Leute unterwegs sind.

Sammeltaxis zählen nicht zu den billigsten Beförderungsmitteln, erlauben aber dafür eine gewisse Flexibilität bezüglich der Abfahrtzeit und sind relativ schnell. Die Strecke Phnom Penh–Battambang etwa schlägt mit 20 000 Riel zu Buche, Phnom Penh–Kampot kostet 10 000 Riel. Mitunter teilen die Fahrer ihren eigenen Platz noch mit einem zusätzlichen Passagier, was Einheimische kommentarlos hinnehmen. Man kann auch für diesen Platz zahlen, damit er frei bleibt und keine Verunsicherung aufkommt.

Klapprige **Minibusse** sind in Phnom Penh und in kleineren Städten unterwegs. Sie bedienen meistens dieselben Routen wie die kleinen Stadtbusse und fahren erst los, wenn kein Koffer mehr hineinpasst. Menschen, Gepäck, und Viehzeug teilen sich die Innenräume, belegen das Dach oder hängen in dichten Trauben hinten im Fahrtwind. Dies ist nicht nur die unbequemste Art zu reisen, sondern auch sehr unsicher und daher nicht zu empfehlen. Der Preis ist das einzige Argument für den Minibus, denn eine Fahrkarte kostet nur geringfügig mehr als ein Platz auf der Ladefläche eines Pickups. Da das Fahrtziel bei Minibussen nicht angeschrieben ist, muss man sich an der Haltestelle danach erkundigen.

Pick-ups der Marke Nissan oder Toyota sind die Arbeitspferde des Transportsystems. Sie befördern Menschen und Fracht über die rauesten Straßen und Wegpassagen, die zuweilen in Wirklichkeit nur Flussbetten oder hügeliges Bergland sind. Sie verkehren teilweise auf denselben Routen wie Sammeltaxis.

Die Sitze in der Kabine – vier hinten und zwei vorn – kosten ungefähr dasselbe wie in den Sammeltaxis, und auch sie kann man um der größeren Bequemlichkeit willen doppelt einkaufen. Abgesehen vom Zug reist es sich nirgendwo preiswerter als auf den hinteren Ladeflächen der Pick-ups. Sie kosten nur die Hälfte der Plätze in der Kabine, doch man muss sich mit den transportierten Gütern arrangieren und riskiert, herumgeschleudert zu werden, ohne sich ringsum irgendwo festhalten zu können. Ins Handgepäck gehören viel Wasser, Sinn für Humor und ein staubfester Schal oder *kramar*, den man über Gesicht und Nase binden kann.

Nahverkehrsmittel

In den Städten Kambodschas gibt es keine öffentlichen Verkehrsmittel. Vor ein paar Jahren wurde das Versuchsprojekt einer Buslinie in Phnom Penh aufgrund mangelnder Nachfrage wieder eingestampft. Gängiges Transportmittel ist das Motorradtaxi oder **Moto**, ein kleinen Motorrad bzw. Moped mit einer Gepäckablage vor dem Fahrersitz. In Phnom Penh gibt es auch Cyclos, Kambodschas Antwort auf die Fahrradrikscha, und es verkehren herkömmliche **Taxis**, während man andernorts nur Autos mit Fahrer für einen Tag oder längere Zeit mieten kann.

Motos

Motorradtaxis (Motos) sind das am weitesten verbreitete Transportmittel für kurze (und manchmal auch längere) Strecken in Kambodscha. Die Fahrt auf dem Rücksitz eines Motorrads durch den chaotischen Verkehr ist freilich nicht jedermanns Sache, sodass viele aufgrund des besseren Sicherheitsgefühls ein Taxi bevorzugen.

Touristenbusse

Viele Gästehäuser bieten zwischen verschiedenen Touristenzielen mittlerweile eigene Transportmittel an, bei denen es sich entweder um Minibusse oder normale Busse handelt. Die Preise sind unterschiedlich, liegen aber in der Regel um ein bis zwei Dollar über einem Sammeltaxi oder einem öffentlichen Bus. Sie bieten den Vorteil, dass die Fahrgäste am Gästehaus oder Hotel abgeholt werden. Touristenbusse sind praktisch, haben aber auch Nachteile – manchmal muss man buchstäblich stundenlang warten, bis der Bus voll ist, und wird bisweilen genötigt, nach der Ankunft am Zielort in ein bestimmtes Gästehaus einzukehren.

Motos sind leicht an den Baseballmützen ihrer Fahrer zu erkennen, obwohl auch leichte Safarihüte zunehmend an Popularität gewinnen. Man verwechselt sie selten, da andere Mopedfahrer keine Mützen tragen, um nicht fälschlicherweise für Motofahrer gehalten zu werden.

Motofahrer finden ihre Passagiere von allein. Es genügt, sich einigermaßen auffällig an der Straße zu platzieren, und schon tauchen sie auf. Gewöhnlich geben Motofahrer mit in die Höhe gestrecktem Finger (normalerweise der Zeigefinger) zu erkennen, dass sie für Fahrten zur Verfügung stehen. Sie sind auf sehr unterschiedliche Weise zu ihrem Gewerbe gekommen – nicht selten erfährt man, dass man mit einem Polizisten außer Dienst oder einem Regierungsbeamten unterwegs ist, der gerade seiner Nebenbeschäftigung den Vorzug einräumt.

Gepäckstücke vom Reis- bis zum Rucksack werden zwischen den Knien des Fahrers und der Lenkstange eingeklemmt. Motofahrer verstehen es meisterhaft, ihr Fahrzeug durch den wüsten Verkehr zu steuern. Der Fahrgast sitzt hinten auf dem Soziussitz, den Kambodschaner mit möglichst vielen Mitfahrern zu besetzen versuchen (drei sind normal); diesem Beispiel sollte man jedoch nicht folgen und darauf bestehen, alleine mitzufahren (in Siem Reap ist es sogar polizeilich verboten, mehr als einen Ausländer pro Moto zu befördern). Einige kambodschanische Frauen nehmen bevorzugt im Damensitz Platz, doch es ist sicherer, sich rittlings auf das Moto zu setzen, um sich notfalls besser am Fahrer festhalten zu können.

Da Motofahrer alle Ausländer für Wesen mit bodenlos tief gefüllten Taschen halten, muss man vor dem Aufsteigen unbedingt den Fahrpreis aushandeln. Eine normale Fahrt durch die Stadt sollte nicht mehr als 1000–2000 Riel kosten. Wer einen Fahrer für einen längeren Zeitraum engagieren möchte, kann mit 4000 Riel pro Stunde bzw. US$5–6 pro Tag kalkulieren. Bei zwei oder mehr Passagieren steigt der Gesamtpreis, man sollte jedoch keinesfalls das Doppelte des Einzelpreises zahlen.

Da viele Fahrer an offiziellen Feiertagen in ihre Dörfer heimkehren, werden an solchen Tagen die Transportmittel knapp, und die Preise können vorübergehend um das Doppelte in die Höhe schnellen. Unverhohlene Neugierde und mangelnde Aussichten auf ein aktuelles Geschäft treiben andere Fahrer herbei, wenn ein Ausländer Verhandlungen mit einem bestimmten Fahrer aufnimmt. Auch wenn diese sich einmischen, verlangt es die Etikette, mit dem zuerst angesprochenen Fahrer zu fahren, doch in dem seltenen Fall, dass jemand einen günstigeren Preis anbietet, wird der zuerst angesprochene Fahrer wahrscheinlich nachgeben.

Motofahrer lassen sich auch für längere Fahrten aufs Land anheuern, denn dies ist oft die einzige Chance, abgelegene ländliche Ziele zu erreichen, aber eine solche Fahrt ist alles andere als bequem. In solchen Fällen verlangen sie zusätzlich zur Tagesgebühr das erforderliche Benzingeld. Es kann auch heute durchaus noch passieren, dass ein Fahrer irrationale Angst vor Banditen hat und am späten Nachmittag nicht mehr durch abgelegene Gebiete fahren will. Bei der Planung von Exkursionen sollte man solchen Bedenken Beachtung schenken.

Cyclos

Nur in Phnom Penh gibt es Cyclos (gesprochen: „ßi-kloos"), Kambodschas Version der Fahrradrikscha. Sie sind zwar langsamer und teurer als Motos, aber eine interessante Alternative, weil sie beschauliche Einblicke in das Leben der Stadt bieten (die Abgase können allerdings unangenehm werden). Cyclos befördern normalerweise einen einzelnen Fahrgast (bei zweien wird es eng) auf einem Frontsitz, während der Fahrer auf seinem Sitz über dem Hinterrad hockt.

Taxis

Phnom Penh ist die einzige kambodschanische Stadt, in der **normale Taxis** (im Gegensatz zu Sammeltaxis) verkehren. Diese fahren nicht auf Fahrgastsuche herum, sondern warten vor größeren Hotels oder können telefonisch bestellt werden (s. S. 130). Der Preis pro Stadtfahrt liegt bei ca. US$5.

In anderen Städten muss man **Autos mit Fahrer** mieten, die für kurze und längere Fahrten zur Verfügung stehen. Der Tarif bewegt sich bei US$20 pro Tag für Stadtrundfahrten bzw. US$40 für eine Tour nach außerhalb.

Mietwagen

Landesweit bieten nur wenige Gesellschaften Mietwagen an. Die Kosten liegen bei mindestens US$25 pro Tag ohne Benzin, das an vielen Tankstellen im Stadtrandgebieten und an den Hauptstraßen leicht aufzutreiben ist. Selbstfahren verursacht dagegen einige Kopfschmerzen und lohnt sich nicht wirklich, wenn ein Mietwagen mitsamt Fahrer für ungefähr den gleichen Preis zu haben ist. Zu den Problemen, mit denen Selbstfahrer konfrontiert werden, zählen die erforderlichen Dokumente. Das Mietwagenunternehmen verlangt die Vorlage des Reisepasses, und die Polizei sogar eine kambodschanische Fahrerlaubnis; ein internationaler Führerschein wird nicht akzeptiert, obwohl kaum ein Kambodschaner einen Führerschein besitzt. Außerdem muss man sich den entsetzlichen Bedingungen auf den Straßen des Landes stellen, dem Mangel an ausgeschilderten Parkflächen, den fehlenden Straßenschildern sowie der völligen Bedeutungslosigkeit von Versicherungen, so dass alle Verluste und Schäden vom Mieter aufgefangen werden müssen.

Sehr ratsam ist es, auch tagsüber jemanden mit der Bewachung des parkenden Fahrzeugs zu betrauen – auf den Märkten und in den Restaurants der Städte findet sich gewöhnlich leicht jemand, der diesen Auftrag für 1000 Riel übernimmt. Nicht selten sind Parkvorgaben einzuhalten, und man darf die Handbremse des parkenden Wagens nicht anziehen, damit er bei Bedarf zur Seite geschoben werden kann, um Platz für andere Fahrzeuge zu schaffen. Abends sollte man zum Schutz vor Diebstahl und Schäden auf dem Gelände eines Hotels parken oder einen Privatparkplatz suchen, der mit rund 4000 Riel zu Buche schlägt.

Wegen all dieser Unannehmlichkeiten ist es vernünftiger, von vornherein einen **Wagen mit Chauffeur** zu mieten, was in den Touristenzentren via Hotel oder Agentur leicht möglich ist; andernorts fragt man am besten in der eigenen Unterkunft oder an den Haltstellen nach. In Phnom Penh bieten viele Autos mit Fahrer ihre Dienste vor den Mittelklassehotels am Monivong Boulevard an. Sie verlangen rund US$20 für Fahrten durch die Stadt und US$30 für Exkursionen nach außerhalb.

Motorräder

Wer ein Motorrad oder Fahrrad mietet, sollte Sonnenbrille, lange Hose und ein Hemd mit langen Ärmeln tragen, um sich vor der Sonne und aufwirbelndem Straßenstaub zu schützen. Bei Fahrten in ländliche Gebiete ist zu berücksichtigen, dass Landminen noch stets ein großes Problem sind, weshalb man unter keinen Umständen die gekennzeichneten Wege und Pfade verlassen darf.

Ein Motorrad zu mieten erfreut sich in Kambodscha steigender Beliebtheit. Auch hier gelten jedoch die oben angeführten Sicherheitshinweise: Vor allem nachts sollten Fahrzeuge sicher aufbewahrt sein – viele Gästehäuser haben Platz, um Motorräder unterzustellen.

Vor allem in Sihanoukville und Phnom Penh werden für geländegängige 250-ccm-Maschinen rund US$6 pro Tag bzw. US$40 pro Woche verlangt, doch als Sicherheit für die ordnungsgemäße Rückgabe wird gewöhnlich der Pass einbehalten (Einzelheiten in den jeweiligen Städtekapiteln). Vor jedem Vertragsabschluss ist die Maschine sorgfältig zu überprüfen, denn alle Schäden, Reparaturen oder notwendigen Rücktransporte gehen zu Lasten des Mieters. Wichtig sind Informationen über den aktuellen Straßenzustand, denn mitunter können auch kurze Strecken lange Zeit in Anspruch nehmen, wenn beispielsweise die Straße unterspült ist.

Für Fahrten in Stadtgebieten reichen die 110 ccm-Maschinen aus, die viele Gästehäuser und kleine Werkstätten anbieten. In Phnom Penh liegen dafür die Tagespreise bei US$5–6. In Siem Reap gibt es keine Motorradverleiher mehr.

Motorradhelme werden von Verleihfirmen auf Wunsch zur Verfügung gestellt und können auf Kambodschas holprigen Straßen Leben retten. Angesichts der miserablen Straßenverhältnisse und des kaum einzuschätzenden Verhaltens anderer Verkehrsteilnehmer ist das Fahren nach Einbruch der Dunkelheit nicht zu empfehlen.

Fahrräder

Ein Fahrrad zu leihen ist schwieriger, als man vermuten mag. In größeren Städten verleihen manche Gästehäuser Räder für US$2–3 pro Tag, doch die Qualitätsunterschiede reichen von modernen Mountainbikes bis hin zu klapprigen alten Drahteseln ohne Gangschaltung.

Radfahren in Kambodscha ist eine durchaus lohnenswerte Alternative, auch wenn die Schlaglöcher, der Schmutz und die chaotische Fahrweise auf Kambodschas Straßen im Vergleich zu Thailand oder Vietnam fast wie ein Schock wirken. Einheimische reagieren verblüfft über das Vertrauen in die Kraft von Pedalen, wo es doch Motos gibt, und unternehmungslustige Radfahrer erschließen sich die Möglichkeit, die Landschaft auf eigene Faust zu erleben. Angesichts der schlechten Straßenverhältnisse aber sollte man sich keinesfalls mehr als 50 km pro Tag vornehmen, denn selbst diese Entfernung wird man frühestens am späten Nachmittag bewältigt haben. In der Dämmerung oder nach Einbruch der Dunkelheit besteht die Gefahr, dass man nicht gesehen wird, denn viele überladene Lastwagen fahren ohne Licht.

Die Verpflegung während einer Radtour fällt zumindest an den Hauptstraßen leicht. Wer jedoch zwischen zwei Gästehäusern stecken bleibt, muss in einem Dorf nach einer privaten Übernachtungsmöglichkeit suchen – zur Not gegen ein kleines Entgelt auf dem Fußboden. Camping ist illegal und birgt die Gefahr in sich, auf Landminen zu treten. Zu beachten ist außerdem, dass jeglicher motorisierter Verkehr Fahrrädern übergeordnet ist. Man muss deshalb jederzeit damit rechnen, dass nur ein verzweifelter Sprung in den Straßengraben die Rettung vor heranpreschenden Fahrzeugen sicherstellt.

Gruppenreisen

Wer nur wenig Zeit oder keine Lust hat, eine Rundreise selbst zu arrangieren, kann sich einer **organisierten Tour** anschließen und auf diese Weise die wichtigsten Sehenswürdigkeiten des Landes mit minimalem Organisationsaufwand besichtigen. In steigender Zahl bieten Reisebüros und Veranstalter in Phnom Penh (s. S. 130) und Siem Reap (s. S. 185) individuelle Touren an, sodass weder feste Abfahrtszeiten zu beachten noch Absagen wegen zu geringer Teilnehmerzahl zu befürchten sind. Die Preise unterscheiden sich je nach Unterkunft, Reiseziel und Aktivitäten vor Ort. Als Kalkulationsgrundlage sind mindestens US$120 pro Person und Tag plus Verpflegung anzusetzen. Im Preis enthalten sind der Transfer in klimatisierten Fahrzeugen, Reiseleitung und Übernachtung.

Eine preiswertere Alternative zu derartigen Touren sind die Transport- und Unterkunftsangebote der gut eingeführten Gästehäuser in Phnom Penh. Diese befördern Touristengruppen mit privaten Bussen nach Siem Reap oder Sihanoukville und lassen dort ihre Geschäftspartner für die Unterbringung und Besichtigungen Sorge tragen. Mit bis zu US$25 pro Person und Tag ist zu rechnen.

Feste und Feiertage

Die Termine religiöser Feiertage richten sich nach dem Mondkalender, wodurch sie sich jedes Jahr verschieben. Neben den nachfolgend aufgeführten Festtagen wird wahrscheinlich im Mai 2006 ein gesetzlicher Feiertag zum Gedenken an den Geburtstag des neues Königs Norodom Sihamoni eingeführt.

1. Januar – Neujahrstag

7. Januar – Siegestag über das Völkermord-Regime. Feierlichkeiten zur Befreiung Phnom Penhs von den Roten Khmer im Jahre 1979.

8. März – Internationaler Frauentag

13.–16. April – *Bonn Chaul Chhnam,* das Khmer-Neujahrsfest

1. Mai – Tag der Arbeit

Mai (variabel) – *Bonn Chroat Preah Nongkoal,* Königliche Pflügezeremonie. Feierlichkeiten vor Beginn der Regenzeit zum Anfang der Reisaussaat; Pflügen einer zeremoniellen Furche vor dem Nationalmuseum in Phnom Penh.

Mai (variabel) – *Visakha Bochea,* Gedenken an Buddhas Geburt, Erleuchtung und Tod.

1. Juni – Internationaler Kindertag

18. Juni – Geburtstag der früheren Königin Norodom Monineath Sihanouk

24. September – Tag der Verfassungsgebung und Krönung

September/Oktober (2–3 Tage, variabel) – *Bonn Pchum Ben,* das Ahnenfest. Feierlichkeiten am Neumondtag, an dem die Familien in den Pagoden ihren verstorbenen Vorfahren opfern.

23. Oktober – Jahrestag des Pariser Friedensabkommens. Gedenktag an die Pariser Kambodscha-Konferenz von 1991

Vollmondtage

Sie können um einen Tag abweichen.

2006:	14.1.	13.2.	14.3.	13.4.	13.5.
	11.6.	11.7.	9.8.	7.9.	7.10.
	5.11.	5.12.			
2007:	3.1.	2.2.	3.3.	2.4.	2.5.
	1.6.	30.6.	30.7.	28.8.	26.9.
	26.10.	24.11.	24.12.		

30. Oktober bis 1. November – Geburtstag Seiner Majestät des früheren Königs Norodom Sihanouk

Oktober/November (variabel) – *Bonn Om Tuk,* das Fest der Wasserwende. Markiert zwischen Ende Oktober und Mitte November das Ende der Regenfälle und die Zeit, an dem das Wasser wieder aus dem Tonle Sap herausfließt. Lebendiges und farbenprächtiges dreitägiges Ereignis mit Bootsrennen auf dem Fluss in der Nähe des Königspalastes und auf dem Graben um Angkor Wat.

9. November – Unabhängigkeitstag. Gedenken an die Unabhängigkeit von Frankreich im Jahre 1953

10. Dezember – Internationaler Menschenrechtstag der Vereinten Nationen

Kambodschaner haben ständig irgendetwas zu feiern. An Feiertagen ziehen Familien und Freunde zu bekannten Pagoden oder unternehmen Ausflüge in die Provinzen. Es überrascht nicht, dass die Feste besonders gerne fürs Einkaufen und Reisen genutzt werden.

Das wichtigste Fest des Jahres, **Bonn Chaul Chhnam** findet am Khmer-Neujahrstag Mitte April statt. Zum Neujahrsfest der Khmer finden Familien zusammen, und in den Häusern wird Frühjahrsputz gehalten. In den Pagoden herrscht viel Betrieb: Die Eingänge werden mit Blumengirlanden und Kokoswedeln verziert, Buddha-Statuen werden gewaschen und in neue Roben gekleidet, und Freundeskreise und Familien feiern und picknicken gemeinsam. Aus Früchten, Blumen, Kuchen, Reis und Getränken werden kunstvolle Opfergaben vorbereitet, deren wichtigste Bestandteile dem 12-jährigen Zyklus der kambodschanischen Astrologie gemäß wechseln (ähnlich dem chinesischen Tierkalender).

Neujahrsspiele

Wer zum Khmer-Neujahrstag *Bonn Chaul Chhnam* in Kambodscha ist, wird traditionelle Spiele verfolgen können, die jungen Menschen die Gelegenheit geben sollen, sich kennen zu lernen und Ausschau nach möglichen Ehepartnern zu halten. Das Spiel **Angkunh** verwendet dazu die harten, scheibenähnlichen Samen des Baumes mit jenem Namen, deren Durchmesser rund 4 cm beträgt und die eine auffällige Mahagoni-Farbe haben. Im Spiel stehen sich Mannschaften aus Jungen und Mädchen gegenüber. Eine Mannschaft drückt ihre *angkunhs* mit den Ecken in den Boden, und das andere Team muss aus einigen Metern Entfernung versuchen, sie mit den ihren umzuwerfen. Wessen *angkunh* umfällt, der hat verloren, und der Sieger darf ihm oder ihr zwei *angkunhs* ans Knie klatschen – sie sind dabei ähnlich wie Kastagnetten in einer Hand zu halten, und wenn das erforderliche klackende Geräusch ausbleibt, ist der Verlierer an der Reihe. Das Ganze wird mit ausgelassener Fröhlichkeit zelebriert, doch die meisten Teilnehmer humpeln eine ganze Woche lang mit blauen Flecken durch die Gegend.

Ein anderes Spiel, bei dem Jungen gegen Mädchen antreten, heißt **Chaoi chhoung**. Die Jungen wirbeln dabei einen aufgerollten Schal herum, bevor sie ihn einem Mädchen zuwerfen. Die Mädchen müssen ihn auffangen, bevor er den Boden berührt, und ihn mit dem Ziel zurückwerfen, einen der Jungen zu treffen, der in diesem Fall den Mädchen ein Lied vorsingen muss. Nach einer Weile werden die Rollen getauscht.

Zu den anderen populären Spielen gehören das wechselweise Zuwerfen von Zweigen, eine Art ringförmiges Fangspiel zwischen Jungen- und Mädchenpaaren sowie Tauziehen.

Neben solchen Spielen aus alter Zeit bewirft man sich in den Provinzen bei bestimmten Festen gegenseitig mit Talkpuder und Wasser, bis alle Festteilnehmer durchnässt und verkleistert sind.

Sogar über Rundfunk wird bekannt gegeben, an was alles zu denken ist. Es ist auch eine teure Jahreszeit, denn die Preise für Transporte, Unterkünfte und Marktprodukte steigen um 10–20%.

Das wichtige religiöse Fest **Bonn Pchum Ben** findet zwischen Mitte September und Anfang Oktober statt. Traditionell sollen Familien zu diesem Anlass sieben verschiedene Pagoden besuchen und dort ihren Vorfahren huldigen. Andernfalls laden sie deren Zorn auf sich, was Unglück im folgenden Jahr nach sich zieht. Dem Fest voran geht die Zeremonie **Bonn Dak Ben**, bei der den Mönchen vom Vollmondtag bis zum Neumond Nahrungsmittel gespendet werden.

Das religiöse Fest **Bonn Kathen** dauert vom Vollmond im September bis zum folgenden Vollmond. In diesem Zeitraum pilgern die Gläubigen zu den Pagoden, um den Mönchen neue Roben und andere Geschenke zu bringen.

Ethnische Chinesen und Vietnamesen feiern Ende Januar oder Anfang Februar ausgiebig das **Chinesische Neujahr**, was sich beträchtlich auf das Geschäftsleben auswirkt, denn viele Läden und Marktstände schließen einen Tag zuvor und bleiben auch nach dem Fest noch mehrere Tage geschlossen. Auf den Straßen werden Löwentänze aufgeführt, die Geschäftsleuten und Privatpersonen Glück bringen sollen.

Der buddhistische Kalender bestimmt die beiden monatlichen **Opfertage** (die genauen Daten variieren gemäß dem Mondkalender von Monat zum Monat), in deren buntem Verlauf der Handel mit Blumen floriert, die zur Pagode gebracht oder zur Ausschmückung der Schreine im eigenen Heim verwendet werden. Lotosknospen – als traditionelle Opferblumen für Buddha – werden kunstvoll gefaltet, um die blassrosafarbenen inneren Blätter ins Blickfeld zu stellen, und Jasminblüten werden als duftende Opfergaben an Stöcken und Schnüren in den Pagoden befestigt.

Einkaufen

Kambodscha hat eine Vielfalt an Souvenirs und Kunsthand zu bieten. Dazu gehören bunte Textilien aus traditionell gemusterten Seidenstoffen, gröbere Chunchiet-Stoffe, Antiquitäten und Raritäten (wie etwa mit Fächern versehene Holzschachteln für den Betelnussverzehr) oder auf präparierte Palmblätter geschriebene religiöse Texte. Nachdem das lokale Kunsthandwerk durch verschiedene Ausbildungsprogramme gefördert wurde, um Kambodschas großer Gemeinde behinderter Menschen neue Chancen zu eröffnen, ist nun eine überwältigende Menge an Qualitätsprodukten im Angebot.

Die meisten Einkaufsaktivitäten finden auf **Märkten** statt. Große Kaufhäuser gibt es nirgends im Land, doch in Phnom Penh und Siem Reap haben inzwischen erste Spezialgeschäfte, Galerien und Hotelboutiquen eröffnet, die saftige Preise verlangen, dafür jedoch in der Regel qualitativ bessere Produkte anbieten. Beide Städte bieten eine breite Auswahl an Waren.

Von den Spezialmärkten der Hauptstadt ist vor allem der Russenmarkt **Psar Toul Tom Poung** zu nennen, der die bekannteste Adresse für den Kauf von Souvenirs ist – und von Moped-Ersatzteilen.

An Angkors Tempeln bieten Kinder für ein paar tausend Riel netten Schnickschnack an, darunter Armreifen und Haarspangen aus Kokosnuss-Schalen oder handgefertigte Bambusflöten, die in bunte gewobene Strohhüllen eingewickelt sind.

Die Faustregel lautet: Einkaufen, was gefällt! Ausgefallene Dinge, die man in den Provinzen entdeckt, sind in Phnom Penh oder Siem Reap nicht unbedingt zu finden. So werden beispielsweise die traditionellen Trommeln *skor dae* von Kunsthandwerkern in Kompong Thom hergestellt und auch nur dort verkauft.

Textilien

Kramar

Karierte Schals namens *kramar*, die Erwachsene und Kinder beiderlei Geschlechts tragen, sind auf allen Märkten leicht zu finden und dürften das am häufigsten verkaufte kambodschanische Touristensouvenir sein. Viele *kramar*, die Touristen angeboten werden, sind aus synthetischem Mischgewebe gefertigt. Obwohl sich diese Stoffe weich anfühlen, erhitzen sie die Haut und trocknen nur langsam, wenn sie als Handtuch benutzt werden. Die besten *kramar* sind aus Baumwolle *(umbok)* und werden vornehmlich von Markthändlerinnen angeboten. Ein großer *kramar* kostet 4000–5000 Riel.

Ein *kramar* aus Baumwolle fühlt sich anfangs steif und dünn an, doch mehrmaliges Waschen in kaltem Wasser macht ihn weich und verdichtet das Gewebe. Solche *kramar* halten jahrelang, werden durch häufige Benutzung schöner und erweisen sich je nach Situation als angenehm kühlendes, wärmendes oder Staub absorbierendes Gewebe.

Seide

Auch Seidenstoffe mit traditionellen Mustern und Farben sind fast überall erhältlich, und seit einigen Jahren wird das Angebot vor allem auf Phnom Penhs Märkten durch moderne Muster ergänzt.

Die kambodschanische Seidenweberei lässt sich bis in das Zeitalter Angkors zurückverfolgen, als die Khmer importierte Stoffe aus Indien zu imitieren begannen. Die über viele Generationen vererbten Webtechniken gingen unter den Roten Khmer verloren, doch in den 90er Jahren lebte die Seidenweberei in vielen Dörfern wieder auf. Das Seidengarn wird normalerweise aus Vietnam importiert, doch auch einige kambodschanische Dörfer haben die Seidenraupenzucht wieder aufgenommen. Da Stoffe meist nur auf ausdrückliche Bestellung der Händler und Seidenverkäufer Phnom Penhs hin produziert werden, darf es nicht überraschen, wenn beim Besuch eines Seidenweberdorfs keine Seidenstoffe zum Verkauf angeboten werden. Ungemusterte Seidenstoffe sind zuweilen als Meterware in dunklen und pastellenen Farbtönen erhältlich.

Eine Bitte:

Wir bitten dringend darum, keine Antiquitäten und Produkte zu kaufen, die aus **geschützten Tieren** hergestellt wurden. Denn: Seltene Tiere werden nur gejagt, Kultstätten nur geplündert und alte Erbstücke nur verkauft, wenn sich dafür Käufer finden.
Jeder Kauf trägt dazu bei, dass Südostasien schon bald seiner wichtigsten Kultur- und Naturschätze beraubt ist. Zudem ist der Handel mit Antiquitäten verboten.
Der Zoll beschlagnahmt bei der Einreise alle Stücke, für die keine Exportgenehmigungen vorliegen oder die unter das Washingtoner Artenschutzabkommen fallen. Dazu gehören auch Schlangenhäute und alle Produkte aus Krokodilleder.

Seide wird in festen Breiten – fast immer 800 mm – produziert und in zwei Längen verkauft: Ein *kabun* (3,60 m) reicht für einen langen glatten Rock oder eine kurzärmelige Bluse; ein *sampot* entspricht einem halben *kabun*. Die Preise für ein *sampot* beginnen bei rund US$15, können sich jedoch je nach Qualität und Muster leicht verdoppeln. Bereits vorgewaschene Seide wirkt in Textur und Färbung weicher und ist geringfügig teurer. Überall erhältlich sind Seidenschals in diversen Farben, die meist vorgewaschen sind und Ränder aus handgeknüpften Knoten haben. Mit US$3–5 sind sie recht preiswert.

Es gibt unterschiedliche Stile, da sich bestimmte Dörfer auf besondere Webtechniken spezialisiert haben. *Hol*, ein altehrwürdiger Stoff mit kleinen Motiven, die Blumen, Schmetterlinge und Diamanten symbolisieren, wird traditionell aus Fäden mit fünf Grundfarben produziert – Gelb, Rot, Schwarz, Grün und Blau (moderne Variationen verwenden Pastelltöne). Der glänzende Zeremonienstoff *parmoong* entsteht durch Aufweben eines Motivs oder einer Borte aus Gold- oder Silberfäden auf die reine Seide. Manche *parmoong* werden ausschließlich für Männer in karierten oder gestreiften Mustern und den Farben beige, grün oder rot gewoben und werden von ihnen als Hüfttuch getragen. Ungemusterte Seidenstoffe sind zuweilen als Meterware in dunklen und pastellenen Farbtönen erhältlich.

Traditionelle **Wandbehänge** namens *pedan*, die klassische Motive wie stilisierte Tempel oder Tiere wie Elefanten und Löwen aufweisen, sind mit US$5–10 preiswert zu haben und leicht zu transportieren.

Chunchiet-Textilien

Die Bergvölker in Rattanakiri weben eigene Stoffe mit gewöhnlich schlichten Mustern, die aus Streifen auf einfarbigem Hintergrund in Schwarz, Dunkelblau oder Beige bestehen. Das Gewebe kann grob und locker wirken, doch das Material ist recht haltbar – in der Regel handelt es sich um Baumwolle mit Synthetikfasern. Beim Waschen ist jedoch Vorsicht angeraten, da vor allem die auf Beige basierenden Stoffe leicht ausfärben.

Holzschnitzereien und Marmorarbeiten

Das breite Spektrum der Holzschnitzereien reicht von kleinen Köpfen Jayavarmans VII., die dem berühmten Modell im Nationalmuseum nachgestaltet sind und nur wenige Dollars kosten, bis hin zu nahezu lebensgroßen Apsaras für US$50 und mehr. Eine gute Auswahl steht in Phnom Penh an Phlauv 178 nahe dem Nationalmuseum und auf dem Psar Toul Tom Poung bereit, doch vielen Stücken fehlt wegen der Massenproduktion das gewisse Etwas. Wer wirklich Erlesenes sucht, ist in der Werkstatt der *Chantiers École* in Siem Reap richtig.

Glänzend geschliffene Marmorarbeiten kauft man am besten in Phnom Penh, Siem Reap oder den Werkstätten in Pursat, wo sie hergestellt werden. Die Nachbildungen von Angkor Wats Türmen erscheinen mitunter protzig, doch es gibt viele kunstfertige Stücke wie zum Beispiel Buddhastatuen oder Tierfiguren.

Antiquitäten und andere Mitbringsel

Einzige Adresse für Antiquitäten und Raritäten ist Phnom Penh, wo sich vor allem ein Streifzug durch die Spezialgeschäfte des Psar Toul Tom Poung lohnt. In Fächer unterteilte Holzschachteln werden als Aufbewahrung für das Zubehör zum Betelkauen (s.u.) verwendet. In eleganten Silberschachteln werden die Nüsse aufbewahrt, in anderen Behältern die Blätter und Paste, und ein scherenähnliches Werkzeug dient zum Zerkleinern der Betelnuss.

Betel

Betel hat eine milde narkotisierende Wirkung, die süchtig machen kann. Heutzutage wird die Tradition des Betelkauens fast nur noch von alten Frauen gepflegt, die unschwer an ihren gefurchten blutroten Lippen und den roten Zähnen zu erkennen sind. Ein Betelpfriem besteht aus dem großen flachen Blatt einer Pflanze aus der Familie des Pfeffers, das mit einer Paste aus gelöschtem Kalk bestrichen und um ein Stück Betelnuss gewickelt wird. Das Kauen dieser Kombination zieht blutroten Speichel zusammen, der ausgespuckt wird. Betel spielte eine zentrale Rolle in vielen traditionellen Zeremonien. Bei Hochzeiten stand er beispielsweise im Mittelpunkt der religiösen Handlungen, bei denen ein Teller mit Betelblättern sowie schmucke Behälter mit Nüssen und Paste den Ehrenplatz inmitten aller Opfergaben einnahmen.

Das Angebot an religiösen Kunstwerken reicht von hölzernen Buddhastatuen und anderen Schnitzereien über Messingschalen bis hin zu Opfertellern.

Gelegentlich werden antike traditionelle **Musikinstrumente** angeboten. *Chapei* ist ein Saiteninstrument mit langem Hals und rundem Resonanzkörper. *Chhing* besteht aus zwei kleinen Messingscheiben, die ähnlich wie Kastagnetten angeordnet sind und sacht gegeneinander geschlagen werden.

Nur wenige Dollars kosten mit kniffligen Aufschriften versehene **Kompasse**, die bei der Ausübung der klassischen chinesischen Kunst der Geomantik verwendet werden. Diese Instrumente setzen die Himmelsrichtungen in Beziehung zu den fünf Elementen Holz, Feuer, Erde, Metall und Wasser.

Auch **Opiumgewichte** sind zu finden, die zum Abwiegen der gefährlichen Droge verwendet wurden und oft die Form kleiner Menschen- oder Tiergestalten haben.

Es gilt zu beachten, dass die Kambodschaner es meisterhaft verstehen, Gegenstände künstlich auf alt zu trimmen. Einkäufer sollten derartige Dinge um ihrer selbst willen erwerben und nicht unbedingt auf ihre Authentizität und ihr Alter vertrauen. Kambodschas alte Tempel haben schwer unter Plünderungen gelitten, es ist aber unwahrscheinlich, auf Phnom Penhs Märkten antike Figurinen zu finden, weil der Schwarzmarkt eher auf Bangkok und Singapur ausgerichtet ist. Doch andere gestohlene Kunstwerke, wie etwa Begräbnisstatuen der Bergvölker aus Rattanakiri, finden durchaus noch ihren Weg in die Hauptstadt. Um den Plünderern keinen weiteren Anreiz zu geben, sollte man auf den Kauf von Dingen verzichten, die als antik angepriesen werden.

Körbe, Rattan- und Bambusartikel

Das vielseitige Material Rattan wird zur Produktion von Möbeln verwendet, die in Phnom Penh auf den Markt gelangen und unter Ausländern sehr beliebt sind. Darüber hinaus dient es zur Herstellung der Körbe, Schalen und Platzdeckchen, die auf Siem Reaps Märkten angeboten werden. Schwieriger zu finden sind kleine hübsche Körbe aus der Umgebung von Oudong, die aus einer Pflanze namens *kunung* geflochten werden. Im Herstellungsgebiet stehen sie in großer Auswahl für nur wenige 1000 Riel zum Verkauf.

Typisch für Rattanakiri sind tiefe konische Körbe aus einem Rattan- und Bambusgeflecht namens *khapa*, die mit Schulterriemen versehen sind und von Angehörigen der Bergstämme noch stets benutzt werden, um Produkte zum Markt zu tragen. Ihr Preis liegt bei US$6–10. Auf Märkten angebotene Rattan- und Bambusartikel für den täglichen Gebrauch eignen sich ebenfalls als hübsche Souvenirs, etwa Kellen und geflochtene Becher zum Abmessen der Reisportionen sowie Schalen für Obst und Gemüse.

Gold und Silber

Das größte Angebot an Silberwaren findet man in Phnom Penh. Unter den nahe gelegenen Dörfern gehört Kompong Loeung, das bequem in einen Ausflug nach Oudong integriert werden kann, zu den bekanntesten Produktionsstätten. Die geforderten Preise lassen erkennen, ob es sich um massives Silber oder um versilbertes Kupfer handelt – versilberte Gegenstände kosten ein paar Dollar, ein vergleichbares Objekt aus massivem Silber das Doppelte.

Kleine Silber- oder versilberte Behältnisse in Form von Früchten oder Tieren sind erstaunlich preiswert und eignen sich gut als Mitbringsel oder Geschenk. Wesentlich teurer sind Zeremonienteller und Opferschalen, die meist aus solidem Silber bestehen und mit kunstvollen Blattmotiven verziert sind. Preiswerte silberne Halsketten, Armreifen und Ohrringe stammen meist aus Indonesien und werden nur auf dem Touristenmarkt angeboten – die Khmer schätzen Silberschmuck nicht. NGO-Läden und Hotelboutiquen in Phnom Penh und Siem Reap bieten modernen Designerschmuck aus Silber an.

Die Vorliebe der Khmer für Goldschmuck ist weder sentimental noch romantisch begründet, Gold wird schlicht als Form der Geldanlage betrachtet. Dies erklärt die hohe Zahl der Goldhändler auf den Märkten des gesamten Landes, bei denen Einheimische hocken, um alten Schmuck mit Zuzahlung gegen noch teurere Stücke einzutauschen.

Sofern man sich auskennt, sind die Goldpreise verlockend niedrig, und Schmuck kann zügig und preiswert nach eigenen Wünschen angefertigt werden – auch mit eingefassten Edelsteinen aus den Minen von Pailin und Rattanakiri.

Preise

Reisekosten

Kambodscha ist überwiegend ein preiswertes Reiseland. Budgetzimmer kosten landesweit US$3–5, in kleinen Restaurants oder Nudelküchen gibt es ein Nudelfrühstück mit Kaffee für rund US$1, und bei den Hauptmahlzeiten sind in landestypischen Lokalen für zwei Gerichte mit Reis nicht mehr als US$1–2 aufzuwenden. Westliche Restaurants verlangen für Mahlzeiten US$4–5. Fast überall ist in Flaschen abgefülltes Mineralwasser für rund 500 Riel erhältlich, während Softdrinks 2000 Riel und Angkor-Bier US$1 pro Dose oder US$2 pro große Flasche kosten.

Die billigste Art zu reisen sind Rüttelfahrten auf der Ladefläche von Pick-ups, deren Preise von der Entfernung und vom Straßenzustand abhängen. In der Regenzeit und zu öffentlichen Feiertagen – besonders zum Khmer-Neujahr – steigen die Preise um rund 20%. Das bedeutet, dass selbst die denkbar entsetzlichste Fahrt von Phnom Penh nach Sen Monorom in Mondulkiri, die gut 14 Stunden dauert, nicht mehr als 30 000 Riel auf der Ladefläche und 50 000 Riel in der Fahrerkabine eines Pick-ups kostet.

Geschwindigkeit und Komfort haben dagegen ihren Preis: Die Strecke Phnom Penh–Siem Reap kostet US$25 mit dem Express-Boot und US$55 mit dem Flugzeug. Solche Alternativen aber gibt es nur auf wenigen Strecken. Auch Zugfahrten sind unglaublich billig – Phnom Penh nach Sihanoukville etwa 4500 Riel –, dafür jedoch ermüdend langsam, und die beiden einzigen Trassen decken nur ein sehr beschränktes Gebiet ab.

Die genannten Preise zeigen, dass Reisende, die einfache Gästehäuser, Nudelküchen und billige Restaurants sowie öffentliche Transportmittel nutzen, durchaus mit US$10–12 pro Tag auskommen können. Mit einem Tagesbudget von US$60–70 lassen sich Übernachtungen in Mittelklassehotels, drei westliche Mahlzeiten pro Tag und Transferfahrten mit Mietwagen und Chauffeur bestreiten. Für Nächte in Luxushotels, dort eingenommene Mahlzeiten und den Komfort eines Mietwagens mit Chauffeur sind US$270–300 pro Tag zu veranschlagen. Es gilt zu bedenken, dass man sich diese Kosten mit anderen Personen teilen kann und eine Infrastruktur für Mittelklassereisen und aufwärts nur in Phnom Penh, Siem Reap und Sihanoukville vorhanden ist.

Zuweilen müssen Ausländer höhere Preise als Einheimische zahlen, doch nicht in dem Maße wie im benachbarten Vietnam. Zum Beispiel zahlen Einheimische für das Express-Boot von Phnom Penh nach Siem Reap US$10 weniger, und vor allem an Sehenswürdigkeiten werden Ausländer stärker zur Kasse gebeten – dies ist besonders in Angkor der Fall, wo Kambodschaner freien Eintritt genießen und Ausländer für einen Tagespass US$20 zahlen müssen.

Die theoretisch existierende Umsatzsteuer wird auf Einkäufe und Dienstleistungen gewöhnlich nicht angewendet. Ab der Ebene von Mittelklassehotels aber werden 10% Steuern und 10% Bedienungsgeld auf die Rechnung aufgeschlagen. Wo dies praktiziert wird, muss ein englisches Schild an der Rezeption darauf aufmerksam machen.

Trinkgelder und Handeln

Außerhalb der gehobenen Hotels werden keine Trinkgelder erwartet, doch wenige hundert Riel nach einer Mahlzeit oder Motofahrt werden dankbar angenommen. Luxushotels, Geschäfte und alle Imbissbuden, Nudelküchen und Restaurants haben Festpreise. Dies trifft auch auf Flüge, Zugfahrten, Busreisen und Bootstransfers zu. Auf Märkten, bei Fahrten mit Motos oder Cyclos oder beim Anmieten eines Mietwagens aber gehört Handeln zum Alltag. Während in Mittelklassehotels durchaus Ermäßigungen ausgehandelt werden können, neigen die Betreiber der Gästehäuser auf Budgetebene eher dazu, einen Raum leer stehen zu lassen, als Nachlässe einzuräumen.Handeln ist eine Art Spiel unter Freunden, das beide Parteien gewinnen wollen. Der Anbieter nennt gewöhnlich zunächst einen maßvoll erhöhten Preis. Für preiswerte Artikel unter US$10 ist oft ein Nachlass von rund 30% realistisch, während bei teuren Antiquitäten und Raritäten eine Ermäßigung von 5% schon viel sein kann. Um beim Handeln das Maß einschätzen zu können, sollte man sich vor Augen führen, dass dem Verkäufer bei Waren wie einem T-Shirt bestenfalls ein Spielraum von 500–1000 Riel bleibt, also 0,10–0,20 Euro.

Post und Kommunikation

Viele Telefonkabel wurden in der Ära der Roten Khmer zerstört und müssen erst wieder erneuert werden. Dennoch macht die kambodschanische

Kommunikations-Infrastruktur allmählich Fortschritte: In den größeren Städten gibt es inzwischen Internet-Zugang, und durch die Einführung des Mobiltelefons wurden die Kommunikationsmöglichkeiten im Land erheblich verbessert. Das Postsystem funktioniert einigermaßen zuverlässig, obwohl ausländische Briefsendungen immer noch auf dubiose Weise verschwinden.

Post

Alle Postsendungen werden über Phnom Penh befördert. Sendungen aus den Provinzen kommen nun offensichtlich ebenso zuverlässig an wie solche aus der Hauptstadt, doch sie sind ein wenig teurer. Nur das dortige Hauptpostamt ist für die Versendung von Post ins Ausland ausgerüstet.

Post **nach Europa** ist fünf bis zehn Tage unterwegs. Nur zweimal wöchentlich gehen Sendungen zu den wichtigsten internationalen Zielen hinaus – die Wochentage können im Hauptpostamt erfragt werden. **Briefmarken** für Postkarten nach Europa kosten in Phnom Penh 1800 Riel, in den Provinzstädten 2100 Riel.

Pakete können nur in Phnom Penh aufgegeben werden, und zwar zum horrenden Preis von US$17 pro Kilogramm – es lohnt sich demnach, das Versandgut mitzunehmen, wenn man nach Thailand weiterreist, denn dort sind die Postgebühren niedriger. Auf einem obligatorischen, 3000 Riel teuren Zollformular sind Inhalt und Wert der Paketsendung detailliert aufzulisten, doch es ist nicht nötig, das Paket für etwaige Inspektionen zunächst unverschlossen zu lassen. Postpakete werden in den Postämtern verkauft.

Sendungen via **Poste restante** können in den Hauptpostämtern von Phnom Penh, Sihanoukville und Siem Reap gegen eine Gebühr von 33 Riel pro Stück abgefordert werden. Zur Abholung ist der Pass mitzubringen. Es empfiehlt sich, unter dem Vornamen und Familiennamen nachsehen zu lassen, da Sendungen oft falsch eingeordnet werden.

Besonders in Phnom Penh versuchen Postbeamte bisweilen, sich durch zu hohe Gebührenforderungen ein Taschengeld zu erschleichen. Im Hauptpostamt stehen die **Gebühren** ausgeschrieben, so dass man bei verdächtig hohen Beträgen nachprüfen sollte, ob alles seine Richtigkeit hat – oft fällt die Nachkalkulation wesentlich günstiger aus.

Telefonieren

Internationale und nationale Telefongespräche können von **Postämtern** und **Telekomämtern** der meisten Städte aus geführt werden. Anbieter dieser Dienstleistung ist gewöhnlich das staatliche Telekommunikationsnetzwerk *Camintel*, 💻 www.camintel.com, das neben der australischen Firma *Telstra* auch öffentliche Telefonzellen in Phnom Penh betreibt. Zu deren Benutzung wird eine Telefonkarte benötigt, die in Geschäften mit dem Logo der Gesellschaft in Nennwerten von US$2–50 erhältlich sind. Telefonkarten von *Camintel* und *Telstra* können nicht in den Anlagen der jeweils anderen Gesellschaft benutzt werden, doch mit einer Tele.2 Phone Card können aus allen Telefonzellen durch Vorwahl des Zugangscodes ✆ 007 (statt der üblichen ✆ 001), gefolgt von der Landesvorwahl, der Ortsvorwahl ohne 0 und der persönlichen Telefonnummer internationale Gespräche geführt werden. Da alle diese Alternativen mit Gebühren von rund US$3 pro Minute recht teuer sind, lohnt es sich, die Angebote von Internet-Shops, Gästehäusern und Reisebüros zu prüfen, die oft um die Hälfte preiswerter sind.

Telephone charge cards eines heimischen Telefonservice-Providers wie AT&T's Calling Card (💻 www.att.com/traveler) werden von manchen kambodschanischen Anlagen akzeptiert, doch man sollte vor der Abreise genauere Informationen einholen.

Vorwahlen

In Kambodscha gibt es keine Telefonauskunft.

Anrufe nach Kambodscha: Landesvorwahl ✆ 00855 + Ortsvorwahl ohne 0 + Rufnummer. Zu beachten ist, dass einige Telefongesellschaften für das Anrufen kambodschanischer Mobilnummern höhere Gebühren verlangen könnten.

Anrufe aus Kambodscha: Nach Deutschland: ✆ 001 + 49 + Ortsvorwahl ohne 0 + Rufnummer. In die Schweiz: ✆ 001 + 41 + Ortsvorwahl ohne 0 + Rufnummer. Nach Österreich: ✆ 001 + 43 + Ortsvorwahl ohne 0 + Rufnummer.

Achtung: Mit einer Tele.2 Phone Card ändert sich die internationale Vorwahl in ✆ 007.

Die preiswertesten Inlandsgespräche bieten die kleinen Zellen mit seitlichen Glastrennwänden, die in allen größeren Orten zu finden sind. Ein Telefonat schlägt hier mit 500–600 Riel pro Minute zu Buche, die an eine Aufsichtsperson zu zahlen sind. Die Telefone in diesen Zellen haben unterschiedliche Reichweiten innerhalb von Kambodschas verschiedenen Netzwerken; die erreichbaren Nummern sind an den Seitenwänden ausgeschrieben – normalerweise ✆ 012 Mobitel-Nummern plus Ortsvorwahl oder auch andere Mobil-Providernummern.

Für Faxsendungen werden in Kambodscha Wucherpreise verlangt: US$7–8 pro Seite. Verlässlichste Adressen für Faxsendungen sind die Business Centres der Hotels und Internet Shops.

Handys

Es gibt drei Netzbetreiber in Kambodscha: *Samart* (✆ 011), *Mobitel* (✆ 012) und *Shinawatra* (✆ 015 und 016). *Mobitel*, das am häufigsten genutzte Netzwerk, besitzt Transmitter-Stationen in allen größeren Städten, doch oft ist der Empfang auf das jeweilige Stadtgebiet beschränkt. Momentan ist es für Personen, die keinen Wohnsitz in Kambodscha haben, so gut wie unmöglich, ein kambodschanisches Handy oder eine SIM-Karte eines kambodschanisches Netzbetreibers zu kaufen.

E-Plus, O_2, T-Mobile und Vodafone unterhalten mit Cambodia Samart (Display-Anzeige KHM-SM) und CamGSM (MOBITEL KHM) **Roaming**-Verträge. Die Preise für Verbindungen mit dem eigenen Handy nach Deutschland liegen zwischen 1,60 € und 3 € pro Minute, für Gespräche innerhalb Kambodschas zwischen 0,55 € (innerhalb von Phnom Penh) und 1,60 €. Eine SMS nach Deutschland kostet 0,30–0,50 €. Bei eingehenden Anrufen aus Deutschland zahlt der Anrufer nur den heimischen Tarif, während die Kosten für die Weiterleitung ins fremde Netz zu Lasten der eigenen Rechnung gehen. Detaillierte Infos zu Tarifen, SMS-Kosten und Prepaid-Karten gibt es unter:

E-Plus, ✆ 1111 (Handy) oder 01803-177177, 🖳 www.eplus.de

O_2, ✆ 55222 (Handy) oder 01805-624357, 🖳 www.o2online.de

T-Mobile, ✆ 2202 (Handy) oder 01803-302202, 🖳 www.t-mobile.de

Vodafone, ✆ 1212 (Handy) oder 0800-1721212, 🖳 www.vodafone.de

Zeitverschiebung

Die Zeitverschiebung zur Mitteleuropäischen Zeit (MEZ) beträgt +6 Std., zur Sommerzeit (MESZ) +5 Std.

MEZ	Sommerzeit	Kambodscha
17	18	23 Uhr
20	21	02 Uhr
23	24	05 Uhr
02	03	08 Uhr
05	06	11 Uhr
08	09	14 Uhr
11	12	17 Uhr
14	15	20 Uhr

Und noch ein Tipp: Nicht immer bucht sich das Handy automatisch ins günstigste Netz ein. Wer die Tarife der Anbieter kennt, kann notfalls manuell unter dem Menüpunkt „Netze“ oder „Netz(aus)wahl“ ins preiswertere Netz wechseln.

Internet

In Kambodscha online zu gehen, stellt mittlerweile kein Problem mehr dar. Internet-Anbieter und -Cafés finden sich in Phnom Penh, Siem Reap, Battambang, Sihanoukville und Kampot; selbst im abgelegenen Banlung gibt es inzwischen Internet-Zugang (allerdings doppelt so teuer wie in anderen Städten). Die Gebühren liegen in der Regel unter US$2 pro Stunde, und die Verbindungen sind im Allgemeinen recht zuverlässig, wenngleich nicht immer die schnellsten. Außerhalb der genannten Städte wird es schwierig, einen Internet-Zugang aufzutreiben.

Wer noch nicht über eine eigene E-Mail-Adresse verfügt, kann sich eine solche vor der Abreise zulegen bei

🖳 www.gmx.de
🖳 www.web.de
🖳 www.yahoo.de
🖳 www.juno.com

Sicherheit

Nach dem Sturz der Roten Khmer ist Kambodscha heute ein recht sicheres Reiseland. Die größte Gefahr geht von Landminen aus, denn noch immer zählt Kambodscha zu den am dichtesten verminten Länder der Erde. Außerdem kann niemand genau sagen, mit wie vielen Bomben die Amerikaner das Land in den 70er Jahren überzogen und wie viele davon nicht explodierten. In ländlichen Gebieten lautet deshalb nach wie vor das oberste Gebot: Niemals die befestigten Wege verlassen!

Insgesamt sind die Kambodschaner bemerkenswert ehrliche Menschen – was allein schon die Geldwechsler bezeugen, die ungeschützt zwischen aufgehäuften Banknoten an Straßenecken sitzen –, und Kriminalität stellt kein nennenswertes Problem dar. Bei Reisen mit öffentlichen Verkehrsmitteln wird gut auf das Gepäck Acht gegeben, und nur in Ausnahmefällen geht etwas verloren.

Dennoch gibt es natürlich wie überall schwarze Schafe. Es empfiehlt sich, Wertsachen gut gegen Taschendiebstahl zu schützen, vor allem auf Märkten, auf den Fähren nach Siem Reap und Kratie sowie am Strand von Sihanoukville. Auch gelegentliche Fälle von **bewaffneten Raubüberfällen** sind nicht unbekannt; einige davon gingen auf das Konto von Banditen, die als Polizisten verkleidet waren. Besonders in Phnom Penh und Siem Reap sollte man bei Dunkelheit so wenig Geld wie nötig bei sich tragen und Wertsachen unbedingt im Hotelsafe lassen.

Bei Überfällen ist es nicht ratsam, den Helden zu spielen. Eventuelle Vorfälle umgehend bei der **Polizei** anzeigen und eine unterschriebene und datierte Bestätigung für die Reiseversicherung ausstellen lassen. Im Falle des Passverlustes die Botschaft verständigen. In Phnom Penh und Siem Reap hilft eine Englisch sprechende Touristenpolizei, doch in der Provinz sind Betroffene auf örtliche Polizisten angewiesen, die bestenfalls über elementare Englischkenntnisse verfügen. Es ist daher vorteilhaft, in Begleitung einer Khmer sprechenden Person zu erscheinen.

Fast alle kambodschanischen Polizisten werden ihr Bestes geben, um in Notfällen zu helfen, doch eine kleine Minderheit scheut nicht davor zurück, Ausländern Geld abzupressen. Es ist vorgekommen, dass ausländische Motorrad- oder Autofahrer eines Vergehens bezichtigt wurden, das sie überhaupt nicht begangen hatten. In solchen Fällen kann man versuchen, die „Strafe" auf einige Dollars herunterzuhandeln und auf der Stelle zu bezahlen, doch wer die Mühe auf sich nehmen möchte und den Zeitverlust verkraften kann, sollte solche Vorfälle dem nächsten Polizeikommissariat vortragen. Bei einem **Verkehrsunfall** findet sich in der Regel eine Gruppe Schaulustiger ein, und bei Sach- und Personenschäden oder verletzten Haustieren darf man die Unfallstelle nicht vor Eintreffen der Polizei verlassen. Fahrer sind verpflichtet, solche Angelegenheiten mit den beteiligten Parteien finanziell zu regeln. Trotz der allgemeinen Liebenswürdigkeit der Bevölkerung ist es nicht unbekannt, dass Einheimische Ausländern Geld aus der Tasche zu ziehen versuchen, selbst wenn sie schuldlos oder lediglich als Fahrgast beteiligt sind.

In den Provinzen treiben gelegentlich noch **Banditen** ihr Unwesen, doch solche Vorfälle sind selten und nicht gegen Touristen gerichtet. Seltene Vorfälle mit dem Einsatz von Granaten oder Bomben gingen auf örtliche Streitereien um Privilegien zurück und hatten nichts mit dem Tourismus zu tun.

Tourismus und Kinderprostitution

Kambodscha steht in dem bedauerlichen Ruf, ein bevorzugtes Ziel für Pädophile zu sein. Ursprünglich ein Nebenprodukt aus dem Aufblühen der Prostitution in den UNTAC-Jahren, nimmt die Kinderprostitution in Kambodscha in letzter Zeit zu, auch wegen der rigorosen Verfolgung derartiger Verbrechen in anderen südostasiatischen Ländern. In Kambodscha ist das Problem nach wie vor sehr präsent, trotz der drastischen Gefängnisstrafen, die gegen Bordellbesitzer und in Kindersex-Tourismus verwickelte Ausländer verhängt werden.

Wer in Kambodscha Zeuge von Kinderprostitution wird, sollte dies unverzüglich der Polizei melden (es ist nicht ratsam, die Sache selbst in die Hand zu nehmen) und eventuell zusätzlich die Organisation ECPAT (End Child Prostitution in Asian Tourism, 💻 www.ecpat.net) informieren.

Bei alledem ist jedoch zu beachten, dass es in Kambodscha sehr viele gemischtrassige Ehen gibt, aus denen leibliche (und adoptierte) Mischlingskinder hervorgegangen sind. Die Fakten sollten demnach einer gewissenhaften Prüfung unterzogen werden, bevor man jemanden beschuldigt.

Drogen

Der Besitz und Genuss von Marihuana *(ganja)*, Kokain und Heroin ist illegal. Zwar steht im Gegensatz zu anderen südostasiatischen Staaten auf Drogenvergehen nicht die Todesstrafe, doch es sind lange Gefängnisstrafen zu erwarten, die mangels Repatriierungsabkommen mit anderen Staaten in voller Länge in kambodschanischen Gefängnissen abgesessen werden müssen.

Nicht detonierte Landminen, Granaten und Bomben

Über zehn Millionen **Landminen** wurden zwischen 1979 und 1991 in Kambodscha installiert. Die Vietnamesen und die kambodschanische Regierung legten sie als Schutz gegen die Guerillas der Roten Khmer, die sie ihrerseits zur Einschüchterung der Bevölkerung legten – keine der beiden Seiten hielt es indes für nötig, die genaue Lage der Minenfelder zu verzeichnen. Bislang konnten über 2000 Minenfelder identifiziert werden (meist durch das Unglück der lokalen Bevölkerung), die jedoch nur einen Bruchteil der Gesamtziffer darstellen dürften. Drei NGOs arbeiten aktiv daran, ländliche Gebiete von Minen zu säubern, doch angesichts der Größe des Problems steht zu erwarten, dass die Landminen erst in einigen Generationen vollständig beseitigt sein werden (weitere Einzelheiten s. S. 161).

Die Bereiche um die Tempel von Angkor gelten als sicher, doch die ländlichen Gebiete um Siem Reap und andere Regionen sind noch immer von Minen verseucht. Besonders gefährlich sind die Grenzgebiete zu Thailand zwischen Koh Kong und Preah Vihear. In ländlichen Gebieten sollten Besucher strengstens die Mahnung beherzigen, die gut ausgetretenen Pfade nicht zu verlassen und ohne örtliche Begleiter keine Abkürzungen durch Reisfelder zu nehmen. Schilder mit einem roten Schädel und den Worten „Beware Mines" warnen ausdrücklich vor stark kontaminierten Gebieten.

Erschwerend kommt hinzu, dass die USA in den 70er Jahren über eine halbe Million Tonnen **Bomben** über Kambodscha ausstreuten. Alles begann als Teil eines unsinnigen Geheimplans, durch diese Strategie den Ho-Chi-Minh-Pfad zu zerstören, den Nordvietnams kommunistische Truppen benutzten, und es endete in einer massiven landesweiten Bombardierung, um die pro-amerikanische Lon-Nol-Regierung in ihrem Kampf gegen die Roten Khmer zu unterstützen. *Unexploded ordnances* (UXO, nicht explodierte Bomben) bleiben ein Risikofaktor in ländlichen Gebieten. Besonders schlimm betroffen sind der Südosten, die Zentralgebiete und der Nordosten des Landes. Unter gar keinen Umständen darf man auf nicht identifizierte Metallobjekte treten, sie berühren oder aufheben.

Verhaltenstipps

Begrüßung

Die traditionelle kambodschanische Grußform *sompeyar* ist eine Geste der äußersten Höflichkeit und zugleich eine Respektbezeugung. In der vollendeten Form liegen die Handflächen mit nach oben gerichteten Fingern in Brusthöhe vor dem Körper, während sich der Kopf wie bei einer angedeuteten Verbeugung leicht nach vorn neigt. Beim Gruß an Mönche aber sollten die Handflächen vor das Gesicht und bei der Respektbezeugung vor Buddha (oder dem König) vor die Stirn geführt werden. Der *sompeyar* gebührt allen, die älter sind als man selbst, und Kinder lernen ihn bereits in ihrer frühesten Lebenszeit. In jüngerer Vergangenheit hat sich zwischen einheimischen Männern sowie Kambodschanern und Ausländern auch der Handschlag eingebürgert, doch Frauen zeigen bei der Begrüßung von Ausländern noch stets den *sompeyar.*

Kleidung

Überall im Land erfahren Reisende mehr Respekt, wenn sie **gut angezogen** sind. Kambodschaner achten auf unaufdringliche Kleidung. Männer tragen gewöhnlich Hemd und lange Hose, und Frauen wählen lieber Bluse als T-Shirt und achten darauf, dass ihr Sarong oder Rock bis über die Knie hinabfällt, obwohl sich junge Frauen in Phnom Penh inzwischen auch in Hosen oder gar Jeans auf die Straßen zu wagen beginnen. Bei formellen Anlässen tragen Männer Jackett und Krawatte, Frauen hingegen den traditionellen langen Wickelrock *sampot* und ein passendes Oberteil. Als Tourist sollte man also keine knappe Kleidung oder kurze Hosen tragen, es sei denn am Strand – doch selbst dort wird man angestarrt, denn Kambodschanern würde es nicht im Traum einfallen, nackte Haut zu präsentieren: Sie gehen vollkommen bekleidet schwimmen. In Angkor sind die Normen aufgrund des gewaltigen Touristenandrangs ein wenig gesunken, so dass dezente Shorts nicht mehr unbedingt Naserümpfen hervorrufen, doch in Tempeln sollte man darauf verzichten und unbedingt die Schultern bedeckt halten.

Besonders bei der **Besichtigung von Pagoden** ist es wichtig, Kleidung zu tragen, die Schultern und Beine bedeckt. Kopfbedeckungen sollten am Pagodentor abgenommen und Schuhe vor dem Betreten eines Innenraums abgelegt werden (auch in Privathäusern zieht man die Schuhe aus). Wer sich auf den Fußboden einer Pagode setzt, muss die Beine zur Seite schlagen, damit die Fußsohlen nicht in die Richtung des Buddhabildnisses zeigen, auf das man auch nicht mit dem Finger deuten darf (diese Regeln gelten jederzeit und überall auch in der Begegnung mit Menschen).

Weitere Verhaltensregeln und kulturelle Besonderheiten

Kambodschaner sind zurückhaltende Menschen und finden öffentliche Zurschaustellung von Zuneigung anstößig. Vor allem in den Provinzen sind die Menschen sehr konservativ, was in noch stärkerem Maße für die Chunchiet gilt. Händchen halten oder untergehakt spazieren gehen ist zwar eine übliche Freundschaftsgeste zwischen Männern oder Frauen, doch zwischen Angehörigen unterschiedlicher Geschlechter ist dies vollkommen unakzeptabel, denn selbst miteinander Verheiratete berühren einander in der Öffentlichkeit nicht.

Kambodschanische **Frauen** legen Wert auf guten Ruf und gehen nicht zum Trinken oder Tanzen aus, und nur höchst selten zum Essen. Niemals würde sich eine Frau mit einem Mann zeigen, der nicht ihr Verlobter ist (und selbst dann nur mit einer Anstandsperson). Für kambodschanische Männer gelten natürlich andere Anstandsformen, denn man sieht sie überall essen, trinken und feiern.

Da **Mönche** keine Frauen berühren dürfen, sollten Frauen von sich aus auf Abstand achten und sich in öffentlichen Verkehrsmitteln nicht neben Mönche setzen.

Lauter **Ärger** und **Wutausbrüche** führen nicht weit, denn die Khmer finden so etwas peinlich und beginnen zu lachen – nicht um zu provozieren, sondern um ihre Verlegenheit zu überdecken. Besonnenes und ruhiges Verhalten löst Probleme weitaus schneller. Kambodschaner beginnen oft in scheinbar unpassenden Momenten zu lachen, etwa nach einem Unfall oder wenn sie jemanden nicht verstehen.

Da die Anwesenheit von Ausländern auf Kambodschaner faszinierend wirkt, starren sie Fremde zuweilen sehr intensiv an, was jedoch nicht als Aufdringlichkeit gilt. Sie kichern auch über Männer mit Ohrringen, denn in Kambodscha gibt man Jungen einen Ohrring in dem Glauben, dass er gegen das Leiden eines nicht herausgetretenen Hodens hilft.

In Kambodscha ist es schwer, sich eine **Privatsphäre** zu bewahren, denn Kambodschaner verstehen nicht, warum um alles in der Welt jemand allein sein wollte. Oft betrachten sie Ausländer intensiv oder setzen sich ungebeten in ihre Nähe – beides ist nur ein freundlicher Beweis der Bereitschaft, ihnen Aufmerksamkeit zuteil werden zu lassen; es wird nicht lange dauern, bis sie weitergehen.

Jemanden mit fuchtelnden Händen herbeizuwinken – beispielsweise den Kellner – gilt als äußerst unhöflich. Stattdessen streckt man den Arm mit nach unten gerichteter Hand aus und bewegt die Finger einige Male in Richtung der Handfläche, so als wolle man etwas greifen.

Sonstiges

Adressen

Die meisten kambodschanischen Städte sind nach einem Gitternetzplan angelegt, in dem wenige Hauptstraßen Namen tragen und die meisten anderen Straßen nur nummeriert sind. Außerhalb der Großstädte sind Schilder mit Straßenbezeichnungen nahezu unbekannt. Da die meisten Einheimischen nur wenig mit Straßennummern anfangen können, benötigt man feste Orientierungspunkte in der Nähe, um von dort aus spezielle Adressen ausfindig zu machen, zum Beispiel einen Tempel oder einen Markt.

Bettler

Da Behinderte und Arme keine staatliche Unterstützung erhalten, beginnen sie zu betteln, um ihren Familienbeitrag zu leisten. Die meisten Bettler findet man in Phnom Penh, doch in Siem Reap ist ihre Zahl ähnlich hoch. Ebenso hilfreich wie ein kleines Geldgeschenk ist es, ihnen etwas zu essen zu geben.

Empfängnisverhütende Mittel

Kondome sind in Supermärkten, Apotheken und Zigarettenläden erhältlich. Die beiden zuverlässigen Marken *Trojan* und *Durex* sind fast überall zu bekommen, die einheimische Billigmarke *Number One* lässt man dagegen lieber im Regal. Die *Pharmacy de la Gare* in Phnom Penh (s. S. 129) verkauft die Pille, doch es ist fraglich, ob die gewohnte Marke erhältlich ist.

Fotos

Obwohl sich die meisten Kambodschaner (mit Ausnahme der Chunchiet) gern fotografieren lassen, sollte man aus Höflichkeit immer erst um Erlaubnis fragen. Die Kambodschaner sind auch ihrerseits passionierte Hobbyfotografen und bitten auch schon mal Ausländer, für ein Foto zu posieren. Filme sind fast überall erhältlich, ein 36er-Printfilm von *Kodak, Fuji* oder *Konica* kostet ca. US$2,50. Negativentwicklung und Abzüge werden vielerorts angeboten und kosten für einen 36er Film etwa US$4–5, doch da die Qualität sehr unterschiedlich ausfallen kann, sollte man seine Filme besser erst zu Hause entwickeln lassen. Auch Dia-Filme sind für circa US$5 pro Stück erhältlich. Vom Fotografieren militärischer Objekte ist abzuraten.

Öffnungszeiten

Offizielle Öffnungszeiten für **Verwaltungsbüros** sind Mo–Fr 7.30–11.30 Uhr und 14–17 Uhr. In Wirklichkeit aber trifft man kaum jemanden vor 9 Uhr an seinem Schreibtisch an, und viele Beamte sind ab 10.30 Uhr wieder unterwegs, um bestenfalls nachmittags noch für eine oder zwei Stunden hereinzuschauen. Die Arbeit im öffentlichen Dienst ist schlecht bezahlt – wenn überhaupt –, dafür jedoch mit einigem Prestige verbunden. Um den Lebensunterhalt zu fristen, lassen sich viele Beamte nur einige Male pro Woche blicken und gehen in der restlichen Zeit anderen Beschäftigungen nach.

Postämter sind täglich geöffnet, ausgenommen an wenigen offiziellen Feiertagen wie Khmer-Neujahr oder Bonn Pchum Ben. Das Hauptpostamt in Phnom Penh öffnet täglich von 7–18 Uhr. Schalterstunden der Postämter in den Provinzen sind 8–17.30 Uhr, doch Sa und So schließen die Dienststellen früher, falls wenig Betrieb herrscht oder die Postbeamten andere Verpflichtungen haben. Öffnungszeiten der **Banken**: Mo–Fr 8.30–15.30 Uhr, manchmal Sa 8.30–11.30 Uhr. Ungefähre **Marktzeiten** sind 6–17 Uhr, Ladenzeiten 7–19 Uhr.

Die wichtigsten touristischen Sehenswürdigkeiten Phnom Penhs wie das Nationalmuseum, der Königspalast mit Silberpagode und das Genozidmuseum Toul Sleng sind täglich und auch an fast allen Feiertagen geöffnet. In den Provinzen öffnen viele Museen nach Bedarf – zuverlässigste Zeit ist wochentags von 9–10 Uhr. Sobald die Besucher weg sind, wird unter Umständen wieder geschlossen. Die Tempel von Angkor, Tonle Bati und Sambor Prei Kuk sowie die Nationalparks sind täglich von Sonnenaufgang bis Sonnenuntergang geöffnet.

Strom

Die Stromspannung beträgt 220V, 50Hz. Kambodschanische Steckdosen sind auf zweipolige flachzinkige Stecker ausgerichtet. In den Städten ist die Versorgung mittlerweile recht zuverlässig, obwohl sich manche Hotels über Nacht auf Generatoren verlassen, die recht laut sein können. In kleineren Orten ist mit Stromausfällen zu rechnen, und teilweise wird die Versorgung ab 21 oder 22 Uhr unterbrochen. Beim Kauf von Elektroartikeln ist darauf zu achten, dass im Ausland womöglich ein Transformator oder Spannungswandler benötigt wird.

Toiletten

Abseits touristischer Stätten sind Hocktoiletten die Regel. Es gibt praktisch keine öffentlichen Toiletten, doch an manchen Sehenswürdigkeiten und Haltestellen haben unternehmerische Einzelpersonen Toiletten eingerichtet, die man für wenige Hundert Riel benutzen kann. Ohne weiteres kann man in Restaurants um Erlaubnis bitten, die Örtlichkeiten zu benutzen, die jedoch oft schmutzig sind. Toilettenpapier wird auf Märkten verkauft und kann im Handgepäck nützlich sein. In ländlichen Gebieten hat man kaum eine andere Wahl, als unter freiem Himmel seine Bedürfnisse zu verrichten – man sollte jedoch niemals die Wege verlassen, denn abseits können noch Minen versteckt liegen!

Wäsche

Wäschereidienste gibt es fast überall – in Hotels, Gästehäusern oder privaten Betrieben im Stadtgebiet, die mit englischen Schildern auf sich aufmerksam machen. Die Preise sind mit 500–600 Riel pro Wäschestück relativ einheitlich.

Kambodscha und seine Bewohner

Geschichte

Ein bedauerlicher Mangel an schriftlichen Aufzeichnungen behindert die Erforschung von Kambodschas Geschichte. Zu Angkors Zeiten wurden Texte, die ganze Bibliotheken füllten, auf gegerbter Haut oder auf Palmblättern niedergeschrieben, doch da spätere Generationen leider keine Abschriften anfertigten, ging alles verloren. Inschriften auf Steinstelen von Tempelstätten schildern häufig nur Aspekte des Tempellebens, doch für die Zeit nach Angkors Sturz mussten selbst derartige Informationen in mühevoller Kleinarbeit zusammengetragen werden. Durch Stelen und alte chinesische Reiseberichte konnten Historiker zumindest die kambodschanische Geschichte Stück für Stück bis ins späte 13. Jh. aufhellen, doch in Beschreibungen, die ausländische Händler und westliche Missionare ab dem 16. Jh. hinterließen, fanden beträchtliche Zeitabschnitte keine Beachtung. Die Franzosen erarbeiteten später relativ detaillierte Aufzeichnungen über ihr Protektorat, die jedoch größtenteils dem Zerstörungseifer der Roten Khmer zum Opfer fielen. Viele Aspekte der geschichtlichen Entwicklung Kambodschas liegen deshalb im Dunkeln – obwohl gesicherte Bezugspunkte Hinweise auf mögliche Entwicklungen geben, werden viele Einzelfragen wahrscheinlich niemals endgültig aufgeklärt werden können.

Frühgeschichte

Die bislang nicht ausgegrabenen **frühesten Siedlungen** Kambodschas gehen auf die Zeit um 6800 v. Chr. zurück und lagen in den Küstengebieten, da dort die Gefahr jährlicher Überschwemmungen geringer war und stets genügend Nahrungsmittel zur Verfügung standen. Um 4300 v. Chr. siedelten Sammler und Jäger in den Höhlen von Leang Spean nordwestlich von Battambang, wo sie Trockenreis anbauten und Keramikgefäße herstellten, deren Form und Ornamentik in verblüffender Weise den heutigen Produkten ähneln. Die Freilegung **neolithischer** Siedlungen in Samrong Sen (Zentral-Kambodscha) erbrachte den Nachweis, dass bereits um 2000 v. Chr. Tiere domestiziert und durch Brandrodung gewonnene Felder in Wanderwirtschaft bestellt wurden. Als 500 Jahre später das Bronzezeitalter anbrach, beherrschten die Einwohner die Kunst des Kupfer- und Zinnschmelzens – die Metalle stammten vermutlich aus dem heutigen Thailand. Um 500 v. Chr. blühte eine wohlhabende **Eisenzeit**-Zivilisation, die Ackerbauwerkzeuge und Waffen produzierte sowie überlieferte Techniken zur Bearbeitung von Keramik, Metall und Glas verfeinerte. Die Bevölkerung spaltete sich allmählich auf: Während die Hochlandbewohner auf die Regenzeit vertrauten, um Reis anzubauen, kultivierten die Tieflandbewohner Flusstäler und Küstenstreifen, um die jährlichen Überschwemmungen zur Speicherung von Wasservorräten zu nutzen. Mithilfe dieser Reserven konnten sie ihre Felder im gesamten Jahresablauf bewässern und so den durch abgelagerte Sedimente fruchtbaren Boden auch in der Trockenzeit bewirtschaften.

Funan

Um das 1. Jh. n. Chr. wurden Händler durch sich befehdende Stämme gezwungen, nach Alternativen zu den etablierten, über Land führenden Handelswegen zwischen China und Indien zu suchen. Indem sie an der Meeresküste entlang segelten, landeten sie schließlich in Oc Eo im Staate Funan am Golf von Siam (im heutigen Vietnam). Dort siedelten dunkelhäutige Menschen mit lockigen Haaren vom Stamme der **Khmer**, deren Vorfahren von Norden her den Mekong hinabgezogen waren und die die Urahnen der heutigen Einwohner Kambodschas sind.

Seine früheste Erwähnung findet das Reich Funan in chinesischen Chroniken des 3. Jhs., und Gelehrte vermuten, dass die Bezeichnung durch eine sinisierte Ableitung des alten Khmer-Wortes *bnam* („Berg“) entstand. Alte chinesische Schriften berichten von Funans wohlhabender, indisch beeinflusster Gesellschaft, deren hölzerne Pfahlbauten mit Palmblättern gedeckt waren und die ihre Sprache Khmer in Sanskrit niederschrieb. Die frühen Siedler erlernten von indischen Händlern Techniken zur Wasserversorgung der Wohnbereiche, bauten Leitungen zur Abwasserentsorgung und Bewässerungssysteme für die Nassreisfelder, legten schiffbare Kanäle an und errichteten den großen Inlandshafen Angkor Borei – und natürlich zogen sie ihren Vorteil aus der errichteten Infrastruktur, denn einlaufende Schiffe mussten Gebühren für die Benutzung der zu den Kaianlagen führenden Kanäle, die Liegeplätze und die Versorgung mit Trinkwasser zahlen. Im Hafenbereich standen riesige

Hallen für die Zwischenlagerung von kostbaren Waren wie Tierhäuten, Nashorn-Hörnern, Gewürzen und Gold.

Im Gefolge indischer Händler trafen Brahmanen ein, und die hinduistischen Priester konnten viele Funanesen zum Hinduismus bekehren. Funans reiche Bürger machten sich durch die Finanzierung von Tempeln verdient, und die Armen erwarben Ansehen durch körperliche Arbeitsleistungen. Im 5. Jh. waren viele Berggipfel Funans von Schreinen gekrönt, und die Herrscher bekundeten mit dem Namenzusatz *-varman* ihre Funktion als „Schutzherren".

Doch Funan legte den Grundstein zum eigenen Untergang, als es sich im späten 5. Jh. und frühen 6. Jh. wegen der geografischen Lage in arroganter Weise für unverzichtbar hielt und die ohnehin schon hohen Hafenzölle noch weiter nach oben schraubte. Als neue Häfen entlang der Küste den Wettbewerb aufnahmen, brachen Fehden aus, die den Staat Funan unterhöhlten, bis er im Laufe des 6. Jhs. endgültig auseinander brach. Eine der letzten Erwähnungen findet Funan in einer chinesischen Chronik von 539, die davon kündet, dass König Rudravarman I. dem chinesischen Kaiser ein lebendiges Nashorn sandte.

Zhenla

Im späten 6. Jh. erklärte das nördliche Zhenla, ein ehemaliges Schutzgebiet Funans, seine Unabhängigkeit. Es gibt so gut wie keine verlässlichen Informationen über jene Epoche, und was mühsam recherchiert werden konnte, stammt ausschließlich aus chinesischen Quellen. Wissenschaftler vermuten, dass die alten Chinesen mit dem Namen *Zhenla* Teile des heutigen Kambodschas bezeichneten, doch es bleibt ungeklärt, ob und in welchem Ausmaß sich Zhenla und Kambodscha überlappten.

Der Name Funan tritt in den Überlieferungen ab dem 7. Jh. nicht mehr in Erscheinung. Zu jener Zeit hatte **Bhavavarman I.** bereits seine Hauptstadt in Sambor Prei Kuk in der Provinz Kompong Thom eingerichtet. Sein Nachfolger **Ishanavarman I.** regierte von 610 bis 625 und gründete die Stadt Ishanapura, die er nach indischer Gepflogenheit mit seinem Namen und der sanskritischen Endung *-pura* für „Stadt" benannte. Sein Staatstempel, die Südgruppe von Sambor Prei Kuk, war damals trotz relativ bescheidener Ausmaße der größte ganz Südostasiens. Aus Holz und Backstein erbaut, haben nur wenige Tempel dieser frühen Periode bis heute überdauert – Sambor Prei Kuk ist von allen noch am besten erhalten. Obwohl Ishanavarman erst im fortgeschrittenen Alter die Königswürde erlangte, scheint er seinem Herrschaftsgebiet viele kleinere Staaten einverleibt zu haben. Von seinem Sohn und Nachfolger **Bhavavarman II.** ist nichts bekannt.

Ishanavarmans Urenkel **Jayavarman I.** (635–681) herrschte über ein Gebiet, das sich mindestens von Battambang bis Prey Veng erstreckte. Obwohl unter seiner Herrschaft zahlreiche Tempel geweiht wurden, kann ihm kein spezielles Heiligtum zugeordnet werden, und auch seine Hauptstadt ist bis heute nicht nachgewiesen – jeder König tendierte dazu, eine eigene Hauptstadt zu bauen. Inschriften deuten an, dass er ein fähiger Kriegsherr war, der sein Territorium ausweitete, doch wurde er schließlich von Invasoren getötet, die wahrscheinlich aus Java kamen. Die Nachfolge trat zunächst sein Schwiegersohn an, der jedoch alsbald von Jayavarmans Tochter **Jayadevi** abgelöst wurde, die zu den nur wenigen Königinnen der kambodschanischen Geschichte zählt, obwohl Frauen stets gleichberechtigt waren und Besitzstand traditionell an die weibliche Nachkommenschaft vererbt wurde.

Im 8. Jh. war Zhenla in zwei Staaten gespalten, das höher gelegene Land-Zhenla und das küstennahe Wasser-Zhenla. Nur wenig ist über jene Aufspaltung und die anschließende historische Entwicklung bekannt. Ende des 8. Jhs. ergriff **Jayavarman II.** auf ungeklärte Weise die Macht. Er kam vermutlich aus dem Süden, denn eine heute im Nationalmuseum von Bangkok aufbewahrte Inschrift aus dem 11. Jh. berichtet, dass er „eine Zeitlang am Hofe Javas weilte". Im Jahre 795 schwang er sich zum Herrscher über ein Königreich namens Kambujadesa auf, und nachdem er seinen Hofstaat nicht weniger als fünfmal verlagert hatte, ließ er sich 802 am Phnom Kulen nordöstlich von Siem Reap endgültig nieder.

Das Großreich Khmer (Angkor)

Die Ankunft Jayavarmans II. am Phnom Kulen besiegelte die Machtverlagerung an den Ort, der später als Angkor bekannt und zur Hauptstadt des **Khmer-Reiches** wurde, und sie kennzeichnet zugleich den Beginn der **Angkorianischen Epoche**, obwohl die Tempelanlagen, die heute dem angkorianischen Stil zugeordnet werden, später errichtet wurden.

Bis zum 12. Jh. waren die Khmer-Könige Anhänger des Hinduismus, und zu ihren wichtigsten Pflichten zählte die Errichtung von Tempeln. Sie wurden als Palast des Gottes betrachtet, dem sie geweiht waren – überwiegend Shiva, und man glaubte, dass der König bei seinem Tode mit dem Gott zu einer Einheit verschmolz. Deshalb wurden Tempel eines Machthabers selten von seinem Nachfolger benutzt. Stattdessen begann der nächste Monarch mit einem Tempelbau an einem anderen Ort, was auch die ständige Verlegung der Hauptstadt während der Angkorianischen Epoche erklärt. Diese enormen Bautätigkeiten verschlangen stets gewaltige finanzielle Mittel für Material und Arbeitskräfte. Einige Tempel konnten nicht mehr vor dem Tod des jeweiligen Königs fertig gestellt werden; in diesem Fall ließ ein Nachfolger den Bau für seinen eigenen Gebrauch beenden.

Die wenigen Kenntnisse, die über Jayavarman II. vorliegen, der 802–850 regierte, stammen aus Inschriften, die erst zwei Jahrhunderte später verfasst wurden, als sein Andenken in hohen Ehren stand. Es sind jedoch keine Überlieferungen bekannt, die jenen Ruf erhärten. Die größte Leistung seiner Regentschaft war die Einrichtung des **Devaraja-Kultes**, der über 500 Jahre lang von höchster Bedeutung blieb. Jayavarman II. verlegte später seinen Hof von Phnom Kulen nach Hariharalaya, dem heutigen Roluos, wo er auch verstarb. Nachfolger war sein Sohn **Jayavarman III.**, der 850–877 regierte.

Der Aufstieg Angkors

Indravarman I. (877–889) gab einen dreistufigen Leistungsplan vor, an dem sich auch die meisten späteren angkorianischen Könige orientierten: Er zollte den Wassergöttern Respekt (durch den Bau des Indratataka-Barays in Roluos), baute einen Tempel für seine Vorfahren (Preah Ko) und errichtete einen Tempelberg (Bakong), der ihm als Staatstempel diente und zugleich Stammsitz seiner Devaraja-Gottheit war.

Nach dem Tode seines Vaters stritt Yasovarman I. (889–900) mit seinen Brüdern um den Thron, und er scheint seine Herrschaft in kämpferischer Tradition fortgeführt zu haben. Nach Fertigstellung des Tempels Lolei in Roluos verlegte er seinen Hof nach Nordwesten, wo er dem Beispiel seines Vaters getreu auf dem Hügel Phnom Bakheng den ersten Staatstempel im Gebiet von Angkor errichtete. Anschließend ließ er das riesige Östliche Baray ausschachten, das über 7 km lang und fast 2 km breit ist. Nachfolger Yasovarmans waren seine beiden Söhne Harshavarman I. (910–923), auf den lediglich der kleine Tempel Baksei Chamkrong zurückgeht, sowie Ishanavarman II. (923–928), in dessen Regierungszeit als einzige bemerkenswerte Ereignisse die Weihungen von Prasat Kravan in Angkor und Prasat Neing Kmau bei Takeo fielen. Ihr Onkel Jayavarman IV. (928–941) war der einzige angkorianische König, der das Gebiet aus der Ferne regierte, denn als er Angkors Thron bestieg, herrschte er bereits rund 150 km östlich von Angkor über einen eigenen Staat mit der Hauptstadt Koh Ker.

Nach dem Tode Jayavarmans IV. bestieg dessen Sohn **Harshavarman II.** (941–944) den Thron. Aber er blieb nur für kurze Zeit an der Macht, bevor er von seinem Vetter **Rajendravarman I.** (944–968), der in Sambor Prei Kuk gelauert hatte, verdrängt wurde. Um die Götter seiner Vorfahren zu besänftigen, ließ er den Tempel Baksei Chamkrong verzieren und erneut weihen. Mit dem Östlichen Mebon inmitten des Östlichen Barays und dem Staatstempel Pre Rup entstanden unter seiner Herrschaft zwei mächtige Tempelanlagen. Er übertrug seinem Lehrer Yajnavaraha Landbesitz zum Bau eines Tempels – so entstand das wunderschöne Kleinod Banteay Srei. Außerdem führte er Krieg gegen die Cham aus dem Staate Champa an der Küste Vietnams und annektierte mehrere Nachbarstaaten, die er dem Großreich Khmer als Provinzen eingliederte.

Als er starb, war sein Sohn **Jayavarman V.** (968–1001) gerade erst zehn Jahre alt, und so führten Beamte vorübergehend die Regierungsgeschäfte. Später dehnte Jayavarman V. seine Herrschaft bis in ein Gebiet aus, das im Nordosten des heutigen Thailands liegt. Aus jener Epoche sind bemerkenswert viele Inschriften erhalten, die über Erlasse zu den Tempeln berichten oder wesentlich häufiger noch von Landstreitigkeiten künden, über die der König zu richten hatte. Grausame Strafen erwarteten diejenigen, die er für schuldig befand – ihnen wurden die Nasen, Lippen oder Ohren abgeschnitten, und einer unglückseligen Frau wurde der Kopf unter einem Stein zerquetscht.

Bäuerin mit traditionellem Krama-Schal

In den Klöstern leben wieder junge Mönche

In einer Buddha-Werkstatt

Altes Geschütz bei Battambang

Landminen – auch nach dem Krieg noch eine tödliche Gefahr

„Junggesellen-Hütte" eines Bergvolkes in Rattanakiri

Im Jahre 1002 stritten die beiden Rivalen **Jayaviravarman** (1002–10) und Suryavarman I. um die Macht. Jayaviravarman nahm die Arbeiten an dem unter Jayavarman V. begonnenen Staatstempel Ta Keo wieder auf, ohne ihn jedoch vollenden zu können, da die Baustelle vom Blitz getroffen wurde und damit üble Vorzeichen verknüpft waren, die auch durch Zeremonien nicht getilgt werden konnten. Jayaviravarman baute den Nördlichen Kleang und eine Befestigungsmauer im Nordosten von Angkor Thom, bevor **Suryavarman I.** (1011–50), dessen lange Regentschaft dem Königreich neue Territorien bescherte, ihn stürzte. Provinzen bis hin nach Lopburi im heutigen Thailand gehörten zu seinem Reich. Suryavarman I. hinterließ ein enormes Erbe: Sein Palast in Angkor war der erste seiner Art, der von Verteidigungswällen umringt war; religiöse Zentren entstanden, darunter Phnom Chisor und Preah Vihear; und auf ihn geht auch das gewaltige Westliche Baray zurück, dessen Ausmaße noch heute beeindrucken.

Obwohl sein Nachfolger **Udayadityavarman II.** (1050–66) alle Hände voll damit zu tun hatte, seine Rivalen in Schach zu halten, blieb ihm Zeit zum Bau des Baphuon, der im Herzen seiner Hauptstadt in der Nähe von Angkor Thom stand. Von seinem Bruder **Harshavarman III.** (1066–80) ist kaum etwas bekannt; chinesische Annalen berichten, dass der Kaiser von China, der Angkor und Cham als Untertanen betrachtete, ihm im Jahre 1076 befahl, sich mit den Cham zu verbünden und gegen die Vietnamesen zu kämpfen. Ab 1080 verschwindet sein Name aus den Überlieferungen. Sein Nachfolger **Jayavarman VI.** (1080–1107) war nicht sein natürlicher Erbe, denn er entstammte einer Seitenlinie der königlichen Familie. Unter seiner Regentschaft herrschten friedliche Zeiten, und er begnügte sich damit, bereits existierende Tempelanlagen zu erweitern, statt neue Bauwerke zu errichten, obwohl er eine Rolle beim Bau des eindrucksvollen Tempels Phimai bei Nakhon Ratchasima in Thailand gespielt haben könnte.

Die Blütezeit Angkors

Dharanindravarman I. (1107–13) wurde von seinem Neffen **Suryavarman II.** (1113–50) gestürzt, der durch den Bau des Staatstempels Angkor Wat zum berühmtesten König Angkors aufstieg. Sieht man über geringfügige Erschütterungen hinweg, so begann mit seiner Regentschaft Angkors goldenes Zeitalter. Damals erlangte das Reich seine größte Ausdehnung; es erstreckte sich von Champa im Osten bis nach Pagan (im heutigen Myanmar) im Westen und vom Norden Thailands bis zur Malaiischen Halbinsel im Süden. Als kluger Diplomat erneuerte Suryavarman II. die Handelsbeziehungen zu China, die seit dem 8. Jh. geruht hatten, und als fähiger Kriegsherr tat er sich in ruhmreichen Schlachten gegen die Vietnamesen hervor. Er zwang die Cham auf seine Seite und band den Nachbarstaat eng an sein Reich, indem er dort einen König seiner Wahl einsetzte.

Es ist unklar, ob tatsächlich **Dharanindravarman II.** (1150–60) seine Nachfolge antrat. Manche Gelehrte bezweifeln, dass er jemals Angkors Thron bestieg, und vermuten vielmehr, dass er lediglich über ein unabhängiges kleines Gebiet der Region herrschte. Er war der erste Khmer-König, der sich zum Buddhismus bekannte, doch er versuchte seine Untertanen nicht zu bekehren. Der Bau von Preah Palilay und (weniger gesichert) die Ausschmückung von Banteay Samre und Beng Mealea mit buddhistischen Skulpturen werden seiner Regentschaft zugeschrieben. Sein Nachfolger **Yashovarman II.** (1160–65) stiftete keine neuen Bauwerke, sondern setzte die Projekte seiner Vorgänger fort und ließ in Roluos umfangreiche Restaurierungen durchführen. Im Jahre 1165 riss **Tribhuvanadityavarman** (1165–77) den Thron an sich, doch zwölf Jahre später wurde er von den eindringenden Cham getötet, die Angkor Thom plünderten und für kurze Zeit den Cham-Prinzen Jaya-Indravarman IV. auf den Khmer-Thron brachten.

Jayavarman VII., dem Sohn Dharanindravarmans II., blieb es vorbehalten, den Status quo wiederherzustellen. Er führte seine Truppen gegen die Cham in den Krieg und besiegte sie in einer blutigen Seeschlacht auf dem Tonle Sap, an die bis zum heutigen Tage die Flachreliefs des Bayon erinnern. Nachdem Angkor ein weiteres Mal zurückerobert und Champa erneut annektiert war, ordnete Jayavarman das Königreich neu. Bereits 1181 hatte er Angkor Thom wieder aufgebaut und das Reich in genügendem Maße gefestigt, um sich selbst als *Devaraja* (Gottkönig) ausrufen zu lassen. Er herrschte nicht nur souverän über ein gewaltiges Reich, das fast die Ausmaße des Imperiums Suryavarmans II. erreichte, sondern profilierte sich auch als großer Tempelbauer, der unter anderem Ta Som, Preah Khan, Banteay Chmar und Neak Pean sowie als Staatstempel den Bayon, der dem Mahayana-Buddhismus geweiht wurde, fertig stellen ließ – wie sein Vater, war auch Jayavarman VII. überzeugter Buddhist. Gewaltige Bauprojekte prägen die Zeit seiner Herrschaft: Angkor Thom erhielt seine starken Befestigungswälle, es entstanden die von Göttern und Dämonen gesäumten mächtigen Dammwege, Banteay Kdei und Srah Srang erstrahlten nach Restaurierungen in neuem Glanz, und das Bewässerungssystem wurde verbessert und ausgebaut. Auch die berühmte Elefantenterrasse und die Terrasse des Leprakönigs gehen auf seine Zeit zurück. Eine Inschrift aus dem Jahre 1186 am damals neu geweihten Heiligtum Ta Prohm führt eine Auswahl seiner Wohltaten auf und verweist unter anderem auf 102 Krankenhäuser sowie 121 „Feuerhäuser" (Rasthäuser für Reisende), die er über das gesamte Reich verstreut errichten ließ.

Der Niedergang Angkors

Nach dem Tode Jayavarmans VII. begann das Reich zu zerbröckeln; offenbar lösten in nicht geringem Maße Jayavarmans gewaltige Bauprojekte den Niedergang aus, da sie die finanziellen Möglichkeiten des Königreichs erschöpft hatten. Nur wenig ist von den beiden folgenden Königen **Indravarman II.** (1219–43) und **Jayavarman VIII.** (1243–95) bekannt. Als die Mongolen nach Südostasien vordrangen, entrichtete Jayavarman VIII. offenbar in kluger Einschätzung der gefährlichen Lage Tribute an Kublai Khan, doch er erwies sich auch als fanatischer Hindu, der die Verantwortung für die skrupellose Zerstörung vieler buddhistischer Bildnisse trägt, die von der Khmer-Kunst geprägt waren.

Der Legende zufolge nahm seine Tochter, die er sehr liebte, das heilige Schwert Preah Khan an sich und überreichte es ihrem Gemahl, zu dessen Gunsten Jayavarman VIII. abdankte. Erwähnung findet diese Geschichte in den Aufzeichnungen des chinesischen Gesandten Chou Ta-kuan, der 1296 ein Jahr in Angkor verbrachte und eine schillernde Beschreibung des Hofes mit seinen Bauten und allem zeremoniellem Prunk hinterließ. Chous glühenden Schilderungen zum Trotz aber zeichnete sich Angkors Niedergang bereits ab. Mitte des 13. Jhs. hatte das Königreich beträchtliche territoriale Verluste hinnehmen müssen, nachdem die Thai die Khmer aus Sukhothai vertrieben hatten und Lopburi seine Unabhängigkeit verkündete. Als im frühen 14. Jh. auch Cham die Unabhängigkeit ausrief, war das Königreich der Khmer so geschwächt, dass es den künftigen Invasionen nicht mehr viel entgegenzusetzen hatte, und als Angkor 1432 ein weiteres Mal von den Thai geplündert wurde, kehrte König **Ponhea Yat** dem Gebiet mit seinem gesamten Hofstaat den Rücken. Ponhea Yat machte Phnom Penh zum neuen Regierungssitz und gründete dort zahlreiche buddhistische Klöster, von denen manche noch heute existieren.

Lovek und Oudong

Thailändische Quellen geben Anlass zu der Vermutung, dass die Hauptstadt um 1467 noch einmal für kurze Zeit nach Angkor verlegt wurde, doch im frühen 16. Jh. hatte **Ang Chan** (1505 oder 1516–56) seinen Hof in Lovek etabliert. Während die Thai vollauf damit beschäftigt waren, drohende Angriffe der vordringenden Burmesen zurückzuschlagen, zog Ang Chan eine schlagkräftige Armee zusammen, mit der er die Thai erfolgreich attackierte und die Kontrolle über Städte wie Pursat und Battambang zurückeroberte, die mit Angkors Niedergang verloren gegangen waren.

Im 16. Jh. trafen die ersten **westlichen Missionare und Forscher** ein. Während die Bekehrungsversuche der Geistlichen kläglich scheiterten, erlangten einige wagemutige Forscher Einfluss in der Khmer-Gesellschaft, namentlich die spanischen Abenteurer Blas Ruiz und Diego Veloso, deren Kenntnisse über Feuerwaffen ihnen letztendlich unter König **Satha** (1575–94) Ehebündnisse mit kambodschanischen Prinzessinnen und die Würde von Provinzgouverneuren eintrugen. Damalige Berichte von spanischen und portugiesischen Kolonialisten aus den Philippinen und Malakka erzählen von multikulturellen Handelsniederlassungen in Lovek und Phnom Penh mit chinesischen, arabischen, japanischen, spanischen und portugiesischen Vierteln. Durch den Handel mit Gold, Tierhäuten, Elfenbein, Seide und Juwelen häufte die Region um diese zwei Städte landesweit den größten Wohlstand an.

Der Khmer-Hof aber sah sich weiterhin vehementen Bedrohungen durch die Thai ausgesetzt. König Satha buhlte um die Hilfe der Spanier, die sich auf den Philippinen festgesetzt hatten, doch als es auch mit ihnen zu Auseinandersetzungen kam, floh er nach Laos, wo er schließlich verstarb. 1594 fiel Lovek in die Hände der Thai.

Die Könige wechselten nun in rascher Folge. Erwähnung verdient **Chey Chettha**, der seine Hauptstadt in **Oudong** zwischen Lovek und Phnom Penh einrichtete, wo sie für nahezu zweihundert Jahre verblieb.

Gegen Ende des 17. Jhs. rückten die **Vietnamesen** nach Süden vor, zunächst nach Champa und schließlich bis ins Mekong-Delta. Kambodscha war nun zwischen zwei mächtigen Nachbarn eingezwängt, und im folgenden Jahrhundert verschlimmerte die königliche Familie die Situation, weil sie sich in zwei Lager spaltete, die einerseits mit den Vietnamesen und andererseits mit den Thai sympathisierten. Die Krone wechselte beständig, da die jeweilige Opposition jeden neuen Herrscher alsbald stürzte. Das Volk verlor den Respekt vor dem schwachen Königshof und schenkte den Anordnungen aus Oudong keine besondere Beachtung mehr, was die Verteidigungsfähigkeit des Staates gegen die Invasionspläne fremder Mächte untergrub.

Im Jahre 1767 wendeten sich die Dinge weiter zum Argen, als ein Thai-Prinz mit der Absicht, eine Exilregierung aufzubauen, in Kambodscha Zuflucht suchte. Der erzürnte Thai-General Taksin rückte mit seinen Truppen vor, zerstörte Phnom Penh und unterwarf Kambodscha für die kommenden Jahrzehnte. Die Thai setzten den sieben Jahre alten Prinzen **Ang Eng** (1779–97) auf den Thron, unterstellten ihn der Vormundschaft eines Thai-Regenten und festigten ihren Einfluss, indem sie Ang Eng für vier Jahre nach Bangkok „einluden". Bei seiner Rückkehr ließ sich Ang Eng in Oudong nieder, wo er 1797 verstarb. Er hinterließ vier Söhne, und sein Stammbaum hat sich bis in die heutige Zeit verzweigt.

Vorgeschichte des französischen Protektorats

Die Machtrangeleien zwischen Thai und Vietnamesen trieben Kambodscha schließlich dazu, Frankreich um Schutz zu ersuchen, was natürlich eine Vorgeschichte hatte. Ang Engs ältester Sohn und Erbe **Chan** war beim Tode seines Vaters sechs Jahre alt und bestieg erst neun Jahre später den Thron. Die Thai hatten zuvor die Provinz Battambang annektiert, die sich damals bis hinauf nach Siem Reap erstreckte und bis 1907 unter thailändischer Herrschaft verbleiben sollte. Zum Zeitpunkt seiner Krönung vertrat Chan (1806–34) eine leidenschaftlich gegen die Thai gerichtete Einstellung. Er bat die Vietnamesen um Unterstützung, die jedoch prompt das gesamte Mekong-Delta annektierten und die Kontrolle über Kambodscha an sich rissen. 1812 verlegte Chan seinen Hof wieder nach Phnom Penh und schickte heimlich Gewährsmänner nach Bangkok, um die dortige Regierung seiner Loyalität zu versichern.

In den 30er Jahren des 19. Jhs. beschloss Thai-König Rama III., den Einfluss seines Landes auf Kambodscha zu festigen. Als der Tod des vietnamesischen Vizekönigs 1832 zu einem Machtvakuum führte, setzte er unverzüglich seine Truppen in Marsch, um die Vietnamesen aus Kambodscha zu vertreiben – diese aber waren bereits von dort abgezogen und hatten Chan mitgenommen. Die Thai beabsichtigten zunächst, einen seiner beiden im Exil in Bangkok lebenden Brüder als König zu installieren, doch als sie keinen wichtigen Partner für diesen Plan gewinnen konnten, verwarfen sie den Gedanken wieder. Die Vietnamesen hielten Chan unter strikter Obhut und setzten ihn einige Jahre später wieder als Herrscher in Phnom Penh ein, wo er jedoch nach nur kurzer Regentschaft ohne männliche Nachkommenschaft verstarb. Die Vietnamesen setzten daraufhin Chans zweite Tochter **Mei** (1835–41), die sie für leicht lenkbar hielten, als Königin ein und versuchten, Kambodscha die Kultur und Sitten Vietnams aufzustülpen. Ihre abschätzige Haltung zum Theravada-Buddhismus jedoch und das Bestreben, gewaltsam den Gebrauch der vietnamesischen Sprache durchzusetzen, säten im kambodschanischen Volk so tiefen Widerstand, dass es ab 1836 wiederholt zu anti-vietnamesischen Ausschreitungen kam. Den Vietnamesen riss der Geduldsfaden – sie lasteten ihr eigenes Unvermögen, eine disziplinierte und vietnamesisch geprägte Verwaltung einzurichten, Königin Mei an und verhafteten sie 1840. Obwohl das kambodschanische Volk die von vietnamesischer Seite ernannte Königin nur widerwillig akzeptiert hatte, brodelte nun die Stimmung gegen die fremden Herren in Form neuer Ausschreitungen hoch. Die an der Grenze stationierten Thai-Truppen marschierten ein und vertrieben die Vietnamesen, und trotz sporadischer Scharmützel in den folgenden Jahren erlangte Vietnam niemals wieder die Kontrolle über das gesamte kambodschanische Territorium, so dass es im Jahre 1847 den vollständigen Abzug beschloss. Als schon im Jahr darauf Chans Bruder **Duang** (1848–59) in Oudong im Rahmen einer vollständigen buddhistischen Zeremonie zum neuen König gekrönt wurde, konnten sich die Kambodschaner nach vielen Jahren vietnamesischer Oberherrschaft endlich wieder als eigenständige Nation fühlen.

Inzwischen hatten die Franzosen in Südostasien Fuß gefasst, doch ihre Versuche, eigene Handelsinteressen in Vietnam durchzusetzen, stießen dort auf schroffen Widerstand. Unter dem Vorwand, dass französische Missionare verfolgt würden, marschierten Frankreichs Truppen ins Mekong-Delta ein und annektierten Vietnams Südprovinzen. Kambodschas Herrscher Duang befürchtete daraufhin eine erneute vietnamesische Invasion und rief die Franzosen zu Hilfe, doch deren diplomatische Gesandtschaft wurde zur Umkehr genötigt, bevor sie Oudong erreichen konnte. Duang starb vor der Aufnahme von Verhandlungen mit den Franzosen, und so blieb es seinem Nachfolger **Norodom** (1859–1904) vorbehalten, im Jahre 1863 einem Vertrag mit den Franzosen zuzustimmen.

Das französische Protektorat

Der von Norodom unterzeichnete Vertrag stellte Kambodscha unter französischen Schutz, doch als Gegenleistung musste das Land umfangreiche Rechte auf den Abbau von Bodenschätzen und Holzbeständen abtreten sowie französischen Staatsbürgern die Freiheit einräumen, sich ungehindert im Lande zu bewegen und das Christentum zu verbreiten. Auch nach der Unterzeichnung des Vertrags aber hielt Norodom weiterhin an der Doppeltaktik seiner Vorgänger fest, indem er Bangkok umschmeichelte und über geheime Kanäle seiner Loyalität versicherte. Als die Franzosen dies bemerkten, entzogen sie Norodom das Vertrauen und stellten seine Regierungsfähigkeit in Frage. Da in den Provinzen aber bereits Unruhen gegen Norodom und seine Bindung zu Frankreich aufzuflammen begannen, hielten die Franzosen es für dringend angeraten, die eigene Kontrolle zu festigen. So drängten sie auf einen neuen Vertrag, der es ihnen gestatten sollte, in sämtlichen provinziellen Zentren eigene Beamte zu installieren und so die Verwaltung des gesamten Staates in die Hand zu nehmen. Landesweit brachen Rebellionen aus, die Frankreich selbst mit Unterstützung durch vietnamesische Truppen nur mit Mühe eindämmen konnte. Als der neue Vertrag 1886 schließlich unterzeichnet wurde, hatten die Kolonialherren Norodoms Macht längst ausgehöhlt. Die Franzosen kontrollierten nun die gesamte Steuereinziehung und hatten zwei Jahre später in zehn Provinzstädten eigene Regierungsvertreter installiert.

Skrupellos unterstützten die Franzosen Norodoms Opiumabhängigkeit, und als der König gegen Ende des Jahrhunderts ernsthaft erkrankte, erhielt der französische *résident superieur* von Paris die Befugnis zur Ausübung der exekutiven Gewalt. Somit besaß Frankreich noch vor Norodoms Tod im Jahre 1904 die Regierungsgewalt über Kambodscha. Die neuen Herren übergingen bewusst Norodoms Sohn und natürlichen Erben Monivong und besetzten Phnom Penhs vakanten Thron mit dessen willfährigem Halbbruder **Sisowath** (1904–27), der sich als reiner Marionettenherrscher erwies und keinerlei Einfluss auf die politischen Abläufe seiner Zeit hatte.

Im frühen 20. Jh. machten die Franzosen kein Hehl mehr aus ihrer Enttäuschung über die Kambodschaner, die sie als träges und korruptes Volk einstuften. Sie leisteten deshalb ausgesprochen wenig für Kambodschas Entwicklung. Wertvollste Hinterlassenschaft ihrer 90-jährigen Herrschaft ist unbestritten der Aufbau eines **Verkehrsnetzes**, denn sie legten Straßen mit einer Gesamtlänge von über 5000 km an und bauten eine Eisenbahnlinie, die Phnom Penh via Battambang mit der thailändischen Grenze verbindet. Die Schlüsselpositionen in Verwaltung und Wirtschaft aber besetzten sie mit Vertrauensleuten vietnamesischer Abstammung. Vietnamesen führten auch die meisten Kleinbetriebe des Landes und drängten als zuverlässige Arbeitskräfte in freie Bereiche vor. Zugleich festigten die schon seit Jahrhunderten in Kambodscha ansässigen Chinesen ihre lukrativen Stellungen als Bankiers und Kaufleute.

In der einheimischen Bevölkerung, die sich benachteiligt fühlte und überdies horrende Steuerlasten zu tragen hatte, verschärfte sich die Stimmung gegen die Franzosen, die jedoch selbstgefällig darüber hinwegsahen. Ein erster Schreck fuhr ihnen in die Glieder, als 1916 Revolten gegen die Besteuerung losbrachen, und blankes Entsetzen herrschte, als Kompong Chhnangs französischer Regierungsvertreter Felix Bardez 1925 bei der Überprüfung eines Provinzdorfes, das sich gegen aufgebürdete Steuerzahlungen auflehnte, von den Einheimischen gelyncht wurde.

Der Zweite Weltkrieg

Japans Vorstoß nach Südostasien veränderte in den Jahren 1941–42 nur geringfügig den Status quo in Indochina. Statt die Verwaltung selbst in die Hand zu nehmen, ließen die Japaner das System der französischen Vichy-Regierung weitgehend unangetastet.

Die Thai wiederum, Verbündete der Japaner, nutzten angesichts der verwundbaren französischen Position die Gelegenheit zu Vorstößen auf kambodschanisches Territorium, um die Provinzen Battambang und Siem Reap zurückzuerobern, die sie Anfang des Jahrhunderts eher widerstrebend an das Nachbarland abgetreten hatten.

Die vernichtende Niederlage der thailändischen Kriegsmarine durch die Franzosen zwang die Japaner zur Ehrenrettung der Thai einzugreifen und die französischen Behörden zu drängen, die beiden Provinzen gegen die Zahlung einer symbolischen Summe abzutreten. König **Sisowath Monivong** schob den Franzosen die Schuld am Verlust des Territoriums zu und verkündete, nie wieder mit ihnen kooperieren zu wollen was sich auch bewahrheitete, denn kurz darauf starb er. Japan überließ die Entscheidung über den nächsten König den Franzosen.

Auf der Suche nach einem willfährigen Nachfolger drängten diese Monivongs Sohn und Erben ins politische Abseits und protegierten den noch jugendlichen und unerfahrenen Enkel **Norodom Sihanouk**, der im September 1941 nach einer mit vollem Zeremoniell durchgeführten Krönungszeremonie den Thron bestieg.

Trotz ihrer eher passiven Haltung in Indochina schürten die Japaner die verbreitete anti-koloniale Stimmung, nicht zuletzt um ihre eigene Anwesenheit zu rechtfertigen. Die Auswirkungen aber sollten sich erst nach der japanischen Kapitulation im August 1945 zeigen, als die französische Verwaltung Kambodschas de facto längst aufgelöst war.

Der Weg zur Unabhängigkeit

Obwohl die Franzosen die Verwaltungsstellen bereits Ende 1945 wieder mit eigenen Leuten besetzt hatten, konnten sie den Vorkriegsstatus nicht wiederherstellen. Schon seit 1944 hatte Thailands Regierung finanzielle Mittel für anti-japanische und anti-französische Aktivitäten zur Verfügung gestellt, und hinter den Grenzlinien hatten sich auf thailändischem Territorium anti-royalistische kambodschanische Exilverbände gebildet. Binnen eines Jahres schlossen sich diese Splittergruppen zum extrem linken Flügel **Khmer Issarak** zusammen, dem zunächst vorwiegend unerfahrene Idealisten angehörten, doch unaufhaltsam wuchs aus deren Reihen eine mächtige bewaffnete Guerillabewegung heran, die in den folgenden Jahren den Unabhängigkeitskampf gegen Frankreich aufnahm. Zwischen 1947 und 1950 erwarben die Khmer Issarak die Kontrolle über 50% des kambodschanischen Territoriums.

Die Ursprünge der Bewegung reichten bis in die 30er Jahre zurück, als mit Phnom Penhs Sisowath Lyzeum die erste Hochschule des Landes den Unterricht aufnahm, deren Studenten schon bald zu hinterfragen begannen, welcher Stellenwert gebildeten Kambodschanern in einem Land, in dem Vietnamesen die mittleren Verwaltungsebenen besetzten, eigentlich zukam. Die neu entstehende Intellektuellenschicht wurde zur Zielgruppe der ersten in Khmer publizierten Zeitung Nagara Vatta – zuvor waren nur religiöse Schriften in Khmer erschienen. Sie spiegelte die Haltung der Khmer-Nationalisten wider und sprach sich deutlich gegen die ihrer Auffassung nach zu starke Machtstellung von Vietnamesen und Chinesen in der kambodschanischen Gesellschaft aus. Die Herausgeber vertraten die Linie der gebildeten Mönche *(sangka)* des Institut Bouddhique in Phnom Penh, das nicht nur Kambodschas wichtigstes buddhistisches Institut war, sondern vor der Gründung des Lyzeums auch als Triebfeder des nationalen Bildungswesens fungiert hatte.

Als sich Sihanouk Ende 1945 mit der Forderung nach Kambodschas endgültiger Unabhängigkeit lautstark zu Wort meldete, stimmte Frankreich, das befürchtete, seine Kontrolle über Indochina zu verlieren, widerwillig freien Wahlen und der Bildung einer Nationalversammlung zu, weigerte sich aber, vollkommene Unabhängigkeit zu gewähren. Zum ersten Mal in der Geschichte Kambodschas gründeten sich politische Parteien, und 1946 fanden **Wahlen** statt, aus denen die demokratische und anti-royalistische Partei *Krom Pracheathipodei* als klarer Sieger hervorging, die nun eine neue Regierung bildete. Kambodscha nahm sich die Verfassung der französischen Republik zum Vorbild, und obwohl Sihanouk den Thron behielt, war er faktisch machtlos. Als Kambodscha Ende 1949 in die partielle Unabhängigkeit entlassen wurde, behielt sich Frankreich zunächst die Kontrolle über Rechtsprechung, Zölle, Besteuerung und Außenpolitik sowie das Recht auf Beibehaltung der militärischen Stützpunkte im Land vor.

Doch Sihanouk, der seine schwache politische Machtstellung und Frankreichs festen Griff auf das Land nicht hinnehmen wollte, startete seinen persönlichen Feldzug, indem er im Juni 1952 nach einem erfolgreichen Staatsstreich das Kabinett entließ, die Verfassung außer Kraft setzte und sich selbst zum Ministerpräsidenten ernannte. Anfang 1953 rief er das Kriegsrecht aus und löste die Nationalversammlung auf. Anschließend trat er eine Reihe von Auslandsreisen „aus gesundheitlichen Gründen" an, die ihn unter anderem nach Paris führten, wo er um den Abzug der Franzosen aus Kambodscha und die volle Unabhängigkeit seines Landes warb, ohne zunächst einen Erfolg verbuchen zu können. Als Frankreich jedoch zunehmende Schwierigkeiten in Vietnam aufziehen sah, weil der Kampf gegen die kommunistischen Truppen der Viet Minh immer aussichtsloser wurde, ließ sich Paris auf eine Kehrtwendung ein, und am 9. November 1953 durfte Kambodscha die Entlassung in die **Unabhängigkeit** feiern.

Die Ära Sihanouk

Kambodscha bejubelte die Unabhängigkeit und feierte Sihanouk als Nationalhelden. Im folgenden Jahr wurden mit Unterzeichnung des Genfer Abkommens die Bedingungen für den französischen Abzug aus Indochina festgelegt. Zu den Kernpunkten des Abkommens gehörten die Auflösung der Khmer Issarak, die **Neutralität** Kambodschas und die **Teilung Vietnams** am 17. Breitengrad in ein kommunistisches Nord- und ein nicht kommunistisches Südvietnam.

Rasch zeigte sich, dass der geschickte politische Stratege Sihanouk davon überzeugt war, als Vater der Unabhängigkeit das Land auch führen zu müssen, und deshalb wie ein Fähnchen im Wind die Seiten wechseln würde, um seine politischen Ziele zu erreichen. Er unternahm Propagandareisen auf's Land, wo er lange Ansprachen hielt und den Jubel des Volkes genoss, das ihm dank des über Generationen hinweg vererbten, tief verwurzelten Respekts für die Monarchie höfliche Aufmerksamkeit zuteil werden ließ. Dies nährte seine ohnehin große Selbstgefälligkeit und schürte seinen Glauben, dass „seine Kinder" (wie er das Volk nannte) seine Politik unterstützten. Der Mehrheit des Volkes aber hatte die Unabhängigkeit keine Erleichterungen beschert – die Subsistenzwirtschaft betreibenden Bauern leisteten wie eh und je harte Überstunden auf den Reisfeldern, um sich gegen Überschwemmungen und Dürreperioden abzusichern.

Als es ihm nicht gelang, die Monarchie durch geschickte Auslegung der Verfassung zu stärken, überraschte Sihanouk die Öffentlichkeit 1955 durch die **Abdankung** zugunsten seines Vaters Norodom Suramarit. Er selbst begnügte sich fürs Erste wieder mit dem Titel eines Prinzen und setzte auf die breite Gunst des Volkes, die er als Vater der Unabhängigkeit noch immer genoss, als er mit der **Sangkum Reastr Niyum** („Sozialistische Volksgemeinschaft") eine eigene politische Partei ins Leben rief, die bei den Wahlen von 1955 auch tatsächlich sämtliche Sitze der Nationalversammlung auf sich vereinigen konnte. Von einem fairen Wahlverlauf aber konnte keine Rede sein, denn auf Anordnung des Königs schüchterte die Armee die Oppositionskandidaten und viele Wähler ein. Außerdem wurden Stimmzettel manipuliert, und auf dubiose Weise gingen Wahlurnen verloren. Sihanouks taktische Manöver stellten sicher, dass die *Sangkum* auch aus den zwei Jahre später durchgeführten Wahlen als unangefochtener Sieger hervorging. Als König Suramarit 1960 starb, wurde die Monarchie de facto abgeschafft, und Sihanouk trat das Amt des Staatsoberhaupts an.

Norodom Sihanouk erwies sich nicht nur als unermüdlich arbeitender Regierungschef, sondern auch als kreative Persönlichkeit, denn er produzierte mehrere Filme, die überlieferte Wertvorstellungen und die traditionelle kambodschanische Kultur thematisierten – Inhalte, die ihm sehr am Herzen lagen. Sein dünkelhaftes Auftreten und das skrupellose Festhalten an seiner Linie aber machten ihn zu einem schwierigen Menschen. Intellektuelle des rechten Flügels, die er als Rivalen fürchtete, verschwanden auf mysteriöse Weise, während er selbst mit dem Sozialismus liebäugelte und mit der nach links orientierten Elite flirtete. Jedoch entging ihm, dass in Schulen und Akademien Anfang der 60er Jahre einige linksgerichtete Lehrer – darunter auch **Saloth Sar**, später bekannt als **Pol Pot**, und **Ieng Sary**, der so genannte Bruder Nr. 3 der **Roten Khmer**-Hierarchie – zu führenden Gestalten der Kommunistischen Partei heranwuchsen, die einen beständigen Zufluss an neuen Mitgliedern zu verzeichnen hatte. Khieu Samphan, der später ebenfalls zur Führungsriege der Roten Khmer gehörte, verschleierte damals seine wahre Einstellung noch und schloss sich der *Sangkum* an.

1963 löste ein weiteres abruptes politisches Wendemanöver Sihanouks eine massive staatliche Säuberungswelle aus, die sich gegen bekannte Kommunisten richtete. Saloth Sar flüchtete aus Phnom Penh und stellte sein Leben fortan in den Dienst der Revolution. In Vietnam und China, die ihn später auch politisch unterstützten, erhielt er im Kreise vieler anderer Sympathisanten der kommunistischen Bewegung eine indoktrinierende Ausbildung.

Vorboten des Krieges

Mit Wissen der USA und finanzieller Unterstützung der Regierungen Thailands und Südvietnams, die auch bei der Anwerbung von Mitgliedern behilflich waren, plante die paramilitärische rechtsgerichtete Gruppierung **Khmer Serei** (unter Führung des früheren Herausgebers der Zeitung *Nagara Vatta*) schon seit Ende der 50er Jahre Verschwörungen gegen Sihanouk. Trotz seines wachsenden Misstrauens gegen die pro-amerikanischen Thai und Südvietnamesen hofierte Sihanouk aber weiterhin die USA und akzeptierte sogar amerikanische Militärhilfe, während er gleichzeitig an einer Allianz mit China schmiedete, das stark daran interessiert war, eine amerikanische Dominanz in der Region zu verhindern. In einer erneuten politischen Kehrtwendung aber unterstellte er 1963 den USA plötzlich geheime Waffenlieferungen an die Khmer Serei, und noch Ende desselben Jahres ordnete er die Einfrierung aller amerikanischen Hilfeleistungen an und verstaatlichte alle Banken, Versicherungen sowie den gesamten Import und Export.

Sihanouks Politik und der grenzübergreifende Konflikt zwischen Nord- und Südvietnam destabilisierten alsbald Kambodschas Wirtschaft. Um den Anschein von Neutralität zu wahren und zu verhindern, dass sein Land endgültig in den Sog der vietnamesischen Turbulenzen geriet, hatte Sihanouk nun heikle Balanceakte zu bewältigen. 1963 brach er die Beziehungen zu Südvietnam ab, das finanzielle und militärische Unterstützung der USA erhielt, doch Mitte der 60er Jahre durften US-Flugzeuge im Rahmen von Angriffsflügen gegen Nordvietnam ungehindert kambodschanisches Territorium überfliegen. Zugleich aber konnte er nicht verhindern, dass Nordvietnam verborgene Pfade auf kambodschanischem Territorium nutzte, um in Südvietnam operierende Guerillas der kommunistischen **Vietkong** mit frischen Truppen und Waffen zu versorgen – notgedrungen musste er 1966 ein Geheimabkommen mit Nordvietnam unterzeichnen, das dessen Soldaten freies Geleit durch kambodschanisches Gelände einräumte.

Doch Sihanouk beging einen folgenschweren politischen Fehler, als er sich 1966 stärker der Vorbereitung eines prestigeträchtigen Besuchs Charles de Gaulles als den bevorstehenden Wahlen widmete. Erstmals schafften deshalb Abgeordnete den Einzug in die Nationalversammlung, deren Kandidatur der Prinz nicht persönlich abgesegnet hatte und die wenige Jahre später zu zentralen Gestalten der Opposition gegen ihn aufsteigen sollten. Zur selben Zeit nahm die Kommunistische Partei Kampucheas (**KPK**), die nach Vietnam geflüchtete linksgerichtete Oppositionelle gegründet hatten und der Sihanouk den Namen *Khmer Rouge* (dt.: **Rote Khmer**) gab, ihre aufrührerischen Aktivitäten im Nordosten des Landes auf. Vielleicht trugen sie letztendlich nur deshalb den Sieg davon, weil die USA über dem offiziell neutralen Land Gang setzten, um in Kambodschas Südprovinzen entlang der Grenze zu Vietnam einen **verschleierten Bombardierungsplan** unter dem Decknamen **Operation Menu** in mutmaßliche kommunistische Stützpunkte und Versorgungslinien zu zerstören. Insgesamt wurden bei 3000 Luftangriffen zwischen März 1969 und Januar 1973 über eine halbe Million Tonnen Bombenmaterial über dem Land ausgestreut. Die Angriffe scheuchten die kommunistischen Vietnamesen noch tiefer in kambodschanisches Terrain hinein und schürten den Hass der ländlichen kambodschanischen Bevölkerung, die sich nach und nach mehrheitlich auf die Seite der KPK schlug.

Das Lon-Nol-Regime

Der 1966 zum Ministerpräsidenten gewählte General Lon Nol galt allgemein als ein Mann aus Sihanouks Lager, doch er änderte seine Haltung, als in den Reihen des Militärs zunehmend Verärgerung wegen mangelhafter Ausrüstung und Engpässen in der Versorgung aufkam und sich die Mittelschicht über die Wirtschaftspolitik des Prinzen zu beklagen begann. 1969 formierten sich einige der drei Jahre zuvor gewählten Mitglieder des Parlaments zum Widerstand gegen den autoritären Herrscher, und als sich Sihanouk 1970 auf einer Auslandsreise befand, organisierte Lon Nol einen Putsch, durch den Sihanouk als Staatschef abgelöst, die Monarchie endgültig abgeschafft und das Land in **Republik Khmer** umbenannt wurde. Der in Beijing weilende Sihanouk rief seine Anhänger über Rundfunk mit einer leidenschaftlichen Rede zum Kampf gegen Lon Nol auf, doch die Chinesen überzeugten ihn, dass es besser sei, eine Gegenregierung zusammen mit den Kommunisten zu schmieden, die er 1963 ins Exil gejagt hatte.

Als in Phnom Penh Einzelheiten über Sihanouks Geheimabkommen mit Nordvietnam durchsickerten, erklärte die neue Regierung die Zerstörung der vietnamesischen Nachschublinien auf kambodschanischem Boden zur nationalen Angelegenheit. Zu Tausenden schlossen sich Freiwillige der Armee an, um bei der Lösung der Aufgabe mitzuhelfen, doch aufgrund schlechter Ausbildung und desolater Ausrüstung – weitere amerikanische Finanzhilfe versickerte im Sumpf der Korruption – hatten sie den kampferprobten Vietnamesen nichts entgegenzusetzen. Als Lon Nol die Offensive 1971 stoppte, waren bereits Zehntausende gefallen.

Die **Roten Khmer** kämpften sich währenddessen langsam in Richtung Phnom Penh vor. Nachdem sie 1970 vorwiegend Gebiete im Nordosten und Nordwesten mit einer Größe von rund 20% der Landesfläche kontrollierten, hatten sie ihre Herrschaft Ende 1972 auf sämtliche Landesteile mit Ausnahme von Phnom Penh und einigen wenigen Provinzstädten ausgedehnt. Schweres amerikanisches Bombardement konnte ihr Vordringen nur vorübergehend stoppen. In Phnom Penh eintreffende Flüchtlinge, die entsetzt von Massakern an ganzen Dörfern durch die Roten Khmer berichteten, wurden nicht ernst genommen, oder aber die Übergriffe wurden den Vietnamesen zugeschoben. Anfang 1975 schloss sich der Kreis um Phnom Penh, und als die Hauptstadt von den übrigen Landesteilen abgeschnitten war, richteten die Amerikaner eine Luftbrücke zu ihrer Versorgung ein. Doch die weit verbreitete Korruption und der zermürbende Krieg hatten ihre Spuren bei der Bevölkerung hinterlassen, und als die Kommunisten am 17. April 1975 in Phnom Penh einrückten, wurden sie jubelnd als Befreier begrüßt. Nur zwei Wochen später, am 30. April 1975, flohen die letzten Amerikaner vor den anrückenden nordvietnamesischen Truppenverbänden aus Saigon – das militärische Abenteuer der USA in Indochina war beendet.

Ungefähr 300 000 Kambodschaner waren in dem vier Jahre dauernden Kampf gegen Vietnamesen und Rote Khmer sowie durch die ziellosen amerikanischen Bombardierungen ums Leben gekommen. Sihanouks schlimmste Befürchtungen hatten sich bewahrheitet, doch das Geschehene war nichts im Vergleich zu dem, was dem Land noch bevorstand.

Die Schreckensherrschaft der Roten Khmer

Die Roten Khmer hatten ihre Wurzeln in der Khmer People's Revolutionary Party (KPRP), die sich Anfang der 50er Jahre gebildet hatte und ihre Mitglieder aus anti-monarchistischen Kreisen und der kambodschanischen Jugend gewann. Drei junge Leute, die während ihres Auslandsstudiums in Frankreich die kommunistische Ideologie kennen gelernt hatten, stiegen in unangefochtene Machtpositionen auf: Saloth Sar, der später unter dem Namen **Pol Pot** zum ranghöchsten „Bruder Nr. 1" der Roten Khmer avancierte; Ieng Sary, der es bis zum Außenminister brachte; und Khieu Samphan, der den Parteivorsitz übernahm.

Nach der Eroberung Phnom Penhs begannen die Roten Khmer mit der Umsetzung ihres politischen Ziels, einen auf Landwirtschaft gründenden sozialistischen **Bauernstaat** zu errichten, in dem Familie, Wohlstand und Status keine Rolle mehr spielen sollten. Willkürlich rissen sie Familienverbände auseinander, schafften Geld als Zahlungsmittel ab und unterstellten alle Aspekte des Alltagslebens bis hinab zur Planung des kleinsten Details den Weisungen der undurchsichtigen Revolutionsorganisation **Angkar**. Schon wenige Stunden nach dem Einmarsch begannen die Roten Khmer mit der Räumung Phnom Penhs, und nach nur einer Woche war die Hauptstadt menschenleer. In den anderen Städten des Landes, das in **Demokratisches Kampuchea** umbenannt wurde, wiederholte sich dieses Szenario, und binnen kürzester Zeit wurde praktisch die gesamte Bevölkerung des Landes umgesiedelt. Zur Bewirtschaftung der Felder und zur Ausführung spezieller Bauprojekte wurden **Zwangsarbeiter** rekrutiert und unter die Aufsicht strenger Parteikader gestellt. Die Arbeitsvorgaben waren kaum zu bewältigen und die Nahrungsmittelrationen völlig unzureichend. Auf den Feldern starben Hunderttausende an Krankheiten und Auszehrung.

Zu den ersten Maßnahmen der Roten Khmer gehörten ausgiebige Verhöre und Massenexekutionen, deren eigentlicher Sinn niemals aufgeklärt wurde. Zunächst wurden führende Militärkommandanten hingerichtet, und dann waren andere Zielgruppen an der Reihe: Mönche, die Oberschicht, Intellektuelle, diejenigen mit Fremdsprachenkenntnissen und schließlich sogar die Brillenträger. Das Regime offenbarte einen zunehmenden Verfolgungswahn, nahm die eigenen Reihen aufs Korn und verurteilte zahlreiche Kader zum Tode. Insgesamt fielen dem mörderischen Regime der Roten Khmer bis zu zwei Millionen Menschen zum Opfer, also fast 20% der Bevölkerung. Nur wenigen war das Glück beschieden, Zuflucht in einem Flüchtlingslager in Thailand zu finden oder über die Grenze nach Vietnam entkommen zu können. Die große Mehrheit der Bevölkerung lebte drei Jahre, acht Monate und 20 Tage (eine Zeitspanne, die alle älteren Kambodschaner spontan nennen können) in ständiger Angst vor der Willkür der Roten Khmer, bis *sa'mai a-pot* – die Pol-Pot-Ära – endlich überstanden war.

Der Sturz der Roten Khmer wurde von ihren ursprünglichen Mentoren inszeniert, den Vietnamesen. Nach mehreren Grenzscharmützeln, die von kambodschanischer Seite provoziert wurden, marschierten vietnamesische Truppen 1977 in Kambodscha ein, doch sie beschränkten die Intervention auf nur wenige Monate. Das Fass zum Überlaufen aber brachten Anfang 1978 mehrere Massaker, welche die Roten Khmer in Dörfern unmittelbar jenseits der vietnamesischen Grenze anrichteten. Vietnam sprach sich nun offen für die Unterstützung von Organisationen aus, die sich dem Kampf gegen die Roten Khmer verschrieben hatten. Dieser Schritt führte zur Bildung der Khmer National United Front for National Salvation (KNUFNS).

Am 22. Dezember 1978 marschierte die vietnamesische Armee mit 100 000 Mann nach Kambodscha ein, und nur 17 Tage später besetzte sie Phnom Penh. Die Führungsriege der Roten Khmer setzte sich kurz vor dem Einmarsch der Invasionstruppen ab – Pol Pot entkam per Hubschrauber nach Thailand, und andere führende Persönlichkeiten flüchteten mit dem Zug ins nördliche Battambang. Die Truppen der Roten Khmer und dem Regime ergebene Dorfbewohner folgten ihren Führern in die Dschungelgebiete an den Grenzen im Nordwesten.

Bereits Mitte 1975 waren Prinz **Sihanouk** und seine Frau aus dem Exil in Beijing nach Phnom Penh zurückgekehrt. Sie lebten im Königspalast, wo sie bis April 1976, als Sihanouk als Staatsoberhaupt abgelöst wurde, die wenigen diplomatischen Gäste empfingen, die dem Land offizielle Besuche abstatteten. Beide verbrachten die letzten Jahre der Herrschaft der Roten Khmer faktisch unter Hausarrest.

Die vietnamesische Herrschaft

Obwohl die Meinungen über die vietnamesische Ära auseinander gehen – manche Stimmen sprechen von Befreiern, andere von Besatzern –, bestreitet niemand, dass Vietnams Invasion von der kambodschanischen Bevölkerung freudig begrüßt wurde, denn sie rettete viele Menschenleben. Die Vietnamesen fanden ein hungerndes und zerstörtes Land vor, dessen Infrastruktur am Boden lag. Als sie in Phnom Penh aus Mitgliedern der Khmer National United Front for National Salvation (KNUFNS) eine Interimsregierung bildeten und mit Heng Samrin einen ehemaligen Divisionskommandanten der Roten Khmer zum Präsidenten machten, wurde aus dem Demokratischen Kampuchea die **Volksrepublik Kampuchea** (VRK). Auch der neue Außenminister Hun Sen, der 1977 nach Vietnam geflohen war, hatte ehemals den Roten Khmer angehört.

Pol Pot

Noch heute ist es nicht ganz klar, wie sich das entzückende, liebenswürdige Kind **Saloth Sar** später zum paranoiden Massenmörder Pol Pot entwickeln konnte.

Saloth Sar wurde 1928 in Prek Sbaur in der Nähe von Kompong Thom als Sohn wohlhabender Bauern geboren. Im Alter von sechs Jahren schickten ihn seine Eltern nach Phnom Penh, um bei seinem Bruder Loth Suong zu leben, wo er unter relativ privilegierten Umständen aufwuchs – schließlich war eine seiner Cousinen Balletttänzerin am königlichen Hofe. Als Schüler war Saloth Sar eher unauffällig, und wahrscheinlich hatte er es dem Einfluss seiner Cousine und nicht irgendeiner besonderen Begabung zu verdanken, dass er 1942 am neu eröffneten Norodom Sihanouk College in Kompong Cham aufgenommen wurde, welches er ohne Abschlussprüfung wieder verließ. Während des anschließenden Studiums am Sisowath Lyzeum in Phnom Penh scheinen sich seine Leistungen aber offenbar gebessert zu haben, da er 1949 zu den 100 ausgewählten Studenten zählte, die zum weiteren Studium nach Frankreich geschickt wurden.

Konfrontiert mit neuen, radikalen Ideologien trat Saloth Sar in Paris zusammen mit seinen Freunden Ieng Sary und Khieu Samphan in die Französische Kommunistische Partei ein. Hier lernte er auch die gebildete Kambodschanerin Khieu Ponnery kennen, die er später heiratete. Sobald Saloth Sar 1952 nach Kambodscha zurückgekehrt war, trat er der von Vietnamesen geleiteten Kommunistischen Partei Indochinas bei und begann, sozialistische Ideen in Kambodscha zu propagieren. Dabei isolierte er sich immer mehr von seiner Familie und legte sich den Namen „Pol" zu. Als eifriges Mitglied der neu gegründeten **Kommunistischen Partei Kambodschas** schien er sich anfangs damit zufrieden zu geben, in untergeordneter Stellung Seminare abzuhalten und als Lehrer neue Parteimitglieder anzuwerben. Seine damaligen Parteifreunde bescheinigten ihm eine freundliche und umgängliche, wenn auch unergründliche Persönlichkeit. Ohne sich groß in den Vordergrund zu stellen, machte er allmählich Karriere und stieg vom einfachen Assistenten zum Parteisekretär auf.

Als Sihanouk 1963 mit der Verfolgung der Sozialisten begann, waren Saloth Sar und andere bedeutende Parteimitglieder gezwungen, die Hauptstadt zu verlassen und auf dem Lande an der Grenze zu Vietnam Unterschlupf zu suchen. Ständig von einem Versteck zum anderen unterwegs wurden die kambodschanischen Kommunisten zuerst von ihren nordvietnamesischen Genossen und später von den Chinesen unterstützt. Pol reiste häufig nach China, dessen „erfolgreiche" Kulturrevolution er sehr bewunderte. Durch den eskalierenden Vietnamkrieg im Nordosten Kambodschas isoliert, hatte Pol viel Zeit, seine eigenen Pläne für einen besseren Staat nach Marxistisch-Leninistischen Prinzipien zu entwickeln. Seiner entbehrungsreichen Existenz im Dschungel entsprang seine Bewunderung für das einfache Landleben, und als die Revolutionäre, die nun als **Rote Khmer** bezeichnet wurden, 1975 die Macht über Kambodscha an sich rissen, war sein Plan herangereift, einen sozialistischen Bauernstaat zu errichten.

Die Führer der Roten Khmer zogen es vor, anonym zu bleiben, und verbargen sich hinter

Die VRK ließ unverzüglich freie Märkte und Schulen wieder öffnen und gestattete ihren Bürgern volle Bewegungsfreiheit und private Landbewirtschaftung. Schon im folgenden Jahr war in begrenztem Maße wieder Geld im Umlauf, und auch freie Religionsausübung war erlaubt. Dennoch veranlasste die Gründung der VRK viele gebildete Kambodschaner, die keine weitere kommunistische Herrschaft mehr über sich ergehen lassen wollten, zur Flucht nach Thailand, wo sie die ohnehin bereits aus allen Nähten platzenden Auffanglager für Flüchtlinge zusätzlich belasteten. 1981 waren in Thailand 630 000 Flüchtlinge aus Kambodscha registriert – unter ihnen auch viele ehemalige Rote

der mysteriösen kollektiven Bezeichnung **Angkar**, dem zentralen Komitee der „Organisation", wie die Partei von ihren Führern nun genannt wurde. Das Komitee bestand aus 13 Mitgliedern, elf Männern und zwei Frauen; sein unumstrittenes Oberhaupt war Saloth Sar, der sich ab 1976 „Pol Pot" nannte (es ist nicht geklärt, warum er dieses Pseudonym wählte, das im Kambodschanischen keine Bedeutung hat). Überdies wurde er auch als „Bruder Pol" bezeichnet und nach seiner Ernennung zum Premierminister von Kampuchea im selben Jahr als **„Bruder Nr. 1"**. Die anderen Führer von Angkar waren Pol Pots langjähriger Mitstreiter Nuon Chea, „Bruder Nr. 2", und seine Freunde aus Studententagen Ieng Sary, „Bruder Nr. 3", sowie Khieu Samphan, das „Aushängeschild" der Partei.

Nach der Machtübernahme machte sich unter den Führern wachsendes Misstrauen breit; sie waren überzeugt, von Verrätern umgeben zu sein. Allerdings war es in erster Linie Pol Pot, der für die **Säuberung der Partei** verantwortlich war. Persönlich autorisierte er die Folterung und Ermordung von ca. 20 000 Kameraden und deren Familien im Gefängnis Toul Sleng – Inhaftierung und Verhör in Toul Sleng war den Genossen vorbehalten, die der Parteispitze nahe standen; tatsächlich waren die meisten loyale Parteimitglieder. Obwohl es unklar ist, ob Pol Pot die direkten Befehle zur Folterung und Hinrichtung selbst gab, ist es sicher, dass er darüber voll informiert war und diese Aktionen unterstützte. Es ist auch nicht bekannt, ob er jemals seine Untaten bereute, aber mit Sicherheit hat er jede Verantwortung dafür abgestritten. Als das wahre Ausmaß der Säuberungsaktion 1979 durch die vietnamesischen Invasionstruppen ans Licht gebracht wurde, beschuldigte er die Vietnamesen als die eigentlichen Täter. Selbst nach seiner Flucht nach Thailand hat er nie daran gezweifelt, dass seine Pläne für Kambodscha die richtigen waren; stattdessen glaubte er bis zuletzt, von denen verraten worden zu sein, denen er vertraut hatte.

Während sich Pol Pot in Thailand in Freiheit befand, wurde er von einem kambodschanischen Gericht *in absentia* zum Tode verurteilt. Nachdem seine Frau Khieu Ponnery Mitte der 80er Jahre geisteskrank geworden war, ließ sich Pol Pot von ihr scheiden. Er heiratete erneut und wurde Vater einer Tochter, die er Malee nannte und die sein einziges Kind blieb. Um 1993 kehrte er zurück in den Norden Kambodschas, wo er mit Hilfe loyaler Kräfte aus einer Rote Khmer-Enklave in der Gegend von Anlong Veng Guerilla-Attacken gegen die neu gewählte kambodschanische Regierung organisierte. Ieng Sary, der von Pailin aus einen ähnlichen Guerillakrieg gegen die Regierung geführt hatte, ergab sich 1996. Das war ein schwerer Schlag für Pol Pot, signalisierte es doch das Ende der Roten Khmer. Ein Jahr später befahl ein zunehmend paranoider Pol Pot den Mord an seinem alten Freund Sun Sen und dessen Familie; für diesen Mord wurde er von seinen eigenen Leuten zu einer lebenslangen Haftstrafe verurteilt. Neun Monate später starb er – ob durch die Hand eines Mörders oder unter natürlichen Umständen bleibt ungewiss. Seltsamerweise hat Pol Pot heute eine Art Kultstatus in Kambodscha; und die Stätte, an der er verbrannt wurde (in Anlong Veng), ist inzwischen eine Touristenattraktion.

Khmer –, und weitere 150 000 kambodschanische Staatsbürger hatten in Vietnam Zuflucht gefunden.

Obwohl der Westen begrenzte Hilfsmittel bereitstellte, um die Grundversorgung des kambodschanischen Volkes zu sichern, sahen die Großmächte geflissentlich über die entsetzlichen Auswüchse der Roten Khmer hinweg – sie werteten Vietnams Einschreiten als aggressiven Akt gegen die Selbstbestimmung der Völker, der Kambodscha vietnamesischer Oberherrschaft unterworfen habe, und ächteten deshalb die VRK (nur die UdSSR und Indien bildeten rühmliche Ausnahmen). Die Regierungen Thailands, Chinas und der USA, die rigorose anti-vietnamesische Positionen vertraten, sicherten dem wohlbehalten in Thailand sitzenden Pol Pot zu, ihn als Ministerpräsidenten der legitimen Regierung Kambodschas zu unterstützen. Selbst als die Nachrichten über die Gräueltaten der Roten Khmer längst die internationale Öffentlichkeit erschütterten, riefen Pol Pots Schutzherren noch nach Strafmaßnahmen gegen die Vietnamesen. Thailand und China lieferten Nahrungsmittel und Kleidung an die Soldaten der Roten Khmer und sorgten sogar für ihre militärische Ausbildung und Bewaffnung, und Hilfsorganisationen der Vereinten Nationen durften die Lager der Roten Khmer besichtigen, nicht jedoch der arg dezimierten Bevölkerung Kambodschas helfen.

Als politisches Gegengewicht zur Volksrepublik Kampuchea wurde 1982 in Thailand die **Koalitionsregierung Demokratisches Kampuchea** (KRDK) ins Leben gerufen, die sogleich internationale Anerkennung als kambodschanische Exilregierung erhielt. Sie bestand aus Prinz Sihanouk, den China und Mitglieder seiner Partei FUNCINPEC von der Notwendigkeit seiner Beteiligung überzeugt hatten; Son Sann, der bereits früher einmal das Amt des kambodschanischen Ministerpräsidenten bekleidet hatte und Führer der *Khmer People's National Liberation Front* (KPNLF) war; sowie etlichen früheren Mitgliedern der Roten Khmer. Die KRDK setzte sich zum Ziel, die Vietnamesen aus Kambodscha zu vertreiben, doch dazu besaß sie nicht die militärischen Mittel. Stärkste militärische Kraft waren noch immer die Roten Khmer, deren zahlreiche Übergriffe auf kambodschanisches Territorium jedoch regelmäßig von den Vietnamesen und der VRK zurückgeschlagen wurden. Als die Kämpfe zwischen 1983 und 1985 an Heftigkeit zunahmen, begann die VRK mit der Verlegung eines Landminenteppichs an der Grenzlinie zu Thailand. Dies kennzeichnete den Anfang der entsetzlichen Geißel durch versteckte Landminen, die bis zum heutigen Tage immer neue Opfer verkrüppelt.

Der vietnamesische Rückzug und die Folgen

Vietnam betrachtete die Besatzung Kambodschas stets als vorübergehende Maßnahme und bereitete die kambodschanische Armee von Anfang an auf die Verantwortung vor, der sie sich nach dem Rückzug der vietnamesischen Truppen hinter die eigenen Landesgrenzen würde stellen müssen. Als sich die Krise Osteuropas verschärfte und die UdSSR ihre Hilfsmittel für die VRK-Regierung drastisch reduzierte, konnte Vietnam die Besatzung des Nachbarlandes nicht mehr finanzieren. Ende September 1989 schließlich waren die vietnamesischen Truppen vollständig abgezogen, und die Regierung der Volksrepublik Kampuchea gab dem Land den alten Namen **Kambodscha** zurück. Nach einer Verfassungsänderung wurde der Buddhismus zur Staatsreligion, und Einzelpersonen durften wieder Privateigentum besitzen, veräußern und vererben.

Doch der Staat war im Grunde bankrott. Es flossen kaum finanzielle Hilfsmittel ins Land, Elektrizität und Treibstoff waren äußerst knapp, und selbst für elementare Bedürfnisse wie etwa die medizinische Versorgung war nicht gesorgt. Korruption war zwar nicht mehr das allgegenwärtige Übel früherer Zeiten, jedoch noch immer weit verbreitet. Und während sich neureiche Bürger große Villen bauten, schnittige Limousinen fuhren und in vornehmen Restaurants speisten, konnte sich die Mehrheit der Bevölkerung nur mit Mühe die für das Überleben dringend notwendige Hand voll Reis leisten. An den Grenzen entstand eine Schattenwirtschaft, die im Austausch gegen Edelsteine und Nutzhölzer begehrte Konsumgüter ins Land schleuste, mit denen auf den einheimischen Märkten Höchstpreise zu erzielen waren.

Unterdessen nahmen die Guerilla-Aktionen der Roten Khmer wieder zu. Noch vor Ende des Jahres 1989 eroberten sie die Stadt Pailin, und 1990 festigten sie ihre Stellungen entlang der thailändischen Grenze, um von dort Vorstöße auf kambodschanisches Territorium zu unternehmen, wo sie Brücken zerstörten, Straßen verminten und Dörfer plünderten. Gegen Ende des Jahres übten sie die Kontrolle über die Dschungelgebiete nordwestlich und südwestlich von Pailin aus und begannen in Richtung auf Sihanoukville und Kampot vorzudringen.

Bereits Mitte 1990 aber hatten die USA und China ihre Politik geändert und die Unterstützung der Roten Khmer eingestellt, was einen historischen Einschnitt bedeutete. Ab Juli 1991 ruhten die Waffen, und im Oktober trafen sich die fünf ständigen Mitglieder des UN-Sicherheitsrats in Paris, um die Weichen für die Zukunft des Landes zu stellen.

Die jüngere Entwicklung

Die Pariser Konferenz führte zu mehreren Abkommen und sollte 13 Jahre Krieg in Kambodscha beenden. Die wichtigste Empfehlung sah die Bildung eines Obersten Nationalrates (**Supreme National Council**, *SNC*) als Interims-Koalitionsregierung vor, dem Repräsentanten sämtlicher Gruppierungen angehören sollten. Die ersten konkreten Vorschläge empfahlen freie Wahlen unter Oberaufsicht der Vereinten Nationen, die Entwaffnung der Bürgerkriegsparteien und die Wiedereingliederung von 300 000 Flüchtlingen aus Thailand. Doch noch immer verfolgten die Roten Khmer ihre eigenen Ziele – mit thailändischer Unterstützung setzten sie ihre umstürzlerischen Aktivitäten im Land fort und brachten dadurch den ohnehin brüchigen Frieden sofort wieder ins Wanken.

UNTAC

Die UNTAC *(United Nations Transitional Authority in Cambodia)* sollte als Instrument zur Stabilisierung des Landes und Beaufsichtigung der angekündigten Wahlen dienen, doch erst im März 1992 trafen eher zögerlich die ersten internationalen Mitarbeiter in Kambodscha ein. Die Roten Khmer, die sich beharrlich weigerten, die Waffen abzulegen und sich einer Aufsicht zu unterstellen, hatten die verstrichene Zeit genutzt, um ihre Kontrolle auf weitere Gebiete auszudehnen. Sie setzten ihre zermürbenden Attacken fort, verminten Straßen und Eisenbahntrassen, schüchterten die ländliche Bevölkerung ein und ermordeten innerhalb der nächsten beiden Jahre über hundert Vietnamesen. Auch die Wahlen waren ihnen ein Dorn im Auge. Zumindest aber verlief die Rückführung der Flüchtlinge relativ friedlich.

Die UNTAC-Mission, der 22 000 Militärs und Zivilisten angehörten, verschlang 2 Milliarden US$ und war die bis dahin teuerste Maßnahme der Vereinten Nationen, doch es ist umstritten, wie erfolgreich die Aufträge letztlich erfüllt wurden. Die internationalen Kräfte aus ca. einem Dutzend Ländern, darunter Indonesien, Indien, Ghana, Uruguay, Pakistan und Bangladesch, waren auf ihre Rolle als Friedenstruppen schlecht vorbereitet. Viele waren nur darauf trainiert zu kämpfen und hatten nur vage Vorstellungen davon, was sie in Kambodscha vorfinden würden und was dort eigentlich von ihnen erwartet wurde. Ins Kreuzfeuer der Kritik geriet auch das mangelnde Fingerspitzengefühl der UNTAC, deren Mitarbeiter ungewohnt hohe Besoldung erhielten und sich einen entsprechend kostspieligen Lebensstil zulegten, wobei selbst einfachste Dienstleistungen vollkommen überbezahlt wurden. Dadurch blühte zwar das Geschäftsleben vorübergehend auf, brach aber sofort wieder ein, als sich die UNTAC aus dem Lande zurückzog. Kurzzeitig boomte sogar die Tourismusindustrie, was sich allerdings auf Grund der Guerilla-Aktivitäten der Roten Khmer in Grenzen hielt. Die hohe Besoldung der Soldaten kurbelte auch die Prostitution an (die UNTAC unterzog ihre Mitarbeiter keinem HIV-Test und wird – ob zu Recht oder zu Unrecht, sei dahingestellt – für die hohe AIDS-Rate Kambodschas verantwortlich gemacht).

Die kambodschanische Bevölkerung bewertet die UNTAC sehr zwiespältig. Kritiker führen an, dass sie den Frieden nicht durchsetzen konnte und mehr Probleme geschaffen als gelöst habe, und auch die Wahlen seien alles andere als fair verlaufen. Weitgehend unwidersprochen bleibt das Argument, dass die Nation ohne die UNTAC erneut wehrlos dem Extremismus der Roten Khmer ausgesetzt gewesen wäre.

Die Rückkehr zur konstitutionellen Monarchie

Obwohl die Wahlen vom 23.–27. Mai 1993 von Einschüchterungen und politischen Morden überschattet waren, wurden sie zu einem durchschlagenden Erfolg, denn nahezu 90% der Wahlberechtigten gaben ihre Stimmen ab. Die von Sihanouks Sohn **Prinz Rannaridh** angeführte Partei **FUNCINPEC** gewann zwar die Mehrheit, doch die seit 1979 amtierende Interimsregierung, geleitet von Hun Sen, erkannte das Wahlergebnis zunächst nicht an. Als Kompromiss entstand eine Regierung mit zwei Ministerpräsidenten, Prinz Rannaridh und Hun Sen, und Kambodscha kehrte zur **konstitutionellen Monarchie** zurück. Prinz Sihanouk wurde nominelles Staatsoberhaupt ohne direktes Mitspracherecht in der Regierung und saß damit wieder auf dem Thron, den er 1955 durch seine Abdankung geräumt hatte.

Interne Machtkämpfe machten Hun Sens Kambodschanische Volkspartei *(Cambodian People's Party,* **CPP***)* rasch zur dominierenden Kraft der Regierung, denn sie übte die Kontrolle über Polizei,

Landesverteidigung und Provinzregierungen aus. Prinz Rannaridh war nur wenig mehr als eine Galionsfigur. Die Differenzen zwischen beiden Ministerpräsidenten nahmen zu, bis Straßenkämpfe in Phnom Penh im Juli 1997 zahlreiche Todesopfer forderten. Prinz Rannaridh, der sich zu diesem Zeitpunkt auf einer Auslandsreise befand, wurde daraufhin von Hun Sen seines Amtes enthoben. Da sich blutige Auseinandersetzungen abzeichneten, verließen ausländische Facharbeiter Hals über Kopf das Land, und Investoren zogen sich hastig aus erst halb vollendeten Projekten zurück, ohne noch offene Rechnungen zu begleichen oder sich darum zu kümmern, dass Tausende ihre Arbeit verloren. Die Situation verschlimmerte sich noch durch den Ausbruch der asiatischen Finanzkrise.

Die **Wahlen vom 26. Juli 1998** waren die ersten in der Zeit nach den Roten Khmer, die von kambodschanischen Stellen selbst organisiert wurden. Als drittstärkste Kraft neben CPP und FUNCINPEC kandidierte die von abtrünnigen FUNCINPEC-Mitgliedern gegründete **Sam-Rainsy-Partei**. Auch wenn die ideologischen Unterschiede zwischen den drei Parteien nur gering sind, bezeichnet man allgemein FUNCINPEC als royalistisch, CPP als kommunistisch und die Sam Rainsy-Partei als demokratisch.

Obwohl im Vorfeld der Wahlen Spannungen herrschten und Kandidaten sowie Wähler massiv eingeschüchtert wurden, verlief der Urnengang selbst friedlich. Neutrale Wahlbeobachter stuften den Ablauf der Wahlen als „nicht makellos", jedoch ausreichend frei und fair ein, obwohl der Verdacht auf Manipulationen nicht auszuräumen war. Die CPP gewann die meisten Sitze in der Nationalversammlung, konnte aber nicht die für die Regierungsbildung erforderliche Zweidrittelmehrheit auf sich vereinen. So folgten weitere spannungsgeladene Monate, bis sich schließlich eine Koalitionsregierung mit Hun Sen als Ministerpräsident und Prinz Rannaridh als Parlamentssprecher bildete.

Das Ende der Roten Khmer

Unverzüglich liefen zahlreiche Mitglieder der seit 1994 geächteten Roten Khmer zu den Regierungstruppen über. Dennoch wahrten die Roten Khmer noch immer die Kontrolle über den Norden und Nordwesten des Landes, wo sich ihre Führer versteckt hielten, die sich durch Erträge aus illegalem Holzeinschlag und dem Abbau von Edelsteinen, die überwiegend nach Thailand verschoben wurden, nicht nur finanzieren, sondern auch bereichern konnten. Die Guerillas verübten weiterhin Anschläge, entführten und ermordeten Einheimische und Ausländer, und ihre Präsenz machte weite Teile des Landes zu Gefahrenzonen, die von Touristen und Investoren gleichermaßen gemieden wurden.

Das Ende der Roten Khmer zeichnete sich ab, als Ieng Sary, der sich bis dahin in Pailin aufgehalten hatte, 1996 gegen zugesicherte Immunität vor strafrechtlicher Verfolgung mit 2000 Soldaten zur Regierung überlief. Damit verblieb eine letzte Rebellenhochburg in der nördlichen Region um Anlong Veng und Preah Vihear, angeführt von Ta Mok und Pol Pot. Nach internen Auseinandersetzungen wurde Pol Pot im Juli 1997 von seinen eigenen Kameraden wegen eines angeblichen versuchten Mordes an einem Kader vor Gericht gestellt. Bis heute bleibt ungeklärt, ob er neun Monate danach eines natürlichen Todes starb oder ermordet wurde. Auf jeden Fall aber wurde sein Leichnam ohne Feststellung der Todesursache umgehend in Anlong Veng eingeäschert. Ende 1998 stellten sich Khieu Samphan und Nuon Chea, der Bruder Nr. 2, den Behörden. Nachdem 1999 auch Ta Mok bei einem Fluchtversuch über die thailändische Grenze verhaftet werden konnte, wurde Anlong Veng wieder unter die staatliche Verwaltung gestellt. Schließlich wurde im selben Jahr auch Kang Kek Leu, alias Duch, der Kommandant des Toul Sleng-Gefängnis, aufgespürt und in Haft genommen.

Sechs Jahre nach ihrer Verhaftung warten Ta Mok und Duch im Gefängnis noch immer auf ihre Gerichtsverhandlung. Die anderen Protagonisten sind dagegen in Freiheit: Ieng Sary lebt relativ komfortabel in Pailin und Phnom Penh; Nuon Chea beteuert noch immer seine Unschuld an den Gräueltaten der Roten Khmer, während Khieu Samphan gerade seine Memoiren veröffentlicht hat. Den beiden Letzteren droht möglicherweise auch eine Gerichtsverhandlung, falls sie noch so lange leben; doch wegen ihrer schlechten Gesundheit und der zögerlichen Haltung der Regierung scheint ein Verfahren eher unwahrscheinlich.

Kambodscha im neuen Jahrtausend

Es gibt viel zu tun in Sachen Aufbau und Entwicklung. Trotz finanzieller Auslandshilfe in Höhe von mehreren Hundert Millionen Dollar jährlich, haben vor allem in den ländlichen Regionen nur wenige Wohnungen Wasser und Strom, ist die medizinische Versorgung unzureichend und teuer. Zudem verursachen zahlreiche Landminen weiterhin viele Unglücksfälle. Die Geberländer von Finanzhilfen rügen immer deutlicher die weit verbreitete Korruption und fordern lautstark ein, dass bewilligte Geldmittel nach den festgelegten Vereinbarungen verwendet werden. Mit Blick auf die Vergangenheit steht jedoch zu befürchten, dass solche Warnungen auch künftig auf die leichte Schulter genommen werden.

Als traditionelles Agrarland besaß Kambodscha niemals eine breite Produktionsbasis. Doch angelockt durch das große Angebot an billigen Arbeitskräften haben Investoren in jüngerer Zeit Geldmittel für den Aufbau von Textil- und Schuhfabriken in Phnom Penh, Sihanoukville und Bavet bereitgestellt. Theoretisch haben sich Kambodschas wirtschaftliche Perspektiven mit dem 1999 erfolgten Beitritt zur **ASEAN**, der regionalen Wirtschafts- und Kulturorganisation aus zehn Staaten, erheblich verbessert, doch bislang hat die jährliche Mitgliedsgebühr von 5 Millionen US$ nur weitgehend ungenutzte Möglichkeiten geschaffen.

Auch die Vorbereitungen für den lang erwarteten **Rote Khmer-Prozess** ziehen sich schon lange hin. Nach vielen Verzögerungen hat die Regierung endlich einige Gesetze erlassen, an denen sich die Richter orientieren könnten. Doch wann die Gerichtsverhandlung stattfinden soll, ist noch ungewiss, da die Kosten für den Prozess auf 56 Millionen US-Dollar veranschlagt werden, eine Summe, die laut Vereinte Nationen im Voraus bereit gestellt sein muss.

Etwas erfreulicher ist die Tatsache, dass im Februar 2002 Kambodschas erste **Kommunalwahlen** stattfanden, auch wenn sie im Vorfeld von massiver Einschüchterung und politischen Morden überschattet waren. Dabei errang die CPP einen Erdrutschsieg. Zweifellos ist als Erfolg zu werten, dass die Wahlen überhaupt durchgeführt wurden und dass insgesamt die Zahl der Opfer durch politisch motivierte Straftaten niedriger als bei früheren Wahlgängen war.

Die **Nationalwahlen** im Jahr 2003 verliefen auch nicht ganz problemlos, werden aber insgesamt als bisher größter Erfolg in Richtung Demokratisierung gewertet. Während auch hierbei die CCP wie erwartet den Sieg davontrug, konnten die Oppositionsparteien Sam Rainsy und FUNCINPEC doch genügend Stimmen ergattern, um die CCP daran zu hindern, die Regierung alleine zu bilden. Nach einjährigen Verhandlungen einigten sich schließlich im Juni 2004 Hun Sen und Prinz Rannaridh darauf, eine Koalition zu bilden.

Ein neuer König

Auch wenn er früher mit diesem Schritt schon öfters gedroht hatte, überraschte Norodom Sihanouk, Kambodschas langjähriger König, im Oktober 2004, wenige Tage vor seinem 82. Geburtstag, das Land mit seiner Abdankung. In einem Brief, den Sihanouk aus Beijing an Prinz Rannaridh sandte, gab er Krankheit und Altersschwäche als Gründe für seinen Rücktritt an. Er überließ es Rannaridh, der schon vor Jahren erklärt hatte, dass er als Nachfolger nicht in Frage komme, die Neuigkeit der Regierung und den Medien mitzuteilen.

In Kambodscha ist die Thronfolge nicht erblich. Die Verfassung legt lediglich fest, dass ein neuer Monarch über 30 Jahre alt sein sollte; er muss zur königlichen Familie gehören und von einem der drei vorangegangenen Könige abstammen; auch die Auswahlkriterien sind nicht eindeutig festgelegt.

Ein schnell einberufener Thronrat, bestehend aus sechs Regierungsvertretern und zwei hochrangigen Mitgliedern des buddhistischen Klerus, entschied sich für **Norodom Sihamoni**, der schon früher einmal von Sihanouk selbst vorgeschlagen worden und offenbar konkurrenzlos war. Nachdem vier andere Söhne während der Ära der Roten Khmer ums Leben gekommen waren, ist Norodom Sihamoni der einzige überlebende Sohn von Norodom Sihanouk und seiner Frau Monineath.

Der 51 Jahre alte Sihamoni, ein ehemaliger Balletttänzer, war bis dahin UNESCO-Botschafter, der die meiste Zeit in Frankreich lebte. Schon Mitte Oktober, nur wenige Tage vor seiner Krönung, kehrte er nach Kambodscha zurück und gelobte, für sein Land alles in seiner Macht stehende zu tun. Ob Sihanouk es tatsächlich ertragen kann, seinen Rang aufzugeben, muss sich erst noch zeigen; es gibt Anzeichen dafür, dass der neue König noch für geraume Zeit neben seinem Vater nur die zweite Geige spielen darf.

Kambodscha: Daten und Fakten

Kambodscha ist ungefähr halb so groß wie Deutschland. Der Süßwassersee Tonle Sap bedeckt gut 5% der Landesfläche. Höchste Erhebung des Landes ist mit 1771 m der Gipfel des Phnom Aural in den Kardamom-Bergen.
Neun Zehntel der **Bevölkerung** sind Khmer, die restlichen 10% setzen sich aus Chinesen und Vietnamesen (zusammen rund 6,5%), Cham (2,5%) und Chunchiet (1%) zusammen. 95% der Bevölkerung bekennen sich zum **Theravada-Buddhismus**, die restlichen 5% folgen Riten des Animismus und der Ahnenverehrung. Die Cham sind Moslems.
Kambodscha ist eine **konstitutionelle Monarchie** mit einer gewählten Regierung. Das jährliche **Einkommen pro Kopf** der Bevölkerung liegt derzeit bei US$310; damit gehört Kambodscha zu den ärmsten Ländern der Welt. Die durchschnittliche Lebenserwartung beträgt nur 57 Jahre.

Tempelarchitektur und Kunst

Kambodschas berühmte Khmer-Tempel entstanden zwischen der Mitte des 6. Jhs. und dem beginnenden 13. Jh. Zuvor und danach wurde für den Tempelbau vorwiegend Holz verwendet, so dass viele Einzelteile und auch ganze Gebäude aufgrund des feuchten Klimas verloren gegangen sind. Phnom Penhs Nationalmuseum besitzt jedoch eine sehenswerte Sammlung post-angkorianischer Holzstatuen, die glücklicherweise nicht nur die klimatischen Verhältnisse, sondern auch die Zerstörungswut der Roten Khmer überdauert haben. Da die alten Khmer ihre Tempelbauten kaum dokumentiert haben, mussten die heutigen Kenntnisse durch gründliches Studium der Entwicklung von Materialverwendung, Konstruktionstechniken und dekorativer Ausschmückung mühevoll erarbeitet werden.

Gewöhnlich ließen Könige ihre Tempel zu religiösen Zwecken, zur Verehrung der eigenen Ahnen oder als Staatstempel errichten, in dem ein zentrales Turmheiligtum ein Bildnis des Devaraja-Gottkönigs beherbergte, das den Herrscher personifizierte. Die Staatstempel wurden nur selten von nachfolgenden Königen benutzt, doch mitunter war ihnen eine neue Existenz als Kloster beschieden.

Typische Merkmale von Khmer-Tempeln

Ungeachtet der Frage, ob sie sich um ein einzelnes Turmheiligtum ausdehnen oder die Gestalt eines komplexen Tempelbergs haben, weisen alle Khmer-Tempel – von Sambor Prei Kuk bis hin zum Bayon – gewisse gemeinsame Merkmale auf, deren auffälligste die **Einfassungsmauern** sind. Schlichte Tempelstätten wie Chau Say Tevoda haben nur eine Einfassungsmauer, doch die prunkvollsten Anlagen sind von drei (oder auch mehr) gewöhnlich konzentrisch angeordneten Mauern umschlossen. In Anlehnung an das akademische Vorbild sind in diesem Buch die von jenen Mauern umschlossenen Bereiche (Einfassungen) von innen nach außen nummeriert – da sich der heiligste Bezirk eines Tempels im innersten Zentrum befindet, werden der dortige Hofbereich als erste Einfassung und die ihn umgebende Mauer als erste Einfassungsmauer bezeichnet; es folgen die zweite Einfassung und die zweite Einfassungsmauer usw.

Da für die Einfassungsmauern oft grobes Lateritgestein verwendet wurde, weisen sie nur in Ausnahmefällen Verzierungen auf. Beispielsweise ist die äußere Mauer des Preah Khan rundum mit mächtigen Garudas geschmückt. Die Tore zu den jeweiligen Einfassungen befinden sich gewöhnlich an den vier Kardinalpunkten. Während der frühen Angkor-Periode wurden auffällige Tempeltore in die Architektur eingebracht, die immer kunstfertiger gestaltet und schließlich sogar mit Vorkammern und Türmen zu grandiosen Torbauten (Gopuram) ausgestaltet wurden. In der Regel befinden sich die prunkvollsten Gopuram an den Ost- und Westseiten der Tempelanlagen, da heilige Stätten üblicherweise zu jenen Himmelsrichtungen ausgerichtet waren.

Dammwege und **Gräben** treten erstmals am Bakong aus dem 9. Jh. in Erscheinung. Die Dammwege waren gewöhnlich gepflastert und wurden während der Angkor-Periode zu beiden Seiten mit Naga-Balustraden gesäumt, die den Tempeln Schutz vor bösen Geistern bieten sollten – die Leiber der Schlangen bilden die Geländerläufe, an deren Anfang vielköpfige Häupter aufragen und deren Enden als Schwanzspitzen dargestellt sind. Dieses grundlegende Muster wurde später verfeinert, indem Götter und Dämonen als Träger der Nagas in Erscheinung traten.

In den Einfassungen stehen unterschiedliche Gebäude, zu denen Turmheiligtümer, Empfangs- und Meditationshallen sowie Bibliotheken gehören. Die **Bibliotheken** wurden paarweise errichtet und öffnen sich entgegen der Richtung des Tempeleingangs. Nachdem die Architekten die Technik des Gewölbebaus aus Stein beherrschten, begannen sie **Galerien** mit Kragsteinbögen zu bauen, die mit Eckpavillons sowie Verbindungsgängen versehen wurden. Später kamen **Fenster** hinzu, die sich jedoch meist nur zu den Innenbereichen öffnen. Außenwände von Galerien und Einfassungsmauern wurden oft mit vorgetäuschten Fenstern versehen, um als reine Dekorationselemente die Monotonie der glatten Mauern zu durchbrechen. Die Fensteröffnungen werden von einer ungeraden Zahl steinerner **Baluster** versperrt, die den Effekt von gedrechseltem Holz vortäuschen.

Herzstück der Tempel ist ein zentrales **Turmheiligtum** (Prasat), in dem das Bildnis der **Tempelgottheit** aufbewahrt wurde. Das meist rechteckige Heiligtum steht aus astrologischen Erwägungen präzise auf der Ost-West-Achse der Anlagen (der Sinn ist nicht vollständig geklärt) und erhebt sich entweder auf einer Plattform über den Hof oder ragt als rechteckige **Pyramide**, die den **Tempelberg** darstellt und aus mehreren Terrassen oder „Ebenen" besteht, in die Höhe.

Das einzeln stehende Turmheiligtum im Zentrum der ältesten Tempel wurde schon früh um Nebenbauten erweitert – typisch ist die Anordnung von fünf Tempeltürmen in der **Quincunx**-Form (die Gestalt der 5 auf dem Würfel), in der untergeordnete Türme an den vier Eckpunkten das zentrale Turmheiligtum umgeben. Verbindende Elemente verleihen den Türmen einen kreuzförmigen Grundriss, und Vorkammern verlängern die Grundstruktur weiter nach außen. Gewöhnlich besitzen die Türme nur eine Öffnung nach Osten, während in die anderen Himmelsrichtungen falsche Türen weisen. Besonders nützliche Hinweise auf die Entwicklung der Tempelarchitektur liefern die Steinmetzarbeiten an den Stürzen und Säulen der Torbauten. Viele **Giebelfelder** über den Türnischen der Torbauten sind mit aufwendigen Flachreliefs und feinsinnig stilisierten Schmuckmotiven versehen.

Tempelbau

Nahezu alle prä-angkorianischen Türme wurden aus vor Ort gebrannten Ziegelsteinen errichtet, die sich problemlos schichten ließen und mit durch Pflanzen verdichtetem Mörtel verfugt wurden. Obwohl die Bautechniken der Epoche von Angkor einen relativ niedrigen Entwicklungsstandard aufweisen, verdienen die handwerklichen Leistungen Bewunderung, denn enorm große Steine wurden mit unglaublicher Präzision platziert.

Die Steine für Angkors Tempel wurden in Steinbrüchen am Phnom Kulen abgebaut, auf dem Fluss abtransportiert und zuletzt mit Ochsenkarren oder auf Elefantenrücken vom Flussufer zu den Baustellen gebracht. Dort wurden sie mit Löchern für Holzpflöcke versehen, an denen sie mit Hilfe von Seilen und Flaschenzügen in die Höhe befördert werden konnten, wo sie unter Ausnutzung der Hebelgesetze an die vorgesehenen Stellen bugsiert wurden. Die Blöcke wurden nicht zementiert, sondern genau behauen und miteinander verkantet. Mitunter wurden schmirgelnde Pulverstoffe verwendet, um die Einzelstücke noch exakter miteinander zu verbinden. Erst nach Fertigstellung der Mauerarbeiten wurden die Tempel mit **Verzierungen** ausgestattet. An zahlreichen Stellen weist das Mauerwerk noch heute Skizzenpläne für Steinmetzarbeiten auf, die niemals vollendet wurden.

Materialien

Bis zum Ende des 10. Jhs. blieb Ziegelstein das wichtigste Material für den Tempelbau. Die Ziegelsteintürme des Östlichen Mebon und des Pre Rup sind die jüngsten ihrer Art, doch sie sind schlechter erhalten als diejenigen von älteren Tempeln. Obwohl sich Ziegelstein nicht für filigrane bildhauerische Ausgestaltungen eignet, weisen die frühen Bauwerke ein erstaunlich stilvolles Dekor auf.

Zu den schönsten Motiven zählen die „schwebenden Paläste" des Sambor Prei Kuk, die den Tempel in kleinem Maßstab an den Wänden seiner eigenen heiligen Bauten zeigen, sowie die wundervollen Reliefs von Vishnu und Lakshmi im Prasat Kravan. Viele Ziegelsteintürme wurden mit **Stuck** ummantelt – einem Mörtelgemisch aus Löschkalk, Sand und feiner Tonerde, das zusätzlich mit Zuckerpalmsaft und Tamarinde versetzt wurde. Um einen tragfähigen Untergrund zu erzeugen, wurde die Ziegeloberfläche vor ihrer Beschichtung mit Stuck entweder aufgeraut oder mit Löchern versehen. Vereinzelte körnig weiße Stuckflächen, die zu ihrer heutigen Gestalt vertrocknet sind oder vielleicht auch angestrichen waren, sind an den Türmen des Preah Ko erhalten.

Da Ziegelstein als Material für bestimmte tragende Strukturen nicht stark genug war, wurden von Anbeginn an Stürze und Säulen und später auch falsche Türen aus **Sandstein** gebaut. Mit der ständigen Verbesserung der Bautechniken wurde Sandstein in zunehmendem Maße zum bevorzugten Baumaterial – zunächst nur für die Türme, doch schließlich auch für gesamte Tempelanlagen, was jedoch die vorhandenen Vorräte an qualitativ hochwertigem Gestein alsbald ausschöpfte. Als auf schlechteres Material zurückgegriffen werden musste, litt auch die Qualität der Steinmetzarbeiten, was sich naturgemäß abträglich auf die Gesamterscheinung der Tempel auswirkte. Experten führen das Ende von Angkors Bauaktivitäten in erster Linie auf das Versiegen der Sandsteinvorräte zurück.

Als Baumaterial für Tempel weit verbreitet und überall in Kambodscha leicht zu finden war das weiche, poröse Gestein **Laterit**, das einfach abzutragen und zu formen ist. In Angkor wurde höchstwahrscheinlich auch der Aushub, der sich durch die Ausschachtung von Gräben und Wasserbecken ansammelte, als Baustoff für Tempel verwendet. In der prallen Sonne härtete das Material zu einem grobkörnigen Gestein, das sich ideal für den Bau von Plattformen, Terrassen und anderen Fundamenten eignete, die später mit einem dünnen Belag aus Sandstein verkleidet wurden.

Auch Holz gehörte zu den unverzichtbaren Baumaterialien für Tempel, doch nur wenige hölzerne Baustrukturen sind erhalten geblieben. Einige Überreste tragender Holzelemente sind auf Angkor Wats dritter Ebene zu sehen. Holz wurde als Baustoff für Galeriesäulen, Dächer und Portale verwendet. Viele Vertiefungen in gepflasterten Bereichen dienten einst als Verankerungen für Holzpfeiler. Auch Gewölbedächer und Ziegeltürme waren mit Holzdecken ausgekleidet – Löcher zeigen noch heute die Stellen, an denen Sparren eingefügt waren.

Die Holzverkleidungen waren höchstwahrscheinlich mit Schnitzereien verziert, die zum Vorbild der Ornamentik alter Steinmetzarbeiten wurden.

Obwohl an keinem Tempel Verkleidungen aus **Metall** erhalten sind, dienten Kupfer- und Bronzebleche zur Verzierung. Die Spitzen bedeutender Tempelanlagen wie Baphuon oder Bayon waren mit Metall verkleidet, und wahrscheinlich fanden Metalle auch bei der Ausgestaltung von Innenwänden der Heiligtümer Verwendung. Viele Dächer waren mit glasierten **Tonziegeln** gedeckt, was zum Beispiel durch Restbestände an Banteay Samre nachgewiesen werden konnte.

Epochen

Die Bauwerke der **prä-angkorianischen Epoche** wurden überwiegend aus relativ weichem, verwitterungsanfälligem Ziegelstein erbaut, weshalb nur wenige Tempel aus jener Zeit erhalten blieben, deren eindrucksvollste Beispiele in Sambor Prei Kuk zu sehen sind. In der **angkorianischen Epoche** erlebte der Tempelbau seine Blütezeit. Tausende Tempel gehen auf jene Zeit zurück, deren Spektrum von unauffälligen kleinen Schreinen bis hin zu kunstvollen Tempelbergen wie Angkor Wat und Bayon reicht.

Skulpturen entstanden in beiden Epochen vorwiegend aus Stein, obwohl auch einige Bronzeskulpturen gefunden wurden. Aus Sicherheitsgründen wurden die wertvollsten Originale aus den Tempeln entfernt und befinden sich heute in der Obhut des Nationalmuseums in Phnom Penh oder des Denkmalschutzamtes *Angkor Conservation* in Siem Reap. Die in den folgenden Ausführungen näher beschriebenen Statuen sind ausnahmslos im Nationalmuseum ausgestellt. Sowohl die prä-angkorianische als auch die angkorianische Epoche sind in **Stilepochen** untergliedert, die sich gelegentlich überlappen und nach Tempeln benannt sind, die in der betreffenden Zeit entstanden. Manche Stile finden in mehreren Tempelanlagen ihre typische Ausprägung, während andere nur in einer Stätte nachzuweisen sind. In wenigen Fällen sind die Stätten auch völlig verschwunden.

Prä-angkorianische Epoche (540–802)

Typische Beispiele für prä-angkorianische Tempel sind **Phnom Da** und **Sambor Prei Kuk** mit ihren einfachen rechteckigen Ziegeltürmen sowie Stürzen und Säulen aus Sandstein.

Phnom Da

Während nur wenige architektonische Elemente erhalten sind, nach denen sich der Stil von Phnom Da (540–600) bewerten ließe, zeugen noch heute erlesene Beispiele von der bemerkenswerten Qualität der Skulpturen jener Epoche. Da die Technik der Rundplastik noch nicht entwickelt war, sind die Statuen jener Stilepoche entweder als Hochrelief auf einem Steinsockel gestaltet, oder sie besitzen einen anderen stützenden Untergrund. Menschliche Figuren – damals auf Männer beschränkt – wurden in natürlichen Haltungen dargestellt und weisen mit ihren schmalen Taillen und geschwungenen Hüften indischen Einfluss auf. Ihre Haarpracht ringelt sich nahe am Kopf zu Löckchen, sie tragen zylindrische Kopfbedeckungen und haben Sampots um die Hüften geschlungen, deren Enden zwischen den Beinen hochgezogen und oben unter dem Bund eingeschlagen sind. Zu den beliebtesten Skulpturen jener Zeit gehören **Harihara**-Darstellungen, die auf der linken Körperseite die Kennzeichen Vishnus (Hari) und rechts diejenigen Shivas (Hara) aufweisen. Im Nationalmuseum steht ein prächtiges Exemplar aus Phnom Da, dessen Kopf sich allerdings heute im Museum Guimet in Paris befindet.

Sambor Prei Kuk

Der Stil von Sambor Prei Kuk (600–650), der sich unverkennbar sowohl in der Skulptur als auch in der dekorierten Architektur offenbart, gilt als eigentliche Geburtsstunde der Khmer-Kunst. Erstmals wurden damals Tempelanlagen mit einem Turmheiligtum in Gruppenanordnung, der so genannten Quincunx-Form, errichtet. Die Türme sind überwiegend aus Ziegelstein gebaut, der mit verziertem Stuck ummantelt wurde. Teile dieser Stuckschicht sind mancherorts noch erhalten. Außerdem wurden die Bauten mit Sandsteinsäulen und sorgfältig verzierten Stürzen ausgestattet. Nur einige kleinere Türme bestehen ausschließlich aus Stein. Als häufigstes dekoratives Element sind Meißelungen in Form mehrerer verbundener Bögen vertreten, die sich über die gesamte Länge von Stürzen erstrecken und am oberen Ende mit gerundeten Medaillons verziert sind. *Makaras* schließen die Stürze an den Enden ab, und kleine Blätter, Girlanden und Blumengehänge zieren die restlichen Flächen. Die runden Säulen sind ebenfalls mit bildhauerisch stilisierten Girlanden und Blumengehängen verziert.

Im Allgemeinen weisen die Statuen jener Epoche Ähnlichkeiten mit denen von Phnom Da auf. Sie wirken sehr naturalistisch, und erstmals treten auch weibliche Gestalten mit wohlgeformten Körpern und die Figur betonenden Kleidern in Erscheinung.

Prei Kmeng, Prasat Andet und Kompong Preah

Aus der späten prä-angkorianischen Epoche sind nur wenige Beispiele aus Kunst und Architektur erhalten geblieben. Die Architektur von **Prei Kmeng** (benannt nach einer Stätte südwestlich von Angkors Westlichem Baray, 635–700) lässt sich nur noch an wenigen in Trümmern liegenden Stätten nachweisen; mit schönen Steinmetzarbeiten verzierte Stürze aus jener Zeit zeigen weiterentwickelte Themen des Sambor Prei Kuk, doch die Säulen haben hexagonale Gestalt angenommen. Kleine bronzene Buddhastatuen aus jener Zeit bezeugen, dass damals neben dem Hinduismus auch der Buddhismus im Lande verbreitet war.

Von der Architektur des **Prasat Andet** (ein Tempel nordwestlich von Kompong Thom, 657–681) ist nichts erhalten, doch aus jener Epoche stammen einige bemerkenswerte Skulpturen, die für die Khmer-Kunst ungewöhnliche Merkmale aufweisen: Die großen und schlanken männlichen Statuen haben dünne Schnurrbärte sowie angedeutete Muskulatur, und sie tragen von der linken Seite her geraffte Sampots, die an der Taille so eingeschlagen sind, dass sie eine Tasche bilden; Frauengestalten sind mit langen Gewändern dargestellt, die bis auf den Boden fallen.

Die Stürze im Stil von **Kompong Preah** (eine Stätte südwestlich von Kompong Chhnang, 706–800) sind hochgradig stilisiert, und ihr tiefes Schnitzwerk zeigt Blätter auf horizontalen Zweigen, deren Ränder geschnörkelt sind und aus deren Mitte die Gesichter von Monstern blicken.

Angkorianische Epoche (802–1219)

Die angkorianische Epoche begann mit der Ankunft Jayavarmans II. in Phnom Kulen im Jahre 802, doch erst unter der Regentschaft seines Nachfolgers Indravarman I. blühte die Tradition des Tempelbaus auf.

Symbolismus der Khmer-Tempel

Jede Einzelheit des Khmer-Tempels hat eine symbolische Bedeutung, die in Beziehung zur hinduistischen Kosmologie steht: Dieser zufolge gibt es im Kosmos einen zentralen Kontinent namens Jambudwipa, der von einem Ozean umgeben ist, den wiederum eine Mauer umschließt. Diese Anordnung spiegelt sich im Graben und der zugehörigen Mauer des Khmer-Tempels wider. Die Einfassungsmauern des Tempels stellen Jambudwipas konzentrische Bergketten dar, während die eingefassten Bereiche die Ozeane symbolisieren, die diese Ketten voneinander trennen. Die Pyramide im Zentrum des Tempels ist das irdische Abbild des heiligen Berges Meru mit seinen fünf Gipfeln, der sich mitten im Herzen von Jambudwipa erhebt, und die einzelnen Ebenen der Pyramide symbolisieren die Domänen von mythischen Wesen (Naga, Garuda, Raksasa und Yaksha). Der Wohnsitz der Götter auf der Spitze des Berges Meru findet seine Verkörperung im zentralen Turmheiligtum, in dem stets die oberste Gottheit des Tempels untergebracht war. Im Zentrum mancher Tempelanlagen stehen fünf heilige Türme in Quincunx-Form, welche die fünf Gipfel symbolisieren.

Fortan strebte jeder König von Angkor danach, einen Staatstempel zu errichten, der nach der Weihe ein symbolisches Band zwischen dem Herrscher als Gottkönig (*Devaraja*, s. S. 64) und dem heiligen Bildnis der Gottheit im zentralen Turmheiligtum bildete. Kernstück jedes Staatstempels war der **Tempelberg**, der sich als Turmheiligtum auf einer mehrstufigen Pyramide erhob. Da jeder König mit seinem Staatstempel den seines Vorgängers an Stattlichkeit und Pracht übertreffen wollte, wurde die Kunst des Tempelbaus unaufhörlich verfeinert. Der Staatstempelbau erreichte seinen Höhepunkt mit der Errichtung des einzigartigen Angkor Wat und fand seinen bemerkenswerten Abschluss in dem außergewöhnlich komplex gestalteten Bayon.

Einige Monumente, darunter Ta Prohm und Preah Khan, wurden als **Klöster** angelegt. Obwohl sie keine zentrale Pyramide besitzen, werden auch sie als Tempel eingestuft, weil sie nach ähnlichen Richtlinien erbaut wurden. Rund um die zentralen Bereiche verlaufen konzentrische Galerien, deren verbindende gedeckte Säulengänge zu kreuzförmigen Galerien und heiligen Kammern im Innenhof führen.

Die angkorianische Epoche endete mit dem Tod Jayavarmans VII. im Jahre 1219, denn obwohl sich noch andere Könige Angkor zur Hauptstadt nahmen, wurden spätere Bauwerke wieder aus Holz errichtet und haben die Zeiten nicht überdauert. Vermutlich wurde wieder Holz als Baumaterial verwendet, weil die finanziellen Mittel des Königreichs durch die gewaltigen Bauprojekte Jayavarmans VII. erschöpft waren, und überdies sorgte die Ausbreitung des Theravada-Buddhismus für eine Hinwendung zu weniger prunkvollen Bauwerken.

Kulen

Der Stil von Kulen (825–875) ist nur an Skulpturen nachweisbar, da die Ziegeltürme jener Epoche inzwischen entweder zerstört sind oder auf unerreichbarem Terrain verborgen stehen. Da die Statuen damals überwiegend frei stehend gestaltet wurden, mussten die Bildhauer großen Einfallsreichtum unter Beweis stellen, um so wuchtige Kunstwerke wie die Vishnu-Statue von Kulen zu schaffen. Bei manchen Statuen verlagerten sie das Gewicht auf das rechte Bein, während zusätzlich ein Stock oder Schwert bis auf die Erde hinabreichte und auf diese Weise von unten her als Stütze für die Arme diente.

Die Skulpturen jener Epoche verlieren bereits die naturalistische Wirkung des prä-angkorianischen Stils und weisen eine eher starre Haltung auf. Die Gesichtsmerkmale aber zeigen mit ihren stärker ausgeglichenen Zügen eine deutliche Hinwendung zur typischen Ausdrucksweise der Khmer-Kunst. Die Gesichter männlicher Skulpturen sind nach wie vor mit Schnurrbärten verziert.

Preah Ko

Der Tempel Preah Ko, nach dem die nächste angkorianische Stilepoche benannt ist (875–893), wurde in Roluos zu Ehren der Vorfahren des Königs errichtet. Zur selben Gruppe gehören die Tempel Bakong und Lolei. Obwohl nicht als Staatstempel errichtet, weist Preah Ko die mehrfachen konzentrischen Einfassungen und Ebenen eines Tempelbergs auf. Im Zentrum erheben sich statt eines Hauptheiligtums sechs in zwei Reihen angeordnete

Ziegeltürme. Der **Bakong**, Indravarmans Staatstempel in Roluos, ist nach einhelliger Gelehrtenmeinung das erste vollwertige Beispiel eines Tempelbergs und war zugleich der erste Tempel, der vorwiegend aus Sandstein gebaut wurde. Zusätzlich zu Graben und Dammweg wurde er mit konzentrischen Einfassungen ausgestattet, die zur klassischen mehrstufigen Pyramide führen, auf der sich im Zentrum der obersten Ebene ein einzelnes Turmheiligtum erhebt. Fachleute zählen die **Giebelverzierungen** des Preah Ko und Bakong, die eine Vielzahl feiner Verästelungen zeigen, zu den schönsten ihrer Art in der gesamten Khmer-Kunst. Im Zentrum der einzelnen Stürze befand sich einst eine Figur, wahrscheinlich ein *Kala* oder ein *Rahu* oder eine Gottheit wie etwa Indra auf einem dreiköpfigen Elefanten. Die Kapitelle der zylindrischen Säulen sind mit Ringen verziert, und die Ziergiebel in der Form eines umgedrehten „U“ ragen ungewöhnlich weit in die Höhe. Die Skulpturen jener Zeit stellen Männer als untersetzte und kräftige Gestalten in starren Haltungen dar.

Apsara Ta Prohm

Bakheng

Der Stil von Bakheng (893–925) erstreckt sich auch auf die Tempel von Phnom Krom südwestlich von Siem Reap und von Phnom Bok nordwestlich von Banteay Samre. Der Bakheng selbst war der stolze Staatstempel Yasovarmans I., und seine archetypische mehrstufige Pyramide war die erste ihrer Art, deren oberste Ebene von Türmen in Quincunx-Anordnung gekrönt wurde. Der Tempel wurde unter Ausnutzung der Konturen eines natürlichen Hügels errichtet, dessen störende Flächen abgetragen wurden, um den Untergrund sodann mit Sandstein auszukleiden. Zu den bemerkenswerten Entwicklungen gehört die nunmehr oktagonale Form der Säulen, die mit Ausnahme von Banteay Srei von späteren Stilen übernommen wurde. Die **Skulpturen** des Bakheng weisen symmetrische und pedantisch genaue Merkmale auf, denn sogar ihre Kleidungsstücke sind erkennbar sorgfältig gefaltet; die Sampots der Männer sind vorn präzise zum so genannten „Doppelanker“ umgelegt und werden von Gürteln gehalten.

Koh Ker

Nach der Schlichtheit des Stils von Bakheng lässt der Stil von Koh Ker (921–945) eine erneute Hinwendung zum Stil von Preah Ko erkennen, denn Stürze und Säulen weisen eine reichhaltige Ornamentierung auf, und umlaufende Ringe sowie Blattmotive sorgen für zusätzliches Dekor. Die Ziergiebel der Eingangspavillons, die zusätzlich als tragende Elemente der Holz- und Ziegeldächer dienen, nehmen eine dreieckige Form an und wirken durch ihre bildhauerische Ausgestaltung wie Holz. Besondere Aufmerksamkeit aber verdienen Koh Kers große Statuen, unter denen sich zwei wundervolle Exemplare befinden, die auf innovative Weise dynamische Posen darstellen: Sie zeigen den Kampf zwischen den Affenkönigen Valin und Sugriva sowie zwei Ringer in kämpferischer Umschlingung.

Pre Rup

Im Stil von Pre Rup (947–965) erbaut, sind der Östliche Mebon und der Pre Rup selbst die klassischen Beispiele für das Prinzip des Tempelbergs. Die Anlagen besitzen die damals üblichen markanten Türme aus Ziegelsteinen, die mit Stuck ummantelt waren. Die schön verzierten Stürze weisen Ähnlichkeiten mit dem Stil von Preah Ko auf. Die langen Hallen rings um die Tempelbauten sind das letzte Bauwerk ihrer Art, denn in den späteren Epochen nahmen Galerien ihren Platz ein.

Kleang

Der Stil von Kleang (965–1010), der nach zwei großen, aber relativ unwichtigen Hallen benannt ist, die gegenüber der Elefantenterrasse von Angkor Thom stehen, zeigt sich außerdem an Ta Keo und Phimeanakas in Angkor, an Preah Vihear im entlegenen Norden des Landes und an Phnom Chisor im Süden von Phnom Penh. Grundrisse und Aufbau der Tempel dieser Epoche lassen eine gewisse Weiterentwicklung erkennen, während das Dekor mehr oder weniger den alten Mustern folgt. Am Ta Keo wurde erstmals der Versuch unternommen, eine Pyramidenebene mit einer Galerie zu umschließen – leider blieb das Ziegeldach nicht erhalten. Da als Baumaterial für das gewölbte Galeriedach des Phimeanakas Sandstein diente, mussten die Galeriegänge relativ eng gestaltet werden.

Die prachtvolle Anlage Preah Vihear war ein Meilenstein des Tempelbaus, denn die Architekten machten sich das steile Gelände zunutze und ließen die Einfassungen nicht konzentrisch errichten, sondern bergaufwärts hintereinander versetzt. Hinzu kamen auffällige dreieckige Ziergiebel mit üppigem Dekor, die als tragende Elemente der Holzdächer dienten und deren eindrucksvolle Wirkung sich noch erhöhte, weil sie über dem steil von unten heraufführenden Zugangsweg kühn in die Höhe ragten. Darüber hinaus erzielten die Erbauer eine beträchtliche Wirkung durch die gewölbte Steingalerie, die das zentrale Turmheiligtum umschließt.

Banteay Srei

Der herausragende Kunststil von Banteay Srei (967–1000), der alle früheren Leistungen der Khmer-Architektur übertrifft, zeichnet sich neben seiner äußerst filigranen Ornamentik vor allem durch die kunstvolle Weiterentwicklung der **Ziergiebel** aus, deren auffälligste Beispiele die Gopuram schmücken und durch ihre Größe und das dicht gedrängte Dekor mit Blatt- und Blumenmotiven bestechen. Die Ränder der Portalbogenfelder sind rundum verschnörkelt und über ihre gesamte Länge mit Blumenmotiven versehen. Die Ziergiebel wirken besonders eindrucksvoll, weil sie aufgrund der nicht erhaltenen Dächer als Einzelstrukturen in die Höhe ragen. Das zentrale Turmheiligtum ist mit Ziergiebeln in der Form eines umgedrehten „U" ausgestattet. Die Giebelnischen sind dicht mit hinduistischen Szenen, Blättern und Blumen verziert, und die Portalbogenfelder weisen eine überwältigende Fülle an Nagas und Löwen auf. Obwohl alle Giebel von bestechender Qualität sind, stufen Fachleute diejenigen der Bibliothek, die aus drei Ebenen mit parallelen Rundungen bestehen, als herausragendste Beispiele ihrer Art ein, da sie bis ins kleinste Detail mit hinduistischen Szenen und stilisierten Schmuckmotiven verziert und mit ebenso kraftvoll und schön dekorierten Portalbogenfeldern ausgestattet sind.

Weniger Beachtung, als ihnen gebührt, finden inmitten all dieser Pracht die Stürze und Rundsäulen, die an den Stil von Preah Ko erinnern, denn sie weisen ein reichhaltiges Dekor mit Blattmotiven auf (allerdings sind die Kapitelldeckplatten nicht verziert). Die Mauern des Heiligtums sind ebenfalls reich mit Blumenmotiven geschmückt, und Gottheiten zieren die zahlreichen Nischen. Im gesamten Tempelbereich sind auch die Pilaster (Halbpfeiler) mit vielfältigen filigranen Motiven verziert.

Ein typisches Beispiel für die recht naturalistischen **Skulpturen** des Stils von Banteay Srei bietet eine Statue des sitzenden Shiva mit seiner Gemahlin Uma auf den Knien. Shivas Miene erweckt einen selbstgefälligen Eindruck: Ein Lächeln liegt auf seinen vollen Lippen, und die Augenbrauen, die in älteren Darstellungen als durchgezogene Linie dargestellt wurden, sind durch einen leeren Zwischenraum getrennt. Obwohl die beiden Göttergestalten dem Anschein nach ein Liebespaar darstellen, sind sie – wie in der kambodschanischen Kunst üblich – die Verkörperung der Schicklichkeit, denn das einzige Zeichen von inniger Zuneigung ist Shivas um Umas Hüfte gelegte Hand.

Baphuon

Der Bau des Baphuon kennzeichnete den Beginn einer grandiosen Architekturepoche (1010–1080), in der monumentale Bauwerke entstanden, die vollständig aus Sandstein bestehen. Aufgrund unzureichender Fundamentbefestigungen und mangelhafter Verankerungen sind große Teile jener stolzen Bauten im Laufe der Zeit leider zusammengebrochen. Die Verzierungen der Stürze zeigen historische Szenen, die Ähnlichkeiten mit dem Stil von Sambor Prei Kuk aufweisen. Die vergleichsweise gut erhaltenen **Skulpturen** jener Epoche markieren die Rückkehr zu graziösen, entspannten Haltungen. Ein gutes Beispiel bietet eine im Nationalmuseum ausgestellte schlanke Statue der Lakshmi mit leicht in die Länge gedehntem Körper und kleinen Brüsten, deren faltiger Rock vorn ein wenig nach unten drapiert ist und ihren Bauchnabel enthüllt. Die männlichen Statuen jener Epoche haben scharf geschnittene Gesichtszüge. Im Westlichen Mebon, dem anderen bedeutenden Tempel jener Epoche, wurde eine ungewöhnliche Statue des ruhenden Vishnu aus massiver Bronze gefunden.

Angkor Wat

Im 12. Jh. vereinten sich im Angkor Wat die Entwürfe und Techniken der älteren Architektur zu einem Meisterwerk. Ein Dammweg führt über den äußeren Graben, und kunstfertig gestaltete Gopuram gewähren Durchlass zu den konzentrischen Einfassungen der zentralen Pyramide, die ihrerseits von miteinander verbundenen Gewölbegalerien umschlossen ist. Auf der obersten Ebene der Pyramide erheben sich die markanten fünf Türme des zentralen Heiligtums, deren verzierte Spitzen eine Harmonie vermitteln, die in der kambodschanischen Architektur niemals übertroffen wurde.

Die Kunst jener Epoche ist von herausragender Bedeutung. Angkors **Flachreliefszenen** zeugen von der außerordentlichen Geschicklichkeit ihrer Schöpfer, nehmen epische Ausmaße an und lassen die Steinmetzarbeiten späterer Epochen vergleichsweise grob und unsachgemäß erscheinen. Zu den herausragenden Relieffriesen jener Epoche gehören die Schlachtszenen aus dem *Mahabharata*, in denen die beiden miteinander Krieg führenden Familienklane von den Seiten der Felder her in die im Zentrum tobende Schlacht ziehen; die Darstellungen von Himmel und Hölle mit den verstorbenen Sündern, die in die Unterwelt geschickt werden, um dort ihre Untaten durch ewig währende Bestrafung zu sühnen; und natürlich das Kirnen des Milchozeans mit den jubilierend tanzenden Apsaras, die aus dem Kirnen geboren werden. Die Skulpturen jener Epoche erwecken hingegen mit ihren breiten Schultern, schmalen Taillen und ausladenden Hüften einen eher vierschrötigen Eindruck.

Zu den anderen Tempeln dieser Stilepoche gehören Preah Palilay, Preah Pithu, Thomannon und Chau Say Tevoda. Nahezu zeitgleich mit Angkor Wat entstand die kaum bekannte und bis vor kurzem schwer erreichbare Anlage Beng Mealea, die ähnlich gewaltige Proportionen aufweist, jedoch nur eine einzige Ebene besitzt.

Baphuon

Bayon

Die eindrucksvollste und bekannteste Leistung der Bayon-Epoche (1177–1230) war die Einführung der Gesichtertürme, die zu allen Seiten mit gigantischen Gesichtern des Bodhisattvas Lokesvara verziert sind, welche vermutlich nach dem Modell des Königs Jayavarman VII. gestaltet wurden. Obwohl ihre Errichtung eine hohe architektonische und skulpturelle Herausforderung darstellte, wurden solche Türme auch an anderen Orten in großer Zahl gebaut und sind selbst in der über 140 km nordwestlich von Angkor gelegenen Anlage Banteay Chhmar anzutreffen. Vor dem Königspalast von Angkor Thom entstanden außerdem die **monumentalen Anlagen** der Elefantenterrasse und der Terrasse des Leprakönigs. Da die Städte des Reichs erstmals gegen eindringende Feinde verteidigt werden mussten, wurden rund um Angkor Thom hohe Mauern und ein breiter Erdwall errichtet.

Die Epoche und die gesamte angkorianische Ära fanden ihren Höhepunkt im Bau des Bayon. Die komplexe Anlage mit einfassenden Galerien hat im Unterschied zu anderen Tempelstätten ein **rundes Zentrum**, das in den acht Kompassrichtungen von Kammern und Türmen umschlossen ist. Die Flachreliefs sind weitaus weniger filigran gestaltet als am Angkor Wat – manche erscheinen sogar ungeschliffen und schroff, und andere wurden nicht vollendet.

Die Skulpturen jener Epoche stellen Frauen mit langen hageren Gesichtern, schmalen Schultern und breiten Hüften dar, während die Männer kurze gedrungene Körper haben. Zu den Beispielen im Nationalmuseum gehören die ebenso schlichte wie eindrucksvolle Statue eines sitzend meditierenden Mannes, die vermutlich Jayavarman VII. darstellt, und die Statue einer schlanken Frau mit anmutigem Haarknoten, die wahrscheinlich seine erste Frau ist.

Religionen und Glaubensvorstellungen

Der **Buddhismus** beeinflusst heute praktisch jeden Aspekt des kambodschanischen Lebens, was unter anderem die täglichen Essenspenden an barfuß gehende und safranfarbene Roben tragende Mönche beweisen. Ein weiteres Beispiel ist die fast schon besessene Hingabe, mit der Opfertage und größere Feste begangen werden, an denen in den Pagoden eine ausgelassene Stimmung herrscht. Vom 1. Jh. bis zum Sturz des Khmer-Reichs im frühen 14. Jh. aber war der **Hinduismus** die vorherrschende Religion, und so sind die Tempelkunst und die Architektur in hohem Maße von der hinduistischen Kosmologie beeinflusst.

Die Cham sind Moslems, und folglich ist der **Islam** die nach dem Buddhismus am weitesten im Lande verbreitete Religion. Trotz eifriger Missionsbemühungen verschiedener Orden hat das **Christentum** in Kambodscha niemals eine nennenswerte Bedeutung erreicht.

Der Buddhismus kambodschanischer Ausprägung ist bei weitem nicht so dogmatisch und formell wie derjenige in Thailand oder Myanmar, und bis in die Gegenwart hinein huldigen die Einheimischen **Naturgeistern** und ihren längst verstorbenen **Vorfahren**. Traditionen mit animistischem Ursprung sind so tief im kambodschanischen Alltag verankert, dass oft keine klaren Trennungslinien zwischen ihnen und den ortsüblichen buddhistischen Zeremonien zu erkennen sind.

Die historische Rolle des Hinduismus

Brahmanische Priester, die im 1. Jh. im Gefolge indischer Händler nach Funan kamen, brachten den Hinduismus mit, den fast alle prä-angkorianischen und angkorianischen Herrscher als Religion akzeptierten. Auch in der modernen kambodschanischen Kultur spielen hinduistische Einflüsse noch eine tragende Rolle.

Die beiden hinduistischen Epen *Ramayana* und – in geringerem Maße – *Mahabharata* bilden die inhaltliche Grundlage für den klassischen Tanz, das Schattenpuppenspiel und zeitgenössische Kunstformen.

Der Hinduismus ist eine ungeheuer vielfältige Religion. Grundlegende Bedeutung haben der Glaube an die Reinkarnation, das Konzept des Karma (die Summe der guten und schlechten Taten in der gegenwärtigen Existenzform, die für die Stufe der nächsten Wiedergeburt maßgeblich ist), eine schillernde Kosmologie mit einem riesengroßen Pantheon und der Auftrag des Tempelbaus. Die drei Hauptgottheiten sind Brahma, der Schöpfer und Herr über alle Götter; Vishnu, der wohlwollende Bewahrer, der das Schicksal lenkt und zehn Avatare (Inkarnationen) hat; und Shiva, der Zerstörer und Erneuerer, der sowohl für den Tod als auch für die Wiedergeburt verantwortlich ist.

Shiva wird vor allem in der Gestalt des **Lingam** verehrt, einer phallisch geformten Steinsäule, die häufig mit drei Ebenen dargestellt ist: einer rechteckigen Basis für Brahma, einer achteckigen Mitte für Vishnu und einer runden Spitze für Shiva.

Wie der Lingam häufig die Verschmelzung der obersten Göttertriade darstellt, repräsentiert die populäre prä-angkorianische Gottheit **Harihara** die Kombination der Eigenschaften Shivas (rechte Seite der Harihara-Bildnisse) und Vishnus (linke Seite).

Im 9. Jh. wurde der Hinduismus vom Devaraja-Kult überlagert, den König Jayavarman II. einführte. Bei der Thronbesteigung spendete der König ein Bildnis, das Shiva oder Vishnu geweiht war und im Hauptheiligtum des königlichen Staatstempels platziert wurde. Dem kultischen Glauben zufolge vereinte sich der König im Augenblick seines Todes mit diesem Gott, um sein Königreich fortan aus dem Jenseits zu beschützen.

Angkor Wat

Buddhismus

Die Ursprünge des Buddhismus liegen im Indien des 6. Jhs. v. Chr., in dem er sich durch die Lehren des vom Prinzen zum Asketen gewandelten Siddhartha Gautama aus den Wurzeln des Hinduismus entwickelte. Gautama wurde um 560 v. Chr. als Sohn einer königlichen Familie in Lumbini auf dem Boden des heutigen Nepals geboren und während seiner jungen Jahre von den Leiden seiner Außenwelt fern gehalten. Er kannte nichts anderes als das komfortable Leben am Hof, heiratete und wurde Vater eines Sohnes. Im Alter von 29 Jahren aber trieb ihn die Neugierde aus dem Palast, um die dortige Umwelt zu erkunden. Der Reihe nach begegnete er einem alten Menschen, einem kranken Menschen, einer Begräbnisprozession und einem Almosen erbittenden Mönch. Von diesen Erlebnissen erschüttert, entsagte er seinem Leben als Prinz, verließ heimlich den Palast und führte fortan ein einfaches Leben mit dem Ziel, nach einem Weg zur Beendigung des Leidens zu suchen. Als seine Aufwartungen bei verschiedenen religiösen Lehrern keine Fortschritte brachten, wandte er sich einem Lebenskonzept der rigorosen Enthaltsamkeit zu, in dessen Rahmen er sich fast zu Tode fastete, bevor er begriff, dass Askese das Leiden, das er auflösen wollte, nur um so stärker fortbestehen ließ. Als er drei Nächte hintereinander unter einem Bodhi-Baum meditierte, gelangte er zu diversen Erkenntnissen, die schließlich zu seiner Erleuchtung führten: In der ersten Nacht sah er seine früheren Leben an sich vorüberziehen; in der zweiten Nacht begriff er den Zyklus des Lebens als Abfolge aus Tod und Wiedergeburt; in der dritten Nacht wurden ihm die vier heiligen Wahrheiten des Leidensweges offenbar. Statt in diesem Augenblick ins Nirwana einzuziehen – einem vom Leiden befreiten Zustand –, was sein Recht als Erleuchteter gewesen wäre, verblieb er auf Erden, um das Dharma, die Doktrin des mittleren Weges zu verbreiten, die aus den Vier Edlen Wahrheiten und dem Abstand zu den Extremen der Maßlosigkeit und asketischen Enthaltsamkeit besteht.

Nachdem Buddha in Sarnath, in der Nähe von Varanasi in Nordindien, die erste Predigt gehalten hatte, zogen seine Schüler aus, um seine Lehre zu verbreiten. Auch er selbst zog für den Rest seines Lebens (um Nahrung bittend und lehrend) durch Indien.

Schulen

Schon bald nach Buddhas Tod im Alter von 80 Jahren sammelten sich seine Anhänger, um die Lehre festzulegen, die bis dahin nur mündlich überliefert war. Als 100 Jahre später ein ähnliches Treffen stattfand, hatten sich bereits Abwandlungen gebildet, die eine Spaltung bewirkten (erst um 100 v. Chr. wurden die buddhistischen Lehren schriftlich fixiert): Es entwickelten sich zwei buddhistische Schulrichtungen, Theravada und Mahasanghika. Aus der zuletzt genannten Richtung entstand der **Mahayana-Buddhismus**, der das Lehrkonzept enthält, dass manche zur Erleuchtung gelangte Individuen nicht ins Nirwana einziehen, sondern auf Erden verweilen, um anderen Lebewesen auf dieselbe hohe Stufe der Erkenntnis zu verhelfen – sie heißen **Bodhisattvas**, „zur Erleuchtung bestimmte Wesen“, und werden als Gottheiten voller Mitgefühl verehrt.

Zu ihnen gehört Lokesvara, dessen Bildnis an den viergesichtigen Tor- und Turmbauten Angkors erscheint. Eine grundlegende Überzeugung des Mahayana-Buddhismus ist, dass das Nirwana für alle und nicht nur für wenige Asketen erreichbar ist.

Im **Theravada-Buddhismus** fehlt das Konzept des Bodhisattvas. Ihm zufolge führt nur die strikte Befolgung eines langen Meditationsweges zur Erleuchtung, was das Nirwana nicht nur für Laien, sondern selbst für Mönche praktisch unerreichbar macht. Alte Theravada-Texte berichten von sieben Buddhas, die bereits auf Erden weilten, und sie schreiben Gautama die größte Bedeutung zu. Die Ankunft eines weiteren Buddhas stehe noch aus. Jüngere Schriften führen jedoch an, dass insgesamt rund dreißig Buddhas erscheinen werden. In der buddhistischen Welt hat sich die Theravada-Schule nur in Myanmar, Kambodscha, Laos, Sri Lanka und Thailand durchgesetzt.

Buddhismus in Kambodscha

In Kambodscha existierte der Mahayana-Buddhismus bereits zur Zeit Funans Seite an Seite mit dem Hinduismus. Beide Glaubensrichtungen gelangten mit der Ankunft indischer Händler ins Land, doch erst im 12. Jh. fand der Mahayana-Buddhismus größere Verbreitung, als er den Hinduismus unter Jayavarman VII. für kurze Zeit als Staatsreligion verdrängte.

Die buddhistische Lehre

Ziel der buddhistischen Lehre ist die Befreiung des Individuums aus dem Kreislauf von Geburt, Leben, Tod und Wiedergeburt. Die Stufe jeder Existenzform ist von den positiven und negativen Leistungen im vorherigen Leben abhängig. Durch positive und negative Taten und Gedanken baut sich das **Karma** des Individuums auf – die Summe der Lebensleistungen, das die nächste Existenzform, sprich die Art der nächsten Wiedergeburt bestimmt.

Im Zentrum der buddhistischen Lehre stehen die **Vier Edlen Wahrheiten**, die sich dem Buddha unter dem Bodhi-Baum offenbarten:

Die **erste Wahrheit** entlarvt alles Leben als Leiden.

Die **zweite Wahrheit** führt die Entstehung des Leidens auf die Begierden zurück – auf die Gier nach Besitz, Gesellschaft, Nahrung und Wiedergeburt –, doch auch auf Ignoranz und die falsche Ausführung von im Grunde rechten Dingen.

Die **dritte Wahrheit** führt an, dass die Leiden überwunden werden können, wodurch das Individuum den Kreislauf der Wiedergeburten durchbricht und vor dem höchsten Ziel des Einzugs ins Nirwana steht..

Die **vierte Wahrheit** beschreibt den Weg zur Überwindung der Leiden, die durch Befolgung des **Achtfachen Pfades** (auch: der mittlere Weg) zu erreichen ist, der sich aus elementaren Verhaltensweisen im Umgang mit der Welt zusammensetzt:

→ rechte Anschauung – aufrichtige Verinnerlichung der Vier Edlen Wahrheiten;
→ rechte Geisteshaltung – ein ruhiges Gemüt, das frei von Begierden, Eifersucht und Hass ist;
→ rechtes Reden – wahre, besonnene und weise Worte;
→ rechtes Handeln – moralischer und ordentlicher Lebenswandel;
→ rechter Lebenserwerb – Bestreitung der persönlichen Lebensführung ohne Belastung dritter;
→ rechtes Streben – aus guten Anstrengungen erwachsen gute Gedanken und Taten;
→ rechtes Überdenken – sorgfältig überdachte Handlungen, Worte und geistige Verhaltensweisen;
→ rechte Selbstbesinnung – Konzentration, Meditation und innere Sammlung.

Der Achtfache Pfad soll die Moral, geistige Haltung und Einsicht des Individuums fördern und lehnt asketische Enthaltsamkeit ebenso ab wie maßlose Genusssucht. Große Bedeutung hat die Meditation, welche die Windungen und Wendungen des Alltags vergessen lässt, zu ruhiger Ausgeglichenheit führt, die Begierde nach Status und Reichtum verdrängt und letztendlich zum erhabenen Frieden führt.

Nach dem Tode Jayavarmans VII. lebte der Hinduismus im frühen 13. Jh. vorübergehend neu auf, doch schon bald wandte sich die Bevölkerung dem Theravada-Buddhismus zu – die Gründe für diesen Gesinnungswandel sind bis heute ungeklärt. Die entschiedene Hinwendung zum Buddhismus führte zur Einstellung des Tempelbaus, doch stattdessen wurden fortan **Klöster** gegründet. Die von König Ponhea Yat Mitte des 15. Jhs. in Phnom Penh gegründeten Pagoden sind heute die ältesten buddhistischen Kultstätten Kambodschas. Die Klöster vermittelten Ausbildung, hüteten die Schriftensammlungen und fungierten als Wächter der nationalen Religion, Sprache und Morallehre. Außerdem versahen sie soziale Dienste wie etwa Alten- und Krankenpflege.

Im Jahre 1975 verboten die Roten Khmer jegliche Religionsausübung. Sie zerstörten Pagoden, vernichteten alte Schriften, entweihten Statuen und verfolgten buddhistische Mönche. Von geschätzten ehemals 65 000 Mönchen haben weniger als 3000 das Regime der Roten Khmer überlebt. Während der vietnamesischen Besatzungszeit wurde der Buddhismus toleriert und sogar gefördert, und seit er 1989 wieder zur Staatsreligion erhoben wurde, ist der Wiederaufbau der Pagoden in vollem Gange. Heute bekennen sich etwa 95% der Bevölkerung zum Buddhismus.

Wats

Die übliche Übersetzung des Wortes Wat mit „Pagode" ist irreführend, denn ein Wat ist in erster Linie ein Kloster und hat mit den chinesischen Namensschwestern nichts gemein. Kambodschaner sind nicht zum Wat-Besuch verpflichtet, doch an Opfertagen oder aus persönlichen Anlässen nehmen sie sich regelmäßig Zeit für kurze Aufenthalte in den heiligen Stätten. Oft sind Wat-Besuche einfach nur Teil der Freizeitbeschäftigung, etwa um im Familienkreis auf dem Pagodengelände zu picknicken.

Ein Wat ist immer von Mauern umschlossen und hat zu allen Seiten hin Eingangstore. Es kann sehr bunt oder sogar kitschig sein. Je wohlhabender die Stiftung ist, die das Heiligtum fördert, desto extravaganter präsentiert sich innen wie außen das Dekor – viele Gebäude sind in den sattesten Grundfarben gestrichen. In den Höfen stehen mitunter Statuen mythischer Tiere, die unwillkürlich an Cartoons denken lassen.

Herzstück der Pagodenanlage ist das **Vihara**, das an den hellen orangefarbenen Dachziegeln leicht zu erkennende Hauptgebäude, in dem die wertvollsten Buddha-Bildnisse des Klosters aufbewahrt werden. Die Wände des *Vihara* sind meist mit bunten Szenen aus dem Leben Buddhas bemalt, deren Ausgestaltung von reichen Gläubigen finanziert wird, die Verdienste fürs nächste Leben anhäufen wollen. Viele Bilder enthalten Hinweise auf den Spender oder die Zeit ihrer Entstehung.

Das *Vihara* dient ausschließlich für religiöse Zeremonien der Mönche und ist oft abgeschlossen. Zentrum der Alltagsaktivitäten ist eine andere Halle auf dem Pagodengelände, in der Mahlzeiten ausgegeben, religiöse Unterweisungen vermittelt und Zeremonien für die Laiengemeinde veranstaltet werden. Die dortigen Wände sind häufig mit *Jataka*-Szenen aus den früheren Leben Buddhas verziert, deren Motive auf buddhistische Tugenden hinweisen: Großherzigkeit, Tugendhaftigkeit, Entsagung, Weisheit, Energie, Geduld, Wahrheitsliebe, Entschlossenheit, Güte und Gemütsruhe.

Oft befinden sich auf dem Gelände einer Pagode ein **Krematorium** – in Kambodscha sind Einäscherungen häufiger als Bestattungen – und gestiftete **Chedi** zur Aufbewahrung der Asche von Verstorbenen.

Gewöhnlich stehen auch kleine Hütten zur Verfügung, in denen Pilger meditieren und Nonnen oder obdachlose ältere Mitbürger übernachten können.

Am **Altar** machen gläubige Buddhisten ihre Aufwartung bei Buddha, die nicht den Stellenwert einer Huldigung hat: Sie führen die Handflächen vor dem Kinn zusammen, heben sie in Stirnhöhe und verbeugen sich leicht, oder sie knien nieder und berühren mit der Stirn den Fußboden – das eine oder andere jeweils dreimal. Oft entzünden die Gläubigen drei Räucherstäbchen, die sie anschließend zum weiteren Abbrennen in einen Behälter stecken, der in der Nähe des Altars oder am Eingangstor steht. Wer um göttlichen Beistand fleht, setzt in Altarnähe Lotosknospen in Vasen ab. In heiligen Hallen geben Besucher üblicherweise eine Spende in Höhe von ungefähr 1000 Riel in eine bereitstehende Sammeltruhe. Kleidungsempfehlungen und nähere Informationen zur Tempeletikette, s. S. 59.

Das Mönchtum

Mönche spielen in der kambodschanischen Gesellschaft eine wichtige Rolle, und noch heute schließen sich Männer – meist im Alter zwischen 13 und 15 Jahren oder beim Tod eines Elternteils – für einige Wochen oder Monate der Mönchsgemeinde (**Sangha**) an. Wenn Novizen in der Regenzeit die Weihe erhalten, bekommen sie den Kopf geschoren und werden in das safranfarbene Mönchsgewand gekleidet. Dieses besteht aus *sampot ngout*, der Unterkleidung; *sbang*, dem Gewand für die untere Körperpartie; *hang sac*, einem Gewand mit vielen Taschen, das nur über eine Schulter geschlungen wird; und *chipor*, einem Schal, der den Oberkörper bedeckt und auf beiden Schultern getragen werden kann – in der Pagode bleibt die rechte Schulter unbedeckt. Frauen erhalten niemals die Weihe, doch sie können als Laiennonnen verschiedene Aufgaben im Pagodenbereich übernehmen, so etwa die Versorgung älterer Mönche oder die Altarpflege – für ältere Frauen und Witwen ohne Familie nicht selten die letzte Möglichkeit, ihren Lebensunterhalt zu fristen.

In Ergänzung zu ihren Übungen in Meditation und Rezitation müssen die Mönche 227 Regeln befolgen und sich täglich mit dem Studium der buddhistischen Schriften und Philosophie befassen. Das Leben in der Pagode unterliegt zehn strikten Vorschriften, die unter anderem verbieten, nach zwölf Uhr mittags zu essen, Alkohol zu trinken, sexuelle Beziehungen zu haben, Vergnügungen zu frönen (Fernsehen ist also verboten), persönlichen Schmuck zu tragen oder auf einem bequemen Bett zu schlafen.

Der öffentlich auffälligste Aspekt des Mönchtums ist der tägliche Rundgang durch die Gemeinde zur Erbittung von **Almosen**. Bettelnde Mönche gehen barfuß, um auf die Schlichtheit ihrer Lebensumstände hinzuweisen, und auch Spender sollten ihre Almosen barfuß übergeben. Geldspenden fließen in die Pflege der Pagode oder werden für nötige Reisen ausgegeben, und Nahrungsmittel wandern in die Taschen oder Schalen der Mönche, um später in der Pagode der gesamten anwesenden Mönchsgemeinde zum Gemeinschaftsmahl angeboten zu werden. Als Gegenleistung erhalten die Spender den einfachen Segen der Mönche, der ein Verdienst für die Stufe der Wiedergeburt im nächsten Leben darstellt.

Obwohl Mönche nicht heiraten dürfen, erbitten viele angehende Ehepaare ihren Segen. Bei Totenfeierlichkeiten wachen Mönche über die Einäscherung des Leichnams und die Beisetzung der Asche in der Pagode. Auch bei privaten religiösen Zeremonien (mit einem Spektrum von Ritualen zur Abwendung von üblen Schicksalen bis hin zur Anhäufung von Verdiensten fürs nächste Leben) spielen Mönche eine wichtige Rolle, da sie Segnungen für aufwendige Opfergaben aussprechen, Gesänge rezitieren, Obst opfern oder kleine Vögel kaufen und aus ihren Käfigen freilassen.

Islam und Christentum

Als die **Cham** zu Beginn des 18. Jhs. aus Vietnam nach Kambodscha flohen, brachten sie den Islam mit. Heute stellen die Cham ungefähr 3% der Bevölkerung (s. S. 241). Auffälligstes Merkmal des Islams in Kambodscha ist die Vermischung der üblichen Glaubensvorschriften – monotheistische Verehrung Allahs, die fünf täglichen Gebete, die Pilgerfahrt nach Mekka usw. – mit Elementen der traditionellen animistischen Verehrung. Es ist nicht ungewöhnlich, wenn ein kambodschanischer Moslem einen Talisman zur Abwendung böser Geister am Körper trägt oder einen Schamanen zum Zwecke einer magischen Behandlung konsultiert.

Die Cham hatten unter den Roten Khmer schwere Zeiten zu durchstehen. Moscheen wurden zerstört oder entweiht, und allein in Kompong Cham wurden 40 000 Moslems ermordet. Nach

dem Sturz der Roten Khmer durften die Cham ihre religiösen Aktivitäten wieder aufnehmen und ihre Moscheen, die einem *Hakim* unterstehen und in denen ein *Imam* die gemeinschaftlichen Gebete leitet, wieder aufbauen.

Inzwischen übertrifft die Zahl der islamischen Gläubigen diejenige aus den Jahren vor 1975. Die wichtigste Moschee des Landes, die 500 Gläubigen Platz bietet, wurde 1994 mit finanziellen Mitteln aus Saudi-Arabien errichtet und steht am Ufer des Boeng Kak in Phnom Penh.

Trotz der Anstrengungen von Missionaren und der langen katholischen Einflussnahme unter den Franzosen bekennt sich weniger als 1% der Bevölkerung zum Christentum. Von Phnom Penhs katholischer Kathedrale ist durch den Zerstörungseifer der Roten Khmer nicht ein einziger Stein erhalten geblieben.

Heute betätigen sich über 100 christliche NGOs (nichtstaatliche Organisationen) und missionarische Gruppierungen ungehindert in Kambodscha, die in der Schulbildung (insbesondere im Englischunterricht), der medizinischen Versorgung und ländlichen Entwicklung wertvolle Dienste leisten, ohne jedoch viele Anhänger für die Religion gewinnen zu können.

Animismus, Ahnenverehrung und Aberglaube

Nach animistischer Vorstellung sind alle Dinge der Natur von Geistern beseelt: Bäume, Felsen oder Flüsse gelten aufgrund ihrer Schönheit als heilig, und es werden ihnen magische heilende Kräfte zugeschrieben. Um die Geister wohlwollend zu stimmen, Glück zu erbitten oder Dank zu sagen, werden in **Geisterhäusern** Räucherstäbchen, Früchte, Blumen oder Wasser geopfert. Solche Geisterhäuser sind in Kambodscha allgegenwärtig: Vor Bäumen und Felsen, in Privathäusern und Geschäften findet man sie in Form von schlichten Holzbrettern, auf denen eine Blechdose zum Abbrennen von Räucherstäbchen steht, oder auch im Stile von aufwendigen, grell bemalten Betonbauten, die unwillkürlich an Pagoden im Puppenhausstil denken lassen.

Die meisten Kambodschaner nehmen die Ahnenverehrung sehr ernst. Die **Chunchiet** platzieren kleine Grabfigurinen aus Holz auf den Gräbern ihrer Verstorbenen, die eine Schutzfunktion erfüllen. Die **Buddhisten** gedenken ihrer Vorfahren im September oder Oktober im Rahmen des dreitägigen Festes *Bonn Pchum Ben,* zu dem sie Opfergaben in bis zu sieben Pagoden bringen und im Familienkreis in der Nähe der *Chedi* picknicken. In den Häusern der ethnischen **Chinesen** stehen nicht selten zwei Geisterhäuser, von denen eines den Hausgöttern und eines den Vorfahren geweiht ist, und vor beiden werden täglich Räucherstäbchen verbrannt, um das Schicksal gnädig zu stimmen.

Da Kambodschaner sehr abergläubisch sind, suchen sie häufig Wahrsager, Astrologen und Hellseher auf oder lassen sich zum persönlichen Schutz magische Muster auf die Haut tätowieren. Oft sind in der Nähe der Pagoden Wahrsager anzutreffen, die mit Hilfe von nummerierten Stöcken ausfindig gemachte Weissagungen deuten oder das Schicksal aus klugen Büchern lesen. Astrologen spielen bei arrangierten Heiraten äußerst wichtige Rollen, denn sie überprüfen, ob die Auserkorenen überhaupt zueinander passen, und können gegebenenfalls den besten Zeitpunkt für die Hochzeit bestimmen. Es gibt auch eine einheimische Spielart des chinesischen *feng shui*, die wertvolle Anregungen für wichtige Pläne wie Grundstückskäufe, die Abholzung von Baumbeständen oder Bauvorhaben vermittelt.

Phnom Penh

Königspalast Die goldene Turmspitze des zeremoniellen Thronsaals gehört zu Phnom Penhs berühmtesten Sehenswürdigkeiten.

Silberpagode Der heilige Smaragd-Buddha und das großflächige Wandgemälde mit Szenen aus dem Ramayana machen den Besuch zu einem Muss.

Nationalmuseum Präsentation wertvoller Skulpturen aus Kambodschas Tempeln

Bonn Om Touk („Fest der Wasserwende"; Okt/Nov) Bad in der Menge, die am Ufer des Tonle Sap den dreitägigen Langbootrennen beiwohnt

Toul Sleng und **Choeung Ek** Genozidmuseum und Killing Fields, erschütternde Zeugnisse der Auswüchse unter den Roten Khmer

Wat Phnom Entzünden von Räucherstäbchen am Bergschrein der Daun Penh, der Legende nach die Gründerin von Phnom Penh

Einkaufen Feilschen um feine Seidenstoffe, Antiquitäten und Kuriositäten auf dem führenden Souvenirmarkt des Landes, dem Psar Toul Tom Poung

Phnom Penh, Kambodschas Hauptstadt und Regierungssitz, hat viel von ihrem ursprünglichen Charme bewahrt. Die im klassischen französischen Schachbrettmuster angelegten, breiten Boulevards sind von Bäumen gesäumt und vielerorts stehen noch die alten Villen aus der Kolonialzeit. Weder überdimensionale Apartmentblocks noch glitzernde Bürohochhäuser stören das Bild dieser kompakten Stadt, die am Zusammenfluss von Tonle Sap, Bassac und Mekong in einem fast topfebenen Gebiet liegt und statt Beengtheit eher ein Gefühl für Weite und Helligkeit aufkommen lässt. Es ist schwer nachzuvollziehen, dass diese Stadt, die heute vor Unternehmensgeist und Energie sprüht, nur mehr eine Generation zuvor von den Roten Khmer gewaltsam **evakuiert** und dem Verfall preisgegeben wurde. Stumme Zeugen und Narben aus jener Zeit existieren zuhauf: Die Nebenstraßen sind mit Schlaglöchern und Geröll übersät, so manche elegante Villa liegt in Trümmern und ist nicht mehr zu retten, und bei heftigen Regenfällen staut sich das Wasser im veralteten Kanalisationssystem und überflutet die Straßen.

Dass die Stadtbewohner trotz ihrer schlimmen Vergangenheit und der widrigen Umstände optimistisch sind und alles dafür tun, ihr Schicksal zu verbessern, lässt sich nur mit ihrem unerschütterlichen Stoizismus und ihrer Gutmütigkeit erklären. Viele Menschen gehen zwei Beschäftigungen nach, um sich durchzuschlagen. So mancher leistet seine tägliche Arbeit in Regierungsbüros ab und verdient anschließend als Moto-Fahrer oder Privatlehrer zusätzliches Geld.

Das kambodschanische Streben nach **Bildung** zeigt sich darin, dass wer es sich leisten kann, seine Kinder nach der Schule in ergänzende Studienkurse schickt. Beständig kommen Leute aus den Provinzen in die dynamische Hauptstadt und können es kaum fassen, Phnom Penhs Straßen nicht mit dem Gold gepflastert zu sehen, von dem so viele Metaphern berichten. Die Neuankömmlinge merken rasch, wie viel bitterer die Armut in der Stadt als auf dem Lande ist; eingepfercht in winzige Kammern leben sie mit ihren Familien in einer der jämmerlichen Barackensiedlungen am Stadtrand – und werden für dieses Privileg von den wohlhabenden Vermietern auch noch gehörig geschröpft. Für Einheimische wie für Touristen ist das **Flussufer** des Tonle Sap, das über fast 2 km von einer breiten und grünen Promenade gesäumt wird, Mittelpunkt der Stadt. Abends tummelt sich hier eine große Menschenmenge, um die frische Brise zu genießen, spontanen Darbietungen zuzusehen, Straßenhändlern Snacks abzukaufen oder in einem der vielen Restaurants, Cafés und Bars einzukehren – am Flussufer zeigt sich die Stadt von ihrer kosmopolitischsten Seite. Nahebei liegen drei bedeutende touristische Sehenswürdigkeiten: Als beeindruckendste Attraktion der Stadt gilt der gepflegte Komplex mit **Silberpagode** und **Königspalast**, dessen markante Turmspitze die schräg abfallenden Golddächer des Thronsaals überragt; die benachbarte Silberpagode beherbergt eine eindrucksvolle Sammlung von Buddhastatuen.

Nur einen Block weiter nördlich erhebt sich inmitten einer Grünanlage das dunkelrote Gebäude des **Nationalmuseums** mit seiner fabelhaften Kollektion kambodschanischer Bildhauerkunst, darunter Werke, die bis auf das 6. Jh. zurückgehen. Zu den weniger bedeutenden Sehenswürdigkeiten in Flussnähe zählen der **Wat Ounalom** – eine von fünf Pagoden, die während Phnom Penhs erster Ära als Hauptstadt gegründet wurden – sowie der viel besuchte, auf einem Hügel thronende **Wat Phnom**, der älter als die Stadt selbst sein soll. Rund um den Hügel lädt das ehemalige französische Verwaltungsviertel mit seinen zahlreichen, zum Teil sorgfältig restaurierten **Kolonialgebäuden** zu einem Rundgang ein.

Einen drastischen Gegensatz hierzu bildet das **Genozidmuseum Toul Sleng** südlich des Stadtzentrums, untergebracht in einer alten Schule, in der unter Pol Pot all die Parteigenossen gefoltert wurden, die vor dem Regime in Ungnade gefallen waren. Viele Besucher Kambodschas verbringen nur wenige Tage in Phnom Penh, um vor der Weiterreise nach Siem Reap und Angkor rasch die wichtigsten Sehenswürdigkeiten zu besuchen.

Wer jedoch im Sauseschritt durch die Hauptstadt braust, verpasst womöglich die besten **Einkaufsmöglichkeiten** und die größte **kulinarische Vielfalt** des Landes. Außerdem bietet Phnom Penh die seltene Gelegenheit, einen Einblick in die **traditionelle Kultur** (z. B. klassischer Tanz und Schattenspiel) zu gewinnen, welche die Roten Khmer auszulöschen versuchten. Auch lässt sich der Aufenthalt mit einigen lohnenden **Tagesausflügen** abrunden.

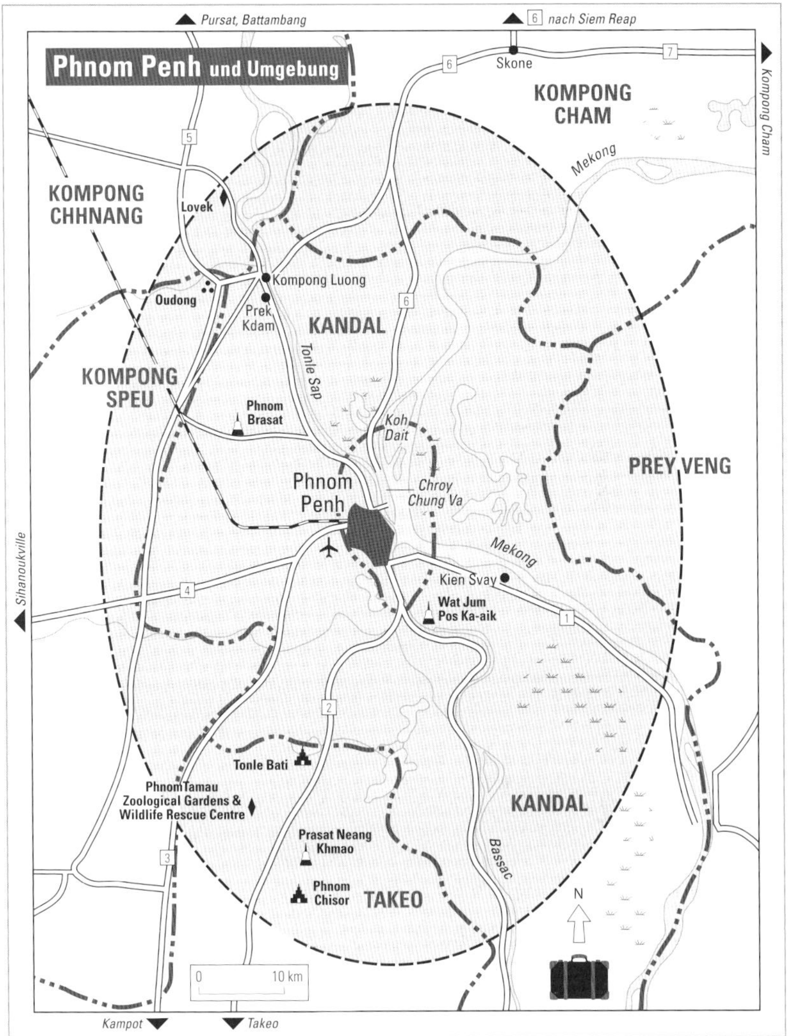

Zu den beliebtesten Zielen gehören die Tempel aus der Angkor-Epoche mit ihren gut erhaltenen Wandreliefs in **Tonle Bati**, was hervorragend mit einem Besuch des **Phnom Chisor** und seiner Pagode verbunden werden kann. Eine bedrückende Ergänzung zum Besuch des Genozidmuseums ist die Besichtigung der *Killing Fields* von **Choeung Ek**, wo ein Gedächtnis-Stupa die Überreste hier Ermordeter beherbergt. Alternative Touren führen in die alten Hauptstädte **Oudong** und **Lovek**, nahebei setzen **ländliche Dörfer** und romantische **Ausflugsziele am Fluss** scharfe Kontraste zu Phnom Penhs historischen Schätzen und seiner Geschäftigkeit.

Geschichte

Die kambodschanischen Legenden – von so vielen Generationen überliefert, dass die Khmer sie inzwischen als Wahrheit auffassen – berichten von der wohlhabenden Witwe **Daun Penh** („Großmutter Penh"), die 1372 bei einem Spaziergang am Ufer des Chrap Chheam (heute Tonle Sap genannt) den angeschwemmten hohlen Stamm eines Koki-Baumes fand, in dem sie fünf Buddhastatuen entdeckte, vier aus Bronze und eine aus Stein. Aus Ehrerbietung errichtete sie in der Nähe ihres Hauses ein Heiligtum für die Statuen. Dieses befand sich auf einem niedrigen Hügel, Phnom Penh genannt (wörtlich „Hügel der Penh"), welcher der Stadt später ihren Namen geben sollte.

Phnom Penhs erste Ära als **Hauptstadt** begann 1432, als König Ponhea Yat vor einrückenden Siamesen aus Angkor nach Süden floh. Er errichtete einen Königspalast, erhöhte Daun Penhs Hügelpagode und gründete die Klöster Wat Botum, Wat Koh, Wat Lanka, Wat Ounalom und Wat Phnom, die auch heute noch bestehen. Nach dem Tod von Ponhea Yat traten seine Söhne die Nachfolge an, doch aus bislang unerfindlichen Gründen (vielleicht wegen eines Geschwisterstreits oder politischer Zerwürfnisse) hatte man den Hof um 1505 nach Lovek umgesiedelt, und Phnom Penh verkam wieder zu einem unbedeutenden Fischerdorf.

Über die nächsten 300 Jahre von Phnom Penhs Geschichte ist wenig bekannt, doch Aufzeichnungen von Missionaren deuten an, dass sich im 17. Jh. an den Ufern des Tonle Sap eine multikulturelle Gesellschaft aus chinesischen, indischen, portugiesischen und spanischen Händlern niedergelassen und sich Phnom Penh – dank seines leichten Zugangs zum Meer über den Mekong – zu einem blühenden **Hafen** entwickelt hatte. Der Handel mit Gold, Seidenstoffen und Weihrauch sowie mit Leder, Knochen und Elfenbein leitete eine Phase des Wohlstands ein, die jedoch schon Ende des 17. Jhs. zu Ende ging, weil die Vietnamesen ins Mekong-Delta vordrangen und den Zugang zum Meer abschnitten.

Das 18. Jh. war von dynastischen Querelen zwischen pro-siamesischen und pro-vietnamesischen Fraktionen der Königsfamilie gekennzeichnet. 1770 brannten die Siamesen Phnom Penh bis auf die Grundmauern nieder, setzten einen neuen König ein und übernahmen die Kontrolle über das Land. Im späten 18. Jh. eigneten sich die Vietnamesen wieder die Herrschaft über Kambodscha an, und ab 1808 war es Fremden nur mit ausdrücklicher Genehmigung gestattet, Phnom Penh zu besuchen.

Ihren Status als Hauptstadt erhielt Phnom Penh zurück, als König Chan 1812 seinen Stammsitz von Oudong hierher verlegte. Während der nächsten 50 Jahre zog sich der Hof wegen anhaltender Reibereien zwischen Siamesen und Vietnamesen, die um die Einflussnahme in Kambodscha rangelten, zweimal nach Oudong zurück.

1863 unterzeichnete König Norodom (der Urgroßvater des gegenwärtigen Königs Norodom Sihamoni) aus Furcht vor einer erneuten vietnamesischen Invasion einen Vertrag, der Kambodscha zum **französischen Protektorat** machte. Auf Geheiß der Franzosen löste er den Hof in Oudong auf, und Phnom Penh wurde endgültig zur Hauptstadt, soll nach Meinung der Europäer jedoch aus nicht viel mehr als einer „ungeordneten Ansammlung strohgedeckter Hütten entlang dem einzigen schlammigen Weg und den dicht aneinander gedrängten Hausbooten der Fischer am Flussufer" bestanden haben. Rund 25 000 Menschen lebten damals in der Stadt. Da die Franzosen auch das gesamte Mekong-Delta kontrollierten, erhielt Phnom Penh wieder Zugang zum Meer, vermochte aber trotzdem nicht aus dem Schatten seines Außenpostendaseins herauszutreten – Frankreichs Bemühungen um Saigons Entwicklung absorbierten den größten Teil ihrer Aufmerksamkeit und Geldmittel für den indochinesischen Raum.

1889 wurde **Hyun de Verneville** zum neuen Senior-Residenten des Protektorats ernannt. Mit dem Anspruch, Phnom Penh zu einem angemessenen französischen Verwaltungszentrum für Kambodscha zu machen, ließ er eine elegante Kolonialstadt errichten. 1900 konnte man bereits das Schachbrettmuster der Straßen erkennen; ein Gerichtshof, Verwaltungsgebäude, Telegrafenämter, Banken und Schulen waren entstanden. Nördlich des Wat Phnom wuchs ein französisches Viertel heran, in dem eindrucksvolle Villen den französischen Verwaltungsbeamten und Händlern als Wohnstätte dienten. Um den Wat Phnom wurden Parkanlagen und ein Zoo angelegt.

In den 20er und 30er Jahren erlebte Phnom Penh eine wirtschaftliche Blütezeit. Das Straßennetz wurde durch die Zuschüttung ineffizienter Ableitungskanäle ausgeweitet und der Mekong ausgebaggert, um die Stadt für hochseetüchtige Schiffe erreichbar zu machen. Weitere Parkanlagen kamen hinzu, und das Kommunikationssystem erfuhr eine Verbesserung. 1932 wurden der **Bahnhof** gebaut und die Eisenbahnlinie nach Battambang fertig gestellt. Derweil begannen exotische Geschichten über im Dschungel verborgene Tempelstädte die ersten ausländischen Abenteurer nach Kambodscha zu locken. 1929 beschrieb der Amerikaner Robert Casey die Kapitale als „eine grüne Stadt mit weiß getünchten Gebäuden, in der goldene Turmspitzen und steinerne Stupas in den leuchtend blauen Himmel emporstreben". Auch die breiten, schattigen Straßen und schönen Parkanlagen finden in seinen Beschreibungen – die eine verblüffende Ähnlichkeit mit dem heutigen Phnom Penh aufweisen – Erwähnung. Das Leben scheint damals nicht viel anders als heute ausgesehen zu haben, denn es ist von eifrig feilschenden Menschen, Imbissverkäufern und äußerst bunten, lebendigen Märkten die Rede.

Die erste **Sekundarschule** des Landes, das *Lycée Sisowath,* nahm 1936 in Phnom Penh den Unterricht auf und schmiedete langsam eine gebildete Elite heran, womit sie die Grundlagen für spätere politische Veränderungen schuf.

Im Zweiten Weltkrieg überließen die an allen Fronten vorrückenden Japaner den Franzosen das Sagen im Land, so dass die Auswirkungen des Krieges auf die Stadt relativ gering blieben. Im Oktober 1941 rückten die Japaner nach Phnom Penh ein, und die Krönungszeremonien für Norodom Sihanouk konnten in relativer Normalität durchgeführt werden.

Nach der **Unabhängigkeit** von Frankreich im Jahre 1954 wurde Phnom Penh zum offiziellen Regierungssitz, und allmählich gewann eine gebildete Mittelschicht an Bedeutung, die zur so genannten **Café-Gesellschaft** erblühte. Kinos und Theater verzeichneten regen Zulauf, Motorräder und Autos eroberten die Boulevards. Mitte der 60er Jahre entstand mit dem Olympiastadion ein nationales Sportzentrum, und in wachsender Zahl machten berühmte Persönlichkeiten der Stadt ihre Aufwartung – im *Le Royal,* dem besten Hotel der Stadt, stiegen Gäste wie Jacqueline Kennedy ab.

Doch der kommende Untergang warf seine Schatten voraus. Ende der 60er Jahre begann Phnom Penh die Auswirkungen des Vietnamkriegs zu spüren, indem immer mehr Flüchtlinge aus den Grenzgebieten in die Hauptstadt strömten. Der **Bürgerkrieg** Anfang der 70er Jahre verwandelte den Exodus in eine richtiggehende Flutwelle. Lon Nols Streitkräfte fochten einen aussichtslosen Kampf gegen die **Roten Khmer**, und als diese einen Ring um die Stadt schlossen, wurden trotz amerikanischer Nahrungsmittelpakete die Vorräte knapp.

Am **17. April 1975** rückten die Roten Khmer in Phnom Penh ein. Sie wurden als Vorboten des Friedens bejubelt, doch innerhalb von Stunden wiesen die Truppen die Bevölkerung an, die Hauptstadt zu verlassen. Die Zusicherung, es handele sich „nur um wenige Tage", erwies sich rasch als Lüge. Noch während die Menschen (unter ihnen Alte, Gebrechliche und Sterbende) abzogen und so viel ihrer Habe mitschleppten, wie sie tragen konnten, begannen die Roten Khmer mit der Zerstörung der Stadt. Sie legten Gebäude in Schutt und Asche, sprengten Dächer und jagten sogar die Nationalbank in die Luft, um ihre Verachtung gegenüber Geld zum Ausdruck zu bringen. Drei Jahre, acht Monate und 20 Tage lang war Phnom Penh eine Geisterstadt.

Kurz nach dem Einmarsch **Vietnams** in Phnom Penh am 7. Januar 1979 wagten sich erste Rückkehrer und Neusiedler in die Stadt. Viele ehemalige Stadtbewohner wollten oder konnten nicht zurückkehren, da sie dort alles und jeden verloren hatten. Diejenigen, die kamen, bezogen leer stehende Gebäude, und noch heute leben zahllose Menschen innerhalb von Mauern, die eigentlich anderen gehören. Während der vietnamesischen Besatzungszeit behielt die Hauptstadt ihr ärmliches und verfallenes Gesicht, denn die für den Aufbau gedachten Finanzspritzen aus der Sowjetunion und Indien blieben zu einem Großteil in den Taschen der oberen Beamtenschicht hängen. Ab 1987 schwanden die vietnamesischen Interessen, und 1989 zogen die Besatzungstruppen des östlichen Nachbarstaats endgültig ab.

Darauf wurde Kambodscha den Vereinten Nationen anvertraut. 1992 war das Land mit hoch besoldeten Kräften der **UNTAC** überschwemmt, und über Phnom Penh breitete sich eine surrealistische Atmosphäre aus: Die Infrastruktur lag danieder, die Versorgung mit Elektrizität und Wasser erfolgte

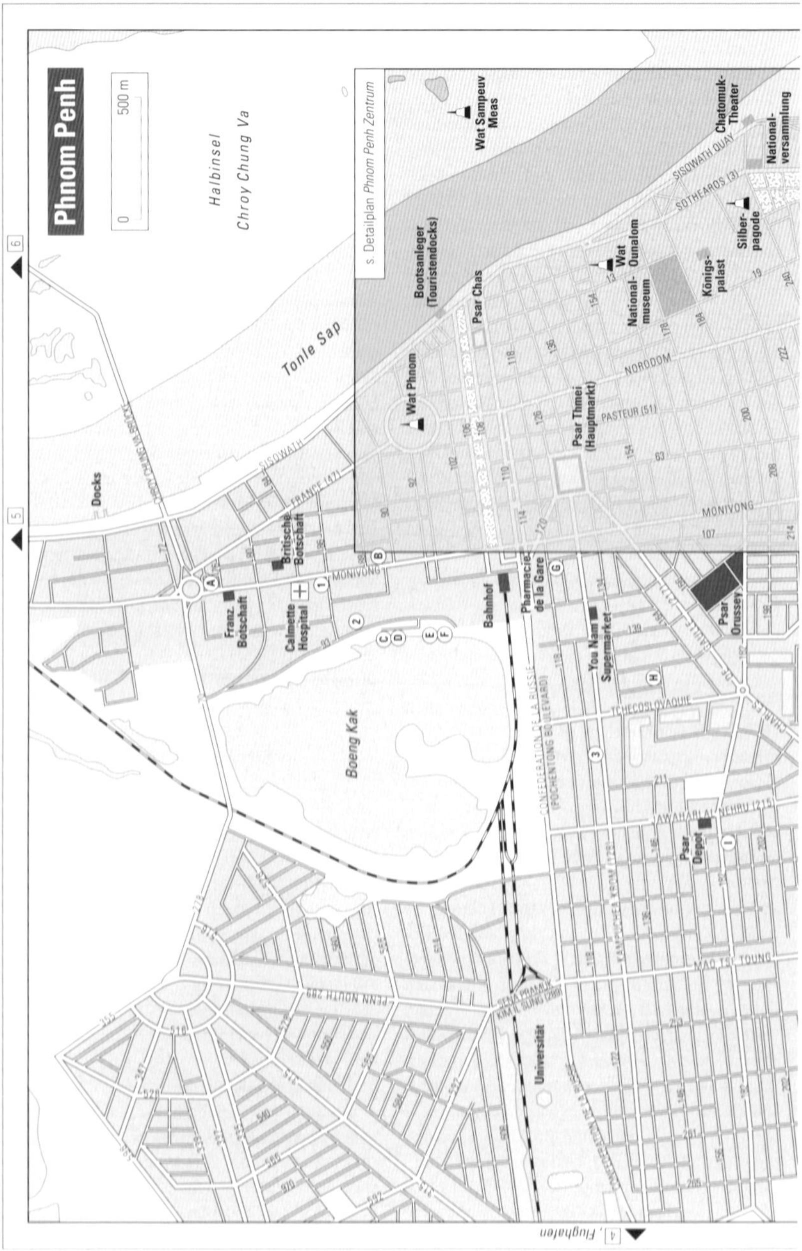

Phnom Penh
0
500 m
Halbinsel
Chroy Chung Va
Tonle Sap
Docks
CHROY CHANG VA BRÜCKE
SISOWATH
FRANCE (47)
Britische Botschaft
Franz. Botschaft
Calmette Hospital
MONIVONG
Bahnhof
Pharmacie de la Gare
Boeng Kak
You Nam Supermarket
Psar Orussey
TCHECOSLOVAQUIE
CONFEDERATION DE LA RUSSIE
(POCHENTONG BOULEVARD)
KAMPUCHEA KROM (128)
JAWAHARLAL NEHRU (215)
Psar Depot
MAO TSE TOUNG
PENN NOUTH 289
SENA PRAMUK
KIM IL SUNG (289)
Universität
4, Flughafen
s. Detailplan Phnom Penh Zentrum
Bootsanleger (Touristendocks)
Wat Sampeuv Meas
Wat Phnom
Psar Chas
Psar Thmei (Hauptmarkt)
PASTEUR (51)
NORODOM
National-museum
Wat Ounalom
Königs-palast
Silber-pagode
SOTHEAROS (3)
SISOWATH QUAY
Chatomuk-Theater
National-versammlung

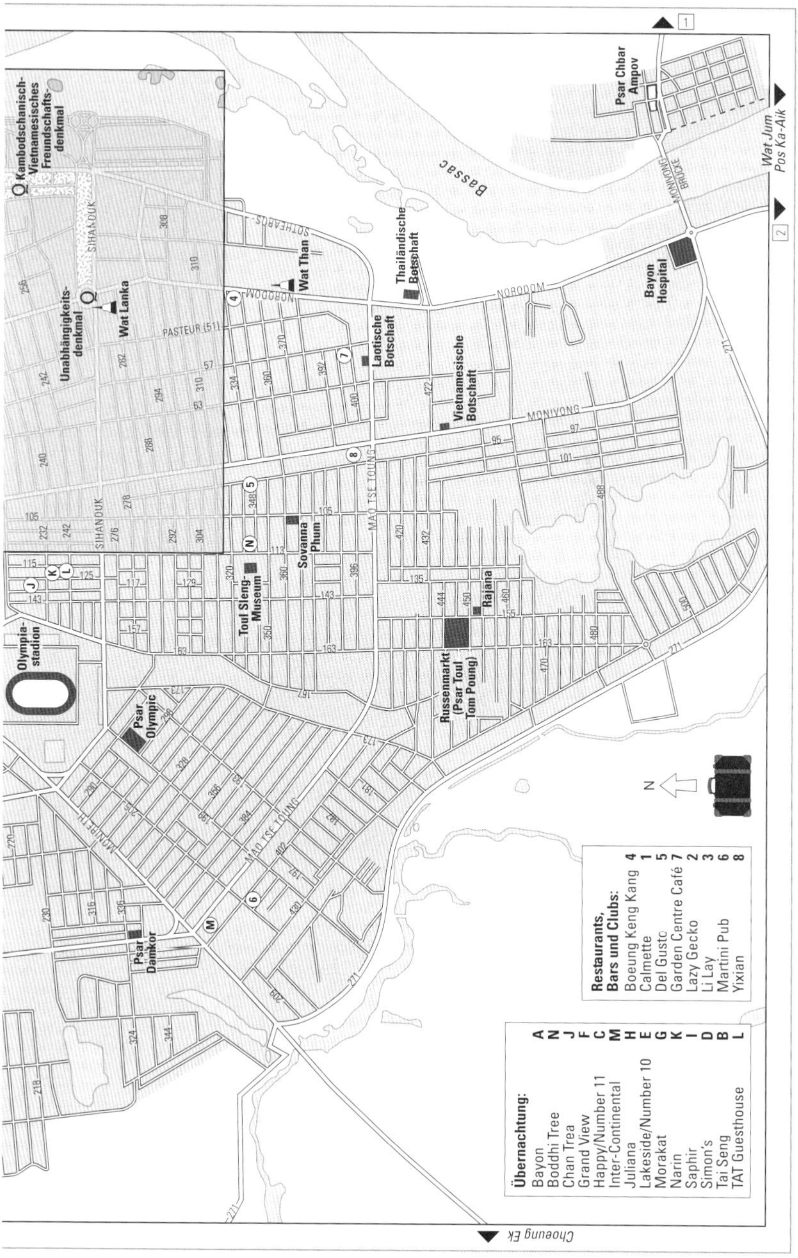

Übernachtung:
Bayon A
Boddhi Tree N
Chan Trea J
Grand View F
Happy/Number 11 C
Inter-Continental M
Juliana H
Lakeside/Number 10 E
Morakat G
Narin K
Saphir I
Simon's D
Tai Seng B
TAT Guesthouse L
Restaurants, Bars und Clubs:
Boeung Keng Kang 4
Calmette 1
Del Gusto 5
Garden Centre Café 7
Lazy Gecko 2
Li Lay 3
Martini Pub 6
Yixian 8
Kambodschanisch-Vietnamesisches Freundschaftsdenkmal
Unabhängigkeitsdenkmal
Wat Lanka
Wat Than
Thailändische Botschaft
Laotische Botschaft
Vietnamesische Botschaft
Bayon Hospital
Psar Chbar Ampov
Wat Jum Pos Ka-Aik
Bassac
Monivong Brücke
Sisowath
Norodom
Monivong
Sihanouk
Pasteur (51)
Mao Tse Toung
Monireth
Toul Sleng-Museum
Sovanna Phum
Rajana
Russenmarkt (Psar Toul Tom Poung)
Olympiastadion
Psar Olympic
Psar Damkor
Choeung Ek

nur sporadisch, Telekommunikation gab es nicht, und abends bestand Ausgangssperre – trotzdem boomte die Stadt, weil überall Hotels, Restaurants und Bars aus dem Boden schossen, um den Truppen Unterkunft und Unterhaltung zu bieten. Viele Einwohner gelangten auf dieser Welle rasch zu Wohlstand (auch Prostitution und Drogen spielten eine Rolle), und Phnom Penh erlangte den Ruf einer ungezügelten und gesetzlosen Stadt, den es trotz aller Bemühungen bis heute nicht vollständig abstreifen konnte.

Gegenwärtig arbeitet man – mit beträchtlichem Erfolg – beharrlich an der Beseitigung der Schäden aus den letzten 25 Jahren: Viele Straßen wurden instand gesetzt, etliche Kolonialgebäude restauriert, und auch die Elektrizitätsversorgung funktioniert im Allgemeinen wieder. Nicht zuletzt angeregt durch den wachsenden Tourismus hat die Stadtverwaltung ausgefeilte Pläne vorgelegt, wie die Stadt zu verschönern sei – angefangen von der Vorschrift, in welcher Farbe die Gebäude gestrichen werden sollen (samtgelb), bis hin zur Zwangsräumung von Häusern in Gebieten, die für die weitere Stadtentwicklung vorgesehen sind. Korruption ist weit verbreitet, doch da überall private Geschäfte und Unternehmen entstehen und die Menschen um Plätze in einer neuen Mittelschicht rangeln, blickt Phnom Penh dem neuen Jahrhundert mit unbändigem Optimismus entgegen.

Orientierung

Phnom Penh erstreckt sich von der **Chroy Chung Va-Brücke** im Norden bis zum **Mao Tse Toung Boulevard** im Süden. Das Zentrum bilden die gelben Dächer des **Psar Thmei** (wörtlich „Neuer Markt", im Volksmund jedoch Zentralmarkt genannt).

Da die Franzosen die Stadt im Schachbrettmuster anlegten, gestaltet sich die Orientierung recht einfach. Die **Hauptachsen** tragen selten benutzte, offizielle Namen, die immer wieder geändert wurden, um ein bestimmtes Regime oder einen Geldgeber zu würdigen – ihre heutigen Bezeichnungen gehen auf die 90er Jahre zurück. Kleinere **Straßen** *(Phlauv)* sind nummeriert und deshalb in der Regel leicht zu finden:

Während die von Norden nach Süden verlaufenden Straßen ungerade Nummern tragen, deren Höhe Richtung Fluss abnimmt, werden die Ost-West-Verbindungen mit geraden Nummern bezeichnet und haben ihre niedrigsten Werte im Norden der Stadt. Größere Mühe bereitet das Auffinden von **Gebäuden**, die zwar ebenfalls nummeriert wurden, aber leider nicht auf konsequente Art und Weise – so befindet sich das Tourismusministerium mit der Anschrift „3 Monivong Blvd" ungefähr auf der Hälfte dieses Boulevards und nicht an dessen Anfang. Bestimmte Adressen sind oft nur zu finden, indem man eine Straße so lange durchkämmt, bis man irgendwo die richtige Nummer entdeckt.

Die beiden wichtigsten Nord-Süd-Achsen **Norodom Boulevard** und **Monivong Boulevard** werden von den beiden Ringstraßen **Sihanouk/ Nehru Boulevard** und **Mao Tse Toung Boulevard** gekreuzt. Diese vier Hauptstraßen unterteilen die Stadt in Segmente und dienen Fußgängern wie Taxi- oder Motofahrern als Orientierungspunkte.

Zwei weitere wichtige Straßen in West-Ost-Richtung leiten den Verkehr vom Flughafen ins Zentrum: Der **Kampuchea Krom Boulevard** verläuft geradlinig bis zum Psar Thmei, während der **Pochentong Boulevard** (auch: Confédération de la Russie) in Bahnhofsnähe auf den Monivong Boulevard trifft.

Die meisten Sehenswürdigkeiten befinden sich in dem Gebiet zwischen Tonle Sap im Osten, Monivong Boulevard im Westen, Sihanouk Boulevard im Süden und Wat Phnom im Norden. Durch die relativ kurzen Entfernungen könnte man vieles zu Fuß erkunden, doch Hitze und Luftfeuchtigkeit gepaart mit hohem Verkehrsaufkommen und Umweltverschmutzung machen Spaziergänge zu einer Strapaze. Überall im Stadtgebiet warten deshalb **Motos** und **Cyclos**, die Fahrgäste am Straßenrand aufnehmen und direkt am Zielort absetzen. Noch eine Warnung zum Schluss: Die Autofahrer in Kambodscha sind generell undiszipliniert und ungeduldig, doch diejenigen in Phnom Penh treiben das Chaos auf die Spitze. Um schneller voranzukommen, quetschen sie sich in jede verfügbare Lücke und machen dabei selbst vor dem Gegenverkehr nicht Halt. Fußgänger sollten deshalb höchste Vorsicht walten lassen und beim Überqueren der Straße – auch an grünen Ampeln – stets einen Rundumblick von 360° wahren.

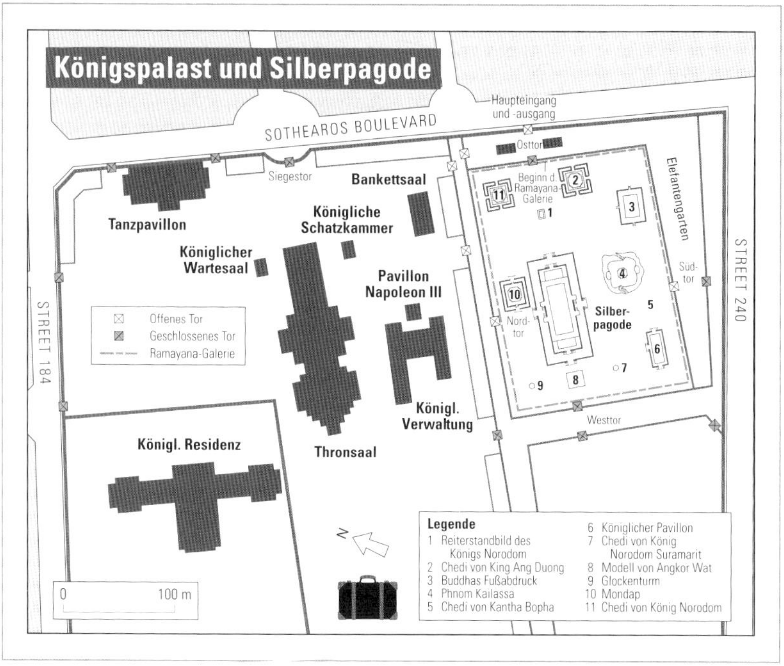

Königspalast und Silberpagode

Phnom Penhs berühmteste Sehenswürdigkeit ist der Komplex mit Königspalast und Silberpagode. Die gesamte Anlage, die von einer kilometerlangen Mauer umgeben ist, wurde im traditionellen Khmer-Stil errichtet, in dem die religiöse Symbolik eine bedeutende Rolle spielt. Die Umfassungsmauer ist blassgelb und weiß gestrichen, in den zwei Farben, die den buddhistischen und den hinduistischen Glauben repräsentieren. Von außen kann man nur die stimmungsvoll bemalten, mehrstufigen Dächer sehen, die Kanten verziert mit goldenen, dem Himmel entgegenstrebenden Nagas (mythische Schlangen), sowie die goldenen Turmspitzen, die sich glitzernd vom azurblauen Himmel abheben.

Der **Eingang** zum Komplex befindet sich gegenüber dem *Renakse Hotel*. Englisch sprechende **Führer**, die nicht nur über den Palast und die Pagode, sondern auch über den Buddhismus und die Khmer-Kultur sehr viel erzählen können, warten am Ticketschalter auf Kunden (Bezahlung nach freiem Ermessen, aber einige Dollar sollte man pro Person schon geben). Zur Besichtigung der gesamten Anlage benötigt man mindestens zwei Stunden. Bei königlichen Empfängen darf der Thronsaal nicht besichtigt werden; stets für die Öffentlichkeit geschlossen ist die königliche Residenz nordwestlich des Thronsaals. 🕓 tgl. 7.30–11 und 14.30–17 Uhr; Eintritt US$3, Kamera US$2, Video US$5 (im Thronsaal und in der Silberpagode ist Fotografieren verboten).

Königspalast

Der heutige Königspalast – keine 100 Jahre alt, da die meisten Gebäude Anfang des 20. Jhs. neu errichtet wurden – steht an der Stelle des Palastes von König Norodom (der Ururgroßvater des gegenwärtigen Königs), der seine Hauptstadt 1863 von Oudong nach Phnom Penh verlegte. Ebenfalls an dieser Stelle befand sich einst der Palast von König Ponhea Yat aus dem Jahre 1434, von dem jedoch nichts erhalten blieb.

Von der Gasse zwischen Königspalast und Silberpagode führt ein Tor in den Palastbereich, wo gepflegte Gartenanlagen, mit kunstvoll beschnittenen Bäumen bepflanzt, den Besucher empfangen. Das erste Gebäude auf dem Rundgang, der Bankettsaal **Preah Tineang Phochani**, ist ein recht schlicht wirkender Pavillon, in dem königliche Ansprachen und Festmahle gehalten sowie klassische Tänze und Musik aufgeführt werden. Nördlich davon gestattet das **Siegestor**, das auf die Eingangsstufen des prachtvollen Thronsaals ausgerichtet ist, den Durchgang zum Sothearos Boulevard; traditionell durften nur König und Königin dieses Tor durchschreiten, doch inzwischen wird es auch für hohe Würdenträger geöffnet, die ihre Aufwartung machen. Der Pavillon **Preah Tineang Chan Chhaya** nördlich des Tores entstand speziell für Aufführungen klassischer kambodschanischer Tänze bei Mondschein.

Thronsaal

Der gegenwärtige Thronsaal, **Preah Tineang Tevea Vinicchay**, wurde 1919 von König Bat Sisowath als getreue Reproduktion von König Norodoms Holzpalast errichtet. Wie es sich für ein Gebäude geziemt, in dem Krönungen und königliche Zeremonien stattfinden, ist es das stattlichste Monument des Komplexes, was durch seinen viel fotografierten prächtigen Turm noch unterstrichen wird. Das siebenfach gestaffelte Dach des Thronsaals (gezählt von der niedrigsten Ebene bis zur Basis der Turmspitze) besteht aus grünen, orangefarbenen und saphirblauen Ziegeln, die Reichtum, Natur und Freiheit symbolisieren. Goldene Nagas an allen Giebelkanten sollen das Bauwerk vor bösen Geistern beschützen.

Die breite Eingangstreppe zur Halle wird von Löwen flankiert, und siebenköpfige Nagas bilden die Geländer. Dahinter öffnet sich eine große Veranda, auf deren Säulen Garudas mit ausgebreiteten Schwingen thronen und den Anschein erwecken, den überhängenden unteren Teil des Daches zu tragen. Nach Betreten des Thronsaals durch das Osttor erblickt man eine wunderschön bemalte Decke mit detaillierten Szenen aus dem Ramayana (s. S. 106), während auf den Wänden pastellfarbene Blattmotive und Bildnisse himmlischer Wesen zu erkennen sind. Mitten in der Halle liegt ein 35 m langer, dicker Teppich, dessen Muster und Farben zu den Fliesen ringsherum passen. Zu beiden Seiten sind mehrere vergoldete **Lampenständer** aufgereiht, zeremonielle Nagas tragen deren Schirme. Die großen Spiegel am Nord- und Südeingang vermögen angeblich die Gegenwart böser Geister zu enthüllen. Auf einem Podest im Zentrum der Halle erhebt sich der äußerst kunstvoll gestaltete, goldene **Krönungsthron**. Darüber hängt ein neunstufiger, weiß-goldener **Schirm**, der Friedfertigkeit, Himmelszugehörigkeit und Strebsamkeit symbolisiert; als Bewacher dienen zwei große Garudas, die ebenfalls an der Decke befestigt sind. Linkerhand des Throns befindet sich eine lebensgroße Statue von König Bat Sisowath, der sitzend dargestellt ist, während die Statue zur Rechten seinen Sohn, König Sisowath Monivong, in stehender Haltung abbildet.

Im privaten hinteren Teil der Halle, in dem die Büsten von sechs königlichen Vorfahren aufgestellt sind, gibt der König Audienzen für hochrangige Besucher. Die Vorzimmer der Halle dienen unterschiedlichen Zwecken: Es gibt getrennte Schlafgemächer für König und Königin, die nur während der sieben Nächte nach der Krönung benutzt werden, in denen das Königspaar getrennt schlafen muss. Ein anderer Raum ist für die königlichen Gebete bestimmt, und im letzten Zimmer werden einmal die sterblichen Überreste des Königs aufbewahrt, bis dessen Chedi fertig gestellt ist.

Die Umgebung des Thronsaals

Zwei ebenso kleine wie kunstfertige Gebäude flankieren den Thronsaal. Der nördliche königliche Wartesaal, **Hor Samranphirum**, wird am Krönungstag genutzt, wenn König und Königin im oberen Stockwerk eine Rast einlegen, bevor sie von der Rampe im Ostteil des Bauwerks auf die Rücken der Zeremonienelefanten steigen und an der Krönungsprozession teilnehmen. Ein Raum im Erdgeschoss dient zur Aufbewahrung der königlichen Musikinstrumente und Krönungsutensilien. Südlich des Thronsaals beherbergt die königliche Schatzkammer, **Hor Samritvimean**, die Insignien für die Krönungszeremonie, darunter die Große Siegeskrone, das Heilige Schwert und der Siegesspeer.

Das deplatziert wirkende Gebäude aus grauem Gusseisen mit Uhrturm und Aussichtsgalerie ist der Pavillon Napoleons III., den Kaiserin Eugenie 1869 während der Einweihungszeremonie des Suezkanals benutzte. Er wurde König Norodom 1876 von Napoleon geschenkt, an dieser Stelle wieder aufgebaut und dient nun als Museum der königlichen Memorabilien. Glasvitrinen im Korridor stellen das königliche Silbergeschirr und Porzellan zur Schau, während im Vorraum eine bunte Gemäldesammlung zu sehen ist, deren Motive von venezianischen Kanälen bis hin zu chinesischen Landschaften reichen. Das Ordenzimmer glänzt mit sorgfältig polierten Exponaten auf blauen Samtkissen. Am oberen Treppenende werden die streng wirkenden Innenräume durch eine Sammlung bemerkenswerter Seidenkostüme aufgelockert, die reich mit Goldfäden bestickt sind – Königin Kossomak, Großmutter des derzeitigen Throninhabers, fertigte sie höchstpersönlich für das königliche Ballett. Zur Bilderkollektion im Obergeschoss gehören verschiedene Porträts, die König Sihanouk als schneidigen jungen Mann zeigen.

Das Gebäude westlich des Pavillons, **Preah Reach Damnakchan**, stammt aus den 50er Jahren und dient zum Teil als Museum – ausgestellt sind Geschenke an die Königsfamilie – und zum Teil als Ministerialbehörde des Königspalastes. Durch das Südtor des Königspalastes verlässt man den Komplex, durchquert die bereits bekannte Gasse und betritt durch das Nordtor den Hof der Silberpagode.

Silberpagode

Die 1962 von König Sihanouk errichtete Silberpagode befindet sich genau an der Stelle, wo sein Großvater 1902 eine Holzpagode erbauen ließ. Ihren Namen verdankt sie den 5329 silbernen Bodenfliesen, jede davon 20 mal 20 cm groß und über 1 kg schwer. Sie wird auch **Wat Preah Keo Morokot** („Pagode des Smaragd-Buddhas") genannt, was sich auf ihren grünen Buddha bezieht. Der Bau weist deutliche Parallelen mit Bangkoks Wat Phra Keo auf, ebenfalls die Heimat eines kostbaren Smaragd-Buddhas und demjenigen in Phnom Penh verblüffend ähnlich. Zwar ließen die Roten Khmer über die Hälfte der Innenausstattung verschwinden, aber die Pagode selbst blieb weitgehend unangetastet – offensichtlich um den wenigen internationalen Besuchern vorzugaukeln, das Regime pflege Kambodschas kulturelles Erbe. Heute beherbergt die Pagode eine reiche Sammlung von Artefakten und Buddhabildnissen und gleicht eher einem Museum als einem Wallfahrtsort.

Zur Vihara führt eine Treppe aus grauem, italienischem Marmor, der eigens zu diesem Zweck importiert wurde. Die Schuhe sind auf der Veranda abzulegen, und Sicherheitskräfte nehmen gegen einen nummerierten Beleg die Kameras in Verwahrung.

Beim Betreten der Pagode erfasst der Blick unverzüglich die silbernen Bodenfliesen, die zum Teil liebevoll mit Blattmotiven verziert sind. Auf einem fünfstufigen Sockel im Zentrum der Pagode sitzt meditierend der **Smaragd-Buddha**. Einigen Quellen zufolge handelt es sich um eine neuzeitliche Reproduktion, während andere Texte die Statue auf das 17. Jh. datieren. Mit seinen nur 50 cm wird das Heiligtum jedoch von den prachtvollen Bildnissen drum herum schlichtweg in den Schatten gestellt. Besonders auffällig ist ein lebensgroßer **Gold-Buddha**, der 1907 in Phnom Penh für König Sisowath gegossen wurde, 90 kg wiegt und mit 2086 Diamanten und Edelsteinen aus der königlichen Schatztruhe verziert ist. Rechts davon thront auf einer Vitrine ein sitzender Silber-Buddha, und zur Linken befindet sich ein 80 kg schwerer Bronze-Buddha. Ein Miniatur-Stupa aus Gold und Silber und ein Buddha aus Sri Lanka stehen vor und linker Hand des Sockels. Dahinter, auf der rechten Seite, beherbergt eine Vitrine erlesene **Figuren** aus reinem Gold, die wichtige Ereignisse aus Buddhas Leben darstellen. Die winzigen, jedoch äußerst detailliert gearbeiteten Figuren zeigen Buddha als Kind, das seine ersten Schritte auf sieben Lotusknospen geht, meditierend unter einem Bodhi-Baum und liegend beim Eintritt ins Nirwana.

Ebenfalls hinter dem Podest verbirgt sich ein heiter wirkender, lebensgroßer Buddha aus cremefarbenem Marmor, der aus Myanmar stammt und auf einem hässlichen, ehemals rotem Holzgestell sitzt, was seiner Eleganz jedoch keinen Abbruch tut. Eine eher wahllos zusammengestellte, gleichwohl interessante Sammlung von Buddhas und anderen Kunstgegenständen säumt die Rückwand der Halle. Hier fällt besonders ein sitzender Silber-Buddha ins Auge, dessen Hände durch die ständigen Berührungen von Gläubigen, die sich seinen Segen erbitten, blank poliert sind.

Die über 2 m lange **Zeremoniensänfte** aus, vergoldetem Holz dient dem Transport des Königs am Krönungstag und wird von zwölf Männern getragen.

Das Ramayana

Das Hindu-Epos *Ramayana* behandelt die moralischen Themen Gut gegen Böse, Pflichtbewusstsein, Leiden und Karma – alles anhand der Geschichte von Rama, dem siebten Avatar Vishnus (s. S. 88).
Da die Erzählung in der kambodschanischen Kunst und Kultur hohe Popularität genießt, haben die einzelnen Episoden ihren Niederschlag in zahlreichen Tempelreliefs und -malereien, in der Pagodenkunst, im klassischen Tanz und im Schattenspiel gefunden. Die vereinfachte kambodschanische Version namens *Reamker* wird häufiger im Tanz als in der bildenden Kunst dargestellt. Zu Beginn der Geschichte terrorisiert der zehnköpfige und 20-armige Ravana, König der Raksasa-Dämonen, die Welt. Da nur ein Mensch ihn töten kann, erklärt sich Vishnu bereit, in menschlicher Gestalt auf der Erde zu erscheinen, um den Frieden wiederherzustellen. Er wird als einer der Söhne von Kaiser Dasaratha geboren und erhält den Namen Rama. Ein Heiliger unterweist Rama in den mystischen Fähigkeiten, die ihm bei der späteren Vernichtung der Dämonen zugute kommen sollen. Sie ermöglichen es Rama auch, den Bogen Shivas zu spannen, was ihm die schöne Prinzessin Sita zur Frau beschert. Der Kaiser will Rama zu seinem Thronfolger benennen, doch die Mutter eines der Halbbrüder Ramas intrigiert und bringt ihren Mann dazu, Rama in den Wald zu verbannen. Sita und ein anderer Halbbruder, der loyale Lakshmana, begleiten ihn. Nachdem Rama einer Hexe, die Sita angreift, Ohren und Nase abgeschnitten hat, kann Ravana Rache nehmen: Mit einem als Goldhirsch verkleideten Dämon lockt er ihn von Sita fort; Lakshmana schickt sich an, Rama zu helfen, und diese Gelegenheit nutzt Ravana, um die schutzlos zurückgelassene Sita in sein Inselkönigreich Lanka zu entführen. Rama sichert sich die Hilfe des Affenkönigs Sugriva, und alsbald entdeckt Hanuman, der Sohn des Windgottes, wo Sita versteckt wird. Rama und die Affenarmee machen sich auf nach Lanka, wo eine heftige Schlacht entbrennt, in deren Verlauf Rama den goldenen Pfeil Brahmas auf Ravana abschießt und ihn mitten ins Herz trifft, woraufhin dieser erbärmlich stirbt.
Obwohl die Geschichte in der kambodschanischen Version damit zumeist endet, gibt es zwei klassische Auflösungen des Dramas. In der ersten Variante steigt Sita ins Feuer und geht unversehrt daraus hervor, was beweist, dass sie von Ravana nicht entehrt wurde; das Paar kehrt in die Heimat zurück, wird jubelnd empfangen und Rama zum König gekrönt.
Die andere Variante nimmt ein trauriges Ende: Sita wird zurück in den Wald verbannt, wo sie Zwillinge gebärt. Als diese zwölf Jahre alt sind, werden sie zum Hof gebracht, und Rama findet zu der Überzeugung, dass es sich tatsächlich um seine Kinder handelt. Er bittet Sita um Vergebung, die daraufhin die Mutter Erde als Zeugin für ihre Treue anruft. Im nächsten Augenblick öffnet sich der Boden, verschlingt Sita und lässt Rama für eine 11 000-jährige Trauerzeit auf der Erde zurück, nach deren Ablauf der Tod ihn zu Brahma zurückruft.

An der Südwand, ungefähr auf Höhe der Vorderfront des Sockels, befindet sich eine beleuchtete Vitrine mit zwei **Gold-Buddhas**. Die größere Statue zeigt einen Buddha in Meditationshaltung; sein Oberkörper, seine Handflächen und seine Fußsohlen sind mit Diamanten besetzt. Das kleinere Bildnis stellt einen ebenfalls sitzenden Buddha dar, der mit einer Hand den Erdboden berührt – ein häufig wiederkehrendes Bildnis, mit dem an eine Episode in Buddhas Leben erinnert wird: Er saß meditierend unter dem Bodhi-Baum, widerstand verschiedenen Versuchungen und rief die Erde durch einhändige Berührung dazu an, Zeugin seiner strengen Askese und Standhaftigkeit zu sein. Die Statue ist sehr filigran gearbeitet und ebenfalls mit Diamanten besetzt, deren größter 16 Karat hat. Der eindrucksvolle, über 1 m hohe Buddha zur Rechten trägt einen großen Diamanten zwischen den Augenbrauen, der das dritte Auge symbolisiert, Sitz der unmittelbaren Erkenntnis.

Weitere Vitrinen beherbergen Buddhastatuen aus Gold, Silber, Kristall und Marmor in allen üblichen Posen, die Gläubige und Pilger der Pagode stifteten.

Die Schaukästen an den Wänden der Halle präsentieren neben zahllosen Buddhastatuen auch andere interessante Objekte. Nahe des Nordeingangs kann man einen prachtvollen Dolch besichtigen, dessen goldener Griff und Scheide mit Edelsteinen geschmückt sind. In der Sammlung von Zigarettenetuis verdient vor allem ein goldenes Exemplar mit großen Smaragden Beachtung. Eine andere Vitrine zeigt goldenen Kopfschmuck sowie Masken für Reamker-Aufführungen des königlichen Balletts. Vor dem Verlassen der Halle lohnt sich ein Blick auf die ungewöhnlichen Buntglasfenster, zu deren Motiven unter anderem ein Hanuman gehört, der einen geflügelten Tiger reitet.

Der Hof

Ruhig und grün präsentiert sich der Pagodenhof, in dem zahlreiche Monumente stehen. Sein bei weitem kostbarster Schatz ist jedoch das umlaufende, 642 m lange **Wandgemälde**, das minutiös die epische Geschichte des Ramayana erzählt. In den Jahren 1903 und 1904 waren hier 40 Künstler mit kraftvollen Farben an der Arbeit und schufen ein einzigartiges Kunstwerk. Obwohl die einzelnen Abschnitte geschützt unter dem Dach einer Galerie liegen, leiden viele an Wasserschäden. In den Jahren nach 1985 konnte ein Großteil restauriert werden, aber es bleibt noch einiges zu tun, um den Rest für die Nachwelt zu bewahren.

Die Darstellungen beginnen südlich des Osttors mit Ramas Geburt und erzählen dann im Uhrzeigersinn von Ramas Heirat mit Sita, deren Entführung und deren Rettung durch die Affenarmee. Zwei der schönsten Szenen, beide gut erhalten, zeigen die Affenarmee beim Aufbruch (Südgalerie) sowie bei der Überquerung der Meeresstraße nach Lanka (Nordgalerie).

Auffälligstes Monument im Hof ist zweifellos das **Reiterstandbild** von König Norodom unmittelbar vor der Silberpagode – ursprünglich zeigte es seinen Stifter Napoleon, doch der Kopf wurde später ausgewechselt. Zu beiden Seiten der Statue stehen reich verzierte und absolut identische Chedis, derjenige von Norodom im Norden und derjenige von Ang Duong (der zugleich einen Chedi in Oudong besitzt) im Süden. Der kleine und schlichte Pavillon in der Ostecke des Hofs beherbergt einen **Fußabdruck** von Buddha sowie mehrere Palmblattmanuskripte, ursprünglich das klassische Medium für die Weitergabe religiöser Texte, doch wegen des feuchten Klimas sind leider nur wenige erhalten geblieben. Auf dem Gelände der Silberpagode gibt es ein zweites Exemplar von Buddhas Fußabdruck; es handelt sich um ein Geschenk aus Sri Lanka, das im Pavillon auf dem künstlichen Phnom Kailassa untergebracht ist.

Südwestlich des Phnom Kailassa steht der offene Chedi von König Norodom Sihanouks Tochter, Kantha Bopha, die bereits im Kindesalter an Leukämie starb und nach der die Kinderkrankenhäuser von Phnom Penh und Siem Reap benannt wurden. Das **maßstabgetreue Modell** von Angkor Wat hinter der Silberpagode wurde erst in jüngerer Zeit hinzugefügt und wirkt zwischen den religiösen Bauten ringsum eher deplatziert. In der Westecke des Hofs erhebt sich ein Glockenturm, dessen Glocke einst das Öffnen und Schließen der Tore ankündigte. **Mondap**, die Bibliothek am Nordtor, beheimatete früher Palmblattmanuskripte und heute ein Standbild von Shivas Tragtier Nandi.

Nach dem Verlassen des Hofs durch das Südtor gelangt man zu einer recht chaotischen Ansammlung von Gebäuden, darunter ein hölzerner Pfahlbau und eine Ausstellung mit Fotografien über das Dorfleben und Khmer-Trachten. In Richtung Ausgang führt der Weg an Elefantenstallungen sowie einem Pavillon mit Howdahs und Ochsenkarren vorbei. Unter einem weiteren Pfahlbau demonstrieren Frauen die alte Technik der Seidenweberei. Angrenzend liegt eine kleine Gartenanlage, in der früher die Elefanten angepflockt wurden, die sich nicht im Arbeitseinsatz befanden.

Nationalmuseum

Das eindrucksvolle dunkelrote Sandsteingebäude des Nationalmuseums von Kambodscha beheimatet eine reiche Sammlung an Skulpturen, Reliquien und Kunstgegenständen, die teilweise bis in prähistorische Zeiten zurückdatiert werden können. Zu den bemerkenswertesten Exponaten gehören eine Skulptur von **Yama**, ursprünglich die Terrasse des Leprakönigs in Angkor Thom zierend, sowie ein riesiger **Liegender Vishnu** aus dem Westlichen Mebon.

All diese Schätze mussten im Stich gelassen werden, als Phnom Penh 1975 von den Roten Khmer evakuiert wurde. In den nächsten vier Jahren ihrer Herrschaft plünderten sie Stück für Stück das Museum und ermordeten den Direktor. Bei Rückkehr der Bevölkerung nach Phnom Penh im Jahre 1979 hatte sich die wild wuchernde Natur der Galerien und des Hofes bemächtigt, und das Dach war teilweise eingestürzt. Millionen von Fledermäusen, die sich unter dem Dach eingenistet hatten, bedrohten mit ihren zerstörerischen Exkrementen die Ausstellungsstücke, bis sie im Jahr 2002 endlich vertrieben werden konnten.

Das 1918 eröffnete Nationalmuseum wurde vom französischen Archäologen und Gelehrten George Groslier in einer Mischung aus europäischem und traditionellem Khmer-Stil entworfen und besteht aus vier miteinander verbundenen **Galerien** um einen begrünten Innenhof.

Entlang der Vorderfassade verläuft eine Veranda unter einem Schatten spendenden Dachgesims. Es wird von schlichten, rechteckigen Säulen getragen, die den Blick zu den extravagant verzierten Giebeln lenken und weiter zum mehrfach gestaffelten, roten Ziegeldach, gekrönt von Türmen und mit schützenden Nagas an seinen Kanten. Zwei lebensgroße, bronzene Elefantenköpfe mit wuchtigen Stoßzähnen bewachen das Gebäude im Norden und Süden; die Elefantenköpfe zierten einst ein Denkmal für im Ersten Weltkrieg gefallene Franzosen, das von den Roten Khmer zerstört wurde.

Das Museum liegt westlich der ehemaligen **Königlichen Verbrennungsstätte**, einem vernachlässigten Stück Land, das nicht nur als Fußballfeld, sondern jeden Mai als Austragungsort für die königliche Pflugzeremonie dient. Hinter dem Museum befinden sich die Werkstätten des Seminars für Kunst und Skulptur, das zur **Schule der Schönen Künste** der Universität von Phnom Penh gehört. Besucher sind hier gern gesehen und vielleicht kann man sogar eines der studentischen Werke erstehen, die hier allemal eine bessere Qualität haben als diejenigen in der Phlauv 178 nördlich des Museums, wo lokale „Künstler" grelle Gemälde und derbe Skulpturen anbieten.

Der Zugang zum Museum erfolgt über die zentrale Treppe der Ostgalerie. Im Foyer können Taschen zur Aufbewahrung abgegeben werden (kostenlos), und ein Laden bietet eine gute Auswahl an Büchern (Tipp: *Khmer Art in Stone*, US$2) und Postkarten sowie Reproduktionen einiger Exponate an. Kundige Englisch sprechende Führer, die pro Rundgang US$5 verlangen, informieren ihre Kunden nicht nur ausführlich über die verschiedenen Architekturstile, sondern vermitteln auch Einblick in das Leben der jeweiligen Epoche. Aber auch wer das Museum auf eigene Faust erkunden möchte, hat es sehr einfach: Das Gebäude besitzt nur eine Ebene und sollte – beginnend in der Südostecke – im Uhrzeigersinn erkundet werden, um einen weitgehend **chronologischen** Überblick zu erhalten. Generell empfiehlt es sich, die Ausstellung erst nach dem Besuch von Kambodschas Tempeln auf das Programm zu setzen, da man sich die Exponate dann besser in ihrer ursprünglichen Umgebung vorstellen kann. 🕒 tgl. 7.30–11.30 und 14–17.30 Uhr, Eintritt US$3, Kamera US$1 (Fotografieren nur im Hof erlaubt).

Ostgalerie

Das Eingangsportal der Ostgalerie zeichnet sich durch wuchtige **Holztore** aus, von denen jedes über eine Tonne wiegt und die den Schnitzereien von Banteay Srei sehr ähnlich sind.

Gleich nach Betreten des Museums steht man vor dem eindrucksvollsten Ausstellungsstück der Ostgalerie, einem über 2 m großen **Garuda** mit ausgebreiteten Schwingen, der während der Koh Ker-Ära (10. Jh.) aus grauem Sandstein gemeißelt wurde. Die restliche Galerie enthält Bronzegegenstände, deren Ursprung bis auf die Funan-Epoche zurückgeht. Zur Linken sind vorwiegend Statuen ausgestellt, darunter Buddhabildnisse unterschiedlichster Qualität, von extrem schlicht bis äußerst kunstfertig; einige der Exponate aus dem 15.–17. Jh. wurden aus vergoldetem Kupfer gefertigt und mit Lack überzogen.

In dem Schaukasten, der dem Eingang am nächsten ist, kann man die Skulptur des Kopfes eines Asketen aus Banteay Srei betrachten, während eine näher zum Hof hin platzierte Vitrine mehrere Hände und Füße längst zerstörter Statuen präsentiert, deren Ausmaße von absolut winzig bis zu gigantisch groß reichen. Dass man mit Bronze ausdrucksvollere Statuen als mit Sandstein schaffen kann, beweisen der sitzende Ganesha, ein in der Khmer-Kunst eher seltenes Motiv, sowie das detaillierte Gemälde mit Hevajra und sechs tanzenden

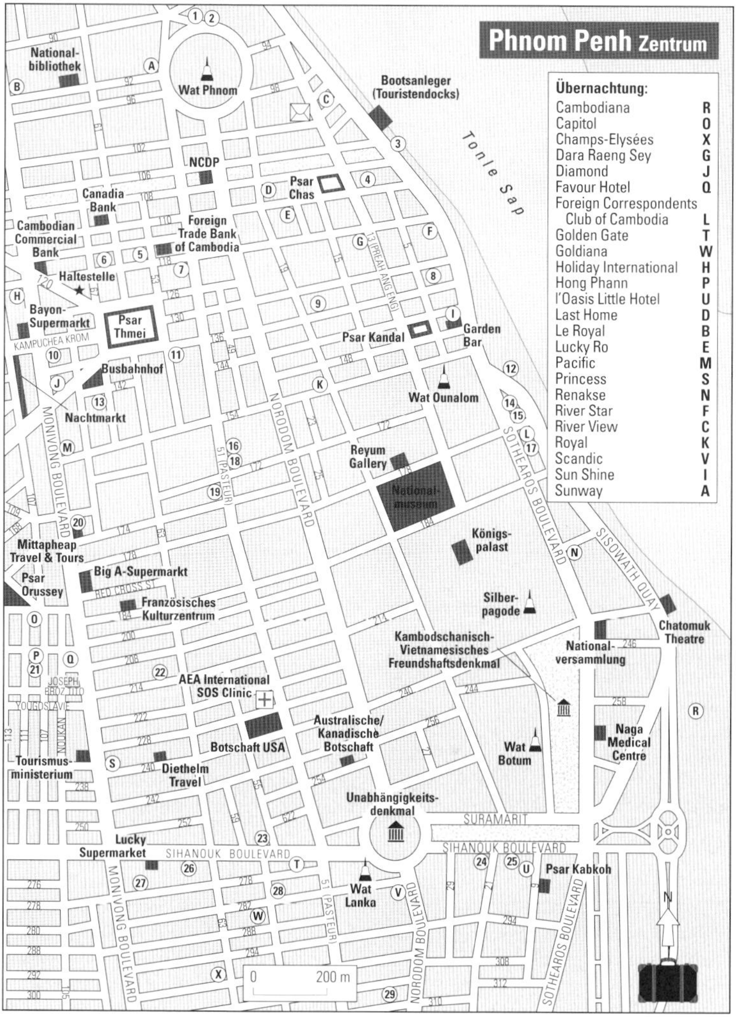

Restaurants, Bars und Clubs:

Antony's Pizza	2	East India Curry	5	Java	25	Rhuan Thai	8
Baan Thai	29	Elephant Bar	B	Khmer Restaurant	28	Royal India	21
Bali Café	17	Foreign Correspondents Club of Cambodia	L	Le Deauville	1	Sam Doo	10
Beef Soup	Q	Frizz	12	Lumbini	22	Sharky's	9
California 2	12	Gold Fish River	3	Mamak's	6	Shiva Shakti	24
Cantina	12	Happy Herbs Bistro	15	Nagasaki - ya	23	Sorya	13
Cathouse Tavern	7	Heart of Darkness	16	Nouveau Pho de Paris	20	Talkin' to a Stranger	27
Chi Cha	4	Howies	18	Peking	11	Walkabout	19
Chit Chat Café	26			Ponlok	14		

yoginis; beide Stücke stammen aus dem 12. oder 13. Jh. und stehen unmittelbar vor der prähistorischen Abteilung.

Die Schaukästen auf der rechten (nördlichen) Seite der Galerie präsentieren eine Sammlung wunderschöner Kerzenhalter, schwerer Elefantenglocken, religiöser Wassergefäße sowie Utensilien für die Betel-Zubereitung, zu denen fantastische Behälter in Pfauengestalt gehören. Dicht neben Garuda zeigt ein schönes Bronzebildnis (12. Jh.) von Shivas Tragtier Nandi den Anflug eines Lächelns; durch die unzähligen Berührungen ist seine Oberfläche inzwischen ganz glatt und glänzend. In der Nordecke der Galerie befindet sich die berühmte Bronze des **Liegenden Vishnu**, die einst mit Edelmetallen und Juwelen verziert war. Fachleute schätzen die ursprüngliche Größe auf rund 6 m, obwohl bei den Ausgrabungen im Westlichen Mebon nur zwei Arme, der Kopf sowie Teile des Rumpfes gefunden wurden.

Es gilt als gesichert, dass es sich bei diesem Bildnis um den „liegenden Bronze-Buddha, aus dessen Nabel stets Wasser fließt", handelt, von dem der Chinese Chou Ta-Kuan im 13. Jh. berichtete – auch wenn er es fälschlicherweise dem Östlichen Mebon zuordnete.

Die Eckkammer der Galerie beherbergt eine Sammlung hölzerner Buddhastatuen, die alle aus der Post-Angkor-Epoche stammen und aufgrund des feuchten Klimas in Kambodscha in verschiedenen Stadien des Verfalls sind.

Südgalerie

Einen Überblick über Kambodschas **prähistorische Epoche** gewährt die recht begrenzte Ausstellung im Südosten des Museums. Zahlreiche Exponate stammen aus den Höhlen um Laang Spean südwestlich von Battambang, die um 6800 v. Chr. nachweislich von Jägern und Sammlern bewohnt waren; andere Stücke wurden bei Ausgrabungen in den unterschiedlichsten Landesteilen freigelegt. Die Galerie beherbergt Perlen sowie verzierte Keramiken, die sich von heutigen Gebrauchsgegenständen kaum unterscheiden. Eine große Zeremonientrommel beweist auf eindrückliche Weise, dass die Bronzeverarbeitung im 4.–2. Jh. v. Chr. bereits sehr fortgeschritten war.

Prä-Angkor

Mit Betreten des Hauptteils der Südgalerie unternimmt man einen Zeitsprung über mehrere Jahrhunderte hinweg in die Prä-Angkor-Epoche. Wohlgeformte Buddhastatuen aus dem 6. Jh., ihr Haar zu dicken Locken gedreht, stellen eine entspannte Haltung zur Schau. Die damaligen Bildhauer bewiesen zwar großes Geschick (die Gewänder der Skulpturen lassen die darunter verborgenen Körperkonturen eindeutig zum Vorschein treten), doch da sie noch nicht plastisch zu arbeiten vermochten, bedienten sie sich der Technik des **Hochreliefs**, d. h. zwischen Beinen und Armen der Statuen wurde stützendes Gestein beibehalten.

Im selben Bereich der Ausstellung sind auch die frühesten Beispiele **weiblicher Statuen** der Khmer-Kunst zu bewundern – ein sehr schönes Exemplar (obwohl Kopf und Arme fehlen) ist die aus Sambor Prei Kuk stammende Gefährtin Shivas, Durga Mahishasuramardin, deren schmale Taille, volle Brüste und breite Hüften zu einem sehr indischen Erscheinungsbild führen.

Mächtigen Eindruck erweckt das riesige, 3 m hohe Bildnis des achtarmigen Hindugottes **Vishnu**, das im Zentrum der Galerie steht und wahrscheinlich aus dem 7. Jh. stammt. Die Gestalt trägt ein einfaches Lendentuch, das vorne kurz und zwischen den Beinen hindurchgezogen ist. In ihren Händen hält sie Flamme, Muschel und Schlagstock, die Symbole Vishnus. Ein Steinbogen dient als tragendes Element der Statue, doch im Zuge der Annäherung an die komplett plastische Gestaltung wurde das Gestein zwischen Bogen und Gliedmaßen herausgemeißelt.

Sehr beliebt in der prä-angkorianischen Kunst waren auch Bildnisse des **Harihara**. Neben dem Gang zum Hof ist ein besonders schönes Exemplar aus der Prasat Andat-Epoche (spätes 7. Jh.) zu bewundern, das – für Khmer-Skulpturen unübliche – Anspielungen auf Muskelpartien aufweist.

Nahe der Wand steht ein Hochrelief von **Krishna** (6. Jh.) mit erhobenem linken Arm, der den Berg Govardhara stützt. Mehrere Statuen von Durga und anderen Göttinnen, allesamt mit äußerst sinnlichen Körperpartien und elegant drapierten Sampots, säumen die Wand zum Hof. Besonders grazil wirkt die Dame aus Koh Krieng bei Kratie, die durch schwere Gehänge verlängerte Ohrläppchen hat.

Angkor

Im Säulengang der Südgalerie markiert ein **Vishnu** im Stil von Kulen (9. Jh.) den Übergang zur etwas formelleren Angkor-Epoche. Beachtung verdient die Technik, mit der die Bildhauer diese Statue stabilisierten: Das rechte Bein steht ein kleines Stück vor dem Körper, die Arme werden durch einen Stab oder ein Schwert abgestützt. Eine typische Vertreterin der Preah Ko-Epoche (spätes 9. Jh.), bekannt für ihre wohl geformte Figurengestaltung, ist die Statue der Königin Rajendradevi im Mittelteil der Südgalerie. Hier befindet sich auch das zeitgenössische Bildnis eines stämmigen und würdevollen Shiva.

An einem Paar fein verzierter Sandsteinsäulen vorbei führt der Weg in den westlichen Teil der Südgalerie und die **Bakheng-Epoche** (spätes 9./frühes 10. Jh.). Stellvertretend für die zu dieser Zeit sehr symmetrisch gearbeiteten Skulpturen ist ein männlicher Torso an der Hofwand mit breiten, nahezu rechteckigen Schultern. Nicht zu verfehlen sind die großen **Gruppenskulpturen** aus der Koh Ker-Epoche (frühes bis mittleres 10. Jh.), die diesen Teil der Galerie beherrschen. Als weitere Neuerung jener Periode gilt die Einbeziehung dynamischer Elemente: Eine Furcht einflößende Skulptur stellt den Kampf zwischen den Affenkönigen Vain und Sugriva dar, während näher zum Hof hin ein Torso zu sehen ist, der zwei ineinander verschlungene Ringer beim Kampf zeigt. An dieser Stelle sollte man nach draußen gehen und einen Blick auf die Köpfe der Gottheiten werfen, die einst den Zugang zu Angkor Thom flankierten. Außerdem ist eine ungewöhnliche Waschschüssel aus poliertem Schiefer zu sehen, deren Ausguss die Form des Kopfes eines Wasserbüffels hat.

Im Westen der Südgalerie stehen auch einige besonders schöne Statuen des Tempels **Banteay Srei** aus dem 10. Jh., wobei der kauernde Tempelwächter Simha mit seinen makellosen Zahnreihen und hervorquellenden Augen besonders auffällig ist; die Skulptur wirkt um so eindrucksvoller, als sie aus rotem Sandstein gefertigt wurde. Zu den Höhepunkten der Khmer-Kunst zählen viele Fachleute einen sitzenden, lächelnden Shiva mit seiner Gefährtin Uma auf den Knien. Ursprünglich war das Paar mit Edelsteinen verziert, doch heute präsentiert es sich fast ohne jeden Zierrat, mit Ausnahme ihrer in tiefe Falten gelegten Sampots. Die Statue wurde eher zufällig 1914 aus Banteay Srei fortgeschafft, kurz bevor Schatzsucher die Anlage plünderten – leider wurde Umas Kopf in den 70er Jahren aus dem Museum gestohlen. Auch der verzierte Giebel hinter der Statue stammt aus Banteay Srei; die Szene aus dem Mahabharata (s. S. 87) zeigt zwei Vettern im tödlichen Kampf.

Westgalerie

Die Statuen der Westgalerie entstanden ab dem 10. Jh. und wirken formeller als diejenigen früherer Epochen. In einer Ecke der Galerie befindet sich ein Brahma-Bildnis mit vier Gesichtern aus der **Khleang-Epoche** (spätes 10. Jh.), ein eher seltenes Motiv in Kambodschas Kunst.

Eine elegante Vertreterin für die grazilen weiblichen Statuen der **Baphuon-Epoche** (11. Jh.) ist die schlanke, kleinbrüstige Lakshmi, die Gefährtin Vishnus; vorne enthüllt ihr Sampot den Nabel und am Rücken lässt er die Hüfte frei.

Die prä-angkorianische Sammlung des Museums enthält nur wenige Buddhabildnisse, da die Könige jener Zeit überwiegend dem Hinduismus zugeneigt waren. Erst ab dem 11. Jh. gewann der Buddhismus wieder an Einfluss, was in dem sitzenden Buddha zum Ausdruck kommt, dessen Gesicht ein mildes Lächeln ziert und über den sich schützend eine siebenköpfige Naga wölbt. Nur schwach vertreten ist die Angkor Wat-Epoche, da frei stehende Skulpturen größtenteils durch große Flachreliefs an den dortigen Tempeln ersetzt wurden. Zu den wenigen herausragenden Beispielen im Zentrum der Galerie gehört ein Ziergiebel vom Westeingang Angkor Wats mit Darstellungen aus dem Jataka, einer Erzählsammlung über das frühere Leben Buddhas. Am äußersten Rand der Galerie steht die berühmteste Statue des Museums, ein Bildnis von **Jayavarman VII**. aus der **Bayon-Epoche** (spätes 12. Jh.). Der mit überkreuzten Beinen in Meditationshaltung sitzende König ist als glattrasierter, leicht rundlicher Mann mittleren Alters mit friedfertigem Gesichtsausdruck dargestellt.

Ein weiteres Mal tritt Jayavarman VII. (diesmal nur sein Kopf) an der Wand zum Hof in Erscheinung, wo er als junger Mann mit leicht deprimiertem Blick, geschlossenen Augen und angedeutetem Lächeln gezeigt wird. Der erst 1958 in Preah Khan aufgefundene Kopf taucht in vielfacher Ausfertigung an Souvenirständen auf.

Am Nordende der Galerie kommt die Thematik des Buddhismus wieder ins Blickfeld. Ein Ziergiebel des 13. Jhs. aus Prah Palilay zeigt einen sitzenden Buddha, dessen rechte Hand die Erdberührungs-Mudra ausführt. Die Legende von Vishnu, wie er auf Garuda reitet, gelangt durch eine Statue aus Banteay Chmar – und eine englische Erläuterung – in Erinnerung.

Bonn Om Tuk – das "Fest der Wasserwende"

Während der Regenzeit führt der Mekong so viel Wasser, dass er den Tonle Sap an dessen Einmündung zurück in den riesigen gleichnamigen See drängt. Erst wenn im Oktober oder November der Wasserstand des Mekong fällt, beginnt der Tonle Sap wieder in die normale Richtung zu fließen, ein Ereignis, welches mit einem der farbenprächtigsten Feste Kambodschas gefeiert wird: Bonn Om Tuk. Phnom Penh platzt schier aus den Nähten, wenn Rudermannschaften und ihre Anhänger aus den Provinzen zu den dreitägigen Bootsrennen auf dem Tonle Sap in die Stadt strömen und die Zuschauer zu Hunderttausenden Richtung Flussufer unterwegs sind, um ihre Teams bei den heiß umkämpften Läufen anzufeuern. Während des Jahres finden in den Provinzen Trainingsläufe und Proberennen statt, um die beste und geschickteste Mannschaft nach Phnom Penh schicken zu können. Besonders eindrucksvoll sind die reich verzierten und farbenfroh bemalten Langboote, die bis zu 30 m erreichen. Maximal finden 65 Ruderer darin Platz, die paarweise angeordnet sind und entweder knien (im Bug), sitzen (in der Mitte) oder stehen (im Heck). Jedes dieser Boote ist eine Spezialanfertigung. Der Rumpf besteht aus dem extrem wasserresistenten KoHolz, und für den oberen Teil wird Srolao verwendet, das selbst extreme Sonneneinstrahlung unbeschadet erduldet. Die Verzierungen entsprechen größtenteils Symbolen für Stärke und Glück, und selbstverständlich werden die Boote vor ihrem Einsatz von Mönchen gesegnet.

Nordgalerie

Nach Passieren der Steinstatuen wird der Besucher geradewegs in die einige Jahrhunderte entfernte, vielfältige Welt der Nordgalerie katapultiert. Neben Schwertern, Kanonen, Urnen, Schalen und Nagas von traditionellen kambodschanischen Dächern befindet sich hier auch die Kabine eines **Königsbootes** aus dem 19. Jh., das mit Abstand eindrucksvollste Ausstellungsstück der Nordgalerie. Die einst reich ausgestattete Kabine aus Koki-Holz sollte keinen Wunsch des Herrschers offen lassen; ihr Innenraum war von glatt polierten Bodenplanken bedeckt, und die Außenwände zierten kunstvoll geschnitzte Blattmotive, Blumen und Drachen. Die fast 3 m hohe, eindrucksvolle **Urne** aus Holz, Silber und mit Gold überzogenem Kupfer im Zentrum der Galerie gehörte König Norodom Suramarit, dem Großvater des jetzigen Königs. Zu den anderen Exponaten zählen ein **Webstuhl** für Seidenstoffe sowie einige wunderschöne **Howdahs** mit Elfenbeinverzierungen.

Draußen lohnt an dieser Stelle ein Blick unter das Dachgesims, wo sich zwei prachtvolle Wandtafeln des Tempels Banteay Chmar befinden, die 1998 ausgerechnet von den mit ihrer Bewachung betrauten Militärs geraubt wurden. Mit Hilfe von Maschinen brachen sie die Tafeln aus dem Mauerwerk, verluden sie auf Lastwagen und schmuggelten sie über die thailändische Grenze, um die Kunstschätze in Bangkok zu verkaufen. Unterwegs griff die thailändische Polizei zu, welche die kostbaren Stücke im Jahre 2000 an Kambodscha zurückgab. Beide Tafeln wurden im Nationalmuseum angebracht und der überlebensgroße, vielarmige Lokesvara einer breiten Öffentlichkeit bekannt gemacht.Im Zentrum des Hofs endet der Rundgang an der wohl proportionierten Skulptur von **Yama**, dem Herrn der Unterwelt, die von der Terrasse des Leprakönigs in Angkor Thom stammt. Die Gottheit, die einen Schnurrbart trägt, hat einen breiten, muskulösen Rumpf, eine schmale Taille, und das gekämmte, geflochtene Haar fällt ihr über den Nacken auf die Schultern.

Das Flussufer

Der **Sisowath Quay**, der sich über nahezu 4 km von der Chroy Chung Va-Brücke bis zum Chatomuk-Theater am Tonle Sap entlang zieht, ist mit

Flüsse sind wichtige Transportwege – auch in der Hauptstadt

seiner Vielzahl von westlichen Restaurants und Bars das Herz von Phnom Penhs Touristenszene. Ab der Phlauv 106, nach etwa der Hälfte der Strecke, verbreitert sich der Kai zu einer 2 km langen, schönen Fußgängerpromenade, die in den nächsten Jahren um weitere 4 km bis zur Brücke in Chbar Ampov erweitert werden soll. Tagsüber geht es am Flussufer relativ ruhig zu. Leben kommt erst am späten Nachmittag auf, wenn sich die Stadtbewohner aufmachen zum *dah´leng,* ein Begriff, der von einem kurzen Bummel bis hin zu einem Tagesausflug in Orte außerhalb der Stadt alles bedeuten kann. Gegen 17 Uhr beginnen sich die Bürgersteige nahe der Parkanlage am Königspalast in eine Art Rummelplatz zu verwandeln: Imbiss- und Getränkeverkäufer ziehen umher, spontane Darbietungen finden statt, Einheimische breiten ihre Matten (die man auch mieten kann) aus und genießen eine Mahlzeit unter freiem Himmel.

Für eine gemütliche Rundfahrt auf dem Mekong stehen am Nordende der Promenade, nahe des Pavillons *River 4,* Motorboote mit Fahrer bereit (US$8 pro Stunde) – übrigens auch eine gute Stelle, um den Sonnenuntergang hinter dem Königspalast zu genießen. Kurz nach 17 Uhr trottet Sam Bo, der **Elefant** des Wat Phnom, durch den Feierabendverkehr am Sisowath Quay heimwärts. Mit ein paar Bananen lässt er sich jederzeit zu einer Pause verlocken und posiert für einen Schnappschuss; relativ sicher begegnet man ihm in der Nähe der *Garden Bar.*

Wat Ounalom

Der dunkelgrau und trist wirkende Beton-Chedi gegenüber dem Sisowath Quay täuscht darüber hinweg, dass Wat Ounalom zu Phnom Penhs bedeutendsten Pagoden gehört. Sie geht auf die Regierungszeit von Ponhea Yat im 15. Jh. zurück, obwohl wenig auf ihr wahres Alter hindeutet. In den frühen 70er-Jahren des 20. Jhs. lebten über 500 Mönche in der Pagode, die damals auch eine Bibliothek des *Institut Buddhique* beheimatete, welche jedoch zusammen mit zahlreichen anderen Gebäuden von den Roten Khmer zerstört wurde.

Der Name der Pagode ist darauf zurückzuführen, dass in dem großen Chedi hinter der Vihara ein *ounalom* aufbewahrt wird – ein Haar aus **Buddhas Augenbrauen**. Wer das kostbare Stück betrachten möchte, der wende sich an den *achar,* den man gewöhnlich in dem kleinen Buchladen nahe des Eingangs findet. Von den vier Heiligtümern innerhalb des Chedi genießt dasjenige, das nach Osten ausgerichtet ist und einen schönen Bronze-Buddha beheimatet, die größte Verehrung. Die **Vihara** wurde 1952 erbaut und hat ihre Pforten nur frühmorgens für die Zeremonien der Mönche geöffnet. Das Kloster besitzt entgegen der üblichen Bauweise drei Ebenen und enthält eine Gedächtnisstatue von Samdech Huot Tat, dem ehrwürdigen vierten Patriarchen des kambodschanischen Buddhismus, der von den Roten Khmer ermordet wurde.

Am unansehnlichen dunkelgrauen Chedi kann man einen kurzen Blick in die **Gruft** werfen, in deren Hunderten kleinen Nischen die Urnen bedeutender Kambodschaner stehen, umgeben von grellen Plastikblumen und Fotos der Verstorbenen. Am Eingang stürzen sich sofort zahllose „Führer" auf die eintreffenden Besucher und verlangen für ihre Dienste stolze US$5. Da die meisten praktisch nichts über die Pagode zu erzählen wissen, wäre selbst ein Dollar noch eine zu großzügige Entlohnung.

Unabhängigkeitsdenkmal und Umgebung

Da das Flussufer südlich des Königspalastes kaum etwas Interessantes zu bieten hat, sollte man dem Fluss an dieser Stelle den Rücken kehren und sich in Richtung Unabhängigkeitsdenkmal, am Schnittpunkt des Sihanouk Boulevard mit dem Norodom Boulevard, auf den Weg machen. Der rund 20-minütige Spaziergang führt durch einen ruhigen **Park** und vorbei an mehreren Monumenten.

Das zartbeige Gebäude der **Nationalversammlung** am Sothearos Boulevard südöstlich der Silberpagode wurde im typischen Khmer-Stil errichtet. Nagas zieren das dreistufige, rote Ziegeldach, von fünfstufigen Türmen überragt, und zeremonielle Löwen bewachen die Tore. Tagt die Versammlung, so ist die Straße zwischen Palast und Sihanouk Boulevard nur für Fußgänger passierbar. Wenig südwestlich der Nationalversammlung gedenkt ein goldener Stupa an 16 Menschen, die am 30. März 1997 vor dem Gebäude starben, als Handgranaten in eine Kundgebung von Sam Rainsy geworfen wurden. 50 m weiter südlich erhebt sich die große goldfarbene Statue eines mythischen kambodschanischen Vogels namens *heng*, der dem Phönix entspricht und dessen Hals nach Osten Richtung Nationalversammlung ausgestreckt ist. Unmittelbar dahinter befindet sich das **Kambodschanisch-Vietnamesische Freundschaftsdenkmal**, das an die vietnamesische Befreiung Phnom Penhs von den Roten Khmer im Januar 1979 erinnert. Unter dem goldenen Stufendach steht die wuchtige Sandsteinfigur einer Khmer-Frau mit einem Baby im Arm, die von zwei bewaffneten vietnamesischen Befreiungssoldaten flankiert wird. Die Bühne im Park dient an offiziellen Feiertagen häufig als Austragungsort kostenloser Konzerte von Khmer-Popmusik oder Klassik.

Nahebei liegt der **Wat Botum**, eine der fünf Pagoden, die 1442 von Ponhea Yat gegründet wurden. Der heutige Bau, der auf das Jahr 1937 und König Sisowath Monivong zurückgeht, blieb von der Zerstörungswut der Roten Khmer verschont. Auf dem Gelände stehen zahlreiche malerische Chedi, die größtenteils die Asche reicher Politiker und wichtiger Mönche beherbergen, sowie große, grellbunt angemalte Statuen von Riesen, Löwen und Tigern.

Allabendlich strömen Familien und junge Paare zum Rummelplatz an der Ecke Sothearos Boulevard und Sihanouk Boulevard, um eine Vergnügungsfahrt auf den Karussells zu wagen. Am Springbrunnen vorbei öffnet sich ein schöner Blick zum **Unabhängigkeitsdenkmal** (oder Siegesdenkmal), das an die Ablösung von Frankreich im Jahre 1954 erinnert und zugleich als Ehrenmal für die Kriegsgefallenen des Landes dient. Der 1958 fertig gestellte, dunkelrote Sandsteinturm ähnelt den angkorianischen Tempeltürmen, und das vielstufige Dach ist mit über 100 Nagas verziert.

Wie der Wat Botum stammt auch der dem Denkmal gegenüberliegende **Wat Lanka** aus dem Jahre 1442. Die Pagode, deren Name auf die historischen Verbindungen mit Mönchen in Sri Lanka zurückgeht, wetteifert mit dem Wat Ounalom um Rang und Bedeutung, und viele ihrer Mönche sind hoch angesehene Lehrer.

In der Vihara kann man Szenen aus Buddhas Leben betrachten, die einen eigenwilligen lokalen Touch haben: Ein Bildnis zeigt Angkor Wat, während in einer anderen Szene dargestellt wird, wie Touristen den Wat Phnom besteigen. Zweimal wöchentlich bietet die Pagode Meditationskurse an (s. S. 130).

Die Gassen um den Wat Prayuvong, wenige hundert Meter südlich des Wat Lanka am Norodom

Boulevard gelegen, sind Phnom Penhs Zentrum für die Herstellung von Geisterhäusern (s. S. 94) und religiösen Statuen – man kann die grell bemalten Exemplare am Straßenrand gar nicht verfehlen. Obwohl alle Produkte aus Beton gefertigt werden, weisen sie eine hohe Kunstfertigkeit auf und präsentieren sich von erstaunlicher Vielfalt. Einige Künstler widmen sich auch der Herstellung religiöser Gemälde, die manchmal allein durch ihre Größe beeindrucken.

Südwestlich des Zentrums

Hauptgrund für einen Abstecher in den Süden der Stadt ist der Besuch des **Genozidmuseums Toul Sleng**, ein äußerst bedrückendes Erlebnis, das tiefe Einblicke in das Leiden von Kambodscha und seiner Bevölkerung vermittelt.

Vom Museum ist es nur eine kurze Fahrt mit dem Moto zum **Psar Toul Tom Poung**, einem exzellenten Markt für Seidentextilien, Antiquitäten, Holz- und Marmorarbeiten sowie Silberwaren (s. S. 128). 1500 m weiter östlich, im Nordosten der Kreuzung des Norodom Boulevard mit dem Mao Tse Toung Boulevard befindet sich mit der ehemaligen US-Botschaft eine weitere geschichtsträchtige Stätte. Heute gehört das Gebäude zum kambodschanischen Ministerium für Landwirtschaft und lässt keine Spuren der Vergangenheit mehr erkennen. Angesichts der vorrückenden Truppen der Roten Khmer brachte die US-Marine damals 276 Amerikaner, Kambodschaner und andere Ausländer in Sicherheit – der letzte, der das Haus mit der amerikanischen Flagge unter dem Arm verließ, war Botschafter John Gunter Dean. Die Evakuierung endete nur fünf Tage vor dem Einzug der Roten Khmer nach Phnom Penh. Sie nutzten das Haus als Stätte für Folterungen und Exekutionen von führenden Offizieren der Armee Lon Nols.

Genozidmuseum Toul Sleng

Das Museum befindet sich in den Räumlichkeiten der ehemaligen *Toul Svay High School*, Phlauv 113, zwischen 1975 und 1979 das berüchtigte Gefängnis **S-21** der Roten Khmer, durch dessen Tore über 13 000 Menschen – anderen Schätzungen zufolge sollen es über 20 000 gewesen sein – in den Tod gingen. Vor allem die gebildete Elite lernte das S-21 als Verhör- und Folterzentrum fürchten: Ärzte,

Genozidmuseum Toul Sleng

Lehrer, Militärpersonal, Verwaltungsangestellte und andere Verdächtige wanderten durch die erbarmungslosen Hände der Roten Khmer. Das Regime wählte seine Opfer willkürlich aus – sogar Kinder und Babys wurden verhaftet und gnadenlos abgeschlachtet.

Obwohl das Gelände von hohen Mauern und Stacheldraht umgeben ist, fällt es schwer zu begreifen, dass an diesem heute so friedlich wirkenden Ort, mit dem angenehmen Geruch von Frangipaniblüten in der Luft, einst menschenverachtende Verhöre und Folterungen stattfanden. Durchschnittlich bis zu 1500 Gefangene waren hier einst untergebracht, in winzige Zellen gepfercht oder in den früheren Klassenzimmern an den Boden oder aneinander gekettet. Noch immer sind die Balkone der oberen Stockwerke mit Stacheldraht abgesichert, der die Häftlinge am Sprung in den vorzeitigen Tod hindern sollte.

In manchen Zellen stehen noch eiserne Bettgestelle, an denen die Inhaftierten festgekettet waren. Andere Räume sind so klein, dass ein ausgewachsener Mensch nicht genügend Platz hatte, um sich auszustrecken. Als die vietnamesische Armee das Gefängnis 1979 erreichte, traf sie nur noch sieben Häftlinge lebend an. Überall lagen die Leichen von

Gefangenen, die erst kurz zuvor ermordet worden waren – ihre sterblichen Überreste liegen im Hof begraben. An den Wänden im Erdgeschoss hängen Tausende Schwarzweißbilder von Opfern, aus deren Augen die gesamte Bandbreite von Emotionen spricht, von Angst über Trotz bis hin zu Leere. Sie alle tragen eine Nummer, denn die Roten Khmer dokumentierten penibelst, wer ihnen in die Hände fiel. Ein Großteil der Ermordeten waren Kambodschaner, doch auch Ausländer (Asiaten und Westler) wurden verhört und gefoltert.Die Bestürzung lässt auch nach der Fotoausstellung nicht nach. Es folgen detaillierte Erläuterungen über die Foltermethoden, von einem der Überlebenden grafisch dargestellt. Berüchtigt war die **Wasserkammer**, in der man die Gefangenen langsam ertränkte, sofern sie nicht zuvor ein Geständnis ablegten. Auszüge aus diesen "Geständnissen" liegen ebenso zum Nachlesen bereit wie Briefe von Kadern, die ihre Opfer sadistisch quälten, bis deren Aussagen mit ihrer Wahrheitsvision übereinstimmten. ⌚ tgl. 7.30–11.30 und 14–17 Uhr, Eintritt US$2.

Wat Phnom

Nur wenige 100 m vom Flussufer entfernt erhebt sich im Nordosten der Stadt der Wat Phnom. Das auf einem Hügel stehende Heiligtum, das der Stadt ihren Namen gab, gehört zu den beliebtesten Ausflugszielen der Einwohner von Phnom Penh und ist besonders an Wochenenden und Feiertagen gnadenlos überfüllt. Vor dem Aufstieg zum Hügel, der mit seinen 27 m jeden anderen Ort der Stadt niedrig erscheinen lässt, wird man zum Ticketschalter im Osten der Anlage dirigiert. Hier führt eine von Nagas bewachte Treppe vorbei an einigen Bronze-Friesen (mit Schlachtszenen) und tanzenden Apsaras (Reproduktionen der Flachreliefs in Angkor Wat) zum Gipfel. Das Heiligtum selbst wurde mehrfach neu erbaut, zuletzt 1926; vom ursprünglichen Bauwerk ist nichts erhalten. Die umliegenden Parkanlagen stammen aus dem späten 19. Jh. und wurden von den Franzosen angelegt, die auch einen kleinen, ebenfalls nicht erhaltenen Zoo einrichteten sowie die Uhr südlich des Hügels installierten (für's Millennium restauriert).

Hello, what-is-your-name?

Mitunter werden ausländische Besucher von älteren Menschen noch auf Französisch angesprochen – dabei handelt es sich um die wenigen überlebenden Intellektuellen unter dem Regime von Pol Pot, als die Zahl der Französisch sprechenden Kambodschaner drastisch reduziert wurde. In der Folgezeit gewann die englische Sprache an Bedeutung, da mit Arbeitsbeginn der UNTAC und der NGOs zunehmend englischsprachige Dolmetscher benötigt wurden.

Heutzutage fördern Computerindustrie, Tourismus und Kambodschas Mitgliedschaft in der Association of Southeast Asian Nations (ASEAN), deren Arbeitssprache Englisch ist, die Verbreitung der englischen Sprache. Da der Englischunterricht an staatlichen Schulen sehr zu wünschen übrig lässt, schicken finanziell besser gestellte Familien ihre Kinder zusätzlich auf Privatschulen; sobald die Kleinen um 17 Uhr nach Hause gehen, finden sich Erwachsene ein, um Englisch zu lernen. Mit 500–1000 Riel pro Stunde ist dieser Zusatzunterricht für viele ein teures Unterfangen, doch die Ausgaben gelten als vernünftige Investition, da Englischkenntnisse die Chancen auf eine gute Arbeitsstelle verbessern. Angesichts der hohen Nachfrage entstehen überall dort, wo einige Tische und Stühle zur Verfügung stehen, neue Sprachschulen, und aufgrund des Mangels an qualifizierten Lehrern sind die Dozenten ihren Schülern mitunter nur um wenige Lerneinheiten voraus. In Phnom Penh und allen größeren Städten werben Schilder und Transparente für diese Art von Englischunterricht.

Einen guten Eindruck davon gewinnt man in der Hauptstadt vor allem in der Phlauv 164, parallel zum sowie nördlich des Charles de Gaulle Boulevard, in der Nähe des Psar Orussey. Auswendig lernen ist in Kambodscha nach wie vor die gängige Lernform, weshalb Schüler die gelernten Sätze oft nicht richtig verstehen. Bei der Begegnung mit Westlern holen junge Schulkinder meist tief Atem, rasseln ein „Hello, what-is-your-name?" herunter und rennen ohne Erwartung einer Antwort kichernd davon.

Wie in vielen anderen buddhistischen Stätten müssen auch hier vor Betreten der Vihara die Schuhe abgelegt werden – man sollte sie besser mitnehmen, da westliches Schuhwerk eine begehrte Beute der Taschendiebe darstellt, die sich auf dem Gelände herumtreiben. Die dichten Weihrauchschwaden in der Anlage haben die Wandmalereien im Laufe der Zeit so geschwärzt, dass die Darstellungen aus dem Jataka nur schwer zu identifizieren sind. In einem beständigen Strom ziehen die Einheimischen durch die Pagode, um ihre Ehrerbietung zu zeigen – und ihr künftiges Schicksal zu erforschen: Hierfür halten sie ein **Palmblattbuch** über den Kopf und stecken ohne hinzuschauen ein Holzstäbchen zwischen die Seiten, das die Stelle markiert, an der ihr Schicksal beschrieben steht (das sie zuweilen erst nach dem dritten Versuch akzeptieren).

Hinter der Vihara befindet sich der Schrein von **Daun Penh**, der man die Gründung des Heiligtums zuschreibt (s. S. 98); im Schrein wird ihr freundliches, allseits verehrtes Bildnis aufbewahrt. Der große, weiße Chedi beherbergt die Asche des 1467 verstorbenen Königs Ponhea Yat. Im Norden des Hügels, genau unterhalb des Gipfels, erhebt sich der viel besuchte Schrein von **Preah Chao**, einer taoistischen Göttin, die Pilger um Glück, Gesundheit oder Erfolg ersuchen; ihr zur Seite stehen die Helfer Thien Ly Than, der 1000 Meilen weit sehen, und Thuan Phong Nhi, der 1000 Meilen weit hören kann. Die kunstvollen Opfergaben lassen darauf schließen, dass den Bitten der Gläubigen entsprochen wird, denn nicht selten sieht man Teller mit ganzen gekochten Hühnern, garniert mit ihren zubereiteten Innereien und ungelegten Eiern. Auf dem Hügel lebt eine Horde Affen, die sich auf das Stehlen von Opfergaben spezialisiert hat; wer sie füttert, schafft sich eine Erfolg versprechende Ausgangsbasis für sein nächstes Leben. Dasselbe bewirkt das Freilassen der winzigen Vögel, die rund um den Hügel von Straßenhändlern in Käfigen gehalten werden; nicht selten kaufen Kambodschaner ganze Käfigkolonien auf – obwohl durchaus Zweifel über den Nutzen dieser Ausgabe angebracht sind, fliegen die gefiederten Freunde doch alsbald in ihre Käfige zurück. Zum Abschluss sollte man **Sam Bo** einen Besuch abstatten, dem gut 40-jährigen Elefanten, auf dessen Rücken man für US$5 einmal rund um den Hügel reiten kann. Er ist sehr empfänglich für Bananen und stellt sich gerne für ein (kostenloses) Erinnerungsbild in Pose. ⌚ tgl. bei Tageslicht, Eintritt US$1.

Die Umgebung des Wat Phnom

In der Kolonialzeit war der Wat Phnom das Herzstück des **französischen Viertels**, das von grünen Boulevards, Verwaltungsgebäuden, Büros und prächtigen Wohnhäusern geprägt war. Viele der alten Bauwerke sind noch erhalten, und ein Streifzug durch diesen Stadtteil vermittelt einen guten Eindruck von der einstigen Eleganz.

Das **Hauptpostamt**, östlich des Wat Phnom in der Phlauv 13, ist in einem schönen Kolonialgebäude aus dem frühen 20. Jh. untergebracht und erstreckt sich über die komplette Seite eines kolonialen Platzes direkt am Fluss. In den Jahren vor den Roten Khmer wimmelte es hier von Cafés und Restaurants, heute beherrschen Ladenfronten das Bild. Das Postamt wurde im Jahre 2001 restauriert; ein altes Foto im Innenraum lässt erkennen, dass die damaligen Schalter fast unverändert erhalten sind.

Westlich des Wat Phnom befindet sich in der Phlauv 92 ein weiteres schönes Kolonialgebäude, die 1924 erbaute **Nationalbibliothek** (⌚ tgl. 8–11 und 14–17 Uhr). Unter Pol Pot wurden die Bücher entweder zerstört oder achtlos auf die Straße geworfen und das Gebäude zu einem Stall umfunktioniert. Mit französischer Hilfe wurde der Bestand der Bibliothek inzwischen wieder aufgestockt, allerdings überwiegend mit Titeln in französischer Sprache. In einem Raum neben dem Lesesaal ist eine Sammlung seltener Palmblattmanuskripte ausgestellt, die wie dörres Pergament aussehen, und an den Wänden hängen Radierungen und Fotos aus dem frühen 20. Jh. Wenige Gehminuten entfernt steht an der Phlauv 92 inmitten einer üppigen tropischen Gartenanlage das **Hotel Le Royal**, das eine bemerkenswerte Stilmischung aus kolonial, Khmer und Art déco aufweist; der Wintergarten ist ein schöner Ort für den Morgenkaffee oder Nachmittagstee. Wenige Blocks südwestlich des Hotels stößt man auf den **Bahnhof** mit Blick auf den Boulevard, der sich zwischen Phlauv 106 und 108 bis zum Fluss erstreckt. In dem Bauwerk aus den frühen 30er Jahren, das ebenfalls eine eindrucksvolle Art déco-Fassade besitzt, ist nur bei Ankunft oder Abfahrt einer der wenigen täglichen Züge etwas los. Der markante blaue Chedi **Preah Sakyamoni** auf dem Bahnhofsvorplatz beherbergt einen

Knochensplitter Buddhas, und hinter dem Bahnhof ist eine restaurierte Dampflok aus dem Jahre 1929 ausgestellt, die bis zur Einführung von Diesellokomotiven in den frühen 90er Jahren in Betrieb war. Vor dem Bahnhof lassen sich traditionelle **Heiler** bei der Arbeit zuschauen. Sie behandeln ihre Patienten unter anderem mit Kupferscheiben, die sie über Arme, Rücken oder Brust reiben, um die Blutgefäße zu erweitern, oder mit erhitzten Schröpfgläsern, die sie über Rücken, Brust und Stirn ziehen, um Kopfschmerzen, Erkältungen, Grippesymptome sowie viele andere Wehwehchen zu kurieren.

Rund um die Chroy Chung Va-Brücke

Trotz zahlreicher Kolonialbauten ist das Gebiet **nördlich des Wat Phnom** kein besonders attraktiver Stadtteil, doch aus historischen Gründen lohnt sich ein kurzer Abstecher. Über die **Chroy Chung Va-Brücke** verlässt die RN 6 die Stadt in Richtung Kompong Cham und Siem Reap. Die ursprüngliche Brücke wurde 1973 in die Luft gesprengt: entweder von Lon Nols Truppen, um die Roten Khmer an ihrem Einzug in die Stadt zu hindern, oder von den Roten Khmer, die bereits auf dem Vormarsch in die Stadt waren – je nachdem, wem man Glauben schenken will.

Im Volksmund hieß die Brücke jahrelang *spean bak* („kaputte Brücke"), doch inzwischen hat sich die Bezeichnung *chuowa chuoul hauwy* („nicht mehr kaputt") durchgesetzt. Viele nennen sie auch Japanische Brücke, da sie 1993 mit Geldmitteln aus Japan wieder aufgebaut wurde. Nördlich davon liegen die Docks von Phnom Penh.

Auf der Verkehrsinsel am Nordende des Monivong Boulevards, unmittelbar vor der Brücke, steht das bizarrste **Denkmal** der Stadt. 1999 ließ die Regierung – besorgt über die unglaublich vielen Schusswaffen im Land – alle Gewehre und Pistolen, derer sie habhaft werden konnte, beschlagnahmen und unter großem politischem Getöse vernichten. Der Schutt wurde eingeschmolzen und zur Skulptur eines Revolvers mit verknotetem Lauf verarbeitet. Böse Zungen behaupten, es seien nur defekte Waffen zerstört worden, während die intakten in die Hände von Polizei und Militär wanderten. Unmittelbar südlich der Verkehrsinsel, westlich des Monivong Boulevards, schirmen hohe weiße Mauern die **französische Botschaft** ab. Im April 1975 suchten dort 800 Ausländer und 600 Kambodschaner Zuflucht vor den Roten Khmer – diese räumten den Menschen jedoch keine diplomatischen Privilegien ein, sondern behandelten sie als Gefangene. Nach Verhandlungen wurden die Ausländer sowie kambodschanische Frauen, die mit Ausländern verheiratet waren, freigelassen und durften per Flugzeug das Land verlassen. Kambodschanische Männer hingegen, die mit Ausländerinnen verheiratet waren, verschwanden spurlos und wurden niemals wieder gesehen.

Übernachtung

An Unterkünften mangelt es wahrlich nicht in Phnom Penh. Ganz im Gegenteil: Die Bandbreite der Gästehäuser und Hotels – von schlichten Kammern ohne Klimaanlage bis zu vornehmen kolonialen Suiten mit allem Luxus – befriedigt jeden Geldbeutel und Anspruch. Egal zu welcher Uhrzeit man auch eintrifft, ein Zimmer findet sich immer, wenngleich die preiswertesten Unterkünfte natürlich am schnellsten ausgebucht sind. Bei längeren Aufenthalten kann man in Gästehäusern und Mittelklassehotels nach Preisnachlässen fragen. Ein Großteil der **Budgethotels** liegt am See Boeng Kak sowie südlich des zentralen Psar Orussey, aber auch im restlichen Stadtgebiet entdeckt man immer wieder günstige Angebote; besonders begehrt sind die Unterkünfte am Flussufer, wobei man hier etwas tiefer in die Tasche greifen muss.
Die wachsende Konkurrenz der **Mittelklassehotels** – viele davon zentral am Monivong Blvd und der Ph 278 gelegen – macht es gewöhnlich einfach, ein ordentliches und nicht zu teures Zimmer zu finden.
Die **Luxushotels** haben denselben Standard wie in anderen Ländern; als beste Adresse gilt das *Le Royal*, untergebracht in einem herrlichen Kolonialgebäude, das unbedingt einen Blick wert ist – z. B. in Verbindung mit einem Cocktail in seiner berühmten *Elephant Bar*. Bei Aufenthalten von einem Monat oder länger lohnt es sich, eines der **Apartments** (inkl. Sitzecke, Bad und Kochnische) zu mieten, die manche Hotels an der Ph 278 anbieten und die rund US$500 im Monat kosten.

UMGEBUNG PSAR THMEI (Zentralmarkt)
Die folgenden Unterkünfte sind auf der Karte S. 109 zu finden, mit Ausnahme des *Morakat,* das auf S. 101 erscheint.

Diamond, 172-184 Monivong Blvd, 023/217221 oder 216635, diamondhotel@online.com.kh. Etabliertes Hotel, große, modern eingerichtete Zimmer mit Bad, TV, Minibar, AC und Zimmersafe. ❺

Holiday International, 89 Monivong Blvd, 016/817333, www.holidayhotelcambodia.com. Komfortables Hotel mit Luxuszimmern internationalen Standards, auch Suiten. Für das leibliche Wohl sorgen ein Coffeeshop, das Restaurant *Palm´s Café* mit malaiischer, chinesischer und westlicher Küche sowie das italienische Restaurant *La Marina*. Frühstück im Preis inbegriffen. ❻

Morakat, 33 Ph 107, 023/880180, 883796. Populäres Hotel und Restaurant dicht an der Hauptverkehrsstraße, saubere AC-Zimmer mit Bad und Heißwasser, hilfsbereites Personal. ❸

Pacific, 234 Monivong Blvd, 023/218592, 218593. Die großen, hellen Zimmer sind mit netten kambodschanischen Holzmöbeln eingerichtet. Preis inkl. Frühstück. ❺

Royal, 91 Ph 154, 023/218026 oder 012/854806, houleng@forum.org.kh. Familienbetrieb mit guter Auswahl an sauberen, gemütlichen Zimmern. Die Café-Bar bietet leckere, preiswerte Reisgerichte und belegte Baguettes. Sollte das Hotel voll sein, landet man im 50 m entfernten ***Royal 2.*** ❶

AM FLUSS – Die folgenden Unterkünfte sind auf der Karte S. 109 eingezeichnet.

Cambodiana, 313 Sisowath Quay, 023/426288, www.hotelcambodiana.com. Das Hotel mit seinen luxuriösen Zimmern und Suiten liegt am Flussufer und bietet eine großartige Aussicht – vor 10 Jahren war es noch das beste Hotel der Stadt; mehrere asiatische und westliche Restaurants, Bars, Café mit Bäckerei, Tennisplätze und Swimming Pool. ❽

Dara Raeng Sey, Ph 118, 023/428181. Weitläufiger Eckbau in günstiger Lage sowohl zum Flussufer als auch zum alten French Quarter; Zimmer mit Fan oder AC, TV; hilfsbereites, freundliches Personal. ❷–❸

Foreign Correspondents Club of Cambodia (FCC), 363 Sisowath Quay, 023/724014, www.fcccambodia.com. 3 geräumige, individuell eingerichtete Zimmer mit Blick auf den Fluss oder das Nationalmuseum, Telefon (intern. Direktwahl) sowie Computer mit Internetzugang. Unbedingt vorab buchen. ❺

Renakse, 40 Sothearos Blvd, 023/215701, renakse-htl@camnet.com.kh. Traditionelles Khmer-Gebäude mit buntem Ziegeldach in der wohl besten Hotellage Kambodschas: Direkt gegenüber dem Königspalast und der Silberpagode. Meist kleine, dunkle Zimmer mit Bad (Heißwasser), TV und Kühlschrank, einige mit kleiner Veranda. Achtung: Durch mitunter planlose Verwaltung kommen Doppelbuchungen vor; das Frühstück auf dem Balkon – umgeben von Frangipanibäumen und mit Blick auf den Palast – wiegt aber alle Nachteile auf. ❺

River Star, 185 Sisowath Quay, 023/990501. Eckhaus in exzellenter Lage mit Zimmern auf 5 Stockwerken, einige mit Balkon und Blick auf den Fluss; alle Zimmer mit AC und TV, relativ neu und sauber, aber etwas charakterlos. ❹

River View, 85 Sisowath Quay, 012/555788. Recht modernes Hotel in einer ruhigen Gegend des alten French Quarter, in herrlicher Lage am Fluss; saubere Zimmer mit AC, TV und Bad (Heißwasser). ❷–❸

Sun Shine, 253 Sisowath Blvd, 023/725664, 218256. Alteingesessenes Hotel, ordentliche Zimmer mit Bad (z.T. Heißwasser), TV, Kühlschrank und AC. ❸

NAHE WAT PHNOM – Die folgenden Hotels sind auf den Karten S. 101 oder S. 109 eingezeichnet.

Bayon, 2 Ph 75, 023/430158 oder 722701, www.bayonhotel.com. Komfortable, geschmackvoll mit klassischen Stoffen, eleganten Holzmöbeln, Khmer-Gemälden und Statuen eingerichtete Zimmer. Den eigenen TV kann man mit Videos aus der Bibliothek bestücken und im Restaurant sehr gut französisch essen. ❺

Last Home, 47 Ph 108, zwischen Bahnhof und Fluss, 023/724917 oder 012/831702, sakith@forum.org.kh. Nettes Gästehaus, Zimmer unterschiedlicher Qualität mit/ohne Bad. Das Restaurant im Untergeschoss bietet schmackhafte kambodschanische und chinesische Küche. ❶

Le Royal, Ph 92, nahe Monivong Blvd, ✆ 023/981888, ✉ raffles.hlr.ghda@online.com.kh. Prächtiges Art déco-Hotel von 1929 mit ebensolchem Garten, das 1997 liebevoll restauriert wurde und alle modernen Einrichtungen besitzt. Auf den Korridoren hängen Kupferstiche des alten Kambodscha, und die luxuriösen Zimmer zieren Drucke und andere Kunstwerke. Mehrere Restaurants, Swimming Pool und Läden sowie eine Patisserie und ein Spa. Berühmt sind die Cocktails der *Elephant Bar;* Happy Hour tgl. 17–19 Uhr. ❾

Lucky Ro, 122 Ph 110, ✆ 023/986559, ✉ 012809445@mobitel.com.kh. Kleines, freundliches Haus; geräumige und saubere Zimmer mit TV und Bad, aber nur teilweise Warmwasser und AC. ❷

Sunway, Ph 92, ✆ 023/430333, ✉ inquiry@sunway.com. Gut eingerichtete Zimmer, Café, Restaurant mit westlicher und asiatischer Küche (Buffet oder Speisekarte), Souvenir- und Buchläden sowie ein Spa. Tgl. von 17.30–19.30 Uhr Happy Hour in der Lobby-Bar. ❽

Tai Seng, 56 Monivong Blvd, ✆ 023/427220 oder 724907, 💻 www.taisenghotel.com. Beliebtes, modernes Hotel abseits der Straße mit einem Hofbereich. Saubere, behagliche Zimmer verschiedener Kategorien mit Bad (Warmwasser), Kabelfernsehen, Kühlschrank und AC – am preiswertesten sind diejenigen zur Straße hin, die jedoch recht laut sein können. Freundliches und sehr hilfsbereites Personal; Safe für Wertsachen; Preis inklusive Frühstück. ❹

BOENG KAK – In den Straßen am Boeng Kak gibt es zahlreiche billige **Gästehäuser** (s. Karte S. 101), die auf Stelzen über dem See stehen und darum wetteifern, wer seine Terrasse am weitesten auf das Wasser hinaus bauen kann. V.a. Rucksackreisende quartieren sich in diesem, etwas abgelegenen Viertel ein, und inzwischen findet man auch einige günstige Restaurants und sogar das eine oder andere Internetcafé. Das Seeufer ist – trotz der Wasserhyazinthenplage und der vielen Moskitos (unbedingt nach einem Moskitonetz fragen), ein schöner Platz, um bei einem Bier den Sonnenuntergang zu genießen.

Grand View, Seitenstraße von Ph 93, ✆ 023/430776. Kleine, saubere Zimmer mit Fan oder AC; Dachrestaurant mit Seeblick. ❶

Happy/Number 11, Seitenstraße von Ph 93, ✆ 012/884506. Die Betreiber geben sich alle erdenkliche Mühe, ein gemütliches Ambiente zu schaffen, was sich bereits im begrünten Eingangsbereich zeigt. Einfache, aber blitzsaubere Zimmer und ebensolche Gemeinschaftsbäder. Stereoanlage zur freien Verwendung, TV und Poolbillard. Gemütliches Terrassenrestaurant mit großer Auswahl an kambodschanischen und vietnamesischen Speisen. ❶

Lakeside/Number 10, Seitenstraße von Ph 93, ✆ 012/552901. Etabliertes Gästehaus mit freundlicher Atmosphäre und vielen Stammgästen. Preiswerte Zimmer (ohne Bad) im hölzernen Pfahlbau, neuere Zimmer (mit Bad) im neuen Betongebäude am Ufer. Terrasse zum See mit Hängematten und Billardtisch, gemeinsamer TV-Bereich sowie Restaurant mit einheimischer und westlicher Küche. ❶

Simon's, Seitenstraße von Ph 93, ✆ 012/608892. Freundliches und sehr sauberes Gästehaus mit hilfsbereitem Personal. Billigste Zimmer mit Gemeinschaftsbad. Terrassenbar mit Billardtisch, TV und HiFi, Restaurant mit begrenzter Auswahl an kambodschanischen und vietnamesischen Speisen. ❶

UMGEBUNG PSAR ORUSSEY UND OLYMPIA-STADION – Die folgenden Unterkünfte sind auf den Karten S. 101 oder S. 109 eingezeichnet.

Capitol, 14 Ph 182, ✆ 023/364104 oder 724104, ✉ capitol@online.com.kh. Phnom Penhs ältestes Gästehaus (seit 1991) der Travellerszene; überwiegend sehr einfache Zimmer, aber auch einige AC-Räume mit Bad und Heißwasser. Günstiges Restaurant und umfangreicher Reiseservice, z. B. Organisation von Tickets und Touren (eigener Busservice nach Siem Reap, Sihanoukville und zur vietnamesischen Grenze) sowie Wechsel von Reiseschecks. ❶

Chan Trea, 48 Ph 141, ✆ 012/944024. Familienbetrieb, günstige Zimmer mit Bad, Heißwasser und TV. Ruhige Lage in einer Nebenstraße und privater Hof mit Sitzbereich. Kein eigenes Restaurant, aber viele in der Nähe. ❷

Favour Hotel, 429 Monivong Blvd, ✆ 023/219336, ℻ 364140. Saubere, luftige Zimmer mit Bad (z.T. Warmwasser), Kühlschrank und TV sowie teurere Suiten mit Bad (Warmwasser), Kühlschrank, TV, Fön und Sitzbereich. ❹

Hong Phann, 10 Ph 198, ✆ 015/837177. Modernes Gästehaus unter Führung des *Capitol* mit unterschiedlichen (teils AC-) Zimmern. Sauber und freundlich, wesentlich ruhiger als das *Capitol* und nicht von Motofahrern umlagert, die auf Kundschaft lauern. ❶

Juliana, Ph 152, Seitenstraße von Ph 169, ✆ / ℻ 023/8805301, ✉ juliana@camnet.com.kh. Zimmer internationalen Standards, verteilt auf mehrere kleine Häuser innerhalb einer ruhigen Gartenanlage; Swimming Pool, Restaurants, Lobby-Bar, Fitnesszentrum und Thai-Massage, kleiner Laden. ❼

Narin, 50 Ph 125, ✆ 012/820873 oder 862426 oder 880463. Eines der ältesten Gästehäuser Phnom Penhs; ursprünglich nur ein altes Holzhaus, inzwischen mehrere Gebäude. Im alten *Narin* findet man einfache Zimmer (ohne Bad), billiges Essen, einen Reiseservice (z. B. Stadtrundfahrten, Transport nach Siem Reap und Sihanoukville, Flug- und Fährtickets). ❶

Saphir, 187 Ph 182, unmittelbar südlich des Psar Depot, ✆ / ℻ 023/982662. Freundliches, modernes Hotel, hilfsbereites Personal. Saubere, helle und nett eingerichtete Zimmer mit großem Bad. ❹

Tat Guesthouse, 52 Ph 125, ✆ 023/986620, ✉ tatguesthouse@hotmail.com. Freundliches Gästehaus; mittelgroße, helle Zimmer (meist mit Bad), gemeinsamer TV- und Video-Bereich, Internet, Restaurant auf Dachterrasse mit kambodschanischer und chinesischer Küche. ❶

NAHE UNABHÄNGIGKEITSDENKMAL – Die im Folgenden aufgelisteten Unterkünfte sind in der Karte S. 109 verzeichnet.

Champs-Elysées, 185 Ph 63, ✆ 023/721080, 💻 www.champselyseeshotel.com. Freundliches, modernes Hotel mit imposanter Glasfassade und komfortablen, geräumigen Zimmern (Warmwasser, Kühlschrank, TV, AC). Im Restaurant gibt es Khmer- und chinesische Küche. ❸

Golden Gate, Ph 278, ✆ 023/721161 oder 721005, 💻 www.goldengatehotels.com. Im Hauptgebäude sind die Luxuszimmer und (relativ kleinen) Suiten, im helleren und netteren Nebengebäude auf der anderen Straßenseite die günstigeren Zimmer – alle mit Bad, Heißwasser, TV, Kühlschrank und AC; Wäscheservice inkl. In der Nähe gibt es viele Restaurants und Bars im westlichen Stil. ❹

Goldiana, 10-12 Ph 282, ✆ / ℻ 023/219558, 💻 www.goldiana.com. Weithin bekanntes Hotel mit eigenem Restaurant (Khmer-, chinesische und westliche Küche), Fitnesszentrum und Swimming Pool auf der Dachterrasse. Etwas altmodische Einrichtung, doch komfortable Zimmer mit Bad, Satelliten-TV, Minibar, AC und Telefon (Internetzugang möglich). ❺

L'Oasis Little Hotel, Ph 9, 250 m östlich des Unabhängigkeitsdenkmals, ✆ 023/218357. Geräumige, schön ausgestattete Zimmer mit Bad (Heißwasser), TV, Kühlschrank und AC. Außerdem großer, schattiger Balkon, Restaurant und Bar mit Billardtisch. ❹

Princess, 302 Monivong Blvd, ✆ 023/801089, ✉ princess@camnet.com.kh. Stilvolles, gut geführtes und modernes Hotel mit großen, hellen Zimmern; Preis inkl. Frühstück. Häufig besondere Aktionen mit Preisnachlässen. ❺

Scandic, 4 Ph 282, ✆ 023/214498. Preiswertes, kleines Hotel; saubere Zimmer mit AC und TV; Pool, Restaurant und Bar. ❹

SÜDLICH DES ZENTRUMS – Die folgenden Unterkünfte sind in der Karte S. 101 eingezeichnet.

Boddhi Tree, Ph 113, gegenüber dem Genozidmuseum Toul Sleng, ✆ 016/865445, ✉ boddhi tree-pp@hotmail.com. Persönliches Gästehaus in schönem, ruhigem Hinterhof-Garten. 5 individuell, im kambodschanischen Stil eingerichtete Zimmer (ohne Bad) sowie Restaurant mit kreativer einheimischer Küche und ausgezeichneten kontinentalen Gerichten. Preisnachlässe bei mehr als 3 Nächten. ❷

Inter-Continental, Mao Tse Toung Blvd, östlich der Kreuzung mit dem Monireth Blvd, ✆ 023/424888, 💻 www.intercontinental.com. Großes Hotel im Südwesten mit angkorianischem Ambiente, luxuriösen Zimmern und vielen anderen Annehmlichkeiten, darunter mehrere Restaurants und Bars, Café mit Bäckerei, Souvenirgeschäfte, Fitnesszentrum und Swimming Pool. Reservierung dringend empfohlen. ❽

Essen

Da Kambodscha zu den ärmsten Ländern der Welt gehört, mag es überraschen, in Phnom Penh ein breites Spektrum an Restaurants für jeden Geldbeutel und Geschmack zu finden – von Nudelküchen über Marktbuden bis hin zu teuren westlichen Etablissements. Viele Gästehäuser führen eigene kleine Restaurants, die meist amerikanisches Frühstück sowie einheimische, chinesische oder westliche Gerichte anbieten.

Im Allgemeinen ist das Essen in der Hauptstadt von ordentlicher Qualität, so dass man getrost aufs Geratewohl losziehen kann. Das **Flussufer** eignet sich bestens für einen ersten Überblick, wenngleich die Preise in dieser bevorzugten Lage etwas höher als anderswo ausfallen – Hauptgerichte kosten ab US$4 aufwärts. Viele Hotels verlocken mit **Buffets** zum Schlemmen: Das *Juliana* bietet für US$17 unendliche Mengen an chinesischen, japanischen, indischen sowie kambodschanischen Speisen und dazu Suppen, kalte Fleischgerichte, Fisch, Salate und diverse Nachspeisen. Für spezielle Sonderangebote werben gewöhnlich Anzeigen in der *Cambodia Daily* und der *Phnom Penh Post*.

Ein großartiger Ort zum Sattessen und Probieren traditioneller **Khmer-Speisen** ist der geschäftige **Nachtmarkt** im Herzen der Stadt, westlich vom Busbahnhof. Die Stände werden am späten Nachmittag aufgestellt. Da die meisten Kambodschaner das Essen mitnehmen, gibt es nur wenige Sitzplätze, aber die emsigen Standbesitzer finden immer eine Lösung. Am **Monivong Blvd** und am **Sihanouk Blvd** bieten zahlreiche Lokale die Spezialität *Sop chhnang day* an.

Eine andere Khmer-Spezialität ist krustiger Reiskuchen, den man in diversen Restaurants nahe dem Bayon Hospital im südlichen Bereich des **Norodom Blvd** bekommt; zum Verzehr tunkt man ihn in eine schmackhafte milde Currysauce; Einheimische bestellen dazu gerne gebratene Knoblauchgarnelen und *sumlar sngouw trei* – mit US$8 p. P. kein billiges Vergnügen, aber dafür sehr lecker.

Sehr gute traditionelle **Khmer-Gerichte** bieten die zahlreichen, auf enormen Stelzen über dem Wasser thronenden Lokale, die etwa 1 km östlich der Chroy Chung Va-Brücke in **Prek Leap** beginnen und für mehrere Kilometer die Straße säumen – einfach in eines der Lokale gehen, in denen am meisten Einheimische sitzen. Selbst zu Stoßzeiten muss man hier nicht lange warten, da die Küchen auf Hochtouren arbeiten. 🕓 Mittagstisch ab 12 Uhr, Abendessen ab 19 Uhr. Alle unten aufgeführten Khmer-Restaurants haben englische Speisekarten, was bei vielen anderen leider nicht der Fall ist.

Gute **China-Restaurants** gibt es in Phnom Penh im Überfluss. Viele preiswerte Lokale, deren Qualität sich daran zeigt, dass sie aus den Nähten platzen, findet man in der **Ph 134**, westlich vom Psar Thmei. Gepflegter geht es natürlich in den exzellenten China-Restaurants der **Luxushotels** zu, von denen das *Li Lay* besondere Erwähnung verdient.

Die zahlreichen **indischen**, **pakistanischen** und **Bangladeshi-Restaurants** der Stadt sind v. a. bei den jeweiligen Ausländergemeinschaften beliebt. Dank der verblüffenden Auswahl von **Restaurants im westlichen Stil** kann man jeden Abend etwas anderes essen – von Pizza über Pasta bis hin zu Steaks und herzhaften Salaten. Dabei überrascht es nicht, dass v.a. die französische Küche gut vertreten ist.

Besonders am **Sisowath Quay** gibt es viele westlich orientierte Restaurants und Bars sowie zahlreiche Cafés, in denen man bei einem Glas Wein, einem Kaffee oder einer Mahlzeit verweilen kann. Aufgrund der bevorzugten Lage sind die Preise dort etwas höher als anderswo, jedoch keinesfalls übertrieben.

Selbstversorger finden auf den Märkten der Stadt eine große Auswahl an Frischwaren und Konserven; Straßenverkäufer bieten gegrillte Hähnchen oder Fisch zum Mitnehmen an. Morgens liegen auf den Märkten frische Baguettes und Brötchen bereit, und Kleinhändler mit Handkarren durchstreifen tagsüber mit ihren Backwaren die Stadt.

Die Märkte und Fachgeschäfte am Monivong Blvd, südlich des Sihanouk Blvd, sowie am Sihanouk Blvd, südwestlich des Olympiastadions, haben frisches Obst im Angebot, und die Supermärkte der Stadt verkaufen westliche Lebensmittel wie Käse, Joghurt, Schokolade oder gar Graubrot (s. S. 128).

UMGEBUNG PSAR THMEI – ***East India Curry,*** 9 Ph 114. Breite Auswahl an preiswerten Gerichten, die auf Bananenblättern serviert werden. Viele vegetarische Alternativen wie *thali, palak paneer* (Hüttenkäse mit Spinat). ◷ Nachmittags und an Sonntagen geschlossen.
Mamak's, 18 Ph 114. Malaiisches Restaurant, das seit seiner Eröffnung 1992 zu einer Art Institution geworden ist. Besonders beliebt zum Frühstück ist *Roti canai,* ein auf einer heißen Platte zubereitete Fladen, der mit Currysauce gegessen und mit *Teh tarek* (süßer, milchig-roter Tee) oder *Teh thomada* (derselbe Tee ohne süße Milch) hinuntergespült wird. Mittagsbuffet mit großer Auswahl an würzigen Fischsteaks, knusprigen Hühnergerichten und zahlreichen vegetarischen Speisen.
Morakat, 33 Ph 107, im gleichnamigen Hotel. Preiswertes, vietnamesisches Restaurant mit vielen Stammkunden. Spezialität: die Nudelsuppe *pho;* außerdem zahlreiche vegetarische Alternativen.
Peking, Ph 136. Ausgezeichnete Frühlingsrollen und exzellentes Fleisch mit grünen Paprikaschoten; Vegetarier freuen sich über die Nudelgerichte mit schmackhaften Soja- und Erdnusssaucen. Das nette Personal wiegt das bescheidene Ambiente mehr als auf.
Royal India, 21 Ph 111. Einfaches Restaurant mit konstant guter Küche, moderaten Preisen und freundlichem Service; Spezialitäten: Huhn- oder Lammcurry, frische Samosas und süße Lassis.
Sam Doo, 56-58 Kampuchea Krom Blvd. Die einfache Einrichtung dieses China-Restaurants lässt kaum auf die köstlichen Gerichte schließen. Spezialitäten: saftige Szechuan-Garnelen, Pekingente und *Dim Sum.*
Sorya, Ph 142. Der große Innenraum mit palastartigen Treppen erinnert an seine Vergangenheit als Kino. Beliebtes Khmer-Frühstückslokal und berühmt für *geautieuv sop.* Weithin bekannt sind auch die grellgrünen Bonbons namens *ktohi,* die entfernt an türkisches Naschwerk, gewürzt mit süß duftenden Pandanusblättern, erinnern.

AM FLUSS – ***Bali Café,*** 379 Sisowath Quay. Indonesisch-kambodschanisches Restaurant mit moderaten Preisen und sehr schöner Lage am Fluss. Spezialität: *Rendang* (in Kokosmilch und mit Zitronengras gekochtes Fleisch).
California 2, 317 Sisowath Quay. Ein Guesthouse-Restaurant mit den besten Fisch-Tacos der Stadt und mehreren Tischen im Freien.
Chi Cha, 27 Ph 110, nahe Psar Chas. Ausgezeichnetes indisches Budget-Restaurant; für nur US$2 gibt es ein Hauptgericht mit Fleisch und Gemüse, indisches Brot, Reis, Linsen und Salat sowie einen kostenlosen Nachschlag an Brot und Reis.
Foreign Correspondents Club of Cambodia, Sisowath Quay, ✆ 023/210142. Der berühmte *FCC* im Obergeschoss eines schönen Kolonialgebäudes ist ein bevorzugter Treffpunkt von in Kambodscha lebenden Ausländern und Reisenden. Hingehen und den Blick über den Tonle Sap schweifen lassen, sich in die bequemen Foyersessel fläzen und ein Glas Wein trinken oder unter den Sternen auf der Terrasse sitzen und die vielfältige Küche genießen. Mittagessen um US$8, Abendessen um US$12.
Frizz, Sisowath Quay. Kleines, exzellentes Restaurant, in dem die Gäste ihre kambodschanischen Gerichte über kleinen Holzkohlegrills selbst zubereiten.
Gold Fish River, Sisowath Quay, Ecke Ph 106. Schöne Lage am Tonle Sap und konstant gute Khmer-Küche. Berühmtheit genießen die Tintenfisch- und Froschgerichte, doch auch die Pommes sind zu empfehlen.
Happy Herbs Bistro, Sisowath Quay, ✆ 023/362349. Weithin berühmt für seine üppig belegte Pizza in vielen Variationen, auch vegetarisch. Zu empfehlen sind zudem Pastagerichte, Omelettes, Schweinekoteletts und Steaks.
Ponlok, Sisowath Quay. Khmer-Gerichte mit Konzessionen an den westlichen Gaumen. Bebilderte Speisekarte zur Erleichterung der Auswahl. Spezialitäten: Gebratenes Schweinefleisch mit Ingwer, süß-saurer Fisch und *chhnang phnom pleung.*
Rhuan Thai, 14 Ph 130, in Flussnähe. Authentische Khmer- und Thai-Küche zu niedrigen Preisen. Tipp: *Som tam* (würziger Papayasalat) und *Pia red prik* (ganzer Fisch, mit Chili gekocht)

UMGEBUNG BOENG KAK UND WAT PHNOM – ***Antony's Pizza***, Ph 94, beim Kreisverkehr am Wat Phnom. Gemütliches Restaurant mit Nudelspeisen sowie Holzofenpizzas in zwei Größen (die größeren reichen für 2 Pers.) mit Belag nach Wunsch.

Calmette, Monivong Blvd, nahe Krankenhaus. Populäres, günstiges Khmer-Restaurant, das auf würziges *Sumlar ngam ngouw* und scharfes *Bok lehong* spezialisiert ist. Hauptgericht ca. US$2.

Lazy Gecko, 23 Ph 93, nahe Boeng Kak. Freundliches, preiswertes Travellers Café, wo man Banana Pancake, Pommes und Khmer-Gerichte bekommt.

Le Deauville, Kreisverkehr am Wat Phnom. Französisches Restaurant mit fairen Preisen. Empfehlung: hausgemachte Fleischterrine und Mekong-Fischfilet mit Limonensaft. Reiche Auswahl an Nachspeisen, u. a. ein köstliches *Mousse au chocolat*.

UMGEBUNG PSAR ORUSSEY UND OLYMPIA-STADION – ***Beef Soup Restaurant***, im Favor Hotel, Monivong Blvd. Für viele Einheimische das beste Khmer-Lokal der Stadt für *Sop chnnang day* in der Rindfleisch-Version – daher auch der Name des Lokals.

Li Lay, im Hotel desselben Namens am Kampuchea Krom Blvd. Die Holzvertäfelungen dieses China-Restaurants tragen zum angenehmen Ambiente bei. Köstliche Krabbensuppe und-Fleischgerichte in großzügigen Portionen lassen das Wasser im Munde zusammenlaufen. Nach einheimischem Standard mit Gerichten ab US$4 nicht billig, aber lohnend.

Lumbini, 51 Ph 214, nahe Ph 63. Nordindisches Restaurant mit gemütlichem Ambiente und netter Bedienung. Umfangreiche Speisekarte mit Curry- und Tandoori-Gerichten, *bhajiya* sowie vegetarischen Alternativen. Passable Preise und einen Versuch wert.

Nouveau Pho de Paris, 258 Monivong Blvd. Beliebtes vietnamesisches, chinesisches und kambodschanisches Restaurant, zu dessen zahlreichen Spezialitäten große dampfende Schalen mit köstlicher *pho*-Suppe, Frühlingsrollen mit einer Sauce aus Chilipulver und zerstampften Erdnüssen und gebratene Ente gehören. Bebilderte Speisekarte und Englisch sprechendes Personal.

UMGEBUNG UNABHÄNGIGKEITSDENKMAL – ***Baan Thai***, Ph 306. Charmantes Holzhaus mit Sitzplätzen an niedrigen Tischen auf Kissen am Boden. Teurer als andere Thai-Restaurants der Stadt, aber das Geld wert. Große Auswahl an Gerichten, u.a. Rohgemüse mit Fischpaste sowie ausgezeichnete Curryspeisen. Wer dann noch immer nicht satt ist, sollte zum Nachtisch Klebreis mit Mangos probieren.

Khmer Restaurant, 6 Ph 57, ✆ 023/216336. Neben zahlreichen Khmer-Gerichten auch große Auswahl an sehr guten westlichen Speisen. Tipps: die vegetarische Lasagne, Bratkartoffeln, Fish & Chips oder Sandwiches mit Fritten. Großzügige Portionen zu fairen Preisen.

Nagasaki-ya, Sihanouk Blvd, Ecke Ph 55. Eines der teuersten japanischen Lokale der Stadt. Umfangreiche Auswahl und tadelloser Service in privaten Speiseräumen mit *tatami*-Matten und niedrigen Tischen. Besondere Spezialität: *Sumibiyaki* (gebratene Ente).

Shiva Shakti, 70 Sihanouk Blvd, nahe Unabhängigkeitsdenkmal. Klassische Mogul-Küche in gehobenem Ambiente; Spezialitäten: zarte Kebabs und Tandoori-Gerichte; Hauptspeisen mit Reis und *chapati* oder *nan* ab US$8. ⏲ Mo geschlossen.

SÜDLICH DES ZENTRUMS – ***Boeung Keng Kang***, Norodom Blvd, zwischen Ph 352 und 360. Gute Fischgerichte und kambodschanische Salate. Sitzplätze im Hof, der durch einen hohen Zaun von der Straße abgeschirmt ist. Abends spielt manchmal eine Khmer-Band.

Garden Centre Café, am südl. Ende der Ph 57, ✆ 023/363002. Um seinem Namen gerecht zu werden, stehen die Topfpflanzen zwischen den Tischen im schattigen Hof zum Verkauf. Die umfangreiche Speisekarte beinhaltet westliche Gerichte, Thai-Küche und Vegetarisches. ⏲ tgl.au-ßer Mo 7–17.30 Uhr.

Yixian, 723 Monivong Blvd, nahe der Kreuzung mit dem Mao Tse Toung Blvd. Chinesisches Restaurant, besonders für Vegetarier empfehlenswert – Tipp: Mais mit Pinienkernen.

CAFÉS, COFFEESHOPS UND EISDIELEN – Phnom Penhs vornehme „Café-Gesellschaft" der 50er und 60er Jahre löste sich mit dem Krieg auf, und erst in jüngster Zeit haben wieder einige Cafés eröffnet – zumeist in modernem Gewand mit eigenen Galerien, Geschäften oder Internet-Zentren. Die großen Hotels führen eigene Cafés mit Bäckereien, die köstliche Kuchen und Torten herstellen. Hohes Ansehen genießt vor allem das Café im Foyer des *Cambodiana*.
Am Kampuchea Krom Blvd bieten die beiden Eisdielen ***Panh Chak Por*** und das benachbarte ***Mittapheap***, beide im Block neben dem Psar Thmei, hausgemachtes Speiseeis aus den jeweiligen Früchten der Saison. Besonders lecker schmeckt das Longan-Eis, während man sich an die exotische Sorte Durian erst einmal gewöhnen muss. Eine Spezialität ist *Crème knong dhong*, 2 Kugeln nach Wahl, serviert in einer jungen Kokosnuss und mit einem Glas Kokosmilch.
Chit-Chat Café, 146 Sihanouk Blvd. Internet-Café, in dem man auch leckere Sandwiches und Gebäck essen kann, während man dem Treiben auf dem Boulevard zuschaut.
Del Gusto, 43 Ph 95. Gemütliches Café in einer alten Villa; große Sandwiches, selbstgebackener Kuchen und große Gläser Eiskaffee.
Java, Sihanouk Blvd, östlich des Unabhängigkeitsdenkmals. Café mit Galerie (wechselnde Ausstellungen einheimischer und ausländischer Künstler) für gutes Frühstück mit verschiedenen Kaffeesorten, hausgemachten Bagels und Brötchen sowie leichte Mahlzeiten und leckere Nachspeisen. ⏲ Mo geschlossen.

Unterhaltung und Kultur

Freitags veröffentlicht die *Cambodia Daily* in ihrer „What´s on"-Spalte die aktuellen Film- und Theateraufführungen sowie andere Unterhaltungsangebote; die Dienstags- und Donnerstagsausgaben enthalten klassifizierte Annoncen von Bars und Restaurants. Auch die 14-täglich erscheinende Phnom Penh Post ist eine nützliche Informationsquelle über die Ereignisse in der Stadt.

BARS UND CLUBS – Es gibt in der Hauptstadt zwar zahlreiche **Bars**, aber nicht viele andere Möglichkeiten zur abendlichen Unterhaltung. Zum größten Teil beschränkt sich das Nachtleben aufs Trinken. Man muss sich nur noch entscheiden, ob man auf der luftigen Veranda einer ehemaligen Kolonialvilla einen stilvollen Cocktail oder in einer dunklen, verräucherten Bar bei lauter Musik und in Gesellschaft aufdringlicher Hostessen ein gewöhnliches Bier trinken will. Mal abgesehen von Lokalen, zu deren Kunden speziell ausländische Besucher und Expats zählen, ist Phnom Penhs Nachtleben nur auf Männer zugeschnitten, die Girlie-Bars, Karaoke- und Tanzhallen oder Discos besuchen. Die Schuppen spielen unter blitzenden Lichtgewittern eine ohrenbetäubende Mischung aus thailändischem und philippinischem Pop, mitunter auch westliche Nummern und dazu traditionelle Khmer-Musik oder Lieder des einheimischen Pop-Idols Sin Sisamouth. Durchaus lohnend ist das Zuschauen oder Mitmachen beim *rhom vong*, bei dem Männer und Frauen Seite an Seite tanzen, ein Paar hinter dem anderen, und sich mit graziös schwingenden Händen langsam über das Parkett bewegen. Der Eintritt zu solchen Tanzveranstaltungen, die erst nach 22 Uhr so richtig in Schwung kommen, ist gewöhnlich frei; „Biermädchen" kümmern sich um die Getränkeversorgung und dienen sich gegen Bezahlung als Tanzpartnerinnen an.
Cantina, Sisowath Quay. Eine schnörkellose Bar am Flussufer, in der man auch essen kann, geleitet von dem stadtbekannten Expat Hurley Scroggins und mit freundlicher Bedienung; vor allem am Wochenende, wenn viele Gäste draußen auf dem Gehsteig sitzen, herrscht Party-Atmosphäre.
Cathouse Tavern, Ph 51, Ecke Ph 118. Philippinische Bar, die viel von ihrer Atmosphäre aus der UNTAC-Zeit bewahrt hat, obwohl es inzwischen auch Poolbillard und einen Fernseher gibt.
⏲ tgl. ab 16 Uhr.
Foreign Correspondents Club of Cambodia, Sisowath Quay, ✆ 023/210142. Bar (und Restaurant) mit kolonialer Atmosphäre: surrende Deckenventilatoren und breite Sessel, ideal an einem heißen Nachmittag; relativ teuer, aber das Geld auf jeden Fall wert.
Elephant Bar, im *Hotel Le Royal*, Ph 92. Beliebter Treffpunkt für Cocktails und verträumtes

Schwelgen in der Nostalgie der 30er Jahre mit Live-Musik und hauseigenen Pianisten. Happy Hour tgl. 17–19 Uhr.
Heart of Darkness, 26 Ph 51. Bar mit breitem Musikangebot, war früher der Szene-Treff schlechthin; heute tummeln sich hier die Söhne der neureichen Elite der Stadt. ◷ tgl. ab 19 Uhr.
Howie's, 32 Ph 51. Wer vom Heart of Darkness nebenan enttäuscht ist, findet sich meist in dieser Bar ein; um noch einen freien Tisch draußen auf dem Gehsteig zu ergattern, sollte man allerdings früh kommen.
Martini Pub, Mao Tse Toung Blvd. Institution, die in ganz Südostasien für Mädchen und Trinkgelage bekannt ist. Die Werbung besagt alles: „Gelangweilt, einsam, hungrig? Wir haben alles, was Sie brauchen!" Geeignet zum Tanzen, Musik hören, Menschen beobachten und Anschauen der aktuellsten Filme auf der 120"-Videowand. ◷ tgl. ab 19 Uhr.
Sharky's, 126 Ph 130, 🖳 www.sharkysofcambodia.com. Kambodschas älteste Rock 'n' Roll-Bar serviert akzeptables amerikanisches, mexikanisches und Thai-Essen und hat einen großen Fernseher.
Walkabout, Ph 51. Hotel unter australischer Führung mit Bar, die rund um die Uhr geöffnet hat. Poolbillard und Sportereignisse aus aller Welt über Satellit.

THEATER, LIVE-MUSIK UND TANZDARBIETUNGEN – Den wenigen Schauspielern und Lehrkräften, die das Regime der Roten Khmer überlebten, ist es zu verdanken, dass Kambodschas künstlerische und kulturelle Traditionen in den vergangenen Jahren eine Wiederbelebung erfahren haben. Bislang finden Kulturveranstaltungen nur unregelmäßig statt – am ehesten noch in den Räumen der Gesellschaft für darstellende Kunst.
Sovanna Phum, 111 Ph 360, unmittelbar südlich des Genozidmuseums Toul Sleng, wo mitunter freitags oder samstags ab 19.30 Uhr klassische Tänze, Volkstänze oder Schattenspiele (s. S. 183) zur Aufführung kommen; Eintritt US$5.
Auch im ***Chatomuk-Theater***, am Fluss nahe des *Cambodiana*, werden gelegentlich klassische Tänze und Schattenspiele aufgeführt.

Aktuelle Hinweise geben die *Phnom Penh Post* und die Freitagsausgabe der *Cambodia Daily*.

KINOS – Als Norodom Sihanouk noch ein leidenschaftlicher Filmemacher war, gab es in Phnom Penh Dutzende von Kinos; nur wenige haben überlebt: Sie zeigen meist kambodschanische Filme oder in Khmer synchronisierte ausländische Streifen. Eines dieser Kinos ist das ***Vimean Tep***, Monivong Blvd; es zeigt tgl. Filme in Khmer mit thailändischen, französischen oder chinesischen Untertiteln. Französische Filme mit zumeist englischen Untertiteln kommen regelmäßig im ***Französischen Kulturzentrum***, 214 Ph 184, zur Aufführung; Eintritt frei.
Die ***Talkin´ to a Stranger Bar***, ein paar Blocks westlich vom Unabhängigkeitsdenkmal, zeigt sonntags um 18 Uhr aktuelle Filme, deren Titel freitags in der *Cambodia Daily* und der *Phnom Penh Post* bekannt gegeben werden.
Im ***Movie Street Video Centre***, 116 Sihanouk Blvd, kann man Filme ausleihen und in einer Privatsuite anschauen; ◷ tgl. 10–2 Uhr, Eintritt US$5 p. P. bzw. US$13 für 3 Pers., Getränk und Tüte Popcorn inkl.

Einkaufen

Phnom Penh bietet die besten Einkaufsmöglichkeiten des ganzen Landes. Während man auf den zahlreichen **Märkten** der Stadt gute Schnäppchen erhandeln kann, gibt es auch eine große Zahl von Geschäften und Boutiquen mit Festpreisen.
Der **Psar Thmei** („Neuer Markt") ist eine gute Adresse für Bücher, Schreibwaren, Goldschmuck, Uhren, T-Shirts und Textilien. Kambodschas einziger Handelsplatz für Luxuswaren war bis Mitte der 90er Jahre der „Russenmarkt" **Psar Toul Tom Poung**, dessen Rufname darauf zurückgeht, dass alle Waren über Russland importiert wurden – eines der wenigen Länder, die Kambodscha während der vietnamesischen Besatzungszeit Hilfe leisteten. Seit dem Zusammenbruch der UdSSR kommen zwar weniger billige Importe ins Land, doch der Markt erfreut sich nach wie vor eines guten Rufs für den Kauf von Textilien, Antiquitäten und Silber – und neuerdings auch für Moped-Ersatzteile jeglicher Art.

Von Trockenfisch bis hin zum Fernseher reicht das Angebot des neu eingerichteten **Psar Orussey**, Ph 182, wo Händler aus dem ganzen Land zugange sind; wer geschickt feilscht, kann hier wesentlich bessere Preise als auf anderen Märkten erzielen. Nahebei, in der **Phlauv 166**, findet man mehrere Läden, die Zutaten für die traditionelle Khmer-Medizin verkaufen: Blätter, Baumrinden und sogar Teile exotischer Tiere, die in Wasser gekocht oder mit Wein durchtränkt als Stärkungsmittel dienen.
Zu den zahlreichen Märkten der Stadt, die Lebensmittel, Obst, Gemüse und billiges Essen im Angebot haben, gehören der **Psar Chas**, Ph 13, Ecke Ang Duong, und der **Psar Kandal**, in der Nähe des Wat Ounalom. Der **Psar Olympic**, nahe Ph 199, südwestlich des Olympiastadions, zieht Großhändler aus dem ganzen Land an, die sich hier mit allen möglichen Waren für den Wiederverkauf an anderen Orten eindecken.

ANTIQUITÄTEN – Der **Psar Toul Tom Poung** ist ein großartiger Ort, um nach Kunstwerken, Raritäten oder Antiquitäten zu stöbern. Im Angebot sind alte Pagodenstatuen aus Holz (auf Schäden durch Holzwürmer achten!), Messingschalen und -glocken, Palmblattmanuskripte und alte kambodschanische Banknoten. Die meisten der „Antiquitäten" sind in Vietnam hergestellte Reproduktionen, die aber trotzdem nicht billig sind. Da viele Stände das gleiche Angebot haben, kann man die Preise vergleichen und sollte unbedingt feilschen.

BÜCHER – Die besten Adressen für Bücher sind: ***Monument Books,*** 111 Norodom Blvd, mit einer ausgezeichneten Auswahl an englischsprachigen Büchern über Kambodscha und Südostasien sowie einem großen Angebot von Literatur über andere Themen und Postkarten; und die kleinen, aber gut bestückten Buchläden in der Abflughalle am Flughafen sowie im Foreign Correspondents Club, wo es auch **westliche Zeitungen** gibt.
Secondhand-Bücher über diverse Themen und in diversen Sprachen verkauft das ***London Book Centre,*** 51 Ph 240, allerdings zu recht hohen Preisen; das schwarze Brett ist eine hervorragende Informationsquelle für Ereignisse und Veranstaltungen, die etwas vom Üblichen abweichen. Die Buchläden des **Psar Thmei** und **Psar Toul Tom Poung** sind gute Fundorte für Werke über Kambodscha, wenngleich viele Exemplare nur geheftete Fotokopien sind (Copyright-Bestimmungen finden in Kambodscha keine Beachtung).

HOLZSCHNITZEREIEN UND MARMORSTATUEN – Zeitgenössische Holzschnitzereien und Marmorstatuen sind sperrige, aber typische Souvenirs aus Kambodscha. Gute Einkaufsmöglichkeiten bestehen an der **Phlauv 178**, nahe dem Nationalmuseum, und auf dem **Psar Toul Tom Poung**. Die meisten Arbeiten weisen Bezüge zu Kambodscha auf, doch es werden auch indische Apsaras und Gottheiten angeboten. Sehr beliebt sind Reproduktionen des Kopfes von Jayavarman VII. – das Original kann im Nationalmuseum bestaunt werden. Auch Marmorbildnisse eines Turmes im Stil des Bayon stehen hoch im Kurs, doch mit etwas Geduld finden sich wesentlich schönere Tierskulpturen (z. B. Wasserbüffel), einfache Schalen oder Buddhastatuen. Die Preise richten sich nach Qualität und Farbe des Marmors (grüner Marmor ist teurer) und der Güteklasse des Holzes.

KLEIDUNG – Da etliche westliche Firmen ihre Konfektionen in Kambodscha fertigen lassen, überrascht es nicht, dass dieses Land in ganz Südostasien eine der billigsten Einkaufsstätten von Klamotten ist, darunter auch diverse Designermarken. Bester Fundort hierfür ist der **Psar Toul Tom Poung** – schon für US$10 kann man sich seine Taschen bis zum Bersten füllen lassen. Zu den populären traditionellen Kleidungsstücken gehören die schicken Khmer-Tops namens *aow*, die von Männern und auch von Frauen getragen werden und in allen gängigen Stoffen – von heller Baumwolle bis hin zu dezenter Seide – auf dem Markt sind. Natürlich umfasst das Angebot auch *kabun*, die traditionelle Khmer-Kombination aus Obergewand und Beinkleid, sowie Sampots. Wer das Individuelle sucht, kann Seidenstoffe kaufen und sie nach eigenem Entwurf von einer der zahlreichen geschickten Näherinnen am Markt zuschneiden lassen.

Einen weniger hektischen Einkauf garantieren ***Lacoste,*** Monivong Blvd, oder eine der **Modeboutiquen** am Sihanouk Blvd, unweit des *Lucky Supermarket.* ***Bliss,*** 29 Ph 240, ist auf modische Frauenkleidung spezialisiert, und ***Tabitha,*** 26 Ph 294, produziert westlich geschnittene Kleidung aus traditionellen kambodschanischen Stoffen (besonders schön sind die Schals und Umhängetücher).

KUNSTHANDWERK – Obwohl die meisten Kunsthandwerker den Auswüchsen der Roten Khmer zum Opfer gefallen sind, erleben einzelne Bereiche zurzeit eine neue Blüte.Große Verdienste erwarben sich dabei die NGOs, die Werkstätten finanzierten und Tausenden behinderten Menschen eine neue Perspektive eröffneten. Zwar sind die Preise für Produkte aus diesen und ähnlichen Betrieben nicht verhandelbar und höher als anderswo, aber man unterstützt damit ambitionierte Projekte.

Das ***Mary Knoll Centre,*** Norodom Blvd, südl. vom Sihanouk Blvd, am Wat Than, organisiert Ausbildungsprogramme für Landminen- und Polio-Opfer. Im dazugehörigen Laden gibt es zahlreiche Stoffprodukte wie Geldbörsen, Einrichtungsge-genstände oder Kleidung; nach vorheriger An-meldung kann man auch die Werkstätten besichtigen.

Der Laden des ***National Centre of Disabled Persons (NCDP),*** 3 Norodom Blvd, nahe Wat Phnom, verkauft Karten, Bücher sowie Artikel aus Holz und Kokosnüssen.

Bei ***ReHab Craft,*** Sisowath Quay, sind ebenfalls Einrichtungegenstände sowie Kissenbezüge oder Sitzmatten zu finden.

Zur Bekämpfung der weit verbreiteten Armut bietet die ***Cambodian Craft Cooperation,*** nahe dem Kreisverkehr am Wat Phnom, Ausbildungsprogramme in Dörfern an, wobei besonders das Töpfer- und Silberschmiedehandwerk berücksichtigt wird. Regelmäßig finden Ausstellungen statt, in deren Rahmen die Kunsthandwerker Einblicke in ihre Techniken ermöglichen und qualitativ hochwertige Produkte ihren Besitzer wechseln.

Rajana, Ph 450, östlich des Psar Toul Tom Poung, hat sich der Förderung von jungen Kambodschanern in Herstellung und Vertrieb von kunsthandwerklichen Gegenständen verschrieben; der Laden verfügt über eine große Auswahl an modischem Silberschmuck,Karten aus handgeschöpftem Papier und Seidenmalereien; eine Abteilung ist den Produkten der Chunchiet vorbehalten.

Private Geschäfte und Galerien haben exklusivere Dinge im Angebot. Authentischen, traditionellen Schmuck sowie originale Kleidung und Kunstgegenstände aus unterschiedlichen Materialien findet man beispielsweise bei ***Colours of Cambodia,*** 373 Sisowath Quay.

LEBENSMITTEL – Phnom Penhs zahlreiche **Supermärkte** bieten neben einheimischen Produkten auch eine breite Auswahl an Importwaren an. Der älteste und bekannteste Supermarkt des Landes, ***Lucky,*** Sihanouk Blvd, nahe Ecke Monivong Blvd, ⌚ tgl. 8–21 Uhr, führt die besten **Toilettenartikel** und **Delikatessen**.

Ein ähnliches Sortiment zu geringfügig günstigeren Preisen sowie eine gute Auswahl an **Weinen und Spirituosen** haben ***You Nam,*** Kampuchea Krom Blvd, 400 m südwestlich vom Bahnhof, ⌚ tgl. 8–20 Uhr, und der ***Big A Supermarket,*** Monivong Blvd, zwischen Ph 178 und 184, ⌚ tgl. 8–21 Uhr.

Käse und andere Kühlprodukte hält ***Bayon Supermarket,*** 133–135 Monivong Blvd, nahe der Kreuzung mit dem Kampuchea Krom Blvd, ⌚ tgl. 7–20 Uhr, bereit.

Wie bei uns gibt es inzwischen auch einige Tankstellen mit gut sortierten Mini-Märkten, darunter ***Caltex Star Mart,*** Sihanouk Blvd, Ecke Monivong Blvd; ***Total La Boutique,*** Monivong Blvd, nördlich vom Sihanouk Blvd.

SCHMUCK – Viele Geschäfte auf dem **Psar Toul Tom Poung** bieten Silberwaren an: Kleine Schachteln in Tiergestalt, Halsketten, Ohrgehänge, Armspangen etc. Ähnlich, aber teurer ist das Angebot der Läden auf dem Sothearos Boulevard, südlich von Wat Ounalom.

Rajana, Ph 450, handelt mit qualitativ hochwertigem, zeitgenössischem Schmuck aus Kambodscha. Sowohl auf dem Psar Toul Tom Poung als auch auf dem **Psar Thmei** gibt es Läden, die preiswert und schnell (3–5 Tage) individuell entworfenen Schmuck fertigen; vor der Auftragsvergabe sollte man jedoch Vergleiche ziehen.

SEIDE – Die besten Seidenstoffe des Landes und dazu die besten Preise bieten die Händler des Psar Toul Tom Poung, des Psar Thmei und des Psar Orussey – das Material für einen langen Rock oder eine Hose aus einem traditionell gemusterten Stoff kostet US$15–30.
Auf dem Psar Toul Tom Poung findet man außerdem Wandbehänge sowie einfache Seide für rund US$3 pro Meter; antike Seidenkleidung kostet hier dagegen Hunderte von US$ pro Stück.

Sonstiges

APOTHEKEN – ***Pharmacie de la Gare***, Monivong Blvd, Ecke Pochentong Blvd, ⏲ tgl. 8.30–18 Uhr; gilt als beste Apotheke Kambodschas, hat ein breites Angebot an westlichen Pharmazeutika sowie erfahrene, Englisch sprechende Angestellte und akzeptiert Kreditkarten.

AUTOVERMIETUNGEN – ***The Car Rental Co.***, 49 Ph 592, ✆ 012/950950, bietet verschiedene Modelle mit und ohne Fahrer.

DIPLOMATISCHE VERTRETUNGEN –
Deutschland, 76-78 Rue de Yougoslavie (Ph 214), ✆ 023/216193 oder 216381, 📠 427746;
Laos, 15-17 Mao Tse Toung Blvd, ✆ 023/982632, 📠 720907;
Österreich (zuständig ist die Botschaft in Thailand), 14 Soi Nandha, Sathorn Thai, Bangkok 10120, ✆ 02/2873970, 📠 2873925;
Schweiz (zuständig ist die Botschaft in Thailand), 35 North Wireless, Bangkok 10330, ✆ 02/2530156, 📠 2554481;
Thailand, 196 Norodom Blvd, ✆ 023/726306;
USA, 27 Ph 240, ✆ 023/216436, 📠 216437;
Vietnam, 426 Monivong Blvd, ✆ 023/362531, 📠 427385.

FOTOZUBEHÖR – Mehrere gute Fotoläden findet man auf dem Monivong Boulevard in der Nähe des Psar Thmei.

GELD – ***Acleda Bank***, 28 Mao Tse Toung Blvd;
Cambodian Commercial Bank, 26 Monivong Blvd;
Canadia Bank, 265-269 Ang Duong St;
Foreign Trade Bank of Cambodia, 3 Kramoun Sar St;
Singapore Bank, Ph 214.
Außerdem gibt es viele **Wechselstuben** in der Stadt, die US-Dollar in Riel tauschen; die besten Kurse bieten gewöhnlich die Wechselstuben am Psar Thmei.

INFORMATIONEN – Der Schalter der **Touristeninformation** in der internationalen Ankunftshalle des Flughafens verteilt eine kostenlose Broschüre über Kambodscha, die wertvolle allgemeine Informationen über das Land enthält; ⏲ Mo–Fr 8–16 Uhr.

INTERNET – Internetcafés findet man praktisch überall in der Stadt; die Gebühren betragen üblicherweise rund US$0,50–1,50/Std.

KICKBOXEN – Die schon auf Angkor Wats Flachreliefs dargestellte antike Tradition des Kickboxen erlebt derzeit eine Renaissance. Zum Auftakt der Kämpfe ertönt laute Musik und die Gegner präsentieren sich in stolzen Posen dem Publikum – dabei ist es nicht minder interessant, die Zuschauer zu beobachten, die vorwiegend zum Wetten kommen. Termine werden nur in der Khmer-Presse bekannt gegeben und sind über die Hotels zu erfragen.

MASSAGE – Viele Massagesalons sind gleichzeitig Bordelle, doch es gibt auch einige private Einrichtungen mit tadellosem Ruf.
Seeing Hands, NCDP Building, Norodom Blvd, Ecke Pochentong Blvd, ✆ 018/816891, sowie 49 Ph 57, ✆ 016/816556; ⏲ Mo–Sa 9–19, So 8–16 Uhr, US$3/Std.; gegründet mit Hilfe einer kambodschanischen NGO, die mit Blinden arbeitet; wirbt mit Anma- und Shiatsu-Massagen.

MEDIZINISCHE HILFE – Folgende Einrichtungen haben Englisch sprechendes Personal:
American Medical, 7 Ph 282, ✆ 012/891613;
Calmette, am Nordende des Monivong Blvd, ✆ 023/426948;

Naga Medical Centre, 11 Ph 254, ✆ 011/811175, ✆ 023/361225, ✉ nmc@worldmail.com.kh, 24 Std. Dienst;
International SOS Dental Clinic, 161 Ph 51, ✆ 023/216911;
Tropical and Travellers Medical Clinic, 88 Ph 108, nahe Wat Phnom, ✆ 023/366802, 💻 www.travellersmedicalclinic.com.

MEDITATION – ***Wat Lanka,*** gegenüber dem Unabhängigkeitsdenkmal, jeden Mo, Do und Sa ab 18 Uhr Meditationssitzungen für Anfänger unter Aufsicht Englisch sprechender Mönche.

MOTORRADVERLEIH – ***Lucky! Lucky!,*** 413 Monivong Blvd, ✆ 023/212788, US$5 pro Tag für 110cc-Mopeds, US$9 pro Tag für geländegängige 250cc-Maschinen, bei Wochenmiete Preisnachlässe. Das Unternehmen stellt Helme, bietet jedoch keine Versicherung an.

NOTFÄLLE – **Ambulanz**: 119 oder 023/724891;
Feuerwehr: 118;
Polizei: 117;
Touristenpolizei: 023/724793. Üblicherweise kann man sich auf Englisch verständigen.

OPTIKER – ***I Care Optical,*** 166 Norodom Blvd, ✆ 023/215778.

POST, KURIERDIENSTE UND FRACHTVERSAND
Das **Hauptpostamt**, Ph 13, zwischen Ph 98 und Ph 102, 🕒 tgl. 6.30–21 Uhr, bietet die üblichen Dienstleistungen inkl. Paketpost, Fax, Telefon und *poste restante;* ein Schalter im Innenbereich verkauft Aerogramme, Postkarten, Umschläge, Schreibpapier und Briefmarken. Kuriersendungen ins Ausland befördern
TNT, ✆ 023/212393; ***DHL,*** ✆ 023/427726,
UPS, ✆ 023/427511; und ***Fedex,*** ✆ 023/216712.

REISEBÜROS – Folgende etablierte Unternehmen haben Englisch sprechendes Personal und organisieren Reisen ins In- und Ausland:
Diethelm Travel, 65 Ph 240, ✆ 023/219151, ✉ dtc@dtc.com.kh;
Exotissimo Travel Cambodia Ltd, 46 Norodom Blvd, über *Monument Books,* ✆ 023/218948, 💻 www.exotissimo.com;
KU Travel & Tours, Ph 240, Ecke Ph 19, ✆ 023/723456, ✉ info@kucambodia.com.

SCHWIMMEN – Die **Hotels** *Inter-Continental,* Cambodiana und Goldiana stellen ihre Swimming Pools für rund US$5 pro Besuch auch auswärtigen Gästen zur Verfügung. Swimming Pools und Wasserrutschen gibt es auch im ***Phnom Penh Water Park*** an der Straße zum Flughafen.

VISAVERLÄNGERUNGEN – ***Department for Foreigners,*** in Flughafennähe, Details s. S. 10.

Nahverkehrsmittel

BUSSE – Phnom Penh besitzt kein öffentliches Busnetz. Der mehrmonatige Versuch, auf zwei zentralen Routen Busse einzusetzen, wurde von den Stadtbewohnern nicht angenommen, vermutlich weil sie zu sehr an den bequemen Tür-zu-Tür-Transport gewöhnt sind.

TAXIS – Alle größeren Hotels vermitteln Taxis. Telefonische Bestellungen nimmt ***Vantha,*** ✆ 012/855000, rund um die Uhr entgegen. Tagsüber kosten Fahrten innerhalb der Stadt US$2–3, nachts hingegen US$4–5. Chartertaxis für ganztägige Ausflüge findet man beim Zentralmarkt, nahe der Kreuzung des Monivong Blvd mit dem Kampuchea Krom Blvd. Für Routen innerhalb der Stadtgrenzen liegen die Preise bei US$20 und für Touren in die Umgebung bei US$25–30. Bislang fahren keine Taxis auf der Suche nach Kundschaft die Straßen ab, doch unternehmerische Fahrer haben begonnen, die eintreffenden Boote abzupassen.

MOTOS – Im zentralen Stadtgebiet kostet eine Fahrt mit dem Motorradtaxi US$1–2, bei Touren in Randgebiete, bei Regen oder nach Einbruch der Dunkelheit erhöhen sich die Preise auf US$5. Viele Motofahrer sprechen inzwischen ein wenig Englisch, aber nur wenige haben eine Vorstellung von Straßennummern, so dass man immer einen Stadtplan zur Hand haben und die Orientierung selbst übernehmen sollte.

CYCLO – Nur in der Hauptstadt sind die Fahrrad-Rikschas so populär wie eh und je. Sie bieten eine angenehme Art der Fortbewegung und kosten wenig mehr als Fahrten mit einem Moto.

Transport

BUSSE – Dreh- und Angelpunkt von Busverbindungen ist der **Busbahnhof** 200 m südwestlich vom Psar Thmei. Busse nach Kampot oder Sihanoukville starten im Südwesten des Zentrums am **Psar Damkor**, Mao Tse Toung Blvd, nach Sre Ambel am **Psar Depot**, Nehru Blvd, und nach Bavet am **Psar Olympic**, nahe dem Stadion, bzw.am **Chbar Ampov**, östlich der Monivong-Brücke im äußersten Süden der Stadt. AC-Expressbusse der Unternehmen *Ho Wah Genting* und *GST* fahren vom Busbahnhof ab dem frühen Morgen bis zum frühen Nachmittag nach Sihanoukville (12 000 Riel).
Kleinere Stadtbusse von *Ho Wah Genting* steuern regelmäßig Destinationen in der näheren Umgebung wie Kompong Chhnang, Kompong Cham, Kompong Speu, Neak Leung, Oudong und Takeo an. Außerdem gibt es tgl. Busse über die RN 6 nach Siem Reap sowie Di, Do und Sa mit *Ho Wah Genting* für US$15 (AC) nach Ho Chih Minh City (HCMC).
Das *Capitol Hotel* und *Neak Krorhorm Travel* bieten Minibusse nach Siem Reap und zur vietnamesischen Grenze – nicht unbedingt die schnellste oder billigste Art der Beförderung. Zwar werden immer wieder Tickets direkt nach HCMC in Vietnam ausgestellt, doch an der Grenze muss man rund 500 m zu Fuß gehen, die Formalitäten erledigen und anschließend in ein Fahrzeug eines Partners aus HCMC umsteigen. Da die Gästehäuser unterschiedliche Preise verlangen, lohnt sich vorab ein Vergleich.
Verbindungen nach:
BATTAMBANG 3x tgl., 6 Std.,
HO-CHI-MINH-STADT/Vietnam 1x tgl., 8 Std.,
KOMPONG CHAM 6x tgl., 2 Std.,
KOMPONG CHHNANG 6x tgl., 2 1/2 Std.,
KOMPONG SPEU 9x tgl., 1 1/2 Std.,
KRATIE 2x tgl., 7 Std.,
NEAK LEUNG 12x tgl., 2 Std.,
OUDONG 13x tgl., 1 1/2 Std.,
POIPET 2x tgl., 8 Std.,
SIHANOUKVILLE 8x tgl., 3 1/2 Std.,
TAKEO 4x tgl., 2 Std.

SAMMELTAXIS, PICK-UPS UND MINIBUSSE – Von der Haltestelle an der Südwestecke des Psar Thmei fahren regelmäßig Sammeltaxis, Pick-ups und Minibusse zu Zielen im **Norden** von Phnom Penh, darunter Kompong Thom, Siem Reap, Kompong Cham, Battambang, Sisophon und Poipet. Längere Fahrten beginnen bereits um 6 oder 7 Uhr morgens, da die Fahrer bei Tageslicht ankommen möchten.
Bis in den frühen Nachmittag hinein fahren zahlreiche Sammeltaxis zu näher gelegenen Zielen, danach werden die Abfahrten seltener. Nur Pick-Ups begeben sich auf die mühevolle Reise von Kompong Cham ins östliche MONDULKIRI, aber nicht in der Regenzeit.
Sammeltransporte in die **südlichen** Provinzen Takeo, Sihanoukville und Kampot starten am Psar Damkor. Fahrpreise für diese Region liegen bei 10 000–12 000 Riel.
Die Sammeltaxis nach SRE AMBEL (2 1/2 Std.) mit Anschluss an das tgl. Schnellboot nach KOH KONG und zur thailändischen Grenze starten spätestens um 8 Uhr vom Psar Depot. Alternativ kann man auch ein Sammeltaxi nach Chamcar Luang an der RN 4 nehmen, und von hier ein Sammeltaxi über die RN 18 nach KOH KONG.Vom Psar Olympic und Psar Chbar Ampov (via Monivong-Brücke) werden Ziele im **Südosten** wie NEAK LEUNG (1 1/2 Std.; umsteigen nach Prey Veng), SVAY RIENG (4 Std.) und die Grenzstadt BAVET (6 Std.) angesteuert. Bis zur endgültigen Ausbesserung der RN 1 dauert die Fahrt zur Grenze etwa 6 Std.; der Fahrpreis nach Bavet beträgt zurzeit rund 10 000 Riel (statt Bavet ist meist Moc Boi als Ziel angegeben, der Ort auf der vietnamesischen Seite der Grenze).
Verbindungen nach:
BATTAMBANG 12x tgl., 6 Std.,
BAVET 20x tgl., 5 Std.,
KAMPOT 12x tgl., 3 Std.,
KOMPONG CHAM 20x tgl., 2 1/2 Std.,
KOMPONG CHHNANG 4x tgl., 2 1/2 Std.,
KOMPONG THOM 12x tgl., 3 Std.,
NEAK LEUNG 20x tgl., 1 1/2 Std.,
POIPET 10x tgl., 8 Std.,
PURSAT 10x tgl., 4 Std.,
SEN MONOROM 1x tgl., mind. 8 Std.,
SIEM REAP tgl., 6–8 Std.,
SIHANOUKVILLE 20x tgl., 3 1/2 Std.,

Chroy Chung Va-Brücke

SISOPHON 10x tgl., 7 Std.,
SVAY RIENG 6x tgl., 3 1/2 Std.,
TAKEO 12x tgl., 2 Std.

EISENBAHN – Der **Bahnhof** befindet sich in der Nähe der Kreuzung von Monivong Blvd und Pochentong Blvd im Norden der Stadt.
Jeden zweiten Tag um 6 Uhr fährt ein Zug gen Norden via PURSAT (6–7 Std.) nach BATTAMBANG (mind. 12 Std.). Um zu erfahren, ob der Zug verkehrt, muss man sich am Vorabend am Bahnhof erkundigen, ob er eingetroffen ist – häufig genug bleibt er unterwegs liegen, was die Fahrpläne durcheinander bringt. Planmäßig kommt er am frühen Abend in der Hauptstadt an. Es warten stets einige Motos in der Umgebung des Bahnhofs. Fahrkarten sind nur am Reisetag erhältlich; der Schalter öffnet etwa um 5 Uhr.

BOOTE – Von der neuen Anlegestelle für **Passagierboote** (auch: Touristendock) am Tonle Sap in der Nähe des Hauptpostamts fahren Expressboote je nach Wasserstand in 5 Std. nach SIEM REAP (1–2x tgl., Abfahrt 7 Uhr; US$25 für Ausländer, doch manche Gästehäuser bekommen die Tickets einige Dollars billiger). Tickets sind am Vortag oder am Morgen der Abfahrt erhältlich.
Der Bootsverkehr nach KRATIE über KOMPONG CHAM ist zurzeit (Frühjahr 2005) eingestellt.
Bei Ankunft der Boote in Phnom Penh warten bereits zahlreiche Schlepper der Gästehäuser, doch es stehen auch genügend Taxis und Motos zur Verfügung; die Fahrt ins Zentrum sollte etwa 2000 Riel kosten.

FLÜGE – Der **Pochentong International Airport** liegt 8 km westlich der Stadt an der RN 4. Zu den Einrichtungen der internationalen Ankunftshalle gehören eine Bank, ⌚ tgl. 7.30–19.30 Uhr, öffentliche Telefone, eine Post, ⌚ tgl. 8–18 Uhr, eine Touristeninformation (s. S. 129) und ein Mobiltelefonverleih. Der **Inlandflughafen** befindet sich wenige 100 m weiter westlich in einem separaten Gebäude. Alle drei nationalen Fluggesellschaften bedienen SIEM REAP (11x tgl., 40 Min.), außerdem gibt es 4x wöchentlich einen Flugnach BANLUNG (1 Std.). Da sich die Abflugzeiten ständig verändern, sollte man sich genau über den aktuellen Flugplan informieren.Von den Taxiständen vor dem nationalen und internationalen Bereich fahren Taxis zum Festpreis von US$7 in die Stadt; Taxis von der Stadt zum Flughafen kosten hingegen US$ 5–7. Motos dürfen vor den Terminals nicht mehr warten, doch mit etwas Glück erwischt man ein Fahrzeug, das Abreisende absetzt. Ein nur 200 m langer Fußmarsch führt über den Parkplatz zur Hauptstraße, wo stets viele Motos warten, die für den knapp 30-minütigen Transfer in die Stadt 5000–8000 Riel verlangen; ein Taxi kostet von hier ca. US$5.

Fluggesellschaften:
Bangkok Airways, 61 Ph 214, ✆ 023/426624, 💻 www.bangkokair.com.
China Southern Airlines, A3 Regency Square, 168 Monireth Blvd, ✆ 023/424588, 💻 www.cs-air.com.
Dragon Air, A4-A5 Regency Square, 168 Monireth Blvd, ✆ 023/424300, 💻 www.dragonair.com.
Lao Airlines, 58C Sihanouk Blvd, ✆ 023/216563, 💻 www.laoairlines.com.
Malaysia Airlines, 1. Stock, Diamond Hotel, 172-184 Monivong Blvd, ✆ 023/218923, 💻 www.malaysiaairlines.com.
President Airlines, 50 Norodom Blvd, ✆ 023/993089, 💻 www.presidentairlines.com.
Royal Phnom Penh Airways, 209 Ph 19, ✆ 023/217419, 💻 www.royalpnhair.com.
Siem Reap Airways, 61 Ph 214, ✆ 023/720022.
Silk Air, 219B Monivong Blvd, Mi Casa Hotel, ✆ 023/426808, 💻 www.silkair.net.
Thai Airways, A15-A16 Regency Square, Mao Tse Toung Blvd, ✆ 023/214359-61, 💻 www.thaiair.com.
Vietnam Airlines, 41 Ph 214, ✆ 023/363396, 💻 www.vietnamair.com.

Die Umgebung von Phnom Penh

Wer dem Trubel der Hauptstadt entkommen möchte, gelangt innerhalb kürzester Zeit in ländliche Gebiete, in denen Reisfelder, Zuckerpalmen, verstreute Siedlungen und einsame Pagoden das Bild bestimmen. Die der Stadt gegenüber liegende **Halbinsel Chroy Chung Va**, zwischen Tonle Sap und Mekong, ist Heimat mehrerer Dörfer, die (noch) weit von der Geschäftigkeit der Stadt entrückt sind – an ihrem Westufer, direkt gegenüber dem Königspalast, entsteht momentan ein Vergnügungspark. Eine kurze Fahrt mit der Fähre ab Phnom Penh führt zur Gemeinde **Koh Dait** auf einer üppig grünen Insel im Mekong, wo Seidenstoffe gewoben werden und der fruchtbare Schwemmlandboden zahlreiche Agrarprodukte gedeihen lässt.

Wat Jum Pos Ka-aik, östlich der Stadt an der RN 1, hat eine erstaunliche Sammlung von 10 000 Buddhas, und man kann den Besuch gut mit einem Abstecher zum 12 km von Phnom Penh entfernten Ausflugsort **Kien Svay** kombinieren.

Phnom Brasat, 25 km nordwestlich der Hauptstadt an der RN 5, präsentiert sich als kitschige Ansammlung von Pagoden, die ihrem Erscheinungsbild nach zu urteilen von einer kambodschanischen Reinkarnation Salvador Dalís entworfen wurden – man glaubt sich eher in einem Vergnügungspark als in einer religiösen Stätte. Weiter nördlich liegen die markanten Hügel der alten Hauptstadt **Oudong**, wo sich die Chedi mehrerer Könige befinden. Wer sich näher mit den Khmer beschäftigen will, kann den Abstecher dorthin mit der Erkundung der spärlichen Ruinen von **Lovek**, Oudongs Vorgänger als Hauptstadt, verbinden.

Eine kurze Motofahrt nach Südwesten führt zu den *Killing Fields* samt Gedenkstätte in **Choeung Ek** – eine passende, wenngleich grausige Ergänzung zum Besuch des Genozidmuseums Toul Sleng. Südlich von Phnom Penh lädt der angkorianische Tempel **Tonle Bati**, abseits der RN 2 am Flussufer gelegen, zum Picknicken oder Schwimmen ein, und noch weiter südlich bieten sich vom antiken Bergtempel **Phnom Chisor** schöne Ausblicke in die Umgebung. Beide Stätten sind im Rahmen eines Tagesausflugs von der Hauptstadt aus zu erreichen, allerdings bleibt dann keine Zeit für die Tiger und Bären von **Phnom Tamau**, Kambodschas einzigem staatlichen Zoo und Rettungszentrum für bedrohte Tierarten.

Halbinsel Chroy Chung Va

Die gesamte 3 km lange Landzunge der Halbinsel Chroy Chung Va diente bislang als landwirtschaftliches Nutzgebiet. Nach langen Debatten aber mussten die Bewohner der Westseite der Halbinsel auf Anordnung von Phnom Penhs Stadtverwaltung umsiedeln, damit das Areal gegenüber der Stadtpromenade in einen Vergnügungspark verwandelt werden konnte. Einen Besuch lohnt der bunte

Wat Sampeuv Meas, der 1996 an der Südspitze der Halbinsel entstand. Im Zentrum der Pagode steht ein goldenes Boot mit einem blauen Rumpf, der das Wasser symbolisiert. Statuen von Krokodilen und einer Meerjungfrau umgeben das Gefährt, und mehrere Chedi in grellen Farben setzen das Farbenspiel fort. Am anderen Flussufer kann man die Silhouette des Königspalastes erkennen. Nach Besichtigung der Anlage bietet sich ein Spaziergang entlang dem Mekong zu den hübschen Dörfern im Nordosten der Halbinsel an, wo die Cham leben, Kambodschas muslimische Minderheit.Die Halbinsel lässt sich leicht mit einem **Moto** erreichen – die erste Straße, die nach der Chroy Chung Va-Brücke rechts abzweigt, führt um die gesamte Landzunge herum.

Koh Dait

15 km von Phnom Penh entfernt liegt mitten im Mekong die Insel Koh Dait, eine Oase der Ruhe und des Friedens. Auf dem vorwiegend landwirtschaftlich geprägten, 10 km langen Eiland, dessen wichtigstes Anbauprodukt Erdnüsse sind, gibt es noch einige Dörfer mit Pfahlbauten, und bei einem Rundgang über die schattigen Wege bekommt man interessante Einblicke ins Alltagsleben. Die Insel hat sich vor allem durch ihre **Webarbeiten** einen Namen gemacht – in der Trockenzeit klappern in jedem Haus die Webstühle, auf denen konventionelle Sampots hergestellt werden.

Wenn der Wasserstand des Flusses nach der Regenzeit fällt, bildet sich an der Nordspitze der Insel ein breiter Sandstrand (Eintritt 1000 Riel), an dem alsbald Essensstände öffnen und leckere gebratene Hühnchen verkaufen.

Mit einem Moto bewältigt man die 14 km von Phnom Penh bis zur Anlegestelle der Fähren, die an der RN 6 ausgeschildert ist. Einen festen Fahrplan gibt es nicht – sobald ein Boot voll ist, legt es ab, was unter Tag in kurzen Abständen geschieht. Motorräder oder Fahrräder können problemlos mitgenommen werden (Fußgänger 500 Riel, Motorrad samt Fahrer 1000 Riel).

Wat Jum Pos Ka-aik und Strand von Kien Svay

Die 10 000 höchst unterschiedlichen **Buddhastatuen** des **Wat Jum Pos Ka-aik**, ca. 7 km südöstlich der Hauptstadt, wurden von reichen Förderern gespendet, dank deren Gaben die Pagode zu beträchtlichem Wohlstand gelangte. Auch ihre Mönche sind sehr angesehen und pflegen gute Beziehungen – es ist nicht ungewöhnlich, dass sie ausgefeilte Zeremonien für hohe Würdenträger und betuchte Einheimische vollziehen, die sich dadurch im nächsten Leben gewisse Vorteile erhoffen oder einen Segen für ihr gegenwärtiges Leben erbitten.

In der modernen, klimatisierten Halle türmen sich die Buddhastatuen bis unters Dach, keine der 40 *mudras* (Gesten der Hand, die die Lehren und Lebensabschnitte von Buddha symbolisieren) fehlt. Eine der auffälligsten Statuen befindet sich im zentralen vorderen Teil der Pagode: Der lebensgroße, stehende Bronze-Buddha stellt ein gütiges Lächeln zu Schau, während seine Augen dem Betrachter durch die gesamte Halle zu folgen scheinen; seine Hände sind nach vorne ausgestreckt, Handflächen und Finger zur *abhaya mudra* (Geste des Schutzes) geformt, und in die Handflächen wurde jeweils ein Diamant eingearbeitet. Sofern die **Vihara** geöffnet ist, lohnt sich ein Blick auf die für kambodschanische Verhältnisse ungewöhnlich karg verzierten, blassgelben Innenwände mit goldenen Buddhabildnissen. Der kleine weiße Stupa vor dem nahen Badebecken enthält Knochen von Opfern unter dem Regime Pol Pots, die auf dem Tempelgelände ermordet und verscharrt wurden.

Das von manchen Einheimischen als „neues Kep" gepriesene **Kien Svay** (auch: Koki Beach) ist eigentlich nur ein schlammiges Flussufer – nichts, um darüber nach Hause zu schreiben. Am Wochenende aber fallen Scharen von Ausflüglern aus Phnom Penh ein, um in den am Ufer des Mekong aufgereihten Pfahlbauten zu picknicken. Sie alle scheinen die ganz besondere Spezialität von Kien Svay zu lieben: **frittierte Insekten**. Dazu gehören verschiedene Arten von Käfern, Grillen, Seidenraupen und Larven, aber die Straßenhändler verkaufen auch andere Speisen. Um das Essensangebot noch zu übertreffen, kreuzen auf dem Fluss kleine Boote, die frischen Fisch oder Hummer anbieten und auf Wunsch sofort an Bord zubereiten. Das Motto fast aller Ausflügler lautet: Man besorge sich etwas zum Mittagessen und verbringe den Rest des Tages faulenzend in einer der Hütten am Fluss, die man für wenige 1000 Riel mieten kann.

Die Dörfer rund um Kien Svay sind für ihre **Webarbeiten** bekannt. Ursprünglich pflegten nur

Frauen dieses Handwerk, doch heute gibt es mehrheitlich Familienbetriebe, die aus Seide oder Mischgewebe Schals und Umschlagtücher für Phnom Penhs Märkte produzieren.

Beide Ausflugsziele sind via RN 1 erreichbar, die Phnom Penh über die Monivong-Brücke verlässt. Zum **Wat Jum Pos Ka-aik** muss man in die erste Straße hinter der Brücke (Phlauv 369) rechts abbiegen. Der zunächst enge und holprige Weg, der am Fluss Bassac entlangführt, wird hinter den Longan-Plantagen wieder breiter. Nach 7 km steht links die Pagode, deren Eingangsbereich nach traditionell kambodschanischer Art von *niek* und *yeak* (Sanskrit: *deva* und *asura;* Götter und Dämonen) gesäumt wird. Bleibt man nach der Monivong-Brücke auf der RN 1, so taucht nach 8 km der Ort L'Imprevu auf, und nach einem weiteren Kilometer kommt die Abzweigung zum Strand von **Kien Svay** in Sicht. Unmittelbar vor der Kreuzung befindet sich gegenüber der Lagerhallen der *Cambodia Brewery* das gute Khmer-Restaurant *777,* das sich zum Mittagessen mit Blick auf Reisfelder und Fischteiche eignet. Zu seinen Spezialitäten gehören große fleischige Langusten namens *bong kong,* die nach Gewicht verkauft werden – für zwei Personen muss man mit US$5–10 rechnen.

Der Strand kann übrigens auch per Bus via Psar Koki erreicht werden, wo man für den Rest des Weges ein Moto nimmt.

Phnom Brasat

Ursprünglich bestand der Pagodenbezirk von **Phnom Brasat**, 27 km nordwestlich von Phnom Penh, aus zwei auf Hügeln gelegenen Stätten. Inzwischen umfasst er bereits vier verschiedene Standorte, und die hiesigen Mönche und Nonnen verfolgen die Vision, das Heiligtum auf angkorianische Ausmaße zu erweitern – ihre Baupläne erscheinen wie ein auf die Ewigkeit angelegtes Vorhaben. Da sich gläubige Buddhisten durch die Förderung neuer Heiligtümer besondere Verdienste erwerben, spenden wohlhabende Mäzene bereitwillig große Summen zur Unterstützung des Projekts. Durch Sammlungen auf offener Straße und freiwillige Mitarbeit werden weitere Baumaßnahmen auf den Weg gebracht.

Der für Besucher erste – und zugleich neueste – Teil der Anlage wurde mit überschüssigen Geldmitteln aus dem Nachbau des Angkor Wat weiter unten an der Straße errichtet. Den Eingang flankieren überlebensgroße Götter und Dämonen, die in verblüffender Weise denjenigen von Angkor Thom ähneln. Bald soll sich hier eine neue Pagode erheben, deren kompliziert und futuristisch wirkenden Pläne, insbesondere das Kuppeldach und die ausgedehnten Glasflächen, unwillkürlich an einen Entwurf von Norman Foster denken lassen.

Wenige Kilometer entfernt führt die Straße durch ein mächtiges, von Elefanten flankiertes Tor im Bayon-Stil zum **Wat Phnom Reap**, einem beliebten Ausflugsort der Einheimischen. Zahlreiche Imbissbuden und Souvenirverkäufer bieten hier ihre Waren an. Die Anlage wird von einem, aus faszinierend karminrotem Beton errichteten Nachbau des Angkor Wat dominiert, Prasat Mahar Nokor Vitmean Sooer, der gleich drei Türme besitzt und 1998 nach nur zwei Jahren Arbeitszeit fertig gestellt wurde. Ein rund um das Gebäude führender Säulengang schützt die reichverzierten Wände: Anmutige Apsaras schmiegen sich in Nischen; Flachreliefs zeigen Szenen aus dem Leben Buddhas; und Darstellungen von Menschen, die ihre Geldmittel oder ihre Arbeitskraft in das Projekt einbrachten, gedenken der Erbauung des Tempels. Im Innern befindet sich eine große Messingstatue des Hauptwohltäters, Rohs Sarouen; zwei weitere, aufeinander abgestimmte Steinstatuen zeigen ihn und seine Frau.

Der benachbarte **Prasat Pik Vongkot Boreay Brom Mlop** wurde sechs Jahre früher beendet. Den Eingang bewachen zwei imposante Hanuman-Statuen, die beide auf nur einem Bein stehen und ein gezücktes Schwert halten. Ein riesiger sitzender Buddha dominiert das Innere der Halle. Um ihn herum schmücken bunte Malereien eines Bodhi-Baums mit Vögeln und anderen Tieren die Wände – die fröhliche Darstellung lässt eher an ein Bilderbuch für Kinder als einen Tempel denken. Auf den silbern bemalten Flachreliefs der Wandpaneele sind Szenen aus der Bauphase des Prasat zu sehen.

Wieder zurück auf der Straße erreicht man nach wenigen Kilometern die beiden Hügel der Tempelstätte, von denen der erste zur Rechten am interessantesten ist. Etwa auf halber Strecke bergauf, hinter dem Parkplatz, liegt ein 15 m langer Buddha, der aus dem Fels gemeißelt wurde. Er soll sehr alt sein, einem der achar zufolge sogar 1400 Jahre. Womöglich ist dieser Buddha das einzig erhaltene Stück einer prä-angkorianischen Anlage aus dem 6. Jh., deren Ruinen sich an diesem Ort befanden. Die Roten Khmer beschädigten die Statue und zerstörten die alte Pagode, doch beide wurden umfassend restauriert. Eine Treppe führt hinauf zum Gipfel mit der Vihara, deren Wandmalereien die Geschichte von Preah Vessandaa erzählen (s. Kasten).

Kambodschas Tempelmäzene bestehen oft darauf, sich oder ihre Verwandten auf den Tempelgemälden verewigen zu lassen, so auch hier: In einer Szene steht vor einer glorreichen Darstellung von Angkor Wat ein Mann (vermutlich der Förderer selbst), der stolz sein Pistolenhalfter präsentiert – die Waffenhysterie des Landes macht offensichtlich auch vor den Pagoden nicht Halt.

Phnom Brasat ist bequem mit einem Moto (hin und zurück US$6–10) zu erreichen, das man auch für die Strecken zwischen den einzelnen Stätten, die bis zu 5 km betragen, nutzen sollte.

Selbstfahrer verlassen Phnom Penh auf der RN 5; nach 15 km zweigt gegenüber einem Tela-Tank-lager eine Straße links ab. Zunächst geht es durch ein enges Marktviertel, doch bald wird die Straße breiter und verläuft auf einem Damm mitten durch Reisfelder und Schwemmebenen zur 12 km entfernten Stätte.

Richtung Oudong

Die RN 5 verlässt Phnom Penh im Norden und folgt beinahe die ganze Strecke nach Oudong dem Tonle Sap, vorbei an mehreren Cham-Dörfern und Moscheen jüngeren Datums (die Roten Khmer haben die meisten Moscheen zerstört und die religiösen Führer der Cham ermordet). Im Januar und Februar kann man hier überall den Fisch riechen, der in der Sonne zum Trocknen ausgelegt und später zu *prohok* (fermentierte Fischpaste) weiterverarbeitet wird, für die sich diese Region einen Namen gemacht hat. Das einzige größere Dorf unterwegs ist **Preak G´dam** (wörtlich „Krabbenfluss"), wo eine viel genutzte Fähre über den Tonle Sap pendelt – 20 Jahre lang die einzige Möglichkeit der Flussüberquerung in dieser Region, bis 1993 die Chroy Chung Va-Brücke wieder freigegeben wurde. Die **Restaurants** gegenüber der Zufahrt zur Fähre bieten eine gute Khmer-Küche und von ihren Terrassen herrliche Ausblicke über die Reisfelder bis nach Oudong.

An den Ständen entlang der Straße kann man zwei Spezialitäten der Region kosten: **gedünstete Schildkröte** und *chook*, die Samenkapseln der Lotusblume (s. S. 38).

Wenige Kilometer hinter Preak G'dam und kurz vor Oudong liegt rechter Hand der Hauptstraße das Dorf **Kompong Luong**. Der einstige königliche Hafen von Oudong genießt seit Jahrhunderten Berühmtheit für seine **Silberwaren**, und noch immer fertigen und verzieren Silberschmiede in mühevoller Handarbeit Tassen, Schüsseln sowie diverse kleine Gefäße in Form von Tieren oder Früchten. Besucher dürfen ihnen bei der Arbeit gerne zusehen, aber die Preise unterscheiden sich nur wenig von jenen auf den Märkten von Phnom Penh.

Oudong

248 Jahre lang war Oudong, 37 km nördlich von Phnom Penh, die Hauptstadt Kambodschas und Krönungsstätte mehrerer Monarchen, darunter Ang Duong und dessen Sohn Norodom, Ururgroßvater des heutigen Königs Norodom Sihamoni. Im Jahre 1866 ließ sich König Norodom von den Franzosen dazu überreden, die Hauptstadt an die Stelle des strategisch günstiger gelegenen Phnom Penh zu verlegen. Der Hof, insgesamt über 10 000 Menschen, machte sich mit Sack und Pack davon, und Oudong wurde dem Verfall überlassen.

Von der alten Stadt ist heute so gut wie nichts mehr erhalten, doch die mit Schreinen und Chedi übersäte Stätte ist nach wie vor ein wichtiger Pilgerort.Schon von weitem kündigen die drei Chedis auf dem höheren der beiden Hügel von Oudong die bevorstehende Ankunft in der alten Hauptstadt an. Die Stätte entwickelt sich langsam zu einer touristischen Sehenswürdigkeit und kann an Wochenenden unerträglich überlaufen sein, doch unter der Woche treffen nur wenige Touristenbusse und einheimische Pilger ein.

Die Anfahrt über die RN 5 führt direkt zum Fuß des höheren Hügels, der den Namen Phnom Preah Reach Troap („Berg des königlichen Vermögens") trägt, weil dort im 16. Jh. während des Krieges mit den Siamesen die königlichen Schätze versteckt waren.

Ein kleines Gebäude linker Hand des Weges zum Hügel beherbergt Menschenschädel und -knochen, gefunden auf nahen Feldern, die zu den Exekutionsstätten der Roten Khmer gehörten.

Preah Vessandaa

Eine beliebte Darstellung in Kambodschas Pagoden ist die Legende von Preah Vessandaa (eine der früheren Inkarnationen Buddhas), deren Figuren meist in Lebensgröße und grellen Farben wiedergegeben werden. Der Überlieferung zufolge erhielt ein alter Mann namens Chuchuk als Ersatz für eine ausstehende Schuld die junge Frau Amita. Da das Paar keine Kinder bekam, wurde Amita von den anderen Frauen gehänselt. Nun aber wusste Amita von der Großzügigkeit des Königs Vessandaa und überredete ihren Mann, diesen um zwei seiner Kinder zu bitten. Chuchuks Abenteuer auf dem Weg zum Palast werden in Tempeln gewöhnlich verteilt auf zehn oder mehr Szenen dargestellt. Ein Bildnis in Phnom Brasat erzählt, wie Chuchuk auf einem Baum sitzt, wohin der Jäger Chetabut und dessen Hunde ihn gejagt hatten. Um seinem Gefängnis zu entkommen, gibt sich der alte Mann als Gesandter des Königs aus. Als er sich schließlich dem Palast nähert, rennen die Kinder des Königs weg und verstecken sich hinter Lilienblüten, doch ihr Vater entdeckt sie und macht sie Chuchuk zum Geschenk. Auf dem Heimweg verirrt sich Chuchuk in das Reich des Großvaters der Kinder, der sie gegen ein Lösegeld zurückkauft. In der kambodschanischen Version endet die Geschichte damit, dass Chuchuk das Geld für ein Festgelage ausgibt, bei dem er sich zu Tode frisst – eine imposante Darstellung gegen das Laster der Unersättlichkeit.

Die Besichtigung der Stätte kann entweder am vorderen oder hinteren Treppenaufgang begonnen werden – um die wichtigsten Stätten zu sehen, ist ohnehin ein Rundgang erforderlich. Im Folgenden wird der Aufstieg über die hinteren Stufen beschrieben.

Eine geheimnisvolle Atmosphäre liegt über den verfallenen Säulen und morschen Dachbalken von **Preah Atharas**, der Vihara auf dem Gipfel. Sie wurde im 13. Jh. von den Chinesen errichtet, die damit – der Legende zufolge – ein mythisches Seeungeheuer zu bändigen versuchten, das ihre Dominanz über die Khmer bedrohte. Schwere Schäden erlitt die Vihara in den Jahren 1973 und 1974 während der Kämpfe zwischen den Truppen Lon Nols und Pol Pots, weitere Zerstörungen erfolgten nach 1975 durch die Roten Khmer. Vom 11 m hohen, sitzenden Buddha sind nur eine Schulter sowie Fragmente der rechten Hälfte erhalten geblieben.

Je weiter man auf dem Grat nach Norden schreitet, desto mehr Schreine säumen den Weg. Nähere Beachtung verdienen insbesondere einige der älteren Bauwerke, darunter **Preah Ko** mit seiner schönen Statue von Nandi, dem heiligen Tragtier Shivas. Immer wieder kann man beobachten, wie Gläubige über den Kopf des Stieres Wasser schütten, das durch diese Handlung heilig wird – danach fangen sie es wieder auf und tragen es nach Hause. Nördlich von dieser Stätte sitzt im Schrein **Neak Ta Dambang Dek** ein Buddha auf einer zusammengerollten Naga, deren zahlreiche Köpfe schützend über sein Haupt erhoben sind. An seiner markanten Turmspitze deutlich erkennbar ist der blassgelbe Chedi **Chet Dey Mak Prohm**, in dem die Asche von König Sisowath Monivong (Regierungszeit von 1927–1941) beigesetzt ist. Weiter oben steht der baufällige Chedi **Tray Troeng**, den König Norodom 1891 für die Asche seines Vaters, König Ang Duong, errichten ließ; allerdings streiten die Gelehrten, ob sich die sterblichen Überreste des Königs wirklich hier oder in Phnom Penhs Silberpagode befinden. Der Chedi war einst über und über mit glasierten Keramikblumen bedeckt, die jedoch inzwischen weitgehend verschwunden sind – sobald sie „abfallen", werden sie von einheimischen Kindern an Touristen verkauft.

Den ältesten Chedi des Hügels, **Damrei Sam Poan**, ließ Preah Bat Chey Cheta 1623 für die Asche seines Onkels und Amtsvorgängers König Soriyopor erbauen. Das Bauwerk, umgeben von stark beschädigten, aber ausdrucksvollen Elefantenstatuen, droht unter Dickicht zu verschwinden, und auch die inneren Ziegelstrukturen lösen sich langsam auf. Bis vor kurzem rühmte sich der Chedi der höchsten Turmspitze auf dem gesamten Hügel, wurde jedoch von der benachbarten neuen Pagode übertroffen, deren eindrucksvolle Terrasse schöne Ausblicke auf die Umgebung bis zum Tonle Sap freigibt. Eine Treppe mit 509 Stufen führt von hier zum Fuß des Hügels hinab.

Über eine andere Treppe gelangt man auf den Gipfel des niedrigeren Hügels, wo die kleine, stark beschädigte **Vihara Ta Sann** steht. In ihrer Nähe befinden sich die Reste eines großen, liegenden Buddhas aus dem Jahre 1567 sowie ein Chedi, den König Bat Boromintho Reachea in Auftrag gab – keiner weiß für wen.

Oudong ist mit dem **Bus** Richtung Kompong Chhnang zu erreichen; auf Anfrage wird man von den Fahrern an einer Reklamewand für „Angkor Bier" abgesetzt, wo man für die letzten 3 km ein Moto nehmen kann. Eine andere Möglichkeit der Anreise bietet sich mit einem der Privatbusse von Gästehäusern (z. B. vom *Capitol*). Wer unterwegs gerne einige Stopps einlegen und Abstecher nach Phnom Brasat oder Lovek machen möchte, sollte sich ein eigenes Fahrzeug chartern.

Lovek

Nur wenig ist bekannt über das rund 15 km entfernte Lovek, das unter der Herrschaft von König An Chan im 16. Jh. als Kambodschas Hauptstadt diente. Seitdem die Stadt Ende des 16. Jhs. von den Siamesen erobert wurde, hält sich ihr Name vor allem durch die Legende (s. Kasten) wach. Die antike Stätte besteht heute nurmehr aus einem kleinen Dorf mit wenigen Häusern, einer Schule und den beiden Schreinen **Wat Preah Ko** („Pagode der Heiligen Kuh") und **Wat Preah Kaew** („Pagode des Smaragd-Buddhas"). Der Wat Preah Ko zeichnet sich durch sein Lateritfundament und Malereien an seinen Innenwänden aus, die Szenen der besagten Legende nachzeichnen.

Lovek ist nicht ganz einfach zu finden, und die Anstrengung lohnt sich eigentlich nur für leidenschaftliche Verehrer der Khmer-Kultur. Von Oudong führt die RN 5 gen Norden in Richtung Kompong Chhnang. Nach 12 km befindet sich links der Straße eine niedrige, zerfallene Steinmauer, der gegenüber eine unbefestigte Straße zum Tonle Sap und nach Lovek abbiegt.

Choeung Ek

Nur 12 km südwestlich von Phnom Penh liegt das berüchtigte Choeung Ek, wo die Gefangenen von Toul Sleng hingerichtet wurden. Die Stätte ist nur eine von mehreren in Kambodscha, welche die völkermörderischen Roten Khmer für ihre Massenmorde missbrauchten.

Die Legende um Lovek

Als Lovek die Hauptstadt des Landes war, befanden sich dort die beiden Statuen Preah Ko und Preah Kaew, deren in Gold geschriebenen, heiligen Texte „alles Wissen und alle Weisheit der Welt" vermittelten. Bei einem der periodischen Konflikte zwischen Siam und Khmer hatten die Siamesen ihr Lager vor den Toren von Lovek aufgeschlagen, doch es gelang ihnen nicht, die Stadt einzunehmen. Bevor sie angesichts der näher rückenden Regenzeit den Rückzug antraten, feuerten sie eine mit Silbermünzen gefüllte Kanone in Richtung der Bambusdickichte ab, die der Stadt natürlichen Schutz boten. Auf ihrer gierigen Suche nach dem Geld rodeten die Khmer während der Regenzeit das Gehölz, und als die Siamesen in der folgenden Trockenzeit erneut anrückten, konnten sie die Stadt ohne größere Probleme überfallen. Sie schafften die Statuen nach Ayutthaya, entschlüsselten die heiligen Texte und erwarben auf diese Weise ein größeres Wissen als die Khmer. Der Legende zufolge sind die Statuen noch heute in Bangkok versteckt – sobald sie wieder in die Hände der Kambodschaner fallen, soll das Land die Herrschaft über Thailand erlangen.

Anfangs wurden die unliebsamen Gegner – Männer, Frauen und Kinder, die man des Landesverrats bezichtigte – auf der Stelle erschossen, doch später gingen die Roten Khmer dazu über, ihre Opfer zu erstechen oder zu Tode zu knüppeln, um wertvolle Munition zu sparen. Als auch das Benzin zur Neige ging, wurden die Gefangenen auf ihrem Transport von Toul Sleng nach Choeung Ek einfach hinter die Fahrzeuge gebunden, zu Tode geschleift und danach in die Reisfelder am Straßenrand geworfen.

Dort, wo sich zwischen friedlich wirkenden Feldern und einer beschaulichen Landschaft einst ein Longan-Obstgarten erstreckte, beherbergt das Choeung Ek Memorial heute die sterblichen Überreste von 8985 Menschen, die im Jahre 1980 aus 86 Massengräbern geborgen wurden. Schätzungen zufolge wurden auf den Killing Fields sogar über 17 000 Menschen abgeschlachtet – noch immer

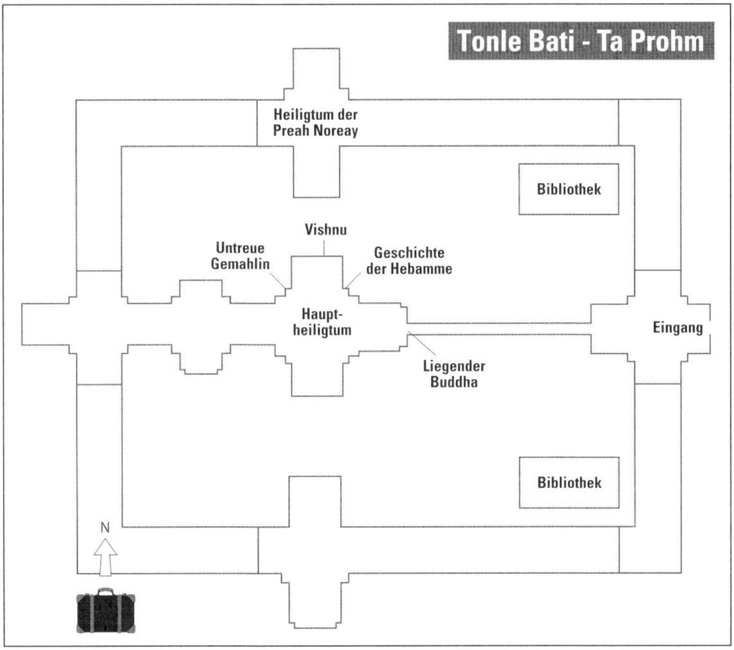

gibt es 43 ungeöffnete Massengräber. In der Gedenkstätte, einem modernen Chedi aus weiß umrahmten Glaselementen und mit einem klassisch goldenen Khmer-Dach, sind auf Regalen die nach Alter und Geschlecht geordneten Schädel und Knochen sowie Kleidungsfetzen aufgestapelt.

Eine Ausstellung im Pavillon neben dem Stupa klärt über die Geschichte der Stätte auf, und auf einem Schild besagt eine pathetische Erklärung: „Wir sind fest entschlossen, nie wieder ein solches völkermordendes Regime in Kambodscha zu dulden!" An den mit Gras überwachsenen Hügeln und freigelegten Gruben ringsum nennen Holztafeln die Zahlen der gefundenen Leichen. 🕓 tgl. 7–17 Uhr, Eintritt US$2.

Die Stätte ist am einfachsten mit einem Moto oder Bus des Gästehauses zu erreichen. Selbstfahrer verlassen Phnom Penh auf dem Monireth Boulevard in südwestlicher Richtung und biegen an einer großen Tankstelle links ab; von hier sind es noch rund 5 km nach Choeung Ek.

Tonle Bati

Tonle Bati, 35 km südlich von Phnom Penh an der RN 2, liegt in herrlicher Landschaft am Ufer des Flusses Bati, umgeben von einer gepflegten Plantage mit Mangobäumen und Kokospalmen. Die friedliche Stätte umfasst zwei Tempel, wovon **Ta Prohm** der größere ist. Er wurde von Jayavarman VII., Begründer des wundervollen Angkor Thom, an der Stelle eines Schreins aus dem 6. Jh. errichtet und ist dem Hindugott Shiva geweiht – obwohl Jayavarman später zum Theravada-Buddhismus übertrat. Zum Haupteingang im Osten führt ein erhöhter Fußweg aus rotem Laterit, gesäumt von Blumen und zerbrochenen Steinmetzarbeiten, auf denen noch Szenen vom Kirnen des Milchozeans (s. S. 198) und dem Ramayana (s. S. 106) zu erkennen sind.

Im Zentrum des inneren Teils der Anlage befinden sich die fünf **Heiligtümer** des Tempels, dessen Vorkammern kreuzförmig angeordnet und in jeder Himmelsrichtung mit einem Schrein ausgestattet sind. Den Eingang krönt das steinerne

Bildnis eines liegenden, farbenprächtig bemalten Buddhas, während das Haupttheiligtum aus Sandstein ein aufrecht stehendes Buddhabildnis beherbergt. Die Vorkammern enthalten stark beschädigte Lingams aus Stein. Über dem Nordarm der Anlage ist eine Buddhastatue zu sehen, in die man einen sechsarmigen Vishnu eingemeißelt hat – vermutlich wurde diese Veränderung vorgenommen, als sich das angkorianische Königreich nach dem Tode Jayavarmans VII. wieder dem Hinduismus zuwandte.

Gut erhaltene Steinmetzarbeiten zieren das Äußere des Heiligtums und erzählen zum Teil ungewöhnliche Geschichten. In der Nordostecke ist eine Szene mit zwei Frauen und einen knienden Mann zu erkennen: Eine Frau trägt einen Korb auf dem Kopf, in dem sich ihre Nachgeburt befindet; die stehend dargestellte Hebamme hatte während der Geburt nicht den gebührenden Respekt erhalten und die junge Mutter deshalb dazu verdammt, den Korb für den Rest ihres Lebens mit sich zu tragen; ihr kniender Ehemann bittet die Hebamme um Vergebung. Eine weitere Szene an der Nordwestecke zeigt einen König und seine neben ihm sitzende Gemahlin, der Untreue nachgesagt wird; in der Abbildung darunter wird sie zur Strafe von einem Pferd zu Tode getrampelt.

Das Nordtor ist der Stammsitz einer Statue der hinduistischen Göttin **Preah Noreay**, die kinderlosen Frauen angeblich Fruchtbarkeit beschert. Obwohl die Statue derzeit im Nationalmuseum restauriert wird, pilgern Frauen zu ihrem Standort, um Hilfe zu erflehen.

Um den kleinen Tempel **Yeah Peau** aus dem 12. Jh., der 100 m nördlich des Ta Prohm auf dem Gelände des modernen Wat Tonle Bati steht, ranken sich verschiedene Legenden. Eine Geschichte erzählt, dass König Preah Ket Mealea sich in ein junges Mädchen namens Peau verliebte, das ihm einen Sohn schenkte, den sie Prohm nannten. Als der König zu seinem Hof zurückkehrte, ließ er für Prohm als Beweis für dessen königliche Abstammung einen Ring und einen heiligen Dolch zurück. In jungen Jahren begab sich Prohm an den Hof seines Vaters, verblieb dort viele Jahre und erinnerte sich danach kaum noch an seine Mutter. Als er eines Tages nach Hause zurückkehrte, verliebte er sich in eine schöne Frau, die sich zu seiner Überraschung als seine Mutter ausgab. Prohm glaubte ihr jedoch nicht und begehrte sie zur Gemahlin. Schließlich kamen sie überein, das Problem durch einen Wettstreit zu lösen: Beide sollten über Nacht einen Tempel bauen; war er zuerst fertig, würde sie ihn heiraten müssen, war sie zuerst fertig, habe er sie als Mutter anzuerkennen. Mit beginnender Dunkelheit begannen sie mit der Arbeit.

Die Frauen halfen Peau und die Männer unterstützten Prohm. Mitten in der Nacht schoben die Frauen mit einer langen Stange langsam ein Kerzenlicht in den Nachthimmel, das die Männer für den Morgenstern hielten. Im festen Glauben, den Sieg davongetragen zu haben, legten sie sich schlafen, während die Frauen emsig weiterarbeiteten und ihren Tempel vor dem Morgengrauen vollendeten. Dieser Wettstreit zwischen Frau und Mann ist ein wiederkehrendes Thema in Kambodschas Pagoden, das in vielfältiger Weise dargestellt wird.

Der **Wat Tonle Bati** wurde von den Roten Khmer stark beschädigt. Einige Stücke sprödes Metall hinter dem zentralen Buddha sind das einzige, was von der ursprünglichen Statue übrig geblieben ist. Das Bildnis neben Buddha stellt Peau dar. Draußen im Hof befinden sich fünf sitzende Buddhas mit unterschiedlichen Handhaltungen. 🕓 tgl. 8–16 Uhr, Eintritt US$2.

300 m nordwestlich der Tempel stehen zahlreiche Picknickhütten auf Stelzen über dem Fluss (Tagesmiete 5000 Riel), deren Besitzer um Kundschaft wetteifern. Sobald sie neue Gäste angeworben haben, legen sie Matten und Kissen aus, schleppen Tabletts mit Getränken und Snacks herbei und stellen aufgepumpte Schläuche zum Schwimmen bereit. Gezahlt wird nur, was man verzehrt oder benutzt. Da die Preise diejenigen der Restaurants übertreffen, sollte man seine eigene Verpflegung mitbringen.

Tonle Bati ist bequem mit dem **Bus** Richtung Takeo zu erreichen. Man muss an der Sokimex-Tankstelle aussteigen, wo auf einer großen Bretterwand der Tempel dargestellt ist und für die restlichen 2,5 km Motos zur Verfügung stehen. Alternativ kann man in der Hauptstadt ein **Moto** für einen Ausflug mieten (hin und zurück US$6–7).

Phnom Chisor

30 km hinter Tonle Bati, ebenfalls nahe der RN 2, liegt der **Phnom Chisor**, ursprünglich Suryadri („Sonnenberg") genannt und eine Stätte von gro-

ßer Bedeutung. In dem Tempel (11. Jh.) auf dem Hügel ließ Suryavarman I. einen von vier heiligen Lingams unterbringen, die er an den Grenzen seines Königreichs platzierte. Der in der Hitze ermüdende Aufstieg führt über 412 Stufen hinauf, doch unterwegs spenden Pavillons Schatten und bieten Stände Erfrischungen an. Je näher man der modernen Pagode auf dem Gipfel kommt, nimmt die Zahl der Schreine zu.

Eines der interessanteren Bauwerke – am oberen Ende der Stufen auf der rechten Seite – ist der **Prasat Preah Ko Preah Kaew** mit den Bildnissen der Kuh und des Jungen, die ihm seinen Namen gaben. Einer etwas abwegigen Legende zufolge sind beide die Kinder einer schwangeren Frau, die aus einem Mangobaum fiel und daraufhin im Schockzustand niederkam.Im äußersten Norden des Berges sind am antiken **Prasat Boran** einige gut erhaltene Stürze aus Sandstein zu bewundern. Der Palast öffnet sich nach Osten und erlaubt einen schönen Ausblick auf die Ebenen. Im Eingangsbereich enthalten zwei **Steinbecken** Wasser, das für Segnungen mit einer großen Meeresmuschel und einer Kokosschale geschöpft wird. Die Wächter behaupten, dass sich die Becken früher auf natürliche Weise (offenbar aus einer Quelle) füllten, doch seitdem in den 70er Jahren eine US-Bombe – die zum Glück nicht detonierte – durch das Dach des Hauptheiligtums schlug, ist die Zufuhr unterbrochen. Seit damals hat das Bauwerk ein Dach aus Wellblech. Die schönen Innentüren des zentralen Heiligtums sind mit Schnitzereien verziert, die auf Schweinerücken stehende Menschen zeigen – niemand hat eine Erklärung für diese Darstellung. Im Osten führt ein Pfad um den Hügel herum zu einem kleinen **Höhlenschrein**, eigentlich eher eine Ansammlung von Steinen, aber mit ausreichend Platz für zwei bis drei Personen, die sich durch den Spalt zwängen können. Ein *achar* erteilt dort gegen ein kleines Entgelt Segenswünsche und verkauft Taschentücher mit heiligen Symbolen, die ihren Besitzern Schutz und Reichtum bringen sollen. Vom Ostportal des Palastes führt der alte Zugangsweg, dessen zwei Torhäuser noch stehen, geradewegs zum Fuß des Berges hinab.

Für eine Exkursion nach Phnom Chisor sollte man sich in Phnom Penh ein **Moto** für den ganzen Tag chartern, da an der Abzweigung von der RN 2 keine Motos zur Weiterfahrt warten. Agenturen und Gästehäuser in Phnom Penh bieten auch organisierte Ausflüge an.

Die Umgebung von Phnom Chisor

Viele Einheimische und organisierte Touren besuchen auch den 5 km westlich von Phnom Chisor gelegenen **Prasat Neang Khmao**, der im Vergleich mit Tonle Bati und Phnom Chisor jedoch relativ wenig zu bieten hat. Auf einem niedrigen Hügel stehen nur mehr zwei zerfallene Türme, da für den Bau der modernen Pagode drei weitere Türme abgerissen wurden.

In den Dörfern östlich von Phnom Chisor werden sehr feine Seidenhemden mit traditionellen Mustern hergestellt. Es lohnt sich, nach Hemden mit appretierter Länge Ausschau zu halten, doch sie sind nicht leicht zu finden, da die meisten Stücke nur auf Bestellung gefertigt werden. Die UNESCO unterstützt die Weber beim Wiedererlernen der Verwendung von Naturfarben, eine Technik, die in den Jahren unter Pol Pot verloren ging.

Phnom Tamau

In einer Landschaft von sich regenerierendem Buschwald erstreckt sich zwischen Tonle Bati und Phnom Chisor das **Phnom Tamau Zoological Gardens and Wildlife Rescue Centre**. Die meisten Tiere des Zoos wurden aus bedrohlichen Situationen gerettet: Viele hat man konfisziert, bevor sie zur Weiterverarbeitung für exotische Speisen und Medikamente nach China oder Thailand geschmuggelt werden konnten, andere standen in winzigen Käfigen auf Märkten zum Verkauf, und wieder andere waren für Phnom Penhs Restauranttische bestimmt. Obwohl ein Großteil der Tiere noch längst nicht in angemessenen Gehegen leben kann, geben die Pfleger trotz knapper finanzieller Mittel ihr Bestes.

Angesichts der jährlichen Futterrechnung von über US$100 000 ist das Zentrum auf private Gönner angewiesen – auch einzelne Tiere könnenunterstützt werden. Dies hat sich die unabhängige Organisation *Save Cambodia's Wildlife*, ✉ wildlife@bigpond.com.kh, zur Aufgabe gemacht, die in Schulen sowie bei einheimischen Besuchern versucht, Kambodschas Tierwelt näher ins Bewusstsein zu rücken. Ziel ist, die Nachfrage nach wilden Tieren und Tierprodukten allmählich zu mindern, was hoffentlich gelingt, bevor gefährdete Arten gänzlich ausgerottet sind.

Die Hauptattraktion des Zoos sind zweifellos Tiger, die tagsüber durch ein großes Gehege mit Naturfelsen und Gebüsch streifen können. Ihre Nächte verbringen sie in gesicherten Innenräumen unter der Aufsicht von bewaffneten Wärtern – noch immer sorgen Wilderer für Unruhe, die für einen toten Tiger etliche Tausend Dollar kassieren. In der Nähe des Tigergeheges gibt es einen geräumigen Bereich für Malaienbären und Schwarzbären. In anderen Gehegen sind weitere einheimische Arten zu Hause: Elefanten, Krokodile, Schuppentiere, diverse Wildkatzen, Rotwild, Affen und Schlangen. Die **Kraniche** und andere Vögel sind inzwischen so zahm, dass Besucher in ihren Gehegen umherspazieren und den Tieren recht nahe kommen können. 🕓 tgl. 8–16 Uhr; Eintritt 1000 Riel, Auto 1000 Riel, Moto 500 Riel. Der **Zoo** liegt 50 km südlich der Hauptstadt an der RN 2. 10 km hinter Tonle Bati wirbt eine große Plakatwand dafür, an der die 5 km lange Nebenstraße abgeht. Der **Bus** nach Takeo hält zwar an der Abzweigung, aber nur selten findet man hier ein Moto. Da die Anlage eher einem Safaripark als einem Zoo gleicht, empfiehlt sich die Anreise mit dem eigenen Fahrzeug. Vor dem Betreten sollte man den Übersichtsplan am Eingang studieren, denn das Startbudget des Zoos wurde – im Bestreben, sich am Zoo von Singapur zu messen – größtenteils für ein pompöses Wegnetz verpulvert. Das Ergebnis der unzureichenden Planungen ist, dass heute viele überwucherte Wege ins Leere führen.

Battambang und der Nordwesten

Schwimmende Dörfer auf dem Tonle Sap Hausboote auf dem Fluss bei Kompong Chhnang haben sogar eigene Schweinekoben.

Battambang Angenehme und entspannt wirkende Stadt mit stolzer Kolonialarchitektur, beschaulichem Leben am Fluss und westlicher Barkultur

Wat Banan Gut erhaltene antike Hügelpagode bei Battambang mit herrlichem Ausblick vom Gipfel

Banteay Chmar In Ruinen liegendes weltfernes Meisterstück eines Tempels aus der Zeit Jayavarmans VII. mit in Vergessenheit geratenen fantastischen Steinmetzarbeiten

Wer westlich des Tonle Sap von Phnom Penh nach Norden reist, folgt den Spuren der Roten Khmer, die sich 1979 auf dieser Route vor der anrückenden vietnamesischen Befreiungsarmee zurückzogen. Dieselbe Route, aber in südlicher Richtung, benutzten eindringende siamesische Armeen wiederholt zwischen dem 16. und 19. Jh., um die eine oder andere kambodschanische Hauptstadt zu zerstören. In weiten Teilen des **Nordwestens** sind thailändische Einflüsse klar erkennbar, was besonders im Stil der Häuser zum Ausdruck kommt – dies ist nicht verwunderlich, da die Region Ende des 18. Jhs. unter siamesische Kontrolle geriet und erst 1946 an Kambodscha zurückgegeben wurde. Heute ist die Strecke ein viel befahrener **Transitkorridor**, der die Hauptstadt mit der thailändischen Grenze verbindet und auf dem Reis aus den spärlich bewohnten, aber fruchtbaren Ebenen des Nordwestens in den stärker besiedelten Süden transportiert wird.

Die Verkehrsverbindungen sind in den letzten Jahren deutlich verbessert worden. Die Eisenbahnfahrt zwischen Phnom Penh und Battambang dauert zwar immer noch mindestens zwölf Stunden, doch ist inzwischen die RN 5 in einem so guten Zustand, dass man mit dem Bus oder Minibus nur noch sechs Stunden braucht.

Kommt man von Phnom Penh, sind die ersten beiden namhaften Städte an der RN 5 Kompong Chhnang und Pursat. **Kompong Chhnang** ist ein geschäftiger Fischereihafen, dessen Name sich auf die Terrakottatöpfe *(chhnang)* bezieht, die hier produziert und im ganzen Land benutzt werden. Die Arbeiter der Marmorwerkstätten im ruhigen **Pursat** lassen sich gern bei ihrem Tagewerk zuschauen, und in beiden Städten werden Abstecher zu **schwimmenden Dörfern** am Tonle Sap angeboten.

Nördlich von Pursat liegt das etwas verschlafene **Battambang**, eine der größten Städte Kambodschas und ein koloniales Schmuckstück mit gut erhaltenen Villen und alten Geschäftshäusern, beschaulichem Alltag am Flussufer und erst in den Kinderschuhen steckendem Tourismus. Einst besaß die Provinz mehr Tempel als Siem Reap, die sich jedoch nicht an Angkor Wats Größe messen konnten. Die meisten von ihnen sind heute leider verschwunden, doch die erhalten gebliebenen Anlagen rechtfertigen einen Besuch, was in besonderem Maße für die Hügelpagode **Wat Banan** gilt, die man im Rahmen eines angenehmen Tagesausflugs von Battambang aus besuchen kann.

Poipet, die im äußersten Nordwesten gelegene Grenzstadt zu Thailand, verzeichnet als Durchgangsstation zwischen Bangkok und Siem Reaps Tempeln stetig steigende Besucherzahlen. Es lohnt sich durchaus, die Fahrt in **Sisophon** zu unterbrechen, wo die RN 5 und 6 zusammentreffen, um die wenig besuchten angkorianischen Tempelruinen von **Banteay Chhmar** im Norden zu sehen. Die gigantischen Gesichter an den Türmen der Anlage sind ebenso gut erhalten wie zahlreiche Bewunderung verdienende Flachreliefs.

Die Roten Khmer zogen sich nach ihrer Vertreibung in die gebirgige Grenzregion zurück und führten von dort aus bis 1996 einen zermürbenden Guerillakrieg. Bis zu Pol Pots Tod im Jahre 1998 bildete der unwegsame Dangkrek-Steilabbruch im fernen Norden ihre letzte Bastion. Da sowohl die Roten Khmer als auch Regierungstruppen während des grausamen Krieges **Landminen** legten, dürfen Besucher vor allem in der Grenzregion keinesfalls die vorgegebenen Pfade verlassen.

Kompong Chhnang

Die 83 km nördlich der Hauptstadt an der RN 5 gelegene alte Kolonialstadt Kompong Chhnang ist ein hübsches Ziel für kurze Zwischenaufenthalte oder ruhige Wochenendausflüge von Phnom Penh. Der Stadtname geht auf die in der Umgebung produzierten Terrakottagefäße namens *chhnang* zurück, die mit Booten oder Ochsenkarren über ganz Kambodscha verteilt werden (die langsamen Transportwege begrenzen die Schäden an dem zerbrechlichen Gut).

Vom Stadtzentrum am Psar Leu ist es nur ein kurzer Spaziergang bis zum ehemaligen **französischen Viertel**, dessen ausgebleichte Kolonialvillen von Straßenzügen mit Schatten spendenden Bäumen und üppig bewachsenen Parkanlagen umgeben sind. Nordöstlich des Zentrums überquert ein breiter Damm die sumpfige Flutebene, der die Stadt mit dem Hafen am 2 km entfernten Tonle Sap verbindet. Die Häuser zu beiden Seiten der Straße balancieren unsicher auf erstaunlich hohen Stelzen, die dennoch kaum hoch genug sind, um den Fluss nach heftigen Regenschauern draußen vor der Tür zu halten.

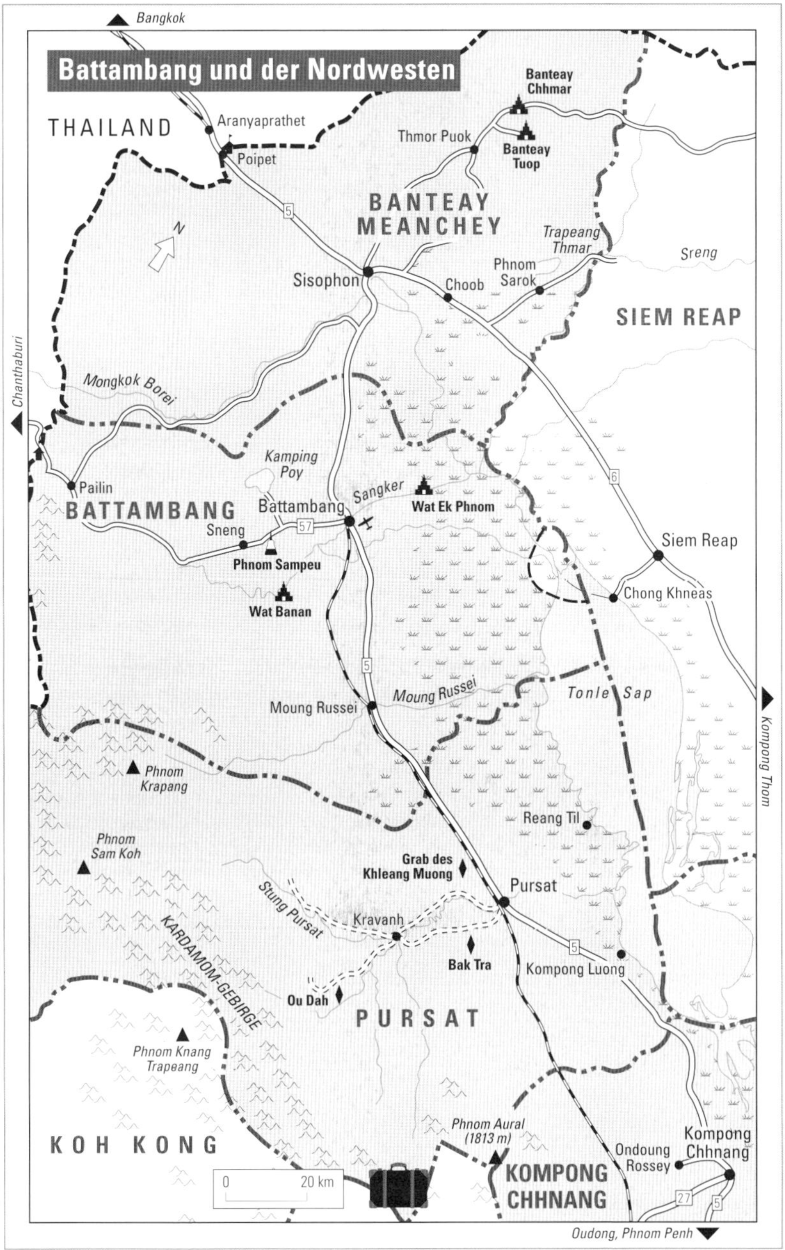

Battambang und der Nordwesten
Bangkok
THAILAND
Aranyaprathet
Poipet
Banteay Chhmar
Thmor Puok
Banteay Tuop
BANTEAY MEANCHEY
Trapeang Thmar
Sreng
Phnom Sarok
Sisophon
Choob
SIEM REAP
Chanthaburi
Mongkok Borei
Kamping Poy
Pailin
Sangker
Wat Ek Phnom
BATTAMBANG
Battambang
Sneng
Phnom Sampeu
Wat Banan
Siem Reap
Chong Khneas
Moung Russei
Moung Russei
Tonle Sap
Kompong Thom
Phnom Krapang
Reang Til
Phnom Sam Koh
Grab des Khleang Muong
Pursat
Stung Pursat
Kravanh
KARDAMOM-GEBIRGE
Bak Tra
Kompong Luong
Ou Dah
PURSAT
Phnom Knang Trapeang
Phnom Aural (1813 m)
KOH KONG
Ondoung Rossey
Kompong Chhnang
KOMPONG CHHNANG
0
20 km
Oudong, Phnom Penh
5
57
6
27

Die Zuckerpalme

Zuckerpalmen, deren Büschel stacheliger Blätter inmitten von Nassreisfeldern zum allgegenwärtigen Bild gehören, sind für die ländliche kambodschanische Wirtschaft von großer Bedeutung. Sämtliche Teile des Baumes werfen einen Nutzen ab.

Bedeutendstes Produkt ist unbestritten der **Saft** – um ihn zu gewinnen, hangeln sich behände Kletterer über an die Stämme gebundene, klapprige Leitern nach oben, kerben die Blütenstile ein und platzieren unter dem Einschnitt Behälter, die den herausquellenden Saft auffangen. Diese Beschäftigung eignet sich eher für die Trockenzeit, denn im Monsun machen heftige Windstöße und nasse Stämme die Kletterpartie riskant.

Die Herstellung von **Palmzucker**, der zum Kochen verwendet wird, erfolgt zunächst durch Eindicken des Saftes in einem Kessel, bevor die so erhaltene Substanz in zylindrische Behälter gegossen wird, um sich dort zu setzen und zu einem körnigen, honigfarbenen Zuckerwerk zu erkalten.

Wenn der frische Saft, der süß und vitalisierend ist, als Getränk dienen soll, wird zunächst der Auffangbehälter durch Abbrennen getrockneter Palmwedel geräuchert; dann wird ein Stück Rinde des Popael-Baums (aus der Familie der Geißblattgewächse) zugesetzt, wodurch sich die Flüssigkeit klärt. Händler, an deren Schultern oder Lenkstangen von Fahrrädern oder Motorrädern volle Behälter baumeln, verkaufen den frischen Saft und dessen fermentierte Form, das alkoholische **Palmbier**.

Fast so wichtig wie der Saft sind die **Blätter**, die zwei- bis dreimal jährlich gesammelt werden, um mit ihnen Dächer zu decken, Wände zu füllen, Matten zu weben, Körbe zu flechten, Fächer herzustellen oder Verpackungsmaterial zu gewinnen. Bis vor nicht allzu langer Zeit dienten nach einem speziellen Verfahren behandelte Blätter zur Aufzeichnung religiöser Texte, die mit scharfen Metallklingen eingeritzt wurden.

Die **Palmfrucht** ist etwas größer als ein Kricketball und hat eine feste, faserige schwarze Außenhaut sowie saftige, süßlich duftende Kerne, die durchschimmernd weiß aussehen und von gallertartiger Konsistenz sind. Man isst sie entweder frisch oder mit Sirup als Nachtisch. Die **Wurzel** findet in der traditionellen Medizin als Heilmittel gegen Bauchschmerzen und andere Unpässlichkeiten Verwendung. Überraschenderweise aber werden die Bäume nur selten ihres **Holzes** wegen gefällt, das äußerst dauerhaft ist. Auf Phnom Penhs Märkten sind inzwischen erste Souvenirs aus ihrem markanten, hell und dunkel gemaserten Holz zu finden.

Am Ende des Dammes, wo sich schöne Ausblicke auf den Fluss bieten, haben die Mönche des **Wat Yeah Tep** kleine Gärten um ihre Wohnbereiche angelegt.

Kompong Chhnang ist der bedeutendste **Fischereihafen** für Phnom Penh. Während des gesamten Jahres wird täglich frischer Fisch auf Eis gepackt, auf LKW-Kolonnen verladen und in die Stadt transportiert. Die Fischerfamilien (vorwiegend ethnische Vietnamesen) leben in **schwimmenden Dörfern**, also in Häusern, die auf Pontons errichtet werden und sich so mit dem Wasserpegel des Tonle Sap heben und senken. Die Dörfer werden durch schwimmende Märkte und Kaffeehäuser versorgt und sind nur sehr einfach eingerichtet – zum Beispiel beziehen die Familien sämtliches Wasser für den Hausgebrauch aus dem Fluss. Die meisten Haushalte aber haben Fernsehen. Viele Familien bewirtschaften kleine schwimmende Gärten, und in abgezäunten Becken zwischen den Pontons tummeln sich Zuchtfische.

Am Flussufer in der Nähe des Docks stehen **Boote** (ca. 20 000 Riel pro Stunde) für Rundfahrten auf dem Fluss und zu Dörfern bereit, die urtümlicher sind und mehr Entspannung bescheren als die kommerzialisierten Dörfer am Tonle Sap in der Nähe von Siem Reap.

Unweit des Docks zeigt eine **Statue** zwei Gestalten der lokalen Legende. Der auf einem fliegenden Pferd sitzende Pothy Sen streckt die Hand aus, um seine weinende Frau Neing Kong Ray von sich fernzuhalten. Die Überlieferung erzählt von zwölf Schwestern, die gemeinsam an einen König verheiratet wurden. Die Dinge wendeten sich zum Schlechten, als er sich eine dreizehnte Frau namens Santema nahm. Es stellte sich nämlich heraus, dass Santema eine verkleidete böse Hexe war, welche die Schwestern erblinden ließ und Pläne schmiedete, Pothy Sen (den Sohn einer der Schwestern) zu töten und somit zu verhindern, dass er die Thronfolge antrat. Pothy Sen hatte sich zuvor in Santemas Tochter Neing Kong Ray verliebt und sie geheiratet. Als er den Verrat seiner Schwiegermutter aufdeckte, nutzte er voller Verachtung die geheime Kraft eines Zaubertranks, um seine Frau loszuwerden. Zwischen beiden tat sich ein Fluss auf.

Noch heute betrachten die Einheimischen einen länglichen niedrigen Hügel mit zwei markanten Gipfeln jenseits des Flusses, **Phnom Neing Kong Ray**, als den Körper der jungen Dame, deren Füße nach Nordwesten gerichtet sind und deren Haar nach Südosten davonfließt.

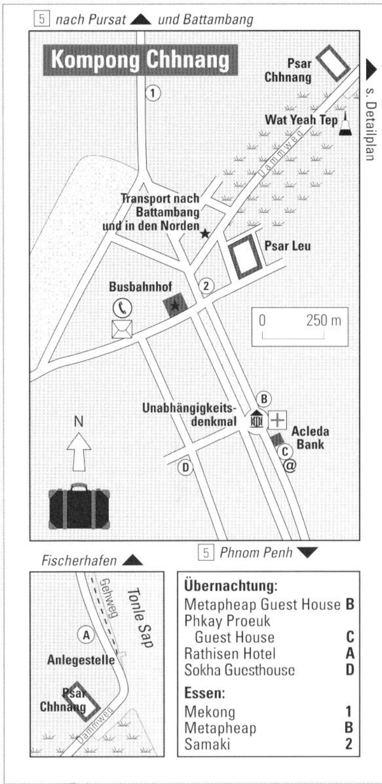

Übernachtung

Rathisen, 026/988632. Einziges Hotel der Stadt. Am Fluss gelegen, einfach, aber akzeptabel. Einige Zimmer haben kein Fenster und sind etwas muffig, andere bieten einen Blick auf den Fluss oder auf Reisfelder. ❷

Sokha Guesthouse, 026/988622. Charmantes Gästehaus in grüner Nebenstraße nahe dem Unabhängigkeitsdenkmal, die vielleicht bessere Wahl. Zimmer unterschiedlicher Kategorien um einen hübschen Hof. Für Gäste Frühstück und Abendessen nach Vorbestellung. ❷

Vietnamesen in Kambodscha

Die ersten vietnamesischen Siedler kamen als Reisbauern nach Kambodscha. Schon Ende des 17. Jhs. wanderten die Vorfahren der heutigen Ausländergemeinschaft über umstrittene Grenzen am Mekong entlang nach Norden, und über Generationen hinweg ließen sich deren Ackerbau betreibende Nachfahren in den Südostprovinzen nieder. Die gebildete und vorwiegend christliche vietnamesische Bevölkerung Phnom Penhs findet ihre Wurzeln bei den Staatsbeamten, die während der vietnamesischen Oberhoheit in der ersten Hälfte des 19. Jhs. und später unter dem französischen Protektorat ins Land kamen (Berichte aus jener Zeit lassen vermuten, dass Phnom Penh stärker vietnamesisch als von den Khmer geprägt war).

Den Großteil von Kambodschas kommerzieller Fischerei leisten heute verarmte vietnamesische Fischerfamilien, die überwiegend buddhistisch sind, auf ihren Hausbooten in schwimmenden Dörfern auf dem Tonle Sap und Mekong leben und nach individuellem Bedarf oder einfach im Zuge der jährlichen Überschwemmungen auf dem Wasser umherziehen. Offiziellen Schätzungen zufolge leben heute rund 100 000 Vietnamesen in Kambodscha, doch angesichts des mangelnden Überblicks über die Zahl der Menschen in den schwimmenden Dörfern dürfte die tatsächliche Zahl wesentlich höher liegen.

Aufgrund historischer Entwicklungen hegen viele Kambodschaner feindselige Gefühle gegenüber den Vietnamesen, die nur allzu häufig mit dem geringschätzigen Khmer-Begriff *yuan* belegt werden. Die Wurzeln der Vorbehalte gehen auf die vietnamesische Annexion des Mekong-Deltas im 17. Jh. zurück. Im folgenden Jahrhundert wurden die Ressentiments durch die kurze Periode vietnamesischer Herrschaft über das gesamte Land genährt, in der die ungeliebten Nachbarn versuchten, den Khmer ihre Sprache, Namen und Kultur aufzuerlegen. Weitere Verstimmungen zwischen beiden Völkern brachte die Zeit des französischen Protektorats, als vietnamesische Beamte in Kambodschas Verwaltungsapparat installiert wurden, und verschlimmernd kam hinzu, dass die Franzosen die kambodschanisch-vietnamesische Grenze nach dem Zweiten Weltkrieg zugunsten Vietnams neu festlegten.

Es ist gegenwärtig unwahrscheinlich, irgendwo Zeuge rassistischer Ausschreitungen gegen Vietnamesen zu werden, doch Tatsache bleibt, dass sich Kambodschaner um keinen Preis den spitzen Hut vietnamesischer Reisbauern aufsetzen würden und in den Provinzen kambodschanische Frauen im Gegensatz zu vietnamesischen Frauen niemals Hosen tragen. Kambodschas derzeitiges Staatsoberhaupt Hun Sen wird von seinen Gegnern oft als „Marionette Vietnams" bezeichnet, während man vietnamesischen Stadtbewohnern und Reisbauern vorwirft, Kambodschanern die Arbeitsplätze wegzunehmen.

Metapheap Guest House, ✆ 012/949297, am Unabhängigkeitsdenkmal. Helle, saubere Zimmer über einem Restaurant. ❷

Phkay Proeuk, ✆ 012/932919, im Südosten der Stadt. Annehmbare Zimmer, aber etwas ungünstig gelegen. ❷

Essen

Die Restaurants von Kompong Chhnang schließen früh – einige schon um 19 Uhr, falls keine Gäste da sind. Tagsüber haben Nudelküchen und Cafés in der Nähe der beiden Märkte Psar Leu und Psar Chhnang geöffnet, doch abends findet man bestenfalls Buden, die Obst und Obstsäfte anbieten.

Metapheap Restaurant, am Unabhängigkeitsdenkmal, bestes Lokal der Stadt, mit englischer Speisekarte. Gute Khmer-Suppen, Fischgerichte und ausgezeichnete gebratene Nudeln. ⏲ vom frühen Morgen bis ca. 19 Uhr, doch schon nach dem Mittagessen wird es ruhig.

Mekong Restaurant, Battambang Rd., gute Auswahl, doch abgesehen von Reis-

und Nudelgerichten nur schleppende Bedienung.
Samaki Restaurant, gegenüber vom Busbahnhof. Ordentliches Essen; ohne Khmer-Kenntnisse muss man seine Wünsche in der Küche durch Fingerzeige erklären, da es keine Speisekarte gibt.

Sonstiges

GELD – Die ***Acleda Bank***, 100 m südöstlich vom Unabhängigkeitsdenkmal, wechselt Dollars in Riel; ⌚ Mo–Fr 7.30–16 Uhr.

INTERNET – Im ODEC-Laden, 200 m südöstlich vom Unabhängigkeitsdenkmal.

KRANKENHAUS – Nahe Acleda Bank, gleich östlich vom Unabhängigkeitsdenkmal.

POST UND TELEFON – 100 m westlich des Busbahnhofs.

Nahverkehrsmittel

Tagsüber stehen im Stadtgebiet zahlreiche **Motos** zur Verfügung, doch abends sind kaum Fahrzeuge aufzutreiben. Auf Anfrage holen vom Zentrum entfernte Unterkünfte ihre Gäste nach dem Abendessen ab.

Transport

SAMMELTAXIS UND PICKUPS – Vom Busbahnhof regelmäßige Verbindungen nach BATTAMBANG (4x tgl., 4 Std.), PHNOM PENH (4x tgl., 2 1/2 Std.) und PURSAT (4x tgl., 2 Std.).

BUSSE – Dreh- und Angelpunkt der Busverbindungen nach/von PHNOM PENH (6x tgl., 2 1/2 Std.) ist der **Busbahnhof** nördlich des Unabhängigkeitsdenkmals in der Altstadt. Fahrzeuge nach Battambang und Richtung Norden fahren in der Straße nördlich des Psar Leu ab.

Die Umgebung von Kompong Chhnang

Von Kompong Chhnang aus werden Ausflüge in nahe Töpferdörfer angeboten. Die größere Attraktion sind jedoch Besuche in den schwimmenden Dörfern am Tonle Sap, die Einblicke in das Leben auf dem Wasser vermitteln.

Kompong Chhnangs Straßen werden von Läden gesäumt, die unglasierte Terrakottaprodukte im Angebot führen. Das Sortiment reicht von Platten mit runden Vertiefungen, auf denen über Holzkohlefeuern kleine Kokoskuchen gebacken werden, bis hin zu großen runden Töpfen mit Deckeln, die der Klärung und Kühlung von Wasser dienen. Die meisten Terrakottaprodukte werden in den Dörfern der näheren Umgebung von Kompong Chhnang hergestellt; wer sich für dieses Handwerk interessiert, hat bei einem Ausflug aufs Land gute Gelegenheiten, bei der Fertigung hübscher Töpferwaren zuzuschauen.

Ondoung Rossey

Ondoung Rossey, 7 km nordwestlich der Stadt, ist ein solches Töpferdorf, wo man die Handwerker beobachten kann, wie sie den Ton vorbereiten und an den Töpferscheiben im Schatten ihrer Häuser verarbeiten. Ein kleiner Laden der *Cambodian Crafts Federation* verkauft hier verschiedene Töpferwaren.

Nach Ondoung Rossey gelangt man mit einem Moto; hin und zurück US$5. Mit eigenem Fahrzeug nimmt man von Kompong Chhnang aus die Straße Richtung Battambang. Nach ca. 5 km zeigt links ein kleines Schild die Abzweigung zum Dorf an; hier biegt man links in einen Torweg ein, der über eine asphaltierte Straße nach 1 km zu einer zweiten Tordurchfahrt führt; ab hier legt man den letzten Kilometer zum Dorf auf einer nicht befestigten Straße zurück.

Pursat

Die angenehme, ländliche Stadt Pursat, deren Name auf eine am Flussufer wachsende Baumart zurückgeht, liegt 174 km von Phnom Penh und 106 km von Battambang entfernt. Nur wenige Touristen finden den Weg dorthin. Die meisten ausländischen Besucher sind Mitarbeiter einer NGO. Abgesehen von einigen schwimmenden Dörfern, rund

35 km entfernt, gibt es in der Umgebung nicht viel zu sehen, doch die Stadt eignet sich gut, um einen gemütlichen Ruhetag einzulegen oder zumindest geruhsam zu übernachten.

Pursat schmiegt sich an die Ufer des Stung Pursat, der nordöstlich in den Tonle Sap mündet. Der Markt westlich des Flusses und nördlich der Hauptstraße (RN 5) bildet das Zentrum der Stadt. Ein weiterer markanter Orientierungspunkt ist die Brücke, auf der die Hauptstraße über den Stung Pursat führt. Nennenswerte Sehenswürdigkeiten gibt es nicht. Bestenfalls verlockt noch die Insel 500 m nördlich vom Markt zu einem Besuch, da sich von dort schöne Ausblicke auf das Wehr bieten. Nicht weit entfernt führt eine Fußgängerbrücke zum Ostufer, wo flussabwärts ein schattiger Pfad zu einem angenehmen Spaziergang über Land einlädt – mangels weiterer Brücken führt nur derselbe Weg zurück in die Stadt.

Pursat ist Kambodschas Zentrum für **Marmorverarbeitung**. Der Marmor stammt aus den entsprechenden Schichten des Kardamom-Gebirges. Ein breites Sortiment an Marmorprodukten von guter Qualität, zu denen Buddhastatuen, tanzende Apsaras, Spangen und Tierfiguren gehören, wird zu relativ hohen Preisen zum Verkauf angeboten. In einer einfachen Werkstatt hinter einem zurzeit geschlossenen Museum, westlich der Brücke an der Hauptstraße, kann man den Künstlern bei der Arbeit über die Schulter schauen. Verkauft werden die Marmorprodukte etwas weiter westlich am Straßenrand in der Umgebung des Restaurants *Lim Siv Eng*.

Übernachtung

Phnom Pech Hotel, ✆ 052/951515. 200 m nördlich der Hauptbrücke am Westufer des Flusses, beste Unterkunft der Stadt. Große, helle und luftige Zimmer mit Bad und entweder AC oder Ventilator. ❷

New Thansour Hotel, ✆ 052/951506. Ein Block westlich vom Fluss, 100 m nördlich der Hauptstraße. Ähnliche Ausstattung wie oben, aber etwas heruntergekommen. Die preiswerteren Zimmer im alten Block sind akzeptabel, die im neuen Anbau sind etwas teurer, haben aber AC und Heißwasser. Kleines Restaurant vorhanden. ❶

Vimean Tip, ✆ 012/836052. An der dritten Straße westlich der Brücke. Neues Hotel mit großen, sauberen Zimmern. ❷

Phasokakpheap Guest House, ✆ 012/915932. Ein Block nördlich der Hauptstraße, zwischen der zweiten und der dritten Straße westlich vom Fluss. Freundlicher Familienbetrieb, Zimmer mit Ventilator oder AC. ❶

Essen

Wie in Kompong Chhnang schließen auch hier die meisten Lokale am frühen Abend. Sehr preiswerte Mahlzeiten bieten die Nudelküchen am Markt und die billigen Garküchen an der RN 5 in Brückennähe an.

Chenai Stung, rund 1 km südöstlich der Steinbrücke am östlichen Flussufer. Leicht zu finden, da ab dem späten Nachmittag bunt beleuchtet. Ausgezeichnetes Essen, Menge nach Wunsch. Tipps: *Jain toight* (reicht für zwei) oder *Jain tom* (große Portionen).

Community Villa Restaurant, südlich vom *Vimean Tip Hotel*. Khmer-Küche und einige westliche Gerichte, serviert in einem angenehm schattigen Innenhof.

Lam Siv Eng Restaurant, rund 200 m westlich der Hauptbrücke an der RN 5. Ordentliches Khmer-Essen, doch weniger schöne Lage als die Lokale am Fluss.

Tepmachha Restaurant, 500 m nördlich des Markts in einem gelben Gebäude am westlichen Flussufer (kein englisches Schild). Serviert preiswerte Khmer- und chinesische Gerichte. Gemütliche Adresse für einen frühabendlichen Drink.

Sonstiges

EINKAUFEN – Größter Markt ist der Psar Thmei.

GELD – ***Acleda Bank***, auf der Nordseite der Hauptstraße im zweiten Block westlich der Brücke; aber auch auf dem Markt werden Dollars in Riel gewechselt.

INFORMATIONEN – Touristenbüro am Westufer des Flusses (wo sich alle wichtigen Einrichtungen befinden) in einem kleinen Gebäude auf dem

Gelände der Verwaltung, nördlich vom Markt; ⌚ Mo–Fr 7–11 und 14–17 Uhr.

KRANKENHAUS – Am Westufer des Flusses.

POST, TELEFON UND INTERNET – Alle am Westufer des Flusses. In Marktnähe außerdem kleine Telefonbuden für Inlandsgespräche sowie gekennzeichnete Läden für internationale Verbindungen.

Transport

SAMMELTAXIS UND PICKUPS – Reisende können sich an der Hauptbrücke (*spean thmor*) absetzen lassen, von wo es nur wenige hundert Meter bis zu den Unterkünften sind.
Alle Straßentransportmittel fahren von der Haltestelle wenige hundert Meter westlich der Brücke an der RN 5 ab: BATTAMBANG (6x tgl., 1 1/2 Std.), KOMPONG CHHNANG (4x tgl., 2 Std.) und PHNOM PENH (10x tgl., 4 Std.).

EISENBAHN – Pursats Bahnhof befindet sich 2 km nordwestlich der Stadt an der RN 5. Züge aus PHNOM PENH (alle zwei Tage, 6–7 Std.) treffen mittags oder am frühen Nachmittag ein, diejenigen aus BATTAMBANG (ebenfalls alle zwei Tage, 5–6 Std.) gewöhnlich ein wenig früher. Ein Moto vom Bahnhof in die Stadt kostet 1000 Riel.

Die Umgebung von Pursat

Grab des Khleang Muong

Von Pursat bequem mit einem Moto zu erreichen ist das kleine gepflegte Grabmal des Khleang Muong, das zu den bevorzugten Ausflugszielen der örtlichen Bevölkerung gehört, die dort einem kambodschanischen Nationalhelden Respekt zollt. Offen gesagt lohnt sich ein Besuch nur, wenn man Zeit totschlagen muss.

Das Grab liegt einige Kilometer westlich von Pursat über die RN 5 in dem Dorf **Banteay Chei** inmitten von Reisfeldern. Im Jahre 1605 drohte eine Niederlage im Krieg gegen die Siamesen. Der Legende zufolge ließ Khleang Muong seine Soldaten eine Grube ausheben und alle Waffen hineinwerfen, um sich anschließend dort selbst in den Tod zu stürzen. Sieben Tage später besiegten die Khmer den Feind mit Hilfe von Khleang Muong und dessen Armee aus der Unterwelt.

Jedes Jahr im April oder Mai erinnert kurz vor der Regenzeit und Pflanzsaison eine Opferzeremonie an jenen Sieg über Siam. Die lebensgroßen Bronzestatuen im Pavillon stellen Khleang Muong und eine seiner Frauen dar, die ebenfalls den Opfertod wählte.

Kardamom-Gebirge und Ou Dah

Das schwer zugängliche und fast gänzlich unerforschte Kardamom-Gebirge ist ein Gebiet von außerordentlicher natürlicher Schönheit. Der unberührte Dschungel ist reich an Flora und Fauna. Eine Studie über die Artenvielfalt wies im Jahre 2000 die Existenz von nahezu 400 Tierarten nach, zu denen Tiger, Elefanten, Gaur sowie extrem gefährdete Siamesische Krokodile gehören, die bereits in freier Wildbahn als ausgerottet gegolten hatten.

Ou Dah, 56 km von Pursat entfernt, ist ein reizvoller Fleck in den dschungelbedeckten Bergen und derzeit so ziemlich der einzige Ort, von dem man relativ einfach ins Kardamom-Gebirge gelangt. Allerdings ist die Fahrt dorthin, sofern keine Brücken eingestürzt und die Straßen in leidlichem Zustand sind (vor der Abfahrt im Touristenbüro aktuelle Informationen einholen), interessanter als der Aufenthalt selbst.

Die Straße windet sich zunächst schwerfällig durch Buschland, doch bald klettert sie steil durch Waldgebiete bergan und führt über schmale Schluchten und Ströme. In Ou Dah gibt es einige Stromschnellen, einen niedrigen Wasserfall und genügend Stellen am Fluss, die sich für ein erquickendes Bad eignen. Da in den Bergen ein hohes Malariarisiko besteht, sind unbedingt Vorkehrungen gegen Moskitostiche zu treffen.

Kompong Luong

Von den schwimmenden Dörfern auf dem Tonle Sap liegt die Siedlung Kompong Luong noch am nächsten zu Pursat, auch wenn deren genaue Entfernung zur Stadt je nach Wasserstand variiert und in der Trockenzeit 35 km, in der Regenzeit sogar 40 km beträgt. Die Dorfbewohner – eine gemischte Gemeinschaft aus Cham- und vietnamesischen Familien – haben eigene Geschäfte, Restaurants und mitunter sogar eine Tankstelle.

Kompong Luong ist von Pursat mit einem Moto (Hin- und Rückfahrt um US$5) oder einem Auto (um US$20) zu erreichen; beides kann in den Hotels von Pursat organisiert werden. Ab Pursat führt die RN 5 rund 30 km nach Osten bis zur Abzweigung in Krakor zum nördlich gelegenen Tonle Sap. Sobald man am Seeufer angelangt ist, bieten Bootsleute eine Rundfahrt durchs Dorf: der Preis für diese Bootstour beträgt US$5–10 und hängt davon ab, wie lange man auf dem Wasser bleiben will.

Battambang

Das 280 km von der Hauptstadt entfernte Battambang ist bis zur thailändischen Grenze die einzige Großstadt an der RN 5. An Reiz gewinnt die verschlafene Stadt durch lange Reihen verblichener Geschäftshäuser im Stadtzentrum und prächtige koloniale Villen an grünen Straßen in den südlichen Bezirken. Die Besichtigung der Sehenswürdigkeiten nimmt nur einen gemütlichen halben Tag in Anspruch.

Die stillen Höfe der beiden wichtigsten Pagoden, Wat Phephittam und Wat Dhum Rey Sor, laden zur beschaulichen Betrachtung religiöser Wandmalereien ein, und das Museum mit Blick auf den mäandernden Fluss Sangker besitzt eine kleine Sammlung von Statuen aus den verbliebenen Tempeln der Provinz (von denen es einst über 200 gab).

Geschichte

Die im 11. Jh. gegründete Stadt Battambang kam nach der Eroberung Angkors durch Siam im 15. Jh. unter **thailändischen Einfluss**. Dank der Lage an der Hauptverbindung zwischen Thailand und Kambodschas Hauptstädten (abwechselnd Lovek, Oudong und Phnom Penh) zogen wiederholt siamesische Truppen vorbei, um Streitigkeiten innerhalb der Königsfamilie zu schlichten. Diese wandte sich in der Geschichte mehrfach an das Nachbarland mit der Bitte um Hilfe bei der Niederwerfung ungeliebter Herrscher.

1795 wurde ein Einheimischer namens Baen als Dank für seine Hilfe bei der Rückkehr des prosiamesischen Herrschers Ang Eng auf den kambodschanischen Thron zum Obergouverneur der **Provinz Battambang** ernannt, die sich damals bis nach Siem Reap erstreckte. Nach seinem Amtsantritt bewies Baen seine Loyalität zu Siam, indem er an dessen König Tribute entrichtete, woraufhin dieser Battambang dem Herrschaftsbereich Kambodschas entzog und der siamesischen Oberhoheit unterstellte.

Im gesamten 19. Jh. war die Provinz praktisch von Thailand und Kambodscha unabhängig, obwohl sie nominell noch immer unter siamesischer Gerichtsbarkeit stand. Ihre Gouverneure, allesamt der Baen-Familie entstammend, waren allmächtig und besteuerten alles Denkbare, von der Reisernte bis hin zur Alkoholproduktion. Als die Provinz 1907 wieder an Kambodscha fiel, war die Stadt wenig mehr als eine Ansammlung von Holzhäusern auf Stelzen. Die stolzen Kolonialgebäude entstanden erst ab 1910 im Zuge der Modernisierung durch die Franzosen.

Trotz Evakuierung in den Jahren unter den **Roten Khmer** ist Battambang von größerem Unheil verschont geblieben, denn im Gegensatz zu vielen anderen kambodschanischen Orten ist die Stadt kaum zerstört worden. Nachdem die Roten Khmer ins westliche Pailin vertrieben wurden, setzten sie in der Provinz wiederholt zu Attacken an und eroberten Battambang 1994 für kurze Zeit zurück. In der Umgebung von Wat Banan und Phnom Sampeu wurden vor dem Amnestie-Erlass von 1996 heftige Schlachten ausgefochten.

Orientierung

Battambangs Straßen erstrecken sich am von Bäumen gesäumten Westufer des Flusses Sangker entlang. Es gibt nur drei durchnummerierte Hauptstraßen: Street 1 verläuft längs des Flusses, Street 2 wird von Wat Phephittam und dem Markt Psar Nat in einen nördlichen und südlichen Abschnitt unterteilt, und Street 3 ist die Hauptdurchgangsstraße. Die meisten Hotels, Wechselstuben, billigen Restaurants und Obststände befinden sich in der Nähe des Psar Nat.

Die Stadt

Die ausgedehnte, doch verschlafene Stadt Battambang leidet weder unter Phnom Penhs Verkehr noch unter Siem Reaps Unrast und lädt zu gemütlichem Bummeln ein. Der moderne **Psar Nat** im Zentrum präsentiert sich als elegante, blassgelb gestrichene Anlage mit vielen Winkeln und weißen Uhrtürmen an beiden Seiten, die ihm einen gewissen Art-déco-Charme verleihen. Da einige ansehn-

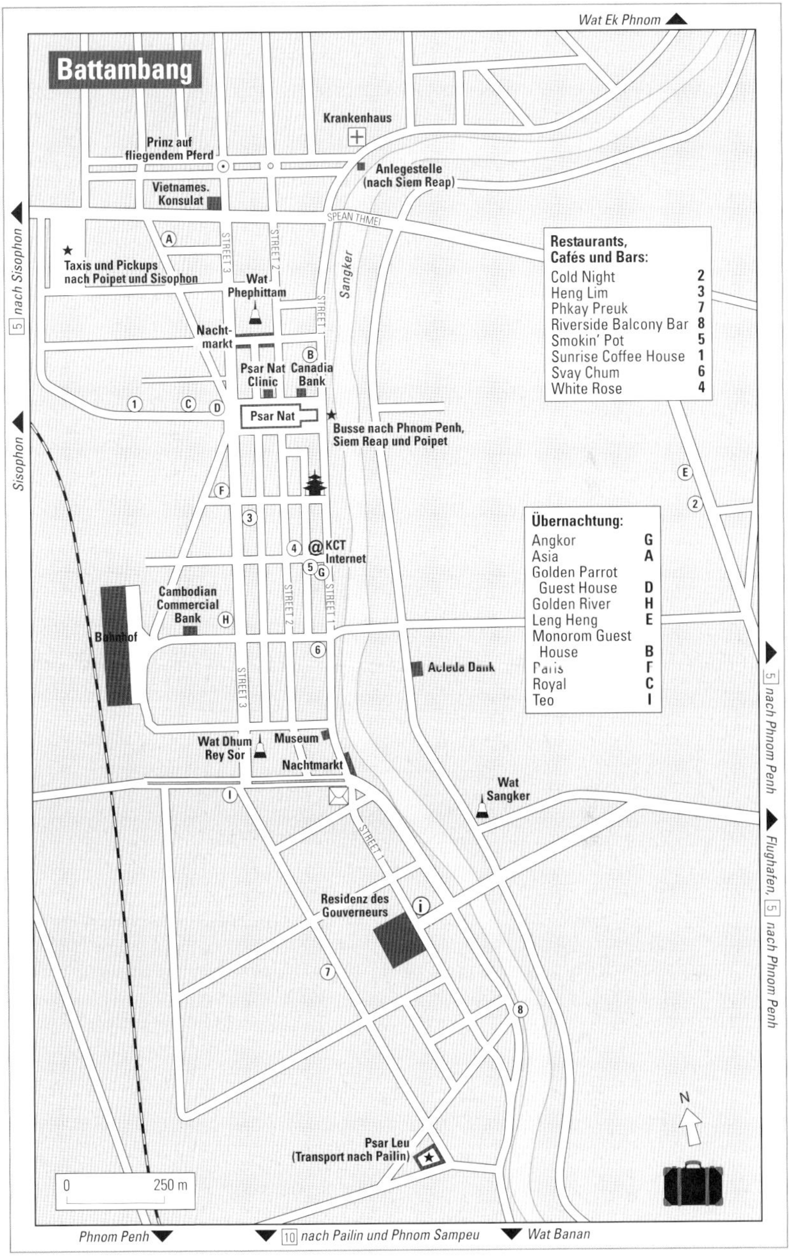

BATTAMBANG UND DER NORDWESTEN

liche, zum Teil restaurierte koloniale Geschäftshäuser, die schöne Fassadenverzierungen aufweisen, durch störende Plastik-Reklameschilder verunstaltet werden, wirken die verblichenen Bauten mit originalen schmiedeeisernen Balustraden und überhängenden Balkonen, die noch auf Restaurationsmaßnahmen warten, wesentlich charmanter. Am malerischen Flussufer wurden die Möglichkeiten nicht ausgeschöpft, denn statt Cafés findet man dort eher Kopiergeschäfte und Mobiltelefonläden. Ursprünglich war der Fluss Sangker dort nur 5 m breit, doch nachdem der südlich vorbeifließende Dambang durch Versenken eines Schiffes und Aufschüttung mit Erde gestaut wurde, weitete der Sangker sich allmählich auf seine heutige Breite von 30 m.

Kolonialarchitektur

Zum stolzen Erbe des französischen Protektorats gehört die Kolonialarchitektur, deren schräge Ziegeldächer im Straßenbild der Hauptstadt und zahlreicher Provinzstädte auffallen. An die damalige Epoche erinnern vor allem die Geschäftshäuser mit ihren offenen Ladenfronten, die sich nach hinten versetzt unter überdachten Säulengängen befinden, deren Decken zugleich die Böden der Wohnbereiche – oft mit Balkonen versehen – im Obergeschoss bilden. Einige der schönsten Beispiele dieser Bauweise findet man sowohl in Battambang an der Hauptstraße zum Markt und am nahen Flussufer als auch in Kampot am Fluss und am alten Markt. In Phnom Penh sind noch einige alte Geschäftshäuser in der Nähe des Hauptpostamts zu finden. Koloniale Villen, die durch ihre quadratische Bauweise und große Fensterläden auffallen, wurden mit Balkonen im Obergeschoss und Türmen ausgestattet.

Zahlreiche Kolonialgebäude wurden restauriert, doch viel zu viele wurden vernachlässigt und sind heute vorm Einsturz bedroht. Trotz des cremefarbenen Anstrichs ist das Gebäude der May Bank in Phnom Penhs Kramoun Sar Street ein schönes Beispiel für feinfühlige Restaurierung. Ein klassisches Beispiel mit gealtertem Glanz ist das UNESCO-Gebäude am Sothearos Blvd gegenüber dem Nationalmuseum, dessen breite Balkone von vorspringenden Gesimsen beschattet werden und dessen Fassade symmetrisch mit großen Fensterläden verziert ist.

Zu den Kostbarkeiten am Flussufer gehört ein einstöckiger **chinesischer Tempel** aus dem 16. oder 17. Jh., der 1921 restauriert wurde. Die dunkelroten Tore und aufschwingenden Ziegeldachfirste mit Zeremoniendrachen an den Enden wirken inmitten der kolonial geprägten Architektur der Umgebung recht deplaziert. Im Innenbereich huldigen Gläubige vor dem kleinen Altar einer sehr grimmig wirkenden Gottheit.

Weiter südlich befindet sich an Street 1 das städtische **Museum** mit einer kleinen interessanten Sammlung von Statuen und Steinmetzarbeiten aus Tempeln der näheren Umgebung. Besondere Beachtung verdienen die aus dem 13. Jh. stammende Statue eines Bodhisattva, der mit tausend Buddhas „tätowiert" ist, sowie eine mitgenommen wirkende Darstellung von Yama auf einem Büffel. ⏲ Mo–Fr 8–11 und 14–17 Uhr, Eintritt US$1, Fotografieren verboten.

Die beiden ältesten Pagoden der Stadt, Wat Dhum Rey Sor und Wat Phephittam, wurden nach ihrem Bau im Jahre 1848 mehrfach restauriert. Hinter dem Museum zieren im **Wat Dhum Rey Sor**, der Pagode des Weißen Elefanten, sehr schöne Wandmalereien mit Motiven aus dem *Ramayana* die Außenwand des *Vihara*. Zu den exzentrischen Motiven gehört die Darstellung von Hanuman auf einer Dampflokomotive. An der Treppe zum *Vihara* steht die Statue eines weißen Elefanten. Die Buntglasfenster der Pagode wirken besonders schön, wenn Sonnenlicht durch die Scheiben fällt.

Das Stück einer hohen Steinmauer an der Straße zum Psar Leu ist das Einzige, was von der Stadtfestung **Kamphaeng** übrig geblieben ist, die von den Franzosen zerstört wurde.

Vom Psar Nat führt der Weg von Süden her zum **Wat Phephittam**, dessen Portale von zwei *yeak* (Riesen) bewacht werden, die den Mönchen zufolge einst ein bedrohliches Äußeres hatten, heute jedoch einen eher milden Eindruck erwecken. Viele Mönche sprechen Englisch und führen Besucher gerne durch das *Vihara*, in dem kunstfertige moderne Wandmalereien Szenen aus dem Leben Buddhas zeigen.

In der Stadt stehen zwei auffällige **Statuen**, die sich auf eine bizarre Legende beziehen, die sich in der Umgebung von Battambang (wörtlich: verlorener Stab) zugetragen haben soll. Ein Mann namens Dambang Krognuing wurde schwarz, nachdem er mit einem schwarzen Stab umgerührten Reis gegessen hatte. In seiner neuen Gestalt setzte er den König ab und bestieg selbst den Thron. Ein Sohn des früheren Königs besiegte Dambang Krognuing mit Hilfe eines magischen fliegenden Pferdes, nachdem dieser vergeblich versucht hatte, das Ross mit seinem schwarzen Stab zu treffen. Eine große Statue von Dambang Krognuing schmückt den Kreisverkehr an der Straße zum Flughafen, und ein Bildnis des Prinzen auf seinem fliegenden Pferd steht am Nordende von Street 3.

Übernachtung

Angkor, Street 1, ✆ 053/952310. Eine der schönsten Hotellagen der Stadt mit Blick auf den Fluss, doch leider etwas abgewohnt. Saubere AC-Zimmer mit Bad, TV und Kühlschrank. Aufpreis für Zimmer mit Heißwasser. ❸

Asia, ✆ 016/944955, nördlich des Marktes Richtung Bushaltestelle. Modernes Hotel, Zimmer mit Bad, Kaltwasser, TV und Ventilator, einige auch mit AC. ❶

Golden Parrot Guest House, ✆ 015/530201, an der Westseite des Psar Nat. Einfache Unterkunft in zentraler Lage; kleine, saubere Zimmer. ❶

Golden River, 234 Street 3, ✆ 053/730165 oder 016/913138. Große Zimmer mit Bad und TV: Einige haben AC, andere sogar Heißwasser. ❷

Leng Heng, ✆ 053/953088. Freundliches, modernes Hotel östlich des Flusses an der RN 5. Schöner Hof mit vielen blühenden Pflanzen, helle und luftige AC-Zimmer mit Bad, Heißwasser, TV und Kühlschrank. ❷

Monorom Guest House, Street 1, ✆ 012/878389. Preiswertes Gästehaus; 1-, 2- und 3-Bett-Zimmer mit Bad, doch nur Kaltwasser, einige mit Flussblick, andere mit AC. ❶

Paris, Street 3, ✆ 012/530730. Geräumige, jedoch etwas spartanische Zimmer mit Bad und TV. ❷

Royal, ✆ 016/912034, 100 m westlich des Psar Nat. Sehr empfehlenswert. Saubere, geräumige Zimmer mit Bad, zuvorkommendes Personal, das auch bei der Organisation von Touren oder der Weiterreise behilflich ist. AC-Zimmer mit TV und Heißwasser gegen geringen Aufpreis. ❶

Teo, Street 3, ✆ 053/952288. Etwas weit außerhalb, südlich vom Zentrum, dennoch bevorzugte Adresse ausländischer Projektarbeiter. Geräumige AC-Zimmer mit heißer Dusche, TV und Kühlschrank. Gemütliche Dachterrasse und Restaurant mit asiatischen und westlichen Gerichten. ❸

Essen

Es gibt einige preiswerte **Restaurants** in Gehdistanz zum Zentrum. Sie haben gute Khmer- und chinesische Küche und englischsprachige Speisekarten; außerdem existieren ein paar Lokale, die westliche Gerichte anbieten.

Authentischer ist die Auswahl an Speisen in den billigen **Garküchen** im Psar Nat und Umgebung. Am späten Nachmittag entsteht ein gut besuchter Nachtmarkt in der Straße südlich von Wat Phephittam, der beste Gelegenheiten zum Probieren von Gerichten bietet, die kambodschanische Familien zu Hause essen. Zu den köstlichen Standardgerichten gehören Schweinefleisch mit grünen Bohnen und Chilischoten sowie Rindfleisch-Curry. Da vieles von der Tageslaune der Köche abhängt, sollte man getrost die Deckel lüften und in die Töpfe schauen, um sich über das Angebot zu informieren.

Andere Imbissbuden öffnen um ca. 16 Uhr am Fluss in der Nähe des Postamts – dortige Spezialitäten: würziges Hühnerfleisch *borbor*, Baguettes, Khmer-Nachspeisen und Fruchtsäfte.

Cold Night (auch: T's), am Leng Heng Hotel. Ausgezeichnete thailändische und vor allem auch westliche Küche mit Steaks, Schweinekoteletts, Hamburger und Pasta. Die meisten Gerichte kommen mit Pommes frites, Gemüse und Salat. Frisch gezapftes Angkor-Bier für nur 60 Cents pro Krug. Wer zum Abendessen hingeht, sollte einen rer mit der Abholung beauftragen, denn so weit vom Zentrum entfernt sind abends nur schwer Transportmittel zu finden.

Heng Lim, Street 3. Preiswertes Restaurant mit umfangreicher Auswahl an Khmer- und chinesischen Gerichten, großzügig bemessene Portionen. Spezialitäten: gebratener Reis, gebratene Nudeln und "*sour fish deep fried*" – süß-saurer Fisch mit viel knackigem Gemüse und Ananasstücken.

Phkay Preuk, südlich des Teo Hotels, rund 1 km vom Zentrum entfernt. Das auch bei Einheimischen beliebte Lokal serviert Khmer-, Thai- und westliche Gerichte sowie Eiscreme. Tische unter strohgedeckten Pavillons um einen hübschen Hof. Englischsprachige Speisekarte vorhanden.

Smokin' Pot, westlich des Angkor Hotels. Attraktives, modernes Café; große Auswahl an schmackhaften Khmer- und Thai-Gerichten; auch Kochkurse werden geboten (US$7 pro Tag und pro Person).

Sunrise Coffee House, westlich des Royal Hotels. Die beste Adresse für eine gute Tasse Kaffee und für ein opulentes Frühstück; Tee gibt es übrigens auch. ⏱ So geschlossen.

White Rose, Street 2. Freundliches Restaurant, umfangreiche Speisekarte mit preiswerten Khmer- und chinesischen Gerichten wie Frühlingsrollen, Shrimps und Gemüsegerichten, aber auch gebratenes Huhn mit Pommes, Baguettes, Obstsäfte und einfaches Frühstück

Unterhaltung

Battambangs Nachtleben spielt sich vorwiegend in wenig attraktiven Karaoke-Restaurants in der Umgebung des Bahnhofs ab.

In ordentlichem Ruf steht die Karaoke-Bar ***Svay Chum***, am Flussufer auf dem Gelände des Department of Provincial Land Management, in der die laute Musik von Flashlight begleitet wird. Beliebteste Adresse unter Touristen ist die unter Schweizer Führung stehende ***Riverside Balcony Bar*** abseits von Street 1 an der Flussbiegung nahe Psar Chas – mit gedämpftem Licht, guter Musik und einer Auswahl an Cocktails. ⏱ Di–So 16–23 Uhr.

Sonstiges

APOTHEKEN – Zahlreiche Apotheken befinden sich nahe dem Psar Nat, doch Angestellte sprechen kaum Englisch.

DIPLOMATISCHE VERTRETUNGEN – ***Vietnamesisches Konsulat***, nördlich von Psar Nat an Street 2, ⏱ Mo–Fr 8–11 und 14–17 Uhr.

GELD – ***Cambodian Commercial Bank*** in Bahnhofsnähe und ***Canadia Bank*** nördlich des Marktes wechseln Traveller Cheques mit der üblichen Provision von 2%.

Die Canadia Bank gibt gebührenfrei Bargeld auf MasterCard.
Die Cambodian Commercial Bank gibt Bargeld auf Visa und MasterCard, jedoch mit Gebühren. Östlich des Bahnhofs am anderen Flussufer tätigt die ***Acleda Bank*** Geldtransfers via Western Union.

INFORMATIONEN – Das freundliche **Touristenbüro** südlich des Zentrums in einem schönen Kolonialhaus in der Nähe der Verwaltungsgebäude gibt Fotokopien von Stadtplänen aus und weist mit Bildern auf die wichtigsten Tempel und Pagoden hin. 🕓 variabel, offiziell Mo–Fr 7–11 und 14–17 Uhr.
Eine **Ausstellung** neben dem Museum erläutert mit wesentlich besseren Fotografien die bedeutendsten Sehenswürdigkeiten der Umgebung, erteilt Informationen über die Arbeitstechniken in Landwirtschaft und Fischerei und berichtet über lokale Legenden und Volkserzählungen.

INTERNET – Mehrere Internetcafés an Street 1 nahe Angkor Hotel; ***KCT Internet*** ist eines der besten (US$1,50 pro Stunde).

MEDIZINISCHE HILFE – Wenig Vertrauen erweckend und ziemlich ungepflegt wirkt das Provinzkrankenhaus in Flussnähe. Besser ist die private ***Psar Nat Clinic*** nördlich vom Markt.

POST – Am Fluss im Süden der Stadt, 🕓 Mo–Fr 7–11 und 14–17 Uhr.

SUPERMÄRKTE – Am ehesten verdient diese Bezeichnung das Geschäft ***Chea Neing*** unter dem Golden Parrot, das eine kleine Auswahl importierter Luxusgüter bereithält.

TELEFON – Kleine Läden am Markt bieten preiswerte Inlandsgespräche. ***Camintel*** ist im Süden des Marktes mit mehreren Läden für internationale Gespräche vertreten, die jedoch eher selten zu Stande kommen. Internationale Gespräche sind auch zu erträglichen Preisen in einigen Hotels möglich, z. B. im Royal Hotel. Viele Geschäfte am Fluss haben Internet-Telefone, die zwar billig sind, jedoch nur äußerst langsam Anschluss ans Netz finden.

Nahverkehrsmittel

Moto-Fahrten im Stadtgebiet kosten 500–1000 Riel, ein Aufschlag wird für Transporte auf die andere Flussseite erhoben.

Transport

BUSSE – Seit der Ausbesserung der RN 5 ist es möglich, relativ schnell und bequem mit Bussen (oder Minibussen) einiger privater Transportunternehmen nach PHNOM PENH (4x tgl., 6 Std., US$4), SIEM REAP (1x tgl., 3 Std., US$5) und POIPET (1x tgl., 3 Std., US$3) zu fahren. Abfahrt ist früh morgens am Flussufer gegenüber vom Markt, oder man lässt sich an einer vereinbarten Adresse abholen; Tickets bekommt man im Royal Hotel.

SAMMELTAXIS UND PICKUPS – Nach der Fahrt über die RN 5 werden Reisende im Allgemeinen an der Haltestelle im Norden der Stadt abgesetzt. Manche Sammeltaxis fahren ihre Gäste auf Anfrage hin jedoch auch bis zum gewünschten Hotel oder zum Psar Nat.
Regelmäßig fahren von der Haltestelle im Norden der Stadt Taxis und Pick-ups nach SISOPHON (6x tgl., 2 Std.) und POIPET (12x tgl., 3 Std.) ab.
Taxis und Pick-ups nach PURSAT (6x tgl., 1 1/2 Std., 10 000 Riel), KOMPONG CHHNANG (4x tgl., 4 Std.) und PHNOM PENH (12x tgl., 6 Std., 30 000 Riel) fahren vom Psar Thmei an der RN 5 ab, eine kurze Motofahrt vom Zentrum entfernt.
Abfahrts- und Endhaltestelle von Sammeltaxis und Pick-ups nach/aus PAILIN (6x tgl., 4–5 Std., 20 000 Riel) ist der 1 km südwestlich des Zentrums gelegene Psar Leu.

EISENBAHN – Der Zug aus Phnom Penh trifft nicht selten erst nach Einbruch der Dunkelheit in Battambang ein. Der Bahnhof liegt in bequemer Gehdistanz zum Stadtzentrum und Psar Nat, doch bei Ankunft von Zügen warten stets Motofahrer auf Fahrgäste.
Alle zwei Tage fährt um 6.40 Uhr morgens ein Zug südwärts nach PURSAT (6–7 Std., 4900 Riel) und PHNOM PENH (mind. 12 Std., 12 400 Riel).

BOOTE – Boote von Siem Reap legen bei der Spean Thmei-Brücke an, knapp 1 km nördlich vom Zentrum. Zur Ankunftszeit um ca. 13 Uhr warten bereits Schlepper und Motofahrer, um potenzielle Kunden für Hotels abzufangen und ihre Dienste anzubieten. Da viele von ihnen Englisch sprechen, findet sich vielleicht schon bei der Ankunft ein Führer für die Besichtigung der Sehenswürdigkeiten.
Die Bootsfahrt den Fluss Sangker hinab nach Siem Reap ist dank schöner landschaftlicher Eindrücke immer noch beliebt, auch wenn die Busfahrt inzwischen schneller und billiger ist (s.o.). Zwei Unternehmen bieten Transport mit Booten (35 Sitze) nach SIEM REAP an (3 1/2 Std., US$15 für Ausländer). Abfahrt tgl. 7 Uhr von der Spean Thmei-Brücke, gegenüber vom Krankenhaus.

Die Umgebung von Battambang

Der Hügel Phnom Sampeu, die bedeutendste Touristenattraktion in Stadtnähe, bietet mehrere aktive Hügelpagoden, einige stimmungsvolle Höhlenschreine (für die man eine Taschenlampe braucht) und schöne Ausblicke über Reisfelder. Ein unterhaltsamer Tagesausflug dorthin lässt sich mit dem Besuch von Wat Banan mit seinen gut erhaltenen Türmen im Angkor-Stil auf einem niedrigen Hügel verbinden. Andere Ausflugsziele in Stadtnähe sind Kamping Poy, ein großes Reservoir, das unter Pol Pot durch Zwangsarbeit angelegt wurde, und der nördlich der Stadt gelegene Wat Ek Phnom, ein Hindutempel aus dem 11. Jh.

Für alle vier Ausflugsziele gibt es eine kombinierte Eintrittskarte (US$2), die für einen Tag gültig und an jedem der vier Plätze erhältlich ist; allerdings ist es nicht ratsam, alle vier Ziele an einem Tag zu besichtigen. Am besten chartert man in Battambang ein Moto; die Fahrt nach Phnom Sampeu und Wat Banan und zurück sollte nicht mehr als US$4–5 kosten.

Phnom Sampeu

Der längliche Felsen Phnom Sampeu (Schiffberg), ca. 15 km südwestlich von Battambang an der RN 57, hat zwei Gipfel, die durch einen schmalen Pfad miteinander verbunden sind. Der Legende zufolge handelt es sich bei dem Felsen um den zerschellten Rumpf eines Schiffes, das von einem Krokodil, dessen Liebe zu einem schönen Mädchen unerwidert blieb, angegriffen und versenkt wurde, als die Verehrte mit ihrem Verlobten, einem Prinzen, in Richtung des Meeres aufbrach. Im Nordwesten schreibt der kleine, sich einsam erhebende Hügel **Phnom Kropeu** (Krokodilberg) die Legende fort: Die Bevölkerung fürchtete sich vor dem Krokodil und leitete sämtliches Wasser aus dem Gebiet ab, so dass das arme Reptil jämmerlich einging und sich in den Hügel verwandelte.

Besucher werden am Fuß der steilen Treppe abgesetzt, die auf den größeren Hügel führt. Hier unten werden Erfrischungen angeboten, und an einem kleinen Kiosk muss man eine Eintrittskarte (US$2) kaufen. Über dem Tor vor dem Beginn der Stufen thront ein Schiff, und ein großer roter *Chedi* in der Nähe beherbergt die Asche von Verstorbenen, die keine Angehörigen mehr hatten.

Wer mit seinem eigenen Fahrzeug kommt, kann bis auf den Gipfel fahren: man folgt erst einem Weg am Fuß des Berges entlang; nach wenigen hundert Metern biegt man an einer Abzweigung nach rechts auf eine befestigte Straße ein, die nach oben führt. Man kann diesen Weg auch einfach zu Fuß bewältigen und dann auf dem Rückweg die steile Treppe hinuntergehen.

Viele Kinder bieten ihre Dienste als Führer zu den Höhlen an. Es ist sicherer, mit einem Führer zu gehen, da sich der Weg oft gabelt; außerdem werden die Kinder, die eine kleine Belohnung erwarten, wahrscheinlich eine Taschenlampe dabei haben. Zudem ist es gefährlich, die gekennzeichneten Wege zu verlassen, da weite Bereiche wahrscheinlich noch vermint sind.

Der steile Hauptweg den Hügel hinauf zum Gipfel lässt sich in anstrengenden 30–45 Minuten bewältigen. Ungefähr auf halber Strecke zweigt nach rechts ein Weg zur **Windhöhle** *(leahng kshal)* ab. Hinter einem Tor in Pagodenform führen Stufen zu einer schattigen Felsenplattform hinab, auf der sich mehrere Schreine befinden. Die Höhle ist nach beiden Seiten hin offen, so dass ständig ein leichter, kühler Luftzug zu spüren ist, welcher der Höhle auch ihren Namen gab. Den Höhleneingang markiert ein rechteckiger Türrahmen aus Holz. Der Weg durch die Höhle zur anderen Bergseite nimmt ungefähr 15 Minuten Zeit in Anspruch. Der unebene Boden ist trocken, doch ohne Taschenlampe ist es ratsam, dem Wächter eine Kerze abzukaufen und darauf zu achten, dass der Luftzug sie unterwegs nicht ausbläst.

Wer von der Höhle denselben Weg zurücknimmt, gelangt hinter dem Tor in Pagodenform geradeaus zu einem schmalen Pfad, der zum Hauptweg den Hügel hinauf zurückführt. Nachdem man wieder rechts abgebogen ist, kommt man in wenigen Minuten zu einer **chinesischen Pagode**. Von hier verläuft der Pfad weiter bergauf, um nach wenigen hundert Metern eine **buddhistische Pagode** zu erreichen. 1994/95 bildete Phnom Sampeu die Frontlinie im Kampf zwischen Regierungstruppen und der Pailin-Gruppe der Roten Khmer. An die Auseinandersetzungen erinnern zwei russische Flugabwehrgeschütze in der Nähe der buddhistischen Pagode. Schilder warnen vor dem Näherkommen, da vermutlich noch Minen versteckt liegen.

Nach der Pagode sind es nur noch hundert Meter bis zum Gipfel mit dem *Vihara* **Preah Jan**; von hier bieten sich schöne Ausblicke auf die umliegenden Reisfelder und die Landschaft Richtung Battambang.

Unter den Roten Khmer wurden die Pagodengebäude als Gefängnis und **Verhörzentrum** genutzt. Die Opfer wurden durch ein Loch in eine Höhle zu Tode gestürzt. Ein schmaler steiniger Pfad führt hinter der Pagode zur **Theaterhöhle** *(leahng lacaun)*, in der einst tatsächlich Theateraufführungen stattfanden, was angesichts der düsteren Atmosphäre nur schwer vorstellbar ist. Fledermäuse fiepen in den Deckenritzen, und im Dämmerlicht glaubt man die Umrisse geisterhafter Gesichter an den Höhlenwänden zu sehen, doch ein liegender Buddha hält Wache gegen die Geister. In einem Metallkasten sind Schädel und Knochen aufgestapelt, die überall in der Höhle verstreut lagen. In einer zweiten Höhle etwas weiter unterhalb, die dem Theater als Garderobe und Umkleideraum diente, sind ebenfalls Menschenknochen aufgeschichtet.

Der einfachste Weg zurück folgt der befestigten Straße zum Fuß des Hügels und weiter zu den Erfrischungsständen. Oder man quert auf dem links der Treppe abgehenden, schmalen Pfad hinüber zum anderen Gipfel, um von dort abzusteigen.

Wat Banan

Die am besten erhaltene Tempelanlage der Umgebung, Wat Banan, erreicht man, indem man von Battambangs Street 1 nach Süden fährt; schon nach 20 km sind die markanten, an Angkor Wat erinnernden Türme des Heiligtums auf einem 70 m hohen Hügel zu sehen, auf dessen Gipfel eine steile Laterittreppe führt.

Wat Banan ist auch direkt ab **Phnom Sampeu** zu erreichen, und zwar über eine schmale, unbefestigte Landstraße, die durch eine reizende Landschaft führt. Wer ohne ortskundigen Fahrer unterwegs ist, kann sich einheimische Kinder als Führer mitnehmen; anschließend gibt man den Kids Geld für die Rückfahrt mit einem Moto (ca. US$1).

Nachweislich wurde Wat Banan als buddhistischer Tempel geweiht, doch in Fachkreisen herrscht Unklarheit darüber, wer ihn errichten ließ und wann er fertig gestellt wurde. Schätzungen datieren die Anlage auf das 10.–13. Jh. Fünf an Maiskolben erinnernde Türme sind noch erhalten, aber ziemlich beschädigt. An den bildhauerischen Werken sind einige Köpfe dem Vandalismus zum Opfer gefallen, während sich andere noch in gutem Zustand befinden. Insgesamt lohnt sich der steile Aufstieg, und sei es auch nur, um die herrliche Aussicht über endlose Reisfelder bis hin zum Phnom Sampeu im Norden zu genießen.

Kamping Poy

Eine raue Piste, die südlich von Phnom Sampeu von der RN 57 nach Nordwesten abzweigt, führt von dort nach 15 km zu einem See in Kamping Poy, dessen idyllische Schönheit verdeckt, dass er unter Pol Pot in Zwangsarbeit entstand – über 10 000 Menschen starben beim Bau des 8 km langen **Dammes**. Der Damm bildete den Kern eines umfangreichen Bewässerungssystems, das heute leider verschlammt und zusammengebrochen ist. Früher wurde über das System Wasser in die umliegenden Felder geleitet, so dass dort auch in der Trockenzeit Reis angebaut werden konnte, dessen Verkauf dem Regime ausländische Devisen einbrachte.

Vom Ufer wandert der Blick über den See und weite Ebenen bis hin zu fernen Hügeln. **Boote** kosten für Ruderpartien über den See, der an Wochenenden und Feiertagen ein beliebtes Ausflugsziel der Einheimischen ist, 3000 Riel pro Stunde. Da der Damm einige Kilometer weit zu begehen oder mit Motos zu befahren ist, lässt sich auch bei viel Betrieb ein abgelegener Platz zum Schwimmen finden.

Wat Ek Phnom

Die in Trümmern liegende hinduistische Tempelanlage Wat Ek Phnom, 12 km nördlich von Battambang, befindet sich heute auf dem Gelände einer modernen Pagode, die von Lotosteichen, schmalen Flussläufen und Bächen umgeben ist, so dass der Anschein erweckt wird, sie stehe auf einer Insel. Eine zerbröckelnde Lateritmauer umschließt den Tempel aus dem 11. Jh., dessen Sandsteingebäude aufgereiht nebeneinander stehen und durch eine Galerie ergänzt werden. Die 2 m hohen Terrassen, die einst beim Aufstieg zu bewältigen waren, sind eingebrochen; heute klettert man einfach den Hügel hinauf. Um das innere Heiligtum zu erreichen, muss man durch ein Fenster oder Loch in der Wand klettern oder zur besser erhaltenen Südseite gehen, an der einige Steinmetzarbeiten zu sehen sind.

Pailin

An der Grenze zu Thailand liegt umringt von Hügeln die nur über eine einzige Straße aus Battambang zu erreichende Stadt Pailin in versteckter Isolation. Nach dem Machtverlust im Jahre 1979 setzten sich die Roten Khmer dort fest, die ihre Attacken gegen die Regierung mit den reichen Bodenschätzen der Region finanzierten: **Edelsteine** und Waldprodukte. Allein der Abbau von Edelsteinen soll ihnen angeblich monatlich 10 Millionen US-Dollar eingebracht haben. Sie hielten sich bis August 1996, als der örtliche Kommandeur Ieng Sary durch einen Handel mit der Regierung, der ihm Straffreiheit garantierte, das Ende der Roten Khmer einläutete: Mit 3000 Gefolgsleuten lief er in das Lager der Regierung über.

Noch heute schwelgen langjährige Einwohner Pailins in der Erinnerung an die Jahre unter den Roten Khmer, als Ausbildung und Gesundheitsvorsorge zur Verfügung standen und die Alten und Bedürftigen Nahrungsmittel erhielten. Das heutige Vertrauen auf den freien Markt bewirkte einen Rückgang der staatlichen Hilfeleistungen.

Pailin ist eine ausgedehnte, planlose Grenzstadt, nur einige Verwaltungsgebäude und die Bank vermitteln ein Gefühl von Dauerhaftigkeit. Im Süden der Stadt ragt an der Straße nach Battambang der kleine Hügel **Phnom Yat** auf, dessen Gipfel von Mobiltelefonsendern und einem Stupa, der im Jahre 2000 mit Geldmitteln eines Khmer aus Übersee errichtet wurde, gekrönt wird.

Der Hügel, ein friedlicher Aussichtspunkt auf den Sonnenuntergang, wurde nach einem buddhistischen Pilgerpaar benannt, das Ende des 19. Jhs. nach Pailin kam. Damals hatten Jagd und Edelsteinabbau das Gebiet bereits zu schädigen begonnen. Yeah Yat und ihr Ehemann gründeten auf dem Hügel ein Meditationszentrum, um der Natur und den Berggeistern nahe zu sein. Yat erhielt von den Geistern die Botschaft, dass der Boden einen reichen Nachschub an Edelsteinen preisgeben würde, solange die Schürfer das Land respektierten, Pagoden bauten und angemessene Opfergaben spendeten. Die Kunde machte sich breit, und da die gläubigen Schürfer sich an die Empfehlungen hielten, förderten sie viele Edelsteine zu Tage.

Einheimische empfehlen Besuchern, vor der Abfahrt aus Pailin den Geistern als Dank für die Nutzung von Wasser und Luft eine kleine Opfergabe zu spenden.

Blutrünstige **Tableaux** veranschaulichen an der Pagode die Höllenstrafen: Einem Mann wird die Zunge herausgerissen, ein anderer wird in Öl gesiedet und ein Dritter wird mit einer spitzen Heugabel gezwungen, einen dornigen Pfahl zu erklettern. Hinter dem modernen *Vihara* verstecken sich die Überreste der alten, von den Roten Khmer zerstörten Pagode; Wandmalereien, Bodenfliesen und der zerstörte Stupa sind noch zu sehen.

Nicht weit entfernt steht an der Straßenbiegung **Wat Ratanasaoporn**, auf dessen Umfassungsmauer ein Flachrelief das Quirlen des Milchozeans zeigt. Die Pagode geriet im Jahre 2000 ins Gerede, weil sich die Mönche mit Damen aus dem Rotlichtmilieu amüsiert hatten; 80 Mönchen wurde damals die Weihe entzogen.

Die Straße führt von hier einen Hügelrücken hinab in die Stadt. Am Kreisverkehr geht man geradeaus weiter und kommt vor einer scharfen Linkskurve zu einer auf der linken Straßenseite gelegenen **Schule für Edelsteinschleifer**. Falls nicht gerade Wochenende oder ein Feiertag ist, kann man zuschauen, wie die Rohmineralien zu Schmucksteinen verarbeitet werden.

Nach der scharfen Linkskurve führt die Straße bergab zum **Markt**, wo Edelsteinhändler ihre Ware neben den üblichen Gemüseständen zum Verkauf anbieten.

Märkte und Garküchen gehören im ganzen Land zum Straßenbild

Harter Arbeitsalltag – ländliche Romantik für Touristen

Mit der Eisenbahn unterwegs nach Battambang

Cyclos garantieren eine beschauliche Stadtrundfahrt

Das magische Angkor

Landminen – Kambodschas trauriges Erbe

Landminen sollen eher verstümmeln als töten, doch über ein Viertel aller Minenopfer sterben infolge von Schock und Blutverlust vor der Ankunft im Krankenhaus (das oft viele Stunden entfernt liegt). Für die Überlebenden – über 40 000 Kambodschaner wurden als Folge von Verletzungen durch Landminen zu Amputierten – und ihre Familien sind die Auswirkungen finanziell verheerend (ganz zu schweigen von der seelischen Belastung). Um die Kosten der Behandlung zu bestreiten, mussten und müssen viele Familien das Wenige, das sie besitzen, veräußern. So geraten sie in den Kreislauf einer extremen Armut, dem sie nur in seltenen Fällen entkommen können. Weibliche Minenopfer werden zusätzlich mit einem Stigma belegt: Ihre Verkrüppelung bedeutet, dass sie keinen Ehemann finden und in ihrem Haushalt verbleiben müssen, wo sie nicht selten auf den Status von Sklaven herabgesetzt werden. Die Glücklicheren unter den Opfern finden Kontakt zu einer Prothesen-Werkstatt und erhalten ein künstliches Glied, sobald die Verletzung genügend abgeheilt ist (Kambodscha ist weltweit das Land mit den meisten Prothesen). Doch selbst wenn sie einen Platz in einem handwerklichen oder kunsthandwerklichen Ausbildungszentrum ergattern, haben sie keine Garantie auf eine spätere Beschäftigung, und ohne Kapital für ein eigenes Geschäft und ohne Nachfrage nach ihren Fähigkeiten müssen viele Opfer feststellen, dass sich ihre Aussichten trotz Weiterbildung kaum verbessert haben.

In Kambodscha haben internationale NGOs die Aufgabe der Minenräumung übernommen. Abgesehen von der Ausbildung örtlicher Mitarbeiter (darunter viele Witwen von Landminenopfern) leisten sie harte Aufklärungsarbeit, um die ländliche Bevölkerung in stark durch Minen verseuchten Gebieten vor den Gefahren zu warnen, die oft subtiler sind, als sie erscheinen mögen: In der Regenzeit können zu tief vergrabene Minen in Richtung Oberfläche geschwemmt werden und vormals „sichere" Gebiete wieder riskant machen.

Die Minenräumung ist eine langsame und kostenaufwendige Arbeit. Es gibt kein verlässliches maschinelles System, um Bodenflächen abzusuchen und für „bereinigt" zu erklären. Sobald ein Minenfeld identifiziert ist, wird die Fläche gesperrt und in Schneisen unterteilt, die von trainierten Mitarbeitern auf dem Bauch liegend mit Hilfe einer dünnen Klinge systematisch Zentimeter um Zentimeter nach vergrabenen Objekten abgesucht werden. Entdeckte Minen werden vorsichtig freigelegt und (meistens durch Sprengung am Fundort) vernichtet.

Übernachtung

Hang Meas, ✆ 012/787546, etwas westlich des Zentrums Richtung Grenze. Bestes Hotel der Stadt; gemütliche, saubere AC-Zimmer mit Bad, Heißwasser, TV und klobigen Holzmöbeln. ❸

Kim Young Heng Guest House, ✆ 016/939841, vom Markt ein paar Schritte den Hügel hinauf, hinter dem gleichnamigen Restaurant; Zimmer unterschiedlicher Qualität mit Ventilator oder AC, einige sind hell und ansprechend, andere fensterlose Zellen. ❶

Lao Lao Kang Guest House, ✆ 012/712316, und ***Punleu Pich Guest House***, ✆ 016/958611; beide gegenüber vom Markt, sehr einfach und am billigsten. ❶

Essen und Unterhaltung

Pailin ist gewiss kein gastronomisches Eldorado, doch am Markt gibt es genügend kleine Garküchen und preiswerte Speiselokale. Das **Nachtleben** spielt sich vorwiegend in den zahlreichen Karaoke-Bars mit Restaurantbetrieb ab.

Hang Meas Hotel, bestes Restaurant der Stadt mit englischer Speisekarte und guter Auswahl an Khmer-, Thai- und westlichen Gerichten. Zum Frühstück gibt es Brot und Eier.

Kim Young Heng Guest House, vom Markt ein paar Schritte den Hügel hinauf, schmackhaftes Khmer-Essen und englische Speisekarte.

Phkay Preuk, ein Ableger des gleichnamigen Restaurants in Battambang, fast am oberen Ende der Gratstraße, ist ebenfalls eine gute Wahl.

Phnom Kieu, an der Gratstraße, eine der besten Karaoke-Bars, zu erkennen an der auffälligen Leuchtreklame, wird aber nur selten von Ausländern besucht.

Sonstiges

GELD – Dollar und Riel werden akzeptiert, doch gängige Währung ist der thailändische Baht. Bei Bezahlung mit Dollar werden gewöhnlich Baht herausgegeben, es sei denn, man verlangt ausdrücklich Riel. An der Gratstraße Richtung Pagode gibt es Zweigstellen der ***Canadia Bank*** und der ***Acleda Bank***.

INFORMATIONEN – Ein kleines **Tourist Office** steht neben dem Phkay Proek Restaurant am oberen Ende der Gratstraße.

POST – Das **Postamt** befindet sich hinter dem Krankenhaus in der Nähe der Verwaltungsgebäude, nicht weit vom Kreisverkehr an der Gratstraße.

TELEFON – Gegenüber vom Markt gibt es mehrere Telefonbuden.

Transport

Von BATTAMBANG befahren **Sammeltaxis** und **Pick-ups** die 80 km lange Strecke auf der RN 57 nach Pailin. Die anstrengende Fahrt (6x tgl., 3–7 Std.) ist bestenfalls ein rumpelndes Staubbad, doch sie kann auch zu einem den Magen umdrehenden Unterfangen werden. Die Straße wird von Zeit zu Zeit ausgebessert, doch es dauert nie lange, bis der Lastwagenverkehr neue Schäden verursacht hat. In Stadtnähe steigt die Straße langsam zum Phnom Yat an, wo sie eine 90-Grad-Kurve vollzieht. Nach einem Kilometer am Grat erreicht die Straße einen Kreisverkehr und führt geradeaus hinab zum Markt im Stadtzentrum, wo sich die Haltestelle, Garküchen und Wechselstuben befinden.

Die Umgebung von Pailin

Die 80 km lange Straße von Battambang nach Pailin (RN 57) ist derzeit in einem miserablen Zustand; eingestürzte Brücken und im Schlamm steckengebliebene LKWs verursachen immer wieder Verzögerungen. Die Straße kommt nach 15 km an Phnom Sampeu (s. S. 158) vorbei und erreicht nach weiteren 10 km das Dorf **Sneng**, wo man die Überreste des **Prasat Yeay Ten**, eines Tempels aus dem 10. Jh., findet. Außer schönen Torverzierungen sind noch drei sakrale Backsteinbauten erhalten geblieben.

Der Hauptgrund für einen Besuch Pailins ist jedoch die Möglichkeit, von hier aus die **Grenze** nach Thailand zu überqueren. Es gibt ein paar Kasinos, die meist von Thais aufgesucht werden, ansonsten aber keine weiteren Attraktionen. Die beschwerliche Fahrt von Battambang lohnt sich also nur, wenn man sich ein paar Tage in einem wenig besuchten Landstrich aufhalten will. Da die Fahrt von Battambang mindestens drei, vielleicht sogar sieben Stunden dauert, ist es sinnvoll, in Pailin zu übernachten, falls man nicht die Grenze überqueren will.

Die Edelsteinminen

Pailin ist von ausgebeuteten Bodenparzellen umgeben. Rote Erdhügel markieren die Edelsteinminen, von denen viele verlassen sind, und die wenigen noch aktiven Schürfer halten die genaue Lage ihrer Fundorte ziemlich geheim. Motofahrer bieten zwar an, Besucher zu den Edelsteinfundorten der Umgebung zu fahren, aber außer einem Loch im Boden und einem Erdhaufen daneben gibt es kaum etwas zu sehen.

Pailin ist seit fast einem Jahrhundert ein wohlhabendes Zentrum des Edelsteinabbaus – einem Gerücht zufolge lagen einst Saphire, Rubine und Granate überall offen auf dem Boden herum. Inzwischen sind viele Lagerstätten ausgebeutet. Glücksritter graben auf der Suche nach Steinen, die im Rohzustand wie zerbrochene Glassplitter aussehen, tiefe Löcher in den felsigen Boden. Am häufigsten werden kleine Granate und Topase gefunden, gelegentlich auch Rubine, doch Saphire sind selten geworden. Die Schürfer leisten harte Arbeit. Bei vielen verwandelt sich die Hoffnung in Ratlosigkeit, während sie sich mühselig durch Berge aus rotem Staub sieben und Erde von Steinen trennen.

Große Haufen durchsiebter Erdmassen verleihen der Umgebung das Bild einer Mondlandschaft. Die Erde wird im nahen Fluss ausgewaschen, der sich täglich hinter den Pfannen der Schürfer rot färbt; die Segmente verschlammen das Flussbett und machen auf vielen Kilometern flussabwärts den Fischfang zunichte. Zur heißen Mittagszeit dösen die meisten Schürfer auf dem Boden unter Plastikbahnen, die Schutz vor der Sonne spenden. Hier verbringen sie auch die Nacht, um Diebe von ihren hart zusammengetragenen Säcken mit Erde fernzuhalten.

Stausee Phnom Ching Chok und der Wasserfall O Chrah

Der Stausee Phnom Ching Chok, ungefähr 5 km südwestlich der Stadt, ist am Wochenende ein beliebtes Ausflugsziel für Einheimische, die hier baden oder unter strohgedeckten Schutzdächern am Seeufer herumliegen; es werden Snacks verkauft und Schwimmreifen vermietet. Wochentags geht es ruhiger zu, dann sollte man sich für ein Picknick eine Lunchbox von seinem Hotel oder einem örtlichen Restaurant geben lassen.

Wer Lust auf eine kurze Wanderung verspürt, kann vom Stausee zum 4 km entfernten Wasserfall O Chrah laufen. 400 m nach der Einfahrt zum Stausee erreicht man eine Gabelung; von hier geht man 3,5 km geradeaus weiter, überquert ein paar Flüsse und Bäche und sieht dann links den Wasserfall. Wegen Landminengefahr ist es ratsam, den Pfad nicht zu verlassen. Ein Moto für die Fahrt zum See sollte etwa 80–100 Baht (inklusive Rückfahrt) kosten.

Illegaler Holzeinschlag

Innerhalb von nur 20 Jahren wurden Kambodschas Waldbestände um ein Fünftel reduziert, sie bedecken heute weniger als 60% der Landesfläche. Bei Fahrten nach Pailin oder durch die Provinzen Kompong Thom, Kratie, Rattanakiri, Mondulkiri und Koh Kong sind die Auswirkungen des Holzeinschlags nicht zu übersehen. Am Straßenrand aufgestapelt liegen gefällte Bäume, und manche Holzfällerschneisen sind in besserem Zustand als die offiziellen Straßen.

Ab 1995 beschleunigte sich die Abholzung aufgrund von landesweiten Konzessionen für multinationale Konzerne, die erdbewegende Maschinen einsetzten, um kostbare Harthölzer aus den Tiefen des Dschungels zu holen, und dafür alles andere auf ihrem Weg achtlos zerstörten. Das meiste Holz gelangte nach Thailand und Vietnam, wo es überwiegend zu Gartenmöbeln für den europäischen Markt verarbeitet wurde. Theoretisch sollte der Holzhandel dem Staat hohe Devisenbeträge einbringen, doch in der Praxis erreichten nur geringe Beträge das staatliche Schatzsäckel. Stattdessen gelangten viele Beamte und besonders Militärangehörige zu plötzlichem Reichtum.

Umweltschützer übten Druck auf die Regierung aus und forderten, den Holzeinschlag zu vermindern. Es fehlten jedoch zunächst entweder die Mittel oder der Wille, die Vergabe von Lizenzen an Konditionen zu knüpfen. Erst als 1999 die Asian Development Bank als Bedingung für die weitere Bewilligung von Geldmitteln auf eine Überwachung des Holzeinschlags durch von ihr selbst abgestellte Organe bestand, ließ die kambodschanische Regierung widerwillig eine Überwachungsgruppe von Global Witness zu. Im Januar 2002 setzte sie den Holzeinschlag nach weiterem Druck internationaler Geldgeber schließlich ganz aus.

In der Praxis wurde jedoch bis heute erst eine Konzession zurückgezogen. Das Versagen der Verantwortlichen, das Verbot durchzusetzen, führen Experten auf Korruption in Führungskreisen von Militär und Regierung zurück. Die bereits angerichteten Schäden sind so beträchtlich, dass die Abholzung wohl für veränderte Abläufe der Regenzeit und die ungewöhnlichen Überschwemmungen seit dem Jahre 2000 verantwortlich gemacht werden muss.

Grenzübergang nach Thailand

Die 20 km von Pailin entfernte Grenze zu Thailand (🕓 tgl. 7–20 Uhr) ist mit einem Moto (50–100 Baht) oder einem Sammeltaxi (40 Baht) in einer halben Stunde zu erreichen. Am Grenzübergang befinden sich zwei große Kasinos und ein kleiner Markt; in den Kasinos versuchen in erster Linie Thailänder ihr Glück. Wenn man die Grenze überquert hat, nimmt man am besten einen Minibus nach Chanthaburi (130 Baht), wo man Anschluss nach Bangkok hat.

Sisophon

Die Stadt selbst – von den Einheimischen *Svay* (Mango) genannt, niemand weiß, warum – ist staubig und schmutzig, doch bei näherem Hinschauen ist sie durchaus als ungeschliffener Edelstein zu erkennen, denn zweifellos gehört Sisophon zu Kambodschas freundlichsten Orten.

Übernachtung

Phnom Svay Hotel, ✆ 012/656565. Nordwestlich vom Zentrum gegenüber den Verwaltungsbüros. Eines der angenehmsten Hotels der Stadt. AC-Zimmer mit Bad, Heißwasser und TV. Zuvorkommendes Personal. Zuverlässige Vermittlung von Motos oder Jeeps für Ausflüge in die Umgebung von Sisophon. ❷

Neak Meas Hotel, ✆ 012/971287. Zentral gelegenes Hotel, in dem auch Prostituierte ihrem Gewerbe nachgehen; ziemlich schmucklose Zimmer mit AC, Heißwasser, TV und Kühlschrank. ❸

Rong Roeung Hotel, ✆ 054/958823. Eine billigere Alternative; Zimmer mit Ventilator oder AC, aber ohne Heißwasser. ❷

Sarat Tong Guest House, auf der Nordseite der Hauptstraße, die in Richtung Osten die Stadt verlässt; kleine Zimmer mit und ohne Bad; die billigste Unterkunft der Stadt. ❶

Essen und Unterhaltung

Am späten Nachmittag entsteht an der Südseite des Unabhängigkeitsparks ein Nachtmarkt, auf dem es einfaches Khmer-Essen, leckere Fruchtsäfte und Nachspeisen gibt.

Phkay Proek Restaurant, vom *Phnom Svay Hotel* 100 m bergab. Beste Küche der Stadt. Englische Speisekarte mit zahlreichen Khmer-, Thai- und westlichen Gerichten. Westliches Frühstück mit guter Auswahl, u.a. große Pfannkuchen mit Honig.

Im ***Neak Meas Hotel*** ist das einzige andere Restaurant mit englischer Speisekarte; große Auswahl an Khmer-, Thai- und chinesischen Gerichten.

Das Nachtleben konzentriert sich auf die schäbigen Bar-Bordelle am stillgelegten Bahnhof; aber es gibt einige bessere Karaoke-Clubs, z. B. im ***Neak Meas Hotel*** sowie das ***Golden Sound*** in der Nähe der Polizeistation an der Straße von Poipet nach Siem Reap.

Sonstiges

APOTHEKEN – Es gibt mehrere Apotheken in Marktnähe.

GELD – ***Acleda Bank***, gegenüber vom Unabhängigkeitspark, auf derselben Straße wie das Neak Meas Hotel; aber auch am Markt werden Dollars, Riel und Baht akzeptiert und gewechselt.

INFORMATIONEN – Die hilfsbereiten und freundlichen Angestellten des **Touristenbüros** halten gute Informationen bereit, doch die Dienststelle in einem neuen Gebäude hinter dem Abfallhaufen im Norden des Marktes ist nicht ohne weiteres zu finden, da sich der Eingang nicht an der Hauptstraße befindet.

MEDIZINISCHE HILFE – Das Provinzkrankenhaus befindet sich östlich vom Unabhängigkeitspark.

TELEFON – Im gesamten Stadtgebiet gibt es preiswerte Telefonzellen. Internationale Anrufe sind vom Phnom Svay Hotel aus möglich.

Transport

SAMMELTAXIS UND PICKUPS – Alle öffentlichen Verkehrsmittel kommen an der belebten Haltestelle östlich des Marktes an, wo Motofahrer warten, und fahren auch von hier wieder ab. Verbindungen bestehen nach BATTAMBANG (6x tgl.,

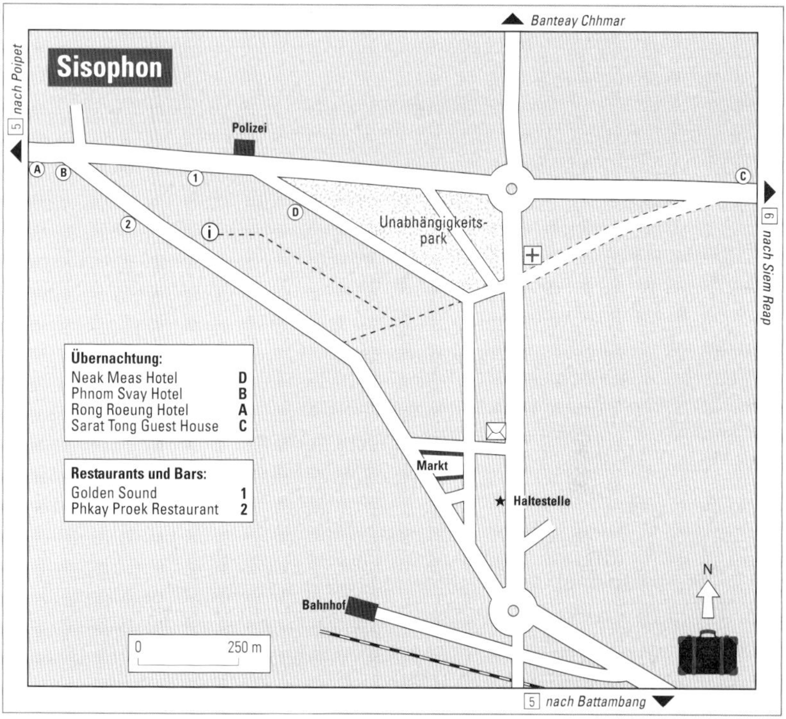

2 Std.), PHNOM PENH (10x tgl., 7 Std.), POIPET (20x tgl., 1 Std.) und SIEM REAP (20x tgl., 2 Std.).

Die Umgebung von Sisophon

Sisophon ist das Sprungbrett für eine Tagesfahrt zu den nördlich gelegenen Tempelruinen von Banteay Chhmar und Banteay Tuop im Stil von Angkor. Weitere Sehenswürdigkeiten befinden sich nah beieinander an der Grenze zur Nachbarprovinz Siem Reap: Choob, das Dorf der Steinbildhauer, das traditionelle Weberdorf Phnom Sarok mit eigener Seidenraupenzucht und das von den Roten Khmer angelegte Reservoir Trapeang Thmar, das heute Sarus-Kranichen als Rückzugsgebiet dient.

Banteay Chhmar

Gut 60 km nördlich von Sisophon erstrecken sich auf rund 3 km2 die Tempelruinen von Banteay Chhmar. Jayavarman VII. ließ den Tempel als Gedenkstätte für Soldaten errichten, die bei der Verteidigung seines Sohnes in einer Schlacht gegen die Cham umkamen.

Hinter dem mit Lotosblumen bedeckten Graben und der Umfassungsmauer aus Laterit führt der Weg in die Anlage über einen Damm, den einst Götter und Dämonen säumten. Fast alle Besucher betreten den zentralen Gebäudekomplex durch die verfallenen Torbauten des Osteingangs. Einige der dortigen **Steinmetzarbeiten** sind in ausgezeichnetem Zustand, doch es erfordert ein wenig Aufwand, sie zu entdecken. Beachtung verdienen ein Fenstersturz mit bärtigen Musikanten, von denen einer Harfe spielt, sowie ein Fries mit tanzenden Kranichen.

Eine **Galerie** umschließt den Innenhof, der mit angehäuftem Staub, Dreck und Schutt gefüllt ist. Zum Zentrum führt nur eine Kletterpartie über

Stapel aus behauenen Steinen und Reste der Umfassungsmauer. In manchen Nischen des Galeriedachs sind noch kleine Buddhastatuen erhalten, doch die meisten Bildnisse wurden skrupellos herausgebrochen, als der Hinduismus den Buddhismus als Staatsreligion ersetzte, oder sie verschwanden später im Zuge von Diebstählen.

Von den Türmen blicken die **Gesichter** des Bodhisattvas Srindradeva herab, und an der Westseite des zentralen Turmheiligtums sind Teile des Reliefs eines achtarmigen Vishnu erhalten, dessen Kopf (wie bei vielen anderen Darstellungen dieser Anlage) leider fehlt – vielleicht wurde er für wenige Dollars an einen Zwischenhändler verhökert, der damit auf dem internationalen Markt viel Geld verdiente.

Einige der wundervollen **Flachreliefs**, die sich einst mit denjenigen des Bayon messen konnten, sind an der westlichen Außenseite der Umfassungsmauer erhalten. Besonders eindrucksvoll ist ein 32-armiger Gott, dessen Hände zwei unterschiedliche *mudra* zeigen. Nicht weit entfernt kennzeichnet eine frische Bresche in der Mauer, die am unverwitterten Gestein zu erkennen ist, eine Stelle, an der Militärangehörige 1998 zwei große Wandtafeln herausbrachen, um sie über die Grenze zu schmuggeln und in Bangkok zu verkaufen. Die thailändische Polizei konfiszierte die Beute unterwegs und gab sie an Kambodscha zurück. Heute sind die beiden Friese in Phnom Penhs Nationalmuseum (s. S. 107) zu sehen. Im Norden zeigt die Mauer Darstellungen aus dem *Ramayana* und das gut erhaltene Bildnis eines *yeak*, der ein Pferd verschlingt.

Der Weg um die Außenwände zurück zum Eingang ist recht klar ersichtlich, doch wer Kletterpartien über weiteres Geröll in Kauf nimmt, findet auch auf direkterem Weg zurück.

Gegenüber der südwestlichen Ecke des Grabens steht eine von Franzosen geleitete Seidenweberei, *Les Soieries du Mekong*, wo man einheimischen Frauen beim Weben zuschauen und bunte Tücher kaufen kann.

Banteay Chhmar ist von Sisophon aus mit einem Moto zu erreichen, doch der Ausflug nimmt einen vollen Tag in Anspruch. Dies bedeutet, dass der Tempel für einen bequemen Ausflug von Siem Reap aus zu abgelegen ist. Von Sisophon führt die RN 56 direkt nach Norden bis **Thmor Puok**, wo es einige Restaurants gibt. Von dort sind es noch 17 km bis nach Banteay Chhmar. Beim Eingang zur Anlage stehen mehrere Essensstände; notfalls kann man hier auch privat übernachten.

In Banteay Chhmar wird keine Eintrittsgebühr erhoben, doch die dort zum Schutz der Anlage vor Dieben postierten Soldaten bitten Besucher um ein Trinkgeld, da sie nur selten ihren ohnehin mageren Sold erhalten. US$3–5 sollten genügen. Als Gegenleistung führen sie oder ihre Kinder Besucher durch die Stätte, während ihre Frauen das Motorrad bewachen und auf Wunsch sogar etwas zu essen vorbereiten.

Banteay Tuop

Neun Kilometer vor Banteay Chhmar kennzeichnet an der RN 56 ein Hinweisschild aus Stein mit Goldschrift die Abzweigung nach rechts in eine Nebenstraße. Es geht durch hübsche, ländliche Szenerie, und wenn die Straße den Rand eines Stausees erreicht, kommt noch eine Abzweigung nach rechts, die zur Tempelanlage Banteay Tuop führt, insgesamt eine Fahrt von ca. 10 km. Zur selben Zeit wie Banteay Chhmar erbaut, vermutlich zu Ehren der Armee Jayavarmans VII., weisen die Tempel weniger Steinmetzarbeiten auf, haben aber viel höhere Türme als Banteay Chhmar.

Choob

An der Straße von Sisophon Richtung Osten nach Siem Reap (RN 6) lohnt sich nach 20 km ein Zwischenstopp in Choob, dem Dorf der **Steinbildhauer**. Der Ort ist kaum zu verfehlen, da schon am Straßenrand die Steinmetzarbeiten aus Sandstein aufgereiht sind – Buddhas, Apsaras und andere Motive in allen Größen.

Wer zu Handeln versteht, hat hier die Möglichkeit, ein preiswertes, originelles Souvenir zu kaufen – wenn die Dinger nur nicht so schwer wären. Arbeiten aus Sandstein, der eine feine Maserung aufweist, sind am teuersten. Auch wenn man nichts kaufen will, kann man den Bildhauern bei der Arbeit zuschauen und ihre Werke bewundern. Das Dorf ist im ganzen Land für seinen hohen künstlerischen Standard bekannt. Die Arbeit an größeren Stücken, Auftragsarbeiten von Tempeln oder Behörden, dauert Monate.

Ein Moto von Sisophon nach Choob sollte für Hin- und Rückfahrt ca. US$5 kosten.

Phnom Sarok

Obwohl im Rahmen mehrerer NGO-Projekte Seidenraupen gezüchtet werden, ist Phnom Sarok landesweit das einzige Dorf, das die **Seidenraupenzucht** nach dem Sturz der Roten Khmer wieder belebte. Der kleine Ort, der aus nur vier Straßenzügen mit einer Kreuzung besteht, ist überdies in ganz Kambodscha bekannt für seine dicken baumwollenen *kramar*, die außerhalb von Sisophon kaum erhältlich sind und als begehrte Stücke höchste Preise erzielen. Unter den Stelzenhäusern der Nordstraße klacken die Webstühle, und überall ist das Gezweig der Bäume mit pelzigen Seidenraupenkokons durchsetzt. Familien führen Besucher gern durch ihre Produktionsstätten.

Das Dorf liegt 60 km von Sisophon entfernt nahe der Grenze zwischen den Provinzen Banteay Meanchey und Siem Reap. In Sisophon ist leicht ein Moto bis zum Dorf zu finden (ca. US$10), doch Reisende aus Siem Reap müssen ein Pick-up bis zur Abzweigung der RN 6 – kenntlich an der Statue einer spinnenden Frau, 34 km vor Sisophon – nehmen und für die restliche Strecke ein Moto anmieten. Von beiden Städten erfordert der Ausflug (hin und zurück) einen vollen Tag. Da nur ein kleiner Stand an der Dorfkreuzung Nudeln und *borbor* anbietet, sollte man eigenen Proviant mitbringen.

Trapeang Thmar

Leicht mit dem Moto von Phnom Sarok zu erreichen ist das nur wenige Kilometer westlich gelegene Reservoir Trapeang Thmar, wo in der Trockenzeit über 200 **Sarus-Kraniche** *(kriel)* Zuflucht finden. Im Jahre 2000 mussten mehrere Dörfer mit insgesamt rund 700 Familien umgesiedelt werden, um die Sarus Crane Conservation Area einzurichten, mit der man den Bestand der weltweit gefährdeten Vögel zu sichern hofft. Ihre Population in ganz Südostasien wird auf nur 1200 Tiere geschätzt. Am frühen Morgen und späten Nachmittag lassen sich auch Silberreiher, Seidenreiher, Purpurreiher, Teichreiher sowie Buntstörche und Milchstörche am Ufer beobachten.

Poipet

Poipet ist kein gutes Aushängeschild für Kambodscha, denn es lässt Charme und Freundlichkeit vermissen. Auch die penetranten Schlepper, die sich an der Grenze herumtreiben, tun dem Land keinen Gefallen. Gründe zum Verweilen gibt es eigentlich nicht, es sei denn, man möchte etwas trinken, hat die Öffnungszeiten der Grenze verpasst oder verspürt Lust, sein Glück in den Kasinos zu versuchen.

Selbst bei spätnachmittäglicher Ankunft aus Thailand sind gewöhnlich noch Transporte nach Sisophon zu erreichen.

Übernachtung und Essen

Orkiday Angkor Hotel, ✆ 054/967502, vom Immigration Office nach links. Neues Hotel mit gut ausgestatteten und stilvoll dekorierten Zimmern. ❸

Ngy Heng Hotel, ✆ 054/967101, östlich der Canadia Bank an der Hauptstraße. Saubere Zimmer mit Ventilator oder AC. ❷

Hang Meas Thmey, ✆ 054/967040, hinter dem Markt. Kleine, aber akzeptable Zimmer. ❶

Bayon Guest House, ✆ 011/866065, östlich vom Markt. Von den billigsten Unterkünften noch die beste. ❶

Einreise aus Thailand

Bei der Einreise aus Thailand ist es unkompliziert, ein **Visum** (s. S. 10) zu erhalten. Hier schon US$ in Riel zu tauschen ist wegen der schlechten Kurse nicht ratsam und auch nicht nötig, da US$ und Baht überall im Land akzeptiert werden. Die meisten Reisenden werden von ihren Tour-Guides gleich zu wartenden Minibussen geführt. Ansonsten warten Motos am Schlagbaum, die Transport zur weniger als 1 km östlich gelegenen Haltestelle am Markt von Poipet anbieten (5–10 Baht oder 500–1000 Riel), doch häufig stehen Pick-ups und Sammeltaxis bereits am Postamt in unmittelbarer Nähe des Grenzübergangs.

In steigender Zahl werden **organisierte Touren** Bangkok – Siem Reap angeboten. Viele arbeiten mit Agenturen in Bangkok und Gästehäusern in Siem Reap zusammen. Wer sich bereits für eine Unterkunft entschieden hat, sollte beim Kauf des Tickets vereinbaren, sich am Zielort dort absetzen zu lassen.

Einen guten Ruf hat ***Neak Krohom Travel and Tours*** an der Hauptstraße.

Öffnungszeiten der Grenze: tgl. 7–20 Uhr.

Hope and Health Restaurant, neben dem Bayon Guest House, bietet westliche Gerichte wie Spaghetti und Hamburger.
Khmer-Küche findet man in mehreren Lokalen an der Hauptstraße.

Transport

BUSSE, SAMMELTAXIS und **PICKUPS** – Den ganzen Tag über gibt es Busse nach SIEM REAP (3x tgl., 2 1/2 Std.), BATTAMBANG (1x tgl., 3 Std.) und PHNOM PENH (2x tgl., 8 Std.), außerdem Sammeltaxis nach SISOPHON (20x tgl., 1 Std.), BATTAMBANG (12x tgl., 3 Std.) und PHNOM PENH (10x tgl., 8 Std.), und bis zum frühen Nachmittag fahren Pick-ups nach SIEM REAP (20x tgl., 4 Std.) ab.

Weiter nach Aranyaprathet (Thailand)

Immer mehr Reisende entscheiden sich für die Ausreise nach Thailand via **Poipet** – eine Option, die sich vor allem für diejenigen anbietet, die ohne weitere Abstecher von Siem Reap nach Bangkok wollen. Hinter der Grenze führt die Weiterreise zunächst per Tuk-Tuk ins 4 km entfernte **Aranyaprathet**, wo Züge (Abfahrt 13.30 Uhr, 7 Std.) und Busse (4x tgl., 41/2 Std.) nach Bangkok abfahren. Bei organisierten Touren nach Bangkok werden Reisende auf kambodschanischer Seite abgesetzt und nach Erledigung der Formalitäten auf der anderen Seite von thailändischen Schwesteragenturen abgeholt.

Provinz Siem Reap

Siem Reap Gemütliche Cafés, elegante Restaurants und beschwingte Bars

Apsara-Tanz Auftritte wunderschön kostümierter Tänzerinnen, die aus Angkors Tempelwänden geschnitten sein könnten

Angkor Wat Mächtige Tempeltürme, die dem Besucher noch lange nach der Abreise in Erinnerung bleiben

Angkor Thom Drei Quadratkilometer großer Komplex mit zwei großartigen Königsterrassen und dem heiligen Tempel Bayon

Ta Prohm Stimmungsvolle Tempelanlage, vom Dschungel umschlungen

Banteay Srei Tempel mit wundervollen Steinmetzarbeiten

Tonle Sap Schwimmende Dörfer auf dem größten See Südostasiens

Das Gebiet um die heutige Provinzstadt Siem Reap war einst das Herz des Khmer-Reiches, das seinen Anfang im Jahre 802 mit dem Aufbruch Jayavarmans II. nach Phnom Kulen nahm und sein Ende fand, als die Siamesen 1431 Angkor Thom plünderten. Ausreichende Wasservorräte und fruchtbares Ackerland bedeuteten, dass die Region eine große Bevölkerung ernähren konnte, und so bauten Angkors sukzessive Herrscher dort ihre **Königsstädte** und **Staatstempel**. Die höchste Zeit seiner Blüte erlebte das Reich unter der Herrschaft Jayavarmans VII., des größten aller Tempelbauer, als es sich von der vietnamesischen Küste südwärts bis zur malaiischen Halbinsel, westwärts bis Bagan in Myanmar und nordwärts bis nach Laos erstreckte. Als der Hof die Region im 15. Jh. verließ, geriet dieser Teil des heutigen Kambodschas in Vergessenheit, bis er im 18. Jh. in die damals unter siamesischer Herrschaft stehende Provinz Battambang eingegliedert wurde. In dieser verblieb er, bis die Franzosen 1907 seine Rückgabe aushandelten.

Die meisten Touristen, die Kambodscha besuchen, kommen in erster Linie, um die Anlage von **Angkor Wat** zu sehen, dessen emporstrebende Türme und wundervolle Steinmetzarbeiten nach nur kurzer Fahrt von Siem Reap aus erreicht sind. Der erste Blick auf das atemberaubende Heiligtum klingt für ewige Zeiten im Gedächtnis nach, und die Galerie mit vortrefflichen Flachreliefs, die in Detailvielfalt und Ausführungsgenauigkeit ihresgleichen sucht, ist ein Genuss für Laien wie für Fachleute. Kaum weniger spektakulär ist die nahe ummauerte Stadt **Angkor Thom**, deren berühmte Tore von vier gewaltigen Gesichtern aus Stein gekrönt werden. Das Motiv wiederholt sich im Herzen von Angkor Thom an Jayavarmans VII. Staatstempel **Bayon**, der zwei prachtvolle Flachreliefgalerien besitzt. Neben diesen Hauptattraktionen gibt es in Angkor aber noch viel mehr zu entdecken. Die weit verstreuten, unterschiedlichen Stätten reichen von frühen kleinen Ziegeltürmen wie Prasat Kravan bis hin zu massiven Sandsteinanlagen wie Ta Keo.

Ohne Mühe ließen sich zwei ausgefüllte Wochen mit Besichtigungen verbringen, nach denen immer noch Neues zu erwarten wäre, doch die meisten Besucher begnügen sich mit drei Tagen, um mehr oder weniger im Laufschritt die wichtigsten Anlagen zu bewundern. Wer die Zeit (und das Geld) hat, sollte besser fünf oder sechs Tage bleiben. Viele der schönsten Tempelstätten befinden sich nur wenige Fahrminuten von Siem Reap entfernt, andere liegen weit im Umfeld verstreut. In der Stadt sind mühelos Transportmöglichkeiten zu finden, und auch die Zufahrtsstraßen sind in ordentlichem Zustand.

Die politische Stabilität und verbesserte Sicherheitslage haben gepaart mit der aktiven Förderung Angkor Wats als Touristendestination zu einem rapiden Anstieg der Besucherzahlen geführt und das verschlafene **Siem Reap** in eine Touristenhochburg verwandelt. Der Flughafen ist nun mit mehreren asiatischen Hauptstädten sowie mit Phnom Penh verbunden, und der Zustand der südwärts zur Hauptstadt und nordwestwärts nach Thailand führenden RN 6 wurde deutlich verbessert. Die Expressboote von Phnom Penh und die Schnellboote von Battambang sind zuverlässig und oft ausgebucht. Im Gefolge des wachsenden Tourismus erlebt die Stadt einen rasanten Aufschwung, doch obwohl die Zahl der Hotels, Restaurants und Bars beständig zunimmt, herrscht noch immer die beschauliche Atmosphäre einer Kleinstadt.

Nicht nur für tempelmüde Besucher lohnt ein Ausflug zu den schwimmenden Dörfern auf dem **Tonle Sap**, dem großen Süßwassersee im Herzen Kambodschas, der auch denjenigen Besuchern Neues bietet, die zuvor per Boot aus Phnom Penh angereist sind. Das Land südlich von Siem Reap gehört zum Überschwemmungsgebiet des Sees, das von Juni bis November unter Wasser steht. Wenn das Wasser zurückweicht, wird Reis gepflanzt, und der Fischfang ist ergiebig.

Im Norden der Stadt dehnen sich die Reisfelder bis zur natürlichen Grenze des Kulen-Gebirges aus, das die üppig grünen Niederungen vom kargeren Norden des Landes trennt. **Phnom Kulen** präsentiert stolz den größten liegenden Buddha des Landes, der aus massivem Fels herausgemeißelt wurde. Und an zwei Stellen im Siem-Reap-Fluss, der in den Bergen entspringt und weiter südlich in den großen See mündet, ist sogar das felsige Flussbett mit kunstvollen Lingams und religiösen Szenen ausgestaltet.

Ein Besuch im fernen Norden der Provinz lohnt sich nur, wenn besonderes Interesse an **Anlong Veng** besteht, das als Pol Pots Todesstätte zweifelhaften Ruf erwarb.

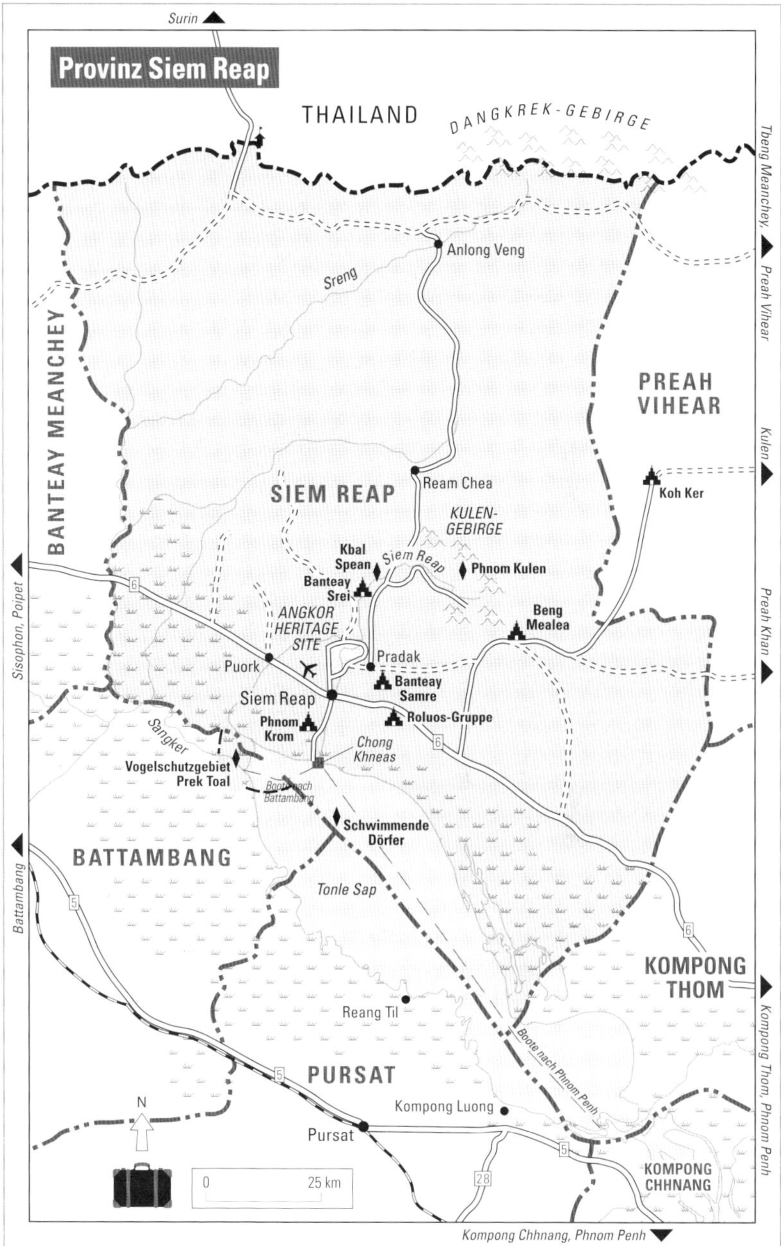
Provinz Siem Reap
Surin
THAILAND
DANGKREK-GEBIRGE
Tbeng Meanchey, Preah Vihear
Anlong Veng
Sreng
BANTEAY MEANCHEY
PREAH VIHEAR
Kulen
Ream Chea
Koh Ker
SIEM REAP
KULEN-GEBIRGE
Kbal Spean
Siem Reap
Phnom Kulen
Sisophon, Poipet
Banteay Srei
6
Preah Khan
ANGKOR HERITAGE SITE
Beng Mealea
Puork
Pradak
Banteay Samre
Siem Reap
Roluos-Gruppe
Sangker
Phnom Krom
Chong Khneas
Vogelschutzgebiet Prek Toal
Boote nach Battambang
Schwimmende Dörfer
Battambang
BATTAMBANG
Tonle Sap
5
KOMPONG THOM
Kompong Thom, Phnom Penh
Reang Til
Boote nach Phnom Penh
PURSAT
N
Kompong Luong
Pursat
28
KOMPONG CHHNANG
0
25 km
Kompong Chhnang, Phnom Penh
PROVINZ SIEM REAP

Siem Reap

Das 315 km nördlich von Phnom Penh gelegene Siem Reap (sprich: Si-em Re-ap) ist eine beschauliche Stadt und ein touristischer Brennpunkt zugleich. Obwohl an nahezu jeder Ecke ein neues Hotel zu entstehen scheint, ist das Stadtleben tagsüber so ruhig wie eh und je, denn die meisten Touristen halten sich draußen bei den Tempeln auf. Der größte Betrieb herrscht bei Einbruch der Dunkelheit, wenn die Busse von Angkors Anlagen zurückkehren, doch die meisten Fahrzeuge brausen durch zu den Hotels an der Airport Road. Ab dem späten Nachmittag finden sich müde Reisende in den Bars und Restaurants am Psar Chas ein, und wenn der Abend Gestalt annimmt, herrscht überall Partystimmung.

Da Siem Reap eigentlich nichts vermissen lässt, bleiben viele Reisende dort länger hängen, als sie ursprünglich planten. Die Stadt bietet abgesehen von der Hauptstadt die landesweit beste Auswahl an **Unterkünften** sowie zahlreiche Restaurants mit allen denkbaren Küchen, darunter ausgezeichnetes **kambodschanisches Essen**. In mehreren Lokalen werden zum Abendessen faszinierende **Kulturveranstaltungen** geboten, und zahlreiche Geschäfte mit qualitativ hochwertigen Kunsthandwerkartikeln und Souvenirs machen das **Einkaufen** zum Vergnügen. Auto- und Motorradmiete sind unkompliziert, und wer den Aufwand scheut, findet zahlreiche Agenturen, die ihn morgens an der Hoteltür abholen und dort nach Sonnenuntergang wieder absetzen.

Natürlich stehen die Tempelanlagen im Vordergrund, doch ohne Bootsfahrt auf dem Tonle Sap (s. S. 217) wäre ein Besuch Siem Reaps unvollständig. Auf dem riesigen See leben Gemeinschaften in schwimmenden Dörfern. Spezialisierte Agenturen bieten Ausflüge in die gesamte Umgebung an, doch billig sind solche Unternehmungen nicht.

Geschichte

Nur wenig ist über die Geschichte von Siem Reap bekannt. Es erstreckt sich östlich und westlich des gleichnamigen Flusses, der eher an einen Bach erinnert. Die Stadt, die stets im Schatten der Tempelanlagen stand, wurde erst in jüngster Zeit groß genug, um den Hauch einer eigenen Identität zu erlangen. 1935 beschrieb der Reisende Geoffrey Gorer Siem Reap als „ein charmantes kleines Dorf,

Übernachtung:

Angkor Century	C
Angkor Thom	X
Angkor Village	ff
Angkor Wat	w
Arun	E
Big Lyna Villa	ee
Bopha Angkor	U
Chao Say	mm
Chenla	M
City Angkor	K
Dead Fish Tower	gg
Earthwalkers	L
European	R
FCC Angkor Suites	V
Golden Banana	ff
Grand Hotel d'Angkor	D
Green Garden Home	Z
Green Park	aa
Kagnaoutdorm	cc
La Noria	G
La Villa Loti	B
Mahogany	S
Mandalay Inn	kk
Mom's	Q
Moon Rise	Y
Pansea La Residence d'Angkor	bb
Ponloue Angkor Siem Reap	ll
Prum Bayon	I
Red Piano	jj
Salina	bb
Samnark Prahriem	P
Secrets of Elephants	J
Sofitel Royal Angkor	A
Sovan Angkor	O
Sweet Dreams	T
Ta Prohm	ii
Takeo	N
Victoria Angkor Wat	H
Yaklom Angkor Lodge	F

Restaurants, Bars und Clubs:

Angkor What?	27
Arun	3
Bayon	5
Blue Pumpkin	15
Café d' Angkor	C
Cafe Indochine	11
Chao Praya	2
Chao Say	24
Chiang Mai	6
Chivit Thai	7
Continental Café	17
Dead Fish Tower	ee
Elephant Bar	C
FCC	T
Forest Hut	8
Ginga	1
Happy Herbs Pizza	14
Hawaii Pizza	9
Ivy	21
Kampuccino Pizza	26
Khmer Kitchen	16
Martini Dancing	22
Moloppor	12
New Bayon	10
New Delhi	13
Only One	25
Red Piano	20
Sawasdee Food Garden	4
Soup Dragon	18
Temple Bar	19
Zanzibar	23

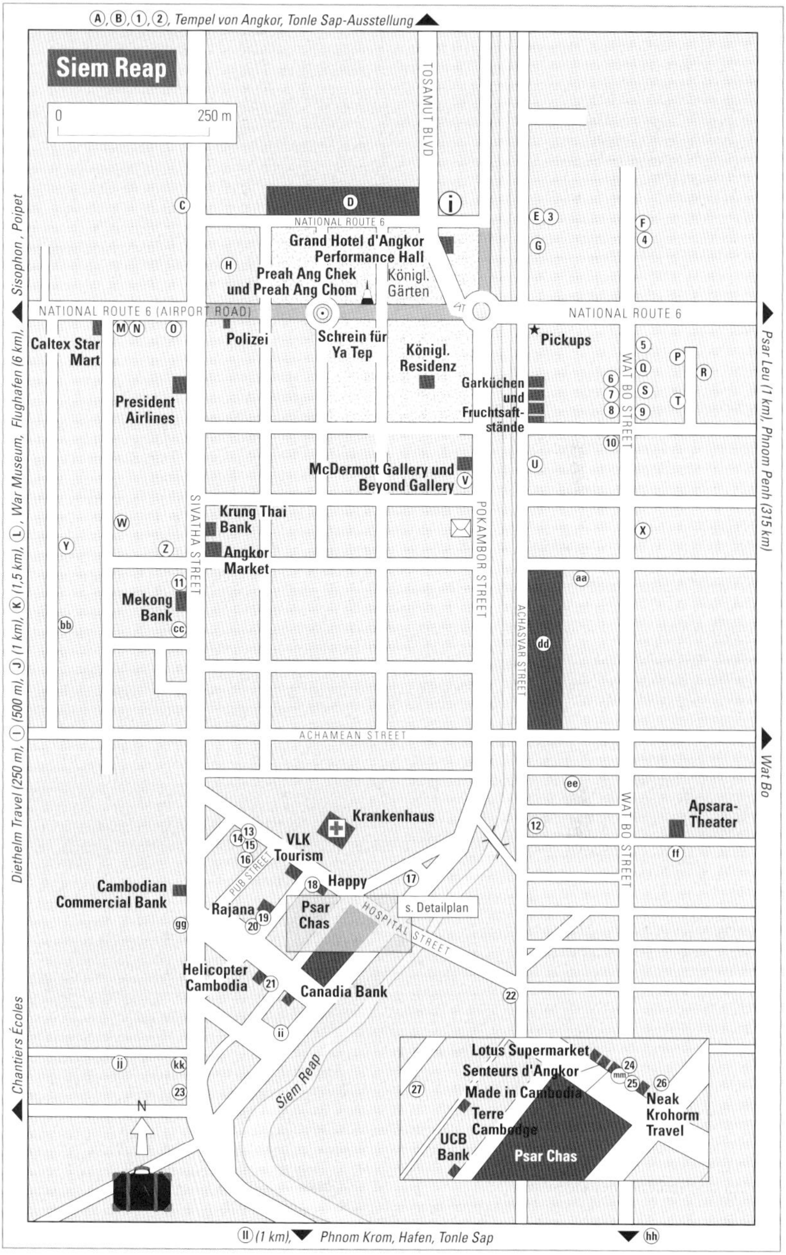

PROVINZ SIEM REAP

kaum berührt von europäischem Einfluss, erbaut an einem mäandernden Fluss; die Häuser der Einheimischen sind bloß unauffällige Holzstrukturen, die sich hinter der an den Flussufern üppig wachsenden Vegetation verstecken ...". Er verpasste nur knapp die Eröffnung des Grand Hotel des Ruines im Jahre 1937, das heute den Namen Grand Hotel d'Angkor trägt und einem gewissen Norman Lewis zufolge, der 16 Jahre später dort abstieg, „eine Meile außerhalb der Stadt" lag. Auch während des ersten Touristenschubs in den 50er und 60er Jahren erfuhr Siem Reap keine nennenswerte Entwicklung, und viele der damaligen Bauten wurden wieder zerstört, als die Roten Khmer die Stadt räumten. Unversehrt blieben lediglich das Grand, die Geschäftshäuser am Psar Chas und einige alte Villen.

Bislang konnte Siem Reap seinen Nutzen aus Angkors neuer Popularität ziehen, ohne seinen rustikalen Charme einzubüßen. Wirklich nennenswerte Sehenswürdigkeiten besitzt die Stadt nicht, doch ein Spaziergang durchs Zentrum führt zu kleineren Heiligtümern und einigen netten Anlagen.

Orientierung

Die Stadt ist nach einem Gitternetzplan angelegt, der sich jeweils mehrere Kilometer nördlich und südlich der RN 6 sowie östlich und westlich des Siem-Reap-Flusses erstreckt. Trotz der Ausdehnung ist das Stadtgebiet gut zu Fuß zu erkunden. Obwohl viele Straßen namentlich benannt sind, kennen die meisten Einheimischen diese Namen nicht. Es ist deshalb wichtig, bei Zielangaben oder Verhandlungen über Fahrpreise mit Motofahrern einen Markt oder ein bestimmtes Hotel in der Nähe des gewünschten Zielorts benennen zu können. In Anlehnung an den Lokaljargon werden in diesem Buch die Orte an der RN 6, die westlich der Kreuzung mit Sivatha Street liegen, zuweilen der „Airport Road" zugeordnet. Die Straße nördlich hinter dem Grand Hotel d' Angkor (offiziell: Tosamut Boulevard) nennen wir entsprechend „Angkor Wat Street", die Straße südlich vom Krankenhaus ist die „Hospital Street", und die Straße, die durch das Viertel um den Psar Chas führt, wo sich Siem Reaps Nachtleben abspielt, ist als „Pub Street" bekannt.

Die Stadt

Unser Bummel führt über einen akkurat gepflasterten **Gehweg** zwischen der RN 6 und dem Psar Chas am Flussufer entlang.

Am Nordende des Gehwegs gegenüber dem Grand Hotel d´Angkor befindet sich mit den gepflegten Königlichen Gärten eine der ruhigsten Parkanlagen der Stadt. Südlich der Gärten beherbergt der Schrein der Schwestergottheiten **Preah Ang Chek** und **Preah Ang Chom** Messing- und Bronzefigurinen der beiden mutmaßlichen Prinzessinnen von Angkor, die ursprünglich in der Galerie der Tausend Buddhas von Angkor Wat standen. Die Statuen blicken auf eine wechselvolle Geschichte zurück, denn aufeinander folgende Generationen von Mönchen verlagerten sie wiederholt in neue Verstecke und retteten sie so vor dem Zugriff von Eroberern und Schatzgräbern. Erst 1990 wurden sie im heutigen Schrein untergebracht, wo sie täglich mit Opfergaben überhäuft werden. Die größere und schlankere der beiden Statuen ist Ang Chek, deren nach außen gerichtete Handflächen eine schützende Inschrift in Sanskrit tragen. Eine dritte Statue einer weiteren Schwester wurde 1995 gefunden, bislang jedoch nicht öffentlich ausgestellt.

Unmittelbar westlich steht inmitten eines Kreisverkehrs – markiert durch einen großen Baum in der Straßenmitte – ein Schrein für den lokalen Geist **Ya Tep**, der das Gebiet von Siem Reap mit Schutz und Glück bedenkt. Die Opfergaben an diesem Schrein sind mitunter recht extravagant, denn nicht selten lassen Einheimische dort ganze Hühner oder anderes zum Verzehr geeignetes Federvieh zurück.

Nach einem Spaziergang am Flussufer entlang Richtung Süden gelangt man nach 1 km zum geschäftigen **Psar Chas**, der auch als „Old Market" bekannt ist. Souvenirstände beherrschen den zum Fluss hin gelegenen Marktbereich, der weiter hinten in einen Frischwarenmarkt übergeht. Viele der nahen kolonialen Geschäftshäuser wurden in gut besuchte Restaurants und Bars umgewandelt, deren Tische im Schatten der überstehenden Balkone auf dem Trottoir stehen.

Etwa 200 m östlich des Flusses steht am Ende der Achamean Street mit **Wat Bo** die älteste und schönste Pagode Siem Reaps, die aus dem 18. Jh. stammt. Die Innenwände des *vihara*, die im 19. Jh.

In Siem Reap

mit Szenen aus dem Leben Buddhas bemalt wurden, sind in gutem Zustand. In der bunten Mischung aus Alltagsszenen der damaligen Zeit fallen vor allem ein Opium rauchender Chinese und französische Soldaten auf, die eine traditionelle Tanzvorführung anschauen.

Das staatliche **Kriegsmuseum** westlich der Stadt an der RN 6 vor der Abzweigung zum Flughafen, dessen Sammlung rostende Panzer und Flugabwehrraketen umfasst, verlangt eine recht hohe Eintrittsgebühr und ist eigentlich nur für Liebhaber von Modellbezeichnungen und Zahlenwerten interessant. ◷ tgl. 7–17 Uhr, Eintritt US$3.

Lohnender ist ein allerdings ebenso bizarres, 2 km nördlich der Stadt und östlich der Straße zum Angkor Wat am Fluss gelegenes Museum, das randvoll mit rostenden **Landminen** angefüllt ist. ◷ tgl. 8–17 Uhr, Spende erbeten. Der Besitzer, Mr. Akira, ist ein autodidaktischer Minenbeseitiger, der einst als vietnamesischer Zwangsrekrut selbst Minen legen musste und über die Jahre hinweg in seiner umfangreichen Sammlung nicht nur Minenreste, sondern auch Bombenhülsen, Zünder und dergleichen Dinge zusammengetragen hat, die nun auf Regalbrettern in einem mit Stolperdrähten durchzogenen Garten ausgestellt sind. Wenn Mr. Akira anwesend ist, berichtet er Besuchern gerne von seinen Erfahrungen.

Nur wenig näher zur Stadt und ebenfalls an der Straße zum Angkor Wat gelegen vermittelt eine beeindruckende **Ausstellung** umfassende Einblicke in das Leben auf dem Tonle Sap. Die Ausstellung wurde von Krousar Thmei zusammengestellt – einer Stiftung, die sich um benachteiligte Kinder kümmert und sich für die Wiederbelebung verlorener Traditionen einsetzt (wie etwa des Schattenspiels, s. S. 183) – und zeigt unter anderem Fotografien von traditionellen Fischereitechniken sowie Kartenmaterial über die im Jahresablauf unterschiedliche Ausdehnung des Sees. ◷ tgl. 8–18 Uhr, Eintritt frei.

Der Weg dorthin führt an einem unbesungenen Wunder des Landes vorbei, dessen äußere Gestalt massive Ähnlichkeit mit dem Kopf Jayavarmans VII. aufweist: am **Kinderkrankenhaus** Kantha Bopha, in dem kranke Kinder kostenlos behandelt und dessen Mitarbeiter ausschließlich aus dem Aufkommen wohltätiger Spenden entlohnt werden. Draußen werben Schilder um einige Dollars oder eine Blutspende – nähere Informationen über dieses Institut und das Schwesterinstitut in Phnom Penh unter 💻 www.beatocello.com.

Übernachtung

Siem Reap bietet inzwischen genügend Unterkünfte jeder Kategorie. Elegante **Hotels** mit individuell eingerichteten Zimmern und kunstvoll verwendeten lokalen Materialien machen den Aufenthalt in Siem Reap besonders denkwürdig. Für die 5-Sterne-Hotels der Stadt sind vor allem in der Hauptsaison von November bis Februar Reservierungen erforderlich.

Gästehäuser befinden sich vor allem an der Airport Road und östlich des Flusses an der Wat Bo Street, aber auch anderswo in der Stadt. Im Allgemeinen bieten sie Zimmer unterschiedlicher Kategorien an, deren oberes Preisniveau die Kosten für ein billiges Hotelzimmer durchaus übertreffen kann. In der Regel steht ein preiswertes Restaurant zur Verfügung, und insgesamt sind diese Häuser gut auf die Bedürfnisse der Rucksackszene eingestellt (Vermittlung von Motos, Beschaffung von Tickets nach Phnom Penh und Poipet etc.).

AM PSAR CHAS – Zahlreiche Restaurants, Bars und Cafés machen die Gegend um Psar Chas (Old Market) zum idealen Standort – vorausgesetzt, man fühlt sich nicht durch das hiesige Nachtleben und den damit verbundenen Lärm gestört.

Chao Say, ✆ 063/964032 oder 012/884107. Etwas enge, jedoch annehmbare Zimmer in kolonialem Geschäftshaus gegenüber vom Markt. Beliebtes Restaurant im Erdgeschoss, s. S. 179. ❷

Golden Banana, ✆ 012/888366; 5 Minuten zu Fuß über die Brücke am Markt. Schwulenfreundliches Hotel in ruhiger Nachbarschaft; Bungalows mit AC und TV in einem angenehmen Garten; inkl. Frühstück. ❸

Mandalay Inn, ✆ 063/963960. Preiswertes Mittelklassehotel; Zimmer mit AC, Heißwasser, TV und Kühlschrank; das angeschlossene Restaurant ist auf burmesische Küche spezialisiert. ❷

Red Piano, ✆ 063/963240, 💻 www.redpianocambodia.com. Neues Gästehaus, unter demselben Management wie das gleichnamige Restaurant; geschmackvoll eingerichtet und komfortabel; Zimmer mit Bad und AC. ❹

Ta Prohm, ✆ 063/380117, ✉ taprohm@camintel.com.kh. Hotel am Fluss mit vielen Touristengruppen. Ausnahmslos große AC-Zimmer mit Bad, TV und Kühlschrank. ❻

KÖNIGLICHE GÄRTEN UND UMGEBUNG –

Angkor Century, Komay Rd., ✆ 063/963777, 💻 www.angkorcentury.com. Modernes Nobelhotel, prächtige Zimmer mit Vorraum und privatem Safe. Diverse Restaurants und Bars, Café-Restaurant am Swimmingpool, zahlreiche Souvenirgeschäfte in der Lobby. ❾

FCC Angkor Suites, Pokambor St., ✆ 063/760280, 💻 www.fcccambodia.com. Am Flussufer, ein Ableger des Foreign Correspondents Club (FCC) in Phnom Penh; modern eingerichtete Zimmer, ein ebensolches Restaurant und angeschlossene Einkaufspassagen. ❻

Grand Hotel d'Angkor, 1 Vithei Charles de Gaulle, ✆ 063/963888, 💻 www.raffles.com. Opulente koloniale Eleganz. Unterschiedliche Zimmerkategorien (bis hin zur Villa mit Vorratskammer und Weinkeller), Restaurants und Bars, Tee und Getränke im Wintergarten, Business Centre, zwei Swimmingpools, Ausstellungsbereich mit wechselnden Präsentationen von Fotos und Gemälden über die Region Angkor. Preise inkl. Frühstück. ❾

Sofitel Royal Angkor, Angkor Wat Rd., 1500 m nördlich der Königlichen Gärten, ✆ 063/964600, 📠 964610. Moderne niedrige Anlage mit Art-déco-Elementen. Anheimelnde Zimmer mit Wohnbereich und Satelliten-TV in Blöcken am bunten Garten, Swimmingpool, Fitnesszentrum, Läden sowie diverse Restaurants und Bars. ❾

Victoria Angkor Hotel, an der Westseite der Königlichen Gärten, ✆ 063/760428, 💻 www.victoriahotels-asia.com. Modernes 5-Sterne-Hotel mit Restaurants, Boutique und Spa. ❾

AIRPORT ROAD – Die Airport Road hat eine wachsende Auswahl an Hotels und Gästehäusern. Auffallend sind die großen Hotels im chinesischen Stil, in denen fast nur asiatische Pauschaltouristen untergebracht werden. Aber es gibt auch etliche preiswerte Gästehäuser, die meist etwas von der Straße zurückversetzt liegen. Leider bietet die Gegend außerhalb der Unterkünfte nur wenige Restaurants oder Bars – allerdings führt eine nur kurze Motofahrt ins Zentrum.

Angkor Wat, südlich der Airport Rd., ✆ 063/963531 oder 012/630329. Familienbetrieb. Modernes Gästehaus mit geräumigen Zimmern (teils mit Bad), kleines Restaurant mit Khmer- und chinesischer Küche, westliches Frühstück. ❷
Chenla, 260 Airport Rd., ✆ 063/963233 oder 012/910794. Freundliches Gästehaus mit einfachen Zimmern im alten Gebäude hinten und großen modernen Zimmern im Haus vorn an der Straße. Wäschedienst und Küche zur Selbstverpflegung im Angebot. ❶
City Angkor, Airport Rd., ✆ 063/760336, ✉ cah@cityangkorhotel.com. Das frühere Nokor Kok *Thlok* Hotel; nette Zimmer mit Bad (Badewanne), mehrere Restaurants, Bar, Sitzbereich in der Lobby, Geschäft und Swimmingpool. ❼
Earthwalkers, in einer Seitenstraße südlich der Airport Rd., ✆ 012/967901, 💻 www.earthwalkers.no. Neues, von Skandinaviern gut geführtes, freundliches Gästehaus; ruhige, komfortable Zimmer mit Bad, Ventilator oder AC, inkl. Frühstück. ❷
Moon Rise, Seitenstraße südlich der Airport Rd., ✆ 012/793900, ✉ moonrise@mail.com. Etwas abseits der anderen Gästehäuser und ruhig. Herzliche Familie, die sich sehr um das Wohl der Gäste bemüht. Gut ausgestattete Zimmer mit Bad und teilweise AC. ❷
Prum Bayon, Airport Rd., ✆ 063/963568, ✉ pr-bayon@camintel.com. Kleines freundliches Hotel, luftige behagliche Zimmer mit geschmackvoller kambodschanischer Möblierung. Frühstück inbegriffen. ❻
Salina, 125 Taphul Village, ✆ 063/380221, ✉ salina@camintel.com. Gut eingeführtes Hotel mit viel Stammkundschaft, Restaurant, Bar und Swimmingpool. Schöne AC-Zimmer mit Bad, TV und Minibar. Frühstück inbegriffen. ❻
Secrets of Elephants, Airport Rd., ✆ 063/964328, 💻 www.angkor-travel.com. Traditionelles Holzhaus mit eleganten Zimmern, die kreativ verschiedenen Ländern Südostasiens zugeordnet sind. Viele ruhige Ecken im grünen Garten zum Entspannen nach langen Tempeltagen. ❺
Sovan Angkor, nahe Kreuzung Airport Rd./Sivatha St., ✆ 063/964039, ✉ 012893272@mobitel.com.kh. Wenig aufwendig gestaltetes, jedoch freundliches Haus mit fairem Preisgefüge. AC-Zimmer mit Bad und Heißwasser, TV und Kühlschrank. ❸
Takeo, 258 Airport Rd., ✆ 012/922674. Freundliches Gästehaus, einfache Zimmer, eine der billigsten Adressen der Stadt. Beliebte Adresse der Rucksackszene, oft ausgebucht. Schlafsaalbetten US$1. ❶

SIVATHA STREET UND UMGEBUNG – ***Dead Fish Tower***, Sivatha St., ✆ 063/963060, 💻 www.talesofasia.com. Hotel der unteren Mittelklasse; komfortable Zimmer, ausgezeichnetes Restaurant und Bar. ❸
Green Garden Home, Seitenstraße der Sivatha St., ✆ 012/890363, ✉ 012890363@mobitel.com.kh. Ruhiges, preiswertes Gästehaus in einem pittoresken, alten Gebäude mit Garten und Frühstücksbereich im Freien. Teurere AC-Zimmer mit Heißwasser, billigere Zimmer mit Kaltwasser und Ventilator. ❹
Kagnaoutdorm, 17 Sivatha St., ✆ 012/832807. Gästehaus mit geräumigen, nett eingerichteten Zimmern mit Bad und Kaltwasser, TV und Ventilator (AC gegen Aufpreis). Aufmerksame Geschäftsführung. ❷
Ponloue Angkor Siem Reap, 3 Sivatha St., ✆ 063/963371, ✉ ponloue_ag@camintel.com. Kleines freundliches Hotel mit ruhiger Ausstrahlung. Schön eingerichtete AC-Zimmer mit Bad, Heißwasser, TV und Kühlschrank, einige mit Veranda und Aussicht auf den Fluss. ❸

ÖSTLICH DES FLUSSES – Das auf die Rucksackszene ausgerichtete Gebiet an der Wat Bo Street ist wesentlich ruhiger als die Viertel an den Hauptstraßen Airport Road und Sivatha Sreet. Außer Gästehäusern befinden sich dort auch mehrere Hotels, Restaurants und einige Bars.

Nördlich der RN 6:
Arun, Achasvar St., hinter *Arun Restaurant*, ✆ 012/890396, ✉ 012890396@mobitel.com.kh. Schlichtes und unkompliziertes Gästehaus, einfache Zimmer mit Bad und TV. ❷
La Noria, Achasvar St., ✆ 063/964242, ✉ lanoria@bigfoot.com. Kühle, ruhige Zimmer mit Bad und traditionellem Khmer-Dekor in kleinen Hütten mit eigenen Terrassen und Sitzbereichen um einen schönen Garten. Französisches Restaurant. Regelmäßig Schattenspiel-Vorführungen, s. S. 182. ❺

La Villa Loti, in der Nähe des Angkor Konservatoriums, ✆ 063/964242, ✉ coconut@camintel.com. Hübsch möbliertes, traditionelles Khmer-Holzhaus, umgeben von Bäumen. Zimmer mit Bad, Ventilator oder AC. Für Gäste stehen kostenlos Fahrräder zur Verfügung. ❸

Yaklom Angkor Lodge, 100 m abseits der RN 6, ✆ 012/983510. Geräumige, saubere Bungalows in einem üppigen Garten. Ausnahmslos AC-Zimmer mit Bad und TV, geschmackvolle Einrichtung mit *Chunchiet*-Artikeln, Wasserkürbissen und *khapa*. Inkl. Frühstück. ❺

Zwischen RN 6 und Achamean Street:

Angkor Thom, Wat Bo St., ✆ 012/895144. Modernes Hotel mit hervorragendem Preis-Leistungs-Verhältnis. AC-Zimmer mit Bad, TV und Kühlschrank, großer Balkon mit vielen Pflanzen zum Entspannen. ❷

Bopha Angkor, Achasvar St., ✆ 063/964406. Geschmackvoll zu gutem Standard restauriertes Hotel mit Garten am Fluss, alle Zimmer mit WC und Badewannen. In der Tradition des khmer-deutschen Erbes des Inhabers serviert das Restaurant *sumlar* und Schnitzel. ❺

European, in einer parallel zur Wat Bo St. verlaufenden Sackgasse, ✆ 012/582237. Ruhiges Gästehaus mit Garten und großen Zimmern (AC auf Anfrage); einige Zimmer mit Bad, für andere stehen gemeinschaftlich genutzte Waschräume mit Heißwasser zur Verfügung. ❷

Green Park, 182 Wat Bo Village, zwischen Wat Bo St. und Achasvar St., ✆ 063/380352 oder 012/890358, ✉ greenparkgh@hotmail.com. Exzellentes Gästehaus, billigste Zimmer im alten Holzhaus, bessere AC-Zimmer im neuen Block. Restaurant, Ticket-Buchungsservice, gemeinsamer TV-Bereich. ❶

Mahogany, 593 Wat Bo St., ✆ 063/963417, ℻ 380025. Gemütliches kleines Gästehaus der ersten Stunde, einfache Zimmer im traditionellen Holzgebäude. In punkto Einrichtung der neuen Konkurrenz nicht gewachsen, doch die freundliche Atmosphäre ist kaum zu schlagen. ❶

Mom's, Wat Bo St., ✆ 063/964037, ℻ 380025. Ebenfalls eine Adresse der ersten Stunde. Einfachste Zimmer im alten Holzhaus, doch nette AC-Räume mit Bad und TV im neuen Anbau. ❶

Pansea La Residence d'Angkor, Achasvar St., ✆ 063/963390, 💻 www.pansea.com/eng/angkor_infor.html. Sehr vornehme Adresse und Teil einer Kette, die sich auf komfortable Unterbringung an den Stätten des Weltkulturerbes spezialisiert hat. Ausnahmslos Luxusräume mit Teakmöbeln, Möbelstoffe aus Khmer-Baumwolle und Seide, Bambuswand als Sichtschutz vor der großen formfreien Badewanne. À la carte-Restaurant, Bar, Souvenirgeschäft und strategisch im Herzen der Anlage platzierter Swimmingpool, der blubbernd aus einem Löwen und einem Lingam gespeist wird. ❾

Samnark Prahriem, etwas abseits der Wat Bo St., hinter *Mom's*, ✆ 015/630039, ✉ preahriem@camnet.com.kh. Ruhiges Gästehaus mit grünem Hof am Ende einer Sackgasse. Zimmer unterschiedlicher Kategorien mit und ohne Bad. Frühstück im Pavillon unten im Hof, in dem man abends die Füße hochlegen und dem Zirpen der Zikaden lauschen kann. ❷

Sweet Dreams, Seitenstraße der Wat Bo St., ✆ 063/963245, ✉ sweethome@camintel.com. Ruhiges, von einer Familie geführtes Gästehaus, teilweise AC-Zimmer mit Bad und Kabel-TV. Gutes Restaurant mit günstiger Khmer-Küche. ❷

Südlich der Achamean Street:

Angkor Village, abseits der Wat Bo St., ✆ 063/963561, 💻 www.angkorvillage.com. Individuell eingerichtete Holzbungalows im Garten; AC-Zimmer mit Bad, TV und Kühlschrank. Französisch-asiatisches Restaurant im Pavillon, malerisch von Bananenstauden umgebener Swimming Pool. ❻

Big Lyna Villa, 659 Wat Bo Village, abseits der Achasvar St., ✆ 063/964807, ✉ aic@camintel.com. Traditionelles Holzhaus in friedlicher Lage. Am schönsten sind die holzverkleideten Zimmer oben. Großer gemütlicher Balkon mit vielen Rattansesseln und zahlreichen hohen Topfpalmen. ❹

Essen

Siem Reap ist nicht nur der geeignete Ort, um vor dem Aufbruch in die Provinzen (oder nach der Rückkehr von dort) das persönliche Verlangen nach westlicher Kost zu stillen, sondern zugleich einer der besten Plätze des Landes, um

die unverfälschte **kambodschanische Küche** kennen zu lernen, denn viele Restaurants bieten fachmännisch zubereitete lokale Spezialitäten an, die sie auf englischsprachigen Speisekarten erklären. Die besten kambodschanischen Restaurants befinden sich östlich des Flusses an Achasvar Street und Wat Bo Street. Auch andere asiatische Küchen sind sehr gut vertreten, insbesondere die thailändische, indische und japanische.
Die **Garküchen** an der Westseite des Psar Chas und in der Achasvar Street südlich der RN 6 bieten von frühmorgens bis spätabends preiswerte und bekömmliche Gerichte mit Reis an. Zu empfehlen sind nicht zuletzt die Fruchtsaft- und Dessertstände, die abends in der Sivatha Street unmittelbar nördlich der *Cambodian Commercial Bank* öffnen.

UMGEBUNG PSAR CHAS – ***Chao Say,*** nördlich von Psar Chas unter dem Gästehaus desselben Namens. Tische auf dem Bürgersteig unter einer Schatten spendenden gestreiften Markise. Umfangreiche Speisekarte mit vielen populären westlichen Gerichten wie Sandwiches, Pasta, Fish and Chips usw.
Continental Café, am Psar Chas. Versteckt hinter Topfpalmen und im Schatten eines Geschäftsbalkons. Herrlicher Platz in Flussufernähe, um beim Studium der europäisch angehauchten Speisekarte und der Tagesangebote wie französische Salate, Pasta mit Pesto und Pizzas ein kühles Glas Wein zu schlürfen.
Happy Herbs Pizza, Hospital Rd., gegenüber dem Krankenhaus, ✆ 012/838134. Beste Pizza der Stadt, außerdem beständig gute Pastagerichte. Auf telefonische Bestellung auch Hauslieferung oder Gerichte zum Mitnehmen.
Kampucino Pizza, am Psar Char. Zur Popularität des Restaurants trägt die schöne Lage am Fluss bei. Brunch-Frühstück bis 11 Uhr, anschließend Menüwahl. Zahlreiche Pasta- und Grillgerichte, Pizza und Salate.
Khmer Kitchen, in einer Nebengasse der Hospital Rd. Hervorragendes Restaurant im Familienbetrieb. Gute hausgemachte Khmer-Küche mit modernem Pfiff.
New Delhi, Hospital Rd., gegenüber vom Krankenhaus, in einem umgebauten Geschäftshaus. Das beste indische Essen der Stadt, vegetarisch und nichtvegetarisch.
Only One, am Psar Chas. Einst das einzige Restaurant von Siem Reap. Französische Küche für gehobene Ansprüche: zu den Spezialitäten gehören zartes Grillfleisch sowie kalte Fleisch- und Käseplatten. Dazu gute Weine aus Glas oder Flasche.
Soup Dragon, Hospital Rd., vietnamesisches Lokal auf drei Ebenen eines Eckhauses. Große Auswahl an traditionellen Gerichten, aber auch einige moderne Kreationen.

KÖNIGLICHE GÄRTEN UND UMGEBUNG – ***Café d'Angkor,*** *Grand Hotel d'Angkor.* Nur eins der klassischen Restaurants dieses berühmten Hotels. Umfangreiche Speisekarte mit westlichen Gerichten. Gemischtes westlich-asiatisches Frühstücksbuffet und Abendbuffet.
Chao Praya, Angkor Wat Rd., ✆ 063/964666. Parole: Satt essen am Mittags- und Abendbuffet mit westlichen und asiatischen (meist Thai-, aber auch Khmer-) Gerichten. Abends Reservierungen erforderlich, da Kulturvorstellungen geboten werden (s. S. 182).
FCC, Pokambor St., ✆ 063/760280, 💻 www.fcccambodia.com. Wie im Foreign Correspondents Club (FCC) in Phnom Penh bekommt man auch hier westliches Essen und Frühstück; die entspannte Atmosphäre und die bequemen Sitzgelegenheiten laden zu längerem Verweilen ein. Ein Abendessen kostet um US$15 ohne Getränke.
Ginga, 291 Angkor Wat Rd., ✆ 063/963366. Erstklassiges japanisches Restaurant, 500 m nördlich des Grand Hotel d'Angkor. Klimatisiert. Große Auswahl an Gerichten ab US$7. Empfehlung bei der Wahl eines *donburi* (Schale Reis mit Fleisch oder Fisch): Aal probieren.

SIVATHA STREET – ***Café Indochine.*** Von Franzosen geleitetes Restaurant in einem traditionellen Holzhaus. Ausgezeichnete Khmer-Gerichte und gute Tagesspezialitäten.

ÖSTLICH DES FLUSSES – **Nördlich der RN 6**:
Arun, 200 m nördlich der RN 6. Gemütlicher Sitzbereich im Hof, delikate Speisen in großzügigen Portionen zu moderaten Preisen. Zu den Spezialitäten gehört die lokale Version von *amok,* serviert in der Schale einer jungen Kokosnuss.

Auch die knusprigen, mit Bohnensprossen und Krabben gefüllten Frühlingsrollen sind zu empfehlen.
Sawasdee Food Garden, Nebenstraße der RN 6. Thailändisches Restaurant mit moderatem Preisgefüge und Tischen unter einem Pavillon. Alle gängigen Gerichte.

Zwischen RN 6 und Achamean Street:
Bayon, Wat Bo St., 100 m südlich der RN 6. Altbekannte Adresse, inzwischen auch bei Reisegruppen beliebt, doch immer noch einen Besuch wert wegen der Spezialität des Hauses: ein aromatisch-mildes Hühnercurry, das in einer Kokosschale aufgetragen wird.
Chiang Mai, Wat Bo St. Einfaches Thai-Restaurant mit umfangreicher Speisekarte. Alle klassischen Gerichte in großen Portionen. Tipp: *Phat thai.*
Chivit Thai, Wat Bo St. Essen auf thailändische Art – niedrige Tische, Sitzkissen – in einem traditionellen Holzhaus. Unter anderem exzellente *tom yam*-Suppe sowie *yam wun sen*, ein Salat aus Reisnudeln und Krabben.
Forest Hut, Wat Bo St., 50 m südlich der RN 6. Neben westlichem Essen sind hier besonders die Khmer-Gerichte zu empfehlen; gute Tagesspezialitäten.
Hawaii Pizza, Wat Bo St. Preiswerte Sandwiches, Salate und Pizzas, dazu große Gläser mit eiskaltem Fruchtsaft. Verwandelt sich am späteren Abend zu einem populären Traveller-Treffpunkt.
New Bayon, Wat Bo St., 250 m südlich der RN 6. Populäres Lokal für Touristengruppen. Spezialität: unter Rühren gebratene Gerichte, darunter Riesengarnelen mit Knoblauch oder Ingwer und Huhn mit Basilikumblättern.

Südlich der Achamean Street:
Moloppor. Sehr beliebtes, preiswertes Lokal, das japanische und chinesische Spezialitäten, darunter köstliche Nudelgerichte, anbietet.

Unterhaltung

BARS UND DISCOS – Es gibt genügend Abendlokale, in denen man sich mit anderen Reisenden treffen kann; viele sind bis in die frühen Morgenstunden geöffnet. Die meisten Bars sind in der Umgebung von Psar Chas (Old Market) und an der Sivatha Street zu finden, und ständig öffnen neue Lokale.
Angkor What ?, im Block westlich des Psar Chas. Gemütlicher Pub mit Billardtisch und Satelliten-TV.
Blue Pumpkin, Cocktailbar in Krankenhausnähe mit Rattanmöbeln und vielen Topfpflanzen; auch Essen und Bier sind erhältlich.
Dead Fish Tower, Sivatha St. Die ungewöhnliche Ausstattung mit sich windenden Treppen und lebenden Krokodilen in einer Grube ist eine echte Herausforderung, unter Alkoholeinfluss hier seinen Weg nicht zu verlieren. Ausgezeichnetes Essen, manchmal Live-Musik.
Elephant Bar, im Grand Hotel d'Angkor. Eine breite Marmortreppe führt hinab in die luxuriöse (und teure) Kellerbar, die mit alten Fotos von Angkor dekoriert ist. Happy Hour-Cocktails (tgl. 16–19 Uhr) sorgen für eine stilvolle Eröffnung des Abends.
FCC, Pokambor St., ✆ 063/760280, 💻 www.fcccambodia.com. Moderner als die Bar des Foreign Correspondents Club (FCC) in Phnom Penh, aber ebenso stilvoll, mit bequemen Sesseln und einer hohen Decke; genau der richtige Platz, um sich nach einem anstrengenden Tag bei den Ruinen einige Drinks zu gönnen.
Ivy, am Psar Chas. In erster Linie ein Ausländertreffpunkt. Kostenlose Benutzung des Billardtisches. Schließt erst, wenn der letzte Gast geht.
Martini Dancing, gegenüber von Psar Chas am anderen Flussufer. Kambodschanische Disco mit den üblichen Biermädchen, die für steten Getränkenachschub sorgen.
Red Piano, 50 m nordwestlich des Psar Chas. Attraktive Bar mit Restaurantbetrieb; herrlicher Ort, um bei einem Bier oder Tomb Raider Cocktail abzuhängen.
Temple Bar, nordwestlich vom Psar Chas. Eine der beliebtesten Kneipen der Stadt, was zum Teil an den US$2-Cocktails und dem US$1-Bier liegt; mit DJ und einer Sport-Bar. Bis in die frühen Morgenstunden geöffnet.
Zanzibar, 50 m südwestlich vom Psar Chas. Nicht gerade stilvoll, mit Bier trinkenden Expats und ein paar Hostessen, aber für einen Drink nach Mitternacht gut geeignet.

Apsara-Tanz

Ein Besuch Kambodschas wäre ohne das Erlebnis einer Tanzvorführung von Frauen, die nach dem Vorbild der Darstellungen an Angkors Tempelwänden die antike Kunst des Apsara-Tanzes pflegen, unvollständig. Ausgestattet mit auf den Leib geschneidertem Seidengewand, paillettenbesetztem Oberteil, das zu jeder Vorführung neu vernäht wird, um den erforderlichen eng anliegenden Sitz zu gewährleisten, sowie kunstvollem goldenem Kopfschmuck bringen sie ihre Bewegungen mit äußerster Gewandtheit und Bedachtsamkeit zum Ausdruck, die Knie anmutig gewinkelt, die Fersen bei jedem Schritt als Erstes den Boden berührend, ein scheues Lächeln auf den Lippen. Jede Körperhaltung hat ihren eigenen Symbolgehalt – ein zum Himmel weisender Finger bedeutet „heute", seitwärts mit nach oben gerichteter Fußsohle zum Publikum stehen bezeichnet "fliegen".

Unter der Herrschaft Jayavarmans VII. gab es am Königshof über 3000 Apsara-Tänzerinnen, die ausschließlich für den König tanzten und für ihre Kunst so berühmt waren, dass die Siamesen, die Angkor im 15. Jh. plünderten, viele von ihnen mit zurück in ihr Land nahmen. Traditionell wurde die Kunstform nur am Königshof unterrichtet, doch da nur wenige ausgebildete Tänzerinnen das Regime der Roten Khmer überlebten, starb das Genre nahezu aus.

Als sich Prinzessin Boppha Devi, die selbst eine führende Tänzerin des königlichen Ensembles war, für die Wiederbelebung des Apsara-Tanzes einsetzte, befasste sie sich zunächst mit dem Studium der Tempelreliefs, um die Tanzbewegungen genau festzulegen. Erst 1995, volle 16 Jahre nach dem Sturz der Roten Khmer, konnten die Kambodschaner vor Angkor Wat wieder eine öffentliche Aufführung des Apsara-Tanzes erleben.

Inzwischen hat sich die Schule der Schönen Künste in Phnom Penh der Aufgabe verschrieben, eine neue Generation von Tänzerinnen heranzubilden, die nicht nur nach Talent und Altersstufe ausgewählt werden – die Ausbildung beginnt im Alter von sieben Jahren –, sondern vor allem auch nach der Biegsamkeit und Eleganz ihrer Hände. Die Studentinnen müssen eine sechsjährige anstrengende Ausbildung durchlaufen, um die über 1500 komplizierten Posen und Fingerhaltungen zu erlernen, die für die professionelle Aufführung der Tänze erforderlich sind, und es dauert weitere drei bis sechs Jahre, bis sie durch stete Übung das erforderliche Niveau der künstlerischen Reife erlangt haben. Die Schule unterrichtet außerdem das andere herausragende Genre des kambodschanischen Tanzes, *tontay*, das sich auf die Darstellung volkstümlicher Erzählungen konzentriert, zu denen vor allem Episoden aus dem Reamker gehören.

Die Schule der Schönen Künste gibt zu speziellen Anlässen (etwa zum Khmer-Neujahr oder zum Geburtstag des Königs) Vorstellungen im Apsara-Tanz vor der Kulisse von Angkor Wat oder manchmal auch in Phnom Penh. Die meisten Besucher erleben die beiden Genres des kambodschanischen Tanzes jedoch im Rahmen kultureller Veranstaltungen in Hotels und Restaurants in Phnom Penh oder Siem Reap.

TRADITIONELLER TANZ UND KULTURVERANSTALTUNGEN – Siem Reap ist außer Phnom Penh der einzige Ort in Kambodscha, an dem Touristen in den Genuss **traditioneller Tanzvorführungen** kommen. Die Chance, eine solche zu erleben, ist sogar größer als in der Hauptstadt, denn verschiedene Hotels bieten ein Abendessen mit begleitender Kulturshow an, die mehrere Tanzstile präsentiert. Diese Shows sind zwar auf Touristen ausgerichtet, doch sie werden professionell dargeboten und sind ihr Geld wert. Sie beginnen gewöhnlich mit dem eleganten Apsara-Tanz (s.o.), dem eine oder zwei beschwingte Szenen folgen, die beliebte Volkserzählungen darstellen – etwa den Tanz des Fischers, der einen humoristischen Blick auf das ländliche Liebeswerben wirft. Als Finale folgt ein lebendiger Tanz, der einen Teil des *Reamker* nacherzählt und vier Rollen einbezieht – Mann, Frau, Dämon und Affe –, deren Tänzer prächtige Masken tragen, die ihren Charakter verdeutlichen. Schon die Kostüme des Apsara-Tanzes erscheinen verschwenderisch; diejenigen des Reamker-Tanzes sind sogar noch üppiger, reichhaltig bestickt und mit Schwänzen, Epauletten und Flügeln ausgestattet.

Der unbestritten populärste Schauplatz dieser Kulturshows ist die ***Freilichtbühne des Grand Hotel d'Angkor,*** ✆ 063/963888, die sich in Hotelnähe am Fluss befindet. Ähnliche Qualität haben die Aufführungen im ***Chao Praya,*** ✆ 063/964666, das ein exzellentes Buffet bietet, im ***Sofitel Royal Angkor,*** ✆ 063/964600, und im ***Angkor Village,*** ✆ 063/963561, dessen Programme im gegenüberliegenden ***Apsara Theatre*** stattfinden. Häufigkeit, Beginn und Eintrittspreise der Aufführungen sind saisonbedingt, kann man aber telefonisch in Erfahrung bringen. Ein Buffet-Abendessen wird gewöhnlich eine Stunde vor Beginn der Vorstellung serviert.

Eine kambodschanische Volkskunst, die auf das angkorianische Zeitalter zurückgeht, ist das **Schattenfigurenspiel**. Diese Kunst wäre unter den Roten Khmer ebenfalls fast verloren gegangen, doch nun erlebt auch sie eine Wiedergeburt und wird in Siem Reap und der Hauptstadt regelmäßig aufgeführt. Unterhaltsame Schattenspielshows, aufgeführt von Straßenkindern unter Anleitung von Krousar Thmei, stellt ***La Noria*** vor, ✆ 063/964242; Mi 19.30 Uhr; US$6 oder US$12 mit Abendessen. Bei jeder Vorstellung werden nur wenige Puppen eingesetzt; neue Charaktere werden durch Wechsel der *kramar*-Einkleidung verdeutlicht. Mehr zu den Puppen selbst s. S. 183.

Einkaufen

Bestenfalls die Hauptstadt überbietet Siem Reap in puncto Vielfalt und Qualität der Einkaufsangebote, doch in Siem Reap ist das Einkaufen bequemer, da die Geschäfte näher beieinander liegen. Am **Psar Chas** (oft als "Old Market" bezeichnet) bietet eine Vielzahl preiswerter Souvenirgeschäfte alle denkbaren Artikel an, darunter natürlich auch viele regionaltypische Dinge. Neben den üblichen T-Shirts führen die Stände an der Vorderseite des Marktes eine breite Auswahl an Seidenblusen, Hemden und Hosen sowie traditionelle Khmer-Sampots in westlichen Größen im Angebot. Viele Textilien – zum Beispiel die baumwollenen **Sarongs** mit Elefantenmotiven – kommen aus Indonesien, doch die großen karierten Überwürfe in satten Farben sind Produkte aus Siem Reap und nirgends sonst erhältlich. Am Fluss befinden sich einige Läden mit englischsprachigen Büchern über Angkor. Im inneren und südlichen Marktbereich bieten Stände bezaubernde **Abreibungen** von Flachreliefs an, die von hölzernen Reproduktionen gezogen worden sind, was ihren Charme jedoch nicht im Geringsten mindert.

Zu Siem Reaps Spezialitäten gehört Flechtwerk aus **Rattan** wie Körbe, Platzdeckchen, Schalen – diejenigen mit Löchern dienen zum Servieren von Trockenfisch – und mehr.

Supermärkte sind ein Novum für Siem Reap, doch inzwischen bieten mehrere solcher Geschäfte westliche Waren wie Käse und Wein an. Die größte Auswahl hat ***Lotus Supermarket*** in der Nähe des Psar Chas. Auch gut ist der ***Angkor Market*** an der Sivatha Street.

Caltex Star Mart an der Airport Road bietet eine begrenzte Auswahl an Weinen, Speiseeis und Schokolade, aber auch Tampons und andere Hygieneartikel an.

WERKSTÄTTEN UND GALERIEN – Die Qualität der kambodschanischen Souvenirs, die in Siem Reap angeboten werden, ist in den letzten Jahren deutlich verbessert worden. Daneben haben sich auch einige ausländische Künstler hier niedergelassen, die ihre asiatisch inspirierten Werke in Galerien präsentieren. Einige dieser Galerien liegen in der Nähe der FCC Angkor Suites.

Die ***Chantiers École*** am südlichen Ende der Sivatha Street engagiert sich für die Wiederbelebung handwerklicher Techniken, die unter den Roten Khmer verloren zu gehen drohten. In diesem Ausbildungszentrum für Kunsthandwerk führen Englisch sprechende Mitarbeiter auswärtige Besucher durch Werkstätten, in denen Studenten, die aus benachteiligten lokalen Familien ausgewählt werden, im Rahmen eines umfangreichen Curriculums lernen, kunstfertige Holzschnitzereien, Steinmetzarbeiten und Lackwaren herzustellen. 🕓 Mo–Sa 8–12 und 14–16 Uhr; Eintritt frei.

Die Schule unterhält außerdem die ***Angkor Silk Farm*** in Puok, 16 km westlich von Siem Reap abseits der RN 6, in der Fachleute die Feinheiten der Seidenproduktion erklären. ◷ tgl. 7–11.30 und 14–17.30 Uhr; Eintritt frei.

Beyond Gallery, Pokambor St., in der Nähe der *FCC Angkor Suites*. Hier stellt der englische Künstler Jerry Swaffield seine Collagen, Skulpturen und Zeichnungen aus. Im hinteren Teil der Galerie sind die Werke des australischen Fotografen Phillip Blenkinsop zu sehen.

House of Peace, 3 km außerhalb der Stadt Richtung Flughafen an der Airport Rd. Ausbildung von Künstlern, die traditionelle Khmer-Schattenspielfiguren herstellen. Besucher können den Herstellungsprozess verfolgen und die Produkte kaufen.

Les Artisans d'Angkor, Chantiers École, Sivatha St. Das Einzelhandelsgeschäft der Schule bietet eine beeindruckende Sammlung an Qualitätsprodukten zum Verkauf an, unter anderem prächtige Lackwaren, feine Holzschnitzereien sowie herrliche Stoffe und Kleidungsstücke aus der Seidenwerkstatt in Puok.

Made in Cambodia, gleich nördlich des Psar Chas. Schöne Kissenbezüge, Platzdeckchen und ähnliche Dinge aus einer Behindertenwerkstatt.

McDermott Gallery, Pokambor St., in der Nähe der *FCC Angkor Suites*, 💻 www.mcdermottgallery.com. Die Tempel von Angkor, Pagan und anderen Orten Südostasiens sind das Hauptmotiv der Aufnahmen des amerikanischen Fotografen John McDermott.

Rajana, östlich vom Psar Chas, unmittelbar nordöstlich der Red Piano Bar. Zweigstelle des Handwerkbetriebs in Phnom Penh. Reizvoll schlichter zeitgenössischer Silberschmuck und individuell gestaltete Seidenmalereien in Form von Grußkarten oder Wandbehängen.

Senteurs d'Angkor, gegenüber des Psar Chas, neben Lotus Supermarket. Französischer Chic und die einfallsreiche Verwendung traditioneller Khmer-Materialien bringen geschmackvolle Wandbehänge und Kleidung aus Seide hervor. Zum Verkauf stehen außerdem bronzene Reproduktionen von Statuen des Nationalmuseums sowie Gewürze und parfümierte Teesorten.

Schattenfiguren

Schattenfiguren werden aus gedehntem und getrocknetem Rindsleder hergestellt. Die gewünschten Umrisse werden freihändig auf das Leder gezeichnet und ausgeschnitten. Anschließend wird die so entstandene Figur an vorgegebenen Stellen sorgsam gestanzt, damit von hinten Licht (das traditionell von brennenden Kokosschalen gespendet wird) durch die Löcher auf die flache Leinwand fallen kann. Zum Abschluss der Herstellung werden die Puppen unter der strengen Aufsicht des Puppenmeisters gewissenhaft mit schwarzen und roten Naturfarben bemalt. Es gibt zwei verschiedene Arten von Puppen: *sbaek thom* und *sbaek toich* (wörtlich: „große Haut" und „kleine Haut"). Die *sbaek thom*, mit denen Geschichten aus dem *Reamker* erzählt werden, sind die größeren Puppen (ein bis zwei Meter groß) und besitzen keine beweglichen Teile. Hingegen haben die *sbaek toich*, mit denen Volkserzählungen und Alltagsgeschichten – die meist humoristisch angelegt sind und mit einer Moral enden – zur Aufführung gebracht werden, bewegliche Arme und Beine. Beide Puppenarten werden mit Stäben geführt, die unten an genau ausgewählten Punkten befestigt sind.

Sonstiges

APOTHEKEN – Es gibt zahlreiche Apotheken rund um Psar Chas und östlich des Flusses an der RN 6.

AUTOVERMIETUNG – Hotels, Reiseagenturen und ***KATGA*** (s. unter „Informationen") vermieten Leihwagen mit Chauffeur. Kosten für Tagesfahrten nach Angkor US$20, Banteay Srei US$40, Phnom Kulen oder Beng Mealea US$50.

BALLONFAHRT – Eine ungewöhnliche Möglichkeit, sich einen guten Überblick über die gesamte Umgebung zu verschaffen, bietet ein Veranstalter an der Straße zwischen Flughafen und Angkor Wat. Für US$11 kann man 15 Minuten lang in der Gondel eines angebundenen Heliumballons in 200 m Höhe schweben, was sich allerdings nur bei gutem Wetter lohnt. Weitere Informationen unter ✆ 012/520810.

BÜCHER UND ZEITSCHRIFTEN – Beste Adresse für gebrauchte englischsprachige Bücher ist ***Lazy Mango***, Pub St., neben der Bar Angkor What?
Neue Bücher über Kambodscha und Angkor gibt es bei ***Monument Books***, in den FCC Angkor Suites.
Der Laden des Sofitel Royal Angkor hält ebenso wie der des Grand Hotel d´Angkor eine Auswahl fremdsprachiger Zeitungen bereit.
Die Buchläden am Psar Chas haben eine gute Auswahl an Tempelführern und Büchern über die Khmer-Geschichte.
Die Tageszeitungen *Cambodia Daily* und *Phnom Penh Post* sind im *Lotus Supermarket* und an diversen Zeitungsständen erhältlich.

FOTO – Mehrere Geschäfte an der RN 6 östlich des Flusses; Filme sind auch am Psar Chas erhältlich.

GELD – ***Acleda Bank***, Airport Rd.
Cambodian Commercial Bank, Sivatha St.
Canadia Bank, westlich von Psar Chas.
UCB, westlich von Psar Chas.
Mekong Bank, Sivatha St.; mit Wechselschalter draußen an der Bank, ⌚ Mo–Fr 6.30–8.30 und 16–18 Uhr, Sa 6.30–8.30 Uhr.
Krung Thai Bank, am nördlichen Ende der Sivatha St.

INFORMATIONEN – Das **Touristenbüro** in der Nähe des Grand Hotel d'Angkor zeigt sich kurz angebunden, wenn man nur Fragen nach der Stadt und den Ausflugsmöglichkeiten in die Umgebung stellt. Hauptanliegen des Büros ist der Verkauf einer Tour mit der im selben Gebäude ansässigen Khmer Angkor Tour Guide Association (**KATGA**, ✆ 063/964347).
Es lohnt sich, einen **Führer** für die Tempel mitzunehmen; Kostenpunkt: US$20 pro Tag und Gruppe. Alle vom Büro vermittelten Führer haben eine KATGA-Lizenz, für die ein Examen über die Geschichte der Tempel und die Beherrschung mindestens einer Fremdsprache Voraussetzung ist. Die Führer wissen hervorragend über die Anlagen Bescheid und stellen sicher, dass ihre Kunden überall die wichtigsten Dinge sehen und erfahren. Lizenzierte Führer sind an der Uniform zu erkennen: braune Hosen, beigefarbenes Hemd und Namensschild. Man kann sie direkt bei KATGA buchen oder auch über Hotels und Gästehäuser; Letztere sind generell gute Informationsquellen über Siem Reap und Umgebung. Da man in Siem Reap auf viele andere Reisende trifft, sollte es leicht fallen, sich zusammenzutun und die Kosten für Führer und Transportmittel zu teilen.
Sehr nützlich ist die kostenlose, vierteljährlich erscheinende Broschüre ***Siem Reap Angkor Visitors Guide*** von Canby Publications, die in den Hotels, Gästehäusern und Restaurants der Stadt ausliegt. Neben den üblichen Informationen über die Tempel enthält sie die aktuellsten Neuigkeiten über Unterkünfte, Restaurants und Bars. Auszüge aus dem Heft stehen online unter 💻 www.canbypublications.com zur Verfügung.

INTERNET – Rund US$1–2 pro Stunde für Online-Dienste berechnen die zahlreichen Internet-Cafés, die man fast überall in der Stadt findet.

MASSAGE – ***Body Tune Spa***, nahe dem Gästehaus Red Piano, ✆ 012/444066, kostenloser Abholservice.
Islands Traditional Massage, nahe Psar Chas, ✆ 012/982062, bietet traditionelle Khmer-Massage.

MEDIZINISCHE HILFE – ***International SOS*** hat einen Arzt in Siem Reap stationiert, der in Notfällen bereitsteht und Krankentransporte organisiert. ✆ 023/216911; c/o Klinik in Phnom Penh.
Naga Medical Centre, 593 Airport Rd., ✆ 016/964500; mit Englisch und Französisch sprechendem Personal.
Siem Reap Provincial Hospital, 500 m nördlich von Psar Chas, ✆ 063/963111, ist nur sehr einfach ausgestattet.

MOTORRADVERLEIH – Ausländischen Touristen (nicht aber im Inland lebenden Ausländern) ist es untersagt, in Siem Reap und rund um die Tempelanlagen Motorrad zu fahren – angeblich um sie vor Motorraddiebstählen durch Handlanger von Vermietern zu schützen, die sich auf diese

Weise Schadensersatzzahlungen in die Tasche stecken wollen und ihre Maschinen durch die Hintertür zurückbekommen. Als weitere Begründung wurde angeführt, dass Ausländer im chaotischen Verkehrsgeschehen zu stark gefährdet seien.

NOTRUF – ***Feuerwehr,*** Sivatha St., ✆ 012/402424. ***Touristenpolizei,*** an der RN 6, östlich der Kreuzung mit Sivatha St., ✆ 012/893297.

POLIZEI – siehe unter Notrufe.

POST UND TELEFON – Briefmarken, Posterestante-Schalter sowie nationale und internationale Telefongespräche im Postamt in der Pokambor St. 🕒 tgl. 7–17.30 Uhr.

REISEBÜROS UND AGENTUREN – Siem Reaps Reiseveranstalter und Agenturen stellen Wagen und Führer für Fahrten zu Angkors Tempeln zur Verfügung und organisieren individuelle Touren in viele Landesteile. Spezialisierte Unternehmen bieten auch Reisen in selten besuchte Gegenden an, zum Beispiel in schwieriger erreichbare Randgebiete des Tonle Sap. Selbst Blicke aus der Vogelperspektive auf die Tempelstätten werden angeboten.
Diethelm Travel, 4 Airport Rd., ✆ 063/963524, 📠 963694. Veranstalter und Agentur. Die Standardangebote umfassen Besichtigungen der Tempel, Rundfahrten in die Region Siem Reap und Rundreisen zu anderen Zielen im Land.
Exotissimo Travel Cambodia, Airport Rd., ✆ 063/964322, 💻 www.exotissimo.com. Angkor und andere Landesteile.
Helicopter Cambodia, südlich des Psar Chas, ✆ 012/814500, 💻 www.angkorscenicflights.com. Von Neuseeländern geleitetes Unternehmen mit einem guten Ruf; Hubschrauberflüge in der Nähe von Angkor Wat (Überflüge sind nicht gestattet) für US$1200 pro Stunde. Auch Charterflüge in andere Landesteile.
Neak Krorhorm Travel & Tours, 3 Psar Chas, ✆ 063/964924. Kostengünstige Transporte nach Bangkok und zu nationalen Zielen, Tickets für inländische Boots- und Flugtransfers.
Osmose Nature Tours, ✆ 012/832812, 💻 www.osmosetonlesap.org. Spezialisiert auf Exkursionen am Tonle Sap, darunter Touren in wenig besuchte Randgebiete im Überschwemmungsgebiet und zum Vogelreservat Preak Toal.
Terre Cambodge, Psar Chas, ✆ 063/964391, 💻 www.terrecambodge.com. Touren zu Tempeln und Dörfern in abgelegenen Gebieten mit Allradfahrzeugen, Exkursionen auf dem Tonle Sap in umgebauten Sampans.
VLK Royal Tourism, nahe Psar Chas, ✆ 063/760071. Nationale und internationale Flugtickets sowie Visabeschaffung.

WÄSCHE – Es gibt viele Wäschereien, die 500 Riel pro Wäschestück berechnen.

Nahverkehrsmittel

MOTOS – Nach einem langen Tag mit Tempelerkundungen winkt man abends gerne eines der in der Stadt allgegenwärtigen Motos herbei. Kurze Fahrten im Stadtgebiet kosten 2000 Riel, für US$1 kann man die ganze Stadt durchqueren. Die Provinzregierung hat die Vorschrift erlassen, dass Motos nur jeweils einen Passagier aufnehmen dürfen – eine vernünftige Sicherheitsmaßnahme, die jedoch nicht für Kambodschaner gilt.
Da die einzelnen Tempelanlagen über ein großes Gebiet verstreut liegen und es keine öffentlichen Verkehrsmittel dorthin gibt, ist es ratsam, ein eigenes Transportmittel zu mieten, um Zeit und Eintrittskarte bestmöglich zu nutzen. Viele Gästehäuser empfehlen bestimmte Motofahrer, mit denen sie zusammenarbeiten. Andere Fahrer bieten in der Stadt ihre Dienste an, und viele von ihnen sprechen gut Englisch. Die Kosten betragen US$6–8 von Sonnenaufgang bis Sonnenuntergang.

TUK-TUKS – Eine relativ junge Ergänzung zu den Transportmitteln rund um die Stadt bilden Motorräder mit Anhänger namens Tuk-Tuk, die jedoch nicht den Fahrzeugen desselben Namens in Thailand entsprechen. Zwei Passagiere finden bequem Platz, drei ließen sich hineinquetschen. Tuk-Tuks können auf der Straße herangewunken werden oder warten vor dem *Grand Hotel d'Angkor*. Kostenpunkt: US$1–2 für eine Fahrt quer durch die Stadt, US$12–15 von Sonnenaufgang bis Sonnenuntergang.

Im Gegensatz zum Moto sind Tuk-Tuks überdacht und bieten Schutz vor Regen und Sonne, außerdem haben sie weiche Sitze, in die man sich bequem zurücklehnen kann; sie sind also die Mehrausgabe bei der Erkundung der Tempel durchaus wert.

FAHRRÄDER – Rad fahren ist eine wundervolle Möglichkeit, um die Tempel zu erkunden, doch aufgrund des großen Gebiets erreicht man pro Tag nur eine begrenzte Anzahl von Anlagen. Geschäfte am Psar Chas sowie einige Gästehäuser verleihen Fahrräder für US$3–5 pro Tag.

Transport

BUSSE – Die An- und Abfahrtshaltestelle für Busse liegt 2 km östlich der Stadt am Psar Leu; eintreffende Fahrzeuge setzen ihre Passagiere auf Wunsch an einer Unterkunft an der RN 6 ab. Mehrere Transportunternehmer fahren mit Fernbussen nach BATTAMBANG (1x tgl., 3 Std.), PHNOM PENH (3–6x tgl., 7–11 Std.), POIPET (3x tgl., 2 1/2 Std.) und BANGKOK; Buchungen erledigt man am besten in einem Reisebüro (s. S. 186). Auf der Fahrt nach Bangkok wird an der Grenze das Fahrzeug gewechselt.
Da die Busse Richtung Bangkok gegen 13 Uhr in Poipet eintreffen, bleibt genügend Zeit, um in Thailand Anschluss an die Straßenverbindungen zu bekommen, doch es wird knapp, wenn man den Zug in Aranyaprathet erreichen möchte. Wer mit dem Zug weiterreisen will, sollte mit einem Sammeltaxi oder Pick-up möglichst früh Richtung Grenze aufbrechen.
Viele Gästehäuser in der Stadt fahren mit eigenen Kleinbussen nach PHNOM PENH (US$6–9, 7–11 Std.) und via POIPET – wo die Passagiere von thailändischen Partnergesellschaften abgeholt werden – nach BANGKOK (US$12–15).

SAMMELTAXIS UND PICK-UPS – Die An- und Abfahrtshaltestelle für Sammeltaxis und Pick-Ups liegt 2 km östlich der Stadt am Psar Leu; eintreffende Fahrzeuge setzen ihre Passagiere auf Wunsch auch an einer Unterkunft an der RN 6 ab. Es gibt Verbindungen nach ANLONG VENG (tgl., 3 Std.), KOMPONG THOM (12x tgl., 3 Std.) und PHNOM PENH (tgl., 6–8 Std.) sowie nach SISOPHON (20x tgl., 2 Std., hier Anschluss nach BATTAMBANG) und POIPET (20x tgl., 4 Std.).
Die Fahrt mit Pick-Ups zwischen Poipet an der thailändischen Grenze und Siem Reap verläuft inzwischen zügig und reibungslos. Bis zum frühen Nachmittag sind Transporte nach Poipet zu finden.
Die Strecke erfreut sich unter Rucksackreisenden zunehmender Beliebtheit; viele kommen direkt von BANGKOK, was nur einen Tag dauert. Reisende, die bei einer der vielen Agenturen in der Thanon Khao San buchen, werden am Ziel zu den Gästehäusern ihrer dortigen Vertragspartner gebracht.

BOOTE – Die Lage des **Hafens** verändert sich mit dem Wasserstand des Tonle Sap. In der Regenzeit befindet er sich zu Füßen des Phnom Krom rund 12 km südlich der Stadt, doch in den trockensten Monaten (Nov–Mai) ankern die Boote im 5 km weiter entfernten Chong Khneas. Am mittleren Vormittag treffen die Boote aus Battambang ein, und um die Mittagszeit kommen diejenigen aus Phnom Penh an. Hotels holen angemeldete Gäste vom Hafen ab. Ansonsten stehen genügend Motos zum Preis von US$2 für die Fahrt in die Stadt bereit. Auch die Schlepper der Gästehäuser warten auf Kundschaft.
Morgens gegen 7 Uhr fahren Boote nach BATTAMBANG (2x tgl., US$12, 3 1/2 Std.) und PHNOM PENH (1–2x tgl.,US$25, 5 Std.) ab.
Bei niedrigem Wasserstand werden die Passagiere mit kleinen Booten zu den weiter draußen ankernden Expressbooten gebracht, die nach Phnom Penh fahren. Hingegen erreichen die Boote nach Battambang fast immer den Hafen, da sie kaum größer als Schnellboote sind.
Alle Tickets müssen mindestens einen Tag im Voraus gekauft werden – zwei Tage im Voraus zwischen März und November, wenn oft nur ein Boot in beide Richtungen fährt. Wer sein Ticket von einer Agentur beschaffen lässt oder es in einem Büro der Bootsgesellschaft ersteht (mehrere Niederlassungen im Zentrum, die durch Schilder gekennzeichnet sind), muss sich selbst um den Moto-Transport zum Hafen kümmern und mindestens 30 Min. für die halsbrecherische Strecke einplanen. Kauft man sein Ticket hingegen im Hotel oder Gästehaus, wird man frühmorgens (gegen 5.30 Uhr) von einem Minibus abge-

holt, der weitere Passagiere in anderen Unterkünften einsammelt, bevor es zum Hafen geht.

FLÜGE – Am Flughafen kann man an einem Schalter, draußen gleich neben dem Ausgang der Ankunftshalle, ein registriertes Taxi für die Fahrt in die 6 km entfernte Stadt buchen (US$5). Motos (US$1) und inoffizielle Taxis (US$5) warten meist an der Hauptstraße vor dem Flughafen auf Fahrgäste. Auch die Minibusse verschiedener Hotels stehen am Flughafen bereit. Wer eine Buchung getroffen hat oder in einem bestimmten Hotel wohnen möchte, kann sich draußen an ihren Schildern orientieren.
Eine vom Flughafen direkt zu den Tempeln führende Straße ermöglicht einen sofortigen Ausflug nach Angkor Wat, sofern man frühmorgens ankommt. Autoverleih mit Chauffeur wird am Flughafen angeboten.
Abgesehen von Flügen nach PHNOM PENH (6x tgl., 45 Min.) hat auch die Zahl internationaler Verbindungen nach BANGKOK, HO CHI MINH CITY und VIENTIANE zugenommen, und inzwischen sind auch KUALA LUMPUR, SINGAPUR und HONGKONG auf dem Luftweg zu erreichen. Flugtickets sind bei den jeweiligen Fluggesellschaften und den Reiseagenturen in der Stadt erhältlich. Viele Hotels bieten ihren Gästen kostenlose Flughafentransfers an. Die Flughafensteuer beträgt US$6 bei Inlandsflügen und US$25 bei internationalen Verbindungen.
Fluggesellschaften:
Bangkok Airways, 571 Airport Rd.,
✆ 063/380191.
Lao Airlines, 114 Airport Rd.,
✆ 063/963283.
President Airlines, 468 Airport Rd.,
✆ 063/964887.
Siem Reap Airways, 571 Airport Rd.,
✆ 063/380191.
Vietnam Airlines, 342 Airport Rd,
✆ 063/964488.

Die Tempel von Angkor

Die 1992 in die UNESCO-Liste des Weltkulturerbes aufgenommenen Tempel von Angkor liegen über eine Fläche von mehr als 300 km² verstreut im ländlichen Gebiet zwischen dem See Tonle Sap und den Kulen-Bergen; die berühmtesten Sakralbauten stehen allerdings alle in der näheren Umgebung von Siem Reap. Die stimmungsvoll von dichten Waldflächen umgebenen und sich stolz über Nassreisfelder erhebenden Tempelanlagen erwecken nicht den Eindruck steriler Museumsstücke, sondern scheinen ein Teil des alltäglichen Lebens zu sein, dessen Abläufe sich in mancherlei Hinsicht noch immer so gestalten, wie sie auf den Flachreliefs der Tempelwände dargestellt sind.

Angkors Tempelstätten sind so unterschiedlich, wie seine Herrscher es waren, und jeder Tempel besitzt seine eigene Ausstrahlung. Umwoben von Mythen und Mysterien, ist **Angkor Wat** mit seinen fünf überwältigenden Türmen und den weitläufigen Galerien mit Abstand die bekannteste der Tempelanlagen von Angkor.

Fester Bestandteil aller Besichtigungsprogramme ist außerdem die ummauerte Stadt **Angkor Thom**, deren millionenfach fotografiertes Südtor von riesigen Gesichtern gekrönt wird, die in die vier Himmelsrichtungen blicken. Der zum Tor führende beeindruckende Dammweg wird von großen Götter- und Dämonenstatuen gesäumt. Die steinernen Gesichter finden am **Bayon**, dem mitten im Herzen von Angkor Thom stehenden letzten großen Tempel des angkorianischen Zeitalters, der vor allem auch durch zwei wundervolle Flachrelief-Galerien berühmt ist, ihre hundertfache Wiederkehr.

Zwei weitere Tempel, die bei keiner Besichtigung fehlen dürfen, sind **Ta Prohm**, in der Literatur oft als „Dschungeltempel" bezeichnet, weil die Macht der vordringenden Natur viel zu seiner Anziehungskraft beiträgt, sowie **Banteay Srei**, der einzigartige Mikrotempel aus rosarotem Sandstein, der für seine feinsinnig und höchst kunstfertig gestalteten Skulpturen berühmt ist.

Die ältesten Tempel stehen in der **Roluos-Gruppe** östlich von Siem Reap und sind eher für Fachleute interessant, doch eine Besichtigung eröffnet Einblicke in die Entwicklungsgeschichte der Architektur, da jene frühen Tempel fast ausschließlich aus Ziegeln bestehen, während für die späteren, immer raffinierteren Anlagen in zunehmendem Maße Sandstein verwendet wurde, der sich wesentlich feiner bearbeiten und verzieren lässt. Abgesehen von den genannten Tempeln sind über vierzig weitere Stätten für die Öffentlichkeit zugänglich.

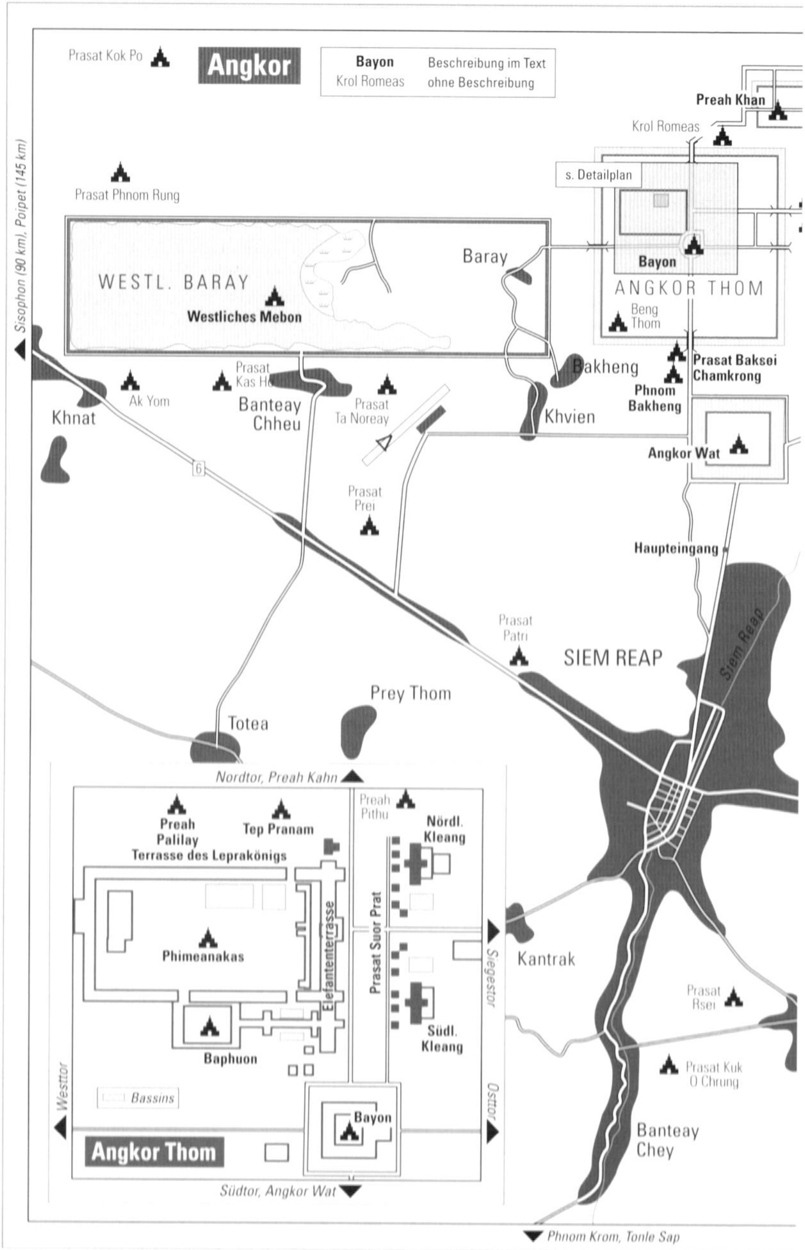
Angkor
Bayon Beschreibung im Text
Krol Romeas ohne Beschreibung
Prasat Kok Po
Prasat Phnom Rung
Sisophon (90 km), Poipet (145 km)
WESTL. BARAY
Westliches Mebon
Baray
Preah Khan
Krol Romeas
s. Detailplan
Bayon
ANGKOR THOM
Beng Thom
Bakheng
Prasat Baksei Chamkrong
Phnom Bakheng
Khvien
Angkor Wat
Haupteingang
Khnat
Ak Yom
Prasat Kas Hos
Banteay Chheu
Prasat Ta Noreay
Prasat Prei
6
Prasat Patri
SIEM REAP
Siem Reap
Prey Thom
Totea
Kantrak
Prasat Rsei
Prasat Kuk O Chrung
Banteay Chey
Phnom Krom, Tonle Sap
Nordtor, Preah Kahn
Preah Palilay
Tep Pranam
Terrasse des Leprakönigs
Preah Pithu
Nördl. Kleang
Phimeanakas
Elefantenterrasse
Prasat Suor Prat
Siegestor
Baphuon
Südl. Kleang
Westtor
Osttor
Bassins
Bayon
Angkor Thom
Südtor, Angkor Wat

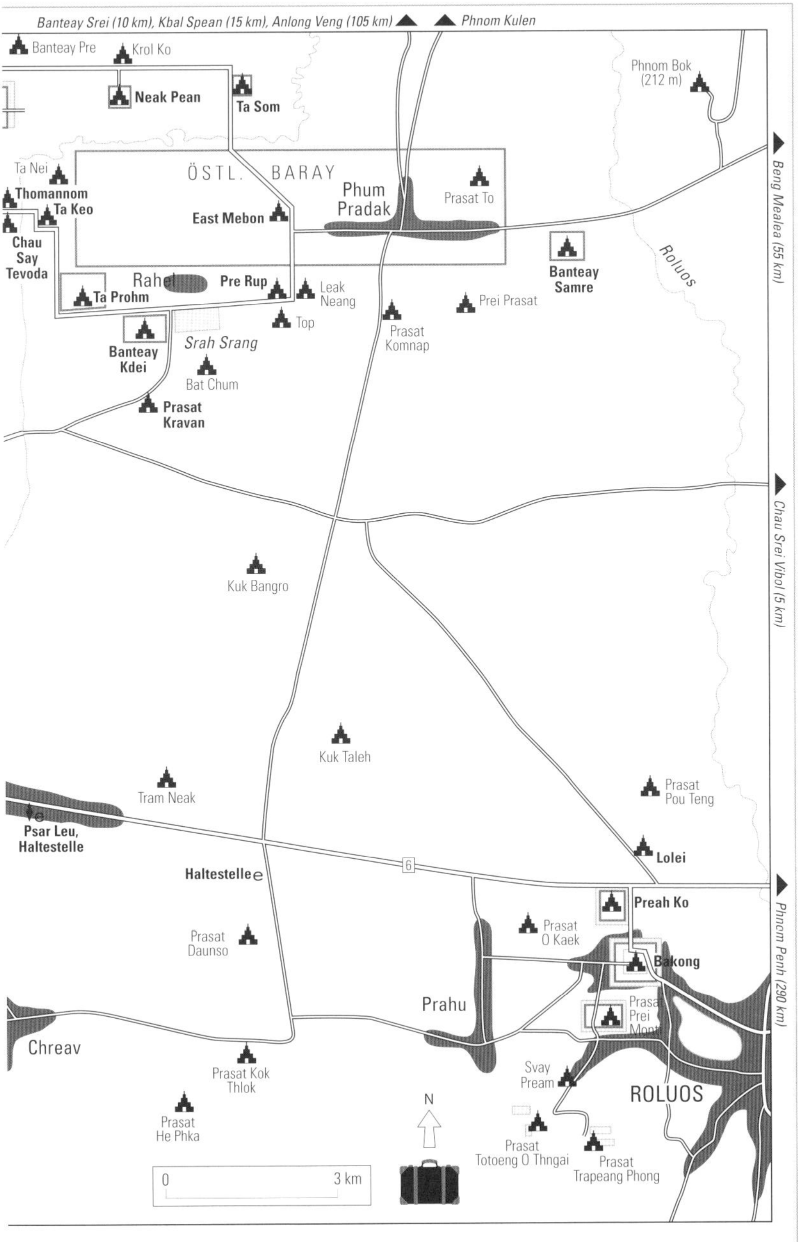
Banteay Srei (10 km), Kbal Spean (15 km), Anlong Veng (105 km)
Phnom Kulen
Banteay Pre
Krol Ko
Neak Pean
Ta Som
Phnom Bok (212 m)
Ta Nei
ÖSTL. BARAY
Phum Pradak
Prasat To
Thomannom
Ta Keo
East Mebon
Beng Mealea (55 km)
Chau Say Tevoda
Roluos
Banteay Samre
Rahel
Pre Rup
Leak Neang
Ta Prohm
Prei Prasat
Top
Prasat Komnap
Banteay Kdei
Srah Srang
Bat Chum
Prasat Kravan
Chau Srei Vibol (5 km)
Kuk Bangro
Kuk Taleh
Tram Neak
Prasat Pou Teng
Psar Leu, Haltestelle
Lolei
6
Haltestelle
Preah Ko
Phnom Penh (290 km)
Prasat O Kaek
Prasat Daunso
Bakong
Prasat Prei Mont
Prahu
Chreav
Svay Pream
Prasat Kok Thlok
ROLUOS
N
Prasat He Phka
Prasat Totoeng O Thngai
Prasat Trapeang Phong
0
3 km

Erhaltung und Pflege von Angkor

Ende des 19. Jhs. trafen Abenteurer und Forscher aus vielen Ländern (vor allem aber aus Frankreich) in Kambodscha ein, um sich auf die Suche nach den "verlorenen Tempeln" zu begeben. Der erste entscheidende Schritt in Richtung eines gründlichen Studiums von Angkors Erbe war die Gründung der **École Française d'Extrême-Orient** (💻 www.efeo.fr) im Jahre 1898 in Vietnam. Die Gelehrten dieses Instituts kartografierten erstmals die Tempelanlagen und gründeten das heute unter dem Namen *Angkor Conservation* wirkende Amt für Denkmalschutz, das sich von seinem 2 km nördlich von Siem Reap gelegenen Stammsitz aus um die Restauration der Tempel kümmert.

Die Arbeiten an Angkors Tempeln wurden in der ersten Hälfte des 20. Jhs. mit nur kurzer Unterbrechung im Zweiten Weltkrieg kontinuierlich fortgesetzt. Unter den Wissenschaftlern jener Zeit verdienen **Henri Marchal** und **Maurice Glaize** besondere Erwähnung – Marchal für die Restauration von Banteay Srei in den frühen 30er Jahren, Glaize für die Restaurierung von Banteay Samre, Bakong, Neak Pean und (teilweise) Preah Khan. Während der Arbeiten an Banteay Srei wurde in Kambodscha erstmals die Restaurierungstechnik der Anastylose eingesetzt, zu der die zeitweilige Demontage und Analyse unversehrter Bauwerkteile gehört, um auf der Grundlage der so gewonnenen Erkenntnisse zerstörte Abschnitte getreu wieder aufbauen zu können. 1960 trat **Bernard Philippe Groslier** die Nachfolge seines Vaters als Leiter des Amts für Denkmalschutz an, und unter seiner Ägide begannen die Arbeiten am Baphuon, bevor die Tempelstätten in den Jahren des Bürgerkriegs und der Roten Khmer wieder ihrem Schicksal überlassen waren.

Gängigen Vorstellungen zuwider erlitten die Tempel keine besonderen Kriegsschäden, doch es kam zu Plünderungen und einer stetig zunehmenden Bedrohung durch das ungestüme Vordringen der Vegetation. Während der vietnamesischen Besatzungszeit in den 80er Jahren wendeten sich die Dinge kaum zum Besseren, denn in den Tempelanlagen durften nur indische Konservatoren arbeiten, deren Maßnahmen später heftig kritisiert wurden, da sie das Gestein mit Chemikalien reinigten und Löcher sowie Spalten mit Zement auffüllten. Erst nach Angkors Aufnahme in die Liste des Weltkulturerbes im Jahre 1992 standen Dollarbeträge in Millionenhöhe, die hauptsächlich von Japan eingebracht wurden, für Restaurationsprojekte zur Verfügung. Inzwischen wird die Erhaltung der Tempel von der in den 90er Jahren zur Bewahrung des Kulturerbes der Provinz Siem Reap gegründeten NGO **APSARA** koordiniert, die sich gewaltigen Aufgaben stellen muss. Die leichtere Erreichbarkeit der Tempel führte nicht nur zu stetig steigenden Besucherzahlen, die APSARA durch baldige Zugangsbeschränkungen kontrollieren will, sondern auch zu einem Anstieg der Zahl der Diebstähle. Der Schutz des Dschungeldickichts und die zu geringe Anzahl von nur ein oder zwei Wachpersonen pro Tempelstätte kommen dem Kunstdiebstahl auf Bestellung entgegen, der ein nicht zu unterschätzendes Problem darstellt.

Der Devaraja-Kult

Die Khmer-Könige ließen die gewaltigen Anlagen in erster Linie als Staatstempel für den Devaraja-Kult errichten, der damals neben dem vorherrschenden Hinduismus weit verbreitet war. Symbolisch liegt der Anordnung der meisten Staatstempel der hinduistische Kosmos zu Grunde.

Auf einer stufenförmigen Basis erhebt sich – oft in Form einer mehrstufigen Pyramide, die den mythischen Berg Meru repräsentiert – ein zentrales **Turmheiligtum**, der das heilige Bildnis des Devaraja beherbergt. Eine durch Mauern und/oder Gräben geschaffene konzentrische rechteckige Einfassung umschließt dieses Zentrum. Mit nur einer Ausnahme, nämlich Angkor Wat, setzt die axiale Ausrichtung der Tempel den Zugang von Osten voraus.

Da die sukzessiven Könige ihre Vorgänger übertreffen wollten und die Techniken des Tempelbaus

Mächtige Wurzeln umklammern die Tempelbauten von Ta Promh

sich durch beständig wachsende Erfahrung verbesserten, nahm die Komplexität der Anlagen beständig zu – als neue Elemente wurden multiple Heiligtümer, Vorkammern, Galerien und kunstfertige Gopurams (Eingangstürme) eingebracht. Obwohl nahezu alle Tempel reichhaltig mit ornamentalen Motiven oder detaillierten mythologischen Szenen verziert wurden, stellen die Friese mit **Flachreliefs** an Angkor Wat und Bayon unzweifelhaft den herausragenden Höhepunkt der bildhauerischen Arbeiten dar. Doch auch die **Skulptur** war ein wesentliches Element der Ausgestaltung, denn in den Nischen, Vorkammern und zentralen Heiligtümern standen Bildnisse aus Holz, Stein, Bronze und sogar Gold, von denen heute jedoch nur wenige erhalten sind.

Die meisten Skulpturen, die sowohl die Epoche der Preisgabe an die Natur als auch die Beutezüge von Schatzsuchern und Zerstörern überstanden, befinden sich heute in der Obhut des Amtes für Denkmalschutz (Angkor Conservation, s. S. 190), während die wertvollsten Stücke im Nationalmuseum in Phnom Penh untergebracht sind. Nähere Erläuterungen zur Tempelarchitektur und Kunst, s. S. 80.

Geschichte

Ungeachtet ihres herausragenden baukünstlerischen Erbes haben die alten Khmer keine **schriftlichen Zeugnisse** hinterlassen, denn die in Tempelbibliotheken aufbewahrten Inschriften auf speziell behandelten Palmblättern oder Tierhäuten haben die Zeitläufe nicht überdauert. Aus diesem Grund mussten die Gelehrten Angkors Geschichte (näher beschrieben in „Geschichte", s. S. 80) in mühevoller Kleinarbeit rekonstruieren: durch das Studium von über tausend im gesamten Reichsgebiet gefundenen Inschriftenstelen, die überwiegend in Sanskrit beschrieben waren, sowie eine genaue Analyse der Entwicklung des Tempelbaus. Bis heute beruht das Verständnis der angkorianischen Geschichte bis zu einem gewissen Grad auf Unsicherheit, da viele Fakten über den Ursprung von Tempeln, genaue Entstehungsdaten und sogar Namen von Königen im Dunkeln liegen.

Erwiesen ist jedoch, dass Angkors **älteste Monumente** auf das Jahr 802 zurückgehen, in dem Jayavarman II. von Kompong Cham nach Norden zog, um dort seinen Hof am Phnom Kulen einzurichten. Nachdem die Epoche **Jayavarmans VII.**, des größten aller Tempelbauer, im Jahre 1219 ihr

Ende fand, wurden keine weiteren Steintempel mehr errichtet – die Gelehrten streiten darüber, ob die finanziellen Mittel des Reiches erschöpft waren oder der aufkeimende Theravada-Buddhismus weitere Bautätigkeiten unterband.

Auch nach dem Tode Jayavarmans VII. aber wurden die Tempel und Paläste weiterhin genutzt, bis 1431 die Siamesen einfielen. Im folgenden Jahr verlegte Ponhea Yat seinen Hofstaat ins südliche Phnom Penh und überließ Angkors Tempel dem Dschungel. Obwohl Angkor niemals vollständig verlassen wurde, war die örtliche Bevölkerung, die dort weiterhin betete, nicht in der Lage, die monumentalen Anlagen zu pflegen und instand zu halten.

Um 1570 war **König Satha** so verzückt über die Wiederentdeckung des von Dschungel überwucherten Angkor Thoms, dass er den Wildwuchs lichten ließ und seinen Hofstaat dorthin verlegte, doch bereits 1594 zog er aus unbekannten Gründen wieder nach Lovek zurück.

Eine weitere kurzlebige Epoche königlichen Interesses erfuhr die Region Mitte des 17. Jhs., als – wie im Brief eines holländischen Kaufmanns an den Generalgouverneur von Niederländisch Indien vermerkt – „der König [Barom Rachea VI.] zu Besuch an einem lieblichen schönen Ort namens Anckoor verweilte". Dann jedoch fielen die Tempelstätten trotz der geheimnisvollen Erzählungen von Missionaren und Händlern über eine tief im kambodschanischen Dschungel verborgene untergegangene Stadt in einen Dornröschenschlaf, bis im 19. Jh. schließlich europäische Forschungsreisende ins Land durften. Der erste ausführliche Bericht über Angkor Wat, den 1858 der französische Missionar Charles-Emile Bouillevaux publizierte, erweckte nur wenig Interesse, doch als 1864 posthum die Tagebücher des Botanikers und Forschers **Henri Mouhot** publiziert wurden, der wenige Jahre zuvor eher zufällig über Angkor gestolpert war, gerieten die Tempel in den Blickpunkt der Weltöffentlichkeit.

Der Brite **John Thompson**, der 1867 die ersten Fotografien von Angkor publizierte, dachte auch als Erster laut über eine mögliche Verbindung zwischen der Tempelarchitektur und dem mythischen Berg Meru nach. In seine Fußstapfen trat nur wenig später **Ernest Doudart de Lagrée**, der Beng Mealea und Preah Khan (Kompong Thom) wieder entdeckte.

Praktische Tipps

EINTRITT – Offiziell sind die Tempelanlagen täglich von 5–18.30 Uhr geöffnet, ausgenommen Banteay Srei (schließt um 17 Uhr) and Kbal Spean (schließt um 15 Uhr). Für den Aufenthalt auf dem Areal Angkors sind **Eintrittspässe** erforderlich, die an einigen Tempeln vorgezeigt werden müssen.

Für den Besuch von Kbal Spean, Phnom Kulen und Beng Mealea werden zwar keine Pässe verlangt, stattdessen wird an den Tempeln eine Eintrittsgebühr erhoben: Kbal Spean US$5, Phnom Kulen US$20, Beng Mealea US$5.

Am **Haupteingang** an der Straße von Siem Reap nach Angkor Wat sind drei Kategorien von Besucherpässen erhältlich, die einen Tag (US$20), drei Tage (US$40) oder sieben Tage (US$70) gültig sind. Pässe für nur einen Tag sind auch an Angkor Wat und Bakong (Roluos) zu bekommen. Den meisten Besuchern genügt der Pass für drei Tage, an denen ausreichend Zeit bleibt, um alle Tempel im Zentralbereich zu sehen und die abseits gelegenen Anlagen von Roluos, Banteay Srei und Banteay Samre zu besichtigen. Wer nur wenig Zeit hat, sollte sich ganz auf ein Tagesprogramm mit Angkor Wat, Bayon, Ta Prohm und Banteay Srei konzentrieren.

Die Eintrittspässe für drei und sieben Tage müssen mit fest eingefügtem **Passfoto** ausgestattet sein; notfalls steht dafür am Haupteingang ein kostenloser Fotoservice zur Verfügung, vor dem sich allerdings meist lange Warteschlangen bilden.

Kinder unter 12 Jahren haben freien Eintritt, wenn ihr Alter per Ausweis nachgewiesen wird.

Besucherpässe (für drei und sieben Tage) müssen an aufeinander folgenden Tagen benutzt werden; z. B. ist ein 3-Tage-Pass, der an einem Montag zum ersten Mal verwendet wird, nur noch für den folgenden Dienstag und den Mittwoch gültig.

BESICHTIGUNGSPROGRAMME – Nach Angkor Wat und Angkor Thom, die auf der Prioritätenliste fast aller Besucher ganz oben stehen, bieten sich verschiedene Alternativen zum Besuch der restlichen Anlagen an.

Von Angkor Thom führt der so genannte **Kleine Rundweg** ostwärts an diversen Tempelanlagen neben der Straße vorbei bis zum rituellen Badebecken Srah Srang, bevor er südwärts nach Prasat Kravan abzweigt und schließlich Angkor Wat erreicht.

Der **Große Rundweg** erschließt die Tempel entlang einer Straße, die Srah Srang halbkreisförmig wieder mit Angkor Thoms Nordtor verbindet. Manche Besucher bevorzugen die Besichtigung der Tempel in der chronologischen Reihenfolge ihrer Entstehung, um besser nachvollziehen zu können, wie sie im Zuge der Erschließung neuer Konstruktionstechniken an Komplexität gewannen, doch diese Alternative erfordert zwangsläufig viele Fahrten, die hin und her führen, etwa von Roluos nach Bakheng, weiter nach Prasat Kravan, von dort zurück nach Angkor Wat und schließlich weit hinaus nach Banteay Samre.

Wer abgelegene Tempel besuchen möchte, die in diesem Buch nicht beschrieben sind, sollte unbedingt bei offiziellen Stellen oder registrierten Führern Informationen über die aktuelle Sicherheitslage einholen, denn nicht alle Stätten wurden vollständig auf Minen abgesucht.

ESSEN UND TRINKEN – An mehreren Tempeln – darunter Angkor Wat, Bayon, Ta Prohm und Pre Rup – bieten Verkaufsstände Erfrischungen an. Hinter den Souvenirständen an Angkor Wat servieren kleine Restaurants chinesische und Khmer-Speisen zu nur geringfügig teureren Preisen als vergleichbare Lokale in Siem Reap. Direkt gegenüber vom Haupteingang bietet das gehobene ***Angkor Café*** seinen Gästen das Tempelpanorama gratis zum Genuss von Khmer- und westlichen Gerichten.

SOUVENIRS – Gleich neben dem *Angkor Cafe* verkauft ein Laden von ***Les Artisans d'Angkor*** (s. S. 183) Produkte aus den Werkstätten dieser Organisation. Vor den meisten bekannten Tempeln werden preiswerte Souvenirs wie etwa Bambusschmuck oder *kramar* angeboten, und fast überall versuchen Kinder, Touristen für ihr Sortiment an Filmen, Postkarten, T-Shirts und einfachen Gegenständen aus Rattan oder Bambus zu interessieren.

Angkor Wat

Es gibt nichts, das den Besucher auf die majestätische Erhabenheit von **Angkor Wat** vorbereiten könnte. Die fünf grandiosen, maiskolbenförmigen Türme halten den Blick gefangen, während man sich in Gedanken vor der Vorstellungskraft der Baumeister verneigt, die dieses Meisterwerk der Khmer-Architektur schufen, das um 1150 dem Hindugott Vishnu geweiht wurde.

Die Gelehrten schätzen, dass die Bauzeit ungefähr dreißig Jahre betragen haben muss. Erst beim Näherkommen wird die Feinheit der Anlage ersichtlich, denn jeder Winkel und jede Spalte enthüllen detailliert gestaltete Skulpturen. Hinter jeder Ecke übertrifft eine neue Sehenswürdigkeit die vorherige. Wenn die Zeit es gestattet, sollte man die Anlage zu verschiedenen Tageszeiten besuchen, um die wechselnden Farbschattierungen des Gesteins zu erleben und die Turmspitzen golden im Licht der untergehenden Sonne verblassen zu sehen.

Die Experten haben lange darüber gestritten, ob Angkor Wat zu Huldigungszwecken oder als herrschaftlicher Grabbezirk errichtet wurde. Besonders irritierend sind die Ausrichtung des Eingangs nach Westen und die Anordnung der Flachreliefgalerie entgegen dem Uhrzeigersinn – Richtungen, die symbolisch mit dem Tode verknüpft sind. Einig ist man sich heute in der Auffassung, dass der König die Anlage zu Lebzeiten für den Devaraja-Kult nutzte, während sie nach seinem Tod als sein Mausoleum diente.

Graben und vierte Einfassung

Im Gegensatz zu allen anderen Tempelstätten Angkors betritt man diese Anlage von Westen her über einen eindrucksvollen Dammweg aus Lateritgestein, der gegenwärtig restauriert wird, so dass unten im Grabungsbereich die massiven Steinblöcke zu sehen sind, die für den Bau verwendet wurden. Der mit Sandstein gepflasterte Damm mit seinen zerbröckelnden Naga-Balustraden und von Löwen bewachten Terrassen führt über den 200 m breiten Graben zum westlichen Gopuram der vierten Einfassung.

Die Tore des **westlichen Gopurams**, der nahezu 230 m lang ist und drei Türme besitzt, sind groß genug, um Elefanten Durchgang zu gewähren. Einen näheren Blick wert ist die über 3 m hohe und oft geschmückte achtarmige Statue Vishnus, die im südlichen Bereich des Gopurams nicht zu verfehlen ist. Von dem Gopuram aus entfaltet sich ein Panoramablick auf den Tempel mit seinen steil aufragenden Türmen.

Die ersten von Angkor Wats berühmten Apsaras, die durch das Kirnen des Milchozeans (s. S. 198) geboren wurden, zeigen sich an der östlichen Außenseite des Gopurams. Gefühlvoll in den Sandstein gemeißelt, sind ihre Füße perspektivisch verkürzt und schräg zur Seite gerichtet.

Der vom Gopuram über eine Länge von 350 m zum Tempel führende zweite **Dammweg** ist noch eindrucksvoller als der vorherige. Die ersten Bauwerke links und rechts dienten als Bibliotheken – das nördliche Gebäude ist fertig restauriert, während die Arbeiten am südlichen noch in vollem Gange sind.

Vor dem Tempel befindet sich die kreuzförmige **Ehrenterrasse**, die ebenfalls von einer Naga-Balustrade umrahmt wird. Einst wurden dort Apsara-Tänze (s. S. 181) aufgeführt und zeremonielle Prozessionen vom König empfangen. Hinter der Terrasse führt eine kurze Treppenflucht zur dritten Einfassungsmauer, deren westlicher Gopuram an einen Kreuzgang und zwei Galerien anschließt.

Dritte Einfassungsmauer

Die berühmten Flachreliefs von Angkor Wat, die zum Teil eine Höhe von 2 m aufweisen und vorwiegend Ereignisse darstellen, die in Beziehung zu Vishnu stehen, zieren die Wand der prächtigen **Säulengalerie**, die an der Außenseite der dritten Einfassungsmauer rund um den Tempel verläuft und die dritte Einfassung umgibt. Bis dorthin hatten einst gewöhnliche Bürger Zutritt zu der Anlage. Die dargestellten Szenen sollten den Untertanen ein eindrucksvolles Bild von der Allmacht des Königs vermitteln und zu ihrer religiösen Erziehung beitragen.

Die ersten Abschnitte der Flachreliefs sind sorgsam bis ins winzigste Detail ausgestaltet, in auffälligem Kontrast zu den oberflächlich ausgeführten Szenen, die im 16. Jh. hinzugefügt wurden. An manchen Stellen sind noch Spuren der roten und goldenen Farben zu erkennen, die einst die Reliefs bedeckten, während andere Bereiche schwarz sind – einer Theorie zufolge wurden die Farben durch millionenfache Berührung von Händen abgetragen, welche die Reliefs über die Zeiten hinweg durch zärtliches Betasten glatt polierten (heute bitten Schilder darum, die Reliefs nicht zu berühren).

Die über 700 m lange Galerie mit Flachreliefs wird an jeder Seite durch Portale und an den Ecke durch Pavillonkammern unterbrochen. Wir umschreiten sie im Folgenden entgegen dem Uhrzeigersinn, wie es bei Trauerzügen üblich war.

Westgalerie – südlicher Abschnitt

Im ersten Teil der Galerie tobt die im hinduistischen Heldenepos *Mahabharata* geschilderte Schlacht zwischen den Vettern der Klane **Kaurava** (von links aufmarschierend) und **Pandava** (von rechts kommend). Bei ihrem bis aufs Blut geführten Kampf am Berge Kurukshetra erhalten beide Familien Rückendeckung durch die übernatürlichen Kräfte von Kama, einer Inkarnation des Sonnengottes Surya, sowie von Arjuna.

Im unteren Teil des Frieses marschieren die Fußsoldaten zum Kampf in die Mitte der Galerie, und über ihnen ziehen die Generäle in von Pferden gezogenen Streitwagen oder auf dem Rücken von Elefanten in die Schlacht. Zwischen heftigen Handgefechten liegt der Kaurava-General Bhisma von Pfeilen durchbohrt tot am Boden, während Arjuna, der einen Schild mit dem Bildnis des Dämons Rahu trägt, den an seinen vier Armen zu erkennenden Krishna tötet, der daraufhin wiedergeboren wird und als Lenker von Arjunas Streitwagen zu sehen ist.

Südwestlicher Eckpavillon

Fortgeschrittenen Verwitterungen zum Trotz sind noch verschiedene Episoden aus dem Ramayana (s. S. 106) und anderen Hindu-Legenden zu erkennen. Ein Fries zeigt Krishna als Beschützer der Hirten, die sich entschlossen haben, ihm statt Indra zu huldigen. Als Schutz gegen von Indra gesandte Stürme hebt Krishna mit einer Hand den Berg Godvardhana hoch. Eine andere Szene schildert das Duell zwischen den Affengöttern Valin und Sugriva, in dem Valin in den Armen seiner Frau stirbt, nachdem er von Ramas Pfeil durchbohrt wurde. Auf den umliegenden Friesen trauern Affen um Valin.

Südgalerie – westlicher Abschnitt

Die Galerie zeigt **Schlachtszenen**, die auf zwei Ebenen von Westen nach Osten dargestellt sind. Die

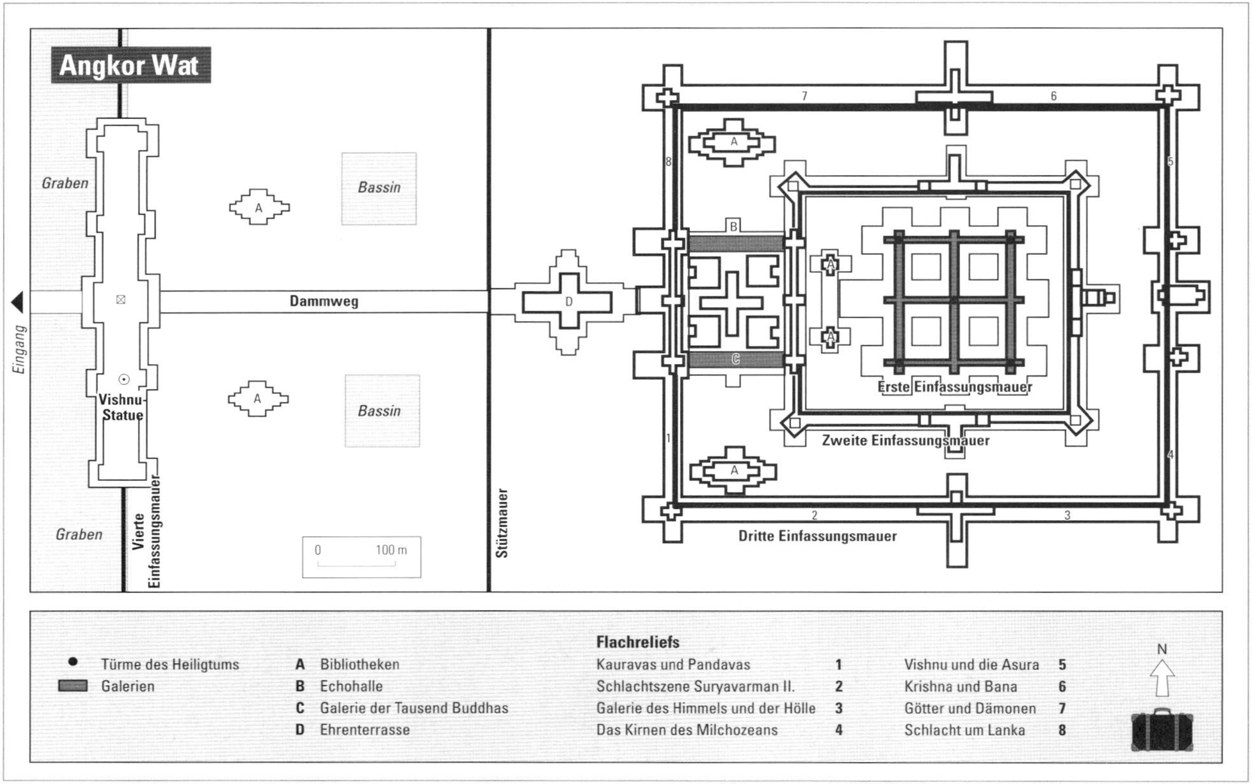
Angkor Wat
Graben
Graben
Eingang
Vishnu-Statue
Vierte Einfassungsmauer
Dammweg
A
A
Bassin
Bassin
0
100 m
Stützmauer
D
B
C
A
A
A
A
Erste Einfassungsmauer
Zweite Einfassungsmauer
Dritte Einfassungsmauer
1
2
3
4
5
6
7
8
Türme des Heiligtums
Galerien
A Bibliotheken
B Echohalle
C Galerie der Tausend Buddhas
D Ehrenterrasse
Flachreliefs
Kauravas und Pandavas 1
Schlachtszene Suryavarman II. 2
Galerie des Himmels und der Hölle 3
Das Kirnen des Milchozeans 4
Vishnu und die Asura 5
Krishna und Bana 6
Götter und Dämonen 7
Schlacht um Lanka 8
N

Szenen beginnen mit einer königlichen Audienz (obere Ebene) und einer Prozession der Palastdamen. Weiter östlich sitzen die Befehlshaber der Khmer unter sich bauschenden Schirmen auf Elefanten und mustern die Truppen, mit denen sie durch den Dschungel marschieren.

Im Zentrum des Frieses umringen sie den größer dargestellten Suryavarman II., über dem fünfzehn Schirme aufgespannt sind. Die hinter ihm von Musikanten, Standartenträgern und Spaßmachern begleitete Armee erhält Verstärkung durch Söldner aus Cham, die durch ihre Schnurrbärte und Helmbüsche auffallen. In den schmalen Nischen an der Wand befanden sich einst wahrscheinlich Objekte aus Gold.

Südgalerie – östlicher Abschnitt

Die Galerie des Himmels und der Hölle spannt sich über ein Fries auf drei Ebenen, dessen Felder eine Länge von fast 60 m erreichen. Sie zeigt den vielarmigen Gott Yama, der auf einem Büffel sitzt und die Toten aburteilt. Am Anfang dieses Abschnitts beschreiten Menschen auf der oberen Ebene einen Pfad zum Himmel, während unten ein Pfad hinab in die Hölle führt – ein Fries mit Garuda-Darstellungen bildet den Scheideweg zwischen Himmel und Hölle. Diejenigen, die sich den Weg zum Himmel verdient haben, führen oben ein unbeschwertes Leben in Palästen, während die Sünder durch eine Falltür in die Unterwelt stürzen, wo schreckliche Strafen auf sie warten – die Unersättlichen werden zweigeteilt, den Vandalen werden die Knochen gebrochen und den Reisdieben werden glühend rote Eisen in den Unterleib gedrückt.

Ostgalerie – südlicher Abschnitt

In diesem Teil der Galerie befindet sich Angkor Wats berühmtestes Flachrelief, auf dem das **Kirnen des Milchozeans** (s. S. 198) dargestellt ist. Die Szenen setzen in dem Augenblick ein, in dem das Kirnen die ersten Resultate zeigt. Im zentralen Band des Frieses ziehen auf der linken Seite 92 glotzäugige *asura* mit hohem Haarschmuck an Vasukis Kopf, während rechts 88 *deva* mit Mandelaugen und konischer Haarpracht am Schwanz der Schlange zerren. Über ihnen tanzen Tausende himmlische Apsaras an der Wand, während sich unten im Ozean sorgfältig ausgestaltete Meereskreaturen tummeln.

Der *chedi* (Stupa) vor dem östlichen Gopuram wurde erst im frühen 18. Jh. errichtet, als der Tempel als buddhistisches Kloster diente; eine Wandinschrift im Gopuram berichtet über seine Geschichte.

Ostgalerie – nördlicher Abschnitt

Die Reliefs dieses Abschnitts entstanden erst im 16. Jh. in vergleichsweise herber und oberflächlicher Ausführung. Die Szenen berichten von der Bezwingung der *asura* durch Vishnu, der im Zentrum des Frieses vierköpfig auf einem Garuda zu sehen ist. Die *asura* ziehen von Süden her auf, und die Streitwagen ihrer Feldherren werden von Dämonen gezogen. Im Norden reitet eine Kriegerschar auf Pfauen.

Nordgalerie – östlicher Abschnitt

Ebenfalls jüngeren Datums und weniger kunstfertig ausgeführt sind die Szenen, die **Krishna** im Kampf gegen den Dämonengott **Bana** zeigen. Krishna, der leicht an seinen acht Armen und zahlreichen Köpfen zu erkennen ist, treibt sein Reittier Garuda gegen Bana voran, doch eine Feuersbrunst um dessen Stadtmauer versperrt ihm den Weg. Garuda löscht das Feuer mit Wasser aus dem Ganges. Ganz im Westen des Frieses führt Krishnas Siegeszug zum heiligen Berg Kailash, wo er vor Shiva Fürsprache um Banas Leben hält. An diesem Wandabschnitt befindet sich auch eine Darstellung des elefantenköpfigen Ganesha, die einzige im gesamten Angkor Wat.

Nordgalerie – westlicher Abschnitt

In wesentlich besserer Ausführung als bei den vorherigen beiden Abschnitten zeigen die Friese dieses Galerieteils 21 Gottheiten des **hinduistischen Pantheons** in einem fürchterlichen Tumult zwischen Göttern und Dämonen. Zu den relativ leicht zu erkennenden Gestalten gehören von links nach rechts: der vielköpfige und vielarmige Kriegsgott Skanda, der auf einem Pfau reitet; Indra, der auf dem Elefanten Airavata steht; Vishnu, der auf Garuda reitet und mit allen vier Armen kämpft; Yama, der in einem von Ochsen gezogenen Karren sitzt; Shiva, der seinen Bogen spannt; und Brahma auf seiner heiligen Gans Hamsa.

Nordwestlicher Eckpavillon

Unter den Szenen aus dem Ramayana fällt vor allem die Darstellung Vishnus auf, der auf der

Darstellung des Angkor Wat aus dem Jahr1873

Schlange Ananta ruht. Über ihm schwebt eine Schar Apsaras, und ihm zu Füßen sitzt seine Frau Lakshmi, während Götter ihn in einer feierlichen Prozession bitten, zur Erde zurückzukehren.

Westgalerie – nördlicher Abschnitt

Hinter der Ecke folgt die meisterhaft gestaltete **Schlacht um Lanka**. In dieser äußerst lebendigen Sequenz aus dem Ramayana bekämpft Rama den 10-köpfigen und 20-armigen Dämonenherrscher Ravana, um seine Frau Sita aus dessen Gefangenschaft zu befreien. In alle Richtungen stürzen die Körper von Soldaten der Affenarmee, die auf Ramas Seite kämpfen. Im Zentrum des Frieses stehen sich die beiden Widersacher gegenüber: Ravana in einem von Löwen gezogenen Streitwagen, Rama auf den Schultern des Affenkönigs Sugriva.

Erste Terrassenebene

Zurück am westlichen Gopuram, führt der Weg nun ostwärts in den Bereich der **dritten Einfassung**, der gleichzeitig die erste Ebene der Tempelpyramide ist und bis auf zwei Bibliotheken in der nordwestlichen und südwestlichen Ecke keine weiteren Bauwerke beherbergt. Innerhalb des Kreuzgangs wandert der Blick nach oben zu einem Fries mit Apsaras, während unten an der Säulenbasis sitzende Asketen zu erkennen sind. Etliche Säulen sind mit Inschriften in Sanskrit und Khmer versehen.

Die südliche **Galerie der Tausend Buddhas** besaß eine umfangreiche Sammlung an Buddhastatuen, die über die vergangenen Jahrhunderte zusammengetragen wurde, als Angkor Wat ein buddhistisches Kloster war. Viele Statuen, die in den 70er Jahren nicht in die Obhut des Amts für Denkmalschutz *(Angkor Conservation)* überstellt wurden, blieben der Zerstörungswut der Roten Khmer überlassen. Heute haben einige moderne Statuen ihren Platz eingenommen. Die Kammer in der Nordgalerie ist die **Echohalle**, in der die Geräusche widerhallen, wenn man sich mit dem Rücken zur Wand stehend mit den Fäusten gegen die Brust trommelt – was die Kambodschaner dreimal tun, da dies Glück bringen soll.

Zweite und dritte Terrassenebene

Die zweite Pyramidenebene wird von einer Galerie umschlossen, deren Fenster zum Innenhof ausgerichtet sind, dessen Wände eine bemerkenswerte Sammlung von über 1500 unterschiedlich gestalteten **Apsaras** ziert. Die elegant gekleideten schönen Kreaturen fallen durch exotische Frisuren und geheimnisvolle Mienen auf, und selbst ihr Schmuck ist bis ins winzigste Detail liebevoll und perfekt ausgestaltet. Es sind die frühesten Darstellungen der angkorianischen Kunst von Apsaras in Gruppen – manche posieren mit untergehakten Armen oder sich berührenden Händen zu zweit oder zu dritt.

Das Kirnen des Milchozeans

Zu den beliebtesten Themen der Khmer-Kunst gehört das Kirnen des Milchozeans, eine Schöpfungsgeschichte aus dem hinduistischen Epos Bhagavata Purana, das unter anderem die Lebensgeschichte Krishnas erzählt, der ein Avatara – eine Verkörperung – des Gottes Vishnu ist. Zu Beginn dieser Geschichte nehmen die deva (Gottheiten) und asura (Dämonen) einander gegenüber Aufstellung, um am Berg Mandara den Ozean zu kirnen und auf diese Weise amrita zu produzieren, das Elixier der Unsterblichkeit. Sie beginnen an der Schlange Vasuki zu zerren, die sich rund um den Berg geschlungen hat, doch dies führt zu nichts. Vishnu trifft ein und weist beide Seiten an, rhythmisch zu ziehen, doch der Berg beginnt zu versinken. Die Dinge wenden sich noch mehr zum Argen, als Vasuki ein tödliches Gift spuckt, das die deva und asura zu vernichten droht. Brahma bittet Shiva, das Gift zu trinken, was dieser befolgt, doch das Gift verbrennt seine Kehle, die fortan blau ist. Währenddessen stützt Vishnu in seiner Inkarnation als Schildkröte den Berg Mandara und ermöglicht auf diese Weise, dass sich das Kirnen für weitere 1000 Jahre fortsetzt, nach deren Ablauf amrita endlich produziert ist. Unglückseligerweise reißen die asura das Elixier an sich, doch erneut eilt Vishnu – diesmal in Gestalt von Maya – zu Hilfe und erobert das Gefäß zurück. Das Kirnen führt außerdem zur Entstehung mythischer Wesen, zu denen der dreiköpfige Elefant Airavata, die Göttin des Reichtums Lakshmi – die Vishnus Frau wird – und die himmlischen Tänzerinnen (apsara) gehören.

Im Zeitalter Suryavarmans II. durften nur der Hohepriester und der König die dritte Ebene betreten. Bis kürzlich war der Aufstieg auch Touristen gestattet, aber nachdem es auf der steilen Treppe zu schweren Unfällen gekommen war, ist die dritte Pyramidenebene für Besucher gesperrt.

Phnom Bakheng

Mitten im Herzen des ersten Königreichs von Kambodscha wurde im Jahre 889 unter König Yasovarman I. das erste Monument im Gebiet von Angkor errichtet: der Tempelberg Phnom Bakheng. Vom Gipfel eröffnet sich ein überwältigender Blick über das Westliche Baray sowie Angkor Wat und, weiter entfernt, nach Süden bis hin zum See Tonle Sap und nach Nordosten bis zum Phnom Kulen. Am späten Nachmittag stapfen die Touristen zu Hunderten die aus dem Felsgestein gehauenen, steilen und arg erodierten Stufen hinauf, um den Sonnenuntergang zu sehen.

Am Fuße des Berges stehen manchmal **Elefanten** bereit, um müde Besucher auf einem Umweg nach oben zu bringen (Preis: US$15 hinauf, US$10 hinab). Die beste Besuchszeit für Phnom Bakheng selbst ist der frühe Morgen, denn um diese Zeit hat man den Tempel fast ganz für sich allein – zur Gesellschaft grasen nur einige Elefanten in der Nähe.

Es war keine einfache Aufgabe, den 67 m hohen Naturhügel in ein symbolisches Abbild des Berges Meru zu verwandeln. Stufen und Terrassen wurden ins Berggestein gehauen und mit Sandstein verkleidet. Streng nach den Grundsätzen der hinduistischen Kosmologie wurde rund um den Hügel ein 4 km x 4 km langer quadratischer Graben ausgehoben, von dem 600 m vor Angkor Wat neben der Straße von Siem Reap noch Reste zu erkennen sind. Die Tempelpyramide bestand aus fünf Ebenen mit insgesamt 109 Türmen: 44 Türme standen rund um die Basis, zwölf weitere umrandeten jede Ebene, und die fünf zentralen Haupttürme wurden zum ersten Mal in der Geschichte der Khmer-Architektur in Quincunx-Form – der Gestalt der Zahl fünf auf dem Würfel – angeordnet.

Da der Tempel Shiva geweiht war, enthielt der mittlere Turm als zentrales Heiligtum einen Lingam.

Prasat Baksei Chamkrong

Nur wenige hundert Meter nördlich von Phnom Bakheng steht das einzige Monument aus der Epoche Harshavarmans I.: der kleine und deshalb wenig beachtete Prasat Baksei Chamkrong. Der Shiva und seiner Gemahlin Parvati geweihte Tempel wurde zu Lebzeiten jenes Herrschers nicht fertig gestellt und deshalb 947 von Rajendravarman II. ein weiteres Mal geweiht. Das schlichte Bauwerk besteht aus vier sich verjüngenden, quadratisch geformten Terrassen, deren oberste von einem einzigen Ziegelsteinturm gekrönt wird, der mit Sandsteinstürzen und Säulen verziert ist. Am Türrahmen berichtet eine Sanskrit-Inschrift, dass das Heiligtum ein goldenes Bildnis des Paramenshavara beherbergte (posthumer Name von Jayavarman II.). Von den stark verwitterten Treppen eignet sich die nördliche noch am ehesten für einen Aufstieg auf die oberste Terrasse.

Angkor Thom

„Die Stadtmauer ist im Umfang gewiss mehr als fünf Meilen lang, und sie hat fünf Tore mit jeweils doppelten Portalen ... Draußen erstreckt sich ein breiter Wassergraben, über den mächtige Dämme Zugang zur Stadt gewähren. Vierundfünfzig göttliche Wesen aus Stein, so riesig und Furcht erregend wie Kriegsherren, flankieren die Seiten dieser Dämme ..."

Noch heute ist aus dieser Beschreibung des chinesischen Gesandten Chou Ta-Kuan, der den Khmer-Hof Ende des 13. Jhs. besuchte, die großartige Stadt Angkor Thom zu erkennen (Karte s. S. 188/189). Sie bedeckt ein Areal von 3 x 3 km, das von einem breiten Graben und einer acht Meter hohen Mauer umschlossen ist, die wiederum durch einen breiten Erdwall verstärkt wird. Die Befestigungen wurden auf Befehl Jayavarmans VII., nach einem verheerenden Raubzug der Cham im Jahre 1177, errichtet.

Innerhalb des Stadtbezirks sind zahlreiche Bauwerke erhalten. Im Zentrum steht der Staatstempel **Bayon**, von dessen zahlreichen Türmen riesengroße Gesichter aus Stein herabblicken und der überdies für zwei Mauern mit herausragenden **Flachreliefs** berühmt ist.

Nördlich des Bayon musste Jayavarman VII. seinen königlichen Palast, der größtenteils aus Holz bestand und deshalb nicht erhalten blieb, in eine Lücke zwischen **Baphuon**, dem Staatstempel von Udayadityavarman II., und **Phimeanakas**, dem kleinen Staatstempel von Suryavarman I., zwängen. Vor dem Palast ließ er zwei mächtige, mit wundervollen Steinmetzarbeiten verzierte **Terrassen** errichten, die als Aussichtstribünen für Veranstaltungen auf dem königlichen Platz und dem Paradegelände dienten.

Die Eingangstore

Der Angkor Thom umschließende Wassergraben wird in seiner vollen Länge von einer 8 m hohen Lateritmauer mit Ecktürmen begleitet, die durch einen breiten Erdwall verstärkt wird. Diese Mauer wird von insgesamt fünf **Eingangstoren** durchbrochen – je eines in der Mitte der zu den Himmelsrichtungen ausgerichteten Mauerwände und ein zusätzliches östliches Portal, das Siegestor. Diese Tore haben die Gestalt von äußerst kunstfertigen Gopurams, deren Türme von jeweils vier riesigen Gesichtern des wohlwollenden Bodhisattvas Lokesvara gekrönt werden, die hinaus in die vier Weltrichtungen blicken. Diese Gesichter wurden erst zu einem späteren Zeitpunkt hinzugefügt.

Von Angkor Wat kommend führt der Weg nach Angkor Thom durch das 23 m hohe **Südtor**. Der Besucher fühlt sich unweigerlich beeindruckt von dem 100 m langen Dammweg aus Stein, der von 54 Göttern mit mandelförmigen Augen zu einer Seite und 54 Dämonen mit runden Augen zur anderen flankiert wird. Die meisten Köpfe sind Repliken, da die Originale entweder geraubt oder zur sicheren Aufbewahrung in die Obhut des Amts für Denkmalschutz gegeben wurden.

Sowohl die Götter als auch die Dämonen schultern neunköpfige Nagas, die angeblich den Wohlstand der Stadt beschirmen. Die Basis des Torbaus ist mit Skulpturen von Indra auf dreiköpfigen **Elefanten** verziert. Alle Elefanten tragen aus Stein gemeißelte Lotosblüten in den Rüsseln, die so geschickt zum Boden hinabhängen, dass sie nicht nur als ornamentales Element, sondern zugleich als stützende Säulen der Gesamtskulptur dienen.

Bayon

Vom Südtor führt die Straße 1500 m weit in schnurgerader Linie durch Wald bis zum Bayon. An einem Stand am Süddamm stehen Elefanten zum Preis von US$10 für Ritte vom Stadttor zum Tempel bereit. Besucher, die mit Fahrzeugen am Bayon eintreffen, werden am Haupteingang im Osten abgesetzt und später an der Nordseite des Bauwerks wieder aufgenommen. Die meisten Touristen kommen morgens, da um diese Tageszeit die besten Lichtverhältnisse herrschen.

Das im späten 12. oder frühen 13. Jh. vollendete Meisterwerk der Architektur sollte die Religionen des Landes zusammenführen und auch den Islam in seinen Schoß aufnehmen, der die Religion der soeben unterworfenen Cham war. Geweiht wurde das Bauwerk als buddhistischer Tempel, doch als der Hinduismus zur Staatsreligion erhoben wurde, rissen fanatische Gläubige das Buddhabildnis des zentralen Heiligtums nieder und stürzten es in einen nahen Brunnen.

Bei der Anfahrt von Süden her sieht man von der Straße aus zunächst nicht viel mehr als eine schwer zu definierende, jedoch äußerst imponierende Masse aus dunklem Gestein. Erst nach Überquerung eines Steindamms wird die Vielschichtigkeit des Bauwerks ersichtlich – es sei dahingestellt, ob zufällig oder von den Architekten Jayavarmans VII. so gewollt –, und erst jetzt rücken die 54 Türme mit jeweils vier riesigen Gesichtern des Lokesvara ins Bewusstsein des Besuchers. Bis zum heutigen Tage ist die Frage, warum über 200 solcher Gesichter in ständiger Wiederkehr vom Bayon herabblicken, unbeantwortet geblieben.

Hinter dem Damm führen wenige Treppenstufen hinauf zur **dritten Einfassungsmauer** mit einer Säulengalerie, deren Überdachung längst eingestürzt ist. An den Außenwänden befinden sich dort die ersten **Flachreliefs** des Tempels, die insgesamt in tieferer und groberer Ausführung gefertigt sind als diejenigen an Angkor Wat. Manche Friese sind unvollendet geblieben. Von dort pilgern die meisten Besucher durch die Passage in der Mitte der Südgalerie auf direktem Wege zu den Flachreliefs der **zweiten Einfassungsmauer**, die sich rund 1,50 m über die Ebene der dritten Einfassungsmauer erhebt. Die Steinmetzarbeiten sind auch dort nicht in bestem Zustand.

Wer keine Lust mehr verspürt, nach immer neuen vielarmigen Gottheiten Ausschau zu halten, mag sich getrost mit den Szenen begnügen, die im folgenden Textabschnitt beschrieben sind. Die Flachreliefs beider Galerien sind im Uhrzeigersinn

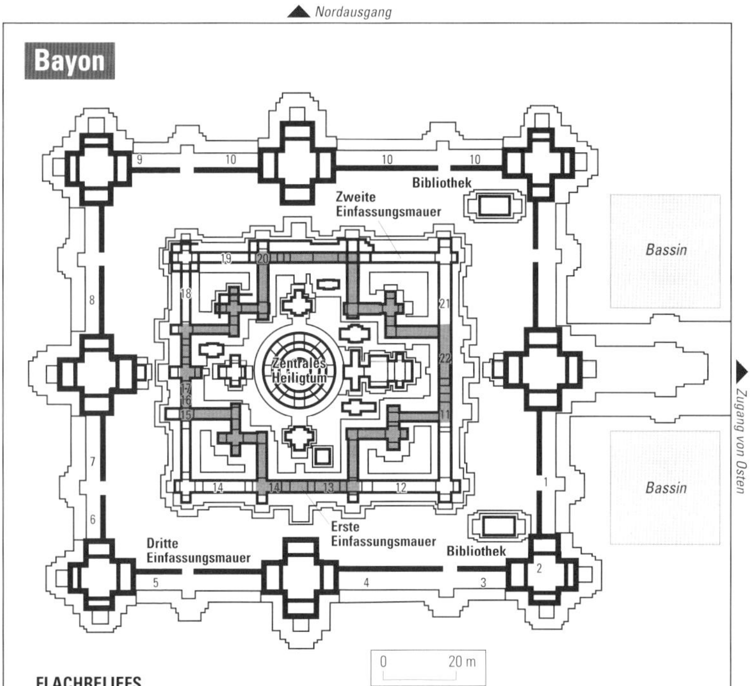

FLACHRELIEFS

Dritte Einfassungsmauer

Militärfeldzug (obere Ebenen)/ Alltagsszenen (untere Ebene)	**1**
Boot	**2**
Seeschlacht zwischen Cham und Khmer (obere Ebenen)/ Alltagsszenen (untere Ebene)	**3**
Siegesfeier	**4**
Armbrust und Katapult	**5**
Asket auf der Flucht vor einem Tiger	**6**
Straßenkampf	**7**
Fisch, einen Hirsch verschlingend	**8**
Zirkusszene	**9**
Kämpfe zwischen Cham und Khmer	**10**

Zweite Einfassungsmauer

König und Asketen, mit Jagdszene	**11**
Berg Meru	**12**
Militärparade/Musiker/Fischer	**13**
Shiva und Vishnu	**14**
Orchester	**15**
Bauszene	**16**
Hahnenkampf	**17**
Das Kirnen des Milchozeans	**18**
Opferszene	**19**
Zehnarmiger Shiva	**20**
Militärparade	**21**
Legende des Leprakönigs	**22**

angeordnet. Der geschilderte Rundgang beginnt am Mittelpunkt der Ostwand.

Flachreliefs der dritten Einfassungsmauer – südliche Hälfte

Vom Osteingang führt der Rundgang zunächst südwärts zu einem auf drei Ebenen dargestellten Militärfeldzug. Auf der oberen Ebene marschieren unbehelmte Soldaten mit kurzen Haaren auf, während die mittlere Ebene Soldaten mit Ziegenbärten und sorgfältig gelegten Frisuren zeigt. Als Begleitung rücken Musikanten und ungesattelte Kavallerie an, und die Kommandanten sitzen (mit Schirmen) auf Elefanten. Nahe der nächsten Tür zum Hof befindet sich der Tross der Truppen – die Karren sehen genauso aus wie diejenigen, die noch heute in Gebrauch sind. Die untere Ebene zeigt höchst interessante Szenen des Alltags und des ländlichen Le-

Bayon: 54 Türme mit je 4 riesigen Gesichtern des Lokesvara

bens, die wie ein getreues Abbild des heutigen Kambodschas erscheinen.

Am unvollendeten **Turm der Südostecke** verdient eine Steinmetzarbeit Erwähnung, die ein rechtwinklig um die Ecke fahrendes Boot zeigt. Hinter der Ecke schildert das schönste Flachrelief des Bayon die **Seeschlacht** von 1177 auf dem Tonle Sap zwischen den Khmer und den Cham. Die von Jayavarman VII. geführten siegreichen Khmer sind barhäuptig dargestellt, während die Kopfbedeckungen der Cham nahezu blumenartig wirken. Zu Beginn der Szenenfolge beaufsichtigt der im Palast sitzende König die Vorbereitungen für die Schlacht. Fische hängen im Gezweig der Bäume, was nach Überschwemmungen in der Regenzeit tatsächlich oft der Fall ist. Unten vermitteln weitere Szenen Einblicke in das Alltagsleben an den Ufern des **Tonle Sap**: Fischreusen, von derselben Gestalt wie die heutigen, hängen von den Decken herab, Spieße werden über Holzkohlefeuern gegrillt, und Frauen entlausen einander.

Nur wenig entfernt amüsieren sich Prinzessinnen am Hof. Rund um sie herum raufen Ringkämpfer, und in der Nähe werden Vorbereitungen für einen Kampf zwischen Wildschweinen getroffen. Dann beginnt die Schlacht: Die Cham verlassen ihre Schiffe, und die Kämpfe verlagern sich ans Land: Die Khmer – kurzhaarig und mit Schnüren um den Körper – haben das Erscheinungsbild von Riesen und tragen (natürlich) den Sieg davon. Im Palast führt Jayavarman VII. höchstpersönlich den Vorsitz über die überschwängliche Siegesfeier.

Im westlichen Bereich der südlichen Mauer wurde nur die untere Ebene fertig gestellt. Eine Szene gibt Einblick in die **Waffenausstattung** der damaligen Zeit: Auf dem Rücken eines Elefanten bedienen Krieger eine Armbrust, und auch ein Katapult auf Rädern ist zu sehen.

Auch viele Reliefs im ersten Abschnitt der Westmauer sind unvollendet. Ungefähr in der Mitte des Frieses erklettert ein Asket auf der Flucht vor einem hungrigen Tiger einen Baum. Kurz hinter dem Tor in der Mitte des Abschnitts tobt ein Straßenkampf – Menschen schwenken ärgerlich die Arme, und oben werden der Menge zwei abgetrennte Köpfe gezeigt.

Flachreliefs der dritten Einfassungsmauer – nördliche Hälfte

Im nördlichen Teil der Westgalerie verdient eine Szene Beachtung, in der mit Stöcken bewaffnete Männer die Feinde mit Rundschilden verfolgen und an einem Becken vorbeikommen, in dem ein großer Fisch einen kleinen Hirsch verschlingt. Hinter der nächsten Ecke ist im westlichen Bereich der Nordwand eine heitere Zirkusszene dargestellt, in der neben den üblichen Jongleuren, Akrobaten und Ringkämpfern auch eine Tierparade mit Nashörnern, Hasen und Hirschen zu sehen ist. Der Abschnitt hinter dem nördlichen Gopuram ist stark verwittert, doch mit ein wenig Mühe und gutem Willen ist zu erkennen, dass die Khmer im weiteren Verlauf der Kämpfe gegen die Cham in Richtung der Berge fliehen. Hinter der Ecke zur Ostgalerie ist die Schlacht wieder in vollem Gange. Selbst Elefanten geraten aneinander – ein Tier versucht einem anderen den Stoßzahn auszureißen.

Flachreliefs der zweiten Einfassungsmauer – südliche Hälfte

Die Darstellungen in den Flachreliefs der zweiten Einfassungsmauer sind schwieriger nachzuvollziehen, da sie von Türmen und Vorkammern in kleinere Friese unterteilt werden. Die meisten Darstellungen haben religiöse und mythologische Bedeutung, und es ist sehr wahrscheinlich, dass nur der König und die obersten Priester sie sehen durften, im Gegensatz zu den Szenen an der dritten Mauer, die auch für die breite Masse zugänglich waren. Obwohl der Bayon als buddhistischer Tempel geweiht wurde, sind interessanterweise zahlreiche Abbildungen von Hindugöttern zu sehen.

Im Vestibül südlich des östlichen Gopurams sind Jagdszenen dargestellt, unter denen der König von Asketen umringt im Palast sitzt. Hinter der Ecke zur Südgalerie ist die Wand ein wenig zerbröckelt, doch der aus dem Ozean aufsteigende Berg Meru ist zu erkennen, an dessen Fuß sich ein riesiger Fisch tummelt. Hinter dem nächsten Turm paradieren Krieger von links nach rechts, während eine Musikantentruppe den Palast verlässt. Darunter wird ein totes Kind in einen Sarg gebettet, und in der Nähe wirft ein Fischer, über dem Apsaras schweben, ein Netz aus seinem Boot aus. Im Abschnitt westlich des südlichen Gopurams erscheinen **Shiva** und **Vishnu** in mehreren (meist stark verwitterten) Szenen.

Ziemlich am Ende dieses Abschnitts sitzt Shiva in seinem Himmelspalast, an dessen Außenseite sich Asketen und Tiere versammelt haben. Im selben Bereich werfen sich Gläubige vor den Gottheiten in den Staub, während nebenan ein Begräbnis stattfindet.

Im Turm vor dem Gopuram der Westgalerie spielt ein Orchester himmlische Musik, zu der Apsaras tanzen. Im folgenden engen Abschnitt zwischen Turm und Gopuram schieben Arbeiter auf Rollen Steine zu den Stellen, an denen sie nach oben befördert werden müssen – seltsamerweise unterhalb einer Vishnu-Darstellung. Unmittelbar vor dem Gopuram folgt eine Hafenszene mit Schachspielern auf einem Boot und einem Hahnenkampf auf einem anderen.

Flachreliefs der zweiten Einfassungsmauer – nördliche Hälfte

Da die ersten Abschnitte hinter dem westlichen Gopuram in äußerst schlechtem Zustand sind, empfiehlt es sich, bis zum Fries vor dem nordwestlichen Eckpavillon weiterzugehen, deren Felder eine weitere Darstellung der Erzählung vom Kirnen des Milchozeans (s. S. 198) zeigen. Im Zentrum des Frieses stemmt Vishnu in Gestalt der Schildkröte Kurma den Berg in die Höhe, während sich Götter und Dämonen nach besten Kräften dem Kirnen widmen.

Die Reliefs hinter der folgenden Ecke in der Nordgalerie sind in besserem Zustand. Im ersten Abschnitt tragen Diener Opfergaben zu einem **Bergheiligtum**, während Gläubige in Booten dorthin übersetzen. In den Bergen sind Elefanten und andere wilde Tiere zu sehen. In der kleinen Kammer des westlichen Tors lohnt sich eine nähere Betrachtung des **Götterpantheons** – umringt von Apsaras, wird ein schöner zehnarmiger Shiva rechts von Vishnu und links von Brahma flankiert. Auch im restlichen Bereich der Nordgalerie sind zahlreiche Gottheiten dargestellt.

Hinter dem nächsten Eckpavillon ist wieder die Ostgalerie erreicht, in deren nördlichem Bereich eine Militärparade auffällt, bei der Musikanten die Kavallerie begleiten und ein sechsrädriger Streitwagen von Brahmas Tragtier, der heiligen Gans Hamsa, befördert wird. Der letzte bemerkenswerte Fries dieser Galerie, unmittelbar vor dem östlichen Gopuram, bezieht sich auf die Legende des **Leprakönigs**, der zufolge sich der König im Kampf mit einer Schlange, die ihn mit ihrem Gift bespritzt, mit Lepra infiziert – Frauen untersuchen besorgt die Hände des Herrschers, während Asketen an seiner Seite über ein Heilverfahren nachsinnen.

Erste Einfassungsmauer und zentrales Heiligtum

Die zweite Einfassungsmauer erweckt den Anschein, neben den Ecktürmen drei weitere Türme pro Seite zu besitzen. Tatsächlich sind diese jedoch bereits Teil der **ersten Einfassungsmauer**, welche die Form eines gezahnten Kreuzes hat, dessen Vorsprünge sich in der zweiten Einfassungsmauer verhaken. Die Anlage verdichtet sich im Bereich der ersten Einfassung, da sich eng nebeneinander Türme, die vier Gesichter tragen, an jeder Ecke des Kreuzes und an den kleinen Heiligtümern erheben.

Auf welchem Weg der Besucher auch immer in den Bereich der ersten Einfassung gelangt, stets findet er sich inmitten eines wahren Waldes von Türmen wieder, deren sich zu allen Seiten wiederholende riesige Gesichter rätselhaft und mit dem Anflug eines Lächelns in die Welt blicken. Im Unterschied zur üblichen Khmer-Architektur ist die untere Terrasse des zentralen Heiligtums mehr oder weniger rund und ringsum mit acht **Meditationskammern** verbunden.

Baphuon

Der Baphuon, Staatstempel von Udayadityavarman II. aus dem 11. Jh., wird zur Zeit restauriert und ist für Besucher gesperrt. Die Arbeiten wurden ursprünglich bereits 1959 aufgenommen, mussten jedoch 1971 wegen des Krieges eingestellt werden und konnten erst ab 1995 wieder beginnen.

Zumindest lohnt sich jedoch ein Bummel über die eindrucksvolle und bereits restaurierte, auf kleinen Steinsäulen thronende Sandsteinpromenade, die von Osten her über eine Strecke von 200 m zur Anlage führt, obwohl die Überreste des Tempelberges wenig Ähnlichkeit mit dem „Bronzeturm“ aufweisen, den Chou Ta-kuan beschrieb.

Im kreuzförmigen Gopuram, der nach oben von einem Lotosblattmotiv abgeschlossen wird, zeigen auffällige viereckige Steinmetzarbeiten die Tierzeichen der chinesischen Astrologie. Ein Pfad um den Außenbereich führt zu einer kleinen Ausstellung, die das Fortschreiten der Restauration erläutert.

Die einst fünfstufige Pyramide besaß Galerien, die um den gesamten Umfang der ersten, zweiten und dritten Ebene verliefen. Die gesamte Länge der Westseite der vierten Ebene wird von einem riesigen **liegenden Buddha** ausgefüllt.

Phimeanakas

Suryavarman I. errichtete seinen kleinen Staatstempel Phimeanakas, den Chou Ta-Kuan als „Turm aus Gold“ beschrieb, auf dem Gelände seines Königspalastes, der demjenigen Jayavarmans VII. vorausging und als erster Palast von Befestigungsmauern umgeben war. Später verschmolz er mit Angkor Thom, das rund 200 Jahre nach dem Phimeanakas entstand. Heute erreichen die meisten Besucher den Tempel nach einem kurzen Spaziergang, der vom Baphuon durch den Dschungel nach Norden führt.

Der dreistufige Laterittempel mit rechteckigem Grundriss besticht durch seine schlichte Ausführung. Beschädigte Elefanten stehen an den Ecken jeder Terrassenebene, und Löwen flankieren die Treppen. Die von Osten her nach oben führende Treppe ist steil und eng, und sie gestattet keinen Zugang zu den ersten beiden Ebenen. Auf der obersten Terrasse führt der Weg rund um eine Galerie, in deren Mitte sich als zentrales Heiligtum ein kreuzförmiger Turm erhebt.

Chou Ta-Kuan berichtet, dass dieses Heiligtum von einem **Geist** bewohnt wurde, der tagsüber die Gestalt einer Schlange annahm und sich nachts in eine wunderschöne Frau verwandelte, die der König allabendlich aufsuchen musste, weil andernfalls Unheil drohte. Nördlich des Tempels befinden sich zwei mit Steinplatten verblendete Badebecken – das größere wurde von Männern, das kleinere von Frauen benutzt.

Elefantenterrasse

Östlich vom Phimeanakas liegt die Elefantenterrasse, ein fabelhafter Fries mit Flachreliefs, der auf über 300 m Länge mit nahezu lebensgroßen Elefanten ausgestattet ist. Die im Profil dargestellten Tiere und ihre Mahouts befinden sich größtenteils auf der Jagd, doch manche Dickhäuter sind auch im Kampf mit Tigern dargestellt. Nach Besichtigung der Elefantendarstellungen lohnt sich der Aufstieg auf die Terrasse, um von oben einen Überblick über das Gelände zu gewinnen. Beachtung verdient eine watschelnde Gänseschar, die dicht am nördlichen Terrassenrand in eine niedrige Mauer gemeißelt ist.

Auf der Elefantenterrasse erhob sich einst der Palast Jayavarmans VII. Die Ausmaße des Palastes markiert eine Lateritmauer, von der nur ein verfallener Gopuram übrig geblieben ist. Die südliche Treppe, die von der Terrasse hinab zum Paradeplatz führt, greift das Thema des Frieses wieder auf, denn sie ist mit dreiköpfigen Elefanten verziert, deren Rüssel sich feinfühlig um Lotosknospen legen. Ein weiterer Fries dieser Terrasse besteht aus **Garudas**, deren ausgebreitete Schwingen den Eindruck erwecken, die Gangmauer ohne jegliche Hilfe stützen zu können.

Terrasse des Leprakönigs

Die sich unmittelbar an die Elefantenterrasse anschließende Terrasse des Leprakönigs soll den Gelehrten zufolge die heilige Stätte für die Einäscherung von Königen gewesen sein. Passend dazu steht auf der Terrasse die kopflose Statue von Yama, dem Herrscher der Unterwelt. Bei der mutwillig zerstörten Skulptur handelt es sich allerdings nur um eine Reproduktion – das Original befindet sich im Hof des Nationalmuseums von Phnom Penh. Lange wurde angenommen, dass die Statue den Leprakönig selbst, in diesem Fall Jayavarman VII., darstellt, der sich einiger Legenden zufolge mit der Krankheit infizierte. Allerdings gibt es keine Hinweise, die diese Annahme bestätigen.

Die eigentliche Sehenswürdigkeit aber sind die beiden vollständig restaurierten Mauern, die dicht hintereinander stehen und bis zu sieben Ebenen hoch in äußerst kunstfertiger Weise mit Göttern, Göttinnen und vielköpfigen Nagas verziert sind. Die Innenwand ist der ältere Teil der Anlage – vermutlich wurde die Außenwand nur errichtet, um oben eine Vergrößerung der Terrasse zu ermöglichen.

Tep Pranam und Preah Palilay

Tep Pranam, 100 m nördlich der Terrasse des Leprakönigs gelegen, geht auf die Regierungszeit Yasovarmans I. im 9. Jh. zurück und erfuhr im Laufe der Jahrhunderte etliche Erweiterungen. Heute lohnt sich der Besuch nur wegen der sechs Meter hohen Statue eines sitzenden Buddhas, die vermutlich aus dem 16. Jh. stammt und aus Teilen, die an der Stätte gefunden wurden, rekonstruiert werden konnte.

Von Preah Palilay, an einem stillen bewaldeten Ort westlich von Tep Pranam, ist nur das zentrale Heiligtum aus Sandstein aus der ersten Hälfte des 12. Jhs. in annehmbarem Zustand. Auch dort befindet sich ein großer sitzender Buddha, der allerdings jüngeren Ursprungs ist.

Prasat Suor Prat und die Kleangs

Gegenüber den königlichen Terrassen restaurieren Archäologen derzeit zwölf zweistöckige Türme aus Laterit und Sandstein, die jeweils an zwei Seiten Türen und an drei Seiten Fenster aufweisen. Sie werden mit dem Sammelnamen Prasat Suor Prat bezeichnet, „Türme der Seiltänzer", doch es ist unbekannt, zu welchem Zweck sie errichtet wurden. Einer Legende zufolge dienten sie als Orte zur Lösung von Streitfragen – betroffene Parteien samt Familien mussten einander gegenüber Platz nehmen und so lange sitzen bleiben, bis eine Seite Anzeichen von Krankheit erkennen ließ und damit (nach dem Urteil der Götter) für entstandene Schäden haftbar war.

Hinter Prasat Suor Prat stehen die Kleangs, zwei – wie der Name „Lagerraum" besagt – große Gebäude, die an Warenschuppen erinnern. Sie haben 1,50 m dicke Wände und sind zu beiden Seiten hin offen. Der Nördliche Kleang ist der ältere von beiden; er wurde gegen Ende des 10. Jhs. vermutlich unter Jayavarman V. oder unter Jayaviravarman errichtet. Den unvollendet gebliebenen Südlichen Kleang ließ wahrscheinlich Suryavarman I. bauen, um die Blickperspektive aus dem Königspalast auszubalancieren.

Aus Angkor Thom heraus führt entweder die Straße zwischen den beiden Kleangs hindurch ostwärts zum **Siegestor** oder der Rückweg zur Terrasse des Leprakönigs und die Fahrt von dort gen Norden.

Thomannon und Chau Say Tevoda

Nur 500 m vom Siegestor entfernt schmiegen sich die kleinen Tempel Thomannon und Chau Say Tevoda in den Dschungel zu beiden Seiten der Straße. Nach weiteren 200 m folgt eine Brücke, die aus behauenen Sandsteinen naher Tempelanlagen errichtet wurde und einst den Siem-Reap-Fluss überspannte – heute wirkt die Brücke fehl am Platz, denn der Fluss hat längst sein Bett verlagert. Wer die Straße verlässt und sich unten neben die Brücke stellt, sieht auf einigen der Steine nicht zusammenpassende Steinmetzarbeiten; die Steine wurden wahrscheinlich von anderen Stätten hergebracht, als die Brücke im 16. Jh. wieder aufgebaut wurde.

Thommanon

Der Vishnu geweihte Thomannon wurde gegen Ende der Regierungszeit Suryavarmans II. im frühen 12. Jh. errichtet. Einst umschlossen eine hohe Lateritmauer und ein Graben die damals von Osten her zugängliche Anlage, doch heute führt eine Straße von Süden her zum Tempelbereich, vor dem Besucher den längst ausgetrockneten Graben durchqueren und über eine zusammengestürzte Mauer klettern müssen.

Das Heiligtum und die Gopurams wurden zuletzt 1935 restauriert und sind in gutem Zustand. Zu den sehenswerten **Steinmetzarbeiten** gehören am nördlichen Ziergiebel des kunstvollen östlichen Gopurams eine Darstellung Vishnus, der an den Haaren eines Feindes zerrt, sowie im zentralen Heiligtum, das durch eine Empfangshalle im Osten zu erreichen ist, anmutige Göttinnen und schöne Blattmotive. Der attraktive westliche Gopuram ist kleiner als sein östliches Gegenstück; winzige menschliche Gestalten zieren die Türsäulen, und am Ziergiebel über der Tür zeigt eine Szene den auf Garuda reitenden Vishnu im Kampf gegen die Dämonen.

Chau Say Tevoda

Auch Chau Say Tevoda, der Schwestertempel des Thommanon, stammt aus der Epoche Suryavarmans II., doch es ist unwahrscheinlich, dass eine der beiden Anlagen vor seinem Tod im Jahre 1150 vollendet war. Kürzlich wurde der stark verwitterte Tempel, der kunstfertiger gestaltet ist als das Gegenstück auf der anderen Straßenseite, von chinesischen Spezialisten restauriert.

Die Stätte, die von einer kaum erhaltenen Lateritmauer umgeben und zu allen vier Seiten mit Gopurams ausgestattet ist, wurde so angelegt, dass der Zugang über einen erhöhten Damm von Osten her erfolgte. Weite Teile der Stätte sind heute abgesperrt, doch Beachtung verdienen die achteckigen Säulen des erhöhten Damms und die stilvollen floralen Verzierungen der langen Halle, die den östlichen Gopuram mit dem zentralen Heiligtum verbindet.

Ta Keo

Der Bau des Ta Keo, des eindrucksvollen Staatstempels Jayavarmans V. am Westufer des Östlichen Baray, begann im Jahre 975, doch der Tempel wurde niemals vollendet. Der Überlieferung zufolge wurden die Bauarbeiten eingestellt, nachdem ein Blitz die Anlage traf, was als unglückseliges Zeichen gewertet wurde. Der vollständig aus Sandstein gebaute Ta Keo weist fast überhaupt keine Ornamentik auf – einer These zufolge soll der verwendete Sandstein ganz besonders hart und deshalb schwer zu bearbeiten sein, doch zierliche Steinmetzarbeiten an der Basis der Pyramide scheinen das Gegenteil zu beweisen. Beste Besuchszeit für das ungewöhnlich spartanisch wirkende Bauwerk ist der frühe Morgen, wenn die Lichtverhältnisse noch keine scharfen Kontraste setzen.

Die Innenseite der östlichen äußeren Einfassungsmauer wird im Norden und Süden von zwei Hallen begleitet, deren Fenster nach innen gerichtet sind. Um die innere Einfassungsmauer verläuft eine Galerie, was einen innovativen Bruch mit früheren Traditionen darstellt. Da sie keinen Eingang hat, wurde die Galerie offenbar nur um der äußeren Erscheinung willen gebaut. Die Fenster der Galerie sind mit Balustern verziert, doch nur diejenigen zur Innenseite gewähren Ausblicke, während die Fenster zur Außenseite hin lediglich auf die unmittelbar dahinter stehende Steinmauer ausgerichtet sind.

Sehr steile Treppen führen auf die nahezu 14 m hohe Pyramide. Die fünf Türme des Heiligtums weisen die bekannte Quincunx-Anordnung auf und sind Shiva geweiht. Von oben schweift der Blick nach Osten über Reisfelder und Buschwerk, da das Östliche Baray längst ausgetrocknet ist.

Ta Prohm

Mächtige Kapokbäume wachsen auf den Terrassen und Mauern von Ta Prohm – ihre gewaltigen Wurzeln umklammern Wände, umrahmen Torbauten und brechen gigantische Steinblöcke auseinander. Keiner der 39 Türme ist unversehrt geblieben, und das teilweise eingestürzte Tempellabyrinth macht es schwierig, einen Rundweg zu planen oder den Grundriss des Bauwerks zu erkennen, das sich über nur eine Ebene erstreckt und im Zentrum drei eng bemessene Bereiche mit Galeriemauern besitzt. Es beeinträchtigt die Besichtigung jedoch nicht im geringsten, wenn die Orientierung verloren geht, denn der Reiz besteht vor allem darin, die ausgetretenen Pfade zu verlassen, über eingestürztes Mauerwerk zu klettern und geduckt durch höhlenartige Galerien zu kraxeln. Die Tempelanlage zieht zahlreiche Besucher an, doch relativ ruhig ist es am frühen Morgen, wenn noch Nebeldunst aus den mit Moos und Flechten überzogenen Steinen aufsteigt, sowie am späten Nachmittag, wenn die Schatten länger werden.

Der unter Jayavarman VII. um 1186 errichtete Ta Prohm war ein der Prajnaparamita geweihtes **buddhistisches Kloster** und beherbergte einst eine Statue dieser Göttin in Gestalt der Königinmutter; Inschriften zufolge standen in den benachbarten Kammern und Nischen weitere 260 Heiligenbildnisse. In der Blütezeit lebten und arbeiteten auf dem Klostergelände 12 000 Menschen, und weitere 80 000 Personen versahen in der näheren Umgebung Aufgaben, die der Versorgung und Erhaltung des Klosters dienten, das seinerseits die 102 Krankenhäuser, die Jayavarman in seinem Königreich einrichtete, mit Verpflegung und Medikamenten versorgte.

Die Stätte

Die meisten Besucher treffen von Ta Keo kommend auf dem Kleinen Rundweg (s. S. 192) ein und betreten die Anlage im Westen, doch nordwestlich von Banteay Kdei zweigt ein Pfad von der Straße ab, der den ursprünglich gebräuchlichen Zugang von Osten her ermöglicht. Der Zugangsweg von Westen windet sich unter gigantischen Bäumen rund 300 m weit von der Straße weg bis zu einem zusammengestürzten Damm, der über einen Graben zum verfallenen westlichen Gopuram führt, von dem die vier großen Gesichter eines Bodhisattvas herabblicken. Hinter dem Gopuram erreicht man über einen gepflasterten Dammweg, neben dem Teile zerstörter Statuen und die Trümmer einer Naga-Balustrade liegen, die drei zentralen Einfassungen, welche die Form von **Galerien** haben. Es lohnt sich, ein wenig an der dritten Einfassungsmauer zu verweilen und dem recht gut erhaltenen Gopuram sowie dem Dach seiner Säulengalerie nähere Beachtung zu schenken.

Verstreut im Bereich der zweiten und ersten Einfassung (besonders im Norden und Osten) befinden sich einige der am häufigsten fotografierten **Bäume** des Landes. Kaum jemand verkneift es sich, für ein Foto vor dem Baum zu posieren, der sich quer über die Nordseite der Galerie der zweiten Einfassung legt – beim Klettern ist allerdings Vorsicht geboten, denn die Schritte täglich hunderter Touristen haben das Gestein abgenutzt und rutschig gemacht. Die Erforschung der Galerien und die Suche nach immer neuen Blickwinkeln auf den würgenden Griff der Baumwurzeln nehmen viele Besucher so sehr gefangen, dass sie das zentrale Heiligtum mit den zusammengestürzten Ecktürmen gar nicht mehr sehen. Die Steinmetzarbeiten an den Bauwerken sind bemerkenswert gut erhalten, fast so als wolle die Natur durch Schonung der Details eine Entschädigung für die von ihr angerichteten Zerstörungen anbieten. Das Innere des Heiligtums ist leer, doch kleine Verankerungslöcher in den Wänden beweisen, dass es einst mit Holz- oder Metallfriesen ausgestattet war.

Banteay Kdei

Wenn nur wenig Zeit für Besichtigungen zur Verfügung steht, kann Banteay Kdei, die unter Rajendravarman II. Mitte des 10. Jhs. erbaute „Zitadelle der Zellen", getrost zugunsten der in weiten Teilen ähnlichen Anlage Ta Prohm aus dem Programm gestrichen werden. Die unter Jayavarman VII. in ein Kloster umgewandelte Stätte erfüllte diese ihr zugedachte Funktion fast ununterbrochen bis in die 60er Jahre des vergangenen Jahrhunderts, so dass sie von der vordringenden Natur relativ unberührt geblieben ist. Dennoch sind größere Teile des Mauerwerks eingestürzt, was Experten der Verwendung schlechten Gesteins in Verbindung mit laienhaften Bautechniken zuschreiben.

Der Zugang nach Banteay Kdei erfolgt von Osten her durch einen kreuzförmigen Gopuram mit Lokesvara-Gesichtern. Einst war die Stätte durch einen gepflasterten Weg, an dem Rasthäuser für Pilger standen, mit dem gegenüberliegenden Königsbad Srah Srang verbunden – etliche Pflastersteine liegen noch heute in der Nähe des künstlichen Beckens. Ein 300 m langer Spaziergang durch Wald endet an den Überresten eines Lateritdamms, der über einen Graben zur **Halle der Tanzmädchen** führt, die ihren Namen von den Apsara-Reliefs an den Säulen hat.

Der vollständig aus Sandstein gebaute zentrale Komplex besitzt keine Pyramide, da die Anlage niemals ein Staatstempel war. Die Wände sind kunstfertig mit geschmackvollen Blattmotiven verziert, und in den unteren Nischen sind reizende Statuen von Göttinnen erhalten geblieben. Weniger Glück war den Buddhastatuen in den oberen Nischen beschieden, denn die meisten von ihnen wurden zerstört. Bei den beiden Galerien, die rund um das Hauptheiligtum verlaufen und durch Korridore miteinander verbunden sind, handelt es sich um die ersten beiden Einfassungsmauern.

Srah Srang und Prasat Kravan

Das königliche Bad Srah Srang, östlich vom Banteay Kdei, wurde vermutlich von Kavindramantha angelegt, der sich als General und Architekt hervortat und die Tempelbauten des Östlichen Mebon und des Pre Rup konzipierte. Das für Rajendravarman II. ausgeschachtete Becken hatte zunächst nur einfache Eindeichungen aus Erde. Eine Vorschrift untersagte der einfachen Bevölkerung, ihre Elefanten hinüberzutreiben und sie im Wasser zu baden. 200 Jahre später ließ Jayavarman VII. die Ufer mit Sandstein verblenden und eine königliche Terrasse anlegen, von der sich schöne Ausblicke auf die Wasserfläche boten. Noch heute sind die Reste eines gepflasterten Damms mit seitlichen Naga-Balustraden zu sehen, der einst das Bad mit Banteay Kdei im Westen verband.

Südlich von Banteay Kdei steht das selten besuchte „Kardamom-Heiligtum" Prasat Kravan, das aus fünf Ziegel- und Sandsteintürmen besteht, die nebeneinander aufgereiht auf einer niedrigen Terrasse im freien Feld stehen. Die Anlage besticht durch ihre zurückhaltende Schlichtheit und besitzt mehrere bemerkenswerte Reliefs. Der insgesamt gute Zustand ist auf Restaurierungsarbeiten zurückzuführen, für die überwiegend originale Ziegel verwendet wurden. Das Heiligtum wurde um 921 unter Harshavarman I. geweiht, doch es ist unklar, wer den Bauauftrag erteilte.

Das Vishnu geweihte zentrale Turmheiligtum ist mit männlichen Wächterfiguren verziert, die sich in Nischen der Außenwand befinden, doch besondere Beachtung verdienen die Ziegelreliefdarstellungen Vishnus im Inneren, welche die Gottheit in unterschiedlichen Erscheinungsformen zeigen. Eine Szene präsentiert ihn auf seinem Tragtier Garuda, eine andere in seiner Inkarnation als Zwerg, der zu kosmischer Größe heranwächst und mit drei Schritten das Universum durchschreitet. Eine recht verwitterte Darstellung des achtarmigen Vishnu war einst wahrscheinlich mit Stuck bedeckt und bemalt. Der nördlichste Turm ist Vishnus Gemahlin Lakshmi geweiht, der Göttin des Reichtums und des Glücks – drinnen zeigt eine äußerst kunstfertige Reliefarbeit die Göttin barbusig und mit plissiertem Sampot, flankiert von zwei knienden Bewunderern und umringt von Blattgirlanden und anderem Hängezierrat.

Pre Rup

Am Königsbad Srah Srang zweigt der Große Rundweg ab, der zunächst Richtung Osten durch Reisfelder und Buschwald führt, bis die Türme von Pre Rup ins Blickfeld geraten. Der Name bedeutet wörtlich übersetzt „Wenden des Körpers", was als Hinweis auf ein Verbrennungsritual zu verstehen ist. Der um 962 für Shiva geweihte Staatstempel Rajendravarmans II. besteht vorwiegend aus Laterit und Ziegelstein, die ihm eine Wärme verleihen, die Sandsteinmonumente kaum erreichen können.

Der archetypische Tempelberg Pre Rup präsentiert sich in seiner vollen Pracht von Westen her, wo er sich gegen die Reisfelder abhebt. Der zerfallene östliche Gopuram führt in den Bereich der zweiten Einfassung, deren Ostseite von zwei Gruppen hoher **Ziegeltürme** nahezu ausgefüllt ist – in der nördlichen Gruppe ist Platz für einen dritten Turm, der niemals gebaut wurde. Lange Hallen, die heute überwiegend in Trümmern liegen, säumten den Rand der ersten Einfassungsmauer und erweckten den Eindruck einer Galerie, obwohl Pre Rup als letzter Tempel ohne eine solche gebaut wurde. Direkt hinter dem Eingang zu dieser Einfassung steht ein kleiner Steinbottich, der lange Zeit als Ritualobjekt für Einäscherungen betrachtet wurde, doch inzwischen hält die Fachwelt ihn eher für den Sockel einer Statue. Die auf drei Ebenen angeordneten Löcher in den Bibliotheken aus Ziegelstein, die den Zugang zum Zentralbereich säumen, dienten der Ventilation. In der Nordostecke der Einfassung steht – ungewöhnlich für Angkors Anlagen – ein kleines rechteckiges Lateritgebäude, das zu allen Seiten offen ist und vielleicht einst eine Stele beherbergte.

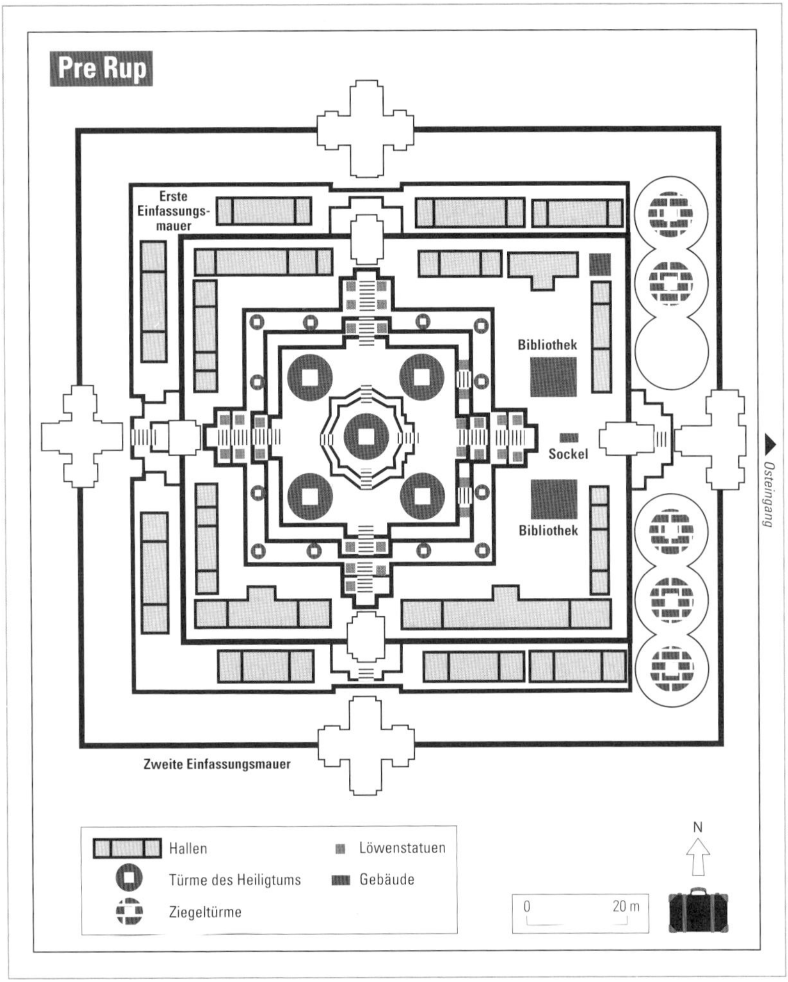

Von Löwen bewachte Treppenaufgänge führen auf allen vier Seiten die **Pyramide** hinauf, deren niedrigste Ebene von zwölf symmetrisch platzierten kleinen Schreinen umgeben ist. Auf der Ostseite führen von der mittleren Ebene zwei zusätzliche Treppen nach oben, doch der Zugang zu ihnen ist versperrt, da sie sich unmittelbar hinter den kleinen Heiligtümern befinden. Die Reliefs an den westlichen Türmen im Zentrum zeigen **Göttinnen**, zu denen eine weibliche Erscheinung Brahmas gehört – man findet sie am Südwestturm, an dem noch Überreste des sandigen weißen Stucks zu sehen sind, mit dem die Türme einst verkleidet waren. Das zentrale Turmheiligtum und die Osttürme sind mit **männlichen Figuren** verziert. Von oben schweift der Blick über ein dichtes Dach aus Baumwipfeln bis hin zu den Türmen Angkor Wats am westlichen Horizont.

Östlicher Mebon

Der 953 unter Rajendravarman II. errichtete Östliche Mebon erweckt den Anschein eines Staatstempels, doch er wurde zu Ehren der Eltern des Königs errichtet und schließlich Shiva geweiht. Der Tempel steht einsam inmitten von Reisfeldern, nachdem sein Standort einst eine Insel im heute trockenen Östlichen Baray war. Die breiten Treppen, die zur ausgedehnten Lateritterrasse führen, waren einst Landestege, denn damals war der Tempel nur mit Booten zu erreichen.

Die fast lebensgroßen **Elefantenstatuen** an den Ecken der beiden Tempelebenen erfüllten die Funktion von Wächterstatuen und blicken deshalb nach außen. Am Türsturz des westlichen Gopurams der äußeren Einfassungsmauer, die von mehreren zerfallenen Meditationshallen gesäumt wird, welche einst Holzdächer besaßen, zeigt eine gut erhaltene Steinmetzarbeit Vishnu in seiner Inkarnation als **Mensch-Löwe**, der den Leib des Dämonenkönigs auseinander reißt.

Paarweise flankieren Türme aus Ziegelstein und Sandstein, deren falsche Türen mit schönen Blattmotiven verziert sind, die Treppen zur ersten Einfassung. Im Innenhof stehen fünf rechteckige fensterlose Lateritgebäude, die nach Westen hin offen sind und deren Zweck im Dunkeln liegt. Die fünf zentralen Ziegeltürme des Heiligtums waren ursprünglich mit Stuck verziert, was die runden Löcher bezeugen, die zur Verankerung des Überzugs dienten. Auch die **Steinmetzarbeiten** an den Sandsteinstürzen lohnen einen näheren Blick: An der Ostseite des zentralen Turmheiligtums ist Indra auf einem dreiköpfigen Elefanten zu sehen, im Süden sitzt Shiva auf Nandi, im Westen reitet Skanda auf einem Pfau, und an der Ostseite des nordwestlichen Turms hockt Ganesha auf seinem eigenen Rüssel.

Ta Som

Ta Som wurde im 12. Jh. von Jayavarman VII. errichtet und dessen Vater gewidmet. In jüngerer Zeit diente die Anlage den Roten Khmer als Rückzugsort. Insgesamt ist der kleine buddhistische Tempel arg in Mitleidenschaft gezogen worden, doch viele Verzierungen sind noch in annehmbarem Zustand. Die Stätte hat ihren Charme bewahrt und wirkt wie eine verkleinerte Ausgabe von Ta Prohm ohne Touristenhorden.

Besucher betreten die Anlage durch den Gopuram im Westen, von dem zu allen vier Seiten die mystischen Gesichter von Boddhisattvas herabblicken. Hinter dem breiten Graben umschließt eine Galerie das Hauptheiligtum, dessen äußere Nischen bezaubernde Apsaras schmücken. Einige dieser Figuren sind recht ungewöhnlich gestaltet: Eine Dame wringt ihr nasses Haar aus, und eine andere hält einen Vogel in ihrer winzigen Hand.

Das **Heiligtum** selbst besteht aus einem allmählich zerbröckelnden kreuzförmigen Turm und ist am besten von Norden her zu erreichen, da aus dieser Richtung weniger Kletterei über Geröll und Schutt erforderlich ist. Bevor man die Stätte verlässt, lohnt sich ein Abstecher zum **östlichen Gopuram**, dessen mächtige Boddhisattva-Gesichter von den Wurzeln eines gewaltigen Kapokbaumes umklammert werden.

Neak Pean

Der ursprünglich auf einer Insel im Nördlichen Baray stehende Neak Pean (wörtlich: sich ineinander windende Schlangen) hat eine ungewöhnliche Gestalt: Im Zentrum eines großen Beckens erhebt sich ein einzelner Turm, der von vier kleineren, durch Gehwege miteinander verbundenen Becken umgeben ist. Die Gelehrten streiten über die dahinter verborgene Symbolik. Die populärste These besagt, dass Neak Pean als Repräsentation des mythischen Himalaya-Sees Anavatapa gebaut worden sei, dessen Wasser wundersame Heilkraft besitzen soll. Vielleicht aber befand sich an diesem Ort auch eine Mineralquelle, an der Pilger Wasser holten.

Abgesehen von der kleinen Insel mit dem heiligen Turm befindet sich im 70 m^2 großen Hauptbecken die dreidimensionale Statue eines Pferdes, an dessen Flanken sich menschliche Gestalten klammern. Der Legende zufolge verwandelte sich Lokesvara in das Pferd Balaha, um gestrandete Kaufleute zu retten, die auf einer Insel vor Sri Lanka von einer Dämonin bedroht wurden.

Es ist ein beschaulicher Ort, an dem mitunter Musiker den Besuchern mit Gongs und Trommeln klassische Khmer-Musik *(pinpeat)* vorspielen. In der Regenzeit füllt sich das Becken zuweilen mit Wasser, doch die restliche Zeit des Jahres ist es morastig, so dass der nach Osten offene und von einer Lotosblume gekrönte Turm nicht leicht zu erreichen ist. Doch selbst wenn man nicht zur Insel gelangt, sind die Treppenstufen zu erkennen, die von steinernen Schlangen gebildet werden, die sich um die Basis des Turms winden – daher der ungewöhnliche Name.

Als die Stätte noch als Tempel genutzt wurde, speiste das Hauptbecken die kleineren Nebenbecken mit Wasser. Zu allen vier Himmelsrichtungen wurde Wasser durch zeremonielle Wasserspeier geleitet, unter denen sich die Pilger begießen konnten. Die Wasserspeier haben die Form von Köpfen: ein Mensch im Osten, ein Pferd im Westen, ein Löwe im Süden und ein Elefant im Norden.

Preah Khan

Jayavarman VII. ließ Preah Khan an der Stätte der früheren Königsstadt Jayasri errichten, und der Herrscher lebte dort während des Wiederaufbaus von Angkor Thom nach der Plünderung durch die Cham im Jahre 1177. Jayavarman II. soll ein **heiliges Schwert** – so die Übersetzung des Tempelnamens – mit großem Zeremoniell an seinen Nachfolger überreicht haben, und bis heute glauben die Kambodschaner, dass der Besitzer dieses Schwertes rechtmäßigen Anspruch auf den Thron des Landes hat – eine Replik des Schwertes wird angeblich im Königspalast von Phnom Penh sorgsam unter Verschluss gehalten.

Die Tempelstätte diente eine beträchtliche Zeit als **Kloster** und **Universität**. In ihrer Funktion als Hochschule beschäftigte sie über 1000 Dozenten und im Umfeld insgesamt 97 840 Hilfskräfte – eine Inschrift besagt, dass täglich zehn Tonnen Reis angeliefert wurden, die 10 000–15 000 Menschen sättigten. Im Jahre 1191 aber erhielt Preah Khan die Weihe zum interkonfessionellen Tempel, in dem Gläubige neben Buddha, Shiva und Vishnu insgesamt 282 weitere Götter verehrten, die zum Teil in der Verkörperung von lokalen Würdenträgern und

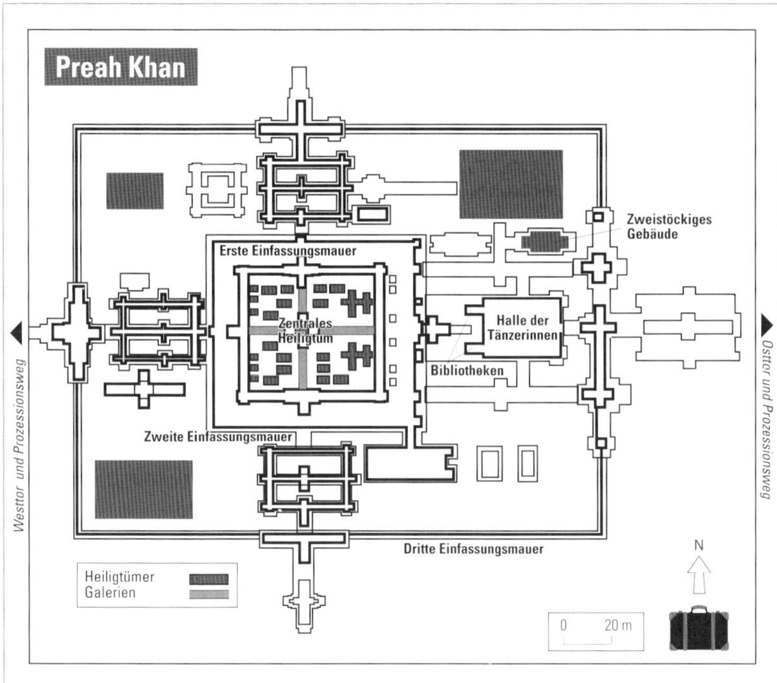

Verwitterter Steinkopf im Tempel Preah Khan

Nationalhelden auftraten. Die Hauptgottheit aber blieb Lokesvara, der in der Gestalt des Königsvaters im zentralen buddhistischen Heiligtum verehrt wurde.

Der halb verfallene Zustand und das inmitten von majestätischem Dschungel mit Algen und Flechten überwucherte Gestein verleihen der Anlage heute ein nahezu verzaubertes Erscheinungsbild. Manche Experten schreiben den verkommenen Zustand der unsachgemäßen Konstruktionsplanung zu – der dicht mit Heiligtümern und Korridoren angefüllte Zentralbereich wurde zu zahlreichen Gelegenheiten erweitert. Die wichtigsten Korridore sind größtenteils von Schutt und Geröll befreit, doch Absperrungen verhindern die nähere Erkundung von Seitenkorridoren und Innenhöfen.

Um einen guten Überblick über das Gewirr der Ruinen zu gewinnen, empfiehlt es sich, auf dem Hinweg in gerader Linie durch die Anlage zu gehen und auf dem Rückweg kleine Abstecher in verschiedene Richtungen zu unternehmen.

Die Stätte

Der **Zugang** nach Preah Khan – der Anlage unmittelbar nördlich von Angkor Thom mit vier Einfassungsmauern, einem Graben sowie Gopurams und Dämmen in jeder Himmelsrichtung – erfolgt heutzutage in der Regel vom Großen Rundweg im Westen her. Die äußere Einfassungsmauer aus Laterit ist im Abstand von jeweils fünfzig Metern mit großen Garudas dekoriert. Der eigentliche Tempelbereich beginnt erst nach einem 500 m langen Prozessionsweg, den zeremonielle Laternen säumen. Einst standen dort in Nischen Buddhabildnisse, die jedoch hemmungsloser Zerstörungswut ausgesetzt waren, als der Hinduismus zur Staatsreligion wurde. Unterwegs vermittelt eine Ausstellung in einem kleinen Pavillon Einblicke in die laufenden Restaurierungsmaßnahmen.

Innerhalb der stillen **dritten Einfassung** stehen mehrere Sakralbauten, die von mächtigen Kapokbäumen umklammert werden. Prächtige **Steinmetzarbeiten** zieren die Mauern der Haupttempel in der ersten Einfassung; Blumenmotive und Ornamentbänder beleben die dortigen Säulen.

Verstreut über die Anlage stehen über 20 kleine Schreine, die einst Heiligenbildnisse von Shiva oder Vishnu beherbergten – weitere Bildnisse befanden sich in den Nischen der umlaufenden Galerie. Im Süden stehen die Heiligtümer früherer Könige. Nach der Tempelweihe platzierte Yasovarman II. die

Statue einer Gottheit im zentralen Heiligtum, die Jayavarman VII. später austauschen ließ.

Das **zentrale Heiligtum** ist leicht an einem kuppelförmigen Stupa zu erkennen, der erst im 16. Jh. hinzugefügt wurde. Weitaus schwieriger zu finden sind im verfallenen nördlichen Bereich die kunstfertigen Bildnisse der Schwestern **Indradevi** und **Jayadevi**, die beide Gemahlinnen von Jayavarman waren – der örtliche Führer oder die Tempelwächter kennen sicher den Weg dorthin.

Zu den erhaltenen Baustrukturen im östlichen Bereich der **zweiten Einfassung** gehören eine Terrasse mit umlaufenden Säulen und feinsinnig gemeißelten tanzenden Apsaras sowie ein zweistöckiges Gebäude im Nordosten, in dem vermutlich das heilige Schwert aufbewahrt wurde.

Westliches Baray und Westlicher Mebon

Von Siem Reap nur über die Flughafenstraße zu erreichen ist Angkors riesiges Westliches Baray, das Suryavarman I. auf 8 km Länge und 2,2 km Breite ausheben ließ. Experten schätzen, dass 6000 Männer über drei Jahre für die Ausschachtungsarbeiten benötigten. Das Staubecken wurde 1957 restauriert und ist im Gegensatz zum Östlichen Baray im gesamten Jahresablauf mit Wasser gefüllt, was zur Folge hat, dass die Einheimischen gerne zum Picknicken und Schwimmen kommen. Im südlichen Freizeitgebiet säumen Hütten, in denen man rasten kann, das Ufer, und dort werden zum Preis von US$5 auch Boote vermietet, mit denen man zum Westlichen Mebon rudern kann.

Der Inseltempel aus der Mitte des 11. Jhs. wird Udyadityavarman II. zugeschrieben, doch nur wenig ist erhalten geblieben. Lediglich die östlichen Türme mit kleinen rechteckigen Verzierungen, die Tierfiguren zeigen, sind in leidlich gutem Zustand. Die Insel war einst durch einen Damm mit dem Ufer verbunden und von einer rechteckigen Mauer mit drei Pavillons auf jeder Seite umschlossen, aus deren Fenstern sich Ausblicke auf das Baray öffneten.

Hauptheiligtum dieses Tempels war die große Bronzeskulptur eines liegenden **Vishnu**, die heute in Phnom Penhs Nationalmuseum ausgestellt ist.

Roluos-Gruppe

Eine Tempelgruppe 12 km östlich von Siem Reap abseits der RN 6 wird in Anlehnung an den Namen des nahen Dorfes als Roluos-Gruppe bezeichnet. Die Gruppe erstreckt sich über das Gebiet der ehemaligen Königsstadt Hariharalaya und besitzt einige der frühesten Monumente der Angkor-Periode. Am einfachsten zu erreichen sind drei Tempel aus Ziegelstein und Sandstein, die Indravarman I. und sein Sohn Yasovarman I. im späten 9. Jh. errichten ließen und die ausnahmslos mit fein dekorierten Säulen und Türstürzen ausgestattet sind: Der **Bakong** ist der erste Staatstempel der Angkor-Periode, am **Lolei** finden sich vorzüglich erhaltene Sanskrit-Inschriften, und am **Preah Ko** haben äußerst anmutige Steinmetzarbeiten die Zeiten überdauert, obwohl der Tempel zu Angkors ältesten Anlagen zählt.

Preah Ko

Der Preah Ko wurde 879 unter Indravarman I. zu Ehren seiner Vorfahren und seines indirekten Vorgängers Jayavarman II. errichtet. Der Zugang zum nahezu quadratischen Tempelbereich erfolgt von Osten her durch einen zerfallenen Laterit-Gopuram mit Sandsteinsäulen in der zweiten Einfassungsmauer (die dritte und äußere Mauer ist nahezu verschwunden) und über eine allmählich zerbröckelnde Terrasse. Das interessanteste Gebäude innerhalb der zweiten Einfassung ist ein rechteckiger Ziegelbau mit Löchern in den Wänden, der als Bibliothek oder Krematorium gedient haben dürfte. Nähere Beachtung verdienen die **Friese mit Asketen** in den Nischen über den Löchern.

Auf einer niedrigen Plattform im Zentrum des Tempels stehen in zwei Gruppen Türme aus Ziegelstein und Sandstein. **Heilige Bullen** – die leider mutwillig beschädigt wurden – bewachen jeden der drei vorderen Türme, die den väterlichen Vorfahren des Königs geweiht waren und mit männlichen Wächterfiguren verziert sind. Entsprechend waren die drei kleineren hinteren Türme, die asymmetrisch auf der Terrasse stehen, den mütterlichen Vorfahren geweiht und sind mit weiblichen Wächterfiguren geschmückt.

Unter den falschen Türen stellt diejenige an der Westseite des mittleren hinteren Turmes eine Besonderheit dar, da sie aus einfachen Ziegelsteinen besteht, während alle anderen aus geschmackvoll behauenem Sandstein gestaltet sind. Beachtung verdienen die Blattmotive sowie die floralen und geometrischen Muster der Bildhauerarbeiten an den achteckigen Türsäulen, die zu den schönsten Werken der gesamten Khmer-Kunst zählen. Herrlich mit Girlanden und diversen *kala*-Darstellungen ausgestaltet sind auch die Türstürze, an denen Reste einer ehemaligen Stuckbeschichtung zu sehen sind.

Bakong

Der unter Indravarman I. errichtete und im Jahre 881 Shiva geweihte Bakong gilt als erster Staatstempel der Angkor-Periode. Das zentrale Heiligtum wurde in kongenialer Weise erst 250 Jahre später hinzugefügt und ist in bemerkenswert gutem Zustand, nachdem es 1940 unter Verwendung von originalen Materialien restauriert wurde.

Der Tempel hat vier Einfassungen, jedoch nur drei Einfassungsmauern – die äußere Einfassung, in der zwischen Dschungel und Reisfeldern die Überreste von 22 Ziegeltürmen zu finden sind, bildet Teil des **Wassergrabens**. Unweit des Parkplatzes und der Erfrischungsbuden befinden sich als einzige Überreste innerhalb der dritten Einfassung die Trümmer eines Dammes mit Naga-Balustrade.

Da sich auch innerhalb der zweiten Einfassung keine bedeutenden Anlagen befinden, führt der Weg ohne weitere Verzögerung zu den zerfallenen Bauwerken der **ersten Einfassung**. Besonders augenfällig sind die ansehnlichen rechteckigen Ziegeltürme, die von einer Gruppe aus acht Bauwerken erhalten geblieben sind. Die falschen Türen aus Sandstein sind mit schönem Schnitzwerk versehen. Eine Tür des Nordostturms ist sogar mit falschen Klinken ausgestattet. Zwei rechteckige Gebäude mit Ventilationslöchern in den Wänden dienten womöglich als Krematorien.

Die **Pyramide** im Zentrum der Einfassung hat fünf Terrassen, auf denen sich ein einzelner Turm erhebt. Die vierte Terrassenebene wird rundum von zwölf kleinen Sandsteintürmen gesäumt, die einst Lingams beherbergten, heute jedoch leer sind.

Lolei

Der heute auf dem Gelände einer modernen Pagode stehende Tempel Lolei erhob sich ursprünglich auf einer künstlichen Insel inmitten des **Indratataka Baray**, doch seit dieses Becken ausgetrocknet ist, erstrecken sich ringsum Reisfelder. Der Shiva geweihte Tempel war den Eltern und mütterlichen Großeltern Yasovarmans I. gewidmet und besaß vier Ziegeltürme. Obwohl ein Turm zusammengestürzt ist und die anderen drei unaufhaltsam zu zerbröckeln scheinen, lohnt sich der Besuch vor allem wegen der sehr gut erhaltenen Sanskrit-Inschriften in den Torbauten der hinteren Türme, die Aufschluss über die Dienstpläne der Tempeldiener geben.

Banteay Samre

Östlich von Phum Pradak, einem Dorf 12 km nordöstlich von Siem Reap, liegt abseits der berühmten Stätten – und nur über eine fürchterliche Straße zu erreichen – die Tempelanlage Banteay Samre. Der aufwendigen Anfahrt wegen finden nicht viele Besucher den Weg dorthin, obwohl die Anlage, die nach dem Volksstamm der Samre benannt ist, der einst in der Nähe von Phnom Kulen siedelte, ausgezeichnet restauriert ist. Es wurden keine Inschriften entdeckt, die eine zeitliche Zuordnung des Tempels ermöglichen würden. Der Architekturstil legt jedoch die Vermutung nahe, dass er ungefähr zeitgleich mit Angkor Wat gegen Mitte des 12. Jhs. entstand.

Banteay Samre hebt sich von Angkors anderen Tempeln durch **zwei Gräben** innerhalb der Anlage ab. Der Zugang zum Tempel, der von einer hohen Lateritmauer mit kreuzförmigen Gopurams zu allen Himmelsrichtungen umschlossen wird, erfolgt über einen 200 m langen Damm, der ursprünglich von einer Naga-Balustrade gesäumt war. Durch den östlichen Gopuram führt der Weg in eine offene Galerie, deren reihenförmig angeordnete Sandsteinsäulen einst Teil eines überdachten Ganges waren, der rund um den gesamten Innenbereich verlief. Der sich anschließende vertiefte und gepflasterte Bereich war einst der erste Graben, der zugleich die zweite Einfassung bildete. Am Mauerwerk sind verschiedene Szenen aus dem Ramayana dargestellt: die Belagerung Lankas an den Ziergiebeln eines Gopurams; der Kampf zwischen Rama und Ravana am Ostturm; Rama auf Hanumans Schultern am Nordturm.

Hinter dem Graben schließt sich unverzüglich ein weiterer kreuzförmiger Gopuram an, dessen nördliche und südliche Vorhallen in einen rundum verlaufenden erhöhten Wandelgang übergehen, der die beiden Gräben trennt. Wie eine Insel erhebt sich aus dem inneren Graben das **zentrale Heiligtum**, das durch eine Halle mit dem östlichen Gopuram und somit auch mit dem Wandelgang verbunden ist. Als noch Wasser die beiden Gräben füllte, waren die beiden **Bibliotheksgebäude** nur mit dem Boot zu erreichen.

Banteay Srei und Kbal Spean

Banteay Srei, 30 km nordöstlich von Siem Reap gelegen, zieht selbst tempelmüde Besucher leicht in seinen Bann. Der aus feinkörnigem rötlichem Sandstein gebaute Tempel ist mit Verzierungen ausgestattet, die alle anderen Monumente Angkors an Kunstfertigkeit und Feinsinnigkeit übertreffen. Die Wände, falschen Türen, Türstürze und hoch aufstrebenden exotischen Ziergiebel sind reichhaltig mit Blumenmotiven und Ramayana-Szenen geschmückt. Mit nur einer Ebene wirkt das Bauwerk im Vergleich zu den anderen Staatstempeln der Region ausgesprochen winzig. Nur wenig weiter von Siem Reap entfernt besteht in Kbal Spean die Möglichkeit zu einer Wanderung am Fluss entlang, in dessen Bett kunstvoll gestaltete Szenen mit Hindugöttern und heiligen Lingams eingemeißelt sind.

Banteay Srei ist von Siem Reap auf guter Straße leicht zu erreichen; zum Eintritt wird der Angkor-Wat-Pass benötigt. Auf dem Weg nach Kbal Spean erreicht man 5 km hinter Banteay Srei einen Militärposten westlich der Straße, an dem der Motofahrer anhalten muss, denn von dort geht ein Soldat mit durch den Wald. Besucher dürfen keinesfalls den Weg verlassen, denn die Gegend ist noch immer stark vermint. Für den Besuch von Kbal Spean ist kein Angkor-Pass erforderlich, doch es werden US$5 Eintrittsgebühren fällig. Vor dem Eingang von Banteay Srei halten einige akzeptable Restaurants Erfrischungen bereit.

Banteay Srei

Kein König, sondern zwei lokale Würdenträger ließen Banteay Srei errichten: ein Lehrer namens Yajnavaraha, der das Vertrauen des Königs besaß, sowie dessen Bruder. Rajendravarman II. übertrug ihnen das Land und erteilte die Erlaubnis zum Tempelbau, doch obwohl das Heiligtum bereits im Jahre 967 Shiva geweiht wurde, erfolgte die Fertigstellung des Kleinods erst unter Jayavarman V. Die Stätte wurde in den 30er Jahren des 20. Jhs. restauriert.

Der Grundriss des Tempels ist relativ einfach, denn er besteht im Wesentlichen aus drei Einfassungsmauern, einem inneren Graben und drei heiligen Türmen im Zentrum der Anlage. Der östliche Gopuram, der in den Tempelbereich führt, wirkt seltsam abgelegen, weil es um ihn herum niemals eine Einfassungsmauer gab, doch die folgenden Gebäude werden einer „vierten" Einfassung zugeordnet. Die Besichtigung wird durch die ständig vorbeiziehenden Touristenscharen leider beeinträchtigt, doch man sollte sich dennoch genügend Zeit gönnen, um die sehr schönen bildhauerischen Arbeiten zu würdigen, so etwa die wundervolle **Steinmetzarbeit** über der Außenseite des Osttores, die Indra, den Wächter der östlichen Weltsphäre und König der Götter, auf dem dreiköpfigen Elefanten Airavata zeigt.

Vom Gopuram führt ein gepflasterter **Prozessionsweg** 75 m nach Westen zum Bereich des Haupttempels. Ungefähr auf halber Strecke zeigt an einem Pavillon nördlich des Weges ein besonders detailliert gestalteter Ziergiebel Vishnu in seiner Inkarnation als Mann-Löwe. Kurz vor dem Gopuram in der dritten Einfassungsmauer lässt sich ein schön gestalteter Ziergiebel bewundern, ohne dass man den Hals recken muss, denn das gute Stück liegt rechts vom Torbau mit nach oben gerichteter Frontseite auf dem Boden – die Szene zeigt die ohnmächtig werdende Sita im Augenblick der Entführung durch Ravana. Der Gopuram selbst gehört mit seinen hoch aufragenden Spitzen sowie den feinen Blattdekorationen und Blumenmotiven zu den ansehnlichsten seiner Art.

Wenn die Niederschläge der Regenzeit den Graben in der dritten Einfassung füllen, spiegeln sich die Tempelkonturen malerisch auf der Oberfläche des Wassers. Sechs lange Galerien, deren untergliederte Räumlichkeiten vielleicht als Meditationshallen dienten, füllen den Bereich der zweiten Einfassung aus.

Erste Einfassung

Kaum eine Oberfläche innerhalb der ersten Einfassung ist unverziert, und alles scheint in jedem Detail perfekt zu sein. Der überwältigende Reichtum der Ausschmückung lässt sich unmöglich auf den

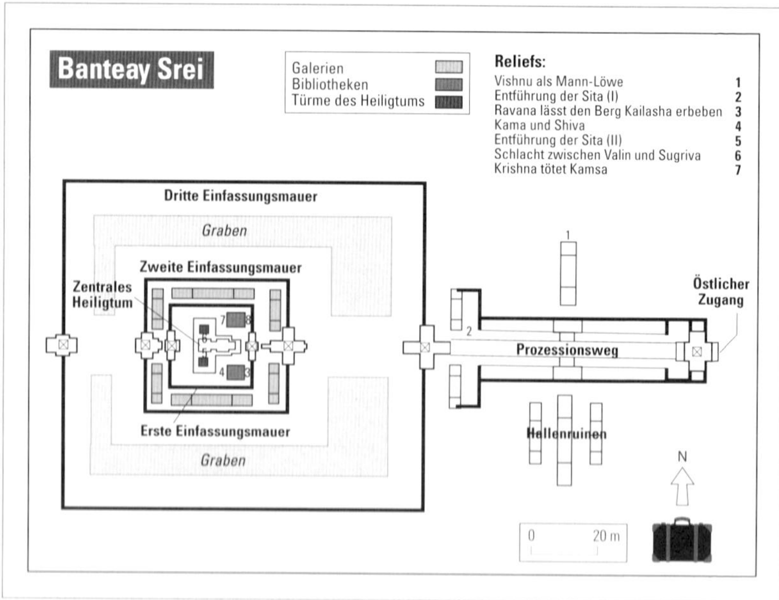

ersten Blick erfassen. Daher empfiehlt es sich, mit einem Rundgang zu beginnen, um alles einfach auf sich einwirken zu lassen, und erst auf dem Rückweg methodisch die Einzelheiten zu betrachten. Wegen der hohen Besucherzahl und der geringen Größe der Kammern ist der Zugang zu den Türmen nun leider gesperrt – die niedrige Plattform, auf der sie stehen, ist zum Schutz der Steinmetzarbeiten durch Seile abgesperrt.

Die bildhauerischen Arbeiten der **Türme** präsentieren sich in nahezu verschwenderischem Überfluss. Die Nischen des zentralen Heiligtums beherbergen männliche **Wächterfiguren**, während sich in diejenigen der anderen Türme heiter wirkende **Göttinnen** schmiegen, die elegante Sampots und kunstfertigen Schmuck tragen. In der Nähe der Tempelstufen kauern mythische Gestalten mit Tierköpfen und Menschenkörpern, die ebenfalls eine Wächterfunktion bekleiden – es handelt sich allerdings um Reproduktionen. Die Originale wurden – wie viele der besten Skulpturen hier – schon in der Kolonialzeit von den Franzosen entfernt und befinden sich noch immer im Guimet Museum für Asiatische Kunst in Paris, trotz diverser Versuche von kambodschanischer Seite, die Werke zurückzubekommen.

Besonders sehenswert sind die Ramayana-Szenen an den Giebeln des Zentralturms, die im Westen Sitas Entführung durch Ravana und im Norden den Kampf zwischen den Affenkönigen Valin und Sugriva zeigen. Die vielstufigen Dächer des Turms sind mit miniaturhaften Repliken der Tempeltürme verziert, die den Göttern als Heimstätten dienen sollen.

Auch die Steinmetzarbeiten der beiden flankierenden Gebäude verdienen Beachtung. Am Ostgiebel der **südlichen Bibliothek** lässt Ravana den heiligen Berg Kailash erbeben, während Shiva mit seiner Gemahlin Parvati auf dessen Gipfel sitzt und die Tiere des Waldes in panischer Angst flüchten. Am westlichen Giebelfeld ist zu sehen, dass Parvati den Liebesgott Kama um Hilfe bittet, da Shiva den von ihr angebotenen Rosenkranz ignorierte; nachdem Kama seinen Pfeil auf Shiva abgeschossen hat, zieht sie tatsächlich dessen Aufmerksamkeit auf sich und gewinnt seine Hand.

Die bildhauerischen Arbeiten der **nördlichen Bibliothek** lassen deutlich erkennen, dass dieses Bauwerk Vishnu zugeeignet ist. Enge parallele Striche am Ostgiebel versinnbildlichen den prasselnden Regen, der sich über den Wald ergießt, durch den Vishnus menschliche Inkarnation Krishna zusammen mit seinem Bruder und umgeben von wilden Tieren seinen Weg sucht. Eine Szene am Westgiebel zeigt Krishna, der Rache an seinem grausamen Onkel König Kamsa nimmt – der Palast ist in Aufruhr, als er ihn bei den Haaren packt und sich anschickt, ihn zu töten.

Kbal Spean

Mitten in einem verzauberten Dschungelgebiet im Westen der Kulen-Berge liegt die Anlage Kbal Spean, die von den alten Khmer in der Mitte des 11. Jhs. als Zufluchtsort in den Bergen genutzt wurde. Aus dem Felsgestein des Flusses herausgemeißelte heilige Lingams und Hindugottheiten segnen das darüber fließende Wasser, bevor es seinen Lauf hinab nach Angkor nimmt. Die Szenen, die Vishnu darstellen, zeugen von großer Geschicklichkeit – nicht nur wegen der kunstfertigen Ausführung, sondern vor allem wegen der Genialität, mit der die Darstellungen den Konturen des Flussbettes angepasst sind. Obwohl Kunstschänder einige Bereiche zerstört haben, sind die Szenen noch immer fast so faszinierend wie damals, als sie geschaffen wurden.

Der schmale, deutlich gekennzeichnete Pfad führt vom Militärlager aus leicht bergauf, doch gelegentlich sind steilere Abschnitte zu überwinden. Nach ungefähr 40 Minuten sind die ersten Steinmetzarbeiten erreicht. Steine am Fluss laden zu einer Rast ein, bevor man die Hosenbeine aufkrempelt und unter überhängenden Bäumen stromabwärts watet. Da der Fluss weiter unten tiefer wird, kann man entweder schwimmen oder dem Beispiel der Einheimischen folgend in voller Kleidung ein Duschbad unter dem Wasserfall nehmen, bevor man sich auf den Rückweg macht.

Weitere Sehenswürdigkeiten

Tonle Sap

Neben den Tempeln besitzt Siem Reap mit dem faszinierenden Süßwassersee Tonle Sap, der die Landkarte Kambodschas beherrscht, eine weitere einzigartige Sehenswürdigkeit. Für die Menschen, die auf dem See und um ihn herum leben, ist er Wasserreservoir, Flutregulierungssystem, Verkehrsader, Speisekammer und Heimat zugleich. Selbst für weit entfernt lebende Kambodschaner bildet der Tonle Sap eine reiche Nahrungsmittelquelle.

Bei niedrigstem **Wasserstand** kurz vor den im Mai einsetzenden Regenfällen erstreckt sich der See über eine Fläche von rund 2500 km^2. Wenn sich aber zum Schmelzwasser, das aus dem Himalaya abfließt, die Niederschläge des Monsuns gesellen, schwillt der Wasserstand des Mekong so rasch an, dass der Wasserdruck am Zusammenfluss in Phnom Penh ausreicht, um den Fluss Tonle Sap, der den See normalerweise entwässert, in die entgegengesetzte Richtung fließen zu lassen. Infolge des Zustroms überschwemmt der See alljährlich ein Gebiet von über 10 000 km^2 und verwandelt sich so in den größten Süßwassersee Südostasiens. Wenn sich der Flusslauf zwischen Ende Oktober und Anfang November wieder in die normale Richtung wendet, hinterlässt das zurückweichende Wasser äußerst fruchtbaren Schlammboden für das Anpflanzen von Reis und genügend Nährstoffe für die Fischbrut, die als Laich zwischen überflutetem Baumbestand abgelegt wurde. Im Februar erreicht der Fischfang Rekordwerte. Große Teile des Fangs werden zu Fischpaste verarbeitet, um die schier unersättliche Gier der Kambodschaner nach *prohok* zu stillen.

Die **Fischerei** im Tonle Sap ist ein großes Geschäft. Die Regierung hat zu Lasten der lokalen Fischer weitreichende Konzessionen an wohlhabende Geschäftsleute vergeben. Den kleinen Fischern bleibt nichts anderes übrig, als ihr angestammtes Handwerk illegal zu betreiben oder von einem Konzessionsinhaber teure Anteile zu pachten. Die Fischer gehören mehrheitlich der großen Wandergemeinde aus überwiegend staatenlosen ethnischen Vietnamesen an, die im Jahresablauf über den See zieht und in **schwimmenden Dörfern** an wechselnden Stellen des Seeufers lebt.

1997 wurde der See zum Biosphärenreservat der UNESCO erklärt – ein Status, der umweltverträgliche Nutzung und Bewahrung des Ökosystems miteinander abstimmen soll. Ein Herzstück des Reservats, **Prek Toal**, ist nun ein Schutzgebiet für zahlreiche **Wasservögel**, zu denen auch drei gefährdete Arten gehören: Graupelikan *(Pelecanus philippensis roseus)*, Argala-Marabu *(Leptoptilos dubius)* und Malaienente *(Cairina scutulata)*. Prek

Toal liegt am Nordwestufer des Tonle Sap und ist in der Trockenzeit von Siem Reap im Rahmen organisierter Touren leicht zu erreichen, s. S. 185.

Ausflüge auf den See sind leicht zu organisieren, denn man kann am Seeufer Boote mit Fahrer mieten, die maximal acht Personen fassen; Preis: US$10 für 2 Std. Alternativ bieten Osmose und Terre Cambodge (s. S. 185) relativ teure Ausflüge auf den See mit eigenen Booten an. In der Regenzeit eignet sich der 12 km südwestlich von Siem Reap gelegene **Phnom Krom**, wo das Seewasser an den Fuß des Berges schwappt, als Ausgangspunkt, doch in der Trockenzeit beginnen die Fahrten erst im 5 km weiter von der Stadt entfernten **Chong Khneas**.

Im Ablauf der Jahreszeiten verlagert sich auch das schwimmende Büro von GECKO (Greater Environment Chong Khneas Office), einer NGO, die ihre Aufgabe in der Schärfung des Umweltbewusstseins der örtlichen Fischerbevölkerung sieht und deren Ausstellungszentrum einen Überblick über die lokale Flora und Fauna gibt; in einem Aquarium schwimmen im See heimische Fischarten (🕓 tgl. 8.30–17 Uhr, Eintritt frei). Zur Vorbereitung auf einen Besuch am Tonle Sap lohnt sich auch der Besuch von Krousar Thmeis Ausstellung über das Leben am See; s. S. 175.

Phnom Krom

Wer ein Boot am Phnom Krom mietet, sollte nicht versäumen, den 137 m hohen Hügel bis zum Gelände der modernen Gipfelpagode zu besteigen, wo sich auch ein verfallener **Tempel** Yasovarmans I. aus dem 10. Jh. befindet. Bei Sonnenuntergang sind die herrlichen **Ausblicke** auf den Tonle Sap besonders malerisch. Aufgereiht stehen auf einer niedrigen Terrasse drei zerbröckelnde Sandsteintürme, die Brahma, Vishnu und Shiva geweiht sind. Zu den noch erkennbaren Steinmetzarbeiten gehört eine Apsara an der Nordseite des Nordturms. Die steile Treppe zum Gipfel beginnt hinter der Tankstelle im Dorf am Fuße des Hügels.

Schwimmende Dörfer

Ein Besuch der schwimmenden Dörfer bei Siem Reap ist keinesfalls das authentische Erlebnis, das die Führer in der Stadt versprechen, denn auf dem Fluss sind Boote von Siem Reaps sämtlichen Reiseveranstaltern zu Dutzenden unterwegs, und alles ist recht touristisch. Natürlich versuchen auch die Einwohner Kapital aus dem Besucherstrom zu schlagen: Inzwischen wurde ein Café eröffnet, an dem die meisten Boote anlegen.

Am interessantesten sind die Dörfer in der Trockenzeit, in der man sich durch schmale Kanäle bis zum See rudern lassen kann, während Einheimische in den Backwaters fischen und Kähne stakende Kinder zur Schule unterwegs sind. In der Regenzeit sind die schwimmenden Dörfer zu Fuß zu erreichen, da sie sich in diesen Wochen an den Hängen des Phnom Krom niederlassen.

Phnom Kulen

Es war in Phnom Kulen, dem damaligen Mahendrapura, wo sich Jayavarman II. im Jahre 802, das den Beginn der angkorianischen Periode markiert, zum obersten Herrscher ausrufen ließ und damit den Devaraja-Kult begründete (s.S. 190). Obwohl dort und anderswo in den Kulen-Bergen verborgene antike Tempelanlagen stehen, sind diese mangels Straßen und wegen der Gefahr durch Landminen nicht zu erreichen. Bedeutendste Sehenswürdigkeit des 50 km nördlich von Siem Reap gelegenen Phnom Kulen ist der gewaltige **liegende Buddha**, der dort im 16. Jh. aus dem Felsen gemeißelt wurde, doch mindestens ebenso beeindruckend ist die Frömmigkeit der gläubigen Buddhisten, die an den zahlreichen Schreinen ihre Huldigungen darbieten.

Für einen Besuch von Phnom Kulen ist zwar kein Eintrittspass erforderlich, statt dessen wird eine Gebühr von US$20 erhoben. Rechnet man noch die Kosten für die Miete eines Wagens mit Chauffeur dazu (US$20–50, abhängig vom Wagentyp), ist es nicht verwunderlich, dass nur wenige Besucher hier auftauchen. Wer jedoch die Kosten nicht scheut, wird mit einer Fahrt durch reizvolle Landschaft belohnt; in der Nähe von Phnom Kulen ist obendrein ein Wasserfall zu sehen, der zu den schönsten des Landes zählt. Da die Gegend von den Roten Khmer großflächig vermint wurde und noch nicht geräumt werden konnte, sollten sich Besucher auf die unten beschriebenen Anlagen beschränken und sich auf allen anderen Wegen unbedingt erfahrenen Führern anvertrauen.

Der Berg

Vom Eintrittskartenschalter am Fuß des Berges führt die Straße kontinuierlich durch Dschungel bergauf bis zu einem Sandsteinplateau. Von der ersten Abzweigung links führt ein Weg zu einem Parkplatz, von dem hinab man zum Fluss und einem pittoresken kleinen Wasserfall gelangt. Die Lingams, für die der Fluss berühmt ist, haben dort nur eine Größe von rund 25 cm^2 und sind im Flussbett schwer zu entdecken, wenn das Wasser hoch oder trübe ist. Ein schlüpfriger Pfad führt zum unteren Ende des Wasserfalls, doch das Becken gehört nicht zu den attraktivsten Badestellen, weil überall Picknickmüll herumliegt.

Zurück auf der Straße folgt nach nur 500 m eine kleine Brücke über den Fluss. Unten wurden weitere Lingams ins Flussbett gemeißelt, doch sie sind nur mit Hilfe eines Führers zu finden. Die Straße endet gut 1 km weiter auf einem oft gefüllten Parkplatz, an dem kleine Stände Essen, Erfrischungen und Khmer-Medizin anbieten. Ein kurzer Aufstieg führt zur viel besuchten Pagode mit dem recht eindrucksvollen und von den Einheimischen hoch verehrten **liegenden Buddha**, der aus einem massiven Felsblock gemeißelt wurde – er befindet sich in dem wackligen Schuppen auf dem Felsen, vor dem die Besucher schon auf der Treppe Schlange stehen. Am Fuß der Treppe sind die Schuhe abzulegen, und oben muss man sich seinen Weg zwischen Einheimischen, die Opfer darbringen und Erinnerungsfotos machen, suchen. Draußen vom Felsen öffnen sich schöne Ausblicke auf die umliegenden Kulen-Berge. An seiner Unterkante wurde der Felsen mit einem ebenso schlichten wie eindrucksvollen Fries aus Buddhaköpfen umgeben.

Kinder bringen Besucher, die ohne Führer kommen, gerne zu den **Schreinen** im Wald hinter der Pagode – in der Hoffnung, dass die Besucher ihnen vor der Rückfahrt etwas zu essen und zu trinken kaufen. Als Alternative bietet sich an, einfach den Einheimischen zu folgen, die große Mengen Räucherstäbchen mitschleppen, um nur ja genug davon für alle Schreine am Rundweg dabei zu haben. Nahezu jeder Felsblock am Weg ist mit einer Legende verknüpft – so soll auf einem Stein mit Abdrücken, die an eine Klaue erinnern, eine Bruchlandung von Hanuman erfolgt sein. Am Ende des Rundgangs waschen sich die Einheimischen das Gesicht mit Wasser aus einer **heiligen Quelle**, die aus dem Fels sickert und zu Energie, Gesundheit und Glück verhelfen soll. Viele Besucher füllen das Quellwasser in alte Flaschen ab und nehmen es mit nach Hause.

Beng Mealea

Es herrscht Unklarheit darüber, wann und warum der 60 km von Siem Reap entfernte Tempel Beng Mealea errichtet wurde, doch Experten schließen aus stilistischen Merkmalen, dass der Bau im späten 11. oder frühen 12. Jh. – eventuell unter Suryavarman II. – erfolgte. Die auf nur einer Ebene erbaute Anlage mit eindrucksvollen Ausmaßen ist eindeutig hinduistisch und war in hohem Maße Verfall und Vandalismus ausgesetzt.

Erst seit kurzem ist Beng Mealea durch eine planierte Straße mit Angkor und Koh Ker verbunden, so dass die Anlage nun von Siem Reap aus in einem bequemen Tagesausflug zu erreichen ist. Die Stätte ist wundervoll unerforscht, doch es sind US$20 Eintrittsgebühr zu entrichten. Rechnet man noch die Kosten für die Miete eines Wagens mit Chauffeur dazu, wird es extravaganter Ausflug. Die Anlage selbst ist von Minen befreit worden, doch man sollte sich hüten, auch nur einen Fußbreit in Randgebiete vorzustoßen.

Die Anwohner behaupten, dass der überwiegend im Buschwerk verborgene Tempel recht gut erhalten war, bevor die Roten Khmer große Teile plünderten und zerstörten. Allerdings berichtete Glaize bereits 1944, dass die Tempelbauten in Trümmern lägen. Auf jeden Fall aber war die etwas über 1 km^2 große Anlage, die von einem imposanten 45 m breiten Graben umschlossen wird, von beträchtlicher Bedeutung, und längst steht die These im Raum, dass sie als Vorläufer von Angkor Wat errichtet wurde. Auf seiner einzigen Ebene besaß der Tempel einst drei konzentrische Galerien und einen zentralen Turm, doch die eindrucksvollste Attraktion bei der Erwanderung der Ruinen sind die Apsaras, die inmitten eines Gewirrs aus überwucherten Steinen in Nischen und Spalten zu entdecken sind. Heute führt der Weg durch Reisfelder und Unterholz, doch vor nur wenigen Jahrzehnten regte Glaize an, den Besuch mit einer Jagdpartie zu verbinden, da der Dschungel reich an wilden Tieren sei, darunter „Tiger, Panther und Elefanten, und dazu herdenweise Ochsen und Wildbüffel".

Anlong Veng

Die staubige, heiße Kleinstadt Anlong Veng, ca. 140 km nördlich von Siem Reap in der Nähe der Grenze zu Thailand, ist nur deshalb erwähnenswert, weil **Pol Pot** kurzzeitig in der Gegend wohnte, und vor allem, weil er dort starb. Das kambodschanische Ministerium für Tourismus gibt sich zwar alle Mühe, den Ort touristisch zu vermarkten, doch bisher kommen nur wenige ausländische Besucher hierher – was nicht weiter verwundert, denn zehn Minuten reichen, um alles Wichtige zu sehen.

Pol Pot kam 1993 oder 1996 – je nachdem, wem man Glauben schenkt – in Anlong Veng an, lebte aber bis zu seinem Tode in einem **Versteck** in den Dangkrek-Bergen, das von Anlong Veng aus in einer einstündigen Motofahrt zu erreichen ist. Nach offizieller Verlautbarung starb er an einer Herzattacke, doch in jüngerer Vergangenheit meldeten sich verschiedene Personen mit der Behauptung, Zeugen seiner Ermordung durch Kameraden aus den Reihen der Roten Khmer gewesen zu sein. Sicher ist nur, dass sein Leichnam auf einem Haufen alter Autoreifen und Möbelstücke in der Nähe seiner Hütte eingeäschert wurde, bevor irgendjemand die Details seines Todes klären konnte.

Die Stellen, an denen die Hütte stand und die hastige Verbrennung stattfand, sind ausgeschildert. Die Einäscherungsstätte wird von Einheimischen als eine Art Schrein gepflegt, obwohl nur einige geschwärzte Steine zu sehen sind. Viele Landbewohner halten das Andenken an Pol Pot hoch, weil die Roten Khmer nach ihrem Sturz im Jahre 1979 die Leute, unter denen sie lebten, wohltätig behandelten. Absonderlicherweise pilgern Einheimische im Glauben dorthin, dass Pol Pot aus seinem Grab Lotterienummern verkünden, Krankheiten heilen oder in anderer Weise segensreich wirken könne.

Im Dorf selbst besitzt **Ta Mok** – einer der wenigen Kader der Roten Khmer, der zum Zeitpunkt der Veröffentlichung dieses Buches im Gefängnis sitzt, nachdem er der Mittäterschaft am Mord von drei westlichen Rucksackreisenden überführt wurde – ein Haus, das als *Ta Mok House* ausgeschildert ist. Der Weg dorthin zweigt am Kreisverkehr nach links und direkt hinter den verrottenden Armeepanzern nach rechts ab. Ta Mok besitzt lokales Ansehen, weil er Fischteiche anlegen ließ und die örtliche Schule stiftete.

Praktische Tipps

ÜBERNACHTUNG UND ESSEN – Es gibt 3 Gästehäuser in Anlong Veng; am besten ist noch das sehr einfache, aber freundliche ***Reaksmey Angkor*** am Nordrand des Dorfes. ❶
Die Gästehäuser haben eigene Restaurants, und am Kreisverkehr stehen einfache Nudelküchen.

TRANSPORT – Vom Marktplatz in Siem Reap fahren Pick-Ups zum Preis von US$6 nach Anlong Veng, und einige Gästehäuser bieten Transfers mit eigenen Touristenbussen an.

Grenzübergang von/nach Thailand

Anlong Veng erreicht man auch von Thailand über einen Grenzübergang nördlich von **O´Smach**. Von Thailand verläuft die Anreise am besten über Surin nach **Sa Ngam** (so heißt der Grenzübergang auf der thailändischen Seite).
In Surin bekommt man im Pirom's Guest House aktuelle Information zu den billigsten oder direktesten Transportmitteln für die Weiterfahrt. Auf der kambodschanischen Seite der Grenze befindet sich ein Markt, von dem Pick-ups den ganzen Tag über nach Anlong Veng fahren (2000–3000 Riel).
Am frühen Morgen ab 5 Uhr fahren Pick-Ups von Anlong Veng zum Markt an der Grenze und brauchen etwa 1 Std. für die 20 km.
Visa sowohl für Kambodscha als auch für Thailand sind an der Grenze erhältlich.

Zentral-Kambodscha

Phnom Suntuk Bergheiligtum mit einem großen, in den Fels gemeißelten liegenden Buddha

Sambor Prei Kuk Prä-angkorianischer Tempel mit fein gearbeiteten Reliefs

Preah Khan Einst größte Tempelanlage Kambodschas mit noch immer vielen unentdeckten Ruinen

Preah Vihear Imposanter Tempelkomplex auf einem schroffen Bergkamm an der Grenze zu Thailand

Zentral-Kambodscha ist eine wenig bekannte und weltferne Region, die sich nördlich von Phnom Penh über spärlich besiedelte Landstriche bis hin zur thailändischen Grenze erstreckt. Der größtenteils sandige und karge Erdboden bietet den Menschen kaum Möglichkeiten, sich die elementarsten Lebensgrundlagen zu erwirtschaften. Deshalb ist es umso verwunderlicher, dass ganze Gemeinschaften irgendwie zurechtkommen, indem sie winzige Parzellen und verstreute Reisfelder beackern oder die natürlichen Produkte des Waldes sammeln. Das einzige Gebiet mit dichter Vegetation liegt innerhalb des **Naturreservats Boeng Peae**, durch das die RN 64 auf ihrem Weg nach Norden führt.

Die Region ist kein Touristenziel. Nur die wenigsten auswärtigen Besucher sehen mehr von ihr als die Reisfelder zu beiden Seiten der RN 6, die den Süden des Gebiets durchschneidet und die Hauptstadt mit Siem Reap verbindet. All denjenigen, die bereit sind, sich auf überwiegend fürchterlichen Straßen in touristisch unerschlossene Gebiete vorzuwagen, bietet Zentral-Kambodscha jedoch einige sehenswerte alte Tempelanlagen. Ausgangspunkt für alle Unternehmungen ist **Kompong Thom**, die einzige Stadt der Region von nennenswerter Größe und gleichzeitig der letzte Ort, der vor dem Aufbruch in eine abenteuerliche Ungewissheit mit ein wenig Komfort und Luxus aufwartet.

Um die von der Bevölkerung hochverehrte, jedoch recht kitschige Pagode **Phnom Suntuk** oder die bedeutendste prä-angkorianische Tempelstätte **Sambor Prei Kuk** mit ihren drei Gruppen gut erhaltener Ziegelsteintempel zu erreichen, ist noch keine größere Expedition erforderlich. Darüber hinaus allerdings gestaltet sich das Reisen sehr beschwerlich. Dies gilt selbst für die große, in Trümmern liegende Tempelanlage **Preah Khan**, die in der Luftlinie gemessen nur 50 km nordwestlich von Sambor Prei Kuk liegt. Eine mühevolle Reise bis unmittelbar zur thailändischen Grenze ist erforderlich, um das unbestrittene Juwel der Region zu erreichen: **Preah Vihear**, eine erhaben auf einem schroffen Kamm in den Dangkrek-Bergen thronende antike Tempelstätte aus dem 9. Jh., die von späteren Königen sukzessive erweitert wurde. Ihre stolz emporschwingenden Giebel suchen in Kambodscha ihresgleichen und entschädigen vielfach für die Mühen und Entbehrungen der Anreise (von Thailand ist die Anfahrt wesentlich leichter).

Wenn sich ohnehin bereits Expeditionsstimmung breit gemacht hat, sollte man einen Abstecher nach **Koh Ker** in Erwägung ziehen: Die einzige angkorianische Hauptstadt, die sich nicht in der Nähe von Angkor befand, liegt ungefähr auf halber Strecke zwischen Preah Khan und Preah Vihear. Angesichts des allgemeinen Straßenzustands lässt sich Kambodschas Zentralregion eigentlich nur in der Trockenzeit (Nov–Mai) erkunden. Sobald der Regen einsetzt, verwandeln sich alle Wege und Pfade in unwegsame Matschpassagen, und tiefe, reißende Flüsse versperren urplötzlich die Weiterfahrt, so dass abgelegene Dörfer bisweilen für Wochen von der Außenwelt abgeschnitten sind. Da die RN 6 die einzige befestigte Straße in diesem Landesteil ist, erweist sich die Fahrt von Kompong Thom nach Norden als sehr kräftezehrend und erfordert viel Geduld, denn die RN 64 nach **Tbeng Meanchey** ist ein Härtetest sowohl für Fahrzeuge als auch für Passagiere. Abseits von RN 6 und RN 64 ist der größte Teil des nördlichen Zentral-Kambodscha sogar für motorisierte Verkehrsmittel völlig unzugänglich. Hier müssen Reisende holperigen Dschungelpfaden folgen und immer wieder Hindernisse wie Flüsse oder eingestürzte Brücken überwinden. Die Reise von Kompong Thom nach Preah Vihear nimmt zwei ermüdende Tage in Anspruch, denn man kann sich nur etappenweise nach Norden vorarbeiten, und der letzte Abschnitt beinhaltet eine zermürbende Motofahrt von Tbeng Meanchey.

Von Phnom Penh nach Kompong Thom

Die RN 6 ist nach Verlassen der Hauptstadt in brauchbarem Zustand, was die Weiterfahrt bis Kompong Thom relativ einfach macht. Die klassischen kambodschanischen Landschaften mit Nassreisfeldern und Zuckerpalmen links und rechts der Straße sind gelegentlich mit Abschnitten durchsetzt, in denen stapelweise Lateritblöcke, die zu Bauzwecken dienen, zum Verkauf angeboten werden.

Einheimische nutzen den Aufenthalt in der geschäftigen Transitstadt **Skone** zum Kauf der örtlichen Delikatesse *ah pieng* – 5 cm lange oder gar noch größere haarige **Spinnen**, die knusprig geröstet werden. Händler umschwärmen die Fahrzeuge der Reisenden mit ihren Bauchläden, in denen hohe Stapel der achtbeinigen Monster liegen, die sie

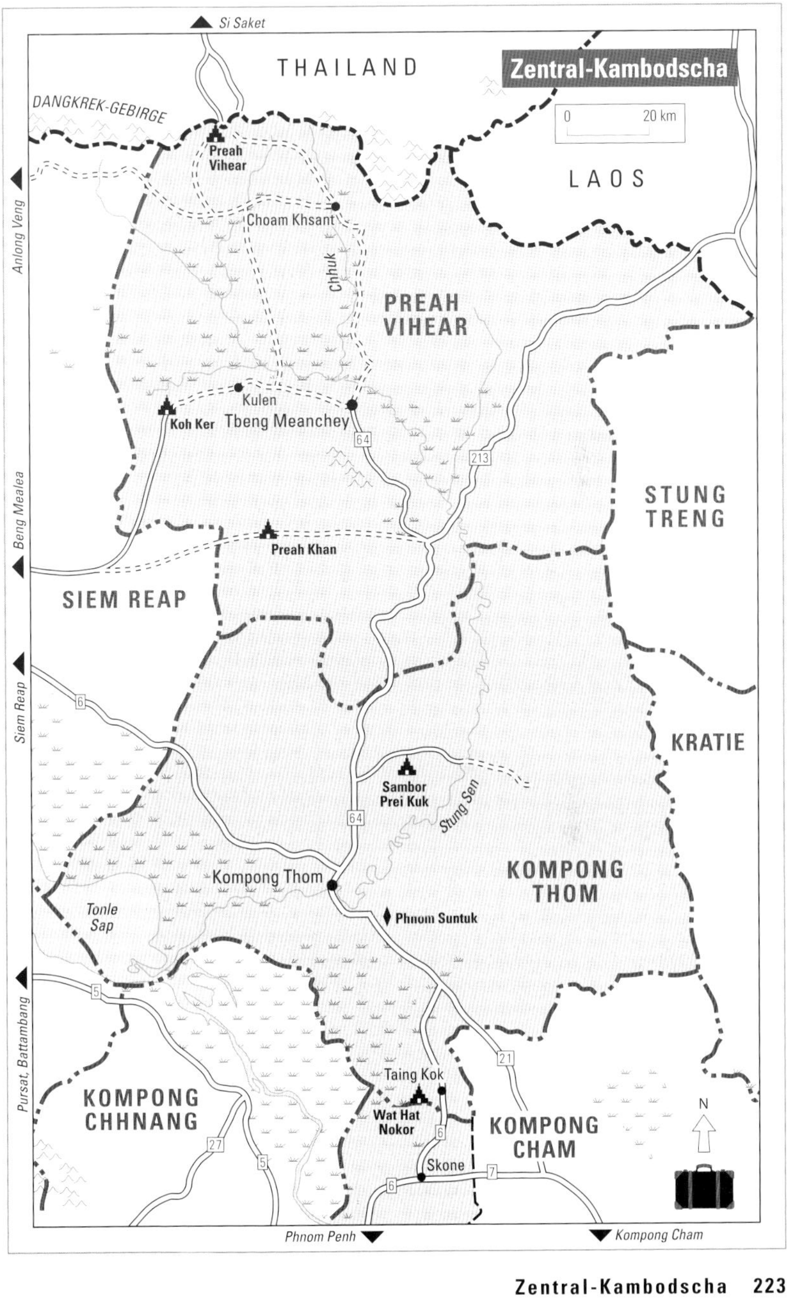
Zentral-Kambodscha
Si Saket
THAILAND
LAOS
DANGKREK-GEBIRGE
0
20 km
Preah Vihear
Choam Khsant
Chhuk
PREAH VIHEAR
Anlong Veng
Kulen
Koh Ker
Tbeng Meanchey
64
213
STUNG TRENG
Beng Mealea
Preah Khan
SIEM REAP
Siem Reap
6
KRATIE
Sambor Prei Kuk
Stung Sen
64
Kompong Thom
KOMPONG THOM
Tonle Sap
Phnom Suntuk
5
Pursat, Battambang
21
Taing Kok
Wat Hat Nokor
KOMPONG CHHNANG
KOMPONG CHAM
N
6
27
5
Skone
7
6
Phnom Penh
Kompong Cham

in den Dschungelgebieten der Provinz Kompong Thom fangen, indem sie mit Stöcken in Erdlöchern herumstochern und die Spinnen herausangeln. Die gerösteten Kreaturen werden in der Stadt Skone (und auch in Stung Treng) für wenige hundert Riel pro Stück verkauft. Sie schmecken ähnlich wie knusprig gebratene Garnelen und werden ungefähr mit derselben Technik verzehrt wie Krebse: Einfach den Leib aufbrechen, die Beine einzeln herausziehen und das zarte Fleisch heraussaugen – Vorsicht geboten ist jedoch vor dem Hinterleib, der mit unappetitlichem bitterem Schleim gefüllt sein kann. Überall im Land dienen die Spinnen auch als Ingredienz für aufgesetzte Getränke, die vor allem bei schwangeren Frauen reißenden Absatz finden.

Äußerst beliebt ist außerdem die in Bambusrohre gestopfte örtliche Spezialität **grolan** – ein Snack aus gekochtem süßem Klebreis, Kokosmilch und dunklen Bohnen –, die in Bündeln zu fünf oder zehn Stück für wenige tausend Riel angeboten wird.

Wenn Zeit keine nennenswerte Rolle spielt, bieten sich Abstecher zu zwei kleineren Sehenswürdigkeiten abseits der Straße zwischen Skone und Kompong Thom an: Rund 20 km nördlich von Skone liegt der entzückende kleine Tempel **Wat Hat Nokor** aus dem 11. Jh., und nicht weit von Kompong Thom entfernt sind am heiligen Berg **Phnom Suntuk** zahlreiche Pagoden und in Sandsteinblöcke gemeißelte Steinmetzarbeiten zu bewundern. Wer mit öffentlichen Verkehrsmitteln (und mit genügend Zeit und wenig Gepäck) von Phnom Penh nach Kompong Thom unterwegs ist, kann sich in der Nähe beider Stätten für Kurzbesuche absetzen lassen und anschließend mit einem der zahlreichen Fahrzeuge weiterfahren, die auf dieser Strecke unterwegs sind.

Wat Hat Nokor

Auf dem ruhigen, sehr gepflegten Gelände der kleinen ländlichen Pagode Wat Hat Nokor steht ein schlichter, charmanter **Tempel** aus Laterit und Sandstein, der auf die Zeit Suryavarmans I. zurückgeht. Er wurde nie vollendet – entweder starb der Architekt während der Bauarbeiten oder ein Krieg verhinderte die Fertigstellung. Im Osten der Anlage führt ein einfacher Gopuram in den Hof, der das einzeln stehende kreuzförmige Heiligtum **Prasat Kuk Nokor** umschließt, das einst einen Lingam beherbergte und in dessen Nischen Statuen von Shiva und seinen Gemahlinnen standen. Der Mittelteil der Südwand ist eingestürzt, doch in der Mauer ist noch immer eine Kammer zu sehen, zu der Kranke in der Hoffnung pilgerten, durch heiliges Wasser geheilt zu werden, das über den Lingam im zentralen Heiligtum floss und deshalb gesegnet war. Das ebenfalls einzeln stehende Bibliotheksgebäude in der südöstlichen Hofecke wurde von den Roten Khmer als Gefängnis benutzt. Der *achar* verwaltet ein Buch, in das sich Besucher eintragen sollen – die Höflichkeit erfordert es, eine Spende zu hinterlassen. Das Wat liegt rund 2 km westlich des Dorfes **Taing Kok**. Öffentliche Verkehrsmittel setzen ihre Passagiere entweder im Dorf oder an der Abzweigung zur Pagode ab, wo in der Regel bereits Motos bereitstehen, die für die Weiterfahrt zum Tempel 5000 Riel inklusive Wartezeit verlangen. Die Weiterfahrt nach Kompong Thom erfolgt per Taxi oder Minibus, die am Markt von Taing Kok auf Handzeichen hin anhalten.

Phnom Suntuk

Ein bequemer Halbtagesausflug mit dem Moto, das hierfür 20 000 Riel inklusive Wartezeit verlangt, führt von Kompong Thom zum Phnom Suntuk, der an einen buddhistischen Themenpark erinnert. Mit nur wenig mehr Aufwand ist die Besichtigung der Anlage im Rahmen einer Fahrtunterbrechung auf der Strecke zwischen Phnom Penh und Kompong Thom (RN 6) möglich.

Die Zufahrt zum Bergheiligtum, das aus der Ebene aufragt und damit kaum zu verfehlen ist, erfolgt über eine breite Straße, auf der vor allem sonntags viel Verkehr herrscht. Steile 809 Treppenstufen ziehen sich den mit Buschwerk überzogenen und arg mit Besuchermüll verdreckten Hang hinauf, vorbei an wuchtigen Felsblöcken, bunten Schreinen und diversen Rastplätzen, die zum Ausruhen und Atem schöpfen einladen. Verkäufer, die Medikamente der **traditionellen Medizin** anbieten, säumen mit ihren Auslagen die Stufen – ihr Angebot umfasst vorwiegend Baumrinden und Zweige, die in Wasser gekocht als Stärkungs- und Allheilmittel dienen. Oben am Gipfel präsentiert sich die Pagode als buntes Sammelsurium aus überwiegend zeitgenössischen Statuen und Pavillons. Die Zusammenstellung grell bemalter Tier- und Menschenfiguren aus Beton ist entschieden kitschig, doch die Kambodschaner lieben es so. Den besten

Eindruck erwecken die älteren Buddhabildnisse, die in die Felsen rund um den Berg gemeißelt wurden, doch niemand vermag genau zu sagen, wann sie entstanden sind. In der Nähe des *vihara* bildet ein überhängender Felsen einen natürlichen Schrein, in dem mehrere kleine Buddhastatuen platziert wurden, und weitere kleine Schreine verstecken sich in den Spalten der felsigen Hänge.

Im Westen führt ein schmaler steiniger Pfad halbwegs den Berg hinab zu einer aus den Felsen gemeißelten Statuengruppe, zu der ein beeindruckender liegender Buddha gehört – der Weg zur Hauptstraße führt zunächst über denselben Weg zurück bergauf. Unten am Eingang bieten zahlreiche **Verkaufsstände** frisch gepressten Zuckerrohrsaft und typische Khmer-Gerichte an.

Kompong Thom

Das 177 km nördlich von Phnom Penh und nur unwesentlich näher zu Siem Reap gelegene Kompong Thom erstreckt sich zu beiden Seiten der RN 6 und säumt die Ufer des Flusses Stung Sen. Einst war die Stadt unter dem Namen *kompong pos thom* bekannt, „Ort der großen Schlange", weil die Einheimischen angeblich einer riesigen Schlange opferten, die in einer Höhle am Fluss lebte – vielleicht handelt es sich auch nur um eine weitere kambodschanische Legende, denn niemand könnte heute noch die besagte Stelle zeigen. Die meisten Besucher kommen, um die 30 km nordöstlich gelegenen Tempel von **Sambor Prei Kuk** zu sehen. Für die Besichtigung der Stadt selbst reichen wenige Stunden aus. Kompong Thom ist außerdem das Sprungbrett für den abgelegenen Tempelbezirk **Preah Vihear**, der durch eine zweitägige Reise nach Norden zu erreichen ist; allerdings ist die Anfahrt von Thailand aus wesentlich leichter.

Wichtigste Orientierungspunkte der Stadt sind das hohe *Arunras Hotel* am Südende der zweispurigen Hauptstraße und die beiden Brücken über den Stung Sen – eine aus Beton für Fahrzeuge und eine alte aus Metall für Fußgänger, was jedoch nicht immer so eingehalten wird. Der **Markt** ist insgesamt recht durchschnittlich, doch einen näheren Blick lohnen die **traditionellen Medizinstände** am Westrand, die nicht nur Produkte aus Kräutern anbieten, sondern auch so exotische Dinge wie geschrumpfte Bärengallenblasen, aufgerollte getrocknete Schlangen und an Bambuskreuze gepfählte kleine Flugechsen.

Nur wenig südlich des Marktes sind die originalen Löwenstatuen aus Sambor Prei Kuk zu bewundern, die nun aus Sicherheitsgründen auf dem Gelände des provinziellen **Ministeriums für Kunst und Kultur** (Department of Arts and Culture) im Osten der zweispurigen Fahrbahn ausgestellt sind. 🕓 Mo–Fr 8–10.30 und 14.30–17 Uhr, Eintritt US$1.

Zur Überbrückung einer halbstündigen Wartezeit bietet sich der Besuch des nur rund 500 m nördlich der Brücken gelegenen **Wat Kompong Thom** an. Die auffällig bunte Anlage ist nicht zu übersehen. Den Eingang flankieren große, grell bemalte Tierstatuen. Ebenso farbenprächtig wie die Nashörner, Löwen, Leoparden und ein Bär präsentieren sich die Pagodengebäude und Stupas.

In einer Werkstatt 7 km südlich der Stadt besteht die seltene Möglichkeit, einen Einblick in die Herstellung **traditioneller Trommeln** zu gewinnen. Nachdem man auf der RN 6 drei Brücken überquert hat, steht 100 m vor einem Markt auf der linken Straßenseite ein kleiner Wegweiser zur Werkstatt.

Die vasenförmigen, im Mittelteil verjüngt abgerundeten *skor dae* sind ungefähr 50 cm hoch und werden von Hand aus dem Kernholz des Jackfruchtbaumes geschnitzt. Das gelbliche Holz besitzt hohe Resonanzfähigkeit. Die Außenseite wird mit vielfältigen Ornamenten verziert, und die Trommelöffnung erhält eine Bespannung aus getrockneter Schlangenhaut. Die Instrumente sind fester Bestandteil des traditionellen *pinpeat*-Ensembles, das dem indonesischen Gamelan-Orchester ähnelt und vor allem bei Hochzeiten und klassischen Tanzvorführungen aufspielt. Die zylindrischen *skor sang na*, die doppelt so hoch sind, werden zum Trommeln über die Schulter gehängt und im Rahmen von Bestattungsprozessionen geschlagen. Die Angehörigen der äußerst freundlichen Familie, die selbständig den Produktionsbetrieb führt, sind durchweg aktive Künstler. Sie ermutigen Besucher, sich im Trommeln zu üben, und geben, wenn die Zeit es gestattet, auch selbst spontane Vorführungen.

Übernachtung

Arunras Hotel, ✆ 012/563091; das 7-stöckige Hotel ist die größte Unterkunft der Stadt, und die

Zimmer mit Ventilator oder AC sind ihren Preis durchaus wert. ❷

Sambor Prey Kuh Hotel, ✆ 012/967300, freundliches Haus nördlich des Flusses, Zimmer mit Bad und TV, dazu eines der besten Restaurants der Stadt. ❷

Santepheap Guesthouse, Pracheathepatay, ✆ 011/882527, östlich der Verkehrshaltestelle. Traditionelles Holzhaus abseits vom Lärm und Staub der Hauptstraße. Zimmer mit Ventilator und einfacher Möblierung, einige mit gemeinschaftlichem Bad. Großer Balkonbereich, wo man entspannt sitzen kann. ❶

Stung Sen Royal Garden Hotel, ✆ 062/961228, renommierteste Adresse der Stadt mit Blick auf den nahen Fluss. AC-Zimmer mit Bad, Heißwasser und TV. ❹

Essen

Alle Restaurants Kompong Thoms servieren kambodschanische und chinesische Gerichte. Die preiswerten Garküchen am Markt haben vom frühen Morgen bis zum mittleren Nachmittag geöffnet. Ab dem späteren Nachmittag sind auf dem Nachtmarkt vor dem Osteingang des Marktes Fruchtsäfte und Desserts im Angebot. Eine kleine Bäckerei an der Hauptstraße nicht weit nördlich vom Markt verkauft Kuchen und Torten.

Arunras Hotel, das Restaurant in diesem Hotel ist eines der beliebtesten der Stadt; ausgezeichnete Suppen und Gebratenes.

Arunras Restaurant, der gleichnamige Ableger neben dem Hotel, ist die beste Adresse zum Frühstücken und serviert ausgezeichnete Nudelsuppen.

Stung Sen Restaurant, großes Lokal gleich südlich vom *Stung Sen Royal Garden Hotel*, in dem man sich bei wenig Betrieb etwas verloren fühlt. Spezialitäten: süß-saurer Fisch und gebratenes Schweinefleisch mit Gemüse. Großzügige Portionen.

Sambor Prey Kuh, am anderen Flussufer gelegen. Zaubert ein köstliches *sumlar mjew vietnam* (Vegetarier bekommen problemlos eine Variation ohne Fisch), das nicht auf der Speisekarte steht, die ansonsten eine große Auswahl an Suppen und Gebratenem bietet.

Sonstiges

GELD – Manche Läden am Markt wechseln Bargeld, Travellers Cheques werden nicht akzeptiert.

INFORMATIONEN – Kompong Thoms freundliches **Touristenbüro** im oberen Stock eines Holzgebäudes südöstlich der Verkehrshaltestelle hält nützliche Ratschläge und aktuelle Tipps bereit, falls man hier jemanden antrifft.

INTERNET – Internet-Anschluss für US$4 pro Stunde findet man in einem kleinen Laden nicht weit nördlich vom Markt, der aber nur einen Computer hat.

MEDIZINISCHE HILFE – Das **Krankenhaus** befindet sich westlich vom Arunras Hotel an der Hauptstraße Pracheathepatay.

TELEFON – Für internationale Telefongespräche geht man zu ***Camintel*** im Postamt an der Ecke gegenüber vom Arunras Hotel; von den Telefonzellen am Markt lassen sich die billigsten Inlandsgespräche führen.

Transport

Die zentrale **Verkehrshaltestelle** befindet sich östlich der Hauptstraße (Pracheathepatay) am Platz hinter dem Ministerium für Kunst und Kultur, von wo keine 500 m bis zu einem Hotel oder Gästehaus zu gehen sind, doch sollte es auch kein Problem sein, ein Moto zu finden.

SAMMELTAXIS UND PICK-UPS – Taxis und Minibusse nach KOMPONG CHAM (6x tgl., 2 1/2 Std.) und PHNOM PENH (12x tgl., 3 Std.), jeweils über SKONE (12x tgl., 1 1/2 Std.), fahren von der Südseite des Platzes ab, Transportmittel nach SIEM REAP (12x tgl., 3 Std.) sowie Pick-ups nach TBENG MEANCHEY (12x tgl., 6 Std.) von der Nordseite.

Die lange Fahrt zum Tempelkomplex PREAH VIHEAR führt zunächst zur Hauptstadt der gleichnamigen Provinz Tbeng Meanchey (sprich: „t-behng me-an-chay"), die im Volksmund verwirrender weise ebenfalls Preah Vihear genannt wird. Man sollte schon früh an der Verkehrshalte-

stelle sein, da die anstrengende Reise nach Norden bis zu 7 Std. dauern kann (Sammeltaxi 20 000 Riel, Pick-up 20 000 Riel für einen Kabinenplatz, 10 000 Riel für einen Platz auf der Ladefläche).
Sammeltaxis und Pick-ups fahren nicht nach Fahrplan; sie operieren vom frühen Morgen bis zum frühen Nachmittag und fahren meist erst ab, wenn sie voll sind.

Die Umgebung von Kompong Thom

Zwei in der Nähe der RN 64 gelegene größere Tempelanlagen sind im Rahmen von Tagesausflügen von Kompong Thom aus zu erreichen. An der Stätte einer Hauptstadt aus der Zhenla-Epoche ist die Anlage **Sambor Prei Kuk** mit Hunderten von Tempeln erhalten geblieben. Viele Bauwerke wurden im Laufe der Zeit beschädigt oder vom vordringenden Urwald zurückerobert, doch einige Tempelgruppen aus Ziegelstein wurden freigelegt und bezaubern Besucher nun durch besonders schöne Steinmetzarbeiten sowie durch geschmackvoll verzierte Sandsteinstürze und Säulen. Weiter nördlich liegt Kambodschas größter eingefasster Tempelbezirk **Preah Khan**, dessen zentrales Heiligtum mit dem frühesten Beispiel von vier riesigen Gesichtern ausgestattet ist, die in die Haupthimmelsrichtungen blicken, ein Motiv, das sich später zu einem typischen Merkmal kambodschanischer Tempel entwickelte.

Die 5 km nördlich von Kompong Thom von der RN 6 nach Norden abzweigende RN 64 ist zwar breit, aber in einem katastrophalen Zustand, so dass man nur langsam voran kommt. Dagegen ist die 15 km lange Nebenstraße nach Sambor Prei Kuk, die nach rund 10 km rechts von der RN 64 abbiegt, einigermaßen in Ordnung.

Unglücklicherweise gestaltet sich die Fahrt nach Preah Khan wiederum ziemlich schwierig. Denn die etwa 30 km lange Nebenstrasse, die ca. 60 km nach der Abzweigung zum Sambor Prei Kuk von der RN 64 nach Westen abbiegt, ist in einem miserablen Zustand. Dazu besteht häufig Gefahr, falsch abzubiegen, und in der Regenzeit ist die Strecke völlig unpassierbar.

Aufgrund des äußerst schlechten Zustands der Straße nach Preah Khan ist es weder ratsam noch lohnend, beide Stätten an einem einzigen Tag besuchen zu wollen.

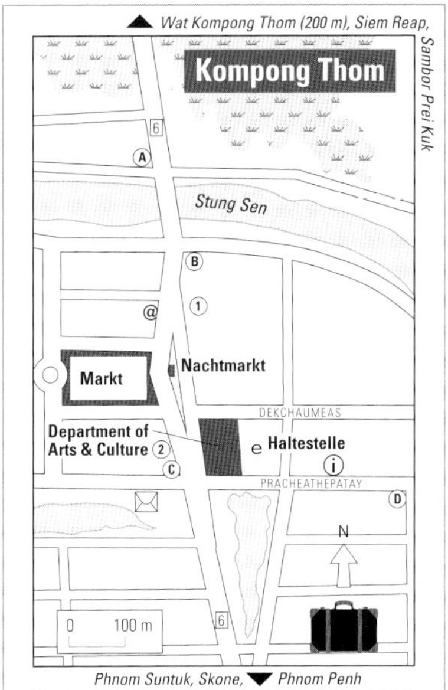

Restaurants und Clubs:		Übernachtung:	
Arunras Hotel Restaurant	C	Arunras Hotel	C
Arunras Restaurant	2	Sambor Prey Kuh	A
Sambor Prey Kuh	A	Santepheap Guesthouse	D
Stung Sen Restaurant	1	Stung Sen Royal Garden Hotel	B

Sambor Prei Kuk

Die Geschichte der Tempelstätte Sambor Prei Kuk geht auf das späte 6. Jh. zurück, als Kambodscha noch aus zahlreichen Kleinstaaten bestand. Zu diesen Staaten gehörte ein Königreich am Mekong, über das **Mahendravarman** herrschte, der seinen Machtbereich bis ins weit im Norden gelegene Khon Kaen im heutigen Thailand ausdehnte. Sein Bruder **Bhavavarman** gründete ebenfalls ein Königreich, das Ländereien im heutigen mittleren Kambodscha und Territorien bis hinauf nach Battambang unterwarf, und er baute seine eigene Hauptstadt im Gebiet von Sambor Prei Kuk auf. Als Bhavavarman 598 starb, vereinte Mahendravarman beide Königreiche und machte Sambor Prei Kuk zur Hauptstadt seines neuen Herrschaftsbereichs.

Von 610–628 trug die Reichsmetropole den Namen **Ishanapura**, und der neue Herrscher, Mahendravarmans Sohn **Ishanavarman**, ließ mit den

Türmen der Südgruppe des Tempels die ältesten erhaltenen Bauwerke der Stätte errichten. Nach seinem Tod zerbröckelte das Königreich in kleinere Staaten, doch Sambor Prei Kuk blieb bewohnt und war 944 Ausgangspunkt der Machtergreifung Rajendravarmans II., der den Thron von Angkor bestieg. Danach verschwand Sambor Prei Kuks Name aus den Annalen. Teile der Stätte wurden 1962 vom Urwald befreit, doch im Jahre 1970 mussten alle Restaurations- und Forschungsarbeiten wegen des ausbrechenden Bürgerkriegs eingestellt werden. Nach dem Sturz der Roten Khmer blieb die Stätte wegen der ständigen Gefahr von Guerilla-Attacken bis 1998 unerreichbar. Heute hat die an den Tempelanlagen stationierte Polizei eher gegen Kunstraub als gegen Rebellentum anzukämpfen.

Die Tempel sind in drei Hauptgruppen unterteilt: Sowohl die Nordgruppe als auch die Südgruppe gehen auf das 7. Jh. zurück, hingegen entstand die zentrale Gruppe erst im 9. Jh. Die Zufahrtsstraße trennt die Tempelanlagen vom zerbröckelten heiligen Turm **Ashram Issey** und dem einzeln stehenden Turm des Heiligtums **Prasat Bos Ram**, durch dessen mit Löwenköpfen verzierte Rinne einst heiliges Wasser floss. Die Rinne, die sich einst über einen Meter hoch an der Turmmauer befand, ist inzwischen bis auf Bodenhöhe abgesackt. Das Gelände ist übersät mit den Überresten ehemaliger Türme, und da hinter Erdhügeln und an teilweise mit Unterholz überwachsenen Mauerresten unvermutet gemeißelte figürliche Darstellungen auftauchen, können aufs Geratewohl geführte Erkundungsgänge durchaus zu verborgenen Schätzen führen. Vielleicht weiß der Fahrer von weiteren Tempeln, die erst vor kurzem freigelegt wurden.

Die Fahrt mit einem Moto von der Verkehrshaltestelle in Kompong Thom zur Tempelstätte dauert nur rund eine Stunde (US$5 hin und zurück). An den Tempeln herrscht selten Betrieb, und da die Tagesprogramme der aus Phnom Penh kommenden Reisegruppen gewöhnlich dicht geschnürt sind, haben Einzelreisende die Anlagen mit ein wenig Geduld schon nach kurzer Zeit mehr oder weniger für sich allein. Zum Zeitpunkt der Drucklegung wurde kein Eintrittsgeld verlangt, was sich aber bald ändern könnte. Bis dahin wird gerne eine Spende (von ein paar Dollar) entgegengenommen. Am Eingang gibt es **Verkaufsstände** für Imbisse und Getränke.

Nordgruppe

Die Nordgruppe, die nach ihrem zentralen Turmheiligtum zuweilen **Prasat Sambor Prei Kuk** genannt wird, wurde in der angkorianischen Epoche restauriert und erweitert. Obwohl der Haupteingang im Osten liegt, klettern viele Besucher durch die Mauer in der Nordostecke der Anlage und erreichen von dort zunächst das Badebecken. Die Türme sind in Quincunx-Form angeordnet.

In die Ziegelfront der Südseite des zentralen Turmheiligtums ist ein **schwebender Palast** gemeißelt, der als Heimstatt für lokale Geister gedacht ist, die sich um die Tempel kümmern. Auf drei Ebenen des Palastes sind göttliche Wesen zu sehen. Die Südgruppe zeigt weitere Beispiele derartiger schwebender Paläste. Das Heiligtum ist überwachsen und teilweise abgestützt, damit kein Mauerwerk auf umherstreifende Besucher stürzen kann. In der Nähe der Eingangstore sind die Überreste verzierter Sandsteinstürze und Säulen zu entdecken. Die Steinmetzarbeiten an anderen Türmen sind erstaunlich gut erhalten – namentlich die zierlichen Darstellungen geflügelter Pferde und kleiner menschlicher Gesichter. Von den einst zahlreichen Türmen dieser Stätte sind nur vier aufgereiht stehende Bauten an der Westseite übrig geblieben.

Auf dem Gelände verstreut stehen mehrere hübsch verzierte und rund 1,5 m^2 große **Sandsteinsockel**, die einst Lingams trugen. Sie sind nicht fest verankert und konnten zu anderen Tempeln getragen werden, um dort verehrt zu werden.

Zentrale Gruppe

Nur der Turm des zentralen Heiligtums, **Prasat Tor**, steht von dieser Gruppe noch, doch er ist ausgesprochen fotogen. Die Eingangsstufen werden von reproduzierten Löwen gesäumt. Gut erhalten sind die Stürze der Südseite mit äußerst kunstfertigen Blattwerkmotiven, für die die Zhenla-Epoche (s. S. 63) berühmt ist. Nur ungefähr 200 m südwestlich von hier zerbröckelt das Bauwerk **Prasat Trapeang Ropeak**, dessen Ziegelbögen noch immer durch ihre Eleganz bestechen. Auch die gemeißelten Dekorationen der unteren Ebene, darunter Blumenmotive, verdienen Beachtung.

Südgruppe

Die als Staatstempel von Ishanapura errichtete Südgruppe wird nach dem Turm ihres zentralen Heilig-

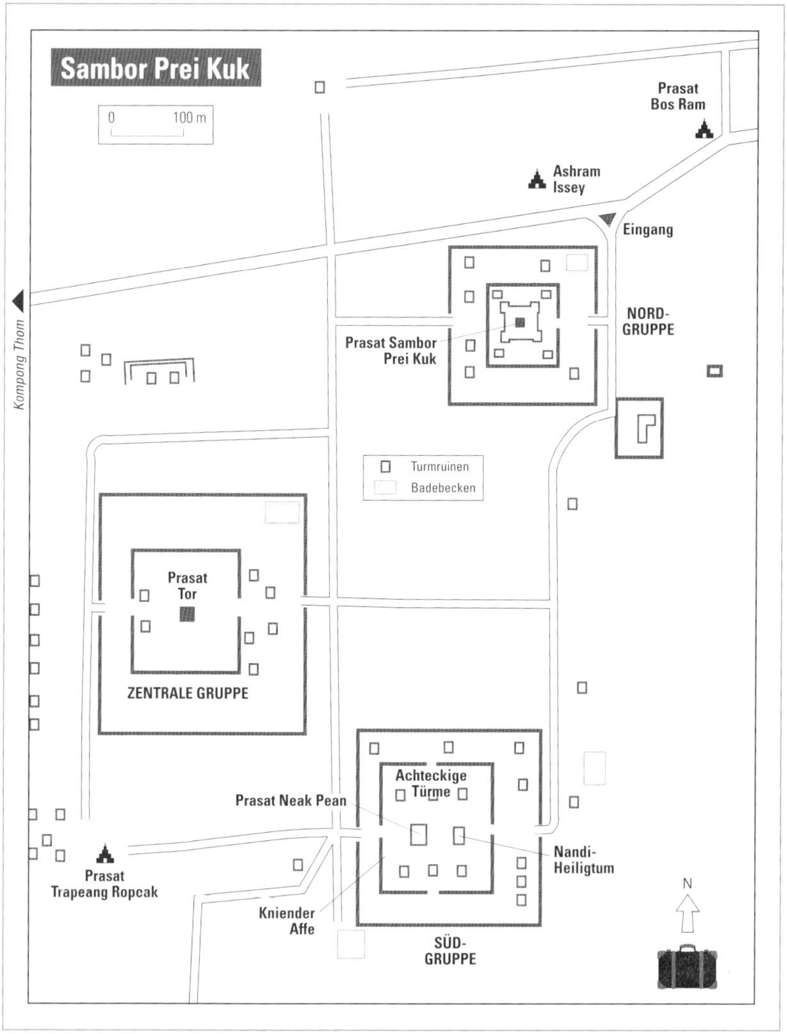

tums **Prasat Neak Pean** genannt. Die Haupttürme werden von zwei konzentrischen Einfassungen umschlossen. Die äußere Einfassungsmauer aus Laterit ist stark beschädigt, während die innere Ziegelsteinmauer die Zeiten relativ unversehrt überdauert hat. Am Mittelteil der westlichen Innenmauer sind kunstfertige **Reliefs** zu erkennen, die unter anderem Darstellungen eines kämpfenden Löwen und eines wie zum Opfer niederknienden Affen zeigen. Einen näheren Blick wert sind zudem die recht gut erhaltenen gemeißelten Stürze des zentralen Heiligtums, das einst mit einem nahen Gebäude verbunden war, in dem die Statue eines Nandi verehrt wurde – das Bildnis ist längst verschwunden, und von dem erhöhten Dammweg zwischen den beiden Gebäuden sind nur noch wenige Säulen zu sehen.

Gut erhalten sind jedoch das Bauwerk selbst sowie die Steinmetzarbeiten rund um den mittleren Sockel. Der *prasat* besitzt eine beschädigte Lingam-Basis, an der noch Überreste eines feinen ornamentalen Dekors zu erkennen sind. Innerhalb der Einfassung stehen mehrere ungewöhnliche achteckige Türme, deren Mauern mit weiteren schwebenden Palästen und großen runden gemeißelten Motiven, die an Medaillons erinnern, verziert sind.

Preah Khan

Nur wenig ist über die Geschichte von Preah Khan bekannt (die Anlage wird zur Unterscheidung vom Tempel desselben Namens in Angkor zuweilen um den Provinznamen „Kompong Thom" oder den Distriktnamen „Kompong Svay" erweitert; die Einheimischen nennen sie Prasat Bakan). Die ältesten Bauwerke werden Suryavarman I. zugeschrieben, und vermutlich verbrachte Jayavarman VII. einige Zeit in Preah Khan, bevor er nach Angkor zog – der berühmte Porträtkopf des Königs aus Sandstein, der in Phnom Penhs Nationalmuseum ausgestellt ist, wurde hier gefunden. In den 70er Jahren des 19. Jhs. wurden von Louis Delaporte die wertvollsten Skulpturen des Tempels fortgeschafft; sie stehen heute im Museum Guimet in Paris. Später war die Anlage immer wieder mutwilligen Plünderern und Zerstörern ausgesetzt, was eingefallene Türme, zerstörte Apsaras und zerbrochene Bildnisse beweisen, die am Boden verstreut liegen.

Die ausgedehnte Tempelstätte – es ist die größte Anlage der angkorianischen Epoche – hat dennoch viel zu bieten, denn vier separate Tempelgruppen sowie zahlreiche *prasat* und Nebengebäude warten auf ihre Erkundung. Für ein wenig Verwirrung sorgt, dass der drei Kilometer weit nach Osten verlaufende **Baray** teilweise zum Bereich der äußeren Einfassung gehört. Östlich des Baray wird der kleine Tempel **Prasat Preah Damrei** aus dem 9. Jh. von einer eigenen Lateritmauer umschlossen und von steinernen Elefanten bewacht. Zu den bemerkenswertesten Bauwerken des Baray gehört der kreuzförmige Schrein **Prasat Preah Thkol**, dessen Ruinen auf einer unzugänglichen Insel im Zentrum des Beckens stehen.

Am westlichen Ende des Baray ist der rund 600 m innerhalb der Einfassung stehende kunstfertige **Prasat Preah Stung** aus dem 11. Jh. mit Galerien, schön gestalteten Apsaras sowie einem zentralen Heiligtum mit vier großen Gesichtern ausgestattet. Solche Gesichtertürme, ein besonderes Merkmal der Epoche Jayavarmans VII., sind außerhalb Angkors nur selten zu finden. Die gut erhaltene Terrasse des Bauwerks ähnelt entsprechenden Anlagen in Angkor Thom und ist mit einem Fries aus Schwänen verziert.

Die weiter westlich im Herzen von Preah Khan stehende **Haupttempelgruppe** stammt aus dem 12. Jh. und geht wahrscheinlich auf Suryavarman II. zurück. Der Weg in den Tempelbereich führt durch den kunstvoll gearbeiteten östlichen Gopuram und zwei Sandsteingalerien zum zentralen Heiligtum, wo der Turm mit seinen vier Gesichtern im Bayon-Stil scheinbar unberührt inmitten all der Zerstörung steht, die von Plünderern hinterlassen wurde.

Der Norden

Die erhaben auf Kambodscha und Thailand hinabblickende Tempelstätte **Preah Vihear** schmiegt sich an die Hänge des Dangkrek-Steilabbruchs, an dem aufeinander folgende Tempelbereiche den Besucher immer höher hinauf bis zum Gipfel führen.

Leider ist es anstrengend und teuer, die Anlage zu erreichen, obwohl der Bau einer neuen, nur in der Trockenzeit befahrbaren Straße von **Tbeng Meanchey** die Reisezeit deutlich verkürzt hat. In Tbeng Meanchey wird normalerweise ein Zwischenstop zum Übernachten eingelegt, bevor man den nächsten langen Streckenabschnitt zum Tempel selbst in Angriff nimmt. Eine andere Straße, die ebenfalls nur in der Trockenzeit befahrbar ist, führt von Anlong Veng (s. S. 234) nach Tbeng Meanchey. Trotz dieser neuen Straßen ist die Anreise von **Thailand** weitaus weniger beschwerlich. Nähere Informationen über die Anfahrt via Si Saket oder Ubon Ratchathani im Travel Handbuch zu Thailand. In der Regenzeit ist Preah Vihear normalerweise nicht zu erreichen, ebenso wie Koh Ker (s.u.).

Tbeng Meanchey ist zugleich Ausgangspunkt für eine weitere abgelegene Stätte: **Koh Ker** war die einzige angkorianische Hauptstadt, die nicht in der Nähe von Siem Reap lag. Heute sind die alten Tempel fast vollständig vom Dschungel überwuchert. Die Anlagen wurden vielfach geplündert und weitgehend ihrem Schicksal überlassen, doch unerschrockene Entdecker werden viele Monumente finden, deren Pracht und Größe auch heute noch ersichtlich sind.

Tbeng Meanchey

Von Kompong Thom nach Tbeng Meanchey ist es eine langwierige, anstrengende Fahrt von mehr als 150 km über die RN 64, die aber auch ihre Reize hat. Winzige Siedlungen säumen die Straße, die am **Naturreservat Boeng Peae** entlang führt, wo man einen Eindruck von dem dichten Dschungel bekommt, der einst das Land bedeckte. Die Straße ist zwar das ganze Jahr über befahrbar, doch ist abhängig von der Jahreszeit mit einer Reisedauer von fünf bis acht Stunden zu rechnen.

In Tbeng Meanchey lohnt sich ein Besuch der interessanten **Seidenweberei-Kooperative Joom Noon**, die von der Vietnam Veterans of America Foundation betrieben wird. Das ursprüngliche Rehabilitationszentrum für einheimische Behinderte hat sich zu einem florierenden Unternehmen entwickelt, dessen qualitativ hochwertige Seidenstoffe in den Luxushotels von Phnom Penh und Siem Reap verkauft werden. Besucher sind herzlich eingeladen, die Seidenraupenzucht sowie die Spinnereien und Webereien zu besichtigen, doch einkaufen können sie nicht, da alle Waren nur auf Bestellung produziert werden. Ein Herstellungsbetrieb für Prothesen erinnert nachdrücklich daran, dass die umliegenden Gebiete stark vermint sind. Zur Kooperative geht man vom Kreisverkehr am südlichen Stadtrand 200 m nach Norden, bis man an einem kleinen Hinweisschild rechts abbiegt. Nach einem weiteren Fußmarsch von etwa 1 km liegt die Kooperative auf der rechten Seite. ✆ 012/610719, ⌚ Mo–Sa.

Orientierung

Vom Kreisverkehr im Süden der Stadt dehnt sich Tbeng Meanchey mit einem einfachen Gitternetz geradliniger Pistenstraßen über 2 km weit nach Norden aus. Die Hauptstraße führt vom Kreisverkehr in die Stadt; westlich von ihr stellt eine Parallelstraße eine weitere Nord-Süd-Verbindung her. Einige von Osten nach Westen verlaufende Straßen verbinden die beiden Hauptverkehrsadern. Die **Verkehrshaltestelle** liegt 1 km nördlich vom Kreisverkehr an der dritten Querverbindung. Die Gästehäuser und Restaurants der Stadt befinden sich im **Marktbereich** 200 m westlich der Verkehrshaltestelle.

Übernachtung

Alle Unterkünfte der Stadt sind ziemlich einfach und unterscheiden sich kaum voneinander. Bevor man sich ein Zimmer aussucht, sollte man herausfinden, wie lange die Elektrizität eingeschaltet bleibt – einige Unterkünfte werden nur abends mit Strom versorgt.

27 May Guesthouse, ✆ 011/905472, an der Kreuzung westlich der Verkehrshaltestelle, nahe dem Markt. Vielleicht die angenehmste Unterkunft der Stadt. Saubere Zimmer mit Bad, manche mit AC. ❶

Phnom Meas, ✆ 012/632017, östlich der Verkehrshaltestelle auf der anderen Straßenseite. Hier hat man die Wahl zwischen kleinen Zimmern mit Bad und TV oder größeren Räumen ohne Fenster. ❷

Promtep Guest House, ✆ 011/747177, nördlich vom Markt und nach dem ersten Block in östlicher Richtung. Helle, geräumige Zimmer mit Ventilator oder AC. ❷

Essen

Gegenüber der Verkehrshaltestelle bieten mehrere Restaurants Nudel- oder Reisgerichte und Kaffee an. Westlich des Marktes gibt es Garküchen.

Dara Reas, 200 m westlich vom Kreisverkehr und 1 km südlich vom Markt. Das einzige Restaurant der Stadt mit einer Speisekarte in Englisch serviert gute Suppen und andere Gerichte.

Sonstiges

Notfalls kann man auf dem Markt **Geld wechseln**, doch ist es nicht möglich, internationale Telefongespräche zu führen; und Internet-Anschluss gibt es auch nicht. Das **Touristenbüro** an der Hauptstraße, 100 m vom Kreisverkehr auf der linken Straßenseite, ist immer geschlossen.

Transport

Die Verkehrshaltestelle ist der Anfahrts- und Abfahrtshaltepunkt sämtlicher Pick-ups und Sammeltaxis.

Fahrzeuge nach KOMPONG THOM (3x tgl., 6 Std.) brechen frühmorgens und vormittags auf. Auch die **Motos** sammeln sich in der Nähe der Verkehrshaltestelle, wo am ehesten jemand aufzutreiben ist, der ein wenig Englisch spricht. Ein Moto für den Ausflug nach Koh Ker, Preah Khan oder Preah Vihear zu chartern, erfordert ein nicht geringes Maß an Verhandlungsgeschick, da oft überhöhte Preise gefordert werden.

Koh Ker

Das in felsigem und überwuchertem Gelände gelegene Koh Ker war im 10. Jh. für kurze Zeit die Hauptstadt des Khmer-Reiches, weil der über die Region herrschende Jayavarman IV. nicht nach Angkor umsiedeln wollte, sondern den dortigen Hof an seinen eigenen Stammsitz verlegte. Berühmt ist Koh Ker insbesondere für seine wuchtigen Skulpturen, die als erste in der gesamten Khmer-Kunst das Element der Bewegung einbeziehen. An der Stätte selbst sind keine originalen Schaustücke mehr zu sehen, doch schöne Beispiele besitzt das Nationalmuseum in Phnom Penh.

Alle Vorbereitungen und Absprachen für einen Ausflug nach Koh Ker sollten am Vortag in Tbeng Meanchey getroffen werden, da man schon mit dem ersten Tageslicht aufbrechen muss. Die 70 km lange Motofahrt ist anstrengend und nur in der Trockenzeit (Nov–Mai) möglich, und es gibt hier keine Gelegenheit, sich zu verpflegen. Eine bequemere Alternative ist die Anreise von **Siem Reap** nach Koh Ker über eine kürzlich wieder geöffnete Straße, die noch aus der Zeit von Jayavarman IV. stammt, als Koh Ker mit Angkor verbunden war; auch die Tempelanlagen Beng Mealea (s. S. 219) und Banteay Samre (s. S. 214) entstanden später an dieser Straße. Nachdem eine private Firma die Straße wieder in Betrieb genommen hat, ist es von Siem Reap aus möglich, Koh Ker in einem relativ leichten Tagesausflug zu besuchen, in den man sogar Zwischenstops in Beng Mealea und Banteay Samre einbauen könnte. Die Fahrt dürfte nicht mehr als 3 Std. dauern; zu den Kosten für das gecharterte Fahrzeug, ca. US$50–60, muss man noch US$5 Straßengebühr hinzurechnen. Die Eintrittsgebühr beträgt für Ausländer US$10. Bei der Erkundung der Tempelstätte darf man keinesfalls die vorgegebenen Pfade verlassen, da in dem Gebiet noch Minen versteckt liegen.

Die Stätte

Bei der Thronbesteigung Jayavarmans IV. waren die ältesten Bauwerke Prasat Thom und Prasat Kraham längst fertig gestellt. Die drei Einfassungen der von Osten her zugänglichen Anlage **Prasat Thom** sind linear angeordnet, und das Heiligtum befindet sich im Zentrum des letzten Hofes. Das Bauwerk **Prasat Kraham** aus auffälligem rotem Sandstein ist zwar Teil des Haupt-Gopurams der dritten Einfassung, besitzt jedoch einen eigenen Turm, an dem Bruchstücke einer mächtigen Shiva-Statue mit fünf Köpfen und acht Armen gefunden wurden (die Hände sind im Nationalmuseum in Phnom Penh ausgestellt).

Hinter dem Gopuram folgt ein breiter Graben, über den ein Damm mit Naga-Balustraden zur engeren zweiten Einfassung führt, wo lange schmale Gebäude eine Art Galerie bilden. Ein letzter Gopuram führt durch eine Sandsteinmauer in die erste Einfassung, in der auf einer Terrasse neun in zwei Reihen angeordnete kleine Heiligtümer stehen (fünf in der vorderen und vier in der hinteren Reihe). Außerdem sind im Hof verstreut die Überreste von zwölf kleinen Türmen zu besichtigen, die sich in unterschiedlichen Stadien des Verfalls befinden.

Westlich hinter Prasat Thom steht – ungewöhnlicherweise innerhalb derselben Mauer – eine 35 m hohe Sandsteinpyramide mit sieben Ebenen namens **Prang**, zu der auf der Ostseite eine Treppe hinaufführt. Diese Pyramide sollte Staatstempel Jayavarmans IV. werden, doch sie wurde nie vollendet. Statt eines Turms als zentrales Heiligtum befindet sich oben nur ein Sockel, der eine Nandi-Statue trug. Ebenso hoch wie der Prang ist ein weiter hinten aufragender künstlicher Hügel mit dem sonderbaren Namen **Phnom Damrei Saw**, Grab des Weißen Elefanten. Weitere Heiligtümer stehen östlich des über 1 km langen Staubeckens **Rohal**, das auf Geheiß Jayavarmans IV. ausgehoben wurde.

Preah Vihear

Die vollkommen aus Sandstein errichtete Tempelanlage Preah Vihear hat einen für Khmer-Tempel ungewöhnlichen Grundriss, denn reihenförmig statt konzentrisch angelegte Einfassungen sind durch breite Chausseen miteinander verbunden, die zu immer komplexer werdenden kreuzförmigen Gopurams mit kunstfertig gemeißelten Ziergiebeln führen. Hinter den einzelnen Gopurams lohnt sich jeweils ein Blick zurück, denn an den Südseiten befinden sich einige der prunkvollsten Türstürze der gesamten Anlage. Vom Gipfel eröffnen sich spektakuläre **Ausblicke** auf die zerklüftete Silhouette des Dangkrek-Gebirges sowie auf den kambodschanischen Dschungel, der sich bis zum Horizont erstreckt und von schmalen roten Wegen durchzogen wird. Auf thailändischer Seite steht die Grenzmarkierung inmitten von Gebüsch im Niemandsland, und deutlich ist die dortige gut ausgebaute Straße zum Tempelbereich zu erkennen.

Noch 1995 war die Tempelanlage, die über zwei Jahrzehnte wegen der Kriegssituation und der sich in der Umgebung herumtreibenden Roten Khmer nicht zu erreichen war, Schauplatz von Gefechten. Aus Sorge um nicht wieder gutzumachende Schäden zog die Regierung ihre Truppen ab und überließ die Kontrolle den Roten Khmer, nachdem es zu ersten kleineren Zerstörungen gekommen war. An den Außenwänden der obersten Einfassung sind Einschusslöcher zu sehen. 1998 wurde die Anlage wieder für Besucher geöffnet, doch da die Hänge ringsum noch immer stark vermint sind, dürfen die deutlich gekennzeichneten Pfade nicht verlassen werden.

Lange Zeit war der auf der Grenze zwischen Kambodscha und Thailand thronende Tempelkomplex Preah Vihear Gegenstand von **Grenzstreitigkeiten** zwischen beiden Ländern, die 1962 vom Internationalen Gerichtshof in Den Haag geschlichtet wurden, der die antike Tempelstätte nach einer rigorosen Kampagne Norodom Sihanouks offiziell Kambodscha zusprach. Beide Staaten kamen überein, die Tempelstätte gemeinsam zu verwalten, doch die Spannungen konnten nicht ausgeräumt werden, eine Tatsache, die durch das starke Panzerabwehrgeschütz unterstrichen wird, das nahe dem Gipfel stationiert und auf thailändisches Gebiet ausgerichtet wurde. Im Juli 2001 entließ Hun Sen einen ranghohen Tourismusbeamten, der ein Abkommen signiert hatte, das den Thai die weitere touristische Erschließung der Anlage zusprach, und im Dezember 2001 riegelte Thailand den Zugang von seinem Territorium aus wegen mangelnder kambodschanischer Kooperation bei der Lösung von Grenzkonflikten ab. Im Jahre 2003 wurde die Grenze allerdings wieder geöffnet; nun müssen Besucher aus Thailand, die die Stätte betreten wollen, eine Eintrittsgebühr von US$5 bezahlen.

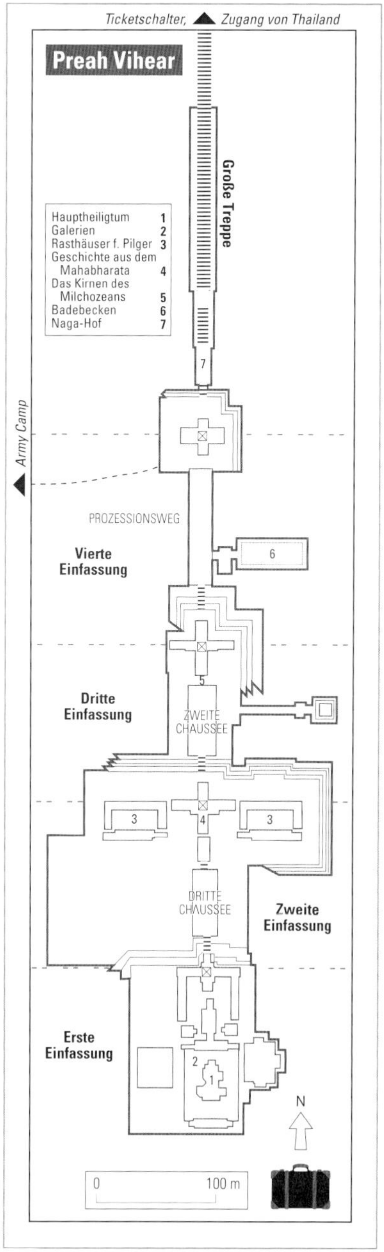

Die Tempelanlage

Preah Vihear entstand unter mehreren Dynastien zwischen dem 9. und 12. Jh., doch der Großteil der Anlage wird Suryavarman I. zugeschrieben, der ein altes religiöses Zentrum ausbaute, das ein Sohn Jayavarmans II. gegründet hatte. Außerdem ließ er auf dem Boden des Tempelgeländes als Gemarkung seines Territoriums einen von drei berühmten Grenz-Lingams aufstellen – die anderen beiden wurden in Phnom Chisor und an der bislang nicht identifizierten Stätte Ishanatirtha installiert. Später erweiterten sowohl Suryavarman II. als auch Jayavarman VII. die Shiva geweihte Tempelanlage, die zu Ehren dieses Gottes auch den Namen Shikhareshavara trug, „Ort der Gottheit unter Shiva". Oben angekommen, führt eine lange prachtvolle Eingangstreppe in einen mit Naga-Balustraden verzierten Hof. Kurz dahinter erhebt sich auf einer Terrasse der stark verfallene erste Gopuram, von dem sich ein erhebender Blick auf die erste Chaussee bietet, deren monumentale Proportionen auf fast 100 m Länge gepflastert sind und von Säulen gesäumt werden, die einst Leuchten trugen. Östlich bewachen Steinlöwen das große Badebecken Srah Srang. Aufgrund des starken Gefälles der steilen Treppenflucht erfasst der Blick am Ende der Chaussee zunächst nur das Eingangstor und den eindrucksvollen dreieckigen Ziergiebel des gut erhaltenen zweiten Gopurams, die sich gegen den Himmel abzeichnen.

Über der äußeren Südseite des Tores haben zwei sehr kunstfertige Steinmetzarbeiten die Zeiten in gutem Zustand überdauert: Der Türsturz zeigt einen liegenden Vishnu, und der Ziergiebel präsentiert eine Szene aus der Geschichte vom Kirnen des Milchozeans (s. S. 198). In dieser Szene trägt Vishnu in seiner Erscheinungsform als Schildkröte den Berg – also den Kirnstab – auf dem Rücken, während sich die Schlange Vasuki als Seil, an dem die Götter und Dämonen ziehen, um den Stab windet. Am Stab selbst erscheint Vishnu in der Gestalt Krishnas, der den Ablauf beobachtet.

Hinter der **zweiten Chaussee** weiter oben am Berg bilden die doppelten Vorhallen des kreuzförmigen **dritten Gopurams** den beeindruckenden Eingang zur **dritten Chaussee**. Auf dieser Ebene befanden sich die königlichen Gemächer, die der Herrscher bei seinen Tempelbesuchen benutzte. Zwei nahe Gebäude dienten als Rasthäuser für Pilger. Eine Szene über dem Nordtor des Gopurams stellt die Beziehung zum hinduistischen Epos *Mahabharata* her – sie zeigt Vishnu im Kampf mit Arjuna, einem Angehörigen des Klans der Pandava, der in der berühmten Erzählung gegen den Klan der Kaurava kämpft. Die letzte Chaussee, die zum **vierten Gopuram** führt, erweckt eher den Anschein eines Hofs, da sie von verfallenen Gebäuden gesäumt wird. Das umliegende Gelände ist dicht mit zusammengefallenem Mauerwerk übersät, und im Unterholz verbergen sich gut erhaltene Steinmetzarbeiten. Der vierte Gopuram führt zum stark verfallenen **Hauptheiligtum**. Die düstere und schmucklose Einfassung lässt die sprühende Ausstrahlung der unteren Ebenen vermissen, doch dafür ist die Luft vom schweren Duft brennender Räucherstäbchen erfüllt. Zu seiner Entstehungszeit war der Tempel ein Pionierprojekt – die gewölbten Galerien rings um die Einfassung gehören zu den frühesten Beispielen ihrer Art in der angkorianischen Architektur. Nur die Nordgalerie besitzt nach außen gerichtete Fenster, während diejenigen aller anderen Galerien nur Blicke in die innere Einfassung zulassen. Eine Kletterpartie führt durch ein Loch in der Westmauer zur Bergseite, wo schöne Ausblicke die Anstrengung der leichten Kraxelei sofort vergessen lassen.

Praktische Tipps

Der **Transport** von Tbeng Meanchey nach Preah Vihear ist nicht billig. Motofahrer fordern für die Hin- und Rückfahrt ca. US$50. Die 100 km lange Fahrt von der Stadt zum Armeelager am Fuße des Steilabbruchs dauert rund 3 Std., worauf noch die haarsträubende Fahrt den steilen Berg hinauf folgt. Derzeit wird an einer neuen Straße gebaut, welche die kürzlich wiedereröffnete Straße von Koh Ker über Beng Mealea nach Siem Reap mit der Straße zwischen Anlong Veng und Preah Vihear verbinden soll; allerdings kann noch niemand sagen, wann die Straße fertig sein wird.

Öffnungszeiten (tgl. ab 8 Uhr, Einlass bis 15.30 Uhr) und Eintrittsgebühren gelten nicht für Besucher, die auf kambodschanischer Seite aufsteigen, für diese endet der Weg am Ticketschalter, hinter dem sie thailändisches Territorium betreten würden. Aus Tbeng Meanchey anreisende Besucher sollten Verpflegung und Wasser mitbringen. Tagsüber gibt es oben am Wat einfache **Mahlzeiten**.

Der Nordosten

Irrawaddy-Delfine Ausschau halten nach den silbernen Finnen der Geschöpfe, die bei Kampie durch die Stromschnellen tauchen

Banlung Friedliche Kleinstadt und guter Ausgangspunkt für Touren zu den Schönheiten Rattanakiris

Yeak Laom Schwimmen im schimmernden Vulkansee inmitten des Dschungels

Wasserfall Bou Sraa Wassersturz über fast 30 m hinab in eine bewaldete Schlucht

Die Plantagen und Nassreisfelder an den Ufern des von Laos südwärts fließenden Mekong weichen im Osten des Flusses rasch dem weltfernen, bewaldeten und zerklüfteten Hochland der nur spärlich besiedelten Provinzen Rattanakiri und Mondulkiri. Obwohl die unteren Hänge des Hochlands abgeholzt wurden, bietet der übrig gebliebene Dschungel der wilden Tierwelt auch heute noch ausgedehnte Rückzugsgebiete. Außerdem ist das Hochland die Heimat zurückgezogener **Chunchiet**-Stämme, deren Angehörige nahezu unberührt von der modernen Welt leben, karge Subsistenzwirtschaft betreiben und sich ansonsten von Waldprodukten ernähren, wie ihre Vorfahren es seit Jahrhunderten getan haben.

Das Eingangstor zum Hochland ist die beschauliche Stadt **Kompong Cham**, über der eine Atmosphäre von verblichener Noblesse schwebt und die durch eine gute Straße mit Phnom Penh verbunden ist. Die weiter nördlich gelegene alte Kolonialstadt **Kratie** ist hingegen bequemer auf dem Fluss zu erreichen. Zu den herausragenden Erlebnissen gehört dort die Beobachtung seltener **Irrawaddy-Delfine**, die in den Stromschnellen des nahen **Kampie** einen Lebensraum gefunden haben. Kambodschas nördlichste Stadt am Mekong ist das stille Provinznest **Stung Treng**, wo Touristen bis vor kurzem nahezu unbekannt waren, was sich jedoch zunehmend ändert, da Rucksackreisende, die zum Grenzübergang nach Laos oder nach Rattanakiri unterwegs sind, in steigender Anzahl dort Station machen.

Die Provinz **Rattanakiri** lockt ständig mehr Besucher an, seit sich die Schönheit der dortigen Dschungellandschaften, nebelverhangenen Berge und verstreuten *Chunchiet*-Dörfer herumgesprochen hat. Reisende mit Abenteuergeist entdecken inzwischen auch die südlich angrenzende Provinz **Mondulkiri**. Es ist jedoch nicht einfach, diese Gebiete zu bereisen, denn mangels eines ausgebauten Verkehrsnetzes beschränkt sich das touristische Angebot im Grunde auf Tagesausflüge von den Provinzhauptstädten **Banlung** und **Sen Monorom**. Rattanakiri hat sich inzwischen besser auf Reisende eingestellt als die Nachbarprovinz.

Zu den Ausflugszielen in der Umgebung von Sen Monorom gehören mehrere schöne Wasserfälle mit allerdings sehr begrenzter touristischer Infrastruktur. In beiden Provinzen (wie eigentlich im gesamten Nordosten) sollte man nicht erwarten, im Laufe eines Tages viele Sehenswürdigkeiten aufsuchen zu können – der Reiz liegt darin, Gelegenheiten zu Unternehmungen zu erkennen und sich mit dem Strom treiben zu lassen.

Mit Ausnahme der Transfers mit Mekong-Expressbooten von Kompong Cham nach Norden sind alle **Reisen im Nordosten** von schleppender Langsamkeit und häufigen unerwarteten Schwierigkeiten geprägt. Die Straßen gehören zu den schlechtesten des ganzen Landes und sind selbst in der Trockenzeit (Nov–Mai), wenn die Luft ständig mit rotem Staub durchsetzt ist, nur schwer zu befahren. In der Regenzeit verwandeln sie sich in Schlammpisten. Es ist zu beachten, dass die Einheimischen die Städte Banlung und Sen Monorom gewöhnlich einfach nach den Provinznamen benennen.

Kompong Cham

Das am Westufer des Mekong gelegene freundliche Kompong Cham hat nur wenig von der Betriebsamkeit zu bieten, die man in der größten Stadt des Nordostens erwarten mag. Der kleine Handelshafen brummt keinesfalls vor Aktivitäten, und es ist sogar noch ruhiger geworden, seit die mit japanischen Geldmitteln errichtete kolossale neue Mekongbrücke die alten Fähren überflüssig gemacht hat. Der verbesserte Zustand der Straßen in der Region hat überdies dazu geführt, dass Reisende meist direkt durchfahren, was bedauerlich ist, da der Ort seinen eigenen Charme besitzt.

In den 30er und 40er Jahren des 20. Jhs. war Kompong Cham ein wohlhabendes Zentrum des Kautschuk- und Tabakhandels und Kambodschas bedeutendste Stadt. Noch heute zeugen breite, schattige Alleen mit alten Geschäftshäusern von der ruhmreichen Vergangenheit, doch alles wirkt ziemlich verschlafen. Selbst das Stadtzentrum macht einen eher stillen Eindruck.

Im Stadtgebiet lohnt ein gemütlicher Bummel durch die ruhigen Straßen, besonders in der Umgebung des Marktes, um die schöne **Kolonialarchitektur** in sich aufzunehmen. Das eher zweckmäßig ausgestaltete Flussufer lädt am späten Nachmittag zu einem Spaziergang ein, bei dem man während einer Erfrischungspause in aller Ruhe die mächtige neue Brücke betrachten kann, Kambodschas erste Brücke über den Mekong.

Wer südlich der Brücke am Flussufer entlang wandert, gelangt nach etwa 1 km zum **Wat Pra Tohm Nah Day Doh**, das gegenüber der Anlegestelle der Fähren zur Insel Koh Pbain liegt. Das Kloster, das einige attraktive Gebäude aufweist, lohnt einen kurzen Besuch, auch wenn es weniger als hundert Jahre alt ist. Vor der Anlage steht ein riesiger Buddha, und auf dem Gelände, das mit interessanten Statuen von Menschen und Tieren übersät ist, erhebt sich ein Wald aus Miniatur-Stupas.

Der charmante **Markt**, dessen einzige Ebene sich in einem gelben Bauwerk befindet, ist ebenfalls nicht gerade überlaufen, was nur zu begrüßen ist, da innen die Stände dicht beieinander stehen. Es ist der richtige Ort, um nach baumwollenen *kramar* aus lokaler Produktion Ausschau zu halten, die wegen ihrer ausgezeichneten Qualität überall in Kambodscha begehrt sind – einige der hier angebotenen Farben und Muster sind womöglich nirgends sonst im ganzen Land zu finden.

Vor den Toren der Stadt laden die **Cham-Dörfer** der Insel Koh Pbain, **Wat Nokor** und das Ausflugsziel **Phnom Bpros Phnom Srei** zum Besuch ein.

Übernachtung

Die Zimmersuche ist unproblematisch, da es in Kompong Cham genügend Gästehäuser und preiswerte Hotels gibt. Man sollte sich umschauen, denn die großen, hellen Zimmer mancher Hotels sind nicht wesentlich teurer als die kleinen, schäbigen Räume einiger Gästehäuser.

Angkor Chum, ✆ 012/900446, 200 m westlich der Busstation. Sehr freundlicher Familienbetrieb und eines der angenehmsten Gästehäuser der Stadt. Zimmer mit Bad und TV, AC erhältlich. ❶

Bophear Thmey Guest House, ✆ 012/796803, ein Block westlich vom Fluss. Eine der preiswertesten und saubersten Billigunterkünfte der Stadt, Zimmer mit Bad und Ventilator. ❶

Kim Srun, ✆ 042/941507, nahe am Flussufer. Freundliches Gästehaus, schöne Aussicht über den Fluss. Schlicht eingerichtete Zimmer (einige sind etwas schmuddelig) mit Bad und Ventilator. Manche Zimmer mit TV. ❶

Mekong, ✆ 042/941536, in Flussufernähe. Bestes Hotel der Stadt, ordentlicher Komfort, doch keinesfalls Aufsehen erregend. Alle Zimmer mit Bad, TV und Minibar. Teurere Zimmer vorn mit Heißwasser, AC und Blick auf den Fluss. ❷

Mittapheap, ✆ 042/941565, nördlich des Marktes. Tadelloses modernes Hotel, alle Zimmer mit Bad, TV und Kühlschrank; AC gegen geringen Aufpreis. ❷

Nava, 457 Preah Bat Sihanouk St., ✆ 042/941742. Kleines Gästehaus, Zimmer mit Bad und TV. Von außen leicht an der Wendeltreppe und an dem mit vielen Pflanzen geschmückten Balkon zu erkennen. ❶

Phnom Pros, Kosomak Neary Roth St., ✆ 042/941444. Alle Zimmer mit Bad, TV und Kühlschrank; bessere Zimmer mit Fenstern, Heißwasser und AC; billigste Räume ohne Fenster. ❷

Essen

Es gibt eine Hand voll ordentlicher Restaurants in der Stadt, die abends allerdings relativ früh schließen; nach 21 Uhr wird es problematisch, noch etwas zu essen zu bekommen.

Nudelküchen an den Haltestellen und am Markt bieten einfache Gerichte an, und am späteren Nachmittag öffnen in der Nähe des *Mekong Hotels* kleine Stände, die Fruchtdesserts und Säfte servieren.

Auf der anderen Seite der Brücke steht eine Reihe von bei Einheimischen sehr beliebten Lokalen mit offener Terrasse, die Khmer- und westliche Küche bieten, manchmal auch Live-Musik.

Im Restaurant des Mekong Hotels gibt es Eier und Brot zum Frühstück.

Mekong Crossing, nicht besonders umfangreiche Speisekarte mit Khmer- und westlichen Gerichten, aber große Portionen.

Hoa An Restaurant, südlich der Boulevardstraße nahe des Zentrums; bebilderte Speisekarte; ordentliche Khmer- und chinesische Gerichte; kleine Auswahl an Weinen. Reichhaltige Auswahl an Fischgerichten.

Two Dragons Restaurant, im Stadtzentrum; Speisekarte in Englisch, empfehlenswert ist der gebratene Fisch mit Kokosnuss.

Boeng Kan Seng Restaurant, westlich der Stadt am Seeufer; angenehmes Speiselokal mit über hundert Khmer- und chinesischen Gerichten auf der Speisekarte.

Unterhaltung

Das Nachtleben ist äußerst beschränkt; aber man könnte es mal mit dem ***Mekong Crossing*** versuchen, der einzigen westlich orientierten Bar der Stadt.

Sonstiges

APOTHEKEN – Es gibt viele Apotheken in den Straßen nahe des Marktes.

AUTOVERMIETUNG – Das ***Mekong Hotel*** vermittelt Leihwagen mit Chauffeur für rund US$30 pro Tag.

FAHRRÄDER – Das ***Bophear Thmey Guest House*** vermietet Fahrräder für US$2 pro Tag.

GELD – Die ***Canadia Bank*** westlich des zentralen Boulevard wechselt Travellers Cheques gegen die übliche Kommissionsgebühr und zahlt gebührenfrei Bargeld gegen Vorlage von Visa

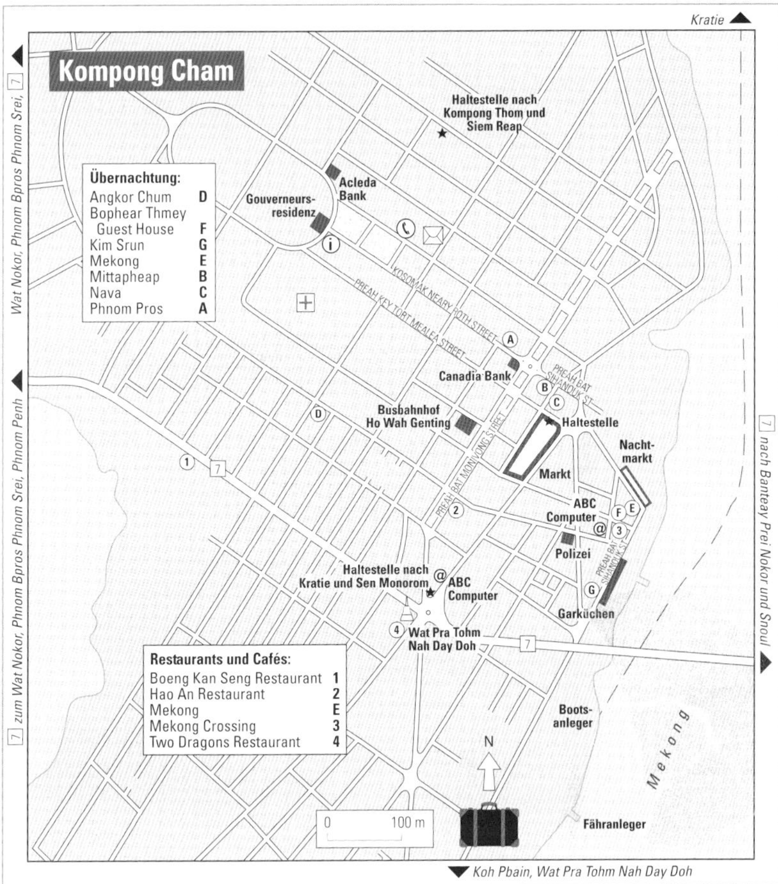

und MasterCard aus. Dollar gegen Riel tauschen die ***Acleda Bank*** gleich nördlich vom Touristenbüro und die Geldwechsler am Markt.

INFORMATIONEN – Das **Touristenbüro** nordwestlich des Marktes liegt hinter einem (von Pflanzen überwucherten) Swimming Pool, aber meist ist niemand da.

INTERNET – ***ABC Computer*** bietet Internet-Anschluss für US$1 pro Stunde; es gibt zwei Filialen: eine liegt nicht weit nordöstlich vom Kreisverkehr vor der Brücke, die andere um die Ecke vom Bophear Thmey Guest House.

MEDIZINISCHE HILFE – Notfallaufnahme im **Krankenhaus**, das zu den besten des Landes gehört.

POLIZEI – einen Block vom Fluss entfernt in Marktnähe.

POST UND TELEFON – Nationale und internationale Telefongespräche bei ***Camintel*** östlich des Touristenbüros (andere Straßenseite). Im Block südöstlich davon befindet sich das **Postamt**.

Transport

Kompong Cham, von Phnom Penh über die RN 7 zu erreichen, ist Ausgangspunkt für Reisen in Kambodschas Nordosten.
Dank fortschreitender Ausbesserung der Straße wird die Weiterreise von Jahr zu Jahr einfacher, ist aber immer noch sehr strapaziös.
Der schnellere und bequemere Weg nach Rattanakiri führt zunächst mit dem Boot nach Kratie (oder in der Regenzeit nach Stung Treng), wo Straßenverkehrsmittel für die Weiterreise zur Verfügung stehen. Bei Reisen nach Mondulkiri gibt es keine Alternative zum Pick-up.

BUSSE – Die Busse der Gesellschaft *Ho Wah Genting* fahren von der **Busstation** in der Preah Bat Monivong Street nordwestlich des Marktes ab.
Während des ganzen Tages gibt es fahrplanmäßige Verbindungen nach PHNOM PENH (6x tgl., 2 1/2 Std., 8000 Riel) über die ausgezeichnete RN 7. Eine Reservierung ist in der Regel nicht erforderlich, doch an der Hauptstraße westlich des Marktes gibt es eine Vorverkaufsstelle.
Seitdem die Straße zudem in nördlicher Richtung ausgebessert wurde, fahren Busse auch nach KRATIE (3x tgl., 5 Std., 15 000 Riel).

MINIBUSSE, SAMMELTAXIS UND PICK-UPS – Es gibt drei **Haltestellen:**
Sammeltaxi und Pick-ups nach KRATIE (3x tgl., 5 Std.) und SEN MONOROM (1x tgl., 6 Std., ca. US$10) stehen an der Nordostseite des Kreisverkehrs gleich vor der Brücke. Wer das Sammeltaxi nach Sen Monorom verpasst hat, kann auch mit einem Pick-up oder Minibus bis Snuol fahren und dort ein Fahrzeug für die Weiterreise finden.
Fahrzeuge nach KOMPONG THOM (6x tgl., 2 1/2 Std., 8000 Riel) und SIEM REAP (28 000 Riel) halten zwei Block nördlich vom Postamt.
Fahrzeuge mit anderen Zielen, darunter PHNOM PENH (20x tgl., 2 1/2 Std., 10 000 Riel), SKONE (20x tgl., 1/2 Std.) und PREY VENG (4x tgl., 3 Std.), stehen an der Nordseite des Marktes.

BOOTE – Die Boote legen gleich südlich der neuen Brücke an.
Das Boot nach KRATIE (4 Std.; 28 000 Riel) fährt tgl. um 7.30 Uhr ab.
Zwischen Juli und Oktober, wenn der Wasserstand hoch genug ist, fährt dasselbe Boot weiter den Fluss hinauf bis nach STUNG TRENG (8 Std., 60 000 Riel).
Wenn das Boot aus Kratie anlegt, warten gewöhnlich schon Taxis und Minibusse, die eine rasche Weiterfahrt nach Phnom Penh und Kompong Thom gewährleisten.

Die Umgebung von Kompong Cham

Koh Pbain

Die 10 km lange Insel Koh Pbain liegt südöstlich vor den Toren der Stadt im Mekong und eignet sich ausgezeichnet zur Erkundung des ländlichen Lebens, besonders mit einem Fahrrad. Schmale Pfade durchziehen die Insel, überschreiten kleine Wasserläufe und winden sich kreuz und quer durch Felder, auf denen Sesam und Erdnüsse wachsen. Hauptanbauprodukt ist jedoch Tabak, dessen Blätter in großen schmalen Gebäuden mit Lehmwänden aufgehängt, mehrere Tage lang getrocknet und schließlich in Bambuskisten verpackt werden. In der Trockenzeit ist die Insel von Sandstränden gesäumt. Die männlichen Einwohner der **Cham-Dörfer** der Insel sind vorwiegend Fischer. Die Frauen weben in den Monaten der Trockenzeit *hol*-Seiden und baumwollene *kramar* an Webstühlen, die unter den Stelzenhäusern stehen.

Bei niedrigem Wasserstand führt der Weg nach Koh Pbain über eine Sandbank am Südrand der Stadt und über eine gebührenpflichtige Brücke (500 Riel). Sobald die Regenfälle einsetzen, muss man ca. 1 km südlich der neuen Brücke die kleine Fähre nehmen, die nur wenigen Passagieren und Motos Platz bietet.

Wat Nokor

Wat Nokor befindet sich 2 km westlich der Stadt an der RN 7 (Zufahrt durch eine Abzweigung mit Torbogen) und ist ein modernes Kloster innerhalb einer Tempelanlage aus dem 11. Jh. Der insgesamt gut erhaltene Tempel ist von einer Einfassungsmauer aus Laterit umgeben (die während der Herrschaft der Roten Khmer schwarz angemalt wurde) und hat ein zentrales Heiligtum, über dem ein neuzeitliches Vihara gebaut wurde. Ästheten werden sich an den grellen, modernen Wänden und Säulen stören, doch die Einheimischen lieben die kitschigen Erweiterungen der 90er Jahre und kommen in Scharen, um Buddha ihre Aufwartung zu machen.

Besonders beliebt ist der Tempel bei ethnischen Chinesen, die an eine Legende glauben, welche von einem kleinen Jungen erzählt: Ein Säugling aus Kompong Cham wurde von einem großen Fisch verschluckt, der daraufhin den Mekong hinab und weiter bis zu Chinas Küste schwamm. Als er dort Fischern ins Netz ging, entdeckten diese das noch lebende Kind, das unter ihnen aufwuchs und später mit vielen Chinesen im Gefolge den Weg zurück nach Kambodscha fand. Die Chinesen ließen sich in Kompong Cham nieder und legten damit – so erzählen die Einheimischen – den Grundstein für den hohen chinesischen Bevölkerungsanteil der Region.

Ein modernes Bauwerk im Süden des Tempelbereichs beherbergt die Statue eines **liegenden Buddhas**, die unter den Roten Khmer enthauptet wurde. Der Kopf blieb jahrelang verschwunden, bis ein Arbeiter träumte, dass er an einer bestimmten Stelle in der Nähe verscharrt sei – dort wurde er tatsächlich ausgegraben und konnte dem Torso wieder aufgesetzt werden. Hochzeitspaare posieren gerne vor der Tempelkulisse für ihre Erinnerungsfotos, und nicht selten sind im Gopuram Frauen anzutreffen, die gerade einer Braut helfen, nacheinander ihre zahlreichen Hochzeitsgewänder für den Fototermin anzulegen.

Die Cham

Die Cham wanderten aus dem **Königreich Champa** ein, das sich einst zwischen Hue und Phan Thiet entlang der Küste des heutigen Vietnams erstreckte. Sie stellen mit ungefähr 200 000 Angehörigen die Hälfte der Landesbevölkerung ohne Khmer-Abstammung und bilden damit Kambodschas größte ethnische Minderheit. Als **Moslems** (die Cham konvertierten im 14. Jh. vom Hinduismus) sind sie zugleich die größte religiöse Minderheit des Landes.

Im Verlauf der Geschichte führten die Cham häufig Krieg gegen die im Westen und Süden lauernden Khmer sowie gegen ihre nördlichen Nachbarn, die Vietnamesen. Im Jahre 1177 fielen sie in Angkor ein, unterlagen anschließend jedoch in einer blutigen **Seeschlacht** auf dem Tonle Sap der Kriegsflotte Jayavarmans VII. – Flachreliefs am Bayon zeigen Szenen der kämpferischen Auseinandersetzungen. Gegen Ende des 17. Jhs. war das Ende des Reiches Champa besiegelt, nachdem sich die vorrückenden Vietnamesen dessen Territorium Stück für Stück einverleibt hatten. Viele Cham flohen nach Kambodscha und ließen sich dort in der Umgebung des Tonle Sap, an den Ufern der wichtigen Flüsse und in der heutigen Provinz Kompong Cham nieder, wo sie eigene Dorfgemeinschaften bildeten und als Fischer, Wasserbüffelzüchter, Weber und Silberschmiede arbeiteten – Berufe, die noch heute ihren Lebensunterhalt sichern. Ihre Dörfer sind an den Moscheen und islamischen Schulen zu erkennen, und es fehlen die streunenden Schweine, die ansonsten landesweit zum Straßenbild ländlicher Siedlungen gehören.

Auch die Cham blieben von den Auswüchsen der Roten Khmer nicht verschont. Da sie fast nur innerhalb der eigenen Gruppe heirateten, waren sie ethnisch eindeutig von den Kambodschanern abgegrenzt. Ihre typische Kleidung verriet sie überall sofort als Moslems. Viele von ihnen wurden ermordet, und fast keiner entging entwürdigenden Demütigungen wie zum Beispiel dem erzwungenen Verzehr von Schweinefleisch, der mit ihrer Religion unvereinbar ist. Es war jedoch das einzige Mal in der kambodschanischen Geschichte, dass die Cham Verfolgungen ausgesetzt waren. Obwohl sie eine eigene Sprache sprechen und eigene Traditionen pflegen, gibt es keine ethnischen Spannungen mit der Khmer-Bevölkerung. Ein deutlicher Beweis dafür ist der freundliche Umgang miteinander, der auf allen Märkten erkennbar ist.

Phnom Bpros und Phnom Srei

8 km westlich von Kompong Cham erheben sich an der RN 7 zwei Hügel, die der einheimischen Bevölkerung als beliebtes Ausflugsziel dienen. Von Wat Nokor führt ein bequemer Abstecher nach „Phnom Bpros Phnom Srei“ (Mann- und Frau-Hügel), wie das Gebiet in einem Atemzug genannt wird. Auf dem niedrigeren **Phnom Bpros**, zu dessen Gipfel man hinauffahren kann, stehen mehrere moderne Pagoden. Die jüngste Anlage aus grauem Zement lässt Anspielungen auf Angkor Wat und Banteay Srei erkennen. Auf dem Hügel hat sich eine wilde Affenkolonie angesiedelt – die Tiere warten darauf, dass die Besucher sie mit Bananen füttern, die an den Verkaufsständen angeboten werden.

Der Weg zum zweiten Hügel führt unten an zahlreichen **Stupas** vorbei, die zum Andenken an Tausende Opfer der Roten Khmer, die auf den umliegenden Feldern umkamen, von deren Verwandten errichtet wurden.

Die sterblichen Überreste der Ermordeten waren in einem kleinen Bauwerk in der Nähe des großen Bodhi-Baums beigesetzt, doch im Jahre 2000 ließen die Behörden sie zum größten Teil nach Phnom Penh bringen. Wohlhabende Einheimische erwarben daraufhin Parzellen, um dort private Stupas zu errichten, doch inzwischen hat die Verwaltung aus Gründen des Landschaftsschutzes alle Bautätigkeiten in der Umgebung untersagt.

Hinter den Stupas führt ein Pfad durch grüne Felder zum naturbelassenen **Phnom Srei**, dem höheren der beiden Hügel, von dessen Fuß eine steile Treppe bis zum Gipfel führt. Oben belohnen schöne Ausblicke und ein Kloster die Mühen des Aufstiegs. Die ältesten Statuen der Buddha-Sammlung des Klosters stammen aus der Kolonialzeit. Hohe Verehrung genießt die Nandi-Statue vor dem Altar, die gestreichelt werden darf – was die meisten einheimischen Besucher auch mit Hingabe tun.

Bootsausflüge von Kompong Cham

In der Umgebung von Kompong Cham gibt es einige lohnende Ausflugsziele, die mit einem Boot erreicht werden können. Da wäre z. B. der Tempel **Maha Leap**, ein altes Gebäude aus Holz mit goldverzierten Teak-Säulen, das irgendwie den Verwüstungen der Roten Khmer entgangen ist. Nur etwas flussaufwärts vom Tempel am Fluss Tonle Tuok, etwa 20 km südlich von Kompong Cham, werden in dem Weberdorf **Prei Chung Kran** auf traditionellen Handwebstühlen Seidenstoffe hergestellt. Im Kloster **Wat Han Chay**, ca. 20 km nördlich von Kompong Cham am Mekong, stehen Ruinen aus der Zeit des Chenla-Reiches (7. Jh.) neben einem modernen Tempel und bieten fantastische Ausblicke auf den Fluss. Wer diese oder ähnliche Bootstouren unternehmen möchte, kann direkt mit einheimischen Bootsbesitzern verhandeln – der Preis für die Bootsmiete liegt bei ca. US$20 pro Tag. Oder man wendet sich an das Restaurant *Mekong Crossing*, um weitere Details zu derartigen Touren zu erfahren. Die meisten dieser Ziele lassen sich auch mit dem Moto erreichen, was zwar billiger, aber weniger unterhaltsam ist.

Kratie

70 km nördlich von Kompong Cham liegt am Ostufer des Mekong die Stadt Kratie (sprich: „Krachih“), die ihren Charme besonders bei niedrigem Wasserstand entfaltet, da sie dann höher am Hang liegt und sich von oben schöne Ausblicke auf die sandigen Strände der gegenüber liegenden Insel **Koh Troung** eröffnen. In der Regenzeit sieht die Sache ganz anders aus: Wenn der Fluss das Umland überschwemmt, wird die Stadt fast selbst zur Insel.

Dank der stromaufwärts in der Nähe von **Kampie** lebenden **Delfine** ist Kratie zum populären Aufenthaltsort von Rucksackreisenden geworden. Die Stadt selbst ist ein angenehmer Ort für eine Übernachtung. Die meisten Besucher treffen um die Mittagszeit mit dem Boot ein, rücken am Nachmittag zur Delfinbeobachtung aus, übernachten und reisen am nächsten Tag weiter. Wer etwas mehr Zeit mitbringt, erreicht mit dem Moto auf bequeme Weise einige Pagoden weiter nördlich. Am Weg nach Kampie nimmt der Abstecher zur schönen Hügelpagode **Phnom Sambok** nur wenig Zeit in Anspruch, und rund 30 km nördlich von Kratie steht auch im malerischen Dorf **Sambor** eine wundervolle Pagode.

Kratie blieb von Zerstörungen verschont, obwohl die Roten Khmer die Stadt schon zu Beginn ihres Feldzugs einnahmen. An französischen Ein-

Kratie, Stadt der Delfine

fluss erinnern bis heute die heruntergekommenen, aber immer noch attraktiven Terrassen am Fluss, die großen Kolonialgebäude im Süden, die heute als Verwaltungssitze dienen, und die stolze Residenz des Provinzgouverneurs, in deren Garten zahmes Rotwild äst. Das Leben dreht sich in Kratie um die Ankunft und Abfahrt der Boote und lässt sich ausgezeichnet bei einem Zuckerrohrsaft an einem der Stände am Flussufer beobachten.

Übernachtung

In Kratie herrscht kein Mangel an akzeptablen Unterkünften.

Hotel Heng Heng 1 und 2, ✆ 072/971405, fast nebeneinander südlich des Docks am Fluss. Nette Zimmer mit Bad und TV; im Heng Heng 1 ein gutes Restaurant im Untergeschoss. ❶

Heng Oudom Hotel, Street 10, ✆ 072/971629, ein Block vom Fluss entfernt. Neu und preisgünstig; Zimmer mit Bad, Ventilator oder AC. ❶

Oudom Sambath Hotel, ✆ 012/965944, 150 m nördlich von der Bootsanlegestelle. Die komfortabelste Unterkunft der Stadt; die teuren Zimmer sind geräumig und hübsch eingerichtet und bieten AC, Heißwasser, TV und Kühlschrank, aber auch die billigen Zimmer (mit Bad und Ventilator) sind nicht schlecht. ❶–❸

Santepheap Hotel, ✆ 012/971537, gegenüber vom Dock. Ordentlich eingerichtete Zimmer mit Bad und TV, manche Räume mit AC und Heißwasser. ❷

Star Guesthouse, ✆ 012/753401, Familienbetrieb in Marktnähe Gute Englischkenntnisse, Moto-Vermittlung, kleines Restaurant mit westlichen Gerichten. Die billigsten Räume haben weder Fenster noch Komfort, doch auch geräumige Zimmer mit Bad und TV sind vorhanden. ❶

You Hong Guest House, ✆ 012/769234, an der Nordseite des Markts. Neues Gästehaus mit sauberen und billigen Zimmern. ❶

Essen

Ein namenloses Khmer-Restaurant in der Sihanouk St. bietet mittags vorgefertigte Menügerichte und abends auf Bestellung gebratenen Reis und gebratene Nudeln an.

Red Sun Falling, nicht weit südlich von der Bootsanlegestelle; von Westlern geführtes, gemütliches Restaurant mit kleiner Auswahl an Khmer-Gerichten, mehreren Biersorten und Cocktails.

Hotel Heng Heng 1, ausgezeichnete Fischgerichte und gute Khmer- und China-Küche. Tipps: süß-saures Gemüse. ⏲ von frühmorgens bis zum mittleren Abend.
Mekong Restaurant, vom Red Sun Falling um die Ecke; gute Auswahl an ordentlichen Khmer-Gerichten und englischsprachige Karte.
Penchet Restaurant, vor dem Santepheap Hotel; bei Einheimischen beliebt wegen seiner guten Khmer-Küche.
Star Guesthouse, gutes westliches Frühstück, Fruchtsäfte und Pfannkuchen.

Unterhaltung

Das Nachtleben in Kratie beschränkt sich auf folgende Möglichkeiten: im ***Red Sun Falling*** oder im ***Star Guesthouse*** andere Reisende zu treffen, an einem der Stände am Flussufer einen Fruchtsaft zu schlürfen oder sich unter die Gäste schäbiger Karaoke-Bars zu mischen.

Sonstiges

GELD – In der ***Acleda Bank*** und auf dem Markt kann man bare Dollars in Riel wechseln, doch Travellers Cheques werden nirgends akzeptiert.

INFORMATIONEN – Im **Touristenbüro** 1 km südlich der Bootsanlegestelle am Fluss sind nur selten Mitarbeiter anzutreffen, und selbst wenn mal jemand da ist, wird man kaum Infos bekommen, höchstens ein breites Lächeln.

INTERNET – Einen langsamen und teuren Internet-Anschluss (US$4 pro Std.) findet man in einem Laden an der Street 9, in der Nähe der Bootsanlegestelle. ⏲ bis gegen 20 Uhr.

Nahverkehrsmittel

Kratie lässt sich bequem zu Fuß erkunden. Keine Unterkunft ist weiter als 500 m von der Verkehrshaltestelle und dem Bootsdock entfernt. Jederzeit stehen **Motos** für die Fahrt zu den Delfinen bereit (US$3 für Hin- und Rückfahrt inkl. Wartezeit).

Transport

Die RN 7 von Kompong Cham bis Kratie ist zwar ausgebessert worden, trotzdem ist es noch immer eine zeitraubende Fahrt, da die Strecke den weiten Umweg über Snuol macht.
Von Kratie nach Norden bis Stung Treng ist die RN 7 nach wie vor in sehr schlechtem Zustand. Die 140 km lange Fahrt dauert zurzeit 4–6 Std.; in ein bis zwei Jahren könnte sich die Reisezeit allerdings deutlich verkürzen, denn bis dahin soll auch dieser Streckenabschnitt ausgebessert worden sein.

BUSSE – Die Busse der Firmen *Ho Wah Genting* und *Hour Lean* fahren jeweils einmal täglich gegen 7.30 Uhr nach PHNOM PENH (7 Std., 18 000 Riel), außerdem nach KOMPONG CHAM (3x tgl., 5 Std.). Die beiden Unternehmen haben ihre Büros nebst Ankunfts- und Abfahrtsstelle am Fluss, nicht weit südlich von der Bootsanlegestelle.

MINIBUSSE, SAMMELTAXIS UND PICK-UPS – Ankunfts- und Abfahrtszentrale von Sammeltaxis und Pick-ups ist die Haltestelle zwei Blöcke nördlich des Marktes. Angeboten werden Fahrten nach BANLUNG (3x tgl., 8 Std.), KOMPONG CHAM (3x tgl., 5 Std), SNUOL (4 Std., US$5) und STUNG TRENG (4x tgl., 4–6 Std., 25 000 Riel).

BOOTE – Kraties **Dock** befindet sich kurz vor der Stadt; alle Unterkünfte sind von hier aus bequem zu Fuß zu erreichen.
Die einfachste Möglichkeit, nach Kratie zu gelangen, bieten die Boote. Expressboote verbinden den Ort mit KOMPONG CHAM (1x tgl., 3 Std., US$7) und STUNG TRENG (1x tgl., nur Juli–Okt., 4 Std., US$8). In der Trockenzeit von November bis Mai werden die Expressboote von und nach Stung Treng durch Holzboote (1x tgl., 6 Std.) ersetzt, die nicht so tief im Wasser liegen. Wegen der starken Strömung dauern Reisen flussaufwärts natürlich länger als abwärts.
Von den kleinen Speedbooten, die man für die Fahrt nach Stung Treng chartern kann, sollte man besser die Finger lassen: abgesehen davon, dass sie doppelt so viel kosten wie die regulären

Boote, verhindern ihre lärmenden Motoren und der sehr beengte Innenraum, dass man die Fahrt genießen kann. Außerdem schweben Passagiere immer in der Gefahr, über Bord zu fallen, wenn die kleinen Flitzer über die Wellen hüpfen.

Die Umgebung von Kratie

Man kann die Delfine bei **Kampie** an einem Nachmittag sehen und hat auf dem Rückweg noch Zeit für einen Besuch des Meditationszentrums **Phnom Sambok**. Wenn mehr Zeit zur Verfügung steht, lohnt sich die schöne Fahrt den Fluss hinauf ins 40 km nördlich gelegene **Sambor**, das in präangkorianischen Zeiten beträchtliche Bedeutung hatte. Da die antiken Stätten jedoch nicht erhalten sind, ziehen dort heute vorwiegend der ländliche Markt und die Pagode das Interesse von Besuchern auf sich.

Es dürfte kein Problem sein, für die 40-minütige Fahrt nach Kampie ein Moto zu finden, das für die Hin- und Rückfahrt inklusive Wartezeit um die US$3 kostet. Die 15 km lange und verhältnismäßig gute Straße von Kratie nach Kampie führt über einen erhöhten Damm, der in der Regenzeit den Eindruck einer nicht enden wollenden Brücke erweckt In Stadtnähe säumen riesige tropische Dipterokarpazeen die Straße, die allesamt ein Schild mit ihrem botanischen Baumnamen tragen. Einige Kilometer weiter außerhalb stehen prächtige Teakbäume links und rechts der Straße, die zum Teil schon über hundert Jahre alt sind und zu den größten ihrer Art zählen.

Die in dieser Gegend besonders hübschen Dorfhäuser sind aus lokalem Teakholz gebaut, haben rote Ziegeldächer und stehen auf hohen Stelzen. Da sich die Vordertüren auf gleicher Höhe mit dem Straßenniveau befinden, gewinnt man unterwegs auch ungewollt zahlreiche Einblicke ins ländliche Leben.

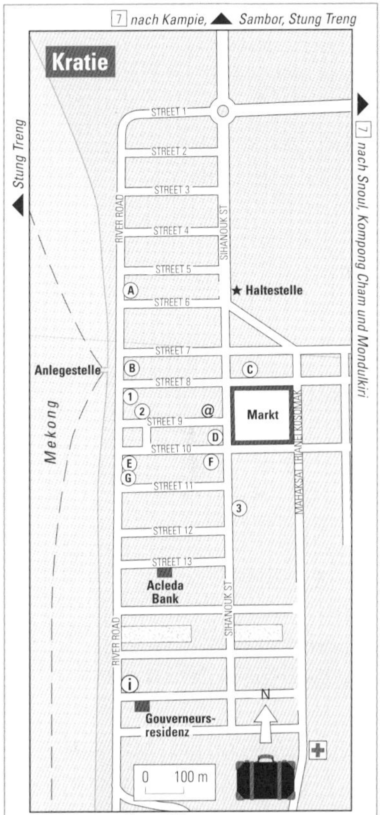

Übernachtung:		Essen:	
Heng Heng I	E	Heng Heng Hotel	E
Heng Heng II	G	Mekong Restaurant	2
Heng Oudom Hotel	F	No name Restaurant	3
Oudom Sambath Hotel	A	Penchet Restaurant	B
Santepheap Hotel	B	Red Sun Falling	1
Star Guesthouse	D		
You Hong Guest House	C		

Kampie

Seit jeher sind die Kambodschaner davon überzeugt, dass die **Irrawaddy-Delfine** *(psout)*, die in den Stromschnellen des Mekong bei Kampie leben, Zwitterwesen aus Mensch und Tier sind, und schon immer haben die Menschen dort für das Wohl der Tiere gesorgt. Dennoch hat die Anzahl an Delfinen stark abgenommen, nicht zuletzt aufgrund illegaler Fischfangmethoden wie Dynamitfischerei und Gebrauch elektrischer Ruten, und sie zählen inzwischen zu den gefährdeten Arten.

Prinzipiell besteht den ganzen Tag über die Möglichkeit, dass sich die Tiere zeigen, doch die besten Chancen auf Sichtungen bietet aufgrund des niedrigeren Wasserpegels die Trockenzeit (Nov–

Mai). Besonders günstig sind der frühe Morgen und späte Nachmittag, da die Tiere zu diesen Zeiten nach Nahrung suchen. Trotzdem muss man die Wasseroberfläche sorgfältig beobachten, damit man den Moment nicht verpasst, wenn einmal eine Delfinschnauze oder ein -rücken aus den trüben Fluten des Mekong auftaucht, oft nur für wenige Zentimeter über der Wasserfläche; die Tiere zu fotografieren ist so gut wie unmöglich.

Umweltschützer befürchten, dass der steigende Touristenrummel die Delfine vertreiben könnte. Der World Wide Fund for Nature (WWF) hat dazu aufgefordert, nicht mit Motorbooten hinauszufahren – was manche Einheimische anbieten – und die Tiere keinesfalls mit Booten zu verfolgen. Dennoch ist genau dies die Methode, die die meisten Besucher wählen (US$5 pro Std. pro Boot). Dabei ist es gar nicht notwendig, mit einem Boot hinauszufahren, um die Delfine zu sehen. Wenn man von der kleinen Bootsanlegestelle mit der Delfin-Reklame etwa einen Kilometer flussaufwärts geht, gelangt man zu einer Metallbrücke, von welcher man mit etwas Geduld sicherlich ein paar der seltenen Tiere beobachten kann.

Phnom Sambok

Die ungefähr auf halber Strecke zwischen Kratie und Kampie still und erhaben über landwirtschaftliche Nutzflächen aufragende Pagode Phnom Sambok eignet sich bestens für ihre Funktion als Meditationszentrum. Auf den bewaldeten Hängen stehen kleine Hütten, die Mönchen als Meditationsklausen dienen, und der Duft von Frangipani-Blüten füllt die Luft um das Wat auf dem Gipfel.

Die Wandmalereien im Inneren des *vihara* zeigen moralische Lehrgeschichten: Wer Unwahrheiten verbreitet, dem wird die Zunge herausgerissen; Ehebrecher werden an dornigen Bäumen gepfählt; und wer lebende Tiere kocht, wird selbst im Kessel landen. Einige Wandmalereien zeigen chinesische und japanische Gestalten mit buschigen Augenbrauen und Schnurrbärten, die kurze rote Hosen, Turbane und Halstücher tragen. Vom Balkon des *vihara* schweift der Blick über die schöne landschaftliche Umgebung bis weit hinüber zum Fluss.

Sambor

Nördlich von Kampie führt die Strecke zunächst bis zur Brücke in der Nähe der Mündung des Prek Patang in den Mekong. Wenn der Wasserpegel des Mekong in der Trockenzeit fällt, kommen sandige Inseln zum Vorschein, und es entsteht ein improvisiertes Ressort, in dem ein Holzplankenweg den Uferbereich mit den Inseln und Picknickhütten verbindet (Eintritt: 500 Riel). Die Stromschnellen zwischen den Inseln sind durchaus gefährlich, doch geschützte Stellen bieten genügend Möglichkeiten zu einem entspannten Bad.

An der Straßengabelung rund 8 km nördlich der Brücke verläuft die RN 7 weiter in Richtung Stung Treng, während eine Abzweigung nach links am Fluss entlang zum ausgedehnten Dorf Sambor führt, wo es einen kleinen Markt und mehrere Garküchen gibt.

Sambors bekannteste Sehenswürdigkeit ist die moderne Pagode **Wat Tasar Moi Roi**, die „Pagode der Einhundert Säulen", die 1986 mit dem Anspruch errichtet wurde, mehr Säulen als jedes andere kambodschanische Wat zu besitzen. Inzwischen wurde in anderen Pagoden die Zahl von einhundert Säulen übertroffen, doch die Dorfbewohner zählten die runden und eckigen Säulen ihres Wats erneut durch und beziffern sie nun hartnäckig mit der Rekordzahl 116. Mit besonderem Stolz zeigen die Einheimischen den Besuchern eine Säule, die 400 Jahre alt sein und zu einem früher an dieser Stätte stehenden Tempel gehört haben soll. Ungewöhnlich ist das *vihara*, da es mit der Front nach Norden anstatt wie sonst üblich nach Osten zeigt.

Der alte weiße Stupa auf dem Pagodengelände soll in obskurem Zusammenhang mit einem König stehen. Klarer ist eine Geschichte, die mit der Pagode verknüpft wird, weil eine Bilderfolge in einem Pavillon in der Nähe des *vihara* sie verdeutlicht: Um sich einen Spaß zu machen, nahm eine Frau die Gestalt eines Krokodils an. Als sie einen Mönch auf dem Rücken durch die Fluten trug, näherte sich von hinten ein bösartiges Krokodil und fraß den Mönch auf. In ihrer Gestalt als Krokodil wurde die Frau schließlich in Banlung gefangen und als Trophäe – oder auch als Warnung an andere Mönche – zurück zur Pagode gebracht.

Rund 500 m hinter Wat Tasar Moi Roi strahlt die alte Fachwerkpagode **Wat Preah Gouk** verblassenden Glanz aus. Das Dach war einst mit goldenen Spitzen verziert, und im Inneren standen mit Edelsteinen besetzte Statuen, doch nach Plünderungen durch die Roten Khmer geriet das Bauwerk in Vergessenheit und trat in den Schatten der neu errichteten Pagode. Zu den Sehenswürdigkeiten im Hofbereich gehört ein mächtiger Baum, dessen Stammumfang fast 10 m beträgt.

Stung Treng

Die freundliche Stadt Stung Treng am Sekong River, die 140 km von Kratie im Süden und ca. 200 km von Banlung im Osten entfernt liegt, markiert das Ende des einigermaßen befahrbaren Teils der RN 7. Zwar führt die Straße noch weiter nach Norden bis zur Grenze nach Laos, doch aufgrund ihres fürchterlichen Zustands entscheiden sich eigentlich alle, die zur laotischen Grenze wollen, für die alternative Anfahrt mit dem Boot.

Zur Zeit der Recherche für dieses Buch wurde allerdings gerade der Straßenabschnitt zwischen Stung Treng und dem südlicher gelegenen Kratie asphaltiert, und eine Brücke über den Fluss Sekong etwa ein Kilometer östlich von Stung Treng ist in Planung. Das alles gibt Anlass zur Hoffnung, dass es in wenigen Jahren möglich sein wird, relativ schnell über die RN 7 von Phnom Penh zur laotischen Grenze zu gelangen.

Auf dem **Markt** in der Stadtmitte werden abgesehen von *Chunchiet*-Produkten auch Waren aus Laos angeboten, die nirgends sonst im Land erhältlich sind – zum Beispiel einfarbige Textilien mit geometrischen Randmustern oder Reisdämpfer aus Bambus, die in Kambodscha selten sind, da die Khmer den Reis kochen. Ein Haushaltswarengeschäft an der Nord-Süd-Achse führt handgerollte Kerzen aus Bienenwachs für religiöse Zeremonien im Angebot. Sie werden nach Länge verkauft – zu den ungewöhnlichen Maßen gehören „Fingerspitze bis Achselhöhle", „Kinnspitze bis Bauchnabel" und „einmal Kopfumfang". Die Inhaber der Schmuckstände offerieren Silberschmuck aus Laos und natürlich Goldwaren.

Morgens sind auf den Straßen rund um den Markt zahlreiche Frauen (darunter viele *Chunchiet*) unterwegs, die im Wald gesammelte Bodenprodukte und alle möglichen Kräuter und Pflanzen feilbieten.

In den armseligen Parkanlagen am Fluss ehrt die **Statue** eines *pasay*-Fisches eine Spezies, die als Delikatesse geschätzt und im Juni und Juli im Mekong bei Stung Treng gefangen wird. Obwohl die Statue die Ausmaße eines Wals hat, ist die Fischart selbst recht klein und wiegt nur 1–1,5 Kilogramm. Ein Bummel am Flussufer entlang nach Westen führt zu einigen der ältesten Gebäude der Stadt, unter denen besonders die Art-déco-Villa neben dem einstöckigen (und selbst schon über 100 Jahre alten) Ministry of Public Works and Transport auffällt.

Nur wenig entfernt steht mit **Wat Pre Ang Thom** die attraktivste Pagode der Stadt, die von den Roten Khmer zerstört und 1992 wieder aufgebaut wurde. Tierstatuen (weiße Elefanten, Pferde, Tiger) bewachen den Eingang, und in einer Hofecke beschirmt ein riesiger Bodhi-Baum die kleinen Schreine lokaler Gottheiten. Hinter dem Wat verläuft die Straße an Dorfhäusern und Gärten vorbei, bevor sie nach Süden zum nur in der Trockenzeit genutzten Dock am Mekong abbiegt. Von dort gelangt man auf Nebenstraßen zurück in die Stadt.

Die einzige bedeutende Sehenswürdigkeit der Stadt ist der Tempel **Prasat Preah Ko** am anderen Flussufer (s. unten). Aber auch in der Umgebung von Stung Treng gibt es einige lohnende Ausflugsziele. Mit Unterstützung des Personals der Gästehäuser kann man Seidenwebereien, Obstplantagen, Seen und Wasserfälle besuchen oder eine **Bootsfahrt** zu abgelegenen Dörfern machen. Eine der beliebtesten Touren führt den Mekong hinauf zur laotischen Grenze, wo man Delfine beobachten kann und die Wasserfälle sieht, die den Fluss an dieser Stelle unpassierbar machen.

Übernachtung

Vor dem Einchecken sollte man sich erkundigen, wie lange die Elektrizität eingeschaltet bleibt; einige Unterkünfte werden nur für 12 Stunden am Tag mit Strom versorgt.

Preap Sor Guest House, ✆ 012/936235, gegenüber der Nordseite des Markts. Passable Zimmer mit Bad und Ventilator, einige ohne Fenster. ❶

Riverside Guest House, ✆ 012/439454, gleich an der Verkehrshaltestelle. Angenehmes, freundliches Gästehaus mit einfachen, aber akzeptablen Zimmern und hilfsbereiten Leuten; leider ist es oft voll belegt. ❶

Sekong, ✆ 074/973762, am Fluss, westlich der Bootsanlegestelle. Gemütlicher Hofbereich mit

Sitzgelegenheiten und bunten Blumenbeeten. Geräumige, helle Zimmer mit Bad und Ventilator im vorderen Hauptgebäude; billigere, kleinere Zimmer im hinteren alten Block. ❶

Sok Sambath, ✆ 012/327677, modernes mehrstöckiges Gebäude in Marktnähe. Bestes Hotel der Stadt, komfortable AC-Zimmer mit Bad und TV. ❷

Essen

Die Garküchen an der Westseite des Marktes haben eine breite Auswahl an billigen Mahlzeiten und sind bis in den Abend hinein geöffnet. Ab dem späten Nachmittag werden an kleinen Ständen die üblichen Fruchtdesserts und Säfte angeboten, und Straßenhändler mit Handwagen halten Baguettes und leckere *lok choat* (Nudeln) bereit.

Am Flussufer stehen ein paar Restaurants mit englischer Speisekarte und einigen westlichen Gerichten.

Riverside ist das beste dieser Restaurants, mit Dachterrasse und Bar; westliches Frühstück, Spaghetti und Pfannkuchen.

Sekong Hotel, das kleine Restaurant bereitet passable Khmer- und westliche Gerichte zu.

Sunn Tha, an der Hauptstraße, bietet die wahrscheinlich schmackhafteste Khmer-Küche der Stadt und ist bei Einheimischen sehr beliebt.

Sonstiges

APOTHEKEN – In der Nähe des Marktes.

FAHRRÄDER – Im ***Riverside Guesthouse and Restaurant*** kann man Fahrräder mieten, die US$2 für einen halben Tag kosten.

GELD – Am Markt gibt es einige Geldwechsler.

INFORMATION – Das **Touristenbüro** hat nicht nur wenig zu bieten, sondern ist auch schwer zu finden – es befindet sich inmitten einer Ansammlung von Bürocontainern, die einst im Rahmen der UNTAC-Einsätze genutzt wurden und heute im Süden der Stadt unweit von Wat Phnom als kollektive Stadthalle *(salakat)* dienen.

INTERNET – Ein namenloser Laden gegenüber der Südwestecke des Marktes bietet Internet-Anschluss für US$4 pro Stunde.

MEDIZINISCHE HILFE – Im **Krankenhaus** zwei Blöcke westlich des Marktes.

TELEFON – Telefonzellen in Marktnähe.

Nahverkehrsmittel

Stung Treng lässt sich bequem zu Fuß erkunden. **Motos** sind mühelos zu finden, doch man muss sie heranwinken, da sie – für Kambodscha ungewöhnlich – nicht von selbst neben potenziellen Kunden anhalten.

Transport

MINIBUSSE, SAMMELTAXIS UND PICK-UPS – Die Nationalstraßen aus Banlung und Kratie vereinigen sich 15 km südlich der Stadt in O Bpong Mawn, von wo die RN 7 weiter nach Stung Treng führt.

Die Verkehrshaltestelle befindet sich in der Nähe der Bootsanlegestelle am Sekong River. Die Fahrzeuge nach BANLUNG (4x tgl., 4 Std., 30 000 Riel, bzw. 20 000 Riel auf der Ladefläche eines Pick-ups) und KRATIE (4x tgl., 6 Std., 25 000 Riel, bzw. 15 000 Riel auf der Ladefläche eines Pick-ups) fahren morgens gegen 7.30 Uhr los. Man sollte früh an der Abfahrtshaltestelle eintreffen, um sich einen Platz zu sichern, doch fast immer bleibt noch Zeit zum Frühstücken, bis die Fahrzeuge voll sind.

BOOTE – Zwischen Juni und Oktober legen die **Expressboote** auf dem Sekong River am Dock direkt vor der Stadt an. An der Anlegestelle besteht Anschluss an die Fähren (500–1000 Riel) zu den Dörfern am Sekong und Mekong, und es gibt auch einen Bootsverleih.

Wenn der Wasserpegel für die Expressboote von Kratie Anfang November zu niedrig wird, legen **langsamere Boote** (1x tgl., 6 Std., 30 000 Riel) an den Sandbänken vor dem Dock des Mekong an.

Unter normalen Bedingungen legen die Expressboote nach KRATIE (1x tgl., 3 Std.)

und KOMPONG CHAM (1x tgl., 7 1/2 Std.) um 7.30 Uhr am Sekong-Dock ab.

Für die zweitägige Fahrt von Stung Treng den Sekong und Srepok hinauf nach LUMPHAT (s. S. 260) beziehungsweise VOEN SAI (s. S. 258) in der Provinz Rattanakiri können Boote für rund US$100 gechartert werden (auch die lange Rückfahrt ist kostenpflichtig); hierbei sollte man Verpflegung und Wasser mitnehmen und sich auf eine Nacht am Flussufer einstellen.

FLÜGE – Der Flughafen liegt 7 km östlich der Stadt, wird aber derzeit von keiner Airline angeflogen, was sich bei genügend großer Nachfrage aber auch wieder ändern kann. Neueste Informationen bekommt man im Büro der **Royal Phnom Penh Airways** im Sok Sambath Hotel.

Die Umgebung von Stung Treng

In der näheren Umgebung der Stadt liegen einige lohnende Ausflugsziele – manche erreicht man mit einem Fahrrad oder Moto, andere mit einem Boot.

Einfach zu finden ist die 5 km östlich der Stadt am Fluss gelegene **Seidenweberei Mekong Blue**, www.mekongblue.com, die von dem Stung Treng Women's Development Centre geleitet wird. Hier kann man sich in den Ausstellungs- und Arbeitsräumen umsehen, die Weberinnen bei ihrer Arbeit beobachten und auch einen bunten Schal oder Ähnliches kaufen.

Folgende **Bootstouren** lassen sich über die Gästehäuser, z. B. im Riverside Guest House, organisieren: entweder den Mekong hinauf zur Grenze mit Laos (hin und zurück US$13 inkl. Mittagessen) oder ein Ausflug auf dem schmaleren Sekong (US$10 für einen halben Tag).

In der Regenzeit (Juni–Okt) führt die Reise den **Mekong** hinauf an überfluteten Inseln vorbei, von denen nur noch die Baumwipfel zu sehen sind, die gespenstisch über die Wasserfläche ragen. Wenn man nahe am westlichen Flussufer bleibt, das noch zu Kambodscha gehört, kann man am Grenzposten wenige Kilometer südlich von Veun Kham vorbeifahren bis zu den tosenden Wasserfällen, die den Weg nach Laos versperren; unterwegs lassen sich manchmal Irrawaddy-Delfine blicken.

Grenzübergang von/nach Laos

Wer im Besitz eines gültigen Visums für Laos (in Khmer: *Lao*) ist, kann 57 km nördlich von Stung Treng auf der Mekong-Insel **Veun Kham** die Grenze zum Nachbarland passieren, ◷ tgl. 8–17 Uhr. Reisende werden dort problemlos abgefertigt – mit einer Einschränkung: Die Grenzbeamten beider Länder erheben Gebühren von US$2–3 für ihren jeweiligen Stempel im Pass. Diese Gebühren sind natürlich nicht offiziell, und wer höflich nach einer Quittung und dem Namen des Beamten fragt, kommt möglicherweise auch ohne zu bezahlen über die Grenze.

Wer von Laos nach Kambodscha einreist, sieht sich mit einem weiteren Problem konfrontiert – der Transport-Mafia. Einheimische Bootsleute versuchen für die Fahrt mit ihren mörderischen Speedbooten nach Stung Treng US$40–50 herauszuschlagen; der normale Preis liegt dagegen bei US$25 pro Boot oder US$5 pro Person. Speedboote brauchen zwar nur weniger als eine Stunde bis Stung Treng, garantieren aber auch eine laute und unbequeme Reise.

Von Stung Treng fahren jeden Morgen Speedboote und langsamere Holzboote zur Grenze, die US$25 pro Boot oder US$5 pro Person kosten. Buchungen werden von Hotels und Gästehäusern erledigt.

Seit die RN 7 nördlich von Stung Treng ausgebessert wurde, können Reisende auch wieder den Landübergang Dong Krolor, 10 km südöstlich von Veun Kham, nutzen; ◷ Mo–Fr 8–16 Uhr. Zur Zeit der Recherche wurde die Strecke noch nicht von Bussen bedient; die Gästehäuser helfen, den Transport zu organisieren.

An der Grenze zu Laos

Besonders reizvoll ist die Landschaft zu beiden Seiten des **Sekong**; in der Trockenzeit verlocken breite Sandbänke zu Pausen mit erfrischendem Bad an einsamen Stellen. Auf dem Rückweg lädt wenige Kilometer außerhalb der Stadt eine Pagode am Nordufer des Flusses zum Besuch ein.

Prasat Preah Ko

Die einzige echte Sehenswürdigkeit in der näheren Umgebung der Stadt ist der eher mittelmäßige Tempel Prasat Preah Ko auf der gegenüberliegenden Seite des Mekong. Seine verfallenen Ziegelsteintürme stehen in **Thalabariwat**, einer Siedlung am Fluss, die man von Stung Treng mit der örtlichen Fähre (einfache Überfahrt 1000 Riel) oder einem gecharterten Boot (10 000 Riel hin und zurück) erreicht. Vom Markt des Dorfes führt ein Weg 500 m weit bergauf bis zum Tempel.

Eine am Wat Tasar Moi Roi in Sambor gefundene Inschrift deutet an, dass die Region wohl einem lokalen Herrscher unterstand, und möglicherweise entstand Prasat Preah Ko als Überwachungsstation für den Flussverkehr. Nicht weit entfernt beherbergt ein kleines Bauwerk eine Statue des heiligen Bullen Nandi, die einst mit Edelsteinen verziert war – obwohl das wertvolle Dekor bei einem siamesischen Raubzug geplündert wurde, besticht die Statue noch immer durch ihre schöne Patina und eine äußerst freundliche Ausstrahlung. Neben ihr stehen zwei auffällige Schreine für einen alten Mann namens Dah Jouh Juet.

Alljährlich findet Ende März oder Anfang April ein einzigartiges **Fest** der Jarai statt, bei dem Männer unter Trommelwirbeln Fischkörbe auf dem Kopf balancieren und große Mengen Wein verspritzt werden.

Rattanakiri

Kambodschas nordöstliche Provinz Rattanakiri, die an Laos und Vietnam grenzt, ist von üppigem Dschungel, dunstverhangenen Flüssen und donnernden Wasserfällen geprägt. Die zentral gelegene Stadt **Banlung** ist der einzige geeignete Ausgangspunkt für Erkundungen der Region und entwickelt sich mit zunehmend besserer Verkehrsanbindung zu einem beliebten Touristenziel. In den Virachey-Nationalpark gelangt man mit organisierten Trekkingtouren, doch für Ausflugsziele in der näheren Umgebung von Banlung wie den See Yeak Laom und einige Wasserfälle ist es einfacher, ein Motorrad zu mieten oder ein Moto zu chartern. Obwohl drei bis vier Tage für die Erkundung der Umgebung ausreichen, verleitet die entspannte Atmosphäre viele Besucher zu einem längeren Aufenthalt.

Eine touristische Attraktion in der unmittelbaren Nähe von Banlung ist der durch seine magische Ausstrahlung betörende See **Yeak Laom**, der sich im Krater eines erloschenen Vulkans ausdehnt und nicht nur zu den landschaftlichen Höhepunkten der Provinz, sondern zu den schönsten Reisezielen des gesamten Landes gehört. Nur sanfte Brisen kräuseln die spiegelglatte Oberfläche des Sees, der von Bambusdickichten und Dschungel umgeben ist.

Über große Flächen des Nordens der Provinz erstreckt sich Kambodschas größtes Naturschutzgebiet, der **Virachey-Nationalpark**, in dem vermutlich viele gefährdete Arten Schutz gesucht haben. Leider ist der größte Teil des Parkgebiets für Besucher gesperrt, doch ein Tagesausflug von Banlung zur im Park gelegenen Kleinstadt **Voen Sai**, in deren Nähe einige attraktive chinesische, Lao- und Chunchiet-Dörfer liegen, führt durch weitgehend unberührte Urwaldgebiete.

Bei der Reise von Banlung ins südliche **Lumphat** ändert sich das Landschaftsbild beträchtlich, denn alsbald überwiegen Reisfelder, die mit schmalen Flüssen und Buschwald durchsetzt sind.

Wie in einer Provinz mit dem Namen „Juwelenberg" zu erwarten ist, gehen auch heute noch Edelsteinschürfer ihrem Handwerk nach, vor allem in der Umgebung der Stadt **Bokeo**.

Banlung

Die 200 km lange RN 78 von Stung Treng nach Banlung ist zwar das ganze Jahr über befahrbar, doch in der Trockenzeit erstickt sie im Staub, und in der Regenzeit wird sie stark ausgefahren. Die Verkehrshaltestelle liegt am Markt, südlich vom Kreisverkehr an der Hauptstraße, in dessen Mitte das Unabhängigkeitsdenkmal steht. Der Bereich zwischen Markt und Unabhängigkeitsdenkmal erweckt in dieser Stadt noch am ehesten den Eindruck eines Zentrums, denn es reihen sich Schmuckläden, Apotheken und andere Geschäfte aneinander.

Chunchiet

Die ethnischen Minderheiten der Region siedeln vorwiegend in abgelegenen Hochlanddörfern auf dem Territorium von Myanmar, Thailand, Laos, Vietnam, Kambodscha und Südostchina. In Kambodscha werden sie Chunchiet („Nationalität") oder Khmer Loeu („Hochland-Khmer") genannt. Unabhängige Schätzungen beziffern die Zahl der Chunchiet auf nur 1% der Landesbevölkerung, doch in den Provinzen Rattanakiri und Mondulkiri stellen Angehörige nationaler Minoritäten die Mehrheit der dortigen Einwohner. Kleine Chunchiet-Gemeinden bewohnen Teile der Provinzen Stung Treng und Kratie, und andere Stammesangehörige leben zurückgezogen im Hinterland von Koh Kong in Kambodschas Südwesten.

Die Chunchiet sind auffällig klein gewachsen und von dunklerer Hautfarbe als die Khmer, zählen aber wie diese auch zu den ursprünglichen Bewohnern des Landes. Sie unterteilen sich in über dreißig deutlich voneinander abgegrenzte Stämme. Die größten Gruppen wie die Tampoun, Kreung-Brou, Jarai, Stieng und Pnong besitzen jeweils einige Tausend Angehörige, während die kleinsten Stämme wie die Kavat, Lun, Peahr und Meul aus weniger als hundert Menschen bestehen.

Wenige Chunchiet sprechen Khmer, aber alle Gruppen haben eigene Sprachen, was die Kommunikation zwischen ihnen erheblich erschwert. Äußerlich unterscheiden sich die Angehörigen der verschiedenen Gruppen nur geringfügig voneinander, und auch die Kleidung bietet keine verlässlichen Anhaltspunkte mehr für ihre Zugehörigkeit, da traditionelle Trachten heute nur noch zu zeremoniellen Anlässen getragen werden. Im Alltag bevorzugen die Frauen heute bequeme Blusen und Sarongs, die Männer T-Shirts und Hosen.

Von Gruppe zu Gruppe unterscheiden sich jedoch die Dörfer nach Anordnung und Zweckbezogenheit ihrer Bauten. Die Kreung bauen ihre Häuser ebenerdig in Kreisform, so dass sich in der Mitte ein Gemeinschaftsbereich bildet. Die Stelzenhäuser der Tampoun stehen hingegen in einer Reihe und besitzen in der Nähe der familiären Wohnbereiche abgesonderte, auf besonders hohen Stelzen stehende kleine Hütten für Jugendliche im heiratsfähigen Alter, damit diese sich zurückziehen und abseits der öffentlichen Aufmerksamkeit um ihre künftigen Partner werben können – eine nur bei den Tampoun zu findende Einrichtung. Die Hütten der jungen Männer sind größer als die der Mädchen und haben nicht nur (wie jene) Türen, sondern auch Fenster und Balkone. Die Hausdächer der Pnong, des größten Stammes der Provinz Mondulkiri, fallen schräg bis auf nur einen Meter über dem Boden ab.

Die Chunchiet erachten Flüsse, Seen und Bäume als heilig, und ihr Glaubenssystem rankt sich um Animismus und Ahnenverehrung. Die Jarai platzieren zum Beispiel geschnitzte Bildnisse vor die Gräber ihrer Verstorbenen, um ihnen Schutz und Gesellschaft zu gewähren. Insgesamt ist jedoch wenig über Rituale und Zeremonien der Chunchiet bekannt, da Fremde bewusst von stammesinternen Angelegenheiten ferngehalten werden.

Die traditionelle Landwirtschaft beruht auf dem Prinzip des Brandrodungsfeldbaus, wobei Parzellen namens *chamkar* durch Lichten und Abbrennen von Dschungelflächen gewonnen werden. Jedes Jahr werden neue *chamkar* angelegt, um die zuvor benutzten Flächen sieben bis zehn Jahre zur Regenerierung brach liegen zu lassen. Gewöhnlich

Banlung löste 1979 Voen Sai als Provinzhauptstadt ab. Die breiten Straßen lassen mit ihrem rötlichen Staubüberzug unwillkürlich an eine Wildwestsiedlung denken.

Obwohl die Stadt über keinerlei Sehenswürdigkeiten verfügt, kann man dort leicht einige angenehme Tage verbringen, während man die Umgebung erkundet.

Der **Markt** auf einem rechteckigen Grundstück südlich des Unabhängigkeitsdenkmals schreckt durch viel Beton und Müll ab, doch frühmorgens, wenn Chunchiet-Frauen mit gefüllten *khapa*-Ruck-

deckt ein *chamkar* nur den elementaren Nahrungsmittelbedarf der anbauenden Familie ab, doch zuweilen werden Überschüsse geerntet, die in den Tauschhandel oder auf den Markt fließen. Im Wald gesammelte Produkte ergänzen den Speiseplan. Die Chunchiet sammeln auch medizinische Heilpflanzen im Wald, doch Unterernährung, mangelhafte Hygiene, beschränkter Zugang zu ärztlicher Versorgung und Armut summieren sich zu einer geringen durchschnittlichen Lebenserwartung. Die Stammesangehörigen gehören zu den ärmsten Einwohnern Kambodschas, denn Geld spielte traditionell keine nennenswerte Rolle in ihrem Leben, sondern diente immer nur zum Handel mit Leuten aus anderen Gebieten. Der Wohlstand eines Chunchiet kommt durch die Zahl der Nutztiere – wie Wasserbüffel oder Elefanten – zum Ausdruck.

Keine Chunchiet-Sprache hat eine eigene Schrift, und bis vor nicht allzu langer Zeit gab es in den Dörfern keine Schulen. Diese konnten auch erst nach Verhandlungen mit den Dorfhäuptlingen eingerichtet werden, von denen traditionellerweise angenommen wird, dass nur sie großes Wissen haben können. Um kulturelle Differenzen zu vermeiden, werden nur Stammesangehörige zu Lehrern ausgebildet. Der Unterricht wird in den Abendstunden erteilt, damit sämtliche Bewohner eines Dorfes zusammen lernen können.

Es gab mehrere Bestrebungen, den Chunchiet die Lebensweise der Khmer aufzuzwingen. Die Franzosen zogen sie zur Arbeit auf Kautschukplantagen und im Straßenbau heran, und die Regierung Sihanouk versuchte, die Felderwirtschaft der Chunchiet auf festgelegte Bodenflächen zu begrenzen. Die Probleme verschärften sich, als sich die Roten Khmer Mitte der 60er Jahre in Rattanakiris Dschungelgebieten verschanzten und Regierungstruppen daraufhin Chunchiet-Dörfer in Brand steckten, die sie für Verstecke der Guerillas hielten. Anfang der 70er Jahre hatten die US-Bombardierungen und die Schikanen der Lon-Nol-Regierung die Chunchiet so stark zermürbt, dass sich viele von ihnen den Roten Khmer anschlossen – Experten sind sich jedoch einig, dass dies nicht aus ideologischen Gründen geschah, sondern aus der Überzeugung heraus, sich gegen einen gemeinsamen Feind wehren zu müssen.

Heute stellt die massive Abholzung für industrielle Zwecke und die Erschließung neuer Ackerbauflächen die größte Bedrohung für die traditionellen Lebensgewohnheiten der Chunchiet dar. Sie werden von skrupellosen Geschäftsleuten in Versuchung geführt, ihr Land zu verkaufen, um kurzfristig komfortabel leben zu können, machen sich aber keine Gedanken darüber, wie sie überleben sollen, sobald das Geld ausgegeben ist.

Viele Touristen kommen nur deshalb in die nordöstlichen Provinzen, um die Chunchiet und ihre Dörfer zu sehen. Obwohl sich einige Chunchiet schon etwas an ausländische Besucher gewöhnt haben, sind die meisten doch scheu und bescheiden und fühlen sich durch allzu neugierige Touristen eher belästigt. Aus diesem Grund sollte man die Dörfer immer in Begleitung eines Einheimischen besuchen, der sich mit den örtlichen Umgangsformen auskennt.

Die Chunchiet lassen sich nicht gerne fotografieren und werden durch die Zurschaustellung überschwänglicher Gefühlsäußerungen sowie nackter Arme und Beine (usw.) in starke Verlegenheit gebracht.

säcken aus kilometerweit entfernten Orten eintreffen und ihre Stände eröffnen, herrscht ein buntes Treiben. Sie tauschen Neuigkeiten aus und paffen ihre Bambuspfeifen oder großen Zigarren aus gerollten Tabakblättern, während potenzielle Kunden sich noch über das Angebot informieren.

Das säuberlich ausgebreitete Obst und Gemüse ist sehr billig (seltsamerweise kosten dieselben Waren in den *Chunchiet*-Dörfern beträchtlich mehr) und umfasst Produkte, die im Tiefland ansonsten nicht zu finden sind, etwa große rote Bananen. Essbare Dinge aus dem Dschungel wie Wur-

Badevergnügen in Rattanakiri

zeln und fremd aussehende Blumen kosten nur wenige hundert Riel.

Der See **Boeung Kansaing** nördlich des Zentrums vermittelt einen ländlichen Eindruck, da in seiner Nähe nicht gebaut werden darf. Besonders schön wirkt er am späten Nachmittag, wenn sich der Sonnenuntergang schillernd im Wasser spiegelt. Gut 1 km westlich der Flughafenkreuzung erhebt sich neben der Straße nach Stung Treng der Aussichtshügel **Phnom Svay**, der vor allem gegen Abend schöne Ausblicke über die bewaldete Umgebung gewährt. Hinter Wat Eisay Patamak, das einen eindrucksvollen **liegenden Buddha** besitzt, führt ein Pfad von der Straße zum Gipfel hinauf. Die Buddhastatue, die ein von den Roten Khmer zerstörtes Bildnis ersetzte, blickt in Richtung der dunstigen Hügel von Voen Sei.

Übernachtung

Banlung verfügt über ein ständig wachsendes Angebot an ordentlichen Unterkünften. Die meisten scheinen rund um die Uhr mit Elektrizität versorgt zu sein, doch es kann nicht schaden, vor dem Einchecken noch einmal nachzufragen.

Cheng Luk, ✆ 075/974121, nicht weit östlich vom Unabhängigkeitsdenkmal. Neue Unterkunft mit sauberen und preiswerten Zimmern, einige ohne Fenster, mit Ventilator oder AC. ❷

Mountain Guesthouse, ✆ 075/974047, traditionelles Holzgebäude an der Kreuzung am Flughafen. Banlungs ältestes Gästehaus. Geräumige Zimmer mit Ventilator, teils auch mit Bad. Kleines Restaurant für Frühstück und Erfrischungen; Jeep- und Motorradverleih. Der Besitzer spricht ausgezeichnet Englisch und hilft bei der Organisation von Trekkingtouren. ❶

Ratanak, ✆ 075/974033 oder 012/958322, höchstes Gebäude der Stadt an der Hauptstraße nördlich des Marktes. Trotz der abschreckenden grauen Marmorfassade eine sehr gute Wahl. Sehr hilfsbereite Besitzerfamilie. Etliche große Zimmer mit Bad, teils mit Heißwasser und AC. Gutes Restaurant vorhanden. Touren und Leihwagen im Angebot. ❷

Ratanak 2, ✆ 075/974177, gegenüber vom Ratanak, ein ganzes Stück von der Straße zurückversetzt. Stilvolle Zimmer mit Ventilator oder AC, schweren Möbeln und Holzvertäfelung; außerdem die beste Bar der Stadt. ❷

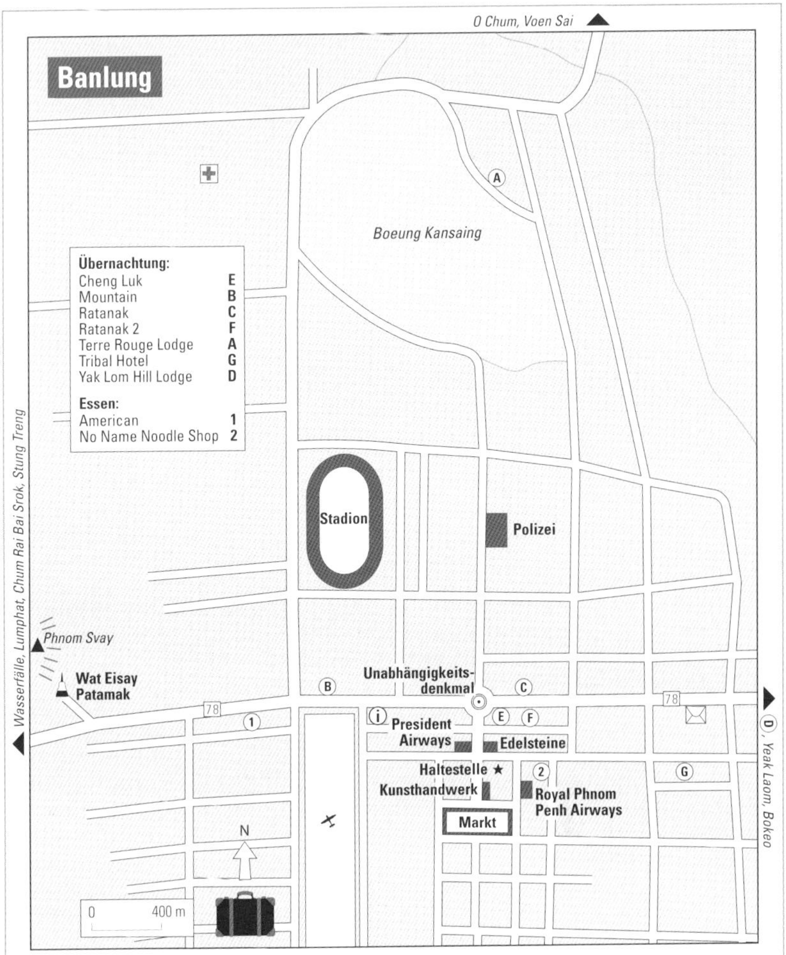

Terre Rouge Lodge, Boeung Kansaing, ☏/℻ 075/974051, ✉ terouges@camintel.com. Sehr schöne Lage mit Blick auf den See inmitten gepflegter Gärten. Die 12 Zimmer des großen Gästehauses aus Holz, das einem französischen Aussiedler gehört, sind unbestritten die schönsten der Stadt. Individuelle Einrichtung mit traditionellen Khmer-Stoffen und Kunstgegenständen. Nachteil: Das Stadtzentrum ist recht weit entfernt. Frühstück inkl. Unbedingt reservieren. ❺

Tribal Hotel, ☏ 075/974074, zwei Block östlich vom Markt. Neues Hotel in einer attraktiven Anlage nicht weit östlich vom Stadtzentrum mit Zimmern für jeden Geldbeutel. Die teuersten sind groß, hell und haben AC, Heißwasser, TV, Kühlschrank und Balkon; daneben gibt es akzeptable billige Zimmer und sogar Schlafsaalbetten (US$3); gutes Restaurant und Internet-Anschluss. Der hilfsbereite Besitzer organisiert auf Wunsch Touren und die Weiterreise. ❷–❹

Yak Lom Hill Lodge, ✆ 012/644240, 💻 www.yaklom.com, 6 km östlich der Stadt, jenseits vom Hill Tribe Monument. Sehr ruhige und abgelegene Anlage, von dichter Vegetation umgeben, bestehend aus einem Dutzend massiver Holzbungalows auf Pfählen, alle mit geräumiger Veranda; einfache, aber stilvolle Zimmer mit Bad, inkl. Frühstück; Touren und Führer können hier organisiert werden. Ein Shuttle Service zur Stadt kostet allerdings 10 000 Riel. ❷

Essen

Abgesehen von den Restaurants in den Hotels und Gästehäusern gibt es nur wenige Speiselokale in der Stadt und eine Hand voll namenloser Nudelküchen rund 100 m östlich der Verkehrshaltestelle; das hinterste kleine Lokal (auf wuchtige Holztische und -stühle achten) bietet zum Frühstück Brot und Spiegeleier an.

American Restaurant, an der Hauptstraße in der Nähe der Flughafenkreuzung. Umfangreiche englische Speisekarte mit Khmer- und chinesischen Gerichten. Tipp: leckere Frühlingsrollen. Da das Lokal schon lange vor Ankunft der ersten Touristen die bevorzugte Adresse ausländischer Facharbeiter war, gehören auch einige westliche Speisen zum Angebot, darunter Calzone, Hamburger und diverse annehmbare Salate.

Ratanak Restaurant, im Hotel desselben Namens, bevorzugte Adresse der Einheimischen. Bekannt für die besten Fruchtsäfte der Stadt. Gute Khmer- und chinesische Küche, ausgezeichnetes gegrilltes Rindfleisch aus den Bergen und chinesische Suppe mit Seetang und Schweinefleisch.

Ratanak 2, gleich gegenüber, bietet eine begrenzte Auswahl an Khmer- und westlichen Gerichten.

Terre Rouge Lodge, wer französische und Khmer-Küche für gehobenen Anspruch sucht, sollte sich hier fürs Abendessen einen Tisch reservieren lassen.

Sowohl das ***Tribal Hotel*** als auch die ***Yak Lom Hill Lodge*** haben gute Restaurants, die Khmer- und westliche Küche in attraktiver Umgebung servieren. Ein Besuch im Restaurant der Lodge lässt sich bequem mit einem Abstecher zu dem nahe gelegenen See kombinieren.

Unterhaltung

Das Nachtleben in Banlung ist erwartungsgemäß sehr beschränkt. Ein gutes Lokal, um ein Bier zu trinken und sich mit anderen Reisenden zu unterhalten, ist die Bar des Hotels ***Ratanak 2***.

Einkaufen

Ein Werbeschild mit der Aufschrift *There are Souvenir Things For Sell* weist an der Ecke der Verkehrshaltestelle im Zentrum auf ein empfehlenswertes Geschäft für **Chunchiet-Kunsthandwerk** hin, dessen Besitzer gute Ware zu fairen Preisen anbietet. Zu den reizvollsten Souvenirs gehören aus Bambusstreifen geflochtene und mit festen Schulterriemen aus Rattan versehene Rucksäcke namens *khapa*. Die Chunchiet fertigen diese Rucksäcke abends nach der Feldarbeit und benötigen für die Herstellung der besten Stücke über eine Woche Zeit. Die Stile und Muster unterscheiden sich je nach Volksstamm: Die Jarai verstärken die Basis durch einen umlaufenden Bambusring, die Tampoun durchflechten die Grundstruktur mit komplizierten Mustern und rot eingefärbten Rattanstreifen, und die Kreung produzieren unverzierte Stücke mit schwarzen Rändern. Ein großer *khapa* von guter Qualität kostet rund US$3 und ist ebenso praktisch wie dekorativ.

Die Chunchiet stellen auch **Textilien** unterschiedlicher Qualität und Stile her. Stoffe der Jarai sind locker gewoben und haben gewöhnlich ein Muster aus gelben und blauen Streifen auf schwarzem Grund; die Kreung und Tampoun produzieren feste engmaschige Stoffbahnen von rund 2 m Länge, die sie als Lendentücher benutzen. Kennzeichnend für Tampoun-Kunsthandwerk sind außerdem größere feste Stoffbahnen mit roten und schwarz-weißen Streifen oder Mustern auf einem dunklen oder beigefarbenen Grund.

Ein beliebtes Souvenir sind auch die getrockneten **Kalebassen** namens *klok*, in denen die *Chunchiet* ihr Wasser kühl halten – die mit geometrischen Mustern verzierten Gefäße sind leicht zu transportieren, da sie sehr robust und leicht sind.

Im Zentrum bieten zahlreiche Händler geschliffene und polierte **Edelsteine** an, die auf den Märk-

Noch geht es auf den Straßen gemächlich zu

Wird die Kolonialarchitektur von Siem Reap den Boom überleben?

Auf dem Weg zum Markt

Fischer auf dem Tonlé Sap

Badevergnügen an den Stränden von Sihanoukville

Leben am Fluss

ten von Phnom Penh für US$10–20 zu individuellen Schmuckstücken verarbeitet werden können. Im Angebot sind jedoch auch fertige Ringe und Anhänger. Eine gute Adresse für ungeschliffene Steine und große Kristalle sind die Galerien auf der anderen Straßenseite vom Souvenirladen. Die auf dem Markt angebotenen Edelsteine sind gewiss nicht die großartigsten Exemplare ihrer Sorte, doch ihre Qualität ist untadelig, und noch nie wurden uns Beschwerden oder Warnungen wegen Fälschungen vorgetragen. Dennoch sollte man keine übertrieben hohen Preise akzeptieren, es sei denn, man ist Fachmann und sich über den Wert der Ware vollkommen sicher.

Sonstiges

APOTHEKEN – an der Straße zwischen Unabhängigkeitsdenkmal und Markt.

ELEFANTENRITTE – Das Vergnügen, auf dem Rücken eines Elefanten durch die Landschaft zu schaukeln, wird an mehreren Stellen außerhalb der Stadt angeboten. Die Angestellten von Hotels und Gästehäusern helfen bei der Organisation. Für einen Ritt von 1–2 Std. zahlt man etwa US$10.

GELD – Auf dem Markt werden Dollar gewechselt, doch Travellers Cheques werden nirgends akzeptiert.

INFORMATIONEN – Das Personal des **Touristenbüros**, das sich gleich hinter dem Schild „Welcome to Rattanakiri Province" nahe dem Flughafen befindet, ist äußerst hilfsbereit, hält jedoch keine nennenswerten Informationen bereit (🕓 Mo–Fr 8–11 und 14–17 Uhr).
Die besten Ratschläge erteilen die Hotels und Gästehäuser. Besonders zuverlässige Information halten das ***Ratanak Hotel***, das ***Tribal Hotel*** und das ***Mountain Guesthouse*** bereit.

INTERNET – Internet-Anschluss findet man im Postamt und im ***Tribal Hotel*** für ca. US$5 / Stunde.

MEDIZINISCHE HILFE – Die einzige medizinische Einrichtung ist das sehr einfache **Krankenhaus** im Norden der Stadt am See.

MOTORRADVERLEIH – Manche Gästehäuser verleihen 100 ccm-Motorräder für US$5 pro Tag, geländegängige Maschinen kosten US$10 pro Tag; bei mehrtägigem Mieten werden Rabatte gewährt.

POLIZEI – unmittelbar nördlich des Unabhängigkeitsdenkmals.

POST – Postamt an der Hauptstraße östlich des Unabhängigkeitsdenkmals, 🕓 Mo–Fr 8–11 und 14–17 Uhr.

TELEFON – Internationale Telefongespräche vom Postamt, Inlandsgespräche an den billigen Telefonbuden am Markt.

TREKKING – Wer organisierte Trekkingtouren in den **Virachey-Nationalpark** unternehmen will, wende sich an das Mountain Guesthouse. Die üblichen Touren enthalten meist eine Fahrt auf einem Bambusfloß einen Dschungelfluss hinab; geschlafen wird in Hängematten. Die Preise (alles inklusive) betragen US$25 pro Person und Tag für zwei Leute bzw. US$15 pro Person und Tag für eine Gruppe von vier Leuten.

Nahverkehrsmittel

Es ist mit US$10 pro Tag vergleichsweise teuer, in Banlung ein **Moto** zu chartern, doch es lohnt sich, da die Fahrer sich in der Provinz auskennen und mit den schlechten Straßenverhältnissen vertraut sind. Viele Fahrer sprechen ein wenig Englisch und können interessante Einzelheiten über die Umgebung erzählen.
Über Banlungs Ratanak Hotel, Tribal Hotel oder Mountain Guesthouse kann für US$40 pro Tag ein **Jeep** oder ein **Pick-up** mit Fahrer gechartert werden; auch ein einheimischer Führer kann hier angeheuert werden.

Transport

Die Straßenverhältnisse in Rattanakiri sind äußerst unterschiedlich. Selbst die besseren Straßen westwärts nach Stung Treng und nordwärts nach Voen Sai sind von schlechten Abschnitten durchsetzt. Wer allein unterwegs ist, sollte unbedingt das Hotel oder Gästehaus über die geplante Strecke informieren, um im Falle von Reifenpannen oder Motorschäden auf Hilfe hoffen zu können.

BUSSE, SAMMELTAXIS UND PICK-UPS – Banlungs zentrale **Verkehrshaltestelle**, wo die Fahrzeuge aus KRATIE (3x tgl., 8 Std.) und STUNG TRENG (4x tgl., 4 Std.) eintreffen, befindet sich unmittelbar südlich des Unabhängigkeitsdenkmals am Markt.
Als einziges fahrplanmäßiges Transportmittel innerhalb der Provinz Rattanakiri fährt dort frühmorgens ein klappriger Bus nach VOEN SAI (2 1/2 Std.) ab. Auf dem Straßenweg eintreffende Reisende können sich je nach Wahl ihres Quartiers im Stadtgebiet absetzen lassen.

BOOTE – In Voen Sai oder Lumphat kann man zum stolzen Preis von US$100 Boote für die zweitägige Fahrt nach STUNG TRENG chartern.

FLÜGE – Die bequemste Art der Anreise nach Banlung ist der Flug. Der Direktflug aus PHNOM PENH (4x wöchentlich) dauert nur eine Stunde. Auf der Strecke kommen alte russische Maschinen zum Einsatz, in denen das Gepäck auf den leeren Sitzen verstaut wird, und der Sitznachbar kann ebenso gut einen Hahn wie eine Tasche auf dem Schoß haben. Obwohl es sich um einen Inlandsflug handelt, ist nach der Landung auf Banlungs winziger Schotterpiste der Pass vorzuweisen. Der Flughafen liegt nur wenige hundert Meter vor den Toren der Stadt. Die Motofahrt ins Zentrum kostet 1000 Riel. Die meisten Hotels und Gästehäuser holen angemeldete Gäste vom Flughafen ab.
Das Büro der ***Royal Phnom Penh Airways*** befindet sich in der Straße östlich des Marktes, dasjenige von ***President Airlines*** in der Straße zwischen Markt und Unabhängigkeitsdenkmal.

Die Umgebung von Banlung

Der See Yeak Laom

Das klare türkisfarbene Wasser des 800 m breiten und bis zu 50 m tiefen Sees Yeak Laom, der inmitten von unberührten Wäldern liegt, ist einladend warm. Hölzerne Plattformen erleichtern das Baden, und der 3 km lange Weg rund um den See lädt zu verträumten Spaziergängen ein. Die Stimmung wird noch faszinierender, wenn die Spiegelungen der Wolken über die Wasseroberfläche gleiten oder am späten Nachmittag ein dünner Nebelhauch aus dem Wasser steigt. Es ist nicht verwunderlich, dass die meisten Besucher gerne wiederkommen möchten. Der See ist täglich von Sonnenaufgang bis Sonnenuntergang gegen eine Gebühr von 4000 Riel zugänglich.

Die **Tampoun** erachten das Gebiet als heilig und nutzen es zum Vorteil ihrer Stammesgemeinschaft: Hinter den Eingangsstufen führt der Weg um den See nach 300 m in entgegengesetzter Uhrzeigerrichtung zum **Cultural and Environment Centre**, das verschiedene Aspekte der Chunchiet-Kultur vorstellt. Besucher gewinnen Einblicke in die unterschiedlichen *khapa*-Stile und können Textilien, Keramiken und andere tägliche Gebrauchsgegenstände näher anschauen (auch wenn der Raum leider nur schwach beleuchtet ist). Im angeschlossenen Geschäft liegen örtlich produzierte Textilien zum Verkauf aus – alle Erlöse fließen der Gemeinschaft zu.

Der Weg zum Yeak Laom führt am Ratanak Hotel vorbei ostwärts aus der Stadt und zweigt nach rund 3,5 km am Hill Tribe Monument nach Südosten ab. Unten am Hang verläuft er durch ein Tampoun-Dorf und erreicht nach weiteren 1,5 km den See. Die Hin- und Rückfahrt mit dem Moto kostet inklusive Wartezeit US$3–4.

Nordwärts nach Voen Sai

Das 35 km nördlich von Banlung am schönen Fluss San gelegene Voen Sai ist das größte Dorf im Virachey-Nationalpark und beherbergt dessen Hauptquartier. Es ist leicht mit einem Moto aus Banlung zu erreichen, doch Übernachtungsmöglichkeiten gibt es nicht. Viele Touristen kommen, um die nahen Dörfer von Chinesen, Lao und Kreung zu besuchen.

Hinter Banlungs See Boeung Kansaing steigt die Straße beständig an und erreicht nach ungefähr 10 km die in englischer Sprache ausgeschilderte Kreuzung O Chum. Die östliche Abzweigung führt nach 4 km zu einem uralten **Lavafeld** aus gewaltigen flachen Steinen namens **Veal Rum Plan**. Westlich der Kreuzung steht Kambodschas erstes und bis zum Jahre 2001 einziges Wasserkraftwerk, das einem kleinen Nebenfluss des San Elektrizität abgewinnt. Die schöne Landschaft lädt zu Spaziergängen mit Blick auf den 10 m tiefer gelegenen Fluss ein.

Im weiteren Verlauf der Hauptstraße ist der Dschungel gerodet worden, um Platz für Ananas-, Pfeffer-, Cashew- und Bananenplantagen zu schaffen. Die Chunchiet, die dafür ihre Dörfer verlassen mussten, leben nun in neuen Siedlungen entlang der Straße. Die Weiterfahrt führt schon bald wieder durch Urwaldgebiete, in denen in regelmäßigen Abständen schmale Pfade von der Straße abzweigen. Häufig begegnet man Familien, die zur Feldarbeit unterwegs sind, doch viele Stammesangehörige suchen Zuflucht im Wald, sobald sie fremde Gesichter erblicken.

Das Büro des **Virachey-Nationalparks**, das eine kleine Fotoausstellung über den Park und seine Fauna präsentiert, befindet sich außerhalb von Voen Sai, dessen Zentrum aus Garküchen, Getränkebuden und Läden sich rund um die Fähranlegestelle ausdehnt und mehrere Kilometer entfernt ist. Die Fähre verbindet den Ortskern mit chinesischen und Lao-Dörfern am anderen Flussufer (einfache Fahrt 200 Riel).

Einige Kilometer westlich der Anlegestelle am anderen Ufer liegt ein chinesisches Dorf, wo es eine ordentliche Schule und ein kleines Lebensmittelgeschäft gibt. Die ebenerdig statt auf Stelzen stehenden Häuser entlang der Hauptstraße wirken durch ihren hellblauen Anstrich ausgesprochen freundlich.

Am Flussufer in Voen Sai bieten Einheimische zum Preis von US$10 stromaufwärts führende **Bootsfahrten** zu weiter östlich gelegenen Kreung- und Kraval-Dörfern (30–60 Min.) und einem Chunchiet-Friedhof (90 Min.) an.

Die Wasserfälle

Mehrere pittoreske kleine Wasserfälle sind von Banlung aus leicht zu erreichen. Vor dem größten Wasserfall **Chha Ong** (Eintritt 2000 Riel) gurgelt der Fluss durch grünen Dschungel, bevor er sich in die 30 m tiefe Schlucht hinabstürzt. Das Becken unten ist tief genug zum Schwimmen, und Wagemutige können auf einen Sims hinter dem Wasservorhang klettern. Der Weg nach Chha Ong führt von Banlung zunächst 2 km westwärts über die RN 78 zu einer beschilderten Abzweigung nach rechts, von der aus weitere 6 km in nordwestliche Richtung bis zu den Fällen zurückzulegen sind.

Die nach links in südliche Richtung abzweigende Straße führt an Kautschukplantagen und einer Kautschukfabrik vorbei, bevor sie in tieferem Gelände gleich hinter einer Reihe von Essensständen und Karaoke-Schuppen eine kleine Brücke erreicht, rund 4 km von der Hauptstraße entfernt. Kurz vor dieser Brücke führt rechts ein schmaler Pfad in ein Tal mit Bambushainen und alsbald zum nur 10 m hohen Wasserfall **Ka Chhang**, dessen Becken zu einem erfrischenden Bad einlädt.

Um zum Wasserfall **Katieng** zu gelangen, geht man zurück in Richtung Stadt und biegt in die erste schmale Straße links ein, die einen Hang hinauf führt, und geht weiter, bis man nach 4 km einen kleinen Fluss erreicht. Auf der gegenüberliegenden Seite des Flusses folgt man dem Pfad, der nach rechts abbiegt, und erreicht bald die Fälle.

In der Umgebung der Wasserfälle werden Elefantenritte für US$10–15 pro Stunde angeboten, allerdings ist es einfacher, derartige Aktivitäten durch ein Hotel oder Gästehaus organisieren zu lassen.

Edelsteinminen

Da die Edelsteinschürfer ihre Camps und Schürfstätten häufig verlegen, ist es angebracht, sich in Banlung vor einem Ausflug in diese Gebiete genauere Information zu besorgen. Derzeit (2005) scheint sich die größte Aktivität um **Chum Rum Bai Srok** im Distrikt Bokeo zu konzentrieren. Viel zu sehen gibt es hier eigentlich nicht, aber die 35 km lange Fahrt von Banlung führt durch landschaftlich schöne Gebiete und lohnt allein schon deshalb, um von sich behaupten zu können, dass man zu den Bezwingern der horrenden Strecke gehört. Das Camp der Edelsteinschürfer ist ohne Führer kaum zu finden. Deshalb sollte man sich einen Führer durch sein Hotel oder Gästehaus besorgen lassen; der Preis dürfte bei rund US$15 pro Tag liegen.

Südlich von Ka Chhang verwandelt sich die Straßenführung rasch in einen unwegsamen schmalen Weg, der Höhenzüge erklimmt, sich durch Täler windet und abenteuerliche Umwege durch Dschungel einlegt, bis er sich in einen noch schmaleren, tief ausgefahrenen Pfad verwandelt. Wenn während des Ausflugs schlechte Wetterverhältnisse die Strecke unpassierbar machen, bietet sich als letzte Möglichkeit die Übernachtung am Wegrand in baufälligen Baracken an, die notdürftig mit blauer Persenning abgedeckt sind.

Die Edelsteinschürfer heben runde Löcher mit einem Durchmesser von etwa 1 m aus, die bis zu 10 m tief in den Boden getrieben, weder durch Abstützungen noch durch andere Maßnahmen gesichert und nur mit Hilfe von Kerzen ausgeleuchtet werden. Mit technisch einfachen Winden aus Bambus und Kordeln wird die abgetragene Erde in Körben aus Weidengeflecht aus der Tiefe nach oben befördert. Einfache Vertiefungen in den Seitenwänden dienen den Arbeitern als Leiterstufen.

Zu den häufigsten Funden gehört der **Zirkon**, der im Rohzustand wie braunes Glas aussieht und durch Erhitzung zartblau wird. Andere häufig in Rattanakiri – wenn auch nicht unbedingt in Bakeo – gefundene Steine sind gelbgrüner **Peridot** (Chrysolith), rötlich-violetter **Amethyst**, klarer **Quarz** und schwarz schimmernder **Onyx**.

Lumphat

Die Fahrt ins 35 km von Banlung entfernte Lumphat führt zunächst rund 8 km weit westwärts Richtung Stung Treng, bevor links eine Straße (die erste nach dem englischen Wegweiser in Richtung der Wasserfälle) nach Süden abzweigt. Nach schönen Landschaften mit Reisfeldern und Buschland erreicht die Straße schließlich die dörfliche Siedlung am Oberlauf des Srepok, die unter Sihanouk Provinzhauptstadt war, bis die Roten Khmer diese im Jahre 1975 nach Voen Sai verlegten. Alte Karten weisen noch auf den ehemaligen Flughafen hin, und von der früheren Stadt sind nur noch wenige Betonruinen erhalten. Mit Kratern durchsetzte Landstriche zeugen noch heute von den Attacken der B52-Bomber, und im Gestrüpp blinken rostende Metallteile. Die auffälligsten Bombenkrater befinden sich am Dorfrand in der Nähe des Wasserturms. Obwohl keine Landminen versteckt liegen, bilden nicht explodierte Bomben noch immer eine Gefahr.

Mondulkiri

Die gebirgige, nur dürftig besiedelte Provinz Mondulkiri empfängt pro Jahr weniger Besucher als Rattanakiri im Monat. Trotz umfangreicher Abholzung ist Mondulkiri auch heute noch fast vollständig mit schier undurchdringlichem Dschungel bedeckt und bietet seltenen, vom Aussterben bedrohten Tierarten wie dem Elefanten und dem Grünen Pfau letzte Rückzugsgebiete.

Mondulkiris Reiz liegt abgesehen von der Dschungelszenerie und dem kühlen Klima, welches das Wandern erträglich macht, in seiner isolierten Lage. Für Reisende ist bislang nur die Provinzhauptstadt **Sen Monorom** erreichbar. Zu den wenigen Ausflugszielen im Umfeld der Stadt gehören schäumende Wasserfälle wie der mächtige **Bou Sraa**.

Nahezu 80% der Einwohner dieser ärmlichen Provinz sind Chunchiet vom Stamme der Pnong. Im letzten Jahrzehnt hat die Zahl der ethnischen Khmer zugenommen, da sich viele Rückkehrer aus thailändischen Flüchtlingslagern das Leben in Kambodschas Städten nicht mehr leisten können. Außerdem suchten im Jahre 2001 Angehörige vietnamesischer Bergstämme *(montagnards)* aufgrund anhaltender Diskriminierung und Verfolgung hier Zuflucht und wurden in von der UN eingerichteten Flüchtlingslagern untergebracht.

Die meisten sind zwar inzwischen repatriiert worden oder in die USA emigriert, aber noch immer sind vor allem in Grenznähe unterschwellige Spannungen zu spüren.

Anreise nach Mondulkiri

Die meisten Reisenden gelangen von **Phnom Penh** aus nach Mondulkiri, eine Fahrt von mindestens acht Stunden. Ein paar Sammeltaxis und Pick-ups unternehmen nahezu täglich, abhängig von Nachfrage und Autopannen, die lange Reise von der Hauptstadt nach Sen Monorom. Die Fahrzeuge legen in Kompong Cham und Snuol eine Pause ein, doch ist es oft nicht möglich, hier noch zuzusteigen, denn nur selten bleiben unterwegs Plätze frei.

Hinter **Snuol** durchqueren die Fahrzeuge in östlicher Richtung das gleichnamige Naturschutzgebiet. Danach gewinnt die Straße langsam an Höhe, bis sie rund 40 km vor der Provinzhauptstadt ein 900 m hoch gelegenes Plateau erreicht. Je näher man der Stadt kommt, desto stärker verändert sich die Landschaft: Als Ergebnis jahrelangen Brandrodungsfeldbaus präsentieren sich sanft geschwungene grasbedeckte Hügel, die mit niedrigen Kiefernwaldungen durchsetzt sind, welche auf Geheiß des Königs persönlich angepflanzt wurden – ein Bild, das eher an England als an Kambodscha denken lässt.

Motorradfahrer mit viel Erfahrung im Gelände trotzen manchmal den grässlichen Pisten und zahllosen Flüssen zwischen Banlung in der Provinz Rattanakiri und Sen Monorom, was aber nur in der Trockenzeit (Nov.–Mai) möglich ist.

Sen Monorom

Sen Monorom ist wenig mehr als ein großes Dorf, dessen Holzhäuser sich spärlich über ein paar Kilometer verteilen und rund um den Markt zu einem kleinen Zentrum zusammen drängen. Gleichgültig in welche Richtung man losmarschiert, schon nach kurzer Zeit findet man sich in unberührtem, einsamem Gelände wieder. Es stehen allerdings nur wenige Pfade zur Auswahl.

Übernachtung

In Sen Monorom gibt es nur wenige Unterkünfte, von denen einige aber ganz akzeptabel sind.
In der Stadt wird um 21 Uhr der Strom abgeschaltet.

Pich Kiri, ✆ 012/932102, östlich vom Markt an der Straße ins Zentrum. Die älteste Unterkunft der Stadt, freundliche Besitzer, Zimmer unterschiedlicher Kategorien (einfaches Frühstück im Preis inbegriffen), eigenes Restaurant, eigener Generator, grüner Garten mit vielen Sitzgelegenheiten. ❶

Holiday Guesthouse, ✆ 012/936606, an derselben Straße wie das Pich Kiri, nur etwas weiter außerhalb; neuere Unterkunft, EZ und DZ mit Bad. ❷

Arun Reah 2 Guesthouse, ✆ 012/856667, an derselben Straße, aber noch weiter außerhalb (ca. 1,5 km); abgelegene Bungalows mit schöner Aussicht sowie EZ und DZ mit kaltem oder heißem Wasser. ❷

Elefantentrekking

Das Dorf **Phulung**, 8 km nördlich von Sen Monorom, ist Ausgangspunkt von Trekkingtouren auf dem Rücken eines Elefanten durch den Dschungel. Bei der Organisation sind die Besitzer der Gästehäuser behilflich. Die Preise liegen bei US$15 für einen halben Tag und US$30 für einen ganzen Tag, inklusive Transfer nach Phulung und zurück sowie ein Mittagessen im Falle einer Ganztagstour. Auch zwei- oder mehrtägige Touren sind möglich, doch scheinen die meisten Reisenden schon nach ein paar Stunden von der Schaukelei genug zu haben.

Essen

Das Essen ist in Mondulkiri geringfügig teurer und die Auswahl beschränkter als anderswo in Kambodscha. Im ganzen Land berühmt ist Mondulkiri für seine Avocados – in der Obstsaison (April–Juni) kosten ganze Wagenladungen nur einen Spottpreis.
Die Anzahl der Lokale ist begrenzt:
Ein namenloses Restaurant an der Hauptstraßenecke am Flughafen serviert leckere Suppen und gute Hühnergerichte.
Das Restaurant des ***Pich Kiri*** hat ein breiteres Angebot an Khmer-Gerichten.
Am Markt und in einigen Garküchen an der Verkehrshaltestelle gibt es Reis und Nudelsuppe zum Frühstück.

Transport

SAMMELTAXIS, MINIBUSSE und **PICKUPS** – Alle Transporte beginnen und enden im Norden der Stadt etwas oberhalb vom Markt. Bei der Ankunft kann man sich auf dem Weg ins Zentrum bei einem der Gästehäuser absetzen lassen.
Es gibt Verbindungen nach KOMPONG CHAM (1x tgl., 6 Std.) und PHNOM PENH (1x tgl., mindestens 8 Std.).
Für Ausflüge ist es am besten, ein Moto für US$20 pro Tag zu mieten, doch ist die Wahrscheinlichkeit, einen Fahrer mit englischen Sprachkenntnissen zu finden, gering.

Wer ein bisschen Khmer spricht, kann in einem der Gästehäuser ein Motorrad mieten und versuchen, auf eigene Faust die Gegend zu erkunden.

Die Umgebung von Sen Monorom

Die Wasserfälle

Kurz vor der vietnamesischen Grenze und 35 km von Sen Monorom entfernt stürzt sich der in einem berühmten Lied des verstorbenen kambodschanischen Sängers Sin Sisamot verewigte Wasserfall **Bou Sraa** in einer wunderschönen zweistufigen Kaskade 30 m tief in eine Urwaldschlucht. Allein schon die Umgebung ist einen Besuch wert, obwohl der bereits in der Trockenzeit mühevoll zu begehende Weg in der Regenzeit gänzlich unpassierbar wird – und man versteht, warum die Einheimischen auf Elefanten reiten.

Wesentlich kleiner und nicht annähernd so malerisch wie Bou Sraa, dafür jedoch bequemer zu erreichen und immer noch pittoresk genug sind die dreistufigen **Romanea**-Fälle. Der Weg dorthin führt von Sen Monorom 10 km über die Straße Richtung Snuol, überquert drei Brücken und biegt dann zweimal links ab.

Um die beiden Wasserfälle zu erreichen, sollte man in einem Gästehaus ein Motorrad mieten (ca. US$5 pro Tag) oder ein Moto chartern (US$10 pro Tag).

Ein Spaziergang oder eine Motofahrt von 5 km bringt einen zum nordwestlich der Stadt gelegenen 10 m hohen Wasserfall **Monorom** (auch: Sihanouk-Fälle). Man kommt an den Ruinen einer königlichen Residenz vorbei, hinter denen man zu den Fällen links abbiegt. Im Becken am Fuß der Fälle kann man sogar in der Trockenzeit schwimmen.

Sihanoukville und der Süden

Kirirom Nationalpark Kühles Hügelland mit vielen Kiefern, Wasserfällen und Wanderwegen

Sihanoukville Erholsame Tage an goldgelben Sandstränden

Ream Nationalpark Traumhafte Küstenlandschaft mit weißen Sandbuchten

Bokor Nationalpark Verlassene und von Wolkenschleiern verhüllte einstige Sommerresidenz 1000 m hoch in den Elefantenbergen

Kambodschas Südprovinzen lassen sich in drei deutlich unterschiedliche Regionen einteilen. Der mit einer über 440 km langen, von Palmen gesäumten Küstenlinie am Golf von Siam gesegnete **Südwesten** ist wegen seiner undurchdringlichen Wälder, der natürlichen Barriere des Kardamom-Gebirges und fehlender Straßen vergleichsweise schwer erreichbar.

Vollkommen andere Bilder bietet der zentrale Teil von Süd-Kambodscha, der in etwa die Provinzen **Kampot** und **Takeo** umfasst. Die dortige Landschaft wird von schroffen Karstbergen inmitten fruchtbarer Ebenen geprägt, die zu den produktivsten Agrarregionen des gesamten Landes gehören. Die Provinz Kampot erweckt teilweise den Eindruck eines riesigen Gartens, in dem Durian, Wassermelonen und Kokosnüsse gedeihen, während in der Provinz Takeo Nassreisfelder das Landschaftsbild prägen. Weitere wichtige Produkte der Region sind Salz und Pfeffer. Das in den Salzpfannen der Küste gewonnene Meeressalz spielt eine bedeutende Rolle bei der Herstellung von *prohok*, während der Pfeffer fast wie Hopfen an sauber ausgerichteten und an Schnüren hängenden Ranken kultiviert wird.

Ebenfalls starke Kontraste setzen die dicht besiedelten Provinzen **Svay Rieng** und **Prey Veng** östlich des Mekong, die zu Kambodschas ärmsten Regionen zählen. Viele Häuser bestehen aus einfachen Gerippen aus Flechtwerk, die mit Lehm bekleistert sind, und nicht selten erleiden die Reisernten der Region schwere Schäden durch extreme Schwankungen zwischen heftigen Überschwemmungen in der Regenzeit und schon kurz darauf einsetzenden Dürreperioden.

Ausländische Gäste reisen vor allem wegen **Sihanoukvilles** Stränden in Kambodschas Süden. Die vom plätschernden Meer umspülten, ursprünglichen weißen Sandstrände bieten müden Touristen nach den Tempelbesichtigungen und langen Rüttelfahrten auf entsetzlichen Straßen eine willkommene Abwechslung. Die Stadt dehnt sich auf einer in die See hinausragenden Halbinsel aus, deren geschwungene, von Kokospalmen und weißen Sandstränden gesäumte Küstenlinie sanft ins Meer abfällt. Nahe vor der Küste verlocken im Dunst flimmernde Inseln zu einem Abstecher. Die Strände sind noch nicht voll entwickelt, doch wer die Einsamkeit eines abgelegenen Atolls erwartet, wird sich enttäuscht sehen: Aufgrund der steigenden Zahl der Feriengäste gibt es inzwischen an den meisten Sandstränden strohgedeckte Schirme und Imbissbuden.

Nur zwei Fahrtstunden südlich von Phnom Penh bietet der **Kirirom-Nationalpark** Gelegenheit zur Erkundung eines verlassenen Erholungsorts inmitten einer wunderschönen Gebirgslandschaft. Sihanoukville ist Ausgangspunkt für Besuche des landschaftlich ebenfalls außergewöhnlich schönen **Ream-Nationalparks** mit Mangrovenwäldern und herrlichen Sandstränden. An den von Dschungel überwucherten Hängen des östlich von Sihanoukville gelegenen **Bokor-Nationalparks** ist wie in Kirirom eine verlassene Feriensiedlung erhalten. Die an einem Fluss gelegene charmante Stadt **Kampot** ist der beste Ausgangspunkt für Ausflüge sowohl nach Bokor als auch in das beliebte Seebad **Kep**.

Der Südosten besitzt wenig nennenswerte touristische Höhepunkte. Die antike Stätte **Angkor Borei** aus der Funan-Epoche verfügt über ein ausgezeichnetes Museum mit frühen Skulpturen und einer umfassenden Darstellung der archäologischen Ausgrabungen in der alten Stadt. Das nicht weit entfernte Bergheiligtum **Phnom Da** ist am bequemsten mit einem Boot aus der tristen Kleinstadt **Takeo** zu erreichen. Die Stadt **Neak Leung** ist hauptsächlich als Fährstation über den Mekong und Ausgangspunkt für Bootsfahrten stromabwärts zur vietnamesischen Grenze bekannt. Im östlichen Zipfel der Region liegen Kambodschas ärmste Provinzen. Hinter der aufblühenden Stadt **Svay Rieng** führt die Straße zum Grenzort **Bavet** und der Landesgrenze nach Vietnam.

Die Verkehrsverbindungen in fast allen Regionen des Südens sind vergleichsweise gut. Die Fahrt von Phnom Penh nach Sihanoukville auf der **RN 4**, einer der besten und meistbefahrenen Straßen des Landes, dauert nur wenige Stunden. Zwei weitere wichtige Verkehrsadern führen von Phnom Penh nach Süden: Die **RN 3** nach Kampot ist in überwiegend ordentlichem Zustand, während die **RN 2** nur bis Takeo den heutigen Ansprüchen genügt und ansonsten ziemlich katastrophal ist. Für Reisende aus **Thailand** führen die Wege in die Hauptstadt entweder über die **RN 48**, die später auf die RN 4 trifft, oder mit Expressbooten über die Umsteigestation Sihanoukville.

Da die in der Regenzeit anschwellenden Flüsse Bassac und Mekong die Umgebung von Takeo jährlich monatelang überschwemmen, sind im tiefen Süden Boote die zweckmäßigsten Verkehrsmittel – auch in der Trockenzeit, in der ein Netzwerk aus Kanälen zum Vorschein kommt, das die gesamte Region durchzieht. Bei Reisen aus den südöstlichen Provinzen Prey Veng und Svay Rieng in andere südliche Gebiete sind stets Umwege über Phnom Penh erforderlich.

Der Südwesten

Die Fahrt von Phnom Penh in Richtung Sihanoukville führt über die gut ausgebaute RN 4. Außerhalb der Hauptstadt säumen zunächst die für Kambodscha typischen Reisfelder und Zuckerpalmen die Straße, doch südlich von Kompong Speu verändert sich das Landschaftsbild, da die verschwommen blauen Gipfel des Kardamom-Gebirges im Norden und die Elefantenberge im Süden am Horizont erscheinen. Ein Abstecher in die hügeligen Kiefernwälder des **Kirirom-Nationalparks** wird durch nahezu alpine Landschaftseindrücke und frische Bergluft belohnt. Die meisten Reisenden brausen in Expressbussen, die zwischen der Hauptstadt und Sihanoukville pendeln, an diesem Gebiet vorbei.

Kirirom-Nationalpark

Die wogenden Hügel des Kirirom-Nationalparks sind von ausgetretenen Pfaden durchzogen und mit Wasserfällen, Seen und bunten Wildpflanzen durchsetzt. An den Hängen des bedeutenden Naturschutzgebiets wachsen ganze Wälder der Kiefernart *Pinus merkusii*, die ansonsten nirgends in Kambodscha zu finden ist. Obwohl Wilderei und illegaler Holzeinschlag ihren Tribut gefordert haben, leben auch heute noch seltene Rotwildarten, Wildrinder (Gaur und Banteng), Elefanten und Leoparden zurückgezogen in den Tiefen des Parks. Bei einer Bestandserhebung wurden 1995 Tigerspuren entdeckt, doch da es in der Folgezeit zu keiner tatsächlichen Sichtung kam, besteht kein Anlass zu der Hoffnung, dass Tiger in dieser Region überlebt haben.

In den 40er Jahren des 20. Jhs. wurde die erste Straße durch den Wald gebaut, und 1944 stattete sogar der König dem Gebiet einen Besuch ab und gab ihm den Namen *Kirirom*, „Berg der Glückseligkeit". Eine Feriensiedlung entstand, die aber bereits 1947 wieder verlassen wurde, weil sich die Khmer Issarak in der Nähe festsetzten. Erst 1962 wurde die idyllische Bergwelt wieder für die Öffentlichkeit freigegeben.

Das kühle Klima und die Nähe zu Phnom Penh ermutigten Investoren zur Entwicklung eines Erholungsortes, in dem nicht nur prächtige Villen entstanden, sondern auch eine Pagode und zwei königliche Residenzen. Als jedoch in den 70er Jahren der Bürgerkrieg das Land spaltete und die Roten Khmer die Macht ergriffen, wurde das Areal ein weiteres Mal geräumt. Obwohl bereits 1993 ein Gebiet von 350 km^2 Größe als Nationalpark ausgewiesen wurde, ist das Gelände erst seit 1996 wieder zugänglich, als die restlichen dort versteckten Truppen der Roten Khmer zur Regierung überliefen.

Besichtigung

Vom Parkeingang steigt die Straße die restlichen 16 km beständig bis zu einem bewaldeten Plateau an, auf dem sich die meisten Sehenswürdigkeiten und alle touristischen Einrichtungen befinden. Auf halber Strecke, circa 8 km vom Parkeingang, weist ein Schild nach links zu den Kaskaden des Wasserfalls **Outasek**, der nach einer im Nationalpark heimischen Baumart benannt ist. Bis auf die allertrockensten Tage des Jahres ist dort zumindest zum Plantschen genug Wasser vorhanden.

Zu den ersten Dingen, die man auf dem Plateau entdeckt, gehört das *Kirirom Guesthouse* hinter einem Schild mit der Aufschrift „Welcome to Kirirom".

Eine Nebenstraße hinter dem Gästehaus führt zu einer Ansammlung verlassener Gebäude. Das noch relativ gut erhaltene weiße Haus mit rotem Dach war die neuere der beiden **königlichen Residenzen**. Nicht weit entfernt steht die ebenfalls längst aufgegebene ältere Königsresidenz. Man kann den überwucherten Garten auskundschaften, von wo die Aussicht über Wälder bis hin zum zauberhaften **See Sras Srang** reicht, zu dem man vom Palast aus einfach nur bergab steigen muss.

Zurück auf dem Hauptweg erreicht man 1 km hinter dem Gästehaus das **Parkbüro**, das aber keine Besucherinformation bereithält. Als Informationsstelle und Mahnmal gegen Wilderei dient in der Nähe ein Schwarzes Brett mit einem nützlichen Übersichtsplan und Fotos von verschiedenen sehenswerten Stellen des Parks; auch Fotos von toten

Sihanoukville und der Süden

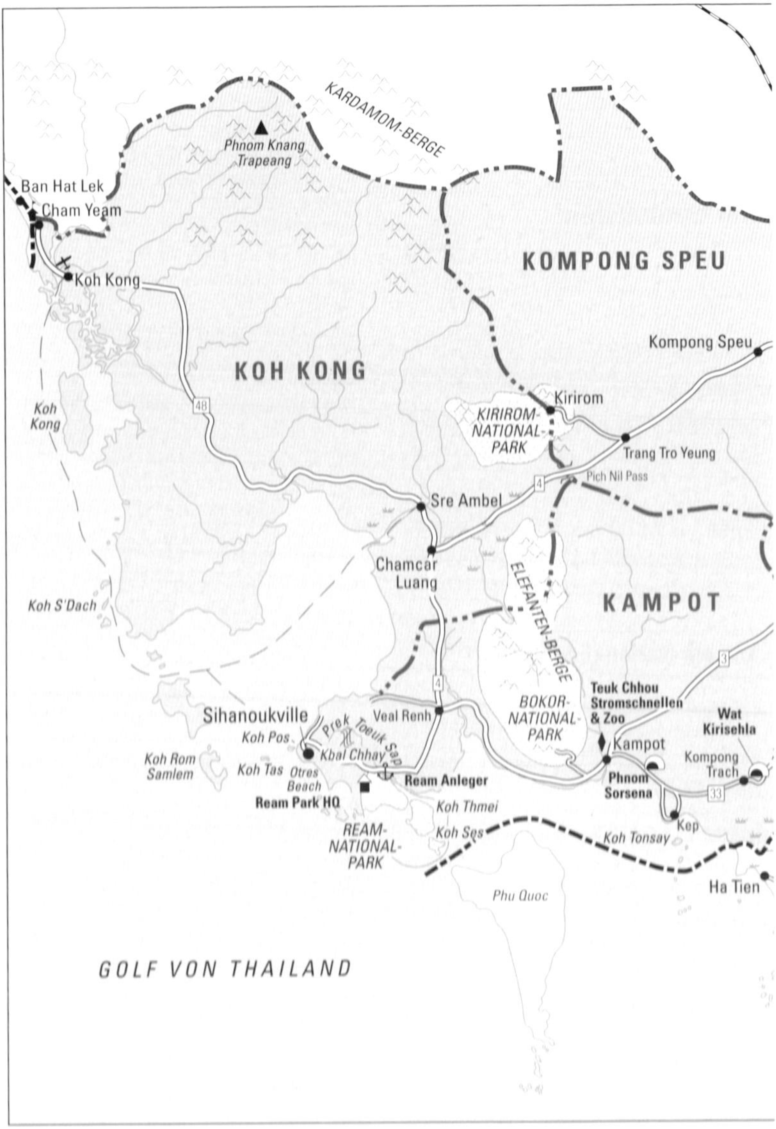

SIHANOUKVILLE UND DER SÜDEN

SIHANOUKVILLE UND DER SÜDEN

Tieren, die hier illegal gefangen wurden, hängen dort aus.

Rund 500 m entfernt befindet sich die einzige größere **Kreuzung** des Parks, an der Schilder zu den weit verstreuten Sehenswürdigkeiten weisen. Die von der Kreuzung nach Süden abzweigende Straße erreicht **Wat Chas**, über das eigentlich nichts Näheres bekannt ist. Nordwärts führt ein Pfad in Abständen von jeweils rund 2 km zu drei **Wasserfällen** mit den wenig originellen Namen I, II und III, die nach ihrer zunehmenden Größe benannt sind und in der Trockenzeit zu schmalen Rinnsalen verkommen, während sie in der Regenzeit, wenn der Pfad am schwierigsten zu begehen ist, durchaus stattlich und beeindruckend wirken.

Es lohnt sich ein paar Tage zu bleiben, denn Kirirom ist ein ideales Wandergebiet, in welchem man sich überdies keine Sorgen wegen Landminen machen muss, die in dieser Gegend schon weggeräumt wurden. Und nur wenn man hier übernachtet, besonders an Wochentagen, kann man die ruhige Umgebung und die klare, nach Kiefern duftende Luft in vollen Zügen genießen. Am Wochenende wird der Ort von Tagesausflüglern aus der Stadt überlaufen. Da die Temperaturen zwar tagsüber angenehme 25 °C erreichen, nachts jedoch bis auf 5–10 °C fallen, sind nach Einbruch der Dunkelheit lange Hosen und warme Sachen angebracht.

Der Parkeingang (🕒 tgl. 8–17 Uhr) liegt gegenüber vom Kirirom Hillside Resort, 10 km von der Hauptstraße entfernt. An einer kleinen Hütte zahlt man Eintritt (US$5 p. P. für Ausländer).

Übernachtung und Essen

Kirirom Hillside Resort, ☏ 016/590999, 🖳 www.kiriromresort.com, gegenüber vom Parkeingang am Fuße des Hochplateaus. Das schicke, neue Ressort zählt sowohl Tagesausflügler aus der Hauptstadt als auch betuchte Touristen zu seinen Gästen, die in den luxuriösen, über einen weitläufigen Garten verteilten Bungalows wohnen. Die Saurier-Skulpturen und Vogelstimmen vom Band im Restaurant sind nicht unbedingt jedermanns Geschmack, dagegen bietet das Ressort (Eintritt US$3) eine beeindruckende Palette von Aktivitäten an, darunter Kanufahrten, Reiten, Fischen, Tennis, Schwimmen und Radfahren. Es gibt sogar einen kleinen Zoo. Überraschend gut ist auch das Restaurant mit seinen aufmerksamen, adrett gekleideten Kellnern und einer Speisekarte, die Lammkeule, Lachsfilet und eine große Auswahl vorzüglicher Khmer-Gerichte offeriert. Das Ressort vermietet auch Zelte, die US$15 pro Nacht kosten, inklusive Frühstück und freier Benutzung des Fitness-Centers und des Swimming Pools. ❺

Kirirom Guesthouse and Restaurant, ☏ 012/363459, von der Regierung geführtes Gästehaus in sehr schöner Lage oben auf dem Plateau. Fünf einfach ausgestattete und überteuerte Zimmer mit Bad, doch das Wasser ist eiskalt. Für Strom sorgt ein hauseigener Generator, der von Einbruch der Dunkelheit bis ungefähr 22 Uhr in Betrieb ist. Das Restaurant serviert gute Khmer-Gerichte sowie Steaks mit Fritten, und die Dachterrasse gewährt schöne Ausblicke auf die umliegende Berglandschaft. ❸

Außerhalb der Unterkünfte bieten nur einige kleine Buden hinter dem Parkbüro Mittagsmahlzeiten an.

Transport

Der ca. 100 km südwestlich von Phnom Penh gelegene Nationalpark ist mit öffentlichen Transportmitteln erreichbar, wenn auch etwas umständlich, da von der Abzweigung von der RN 4 noch 26 km zum Hochlandplateau zurückzulegen sind.

Die Anreise von PHNOM PENH erfolgt mit einem Bus vom Psar Thmei nach TRANG TRO YEUNG (7000 Riel), wo man ein Moto für die restliche Strecke zum Park chartert (hin und zurück etwa US$10).

Von SIHANOUKVILLE fahren Minibusse und Sammeltaxis nach Trang Tro Yeung (8000 Riel).

Wer über Nacht bleibt, kann sich entweder am nächsten Tag von seinem Fahrer abholen und nach Trang Tro Yeung zurückbringen lassen oder versuchen, eine Mitfahrgelegenheit im Versorgungsfahrzeug der Unterkunft zu ergattern.

Bequemer gestaltet sich ein Besuch des Nationalparks, wenn man im Rahmen eines Tagesausflugs in Phnom Penh oder Sihanoukville ein Motorrad mietet oder einen Wagen mit Chauffeur für rund US$40 chartert.

Die Straße ist bis aufs Plateau hinauf befestigt, wenn auch voller Schlaglöcher, so dass der Park das ganze Jahr über zugänglich ist.

Kambodschas Naturschutz-Misere

Bei angemessener, nachhaltiger Bewirtschaftung könnten Kambodschas Wälder eine wertvolle nationale Einkommensquelle darstellen – nicht nur als Nutzholzlieferanten, sondern auch als Zielgebiet des Ökotourismus. Leider aber ist der Waldbestand in den vergangenen Jahrzehnten wegen offizieller und illegaler Abholzung um nahezu 20% geschrumpft. Zwar haben diverse staatliche Maßnahmen in der jüngeren Vergangenheit den eklatantesten Umweltsünden Einhalt geboten, doch genaue Bestandserhebungen und strikte Kontrollen des Abbaus natürlicher Ressourcen erscheinen dringender denn je.

Gegenwärtig verwaltet das Umweltministerium 23 ausgewiesene Schutzgebiete – darunter sieben Nationalparks, zehn Naturschutzgebiete, drei „Zonen mit gemischter Nutzung" und drei „Landschaftszonen" –, die jedoch ausnahmslos weder abgezäunt noch durch Schilder gekennzeichnet sind. Bekannte Schutzgebiete wie Kirirom, Bokor und Virachey unterstehen der Aufsicht offizieller *Ranger*, doch die Zahl dieser Parkaufseher ist viel zu niedrig. Ein markantes Beispiel für die völlig unzureichenden Maßnahmen sind die Verkaufsstände an den Straßen in einigen Teilen des Landes, die bündelweise im Dschungel abgeholzte Holzscheite oder in behelfsmäßigen Öfen gebrannte Holzkohle anbieten. Diese Waren finden unter einheimischen Ausflüglern (darunter viele aus Phnom Penh) reißenden Absatz – selbst in der Hauptstadt glauben viele Leute, dass auf traditionellen Holz- oder Holzkohleöfen zubereitete Speisen ein würzigeres Aroma aufweisen.

Kambodschas Wälder sind die Heimat einer reichhaltigen Tierwelt, zu der auch weltweit bedrohte Arten wie der Tiger gehören. Leider hat der verbesserte Zugang zu Gebieten, die als Nationalpark ausgewiesen sind, es auch Wilderern leichter gemacht, wilde Tiere zu jagen. Diese Tiere kommen entweder auf den Markt, um im Kochtopf zu landen, oder werden gebraucht, um aus ihnen Medizin oder Amulette herzustellen. Bevor die Behörden entsprechende Maßnahmen ergriffen hatten, war es möglich entlang der RN 4 bei Kirirom Wildbret aus dem Nationalpark zu kaufen, und überall in Phnom Penh boten so genannte Spezialitäten-Restaurants seltene Fleischsorten wie etwa Schuppentiere an. Heute ist die RN 4 mit großen Werbetafeln gesäumt, die sich gegen das Erlegen wilder Tiere richten, doch da diese Tafeln meist nur englische Aufschriften tragen – sie wurden von einer Naturschutzorganisation gestiftet –, erreichen die Appelle die Wilderer selbst wahrscheinlich kaum.

Mit dem Verbot der Abholzung und der Ächtung des Handels mit wilden Tieren nach der internationalen CITES-Konvention hat die kambodschanische Regierung zweifellos erste vernünftige Schritte unternommen, doch zur Durchsetzung der Maßnahmen fehlen die nötigen Geldmittel und wahrscheinlich auch der politische Wille. Die zuständigen Stellen sind sich vermutlich nicht bewusst, welchen Schaden ihr gegenwärtiges Zaudern anrichtet, und da die Regierung sich mit vielen anderen drängenden Problemen zu befassen hat, werden die Naturschutzorganisationen auch in Zukunft harte Arbeit leisten müssen, um die Politiker von dem dringenden Handlungsbedarf zu überzeugen.

Sre Ambel

Das gut 10 km nördlich der RN 4 an einem Fluss gelegene Städtchen Sre Ambel war noch bis vor wenigen Jahren der Hafen für die täglichen Boote nach Koh Kong. Seitdem dieser Bootsverkehr eingestellt worden ist, hat der Ort einiges an Bedeutung verloren.

Die Stadt präsentiert sich als ausgedehnte Ansammlung von baufällig wirkenden Häusern aus Holz und Wellblech, die an einem Hang kleben. Die Hauptstraße führt durch einen kleinen Kreisverkehr hinab zum Fluss und den Kaianlagen.

Das einzige halbwegs Sehenswerte ist die neue Pagode **Wat Angkor**, die auf den Laterit-Grundmauern des antiken Tempels Prasat Chas errichtet wurde. Um sie zu erreichen, folgt man einfach vom Bootshafen der Straße am Fluss entlang, oder man nimmt den Weg hinter dem Markt, der einen Hügelrücken entlang führt. Die zwölf verfallenen Türme des ursprünglichen Tempels, der auf die Angkor-Epoche zurückgeht, sind zu einfallsreich gestalteten Schreinen umfunktioniert worden. Befremdend wirkt eine Treppe, die bewacht von 118 Gewehre schwingenden Betonsoldaten zum Fluss hinabführt und mit Zementpilzen und einem Krokodil-Springbrunnen verziert ist.

Eine in der Nähe wohnende ältere Frau produziert aus Stickperlen und Stoffstreifen kunstfertige, aus mehreren Schichten bestehende *kam som de ao*, die Gläubige an Altären als Schutz gegen böse Geister aufhängen – die Frau ist eine der letzten Vertreterinnen dieses aussterbenden Kunsthandwerks und beliefert Pagoden in ganz Kambodscha.

Unterkunft und Essen

Die einzigen Unterkünfte sind die 1 km vom Hafen nebeneinander an der Hauptstraße in Richtung Zentrum gelegenen Gästehäuser ***Preah Chan Undaik*** und ***Pich Nil***. Beide bieten ordentliche Zimmer mit Bad und Klimaanlage oder Ventilator an. Beide ❷

Die Auswahl an **Restaurants** ist begrenzt: Das ***Sre Ambel Restaurant***, gegenüber vom *Pich Nil Guesthouse*, stellt die üblichen Khmer-Gerichte zur Auswahl, und unten am Hafen gibt es einige namenlose Garküchen. Frühstücken kann man morgens in den kleinen Nudelküchen am **Markt** (vom Kreisverkehr die Hauptstraße bergauf).

Koh S'dach

Ungefähr auf halber Strecke zwischen Sihanoukville und Koh Kong liegt in den klaren blauen Küstengewässern der Provinz Koh Kong die kleine Felseninsel Koh S'dach („Königsinsel"), deren Name auf eine Legende um die Königsquelle hinter dem Hafen zurückgeht, die auf wundersame Weise zu sprudeln begann, als ein König und seine Armee im Kampf gegen vorrückende Eindringlinge verzweifelt nach Trinkwasser suchten. Die nur wenige tausend Einwohner zählende Insel wirkt auf den ersten Blick unspektakulär, doch ihre Gewässer bieten schon im Uferbereich exzellente Schnorchel- und Angelmöglichkeiten, und in der Nähe locken weitere kleine Inseln zur näheren Erkundung.

Die Insel ist nur wenige Kilometer lang und einen Kilometer breit. Ein Pfad über das Gelände der einfachen Pagode **Wat Koy Koh** führt zu einem felsigen **Strand** an der dem Meer zugewandten Inselküste, vor der bunte Korallen und Fischschwärme zu entdecken sind. Die Insel eignet sich zum Ausspannen und bietet Gelegenheit zu Ruderpartien in seichten Gewässern. Auf der nur 1 km entfernten Insel **Koh K'Maoit** gibt es ein kleines Fischerdorf und mehrere kleine Sandstrände. Mit einem der schmalen Fiberglasboote kann man in fünf Minuten auf's Festland übersetzen (US$1), wo es noch mehr einsame Strände gibt.

Übernachtung

Es gibt nur ein Gästehaus auf der Insel.

Koh S'Dach, charmantes Holzhaus, nur ein paar Schritte von der Bootsanlegestelle nach links; kleine saubere Zimmer ohne Bad, Moskitonetze werden gestellt. ❶

Essen

Einige kleine **Lokale** in Hafennähe nehmen Vorbestellungen fürs Abendessen entgegen (frühzeitig Bescheid geben, da eingekauft werden muss). In der Nähe des Marktes öffnen kleine Läden zum Frühstück, und abends verkaufen einige Buden *borbor* (Reisbrei) und Getränke. Der **Lebensmittelladen** ist gut bestückt mit Wasser, Softdrinks, Keksen und anderen Kleinigkeiten, die allesamt geringfügig teurer als auf dem Festland sind.

Transport

Das **Expressboot** zwischen Koh Kong und Sihanoukville legt gerade lange genug an, um auf- oder abspringen zu können.

Das Boot nach Koh S'dach legt von SIHANOUKVILLE (1x tgl., 2 Std.) gegen Mittag und von KOH KONG (1x tgl., 2 Std.) um 8 Uhr ab; der Fahrpreis beträgt für beide Strecken jeweils 300 Baht oder 30 000 Riel.

Von Koh S'dach legt das Boot nach Sihanoukville gegen 10 Uhr und nach Koh Kong um 14 Uhr ab.

Einheimische vermieten ihre Boote für Exkursionen zu Nachbarinseln oder für Ausfahrten zum Angeln, die Leistungen und Preise (um US$20 pro Tag) sollten vorab genau festgelegt werden.

Koh Kong

Die in Kambodschas südwestlichster Ecke gelegene Stadt Koh Kong ist nach der Wiedereröffnung der Straße durch das Kardamom-Gebirge und dem Bau einer 2 km langen Brücke über den Fluss Kah Bpow auf der westlichen Seite der Stadt nun endlich mit dem Rest des Landes und mit Thailand verbunden.

Von der Stadt ist es nicht mehr weit bis zum **Grenzübergang** in Cham Yeam, und fast täglich kommen ausländische Reisende hier durch, doch kaum jemand bleibt länger. In der Umgebung warten bezaubernde Wälder, herrliche Strände und schäumende Stromschnellen auf ihre Erkundung.

Die Stadt

Koh Kong war einst eine kleine, blühende Holzfällerstadt, die sich in ein verschlafenes Provinznest mit freundlicher, nahezu familiärer Atmosphäre verwandelt hat. Die nach einem einfachen Gitternetzplan am Ostufer des Flusses angelegte Ortschaft besteht zum größten Teil aus Holzhäusern, deren Baustil stark an das benachbarte Thailand erinnert. Nur wenige Häuser stehen gemäß kambodschanischer Tradition auf Stelzen, und von kolonialer Architektur ist keine Spur zu entdecken.

Besondere Sehenswürdigkeiten besitzt die Stadt eigentlich nicht. Die Einheimischen schicken Besucher zum unspektakulären **Red House**, das eigens für Norodom Sihanouk errichtet wurde, der jedoch niemals kam – der Spaziergang dorthin, der vom 1 km entfernten Zentrum am Fluss entlang führt, entschädigt ein wenig.

Die Umgebung von Koh Kong

Ein angenehmer Ausflug führt zum **Beach 2000** auf der gegenüberliegenden Seite des Flusses. Der Platz ist bei Einheimischen beliebt, und es gibt hier strohgedeckte Hütten, Erfrischungsstände sowie Vermietung von Jetski. Man erreicht den Strand mit einem gemieteten Motorrad oder mit einem Moto (20 Baht). Nachdem man die Brücke überquert hat, fährt man noch ca. 1,5 km weiter, bis links ein unbefestigter Weg abzweigt, auf dem man nach weiteren 2 km zum Strand gelangt.

Ein kurzes Stück flussabwärts von der Anlegestelle der Expressboote findet man einen **Bootsverleih** für Fahrten zu flussaufwärts gelegenen Wasserfällen oder zu Stränden auf der nahen Insel **Koh Kong**. Wenn man lange und geschickt genug verhandelt, sollte es möglich sein, ein Boot für US$20 pro Tag zu chartern; allerdings ist der Preis auch von der Anzahl der Passagiere abhängig. Die Fahrt zu der überraschend großen und attraktiven Insel Koh Kong, deren dem offenen Meer zugewandte Küste von wunderschönen unberührten Sandstränden gesäumt wird, dauert ca. eine Stunde.

Die Fahrt flussaufwärts führt nach nur fünf Minuten zu einer Pagode am Westufer, in der drastische **Felsmalereien** die Höllenstrafen zeigen. Daneben sind Szenen zu sehen, die offenbar die Gräueltaten der Roten Khmer veranschaulichen sollen und erst in jüngster Zeit entstanden sein können, da diese das Territorium bis 1997 kontrollierten.

Die weitere Fahrt flussaufwärts beschert Ausblicke auf die beeindruckende Kulisse des **Kardamom-Gebirges**. Nach circa 50 Minuten erreichen die Boote eine Stelle mit sich auftürmenden Klippen, Stromschnellen und einem schäumenden Wasserfall.

Direkt an der thailändischen Grenze liegt der Vergnügungspark **Koh Kong Safari World**, der dem Koh Kong International Resort Club angeschlossen und besonders für Kinder geeignet ist. Den ganzen Tag über werden zu verschiedenen Zeiten Shows dargeboten, in denen Delfine, Orang-Utans, Krokodile, Seelöwen und Papageien die Hauptrollen spielen. ✆ 016/800811; ⏲ tgl. 9–17 Uhr; Eintritt US$12, Kinder US$8.

Übernachtung

Die meisten Unterkünfte sind von der Bootsanlegestelle aus zu Fuß zu erreichen, allerdings stehen hier auch immer zahlreiche Motos herum.

Asean, ✆ 035/936667, nicht weit nördlich von der Bootsanlegestelle. Das neuste Hotel der Stadt mit makellos sauberen Zimmern, ähnlich ausgestattet wie das Phoumint Koh Kong gegenüber. ❷

Koh Kong International Resort Club, ✆ 016/700970, großes Hotel mit Kasino an der Grenze. Luxuriöse Zimmer und Bungalow-Suiten inmitten eines tropischen Parkgeländes, das bis zum Strand hinabreicht. Angeschlossen ist der Vergnügungspark Koh Kong Safari World. ❺

Otto's, ✆ 012/924249, 50 m vom Pier entfernt in einer kleinen Gasse. Traditionelles Stelzenhaus, auf Rucksackreisende ausgerichtet. Sehr einfache Zimmer mit Gemeinschaftsbad. Die Terrasse im Obergeschoss dient als Salon, Bar und Restaurant. ❶

Phoumint Koh Kong, ✆ 011/948255, nicht weit nördlich von der Bootsanlegestelle. Schickes, aber preiswertes Hotel; die meisten Zimmer bieten eine großartige Aussicht, die besseren sind geräumig und komfortabel und haben AC und Heißwasser; die billigeren Zimmer mit Ventilator sind aber auch nicht schlecht. ❷

Rasmey Buntham, ✆ 016/719449, südöstlich vom Zentrum. Das beste einer Reihe von Gästehäusern an derselben Straße. Freundliche Atmosphäre, geräumige Zimmer um eine zentrale Lobby mit hübschem Innenhof. Das Personal hilft bei der Organisation der Weiterreise; kostenloser Abholservice von der Grenze, wenn man vorher anruft. ❶

Essen

Alle oben aufgelisteten Gästehäuser haben eigene Restaurants, die akzeptable Khmer-Gerichte auftischen.

Asean, das Restaurant dieses Hotels ist empfehlenswert und hat eine brauchbare bebilderte Speisekarte.

Otto's, im Restaurant dieses Gästehauses bekommt man einige westliche Gerichte.

Phoumint Koh Kong, das Restaurant dieses Hotels ist genauso gut wie das Asean und bietet außerdem eine herrliche Aussicht auf den Fluss.

Baan Peakmai, an der Straße, die an der Ostseite des Marktes vorbeiführt, drei Blocks nach Norden. Das Restaurant mit der wahrscheinlich angenehmsten Umgebung der Stadt serviert auf einer überdachten Gartenterrasse schmackhafte, preisgünstige Khmer-, Thai-, westliche und vegetarische Gerichte.

An derselben Straße, nur näher zum Markt befinden sich die ***Number One Bar*** und die ***Moto Bar***, beide werden von Westlern geführt. Während sich die Number One Bar eher zum Trinken eignet und nur ein paar Snacks anbietet, hat die Moto Bar neben üppigem Frühstück eine große Auswahl an Khmer- und westlichen Gerichten auf ihrer Speisekarte.

Sonstiges

GELD – In der Stadt sind Baht, Riel und Dollar gängige Zahlungsmittel, doch Baht werden bevorzugt. Dollarnoten werden in Läden am Markt und in der ***Acleda Bank*** nördlich vom Markt gewechselt.

INTERNET – Den billigsten Internet-Anschluss (US$3 pro Stunde) bietet das ***Koh Kong Language Centre*** neben dem *Rasmey Buntham Guest House*.

MEDIZINISCHE HILFE – Das **Krankenhaus** liegt 500 m nördlich des Marktes, doch bessere Dienste bietet mit Sicherheit das Krankenhaus jenseits der Grenze im thailändischen Trat.

POST UND TELEFON – Das Postamt befindet sich am nördlichen Ende der Straße des Krankenhauses. Einige Läden am Markt vermitteln internationale Telefongespräche, die in das thailändische System geleitet werden und preiswerter als Telefonate von Sihanoukville sind.

Transport

MINIBUSSE, SAMMELTAXIS UND PICK-UPS – Die Ankunfts- und Abfahrtsstelle für alle öffentlichen Straßenverkehrsmittel liegt am Markt im Südosten der Stadt, 500 m vom Fluss entfernt. Minibusse (50 000 Riel) und Sammeltaxis (40 000 Riel) fahren von PHNOM PENH (6x tgl., 6 Std.) direkt nach Koh Kong, ohne den Umweg über Sihanoukville.

Außerdem gibt es direkte Verbindungen mit Minibussen (US$15) und Sammeltaxis (US$10) nach SIHANOUKVILLE (6x tgl., 6 Std.).

BOOTE – Das Expressboot von Sihanoukville (US$15) via Koh S'dach kommt in Koh Kong fahrplanmäßig um 16 Uhr an – früh genug, um mit einem Moto oder Sammeltaxi (50 Baht oder 5000 Riel) zum 12 km entfernten **Grenzübergang**

CHAM YEAM (◷ tgl. 7–20 Uhr) zu gelangen, bevor dieser schließt.
Das Expressboot über KOH S'DACH (2 Std.) nach SIHANOUKVILLE (1x tgl.; 4 Std.) legt um 8 Uhr ab.

FLÜGE – Der Flughafen liegt nur wenige Kilometer nordöstlich der Stadt, wird allerdings zurzeit (2005) von keiner Fluggesellschaft angesteuert.

Der zentrale Süden

Von Kirirom nach Sihanoukville

Südlich von Kirirom bilden sich auf der RN 4 regelmäßig Staus an der Passhöhe **Pich Nil**, weil die Fahrer eine Pause einlegen, um am **Schrein der Yeah Mao** ein Opfer darzubringen, da die „Schwarze Großmutter" alle Reisenden und die Fischer der Küstengebiete beschützt. Um Yeah Mao ranken sich unterschiedliche Legenden. Eine Geschichte erzählt, dass ihr Mann zur See ging und in einem Krieg kämpfte, worauf Yeah Mao, die ihren Mann sehr vermisste, sich auf den Weg machte, ihn zu finden, und in einem Sturm ums Leben kam.

Ihr Schrein, der leicht am beißenden Qualm zahlloser Räucherstäbchen zu erkennen ist, beherbergt ein Bildnis der Yeah Mao, das vom Rauch geschwärzt ist. Geschäftige Standbesitzer stellten erst in jüngerer Zeit die aufgereihten Geisterhäuser auf, um die Reisenden zum längeren Verweilen zu bewegen und damit ihre eigenen Geschäfte anzukurbeln – allen ist das bewusst, doch da die Khmer ausgesprochen abergläubisch sind, opfern sie lieber ein wenig Zeit und Geld, als womöglich die Geister gegen sich aufzubringen.

Hinter Pich Nil treten Kulturlandschaften in den Vordergrund. Die Einfahrt nach Sihanoukville beginnt etwa 12 km vor der Stadt am stillgelegten Flugplatz, vor dem sich die Straße gabelt – die Nebenstraße führt zum Ream-Nationalpark, s. S. 284. Kurz darauf sieht man von einer Anhöhe hinter einer steilen Wegpassage zum ersten Mal das Meer. Das zum Nationalgetränk avancierte *Angkor Beer* kommt aus Sihanoukville, und so ist die Cambrew Brewery am Stadtrand zu einer Art Wahrzeichen geworden. Von dort sind es nur noch wenige Kilometer bis zum Stadtzentrum.

Sihanoukville

Die Bezeichnung „Badeort" verdient in Kambodscha am ehesten Sihanoukville. Die Gewässer vor der Stadt sind von kleinen Inseln durchsetzt, und im unmittelbaren Ortsgebiet erstrecken sich sechs sanft abfallende, weiße Sandstrände. In den heißesten Wochen der Trockenzeit (März–Mai) bescheren vom Meer hereinwehende Brisen ein wenig Abkühlung, und in der kühlen Jahreszeit (No.–Feb) tragen die Winde zur Erwärmung bei. In der Regenzeit (Juni–Okt) ist es warm und trocken genug, um morgens einige angenehme Stunden am Strand zu verbringen, doch nachmittags brauen sich immer wieder Regenschauer über dem Meer zusammen.

Zu Ehren des Königs, der die nationale Unabhängigkeit erstritt, lautet die offizielle Stadtbezeichnung heute Sihanoukville, doch im Volksmund hat sich der Name **Kompong Som** des kleinen Fischerdorfes gehalten, das 1956 dem neuen Hochseehafen weichen musste. Im küstenfernen Zentrum, das von breiten Straßen durchzogen ist, prägen trostlose Betonblöcke das Stadtbild, doch selbst dort ist die entspannte und leichtlebige Stimmung eines Strandbads deutlich zu spüren.

Abwechslung vom müßigen Strandleben bieten einige **Wasserfälle** nördlich der Stadt sowie der 12 km östlich gelegene **Ream-Nationalpark**, Kambodschas einziges Reservat mit einer maritimen Zone, dessen Schutzgebiet sich auf Flüsse, Mangrovenwälder, Inseln und Ackerland ausdehnt.

Die Stadt

Das Stadtzentrum hat tagsüber abgesehen vom **Psar Leu** wenig Interessantes zu bieten. Dieser wichtigste Markt der Stadt vermittelt gute Einblicke in Kambodschas Unterwasserwelt, denn auf den Warenständen des Fischmarktes liegen Seeigel, Tintenfische und Riesenkrabben in verschiedenen Farben zum Verkauf aus – das Angebot umfasst alles von winzigsten Meeresbewohnern bis hin zu riesigen Seekreaturen mit grimmigen Augen und haarigen Borsten. Gourmets können dort nach Herzenslust einkaufen und sich alles nach individuellen Wünschen in den Garküchen am Strand zubereiten lassen. Der Markt ist aber auch der richtige Ort, um alles von Angelschnüren über Obst und Gemüse bis hin zu Sonnenschutz für Campingausflüge auf die Inseln einzukaufen. Am Abend herrscht in einigen der von Ausländern bevorzugten Restaurants und Bars Partystimmung; manche sind bis in die frühen Morgenstunden geöffnet, solange noch Gäste da sind.

Da Sihanoukvilles bescheidene Sehenswürdigkeiten weit über das Stadtgebiet verstreut liegen, bietet sich die Benutzung eines Motos oder eines gemieteten Motorrads an. Der weiteste Weg führt über einen Pfad hinter der Cambrew Brewery auf den **Phnom Sihanoukville**, der mit 132 m Höhe der höchste Punkt der näheren Umgebung ist. Vom **Wat Leu** auf dem Gipfel bietet sich ein erhabener Ausblick auf die Stadt. Die andere Pagode der Stadt, **Wat Krom**, steht friedlich auf einem mit Felsen übersäten Hang neben der Santepheap Street (unterhalb von Ekareach Street) an der Stelle einer früheren Pagode, die von den Roten Khmer zerstört wurde. Ein Heiligtum erinnert dort an **Yeah Mao**, die Hüterin der Küste. Es kursiert die Legende – eine von vielen, s. S. 273 –, dass sie die Frau eines Soldaten war, der in den Krieg geschickt wurde. Als sie nach Monaten erfuhr, dass er und alle seine Kameraden gefallen waren, zog sie in ihrer Trauer und Verbitterung mit einer eigenen Seestreitmacht in den Krieg, doch auch ihr Sieg und die Vernichtung der Feinde konnten ihren Schmerz nicht stillen, so dass sie aus Gram verstarb.

Unübersehbar erhebt sich über dem Nordende von Independence Beach das einst glamouröse **Independence Hotel**, in dem Berühmtheiten wie Catherine Deneuve abstiegen. Nachdem das Hotel jahrelang vernachlässigt worden war, ist es renoviert worden und dürfte inzwischen (2005) wieder geöffnet sein. Das im Ortsjargon *bprahm-bpel jawn* („sieben Stockwerke") genannte Hotel wurde zu Kriegsbeginn Anfang der 70er Jahre geschlossen und diente von 1975–79 hochrangigen Beamten der Roten Khmer als Aufenthaltsort. Der Swimming Pool wurde überdacht und angeblich zum Gefängnis umfunktioniert. Nach 1979 entwickelte sich das ehemalige Hotel zu einem Ganoven- und Schmugglerhort, bis Anfang der 90er Jahre Mitarbeiter der UNTAC dort einquartiert wurden. Noch immer soll es in dem Haus spuken.

Landesweite Berühmtheit genießen Sihanoukvilles bezaubernde **Sonnenuntergänge**, und schöne Aussichtspunkte sind nirgends weit entfernt. Vom Independence Beach, Hawaii Beach oder einem Gästehaus-Restaurant auf dem Weather Station Hill betrachtet, scheint die Sonne direkt hinter den Horizont hinabzufallen, und am Fischerhafen am Hun Sen Beach Drive bieten sich klassische Fotomotive, wenn die kleine Flotte der Fischerboote dem im Meer versinkenden Sonnenball entgegensteuert.

Die Strände

Rund um Sihanoukville gibt es genügend herrliche Strände, um sich an jedem einzelnen Wochentag in neuer Umgebung in die Sonne legen zu können. Die bekannten Strände verzeichnen hohe Besucherzahlen und sind mit Toiletten, Duschen, Strandschirmen und Essensständen ausgestattet, doch wer die Einsamkeit bevorzugt, findet nicht weit entfernt auch heute noch wenig besuchte Küstenabschnitte, die selbst an überfüllten Wochenen-

Übernachtung:

Angkor Inn	dd	King Gold	aa
Bungalow Village	H	Marlin	ff
Chez Claude	K	MASH	G
Chez Mari-yan	F	Mealy Chenda	D
Chhe Nin	A	Mohasal	cc
Chne Chulasa	N	Oasis	gg
Christmas	E	Ochheuteal Beachside Bungalows	V
Coasters	R	Orchidee	Z
Crystal	Y	Pet's Place	B
Da Da	C	Princess	ee
Eden	U	Royal	jj
Freedom Hotel	bb	Sea Breeze	L
G'day Mate	hh	Seaside	X
Golden Castle	M	Sea View Villa	Q
Golden Sand Hotel	P	Snake House	J
GST Guesthouse	T	Sokha Beach Resort	O
Holiday Palace Resort und Casino	I	The Small Hotel	ii
House of Malibu	W	Unkle Bob's	S

Restaurants und Cafés:

Angkor Arms	15
Apsara	13
Bamboo Light Café	18
Chez Claude I	K
Corner Bar	1
Espresso Kampuchea	12
G'day Mate I	hh
Hawaii Seaview	6
Les Feuilles	10
Marlin Bar & Grill	ff
Melting Pot	3
Mick and Craig's	8
Oasis	gg
Pets Place	B
Sam's	2
Sea Dragon	9
Seventh Heaven	17
Snake House	J
Starfish Bakery	20
Treasure Island Seafood	7

Bars und Clubs:

Angkor Beer	5
Biba Night Club	4
Blue Storm	16
Chiva's Shack	11
Dusk Till Dawn	14
Fishermans Den	19
Freedom	bb
Unkle Bob's	S

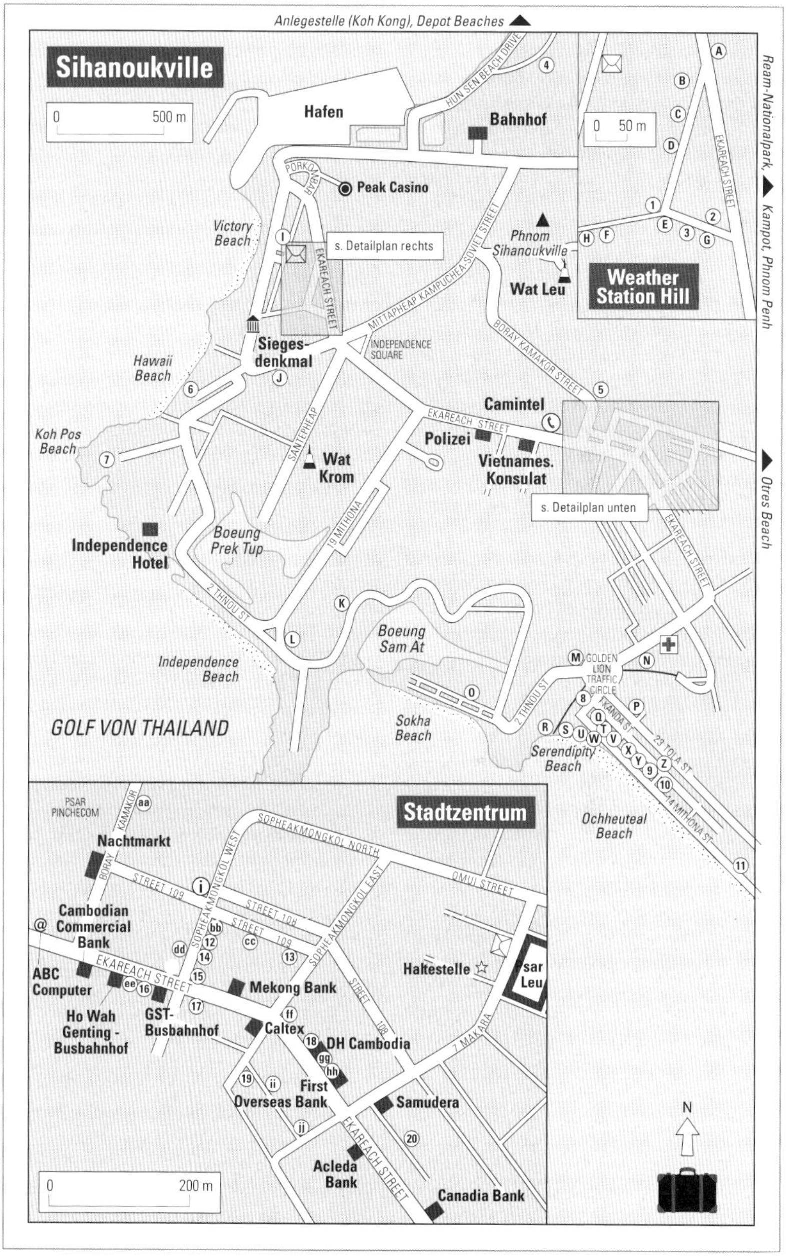
Anlegestelle (Koh Kong), Depot Beaches
Sihanoukville
0 500 m
Hafen
Bahnhof
HUN SEN BEACH DRIVE
PORKOMBAR
Peak Casino
Victory Beach
s. Detailplan rechts
EKAREACH STREET
MITTAPHEAP KAMPUCHEA-SOVIET STREET
Phnom Sihanoukville
Wat Leu
Sieges-denkmal
INDEPENDENCE SQUARE
Hawaii Beach
BORAY KAMAKOR STREET
Camintel
EKAREACH STREET
Polizei
Vietnames. Konsulat
Koh Pos Beach
SANTEPHEAP
Wat Krom
s. Detailplan unten
Independence Hotel
Boeung Prek Tup
19 MITHONA
2 THNOU ST
Boeung Sam At
Independence Beach
GOLDEN LION TRAFFIC CIRCLE
2 THNOU ST
GOLF VON THAILAND
Sokha Beach
KANDA ST
23 TOLA ST
Serendipity Beach
14 MITHONA ST
Ochheuteal Beach
0 50 m
EKAREACH STREET
Weather Station Hill
Ream-Nationalpark, Kampot, Phnom Penh
Otres Beach
Stadtzentrum
PSAR PINCHECOM
BORAY KAMAKOR
Nachtmarkt
STREET 109
SOPHEAKMONGKOL WEST
SOPHEAKMONGKOL NORTH
OMUI STREET
STREET 108
STREET 109
SOPHEAKMONGKOL EAST
Cambodian Commercial Bank
ABC Computer
EKAREACH STREET
Mekong Bank
STREET 108
Haltestelle
Psar Leu
Ho Wah Genting - Busbahnhof
GST-Busbahnhof
Caltex
DH Cambodia
7 MAKARA
First Overseas Bank
Samudera
EKAREACH STREET
Acleda Bank
Canadia Bank
0 200 m
N

den ruhige Stunden fernab der Massen bieten. Allerdings sind die meisten Sandstreifen so schmal, dass man sich bei Flut kaum der Länge nach auf ihnen ausstrecken kann.

Für Einheimische sind Ferien in Sihanoukville gleichbedeutend mit kulinarischen Genüssen mit dem zusätzlichen Plus gelegentlicher Hüpfer ins Meer. Ihr konservatives Naturell sowie das Streben nach Hellhäutigkeit, das bei Frauen paranoide Züge annehmen kann, verlangen, dass fast überall für Schatten gesorgt ist. An den beliebtesten Stränden stoßen die Ränder der Sonnenschirme fast aneinander, und überall werden gegen geringe Gebühren Liegestühle vermietet. Da Männer, Frauen und selbst jugendliche Kambodschaner in voller Bekleidung im Meer baden, verwundert es nicht, dass nahezu nackt in der Sonne liegende Ausländer zum Objekt verwunderter Neugierde werden oder gar als Fotomotiv herhalten müssen, wenn Einheimische neben Touristen posieren und um Fotos bitten. Bikinis sind beim Sonnenbad gerade noch akzeptabel, doch Oben-ohne ist entschieden verpönt.

Die fliegenden Händler und Besitzer der Ladenstände an den Stränden bieten **Korallen** und schillernden Muschelschmuck an; die Korallen wurden an küstennahen Riffen mit Dynamit abgesprengt.

Gewarnt sei davor, dass an den Stränden in zunehmendem Maße **Diebe** ihr Unwesen treiben, so dass sämtliche Wertsachen vor dem Strandbesuch im Gästehaus deponiert werden sollten.

Victory Beach bis Independence Beach

Ein schmaler Pfad führt vom Weather Station Hill hinab zum nächstgelegenen Strand Victory Beach, der sich gut für einen Morgen- oder Abendspaziergang eignet. An dem dunkelgoldenen Sandstrand stehen bislang als einzige Einrichtungen einige Meeresfrüchte-Restaurants. Dennoch ist es nicht der attraktivste Strand der Stadt, da sich nicht weit nördlich schon der Hafen anschließt. Zur Straße hin erstreckt sich ein schmaler öffentlicher Park, doch trotz dieses Schutzes bietet der Strand kaum Privatsphäre und verlockt deshalb auch nicht zu einem ganztägigen Besuch.

Dicht vor der Küste kehrt die kleine Insel **Koh Pos**, auf der sich zum Meer hin einsame Sandstrände ausdehnen, der Stadt ihr felsiges Gesicht zu (s. S. 284). Normalerweise sind am Strand Boote zu mieten, die für US$10 zur Insel hinüber fahren.

Zu den schönsten Sandstränden der Stadt gehört der nur 10–15 Minuten entfernte gepflegte goldene **Hawaii Beach** (nach dem dortigen Restaurant benannt), der weiter südlich abseits der nächsten Straße liegt. Trotz der kleinen Fischergemeinde am nördlichen Ende ist dies einer der ruhigsten Strände der Stadt. Hinter der nächsten Landzunge (zu erreichen vom Treasure Island Seafood Restaurant) verbirgt sich eine kleine Sandbucht, in der sich bei einem Bier aus dem nahen Restaurant gemütliche Nachmittagsstunden bis zum Sonnenuntergang verbringen lassen.

Mit einem kleinen Umweg über die Straße ist von dort der **Independence Beach** zu erreichen, der trotz seines Angebots an einfachen Strandhütten und kulinarischer Versorgung weitaus weniger stark besucht wird als die südlichen Nachbarstrände Sokha und Ochheuteal. Dieser 1 km lange Sandstrand ist ziemlich schmal und eher bei Ebbe reizvoll.

Sokha Beach

Sihanoukvilles vielleicht attraktivster Strand Sokha Beach erstreckt sich mit seinen weißen Sandflächen, die von Bäumen und Buschwerk gesäumt werden, kilometerweit an der Küste entlang. Einst herrschte hier an Wochenenden und in den Ferienzeiten viel Betrieb. Inzwischen ist es seltsam ruhig geworden, seitdem das Sokha Beach Resort quasi den gesamten Strand in Beschlag genommen hat. Ein Schild an seinem östlichen Ende erklärt ihn zwar noch immer zu einem öffentlichen Strand, doch scheint das Ressort mit sichtlichem Erfolg alle Badegäste zu vertreiben, die nicht hier wohnen.

Felsige Vorsprünge zu beiden Seiten des Strandes locken viele kleine Fische an und bieten deshalb lohnende Schnorchelerlebnisse. Es ist ein wirklich schöner Ort, um den Sonnenuntergang zu genießen, auch wenn die Sonne hinter dem westlichen Felsenvorsprung untergeht; draußen auf dem Meer zeichnen sich in der Abenddämmerung die Silhouetten der Inseln Koh Tre und Koh Dah Ghiel ab.

Ochheuteal Beach und Serendipity Beach

Am Ochheuteal Beach, dem längsten und beliebtesten Strand der Stadt, stehen Sihanoukvilles beste Hotels und eleganteste Villen, doch da sich diese nicht unmittelbar am Strand befinden, ist der 3 km lange, feine und von Kasuarinen gesäumte Sandstrand relativ unverdorben. Der größte Betrieb herrscht im touristisch bestens erschlossenen mittleren Teil, der mit Imbissbuden, Sonnenschirmen, Liegestühlen, Tischen, Schwimmreifen, Süßwasserduschen und Toiletten ausgestattet ist.

Am Nordende des Strandes mit dem lyrischen Namen Serendipity gibt es billige Restaurants und Strandbungalows, die sich an Rucksackreisende richten. Der Sand ist zwar weich und einladend, doch ist der Strand sehr schmal und von großen Felsen übersät; deshalb eignet er sich nicht so gut zum Schwimmen wie der Ochheuteal Beach.

Otres Beach und Depot Beach

Otres Beach liegt 6 km südöstlich vom Stadtzentrum und ist mit einem Moto zu erreichen. Wer den ständigen Belästigungen der Händler an den stadtnahen Stränden entgehen will, ist hier wahrscheinlich am besten aufgehoben. Obwohl die dortigen Parzellen verkauft und längst eingezäunt sind, gibt es an dem 3 km langen goldenen Sandstrand bislang weder Hotels oder Gästehäuser noch andere Einrichtungen, sondern bloß ein kleines Fischerdorf.

Gut 3 km nördlich der Stadt beginnt hinter der Anlegestelle der Expressboote und dem angrenzenden Felsenvorsprung der unberührte sandige Depot Beach, den Buschwerk und Grasflächen von der Straße trennen und dessen Bäume genau im richtigen Abstand stehen, um Hängematten aufzuspannen. Zu beiden Seiten sind Hafen und Ölentladestelle weit genug entfernt, um nicht zu stören, und es ist unwahrscheinlich, dass man außer einigen Fischern sonst noch jemanden antrifft. Das Wasser ist allerdings sehr seicht und nicht besonders gut zum Schwimmen geeignet

Unterwegs führt die Straße an einem langen **Fischerdorf** vorbei, in dem Stelzenhäuser weit auf die Wasserfläche hinausragen. Am späten Nachmittag sticht dort eine kleine Flotte Fischerboote in See, und nach Einbruch der Dunkelheit erwecken deren flimmernde Laternenlichter den Eindruck einer Stadt, die schaukelnd auf dem Meer treibt.

Übernachtung

In Sihanoukville stehen Unterkünfte in allen Preiskategorien zur Verfügung, vom Schlafsaalbett für US$2 bis zur Luxussuite für US$200. Wer großen Wert auf ein bestimmtes Hotel legt, sollte an Feiertagen und zu Urlaubszeiten feste **buchen**, da viel Betrieb herrschen kann; ein Zimmer ist jedoch immer zu finden. In der Hauptsaison von November bis März und an wichtigen Feiertagen – besonders zum Khmer-Neujahr – heben die Hotels ihre Tagessätze um 25–30% über das unten genannte Preisniveau an. Bei längeren Aufenthalten oder an Wochentagen – sogar in der Hauptsaison – räumen manche Hotels auf Anfrage Preisnachlässe ein.

WEATHER STATION HILL – Die oberhalb des Victory Beach gelegene Anhöhe Weather Station Hill ist der Treffpunkt der Rucksackreisenden; es gibt dort zahlreiche Gästehäuser, preiswerte Lokale und Agenturen, die u.a. Bootsfahrten und Jeeptouren organisieren.

Bungalow Village, ✆ 034/933875, Nähe Victory Beach. Freundliches Gästehaus mit ruhigem Tropengarten und schönem Seeblick. Einfache Zimmer mit Bad und Ventilator in rustikalen Bungalows. Restaurant mit westlicher und Thai-Küche. ❶

Chez Mari-yan, ✆ 034/933709 oder 012/916468, Nähe Victory Beach. Holzbungalows mit Seeblick in grünem Garten an einem steilen, mit Felsen übersäten Hang. Alle Bungalows mit Bad, Kaltwasser, Ventilator, eigener Veranda und traditioneller Khmer-Ausstattung. Terrassen-Restaurant mit Khmer- und französischer Küche. ❷

Chhe Nin, Ekareach St., ✆ 034/933611. Überraschend preiswerte AC-Zimmer mit Bad und Heißwasser. Neuere Räume von besserem Standard als in den meisten Häusern der Mittelklasse. Billigste Zimmer im alten Gebäude. ❷

Christmas, ✆ 012/915498. Freundliches, von einer Familie geführtes Gästehaus, saubere, helle Zimmer, einige mit eigenem Bad und Kaltwasser. ❶

Da Da, ✆ 012/879527. Eher eine Privatpension als ein Gästehaus, betrieben von einer fürsorglichen Familie. Makellos saubere Zimmer, teils mit Bad und AC. Billige Zimmer ohne Bad. ❶

Holiday Palace Resort and Casino, ✆ 034/933809, am nördlichen Ende von Victory Beach, in der Nähe vom Postamt. Großes Hotel, nicht weit vom Strand; über 100 hübsch eingerichtete Zimmer mit AC, Heißwasser, TV und Kühlschrank. Business-Zentrum, Restaurant und Bar mit Live-Musik; und ein Kasino. ❹

MASH, ✆ 012/913714. Freundliches Gästehaus, gute Informationsquelle und Treffpunkt der Rucksackszene. Preiswerte stickige oder teurere luftige Zimmer, durchweg mit Bad. Eigenes Restaurant mit europäischen und indischen Spezialitäten. Organisiert Bootsfahrten und Campingausflüge auf vorgelagerte Inseln. ❶
Mealy Chenda, ✆ 034/933472. Großes Gästehaus (drei Gebäude) in dominierender Lage oben am Hang. Beste Zimmer im neuen Gebäude (hell und behaglich) mit Bad und Seeblick vom Balkon. Billigere Zimmer ohne Bad und Schlafsaalbetten (US$2) in den zwei anderen Häusern. Terrassen-Restaurant, preiswerte asiatische und westliche Gerichte, jedoch langsamer Service. ❶
Pet's Place, ✆ 012/472325. Nur fünf Zimmer, zwei mit AC, TV und Heißwasser, die anderen mit Ventilator und kaltem Wasser. Restaurant und Poolbillard. ❶
Snake House, ✆ 012/673805, nicht weit südlich vom Weather Station Hill, Seitenstraße von Mittapheap Kampuchea (Soviet St.). Attraktives, zweistöckiges Gebäude in einem üppigen Garten; komfortable Zimmer mit AC, Heißwasser, TV und Kühlschrank; das Restaurant ist mit Terrarien dekoriert, die eine beeindruckende Schlangensammlung enthalten. ❹

STADTZENTRUM – Im Zentrum gibt es neben Budgetunterkünften auch Gästehäuser der Mittelklasse.
Angkor Inn, Sopheakmongkol West, Seitenstraße der Ekareach St., ✆ 016/896204. Altbekanntes Haus mit vielen Stammgästen. Schlichte, jedoch kühle und saubere Zimmer mit Bad. Ruhige Zimmer nach hinten hinaus. ❶
Freedom Hotel, Sopheakmongkol West, ✆ 012/257953. Von Westlern geführte Unterkunft, preisgünstige Zimmer mit Ventilator oder AC; im Erdgeschoss eine der besten Bars der Stadt. ❷
G'day Mate, Ekareach St., ✆ 012/280947. Akzeptable Unterkunft in der unteren Preisklasse; Zimmer mit Ventilator und AC, TV und Kühlschrank. ❷
King Gold, Boray Kamakor St., ✆ 012/815708, ✆ 034/933829. Modernes Hotel mit gutem Standard zu Budgetpreisen, folglich beliebt bei einer eingeschworenen Ausländergemeinde, von denen viele im Land arbeiten. Alle Zimmer mit Bad, Heißwasser, TV, AC und Kühlschrank. Swimming Pool, Fitnesszentrum und Sauna vorhanden. ❸
Marlin, Ekareach St., ✆ 034/320169. Von Westlern geführte Unterkunft in günstiger Lage. Alle Zimmer haben AC und Heißwasser; im Erdgeschoss ein beliebtes Restaurant mit Bar; Internet-Anschluss. ❷
Mohasal, Street 109, ✆ 034/ 933488. Freundliches Mittelklassehotel; sehr saubere, geräumige AC-Zimmer mit Bad, Heißwasser und TV, einige mit Balkon. ❸
Oasis, Ekareach St., ✆ 034/933487. Neues und preisgünstiges Hotel der unteren Preisklasse; mit einer hohen Neonpalme vor dem Haus und gediegenen Zimmern, die mit den üblichen Einrichtungen versehen sind; große Bar, Restaurant und drei Meter breiter Fernsehschirm. ❷
Princess, Ekareach St., ✆ 034/934789 oder 012/442422. Hübsches Hotel mit viel Holz und Marmor. AC-Zimmer mit Bad (und Badewannen), Heißwasser, TV und Kühlschrank. Coffee-Shop und überwachter Parkbereich vorhanden. ❹
Royal, 7 Makara, ✆ 012/899797. Durchschnittliche AC-Zimmer mit Bad (einige mit Heißwasser), TV und Kühlschrank. ❷
The Small Hotel, ✆ 012/716385, in einer Seitenstraße neben dem Fishermen's Den. Wie der Name schon andeutet, handelt es sich hier um eine kleine Unterkunft; unterschiedliche Zimmer mit Ventilator oder AC; freundliches Personal, das bei der Organisation von Touren und Weiterreise behilflich ist; kleines Restaurant. ❷

STRÄNDE – Die Unterkünfte am Strand sind geringfügig teurer als ihre Konkurrenz im Stadtgebiet, doch es gibt auch einige billige Alternativen. Serendipity Beach südlich des Kreisverkehrs mit dem Golden Lion-Monument bietet Mittelklasse-Bungalows am Hang sowie einfache Zimmer am Strand, die jedoch immer schnell vergeben sind. Die billigsten Zimmer sind meist von Dauergästen belegt.
Am Ochheuteal Beach, dem beliebtesten Strand der Stadt, und am nahen *Golden Lion Traffic Circle* gibt es Mittelklassehotels und Billigunterkünfte. Sokha Beach ist fast vollständig (wenn auch inoffiziell) für die alleinige Nutzung durch die Gäste des Sokha Beach Resorts, des ersten Fünf-Sterne-Hotels der Stadt, reserviert.

Golden Lion Traffic Circle:
Chne Chulasa (auch: CCS), Ekareach St., ✆ 034/933720 oder 012/881855, ✉ hotelccs@yahoo.com. Moderner Hotelkomplex, schön eingerichtete AC-Zimmer mit Bad (gegen Aufpreis mit Wannen). Bungalows mit zwei Schlafräumen, Bad, Salon, TV, Minibar und Parkfläche für rund US$30. ❹
Golden Castle, ✆ 034/933919, ✆ 034/933918, westlich vom Kreisverkehr. Modernes freundliches Hotel, nur 5 Min. zum Strand. Stilvoll eingerichtete Zimmer mit Bad (auch Badewannen), größere Räume mit Salon und Plüschsofa. ❹

Independence, Sokha und Serendipity Beach:
Chez Claude, ✆ 012/824870, ✉ 012824870@mobitel.com.kh, auf der Anhöhe zwischen Independence Beach und Sokha Beach. Individuell eingerichtete Holzbungalows mit Bad und Privatbalkonen, schöne Aussicht auf Bucht und Meer. Französisches Restaurant vorhanden. Organisation von Tauchgängen. ❹
Coasters, Serendipity Beach, ✆ 034/933776, ✉ coasters@camintel.com. Für die idyllischen Holzbungalows am Hang mit Blick auf den Strand sind Reservierungen zu empfehlen. Alle Zimmer mit Bad (einige mit Heißwasser), Rattanmöbeln und Balkonen mit Seeblick. Das Bar-Restaurant serviert opulentes westliches Frühstück (Eier mit Speck, Sandwiches) und ausgezeichnetes Abendessen (auswärtige Gäste nur bei ausdrücklicher Reservierung). ❸
Eden, Serendipity Beach, ✆ 034/933585, ✉ serendipityeden@yahoo.com. Beliebte Strandbar, die auch fünf Zimmer vermietet, alle mit AC und Heißwasser, die aber oft voll sind. ❷
House of Malibu, Serendipity Beach, ✆ 012/733334. Attraktive Anlage; elegante, aber kleine Zimmer mit Bad, Heißwasser und AC. ❹
Sea Breeze, Independence Beach, ✆ 034/320217. Eher wie ein Landhaus wirkendes Hotel direkt am Strand. Hofeingang mit Topfpflanzen. Riesige, etwas abgewohnte AC-Zimmer mit Bad, Heißwasser, TV und Kühlschrank. ❹
Sea View Villa, Serendipity Beach, ✆ 034/935555, nicht direkt am Strand. Große, saubere Zimmer, preisgünstiger als in den Strandhotels nur 20 m entfernt, die billigeren mit Ventilator und kaltem Wasser, die teureren mit AC, Heißwasser, Kühlschrank und TV; Internet-Anschluss. ❷–❹
Sokha Beach Resort, Sokha Beach, ✆ 034/935999, 💻 www.sokhahotels.com. Das luxurióseste und teuerste Hotel der Stadt, fast 200 Zimmer in einer riesigen Anlage, die beinahe den gesamten Sokha Beach einnimmt. Die Zimmer sind mit allem Komfort eingerichtet, einige bieten eine großartige Aussicht; herrlicher Swimming Pool, Spa, Fitness-Center, Tennisplatz, Wassersport, drei Restaurants und drei Bars. ❺
Unkle Bob's, Serendipity Beach, ✆ 012/752840. Die billigste Unterkunft an diesem Strand; einfache Zimmer mit Ventilator und Gemeinschaftsbad; Bar und Restaurant sind 24 Std. geöffnet. ❶

Ochheauteal Beach:
Crystal, ✆ 034/933880 oder 933523, ✉ crystal@camintel.com. Hotel mit futuristischen Glas- und Spiegelfassaden, gemütliche luftige AC-Zimmer mit Bad, Heißwasser, TV und Kühlschrank. Frühstücksbuffet im Sea Breeze Restaurant (mit Blick auf den Strand) im Preis inbegriffen. ❺
Golden Sand Hotel, ✆ 034/933607, 💻 www.hotelgoldensand.com; vom Strand ein Block landeinwärts. Luxuriöse Zimmer mit allem Komfort. Deutlicher Preisnachlass in der Nebensaison; inklusive Frühstück. ❺
GST Guesthouse, ✆ 034/933826. Beliebte Unterkunft, eine der billigsten in Strandnähe; Zimmer mit Ventilator oder AC. ❷
Ochheuteal Beachside Bungalows, ✆ 016/953896, nur 70 m vom Strand. Attraktive, strohgedeckte Zimmer mit AC, Veranda und Bad, einige mit Heißwasser; ausgezeichnetes Restaurant. ❸
Orchidee, ✆ 034/933639 oder 012/380300, 💻 www.orchideeguesthouse.com. Schattiger Hof mit vielen bunten Orchideen. Helle, luftige AC-Zimmer mit Bad und TV. Swimming Pool, stiller Balkon mit Sitzgelegenheiten. Bevorzugte Adresse von in Phnom Penh wohnhaften Ausländern, an Wochenenden und Feiertagen sind daher Reservierungen empfohlen. ❸
Seaside, ✆ 034/933662 und 015/340711, ✆ 034/933640. Hotel mit auffälligem Dach und zahlreichen Khmer-Stilelementen in fantastischer Strandlage. Ac-Zimmer mit Bad und TV, doch die preiswerteren Zimmer sind fensterlos. Frühstück im Preis inbegriffen. ❹

Essen

Es wäre eine Schande, der Stadt den Rücken zu kehren, ohne ihre **Meeresfrüchte** probiert zu haben. Sie werden nach Kilogramm berechnet und sind nirgendwo billiger.
Wer keine großen Umstände machen will, setzt sich am Strand in einen Liegestuhl und bestellt seine Lieblings-Meeresfrüchte bei vorbeikommenden Händlern oder den allgegenwärtigen Essensständen, die eine fantastische Auswahl bieten. Wer für seine Mahlzeiten einen etwas formelleren Rahmen bevorzugt, begibt sich besser in eines der Restaurants wie Sea Dragon oder Treasure Island Seafood.
Billige Mahlzeiten servieren von frühmorgens bis zum frühen Nachmittag Garküchen am Psar Leu im Zentrum, und nahezu jederzeit zaubern namenlose Khmer-Lokale im gesamten Stadtgebiet gebratenen Reis oder gebratene Nudeln auf den Tisch.
Am späten Nachmittag wird der Nachtmarkt in der Ekareach Street zwischen Sopheakmongkol West und Ost aufgebaut.
Billige westlich orientierte Läden im Stadtzentrum und am Weather Station Hill servieren Hamburger, Pasta und andere Schnellgerichte. Gourmets haben die Auswahl zwischen diversen ausgezeichneten französischen Restaurants.

WEATHER STATION HILL – ***Corner Bar,*** beliebte Bar mit Restaurant, das tgl. von 14 Uhr bis spät abends Sandwiches, leckere Pizza und andere westliche Gerichte serviert.
Melting Pot, ruhiges Restaurant für romantische Abende bei Kerzenlicht. Umfangreiche Speisekarte, viele vegetarische Gerichte und allabendlich eine westliche Spezialität (traditionell gibt´s Sonntagsbraten). ◷ tgl. 8 Uhr bis spät abends.
Pets Place, kleines preiswertes Lokal mit Bar; freundliche Atmosphäre und begrenztes Menü mit Khmer- und westlichen Gerichten. Bietet morgens schon zu früher Stunde westliches Frühstück mit Omelettes, Pfannkuchen und Obstsalat an.
Sam's, Terrassen-Restaurant im Obergeschoss. Asiatische und westliche Kost in großzügigen Portionen zu kleinen Preisen. Das Frühstück mit Ei und Schinken macht ein Mittagessen eigentlich schon überflüssig. Abends Thaiküche mit exzellenten Currygerichten.
Snake House, Seitenstraße der Soviet St. Internationale und russische Küche in einem außergewöhnlichen Ambiente: hier speist man in der Gesellschaft exotischer Schlangen, die sich in Terrarien und sogar unter den Glasplatten der Tische befinden (aber nicht auf der Speisekarte). ◷ tgl. 11–23 Uhr.

STADTZENTRUM – ***Angkor Arms,*** Sopheapmongkol West, Ecke Ekareach St. Freundliches Lokal mit der Atmosphäre eines englischen Pubs und großer Auswahl an Khmer- und westlichen Gerichten, darunter *fish and chips* und Schweinekoteletts. Bier vom Fass, Cocktails und Sportsendungen im Fernsehen. ◷ tgl. 9 Uhr bis spät abends.
Apsara, an der Ecke von Sopheakmongkol East und Street 109. Gute Khmer- und chinesische Gerichte, große Auswahl an Meeresfrüchten. Englischsprachige Speisekarte. ◷ von frühmorgens bis abends.
Bamboo Light Café, Ekareach St. Beliebtes Lokal, das große Portionen von ceylonesischen und indischen Gerichten serviert. Dienstags und freitags Buffet, und jederzeit *happy hour.* ◷ tgl. 8 Uhr bis spät abends.
Espresso Kampuchea, Sopheakmongkol West. Kleiner Coffeeshop, in dem man außer Kaffee Bier, Cocktails und eine kleine Auswahl an Desserts und Kuchen bekommt. ◷ tgl.10–21.30 Uhr.
G'day Mate, Ekareach St. Große Auswahl an westlichen und asiatischen Gerichten, eine rund um die Uhr geöffnete Bar und Poolbillard.
Marlin Bar & Grill, im Marlin Guest House, Ekareach St. Beliebte Bar mit Restaurant, das westliches Frühstück, importierte Steaks und einige asiatische Speisen zubereitet. ◷ tgl. 6.30 Uhr bis spät abends.
Oasis, im Oasis Hotel, Ekareach St. Gute Thai-Küche und westliche Gerichte wie Burger und Pizza, außerdem billiges Bier vom Fass. ◷ tgl. 8–22 Uhr.
Seventh Heaven, Ekareach St. Kleine Sandwich-Bar an der Hauptstraße. ◷ tgl. 8.30–18 Uhr.
Starfish Bakery, nahe Sopheakmongkol East, hinter dem Samudera Supermarket. Wird von behinderten Khmer-Frauen betrieben, die lecke-

re westliche Brotsorten, Kuchen, Gebäck und andere Köstlichkeiten (zum Verzehr an Gartentischen oder Mitnehmen) backen. Teil des Starfish-Projekts, dessen Profite Hilfsbedürftigen zukommen, 🖳 www.starfishcambodia.org. 🕓 tgl. 7–18 Uhr.

STRÄNDE – ***Chez Claude***, exzellente französische Küche im gleichnamigen Hotel zwischen Independence Beach und Sokha Beach. Tipps: Grillgerichte, saftige Steaks und Schweinekoteletts mit knackig frischen Salaten. Keine große Auswahl für Vegetarier. Wunderschöne Terrasse für einen Drink zum Sonnenuntergang mit Blick über die Halbinsel zu vorgelagerten Inseln.
Hawaii Seaview, am Hawaii Beach. Altbekanntes Meeresfrüchte-Restaurant direkt am Strand. Gemütlicher Ort, um bei einem Bier den Nachmittag bis zum Sonnenuntergang verstreichen zu lassen. Alle üblichen Khmer-Gerichte stehen auf der Karte, doch noch besser sind die Geheimtipps: gebratene Garnelen mit Knoblauch, gedämpfte Krebse und alle Fischgerichte. 🕓 tgl. 9 Uhr bis spät abends.
Les Feuilles, ein Block hinter Ochheauteal Beach. Bar-Restaurant, ausgezeichnete französische Küche und exzellente Khmer-Gerichte. Beliebter Wochenendtreffpunkt der französischen Ausländergemeinde. Tipp: fantastische Steaks mit diversen Saucen, wundervoll saftiges Chateaubriand. 🕓 tgl. 7 Uhr bis spät abends.
Mick and Craig's, zwischen Golden Lion-Kreisverkehr und Serendipity Beach. Von Westlern geführte Bar mit Restaurant: Burger, Steaks, Pizza, Pastagerichte, Snacks (frische Champignons, Kartoffelscheiben, Tortillas), westliches Frühstück. 🕓 tgl. 8–2 Uhr.
Sea Dragon, Ochheuteal Beach. Khmer-Restaurant mit seit Jahren gleichbleibend guter Qualität. Tellergroße Krebse und riesige Garnelen mit diversen Saucen, nach eigenen Wünschen zubereitet und zu kleinen Preisen.
Treasure Island Seafood, Independence Headland. Idyllisch am Strand gelegenes chinesisches Spezialitäten-Restaurant für Fisch und andere Meeresfrüchte, zu erreichen über den Treppenabstieg hinter dem baufälligen Koh Pos Hotel. Köstliche Krabben und Krebse. Englischsprachige Speisekarte. 🕓 tgl. 10–22 Uhr.

Unterhaltung

Es gibt in Sihanoukville viele Bars für westliche Besucher, aber auch Discos und Karaoke-Bars, die meist Kambodschaner zu ihren Gästen zählen.
Angkor Beer, Boray Kamakor Street. Populäre Diskothek der einheimischen Jugend. Musik aus Thailand, den Philippinen, Indonesien und – besonders laut – dem Westen. 🕓 tgl. 20–2 Uhr.
Biba Night Club, Hun Sen Beach Drive, 2 km außerhalb der Stadt in Hafennähe. Etablierte Diskothek, die bevorzugt asiatische Popmusik spielt. Allerdings nicht der rechte Ort für Frauen ohne Begleitung, denn nebenan beginnt das Rotlichtviertel. 🕓 tgl. 20–0.30 Uhr.
Blue Storm, Ekareach Street. Nachtklub für *wirklich* laute Popmusik aus Kambodscha, Thailand und anderen asiatischen Ländern; beliebter Treffpunkt von Sprösslingen reicher Familien aus Phnom Penh.
Chiva's Shack, südliches Ende von Ochheuteal Beach. Lebhafte Strandbar mit Partys jeden Dienstag und Freitag.
Dusk Till Dawn, Sopheakmongkol West. Eine Nachtbar auf einer Dachterrasse mit guter Auswahl an Bieren und Spirituosen, Kabelfernsehen und cooler Atmosphäre. 🕓 tgl. 21 Uhr bis zum Morgengrauen.
Fishermans Den, Sopheakmongkol East, Seitenstraße der Ekareach St. nahe der Caltex-Tankstelle. Beliebter westlicher Dachterrassen-Biergarten mit Satelliten-TV. Schließt erst hinter dem letzten Gast ab.
Freedom, im Freedom Hotel, Sopheakmongkol West. Eine der größten Bars der Stadt; Poolbillard, billiges Bier und Kleinigkeiten zum Essen. 🕓 tgl. 20 Uhr bis in die frühen Morgenstunden.
Unkle Bob's, Serendipity Beach. Durchgehend geöffnete Strandbar; diverse Biersorten, Fruchtgetränke, westliche und asiatische Speisen.

Sonstiges

AUSFLÜGE – ***EcoSea Dive***, Sopheakmongkol West, ✆ 012/654104, 🖳 www.EcoSea.com, bietet Ausflüge zum Schnorcheln und Tauchen in der Nähe vorgelagerter Inseln, darunter die Tagestour „Discover Scuba Diving" für US$50.

Chez Claude, ✆ 012/824870, stellt für organisierte Tauchgänge (ab US$60 p. P.), Angelexkursionen und Inseltouren zuverlässige Ausrüstungsgegenstände zur Verfügung und erteilt Anfängern den nötigen Einführungsunterricht; auch Touren inkl. Übernachtung.
Islands of Ream Boat Tours bietet Ausflüge zu den Inseln des Ream-Nationalparks an – Kontaktadresse ist das Apsara Restaurant , ✆ 012/340048.
MASH, ✆ 012/913714, organisiert Tagesausflüge zum Schwimmen, Schnorcheln und Grillen auf vorgelagerte Inseln sowie dortige Campingübernachtungen für Kleingruppen mit Ausfahrten zum Angeln im eigens für diese Zwecke umgebauten Fischerboot – da diese Expeditionen nur auf genügende Nachfrage hin stattfinden, sollten potentielle Interessenten gleich nach ihrer Ankunft aktuelle Informationen einholen. In den Tageskosten von rund US$15 p. P. sind alle Transfers sowie die Benutzung von Ausrüstungsgegenständen (Moskitonetz, Schnorchelausrüstung) enthalten, doch Essen, Trinkwasser und andere Getränke sind für den gesamten Aufenthalt selbst mitzubringen.

AUTOVERMIETUNG – Hotels und Gästehäuser vermitteln Fahrzeuge mit Chauffeur. Billiger ist es, an der Verkehrshaltestelle mit Taxifahrern zu verhandeln.

BÜCHER UND ZEITUNGEN – ***Heinz Bookshop***, Ekareach Street, gegenüber vom Restaurant Seventh Heaven, verkauft Bücher aus zweiter Hand und tauscht gegen Berechnung einer Grundgebühr auch Bücher ein. Die Zeitungshändler an der Nordecke des Psar Leu halten die *Cambodia Daily* und *Phnom Penh Post* bereit.

DIPLOMATISCHE VERTRETUNGEN – Das **vietnamesische Konsulat** in der Ekareach St., nahe Independence Square, ✆ 034/933724, stellt auf Antrag hin noch am selben Tag Visa gegen eine Gebühr von US$35 aus.

EINKAUFEN – Westliche Lebensmittel, Toilettenartikel und Spirituosen bekommt man bei ***Samudera***, 7 Makara St., nördlich der Ekareach St.

GELD – Zweigstellen von ***Cambodia Commercial Bank, Canadia Bank, First Overseas Bank*** und ***Mekong Bank*** in der Ekareach Street. Bessere Wechselkurse bekommt man allerdings im ***Samudera Supermarkt***. Vertreter von Western Union (Geldüberweisungen) ist die ***Acleda Bank***, ebenfalls in der Ekareach Street.

INFORMATIONEN – Der kostenlos in etlichen Bars, Restaurants und Gästehäusern ausliegende *Sihanoukville Visitors Guide* bringt nützliche Informationen zu aktuellen Unterkünften, Restaurants und Bars.
Das **Touristenbüro** an der Ecke von Street 109 und Sopheakmongkol West (◷ Mo–Fr 8–11 und 14–17 Uhr) präsentiert sich freundlich und zuvorkommend, hält jedoch keine nennenswerten touristischen Informationen bereit.

INTERNET – Preiswerter Internet-Anschluss (etwa US$1,50 pro Stunde) ist problemlos bei folgenden zentral gelegenen Anbietern zu finden:
ABC Computers, Ekareach St., westlich der Kreuzung mit Borey Kamakor St. (◷ tgl. 7–19 Uhr);
Camintel, Ekareach St., nur wenig weiter westlich (◷ tgl. 7.30–20.30 Uhr).
Auch einige der größeren Hotels bieten Internet-Anschluss, verlangen aber höhere Gebühren.

MEDIZINISCHE HILFE – Das **Krankenhaus** befindet sich am Südende der Ekareach St. in einer Nebenstraße, ✆ 034/933111.
Ein **Arzt** mit guten Englischkenntnissen ist Dr. Kav Sokhan, ✆ 034/933842.

MOTORRADVERLEIH – In einigen Geschäften an der Ekareach St. und in manchen Gästehäusern für US$3–5.

POLIZEI – Ekareach St., 1 km westlich der Stadt Richtung Independence Square, ✆ 016/889776 oder 016/889776.

POST – Das **Hauptpostamt** in Hafennähe liegt in einer Seitenstraße hinter der Krong St. und bietet alle üblichen Dienstleistungen inklusive Poste restante an.

In der kleinen Zweigstelle gegenüber von Psar Leu können Briefe aufgegeben werden, und auch Briefmarken sind dort erhältlich.

SPORT – Tennisplätze (auch mit Flutlicht) vermieten das ***Peak Casino*** nördlich vom Weather Station Hill und das ***Sokha Beach Resort*** (pro Stunde US$5).

TELEFON – Internationale Telefongespräche aus Sihanoukville sind mit Gebühren in Höhe von US$3,50–5 pro Minute sehr teuer (Hauptpostamt, *ABC Computer, Camintel*).
Camintel verkauft die grüne *Easycard,* mit der von den Telefonbuden am Markt billige Inlandsgespräche geführt werden können.

Nahverkehrsmittel

Im Stadtzentrum und an den wichtigsten Verkehrshaltestellen Weather Station Hill und Ochheuteal Beach sind stets **Motos** zu finden, doch anderswo im Stadtgebiet können Wartezeiten entstehen.
Wer abends außerhalb der Stadt essen geht, sollte mit seinem Motofahrer einen Termin für die Abholung vereinbaren. Ungefähre Fahrpreise: Markt–Weather Station Hill 1500–2000 Riel; Zentrum–Strände oder Hafen 2500–3000 Riel. Im Zentrum besteht eigentlich kein Bedarf an Transporten, denn der Markt, die Banken, ein Einkaufszentrum, das Camintel-Büro (für Anrufe nach Übersee und Internet-Zugang) sowie zahlreiche Unterkünfte und Lokale liegen dort eng beieinander. Für Besichtigungstouren ist es hingegen ratsam, auf ein Moto zurückzugreifen, da die einzelnen Sehenswürdigkeiten ziemlich weit voneinander entfernt sind.
Die größeren Gästehäuser schicken eigene Fahrzeuge zu den Haltestellen, um die eintreffenden Busse, Züge und Boote abzupassen.

Transport

Andere Gebiete im Süden und die Hauptstadt sind von Sihanoukville aus problemlos zu erreichen. Bei Reisen in die südöstlichen Provinzen Prey Veng und Svay Rieng ist der Umweg über Phnom Penh erforderlich.

BUSSE – Bei ihrer Ankunft legen die Expressbusse der Firmen *Ho Wah Genting* und *GST* auf dem Weg in die Stadt mehrere Stopps ein, bevor sie ihre firmeneigenen Endhaltestellen (und Abfahrtsstellen) erreichen; beide Busdepots befinden sich in der **Ekareach Street**, der Hauptverkehrsader der Stadt, nur wenige hundert Meter von den Unterkünften im Zentrum.
Nach PHNOM PENH (8x tgl., 3 1/2 Std., 12 000 Riel) fahren vier Busse frühmorgens und weitere vier Busse gegen Mittag. Gewöhnlich stehen genügend freie Sitzplätze zur Verfügung, doch für Fahrten an offiziellen Feiertagen empfiehlt es sich, Reservierungen zu treffen.
Das ***Capitol Guesthouse*** unterhält einen eigenen Minibusservice zwischen Sihanoukville und Phnom Penh (12 000 Riel, Abfahrt gegen Mittag). Fahrkarten sind im Mealy Chenda Guesthouse und an der Abfahrtshaltestelle in der Ekareach Street erhältlich.

SAMMELTAXIS, PICKUPS UND MINIBUSSE – Es gibt zwei Haltestellen: eine an der Street 108 nahe beim Touristenbüro, die andere am Markt. Sammeltaxis und Minibusse fahren den ganzen Tag über nach PHNOM PENH (20x tgl., 3 1/2 Std., Sammeltaxi 10 000 Riel, Minibus 12 000 Riel) und KAMPOT (10x tgl., 2 Std., Sammeltaxi 10 000 Riel, Minibus 12 000 Riel) Nach KOH KONG gelangt man mit Sammeltaxis und Pick-ups (6x tgl., 6 Std., 40 000 Riel, bzw. 30 000 Riel auf der Ladefläche eines Pick-up) sowie mit Touristen-Minibussen (60 000 Riel, Buchung erledigen die Gästehäuser).

BOOTE – Das Expressboot nach KOH KONG (1x tgl., 4 Std., US$15) über KOH S´DACH (2 Std., 30 000 Riel) fährt gegen Mittag vom Hun Sen Beach Drive, 1 km nördlich des Hafens, ab.

Die Umgebung von Sihanoukville

Das am häufigsten angesteuerte Ziel vor den Toren der Stadt ist der Ream-Nationalpark mit seinen dichten Mangroven, Sandstränden und einer artenreichen Tierwelt. Verlassene Strände gibt es auch auf vorgelagerten Inseln – einige davon gehören zum Nationalpark –, auf denen abenteuerlustige Reisende für einige Tage die Zivilisation hinter sich lassen können.

Wasserfälle Kbal Chhay

Näher zur Stadt liegen die in der Regenzeit beeindruckenden Kaskaden der vom Prek Toeuk Sap gespeisten Wasserfälle Kbal Chhay, die jedoch in der Trockenzeit zu einem schmalen Rinnsal schrumpfen. Die Anfahrt dorthin führt zunächst über die RN 4 aus der Stadt hinaus, bis nach 10 km ein ausgeschilderter Weg nach links abzweigt, auf dem man nach etwa 7 km zu den Fällen gelangt. Ein Moto kostet für den Hin- und Rückweg um die US$5.

Ream-Nationalpark

Der Ream-Nationalpark (auch: Preah Sihanouk-Nationalpark) erstreckt sich über 210 km^2 und umfasst Küstenlandschaften, Mangrovensümpfe, immergrüne Tieflandwälder sowie die Inseln Koh Thmei und Koh Ses.

Bislang wurden 155 Vogelarten im Park nachgewiesen, und der von Mangroven gesäumte Fluss **Prek Toeuk Sap** ist ein wichtiger Lebensraum für siedelnde und wandernde Watvögel. Der Park beherbergt eine große Population an Fischadlern, und bei den Flussfahrten lassen sich in der Regel auch Milchstörche und Eisvögel beobachten. Zu den im Park ansässigen Säugetieren gehören diverse Rotwildarten, Wildschweine und Fischkatzen, die allerdings ziemlich scheu sind; Affen sind dagegen häufiger am Flussufer zu sehen.

Die meisten Besucher des Nationalparks fahren im Rahmen eines Tagesausflugs, der mit Hilfe eines der Gästehäuser der Stadt organisiert wurde, mit einem Boot den Fluss Prek Toeuk Sap hinab. Zum Abschluss der Fahrt legen die Boote an einem herrlichen weißen Sandstrand an, wo Gelegenheit zum Schwimmen besteht, während das Picknick vorbereitet wird. Anschließend werden die Besucher von einem Parkranger durch den Dschungel zu dem wenige Kilometer entfernten kleinen Dorf **Thmor Tom** geführt, wo bereits das Boot für die Rückfahrt wartet.

Praktische Tipps

Am einfachsten lassen sich die Bootstouren durch eines von Sihanoukvilles Gästehäusern organisieren, z. B. durch MASH oder Mealy Chenda; der Preis beträgt etwa US$10 pro Person, abhängig von der Anzahl der teilnehmenden Personen.

Das Personal des Parkhauptquartiers bietet ähnliche Bootstouren an, die US$30 für Gruppen bis zu vier Personen oder US$5 p. P. bei größeren Gruppen kosten. Außerdem leiten die Ranger Rundgänge durchs Gelände (US$2 p. P.), die etwa eine Stunde dauern.

Das **Hauptquartier** des Parks befindet sich in einem grünen Holzgebäude gegenüber der Einfahrt zu einem stillgelegten Flughafen, 18 km von Sihanoukville (🕒 tgl. 7.30–11.30 und 14–17 Uhr; ✆ 012/875096). Die Bootsfahrt muss spätestens am Vortag telefonisch gebucht werden.

Die Boote starten an der Brücke über den Prek Toeuk Sap, 25 km von Sihanoukville auf der RN 4 in Richtung Phnom Penh, die mit einem Moto für US$3 zu erreichen ist. Verpflegung, Trinkwasser und Sonnenschutzmittel sind mitzubringen.

Inseln

Vor der Küste verstreut liegen Hunderte, wenn nicht Tausende kleiner Inseln. Gästehäuser wie MASH und Chez Claude bieten organisierte Tagesausflüge (US$10) auf die nur 20 Minuten bzw. 1 Std. von Sihanoukville entfernten Inseln **Koh Pos** und **Koh Tas** an, die jedoch mühelos durch individuelle Vereinbarungen mit Fischern zu erreichen sind. Die seichten Gewässer vor den Sandstränden beider Inseln eignen sich zum Schnorcheln, und wer Angelgeräte mitnimmt, kann sein Abendessen für den Grill selbst fangen. Koh Tas ist die attraktivere der beiden Inseln.

Weit hinter Koh Tas lockt die 2 1/2 Std. entfernte Insel **Koh Rong Samlem** mit acht einsamen Sandstränden und exzellenten Schnorchelmöglichkeiten an einem felsigen Riff. Mit guten Schnorchelgebieten warten weiter südlich auch die küstennahen Inseln **Koh Khteah**, **Koh Chraloh** und vor allem **Koh Ta Kiev** auf, in deren nördlichen Gewässern viele Riesenmuscheln zu entdecken sind.

Zum **Tauchen** eignen sich nur die tieferen Gewässer um weit der Küste vorgelagerte Inseln wie **Koh Tang** und **Koh Prins**, die nach 5–8 Std. erreicht sind. Koh Tang rückte in den Blickpunkt der Weltöffentlichkeit, als die amerikanische Marine und Luftwaffe am 13. Mai 1975 mit einem Seegefecht das von den Roten Khmer gekaperte amerikanische Containerschiff *Mayaguez* befreiten. Sie trafen auf massiven Widerstand und dehnten ihre Bombardierungen im Verlauf der Schlacht auf den

Flottenstützpunkt Ream und Sihanoukvilles Industriegebiete aus. Taucher können nordwestlich von Koh Prins nach zwei Schiffwracks forschen, die in 40 m Tiefe liegen. Nähere Informationen zu organisierten Insel-Campingtouren und Tauchgängen unter „Ausflüge“ im Kapitel Sihanoukville, s. S. 281.

Kampot

Das charmante Kampot liegt in einer der landschaftlich schönsten Gegenden des gesamten Landes am Nordufer des Flusses Teuk Chhou und bietet Panoramablicke auf die dicht bewaldeten Hänge des Bokor-Nationalparks. Der Handelshafen hat bessere Zeiten erlebt.

Die einstöckigen Häuser der großen Chinesengemeinde stehen nicht auf Pfählen und setzen interessante Kontraste zu den Stelzenhäusern der Khmer. Auch alte koloniale Geschäftshäuser zieren noch die Straßen der Stadt.

Kampot ist ein populäres Wochenendausflugsziel für Khmer und im Land ansässige Ausländer aus Phnom Penh, und die pittoreske Umgebung lockt nun auch zunehmend mehr Touristen an. Das Landschaftsbild erstreckt sich von den wolkenverhangenen Bergen des Bokor-Nationalparks über die Salzpfannen der Küste bis hin zu unbewohnten vorgelagerten Inseln. Kampot ist nicht nur ein idealer Ausgangspunkt für Abstecher nach Bokor und ins kleine Seebad Kep, sondern hat auch im Stadtrandgebiet interessante Ausflugsziele zu bieten, zu denen schäumende Stromschnellen, üppige Obstplantagen, von Höhlen durchsetzte Hügellandschaften und die Tiger im privat geführten Zoo Teuk Chhou gehören.

Eine Brücke der RN 3 überspannt den Fluss Teuk Chhou, der im Westen die nach einem Gitternetzplan angelegte Stadt begrenzt. Am Kreisverkehr im Stadtzentrum treffen die Straßen aus allen Richtungen zusammen.

Die Chinesen

Schon die frühesten Überlieferungen weisen eine chinesische Präsenz in Kambodscha nach – schließlich gaben erst die Berichte von chinesischen Händlern und Gesandten näheren Aufschluss über die kambodschanische Geschichte ab dem 3. Jh. Erst seit dem 15. Jh. aber ließen sich Chinesen in größerer Zahl in der südostasiatischen Region nieder. Sie heirateten in reiche Khmer-Familien ein, arbeiteten als Steuereintreiber, Bankiers, Goldhändler, Restaurateure und bildeten schon bald die einflussreichste Minderheit des Landes.

Chinas wirtschaftliche Krise der 30er Jahre bescherte Kambodscha eine weitere Einwanderungswelle. Die neuen Mitbürger integrierten sich mühelos und trugen zum wachsenden Wohlstand der chinesischen Gemeinschaft bei, bis diese in den 70er Jahren zunächst von der Regierung Lon Nol (aus Missgunst) und dann von den Roten Khmer (zusätzlich noch aus ethnischen Gründen) verfolgt wurde. Die Situation verkomplizierte sich, als China nach Kambodschas Befreiung durch vietnamesische Truppen für kurze Zeit in Vietnam einmarschierte und deshalb viele kambodschanische Chinesen nach Thailand flohen. Denjenigen, die blieben, wurden später zunächst nur begrenzte wirtschaftliche Freiräume zugestanden, und erst seit den Wahlen von 1993 konnten die Auslandschinesen durch das Investitionskapital ihres weit verzweigten internationalen Netzwerks ihren früheren Einfluss auf das kambodschanische Geschäftsleben zurückgewinnen. Heute heben chinesische Firmenschilder im Straßenbild der Städte deutlich den Stellenwert chinesischer Unternehmen innerhalb der kambodschanischen Wirtschaft hervor.

Kambodschas Chinesen haben sich ihre Kultur und Sprache bewahrt (die meisten sind zweisprachig) und sich zugleich so nahtlos in die kambodschanische Gesellschaft eingefügt, dass sie oft nicht von der Khmer-Bevölkerung zu unterscheiden sind. Nur in Städten mit großem chinesischen Bevölkerungsanteil wie Voen Sai oder Kampot heben sie sich deutlicher ab, denn hier unterhalten sie auch eigene Schulen mit Unterricht in chinesischer Sprache.

Das chinesische Neujahr ist kein offizielles Fest, doch es wird in Phnom Penh und anderswo mit derselben Leidenschaft wie das Khmer-Neujahr und mit bunten Drachentänzen auf den Straßen gefeiert.

Die Stadt

Es ist bedauerlich, dass die meisten Reisenden Kampot nur als Übernachtungsstation und Sprungbrett für Besuche in Bokor und Kep betrachten, denn die hübsche kleine Stadt bietet reichlich Gelegenheit zu beschaulichen Spaziergängen, auch wenn sie keine herausragenden Sehenswürdigkeiten besitzt. Südwestlich des Hauptkreisverkehrs liegt das charmante **französische Viertel**, in dem die Straßen bis hinab zum Fluss von Läden gesäumt sind, während bunte Blumen in Blechkannen, Töpfen und allen anderen denkbaren Gefäßen die Bürgersteige und Straßenecken beleben und dem Stadtteil eine mediterrane Atmosphäre verleihen.

Ein von Grasflächen und Bäumen gesäumter Gehweg lädt südlich der Brücke am Fluss zu Spaziergängen ein, und es gibt ein paar Cafés, wo man die Welt bei einem erfrischenden Getränk müßig an sich vorbeiziehen lassen kann.

Der alte Markt liegt heute verlassen da, nachdem vor einigen Jahren der jetzige Marktbereich gebaut wurde und die Händler zum Umzug dorthin gezwungen wurden, doch er wirkt noch immer einladender als die neue Anlage. Nicht weit entfernt führt der Weg an Verwaltungsgebäuden, dem Postamt und schließlich der Gouverneursresidenz vorbei, die nach umfangreichen Restaurierungsarbeiten in alter opulenter Pracht erstrahlt.

Ein anderer schöner Spaziergang führt am Fluss entlang von der Straßenbrücke bis zur Eisenbahnbrücke. Kurz vor der Straße zum Markt lädt rechts die chinesische **Pagode** zu einem Abstecher ein. Neben den Eisenbahngleisen führt ein rostiger, löchriger Gehsteig für Passanten über den Fluss, so dass man am anderen Ufer zur Straßenbrücke zurückkehren kann.

Schließlich könnte man auch noch beim **Khmer Cultural Development Institute** vorbeischauen, das einen Block südlich vom Kreisverkehr liegt. Manchmal bietet sich hier die Gelegenheit, Studenten beim Proben traditioneller Tänze und Musik zu beobachten.

Übernachtung

Kampot hat eine gute Auswahl an freundlichen Unterkünften zu bieten.

Blissful, ✆ 012/513024 oder 679607, an einer ruhigen Seitenstraße, ca. 1 km südlich vom Kreisverkehr. Von Westlern geführte Unterkunft mit preiswerten, adretten Zimmern, die alle mit Moskitonetzen ausgestattet sind. Außerdem Schlafsaalbetten für US$2 p. P. und ein Restaurant. ❶

Bokor Mountain Club, ✆ 033/932314, 📠 932277, südlich der Stadtbrücke am Fluss. Zum gemütlichen kleinen Hotel umgebautes Kolonialgebäude. Elegante, jedoch etwas unpersönliche Zimmer, die meisten mit Bad. ❹

Borey Bokor, ✆ 016/960700, im Block nördlich der Hauptstraße zur Brücke. Freundliches modernes Hotel und eine der besten Adressen der Stadt. Alle Zimmer mit AC, Bad, Heißwasser, TV und Kühlschrank. ❸

Borey Bokor 2, ✆ 012/820826, am Kreisverkehr im Stadtzentrum. Ähnlich eingerichtet wie *Borey Bokor*, allerdings ohne Heißwasser. ❷

Little Garden, ✆ 012/994161, 💻 www.littlegardenbar.com; nördlich der Brücke am Flussufer. Nur ein paar saubere Zimmer über einem angenehmen Restaurant, einige mit gemeinsamem Bad, andere mit schönem Ausblick auf den Fluss. ❸

Mealy Chenda, ✆ 012/831559, ein Block südlich vom Kreisverkehr. Auf westliches Publikum orientiertes Gästehaus, unter derselben Leitung wie Phnom Penhs Narin und Sihanoukvilles Mealy Chenda. Zimmer mit Bad und Ventilator oder AC und TV; Schlafsaalbetten für US$2; Restaurant. ❷

Sen Monorom Guest House, ✆ 012/650330, nicht weit von der Nordseite des Kreisverkehrs. Sieht zwar mehr wie ein Hotel aus, hat aber große und helle, preiswerte Zimmer mit Bad, Ventilator oder AC. ❷

Ta Eng, 36 Street 726, ✆ 012/330058. Gemütlicher Familienbetrieb in einer ruhigen Seitenstraße abseits des Zentrums. Große, saubere Zimmer, Schlafsaalbetten für US$2. Geselliger Sitzbereich und Restaurant. Der hilfsbereite Besitzer spricht Englisch. ❶

Essen

Das Angebot an Lokalen ist relativ groß. Neben den unten genannten Restaurants gibt es am Markt die üblichen Nudelküchen.

Die Versorgung mit Fruchtsäften und Süßspeisen übernehmen ab dem frühen Abend kleine

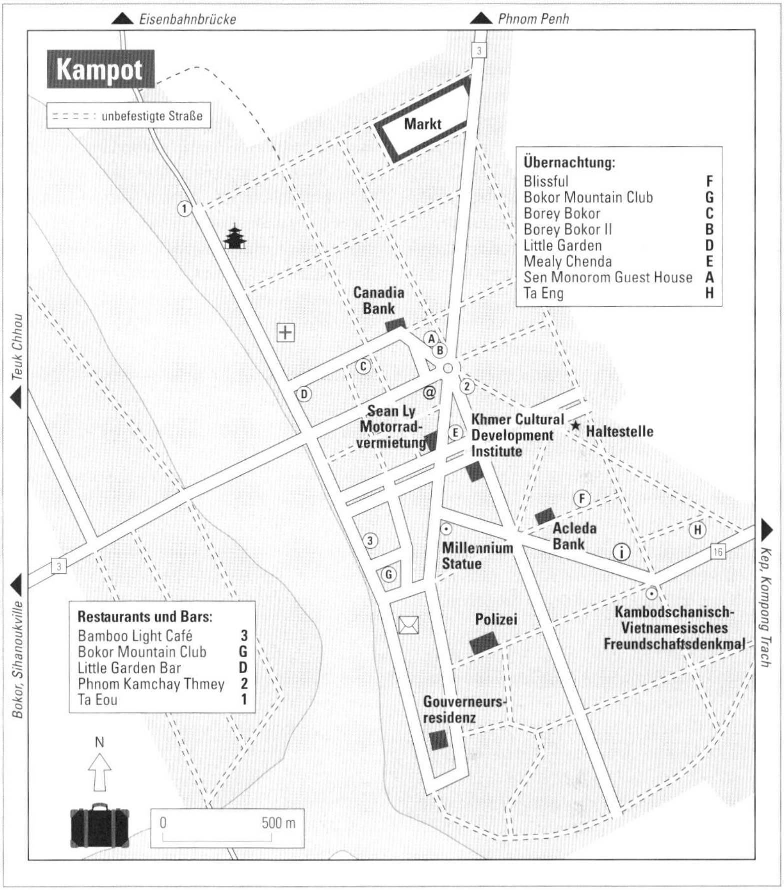

Stände westlich des Kreisverkehrs an der Straße zur Brücke.

Bamboo Light Café, südlich der Brücke am Flussufer. Ein Ableger des erfolgreichen Restaurants in Sihanoukville. Ceylonesische, indische und vegetarische Gerichte, auch westliches Frühstück und Sandwiches zu äußerst günstigen Preisen.

Bokor Mountain Club, teures italienisches Restaurant am Flussufer, spezialisiert auf Pasta, Pizza, Steaks und kuriose Spezialitäten wie Ragout mit Kartoffelbrei. Zur Abrundung Espresso und hausgemachtes Speiseeis.

Little Garden Bar, nördlich der Brücke am Flussufer. Angenehme Atmosphäre, freundliche Bedienung und ein paar schmackhafte, sättigende Tagesspezialitäten für US$3.

Phnom Kamchay Thmey, südlich vom Kreisverkehr. Äußerst beliebtes Restaurant mit ausgezeichneter Khmer-Küche, darunter leckere Reis- und Nudelsuppen zum Frühstücken.

Ta Eou, ✆ 012/820832, am Ostufer des Flusses. Luftiges Restaurant mit einer Veranda über dem Fluss und schöner Aussicht auf Bokor; schmackhafte und preiswerte Khmer- und chinesische Gerichte, darunter gegrillte

Shrimps, gedämpfte Krebse und gebratener Fisch in Kokossauce; Speisekarte in englischer Sprache.

Unterhaltung

Das Nachtleben in Kampot beschränkt sich in erster Linie darauf, in den Restaurants der Gästehäuser bei einem Getränk mit anderen Reisenden Geschichten auszutauschen (oder bei einem Cocktail in der Little Garden Bar oder im Bokor Mountain Club).
Einzige Alternative sind die Karaoke-Bars am anderen Flussufer (Richtung Eisenbahnbrücke).

Sonstiges

AUSFLÜGE – Die Besitzer der Gästehäuser organisieren alle Arten von Ausflügen, inkl. Exkursionen nach Bokor und Bootsfahrten flussaufwärts, auch Schnorcheltouren zu vorgelagerten Inseln, bei denen die Ausrüstung gestellt wird.
Für den Tagesausflug nach Bokor werden US$6 pro Person verlangt, während ein Boot für die Fahrt flussaufwärts um die US$10 pro Stunde kostet. Der Preis für eine Tour zu vorgelagerten Inseln muss ausgehandelt werden, dürfte aber bei US$10–15 pro Tag liegen.
Canoeing Cambodia, ✆ 012/870993, ✉ canoeingcambodia@yahoo.com, organisiert Kanufahrten auf dem Fluss Teuk Chhou in der Nähe von Kampot; hierfür sollte man sich ein paar Tage vorher anmelden.

AUTO- UND MOTORRADVERMIETUNG – Leihwagen mit Chauffeur vermitteln die Hotels der Stadt für rund US$40–50 pro Tag.
Sean Ly in der Straße westlich des Phnom Khieu Hotel berechnet Tagesgebühren von US$3 für 100 ccm-Maschinen und US$4 für geländegängige 250 ccm-Maschinen.

EINKAUFEN – Dem Anspruch eines Supermarkts am nächsten kommt ein Geschäft am Kreisverkehr, dessen Angebot Toilettenartikel, Snacks und diverse westliche Konsumgüter umfasst.

GELD – Geldwechsler findet man am Markt und in Läden rund um den Kreisverkehr.
Eine ***Acleda Bank*** ist in der Nähe vom Blissful Guest House.
Die ***Canadia Bank***, ein Block nördlich vom Kreisverkehr, wechselt Reiseschecks.

INFORMATIONEN – Das **Touristenbüro** befindet sich 1 km vom Hauptkreisverkehr an der Straße nach Kep. Die besten aktuellen Tipps geben die Englisch sprechenden **Motofahrer**.

INTERNET – Ein Laden nicht weit westlich vom Kreisverkehr bietet Internet-Anschluss für US$1,50 pro Stunde, hat aber nur einen Terminal.

MASSAGE – ***Seeing Hands Massage***, neben dem *Bokor Mountain Club* am Flussufer; US$3 pro Stunde.

MEDIZINISCHE HILFE – Das Krankenhaus befindet sich am Flussufer zwischen chinesischer Pagode und RN 3.

POST – Das Postamt liegt am Flussufer südlich der Brücke.

TELEFON – Internationale Gespräche können von dem Internet-Laden westlich vom Kreisverkehr an der Hauptstraße geführt werden, Inlandsgespräche von den Buden am Markt.

Nahverkehrsmittel

Trotz des ausgedehnten Stadtgebiets lässt sich Kampot zu Fuß erkunden, da wenig Verkehr herrscht und das angenehme Klima ohnehin zu Spaziergängen einlädt.
Wer die Umgebung von Kampot kennen lernen möchte, wende sich an eines der folgenden Gästehäuser: Mealy Chenda, Little Garden, Ta Eng, Blissful und Bokor Mountain Club. Alle organisieren preiswerte Tagesausflüge nach Bokor (um die US$6 p. P.) und Kep sowie Kanufahrten auf dem Fluss und Bootstouren zu vorgelagerten Inseln.
Wer dagegen lieber auf eigene Faust loszieht, findet problemlos einen genügend Englisch sprechenden Moto-Fahrer. Tagesausflüge mit Moto nach Bokor oder Kompong Trach kosten rund US$10, Tagestouren nach Kep ca. US$6.

Transport

MINIBUSSE, SAMMELTAXIS UND PICK-UPS – Reisende aus Phnom Penh werden entweder am Markt nördlich des mittleren Bereichs der Hauptstraße oder an der 700 m entfernten Verkehrshaltestelle abgesetzt, an der sich auch die Fahrzeuge aus Sihanoukville sammeln.
Es gibt Verbindungen nach TAKEO (4x tgl., 2 Std.), PHNOM PENH (12x tgl., 3 Std.) und SIHANOUKVILLE (10x tgl., 2 Std.).
Dagegen ist KEP nur mit dem **Moto** zu erreichen (8000 Riel).

Die Umgebung von Kampot

Teuk Chhou Zoo und Stromschnellen

Zu Füßen der Elefantenberge hält der von Parkanlagen und Obstplantagen umgebene Zoo Teuk Chhou in seinen Gehegen unter anderem Tiger, stets zum Spielen aufgelegte junge Elefanten, Lemuren und Gibbons. Der 12 km nordöstlich von Kampot am Westufer des Teuk Chhou gelegene Zoo steht unter privatem Management. Die Pferche und Käfige stehen verstreut über ein angenehm weitläufiges Gelände, das leider mit Musik berieselt wird. Zu den Bewohnern der Gehege gehören auch Haustiere, darunter Meerschweinchen und – beschildert mit „Hund" – eine Dänische Dogge. ⏲ tgl. 7–17.30 Uhr; Eintritt US$3.

Nur wenige hundert Meter flussaufwärts entfaltet sich ein prächtiges Flusstal mit Felsen umsprudelnden, gurgelnden Stromschnellen. Von kleinen Parkbuchten neben der Straße führen Pfade zum Ufer, wo Gelegenheit zum Plantschen oder bei nicht zu hohem Wasserstand auch zum Schwimmen besteht – jederzeit ist Vorsicht geboten, denn die Stromschnellen sind trügerisch stark. Inzwischen werden bereits organisierte Kanufahrten angeboten, s. S. 288. Nicht weit vom Flussufer steht eine Reihe von Ständen, die Essen und Getränke verkaufen.

Zoo und Stromschnellen sind von Kampot aus in 20 Minuten zu erreichen. Ein Moto für den Halbtagesausflug kostet rund US$3.

Phnom Sorseha

Der zerklüftete Kalksteinhügel Phnom Sorseha östlich von Kampot bietet nicht nur schöne Ausblicke auf die nähere Umgebung und die vietnamesische Insel Phu Quoc, sondern auch die Gelegenheit zu Höhlenerkundungen. 14 km außerhalb von Kampot zweigt links eine unbefestigte Piste von der Straße nach Kep ab, die nach 1 km am Fuß des Hügels endet. Von einem Pagodengelände führt eine Treppe zu den unbeleuchteten Höhlen (Taschenlampe mitnehmen!).

Am oberen Treppenende zweigt ein steiniger Pfad nach links zur 50 m entfernten **Ruhng Dhumrey Saw** („Weiße Elefantenhöhle") ab. Hinter der Statue eines sitzenden Buddha führt gleich hinter dem Eingang eine wacklige Treppe in die eigentliche Höhle mit einer großen, grau-milchigen Felsformation, die vage Ähnlichkeit mit einem Elefantenkopf hat und der Höhle den Namen gab.

Der von der Treppe nach rechts abzweigende Pfad führt um den Hügel herum zur 150 m entfernten „Fledermaushöhle" **Leahng Bpodjioh**, wo eine große Kolonie der in ohrenbetäubender Frequenz kreischenden Tiere wohnt. Die Luft ist von durchdringendem Ammoniakgeruch gefüllt, und mit Blick zur Decke läuft man Gefahr, sich im nächsten Augenblick Guano aus dem Auge wischen zu müssen. Die Höhle ist kleiner und dunkler als die Weiße Elefantenhöhle, doch fahle Lichtstrahlen erhellen die Finsternis und heben die Baumwurzeln hervor, die gespenstisch durch die Höhlendecke ragen. Draußen trifft man nicht selten auf Affen, die in den nahen Waldungen leben, und vom Gipfel reicht der Blick bis zu den Reisfeldern entlang der Küste.

Bokor-Nationalpark

Der via RN 3 zu erreichende Bokor-Nationalpark am Südrand der Elefantenberge ist zweifellos das attraktivste Ausflugsziel der Region. Besucher lockt er mit üppigem Dschungel, erfrischenden Wasserfällen, Wanderpfaden, herrlichen Ausblicken auf die Umgebung bis hin zur Küste und nicht zuletzt einer Geisterstadt mit Casino, Kirche und Hotel. Für die Tierwelt ist der Park zu einem wichtigen Rückzugsgebiet geworden, in dem über 300 Säugetier- und Vogelarten Zuflucht gefunden haben.

Der Bokor-Nationalpark wurde bereits Anfang des 20. Jhs. von den Franzosen als eleganter Erholungsort entwickelt. Seine Blütezeit erlebte er in den 20er Jahren, als zahlreiche Besucher in die Berge fuhren, um das kühle Klima und die luxuriösen Einrichtungen zu genießen. Zweimal wurde das Gebiet seitdem aufgegeben – erstmals in den 40er Jahren, als im Zweiten Weltkrieg die Japaner in Kambodscha einmarschierten, und ein zweites Mal in den 70er Jahren, als die Roten Khmer das Land an sich rissen. 1979 wurde Bokor zum Schauplatz einer größeren Schlacht zwischen Vietnamesen und Roten Khmer, die sich nur 500 m voneinander entfernt im Hotel und in der katholischen Kirche verbarrikadiert hatten – beide Bauwerke zeigen noch heute die Narben der damaligen Schießereien. 1993 wurde Bokor als Nationalpark ausgewiesen, doch erst 1998 konnte das Gelände für die Öffentlichkeit freigegeben werden, nachdem letzte Banditenhorden unschädlich gemacht waren. Noch heute dringen aufgrund der fehlenden Infrastruktur nur wenige Besucher weiter als bis zum Hauptgipfel vor.

Von Meereshöhe steigen die dicht bewaldeten niederen Hänge allmählich in Höhen mit sumpfigem Buschland, Farnen, Moosen und Grasland auf. Ein Plateau in Gipfelnähe fällt in schroffen Klippen fast bis unmittelbar zur Küste ab. Wenn die Wetterlage es gestattet, eröffnen sich von oben wundervolle Ausblicke. Obwohl sich wilde Tiere nur mit viel Glück beobachten lassen, leben dem jüngsten Umweltbericht zufolge mehrere vom Aussterben bedrohte Arten im Park, zu denen Tiger, Asiatische Elefanten und Grüne Pfauen gehören. Die Parkaufseher kennen die besten Stellen für Vogelbeobachtungen. Die jährliche Niederschlagsmenge von über 5000 mm speist einige Wasserfälle sowie eine Reihe von Flüssen, zu denen auch Kampots Teuk Chhou gehört.

Ein **Tagesausflug** zum Park gewährt genügend Zeit für ein kurzes Beschnuppern der verlassenen Gebäude und einen Abstecher zum Wasserfall Popokvil, reicht jedoch nicht aus, um die Atmosphäre der Berglandschaft wirklich in sich aufzunehmen. Eine **Übernachtung** bietet dagegen die Möglichkeit, sich in Ruhe die Ruinen anzuschauen und die Pfade auf dem Plateau zu erkunden.

Besichtigung

Vom Parkeingang windet sich die schmale, holperige Straße steil durch den Dschungel hinauf, vorbei an mächtigen Bäumen, Riesenfarnen, moosbedeckten Felsen und einigen kleinen Wasserfällen. Ungefähr auf halber Strecke überragt ein zu einem Profil verwitterter Felsen mit dem Namen **kbal barang** („Franzosenkopf") die Straße, an dem viele Einheimische ein Opfer für eine sichere Reise darbringen. Schon bevor man die Hauptattraktion auf dem Plateau, nämlich die gespenstischen Ruinen der alten Feriensiedlung erreicht, kommt man an einigen verlassenen Villen vorbei, die einst wunderschön gewesen sein müssen und noch immer einen fantastischen Ausblick über die Meeresküste bieten.

Einstige Siedlung und Pagode

Auf dem Plateau führt die Straße nach wenigen Kilometern zu einer Kreuzung. Die links abzweigende Straße führt zur verlassenen Siedlung. Unverkennbar ist die **katholische Kirche** mit ihrem kleinen Altar und vielen Wandkritzeleien, doch da oft dichte Wolken aufziehen, sind ihre Umrisse oft erst dann auszumachen, wenn man praktisch vor ihr steht. Bei klarer Sicht eröffnet sich von der Anhöhe ein Panoramablick auf das Hotel oben auf dem Bergkamm und auf die verlassene Stadt. Die Gebäude sind von einer seltsamen orangefarbenen Flechte überwuchert, die ihnen eine surrealistische Aura verleiht – besonders in der Regenzeit, wenn die Farbe leuchtender wird und das Plateau mit Orchideen und anderen Blumen übersät ist.

Das **Kasino** ist nur als Mauerwerk erhalten, doch noch geisterhafter wirkt das **Hotel**, dessen Außenwände mit Graffiti bedeckt und dessen Fenster eingeschlagen sind. Nebelschwaden ziehen durch die leeren Fensteröffnungen herein, Geräusche ebben ab und ersticken, und die Temperaturen scheinen auf unheimliche Weise zu fallen.

Auf der **Terrasse** hinter dem Gebäude herrscht eine verwunschene Atmosphäre, wenn von unten her Vogelgezwitscher aus Baumwipfeln zu hören ist, zu denen man nicht hinabsteigen kann, weil sich direkt vor den Zehenspitzen ein mehrere hundert Meter tiefer gähnender Abgrund bis zum Dschungelboden auftut.

Auf dem Rückweg Richtung Kreuzung führt 500 m hinter der Kirche eine unscheinbar beschilderte Abzweigung zum Heiligtum **Wat Sumbpo Bpram** („Fünf-Boote-Pagode"), das jüngst mit Geldmitteln einer japanischen NGO restauriert wurde, aber immer noch von der orangefarbenen Flechte überwuchert wird. Das am Rand des Abgrunds stehende Gebäude soll seinen Namen von den nahen großen Felsen erhalten haben, die mit ein wenig Fantasie an Boote erinnern, und innen unterstreicht eine Wandmalerei den Bezug zu den Wasserfahrzeugen. Nur wenige Mönche leben in der Pagode – es ist ein Rätsel, wo sie ihre tägliche Schale Reis erbetteln.

Wasserfall Popokvil

4 km von der Kreuzung entfernt stürzt sich der Wasserfall Popokvil („Wolkenwirbel") über zwei Stufen hinab in die Tiefe. Vom Ende der befahrbaren Straße führt ein schmaler Weg kreuz und quer über den Wasserlauf zum oberen Rand der 1 km entfernten Fälle. Die obere Hälfte des Wasserfalls ergießt sich über 15 m hinab in ein Becken, zu dem ein steiler rutschiger Pfad führt; das Becken zu Füßen der geringfügig höheren unteren Stufe ist hingegen nur mit viel Kraxelei zu erreichen. Der Besuch lohnt sich nicht in der Trockenzeit, wenn der Fluss nahezu ausgetrocknet ist.

Übernachtung und Essen

Wer im Park übernachten will, sollte sich in der **Aufseherhütte** (mit grünem Dach) umgehend ein Etagenbett (US$5 pro Nacht) sichern und auch das Bett des Fahrers mitbezahlen; manche Fahrer schlafen allerdings lieber auf dem Boden oder im Wagen.
Eine einfache Küche steht zur Verfügung, doch Proviant und Wasser sind mitzubringen, wie auch Taschenlampen und **warme Kleidung** – besonders wenn im Dezember und Januar niedrige Temperaturen herrschen und Stürme aufkommen können.

Transport und Eintritt

Bokor ist leicht per Moto oder Fahrzeug mit Allradantrieb zu erreichen. Die Fahrt von Kampot führt in gut 2 Std. über eine schlechte und kurvenreiche Straße hinauf zur Aufseherhütte auf dem Plateau.
Die Abzweigung zum Park liegt 10 km westlich der Stadt an der RN 3, und nach einem weiteren Kilometer folgt der Eintrittskartenschalter (🕒 tgl. 6–18 Uhr; Preis: 20 000 Riel p. P.). Ein Schild in Khmer legt „6–12 Uhr bergauf" und „14–18 Uhr bergab" als Fahrtzeiten für Konvoiverkehr fest, doch diese Regelung wird normalerweise nicht durchgesetzt.
Nach 30 km erreicht die Straße das Plateau und windet sich dort zu einer auffällig beschilderten Kreuzung, die nach rechts zum Wasserfall Popokvil und nach links zur Aufseherhütte und einstigen Siedlung führt.

Kep

Schon in den 60er Jahren des 20. Jhs., als Sihanoukville noch als kleines Fischerdorf sein Dasein fristete, war Kep ein blühendes Seebad. Doch die Herrschaft der Roten Khmer beendete die Blütezeit der Stadt. Obgleich Kep inzwischen von Sihanoukville deutlich in den Schatten gestellt wurde, gewinnt der Ort nun wieder zunehmend an Bedeutung als Tagesausflugsziel von Phnom Penh. Kambodschaner kommen weniger wegen des schmalen, schwarzen und steinigen Strandes als in Erwartung kulinarischer Genüsse, denn die Meeresfrüchte des Ortes und ganz besonders die Krebse werden landesweit als Delikatessen gerühmt.

Doch auch immer mehr ausländische Besucher finden sich in Kep ein, angelockt von der entspannten Atmosphäre des Ortes. Die größte Attraktion jedoch sind Touren zu vorgelagerten Inseln, die durch eines der Gästehäuser organisiert werden können. Spuren von Keps Vergangenheit sind ebenfalls noch zu finden, denn wie in Bokor stehen auch hier über die Umgebung der Stadt verstreut Ruinen ehemaliger Kolonialvillen, die der Zerstörungswut der Roten Khmer zum Opfer gefallen sind. Östlich von Kep erreicht Kambodschas Küste die **vietnamesische Grenze**; der Grenzübergang nach Ha Tien ist aber zurzeit nicht für Ausländer geöffnet.

Von Kampot führt die gut ausgebaute RN 16 zur 25 km entfernten ziemlich ausgedehnten Stadt Kep. Vom auffälligen White Horse Monument an der RN 16 sind noch 3 km bis zum winzigen Markt **Psar Chas** im Osten der Stadt und 5 km bis zum Strandgebiet **Kep Thmei** zurückzulegen. Bevor man Kep Thmei erreicht, läuft die Straße auf zwei Kilometern an der Küste entlang, vorbei am Krebsmarkt **Psar K'Dam**. Der Strand ist zunächst schmal und steinig, wird aber in Kep Thmei, das mit Parkplätzen, Imbissbuden, Duschen und Toiletten ausgestattet ist, etwas breiter. Am Wochenende bevölkert sich der Strand mit Ausflüglern aus Phnom Penh, unter der Woche ist es hier dagegen sehr ruhig.

Am anderen Ende von Kep Thmei erhebt sich die große weiße Statue einer nackten Frau – es ist die bereits vom Pich Nil (s. S. 273) bekannte **Yeah Mao**, die in sehnsüchtiger Erwartung der Rückkehr ihres Mannes hinaus aufs Meer schaut. In der Nähe stehen ein paar der alten Villen, die von den Roten Khmer zerstört wurden. Einige werden zurzeit renoviert, aber die meisten bleiben sich selbst überlassen und werden allmählich vom Dschungel überwuchert.

Übernachtung

Das Angebot an guten Übernachtungsmöglichkeiten hat sich in den letzten Jahren deutlich verbessert. Die meisten Unterkünfte werden aber nur von Sonnenuntergang bis Sonnenaufgang mit Elektrizität versorgt.
Le Bout du Monde, ✆ 012/955670, 🖳 www.oboutdumonde.com, von den Vanna Bungalows etwas den Hügel hinauf. Man hat die Wahl zwischen Bungalows, die groß genug für eine ganze Familie sind, und geräumigen Zimmern im Hauptgebäude, einige mit schöner Aussicht. Im Mai und Sep geschlossen. ❷
Champey Inn, ✆ 012/501742, 🖳 www.artsuriyatravel.com, an der Westküste (am Beginn der Einbahnstraße). Die bei weitem luxuriöseste und teuerste Unterkunft der Stadt; kleine, aber stilvolle Zimmer, doch überteuert, besonders in der Regenzeit, wenn das Wasser durch die Decke tropft. Swimming Pool und Restaurant mit französischer und Khmer-Küche. ❺
Kep Seaside Guesthouse, ✆ 012/684241, Seitenstraße rechts der Hauptstraße in die Stadt (am Beginn der Einbahnstraße). Freundliche Besitzer mit einigen Englischkenntnissen. Direkt am Strand gelegen. Saubere, komfortable Zimmer mit Bad. Kleines Restaurant mit westlicher und Khmer-Küche. ❷
Raksmey Guest House, ✆ 012/685769, hinter dem Touristenbüro, nicht weit vom Strand. Preisgünstige Unterkunft; große, komfortable Zimmer mit Bad. ❷
Vanna Bungalows, ✆ 012/755038. Ähnlich wie das Veranda in der Nähe, aber etwas einfacher; freundliche Besitzer, schöne Aussicht über das Meer; Bungalows oder Zimmer. ❶
Veranda, ✆ 012/888619; vom Aspeca-Waisenhaus landeinwärts, vorbei am White Horse Monument, ca. 1 km einen Pfad hinauf zu einem Hügel über der Stadt. Spektakuläre Aussicht und von üppiger Natur umgeben; empfehlenswerte Bungalowanlage mit unterschiedlich ausgestatteten Zimmern; gutes Restaurant und gemütliche Bar. ❶–❸

Essen

Die meisten Gästehäuser haben ihr eigenes Restaurant mit westlicher und Khmer-Küche; empfehlenswert ist besonders das Restaurant in der Bungalowanlage Veranda.
Aber auch die Essensstände und Lokale im Strandbereich und am Krebsmarkt **Psar K'Dam** lohnen einen Besuch. Hier stehen Meeresfrüchte im Mittelpunkt des Angebotes, doch auch alle gängigen Khmer-Gerichte sind zu haben. Die Lokale sind zum Frühstück und Mittagessen geöffnet, doch sie schließen bei Einbruch der Dunkelheit, da sich die Tagesausflügler spätestens dann auf den Rückweg in die Hauptstadt machen.

Sonstiges

AUSFLÜGE – Boote für Ausflüge zu den vorgelagerten Inseln können über die Gästehäuser gemietet werden, oder man wendet sich an die Imbissbuden am Strand.
Der Küste am nächsten ist die Insel **Koh Tonsay** („Kaninchen-Insel"), die drei schöne Strände hat. Weiter draußen liegt die Insel **Koh Poh** („Korallen-Insel") mit sauberen weißen Sandstränden, türkisblauem Wasser und faszinierenden Korallenriffen zum Schnorcheln.
Die große Insel am Horizont heißt **Phu Quoc** und befindet sich bereits in vietnamesischen Gewässern.
Die Fahrt nach Koh Tonsay dauert 40 Minuten und kostet hin und zurück US$10.

Vor der Küste von Kep liegen einige Inseln mit Sandstränden

Bis nach Koh Poh dauert die Überfahrt zwei Stunden, wofür US$40 zu bezahlen sind.

INFORMATIONEN – Das **Touristenbüro** in der Nähe der Stranddusche hält nur dürftige Information bereit.

Transport

Es bestehen keine Verbindungen mit öffentlichen Verkehrmitteln, so dass man auf **Motos** angewiesen ist – die einfache Fahrt von Kampot kostet 8000 Riel, Tagestouren sind für ca. US$6 zu haben.

Die Umgebung von Kep

Kompong Trach und Wat Kirisehla

Östlich von Kep liegt inmitten einer grandiosen Karstlandschaft die freundliche, kleine Stadt Kompong Trach. Die größte Sehenswürdigkeit in der näheren Umgebung ist das Heiligtum Wat Kirisehla 5 km außerhalb der Stadt, das einen **liegenden Buddha** besitzt, der sich in einer großen Höhle befindet.

Circa 100 m östlich des Marktes zweigt von der Hauptstraße ein Weg nach Norden ab, über den man am Krankenhaus vorbei aus der Stadt und durch Reisfelder zu einem hohen zerklüfteten Hügel gelangt. Dort eilen sofort Nonnen oder Laiengehilfen herbei, um Besucher zu einem Durchgang zu bringen, der mitten ins Herz des Berges führt. Da der nur 100 m lange Tunnelgang sehr düster ist, benötigt man eine Taschenlampe.

Die nahezu runde Aushöhlung mitten im Berg mit fast 50 m Durchmesser ist von hohen Felsen umgeben, hinter denen sich kleinere Höhlen verbergen. Der liegende Buddha ersetzte erst in jüngerer Vergangenheit ein früheres Bildnis, das die Roten Khmer zerstörten, die in diesem Versteck jahrelang ungestört Unterschlupf fanden.

Kompong Trach liegt 30 km östlich von Kampot und 15 km von Kep entfernt an der relativ gut ausgebauten RN 33. Proviant und Getränke gibt es am Markt, wo sich auch mehrere kleine Restaurants befinden. Gleich gegenüber steht die Pagode der Stadt.

Der Südosten

Takeo

Die Provinz Takeo ist flach wie ein Pfannkuchen und verschwindet jährlich unter den Fluten der Flüsse Mekong und Bassac, so dass die Stadt Takeo wochenlang isoliert am Ufer eines großen Binnensees steht und Dörfer der Umgebung zu Inseln werden. Wenn das Wasser zurückweicht, wird ein antikes Kanalnetzwerk sichtbar, das die Gegend einst mit dem Handelshafen Oc Eo (heute eine Ruinenstätte in Vietnam) verband. Die alten Kanäle sind auch heute noch wichtige Verbindungs- und Handelswege. Die Fahrt mit dem Boot ist in diesem Gebiet die effektivste und für einen großen Teil des Jahres sogar die einzig mögliche Fortbewegungsweise.

Takeo selbst hat nichts Besonderes zu bieten, sondern dient lediglich als Sprungbrett für Besuche der einzigen Stätten der **Funan-Epoche**, die bislang auf kambodschanischem Boden nachgewiesen wurden: **Angkor Borei** und **Phnom Da**. Besuche beider Anlagen können durch eine Bootsfahrt von Takeo bequem miteinander kombiniert werden. Das sehenswerte Museum von Angkor Borei präsentiert Kunstwerke und Statuen, die an den beiden antiken Stätten ausgegraben wurden. Von Phnom Penh dauert die Fahrt nach Takeo nur etwas mehr als eine Stunde, so dass alles Sehenswerte im Rahmen eines Tagesausflugs besucht werden kann.

Takeo (sprich: „ta-kao") dient als wichtiger Umschlagsplatz für den Warenaustausch mit Vietnam. Das städtische Leben spielt sich vorwiegend in zwei zentralen Bereichen ab: im Umfeld des staubigen (oder je nach Jahreszeit auch matschigen) Markts im Süden mit der Verkehrshaltestelle an der RN 2 – ein Gebiet, das abgesehen von den Karaoke-Schuppen nichts zu bieten hat – und in dem interessanteren Viertel im Norden, das sich um den See, Kanal und Hafen schmiegt.

Das **Seeufer** südwestlich des Kanals ist aufpoliert und um ein Parkgelände erweitert worden und bietet eine schöne Aussicht über den morastigen, von Lilien bedeckten See. Im Hafen verstreicht die Zeit nahezu unbemerkt bei der Beobachtung der großen Holzkähne, die beladen mit billigen Tonziegeln für Phnom Penhs Märkte aus Vietnam eintreffen – die Schiffe sind leicht an einem alles sehenden, schützenden Auge am Bug zu erkennen. Ein leicht verwahrloster Platz in Hafennähe bezeugt Takeos koloniale Vergangenheit und dient heute als Stätte des kleinen Marktes **Psar Nat**, auf dem am frühen Morgen und späten Nachmittag Fischer und Bauern frische Ware anbieten. Auch die alten Geschäftshäuser der Stadt bieten leider ein vernachlässigtes Bild, obwohl noch französischer Stil durchschimmert.

Übernachtung

Angkor Borei Guesthouse, ✆ 032/931340, einen Block vom Kanal entfernt am Psar Nat. Zimmer mit Bad, Ventilator und TV. ❶

Beung Takeo Guesthouse, ✆ 032/931306, direkt am See. Akzeptable Zimmer mit Bad, Kabel-TV, Balkon, Ventilator oder AC. ❷

Mittapheap Guesthouse, ✆ 032/931205, freundliche Unterkunft in der Nähe preiswerter Garküchen abseits des Kreisverkehrs am Unabhängigkeitsdenkmal. Ordentliche Zimmer mit Bad, einige mit AC. ❷

Phnom Sonlong Guesthouse, ✆ 016/884435, einen Block vom Kanal entfernt am Psar Nat. Zimmer mit Bad, Ventilator und TV. ❶

Essen

Das Angebot an Restaurants ist äußerst beschränkt. Abgesehen von den üblichen Essensständen am Markt gibt es nur ein annehmbares Lokal in der Stadt:

Stung Takeo Restaurant, nicht weit südlich von der Bootsanlegestelle, mit Blick auf den Kanal; große Auswahl an Khmer-Gerichten, stets frische Fischgerichte, leider keine Speisekarte in englischer Sprache.

Sonstiges

GELD – Am Markt tauschen Geldwechsler US-Banknoten; eine **Acleda Bank** liegt einen Block südlich vom Touristenbüro, doch Travellers Cheques werden nirgends akzeptiert.

INFORMATIONEN – Das örtliche **Touristenbüro** liegt ein paar Blocks vom Hafen entfernt, ◷ Mo–Fr 7–11 und 14.30–17 Uhr, ✆ 032/931323.

INTERNET – Internet-Anschluss für US$3,50 pro Stunde bietet der Laden ***Bill Get*** neben dem Phnom Sonlong Guesthouse.

Transport

Die Zufahrt zur Stadt erfolgt aus allen Richtungen durch das alte Tor an der RN 2. Kurz dahinter gabelt sich die Straße in die weiter nach rechts verlaufende RN 2 zum Unabhängigkeitsdenkmal am Kreisverkehr und zum von dort noch 1 km entfernten Markt mit der **Verkehrshaltestelle** sowie in eine linke Nebenstraße, die zum See und Hafenbereich führt.

MINIBUSSE, SAMMELTAXIS UND PICK-UPS – Takeo ist von PHNOM PENH (12x tgl., 2 Std., 5000 Riel) ohne Umwege auf der RN 2 zu erreichen.
Von Süden kommend nimmt man ab KAMPOT (4x tgl., 2 Std., 5000 Riel) ein Sammeltaxi.

BOOTE – Boote für ganztägige Ausflüge nach ANGKOR BOREI und PHNOM DA werden im Hafenbereich vermietet (US$15–20). Sie verfügen über starke Außenbordmotoren sowie Sitzplätze für sechs bis acht Personen und erreichen Angkor Borei zwischen Juni und November über offenes Gewässer sowie in den anderen Monaten über Kanäle und Flüsse nach circa 40 Min. Die Fahrt von Angkor Borei nach Phnom Da dauert rund 15 Min.
Alternative **Boottaxis** nach Angkor Borei (einfache Strecke: 3000 Riel p. P.) fahren ganztägig von Takeos Hafenbereich ab, sobald sie voll besetzt sind.

Die Umgebung von Takeo

Die gut 25 km von Takeo entfernten antiken Anlagen **Angkor Borei** und **Phnom Da** sind ganzjährig mit dem Boot zu erreichen. Der Tagesausflug zu beiden Stätten ist äußerst abwechslungsreich. Die Feuchtgebiete sind die Heimat verschiedener Wasservogelarten, und Angkor Borei besitzt ein ausgezeichnetes **Museum**. Nach dem Besuch des Museums sind Besichtigungen der beiden freigelegten Stätten vor Ort zu empfehlen – in der Regenzeit sind sie allerdings geschlossen. Obwohl schon ein halbtägiger Ausflug einen guten Überblick vermittelt, lohnt es sich durchaus, beiden Stätten einen vollen Tag Zeit zu widmen.

Angkor Borei

Die einladend grüne Stadt Angkor Borei liegt am Ufer des in den Bassac mündenden Prek Angkor und genießt in Gelehrtenkreisen Berühmtheit als Ausgrabungsstätte der Funde mit den bislang ältesten Khmer-Inschriften. Archäologische Ausgrabungen wiesen viele Besonderheiten der antiken Siedlung nach, unter anderem einen 22 m breiten Graben, Bruchstücke einer hohen Ziegelmauer sowie etliche Wasserbecken und Reservoire. Leider gibt es abgesehen von den Ausstellungsstücken im Museum nicht allzu viel zu sehen.

Die Bootsanlegestelle in der Nähe der Brücke liegt nur wenig oberhalb eines von ausgedehnten Gartenanlagen umgebenen weißen Kolonialgebäudes, in dessen Räumen das ausgezeichnet geführte **Museum** untergebracht ist, das mit einer vielgestaltigen Sammlung von Keramiken, Perlen, Steinstatuen und verzierten Giebelfeldern Einblicke in die Kultur der **Funan**-Epoche vermittelt. Zusätzlich erläutert eine Fotoausstellung die Ausgrabungsarbeiten. An den Wänden sind mehrere schöne Statuen von Vishnu und Shiva aufgereiht, doch der von einem Bogen umgebene achtarmige Vishnu ist nur eine Reproduktion des Originals, das heute im Nationalmuseum von Phnom Penh steht. Zu den schönsten Stücken der Ausstellung gehört ein Ziergiebel vom Phnom Da mit einem auf einem Drachen ruhenden Vishnu. Luftaufnahmen vermitteln ein Bild über die Ausmaße der alten Siedlung und verdeutlichen die ausgegrabenen Bereiche. 🕒 tgl. 7–11 und 14–16.30 Uhr, Eintritt: US$1.

Phnom Da

Für eine Stätte, nach der ein gesamter Skulpturstil benannt wurde (s. S. 83), macht Phnom Da einen relativ kargen Eindruck, denn zur Sicherheit stehen alle wertvollen Funde heute in den Museen von Phnom Penh und Angkor Borei. Die Ruinen selbst, die sich auf zwei 40 m hohen Erdhügeln erheben, sind jedoch recht eindrucksvoll.

Sobald Boote in der Siedlung zu Füßen des Phnom Da anlegen, kommen Kinder angerannt, um die eintreffenden Besucher über verschlungene Pfade zum Gipfel zu führen und dabei mindestens

Familienfoto vor historischer Kulisse: Die Tempel von Angkor Borei stammen aus dem 8. Jahrhundert

drei der fünf Höhlen zu passieren. Auf dem höheren der beiden Hügel steht der weithin sichtbare antike Lateritturm **Prasat Phnom Da**, der die gesamte Landschaft dominiert. Die Experten liegen noch im Streit über das Alter dieses Bauwerks – die einen schreiben es der Regierungszeit Rudravarmans im frühen 6. Jh. zu, die anderen datieren es auf eine spätere Epoche im 7. Jh. Gebührende Beachtung verdienen die verzierten Sandsteinsäulen und sorgfältig gestalteten Naga-Köpfe der verzierten Giebelfelder an den vier Torwegen, die mit Ausnahme des östlichen Eingangs nur vorgespiegelt sind. Eintritt: US$2.

Auf dem niedrigeren Hügel weiter westlich steht der einzigartige Hindutempel **Ashram Maha Russei** aus grauem Laterit, der Vishnu geweiht ist. Das Bauwerk aus dem 7. Jh. ist eine Tempelminiatur, deren Einfassungsmauern so dicht nebeneinander stehen, dass kaum ein Mensch zwischen ihnen hindurchpasst. Draußen ist noch immer eine durch die Mauer führende Leitung zu erkennen, die einst das gesegnete Wasser ableitete, das drinnen über den Lingam des Tempelheiligtums floss.

Neak Leung und Prey Veng

Nur selten verschlägt es Einheimische aus anderen Landesteilen in die äußerst armen südöstlichen Provinzen Prey Veng und Svay Rieng, und auch ausländische Touristen lassen sich eigentlich nur auf der Durchreise via RN 1 zur **vietnamesischen Grenze** sehen. Die Menschen führen ein karges Leben, in dem es oft selbst an den Dingen des elementaren Lebensunterhalts mangelt. Nicht selten kommt es vor, dass die Fluten des Mekong in der Regenzeit die Reisernten wegschwemmen und der Boden in der schon bald darauf anbrechenden Trockenzeit unter der sengenden Sonne hart wie Stein wird.

Neak Leung ist das Sprungbrett für zwei Eingangstore nach Vietnam: Die Fähren spielen eine bedeutende Rolle für den Verkehr zwischen Phnom Penh und der Grenze in **Bavet**, und Boote fahren den Mekong hinab zum alternativen Grenzübergang kurz vor **Chau Doc**.

Mangels einer Brücke ist die vom Mekong zweigeteilte staubige Transitstadt ständig von Fahrzeugschlangen verstopft, die in eher mäßig geordneter Weise Richtung Fähre ruckeln. Reisende aus Phnom Penh werden am Westufer abgesetzt. Tickets für die Fähre gibt es am Schalter vor der Verkehrssperre am Straßenende (200 Riel p. P.).

Wer über die Provinzstadt Prey Veng nördlich von Neak Leung nach **Kompong Cham** reisen will, muss mit der Fähre zum Ostufer übersetzen und findet am dortigen Kreisverkehr die entsprechenden Transportmittel. Die ruhige Stadt Prey Veng liegt inmitten schöner Reisfeldlandschaften und verfügt über einige ordentliche Unterkünfte.

Essen

Neak Leungs Restaurants befinden sich – wie auch der Markt – am östlichen Flussufer. Weit über die Region hinaus bekannt ist Neak Leung für seine Spezialität *bong kong*, große Flusshummer, die es in den Restaurants an der östlichen Fährstation gibt. Eine weitere Spezialität sind die Spatzen, die gerupft und aufgehängt zum Verzehr angeboten werden.

Transport

BUSSE – Tagsüber stündlich Verbindungen nach PHNOM PENH (2 Std.).

MINIBUSSE, SAMMELTAXIS UND PICK-UPS – Es werden Transporte nach BAVET (12x tgl., 3 Std.), PHNOM PENH (20x tgl., 1 1/2 Std.), PREY VENG (4x tgl., 2 Std.) und SVAY RIENG (4x tgl., 2 Std.) angeboten. Von Prey Veng bestehen darüber hinaus Verbindungen nach KOMPONG CHAM (4x tgl., 3 Std.).

Svay Rieng

Die freundliche Provinzstadt Svay Rieng dehnt sich abseits der RN 1 aus, so dass Reisende, die zwischen der vietnamesischen Grenze und Phnom Penh unterwegs sind, nur wenig mehr von ihr sehen als die Umgebung des auffälligen Tonle Waikor Hotel, das nach dem vorbeifließenden Fluss benannt ist. Sie bietet sich für Übernachtungen auf dem Weg nach Vietnam mit ordentlichen Gästehäusern und Restaurants an, deren grenznahe Lage eine frühmorgendliche Ausreise ermöglicht.

Die einzige „Sehenswürdigkeit" in der Nähe ist das überwucherte Heiligtum **Preah Bassac** in 8 km Entfernung, das in der Trockenzeit mit einem Moto und in der Regenzeit mit dem Boot zu erreichen ist. Vom *Prasat* ist nur eine einzige Ziegelwand erhalten, die nach Auskunft der Einheimischen nicht zu verfehlen ist, doch die schattige Lage am Fluss mit Blick auf Reisfelder und versteckte kleine Weiler verlockt zu einer Pause.

Übernachtung

Santapheap, bestes von mehreren Gästehäusern an der Hauptstraße, die ähnliche und durchweg etwas abgewohnte Zimmer anbieten. Freundliches Management. Fensterlose Zimmer im Untergeschoss, helle und luftige Zimmer oben. ❶

Tonlay Waikor Hotel, ✆ 044/945718, 300 m weiter östlich. Seit der 1999 durchgeführten Restaurierung die beste Adresse der Stadt. Geräumige einfache AC-Zimmer mit Bad, TV und Kühlschrank. ❹

Essen

Boueng Meas Restaurant, rund 200 m hinter dem Tonlay Waikor Hotel in Richtung Bavet. Ordentliche Khmer-Küche.

Grenzübergang Chau Doc – Vinh Xuong

Die meisten Reisenden, die nach Chau Doc in Vietnam wollen, haben in Phnom Penh eine organisierte Tour gebucht (um die US$8); in diesem Fall wird sich ein Reiseleiter um sämtliche Transfers zwischen den verschiedenen Stationen der Reise kümmern.
Wer auf eigene Faust unterwegs ist, wird in Neak Leung am Fähranleger am Westufer des Mekong abgesetzt. Von hier geht man zu Fuß ein kurzes Stück in südlicher Richtung am Flussufer entlang und erkundigt sich, wo die Boote nach **K'am Samnar** ablegen (1 1/2 Std., 10 000 Riel). Die diversen Büros von Einreisebehörden und Zoll am Grenzübergang (🕒 tgl. 7–20 Uhr) sind relativ weit voneinander entfernt, so dass es angebracht ist, ein Moto zu nehmen (3000 Riel). Auf der vietnamesischen Seite der Grenze in **Vinh Xuong** mietet man sich ein Xe Om (ein vietnamesisches Moto), das für die Fahrt nach Chau Doc (US$4) ungefähr eine Stunde braucht.

Thunthean Sathea Restaurant, 100 m östlich der Gästehäuser. Schmackhafte Khmer-Gerichte. Sehr lecker ist die *sumlar ngam ngouw (Lemon Chicken Soup).*

Unterhaltung

Das Nachtleben beschränkt sich auf einige Karaoke-Bars. Die einheimische Jugend bevorzugt das ***Monorom*** gegenüber vom Tonlay Waikor Hotel.

Transport

MINIBUSSE, SAMMELTAXIS UND PICK-UPS – Die Verkehrsmittel in Richtung PHNOM PENH (6x tgl., 3 1/2 Std.) und NEAK LEUNG (4x tgl., 2 Std.) fahren vormittags vom Markt ab, circa 1 km vom Zentrum entfernt. Fahrzeuge aus der Hauptstadt halten ebenfalls am Markt, wo Motos den Transport zu den Gästehäusern übernehmen. Fahrzeuge in Richtung BAVET (6x tgl., 1 1/2 Std.) an der vietnamesischen Grenze halten auf Handzeichen vor dem Boueng Meas Restaurant östlich des Hotels. Von der Grenze eintreffende Reisende können sich in der Nähe des Tonlay Waikor Hotel absetzen lassen, 300 m westlich der Gästehäuser.

Bavet

Die Stadt Bavet ist so nichtssagend, dass Bus- und Taxifahrer sie als Zielort nicht mit ihrem eigenen Namen, sondern mit *viut-nahm* oder dem Namen der nahen vietnamesischen Grenzstadt **Moc Bai** ausrufen. Der Zustand der ehemals üblen RN 1 verschlechterte sich mit jeder Überschwemmung, bis Premierminister Hun Sen seine Minister Anfang 2001 in einen Bus verfrachtete, zusammen mit ihnen die gesamte Strecke bis zur Grenze fuhr und sie auf demselben Weg zurückschickte, während er selbst mit dem Hubschrauber nach Phnom Penh flog. Schon kurz darauf begannen die Straßenbauarbeiten zur Ausbesserung der RN 1, die mittlerweile abgeschlossen sind. Entlang der Strecke gibt es wenig Abwechslung, denn die Provinz hat sich bislang nicht von den schweren amerikanischen Bombardierungen im Vietnamkrieg erholt.

In Bavet erinnert eigentlich nichts an eine Stadt – oder bestenfalls noch der meist leere International Border Gate Market, der mitunter thailändische und vietnamesische Waren im Angebot hat, für die eine Bezahlung in vietnamesischen Dong erwartet wird. Es gibt allerdings einige Kasinos unmittelbar vor der Grenze. Niemand außer den Spielern übernachtet in dem schmuddeligen namenlosen Gästehaus der Stadt, das noch nicht einmal Elektrizität zur Verfügung stellt. Wenn die Grenzüberquerung am Reisetag nicht zu schaffen ist – die Grenze ist bis 20 Uhr geöffnet –, empfiehlt sich unbedingt eine Übernachtung in Svay Rieng.

Grenzübergang Bavet – Moc Bai

Der Übergang, der die kambodschanische Provinz Svay Rieng mit den vietnamesichen Provinz Tai Nieng verbindet, ist tgl. von 7–17 Uhr geöffnet. Alle Transporte enden und beginnen an einem kleinen Restaurant direkt an der Grenze, in dem man sich vor der Weiterreise – gleichgültig in welche Richtung – stärken kann.

In Richtung Kambodscha: Das Restaurant besorgt Plätze im **Sammeltaxi** nach **Phnom Penh** (20x tgl., 5 Std., 20 000 Riel). Wer nicht gleich in die Hauptstadt reisen will, findet auch Verbindungen nach **Neak Leung** (12x tgl., 3 Std.) und **Svay Rieng** (6x tgl., 1 1/2 Std.).

In Richtung Vietnam: Wer in einem **Gästehaus-Bus** aus Phnom Penh nach **Ho-Chi-Minh-Stadt** unterwegs ist, muss sein Gepäck zu Fuß über die Grenze bringen und kann unmittelbar auf der anderen Seite in ein Fahrzeug der Partnergesellschaft umsteigen. Wer nur bis zur Grenze gebucht hat und auf der vietnamesischen Seite eine Anschlussverbindung benötigt, findet problemlos einen Motofahrer, der das Gepäck kostenlos 300 m weit durchs Niemandsland schleppt und dafür drüben vom vietnamesischen Fahrer eine Provision für den gebrachten Fahrgast einstreicht. In **MocBai** ist mühelos ein Motorradtaxi oder Minibus ins 10 km entfernte **Go Dau** zu finden, wo Direktverbindungen nach Ho-Chi-Minh-Stadt angeboten werden – die gesamte Fahrt dauert keine 2 Std.

Anhang

Bücherliste

Die überwältigende Mehrheit der Bücher über Kambodscha lässt sich in zwei Kategorien untergliedern – in trockene Faktensammlungen über Angkors Tempel und quälende Autobiografien aus der Ära der Roten Khmer. Hingegen sind Publikationen über Kambodschas Kultur und Geschichte relativ dürftig gesät. Einige der unten genannten englischsprachigen Bücher sind leichter in Phnom Penh oder Bangkok aufzutreiben als daheim. Viele in Kambodscha angebotene Bücher sind reine Fotokopien, die jedoch ordentlich gebunden und manchmal sogar mit Farbseiten ausgestattet sind. Vergriffene deutschsprachige Titel sind über Bibliotheken erhältlich und vielleicht in Antiquariaten zu finden.

Titel mit * finden wir besonders lesenswert.

Erlebnisberichte und allgemeine Titel

Off the Rails in Phnom Penh von Amit Gilboa (Asia Books, Bangkok) ist ein eigenwilliger, recht voyeuristischer Abklatsch von „Guns, Girls and Ganja" über Phnom Penhs schäbige Seiten zur Mitte der 90er Jahre.

Red Lights and Green Lizards von Liz Anderson (Wayfarer) ist eine spannende Darstellung des Kambodschas der frühen 90er Jahre aus der Sicht einer britischen Ärztin, die freiwillig in Phnom Penhs Bordellvierteln am Flussufer arbeitete und die erste Klinik des Landes für Prostituierte gründete.

Cambodia: An Oxfam Country Profile von Ian Brown (Oxfam, UK) vermittelt einen Überblick über die Bereiche Wirtschaft, Soziales und Umwelt und deren Zusammenspiel mit internationalen Entwicklungsprojekten. Veranschaulicht wird das Ganze mit eindringlichen Berichten über die Art und Weise, in der das Leben von Einzelpersonen durch Armut, Krankheit und Invalidität beeinträchtigt wird.

* **Four Faces of Siva** von Robert Casey (Simon Publications) ist ein kurzweiliger Reisebericht aus den 20er Jahren, in dem der Autor Fakten und Fiktion zu einer persönlichen Entdeckung von Kambodschas verborgenen Städten verflicht. Mit einer mitreißenden Beschreibung seines (nach eigenen Worten verwegenen) Trecks zur Erforschung der abgelegenen Tempelstätte Preah Khan in der Provinz Kompong Thom.

The Gate von François Bizot (Vintage). Packender Bericht des Autors über seine Entführung durch die Roten Khmer 1971. Seine Freilassung nach drei Monaten verdankte der Autor nicht zuletzt dem Verhältnis, das er zu Duch aufbaute, dem Mann, der das berüchtigte Folter-Gefängnis Toul Sleng leitete.

Das Verschwinden des Michael Langford von Christopher J. Koch (Fischer); der Roman handelt vom Krieg in Kambodscha und Vietnam, der durch die Erlebnisse des Protagonisten, eines unerschrockenen Kriegsfotografen, menschliche Züge erhält.

Traditional Textiles of Cambodia von Gillian Green (River Books, Thailand). Gut recherchiertes Buch über Kambodschanische Textilien, mit farbigen Abbildungen.

A Dragon Apparent von Norman Lewis (Eland Books, UK) mit dem Untertitel *Travels in Cambodia, Laos and Vietnam* befasst sich nur knapp mit Kambodscha, doch die das Land betreffenden Abschnitte vermitteln mitreißende und seltene Eindrücke aus der Zeit der Entlassung in die Unabhängigkeit. Eine aufmerksame Beobachtung des Alltags der einheimischen Bevölkerung.

Gecko Tales von Carol Livingstone (Phoenix) ist eine leichtfüßige Darstellung des Lebens eines Möchtegern-Auslandskorrespondenten in Kambodschas ungebremster UNTAC-Epoche. Etwas Politik und Geschichte sowie viel Allzumenschliches, verpackt in eine einfühlsam erzählte Geschichte.

* **Der weite Weg der Hoffnung** von Loung Ung (Fischer) ist die bestürzende persönliche Erzählung einer Frau über die Vernichtung ihrer Familie unter dem Regime der Roten Khmer.

One Step Beyond von Chris Moon (Macmillan), der Autor, selbst Landminenopfer und bekannter Vertreter von Minenopfern in Asien und Afrika, erzählt seine Geschichte mit Humor und ohne Anflug von Selbstmitleid. Über die Hälfte des Buches handelt von seiner Zeit in Kambodscha, in der er zusammen mit zwei einheimischen Kollegen bei einer Minenräumungsaktion im Dschungel von den Roten Khmer entführt wurde.

* **Travels in Siam, Cambodia, Laos and Annam** von Henri Mouhot ist der erste Reisebericht über Kambodscha. Mouhots Tagebuch, ein mitreißender Bericht über Angkor Wats „Entdeckung" im Jahre 1856, löste in Europa ein fieberhaftes Interesse an den alten Tempeln des exotischen Landes aus.

Die Tränen meines Herzens von Sokreaksa S. Himm und Jan Greenough (Brunnen-Verlag) erzählt die autobiographische Geschichte eines Kambodschaners, der die Schreckensherrschaft der Roten Khmer überlebt hat.

* **Surviving the Killing Fields** von Haing S. Ngor ist der bestürzende Bericht eines Arztes, der die Folterungen der Roten Khmer überlebte, jedoch nicht verhindern konnte, dass seine Frau bei der Entbindung starb. Der Autor floh über Thailand in die USA, wo er einen Oscar für seine Rolle im Film *The Killing Fields* erhielt.

The Cuisine of Cambodia von Nusara Thaitawat (Nusara & Friends Ltd., Bangkok) versammelt 200 leicht verständliche Rezepte aus der kambodschanischen Familienküche. Mit vielen Farbillustrationen, jedoch verhältnismäßig teuer.

The Coast of Cambodia von Robert Philpotts (Blackwater Books, UK) ist eine Mischung aus Reisejournal und Führer. Das Buch beschreibt eine Reise durch Kambodschas Süden und gewinnt durch Tuschezeichnungen des Autors an persönlicher Lebendigkeit.

Dance in Cambodia von Toni Samantha Phim und Ashley Thompson (Oxford University Press), kompakte 91 Seiten über die geschichtliche Entwicklung und verschiedenen Stile des kambodschanischen Tanzes mitsamt einem bebilderten Glossar der traditionellen Musikinstrumente. Für den Laien gewiss hilfreicher als für den Experten.

Geschichte und Politik

* **A History of Cambodia** von David Chandler (Silkworm Books, Chiang Mai) ist eine gut zu lesende und knapp gehaltene Geschichte Kambodschas von prähistorischen Zeiten bis in die frühen 90er Jahre.

History, Buddhism and New Religious Movements in Cambodia, herausgegeben von John Martson und Elizabeth Guthrie (University of Hawaii, US). Eines der wenigen englischsprachigen Bücher zur Religion in Kambodscha; in verschiedenen Essays wird beleuchtet, welchen Einfluss die Religion auf die persönliche und nationale Identität der Khmer und das Rollenverständnis von Mann und Frau hat.

Voices from S-21 von David Chandler (University of California Press), ist eine Untersuchung unter Verwendung von Materialien aus dem Verhör- und Folterzentrum Toul Sleng, die zu ergründen versucht, wie es zu den Gräueltaten kommen konnte (mitunter wussten weder Verhörte noch Verhörer, welche Vergehen eigentlich vorlagen).

* **The Customs of Cambodia** von Chou Ta-Kuan (Siam Book Society, Bangkok) ist die einzige Überlieferung aus dem Kambodscha des 13. Jhs. aus der Feder eines chinesischen Gesandten. Anschauliche Beschreibung über die Sitten und Hofzeremonien jener Zeit.

The Civilization of Angkor von Charles Higham (Weidenfeld) ist eine trocken präsentierte, aber äußerst detaillierte Beschreibung der kambodschanischen Geschichte, von den Ausgrabungen der prähistorischen Stätten bis hin zu den letzten Tagen des Khmer-Reichs.

Cambodia: The Years of Turmoil von Roland Leveu (Asia Horizons Books) ist ein schöner Bildband über die Jahre 1973–99 mit dem Untertitel *Witness to War, Misery and Turmoil*. Zahlreiche Fotos, darunter viele Aufnahmen des Autors aus Phnom Penh zur Zeit der Übernahme durch die Roten Khmer.

A Cambodian Prison Portrait: One Year in the Khmer Rouge's S-21 von Nath Vann (White Lotus, Bangkok) schildert die Verhältnisse in Toul Sleng aus dem Blickwinkel eines der wenigen Überlebenden. (Die Bilder des ausgebildeten Künstlers dokumentieren heute im Genozidmuseum Toul Sleng die unmenschlichen Verbrechen an den Insassen des Gefangenenlagers.)

Geschichte Kambodschas von Karl-Heinz Golzio (C.H. Beck) ist eine komprimierte, sehr informative Landesgeschichte von den Anfängen bis in die Neuzeit.

Sideshow von William Shawcross (Simon & Schuster) erzählt die Geschichte der geheimen Bombardierung Kambodschas durch die USA, die mit dem Auftrag begann, eine in Kambodscha vermutete nordvietnamesische Kommandozentrale zu zerstören. Das Buch verfolgt auf äußerst spannende Weise die Entwicklung der amerikanischen Intervention und die späteren Verschleierungsmaßnahmen.

* **River of Time** von Jon Swain (Minerva) ist teils eine Liebeserklärung an Indochina und teils ein Augenzeugenbericht über den Fall von Phnom Penh, geschrieben von einem angesehenen Kriegsberichterstatter.

Battambang During the Time of the Lord Governor von Tauch Chhuong (Cedoreck, Phnom Penh), das kurz vor der Ära der Roten Khmer recherchierte und publizierte Buch vermittelt wertvolle Einblicke in Battambangs kulturellen und sozialen Alltag zur Zeit der thailändischen Herrschaft.

Angkor

Angkor, Heart of an Asian Empire von Bruno Dagens (Thames & Hudson; Abrams) ist die Geschichte der Wiederentdeckung von Angkor Wat und der Entdecker, die den Tempel in die Aufmerksamkeit der westlichen Welt rückten. Illustriert mit alten Fotografien und detaillierten Skizzen.

* **The Monuments of the Angkor Group** von Maurice Glaize ist ein zeitlos klassischer Führer zu den Tempeln, 1944 erstmals veröffentlicht, mit detaillierten Karten und Fotografien. Kostenloser Download unter 💻 www.theangkorguide.com.

Angkor von Claude Jacques (Könemann, Köln) ist ein prächtiger Bildband mit guten Plänen und Tempelbeschreibungen.

Angkor Wat – Time, Space and Kingship von Eleanor Mannikka (University of Hawaii Press) ist eine sorgfältige Analyse von Angkor Wat mit dem Versuch, eine Verbindung zu Sonne, Mond und astrologischen Konstellationen nachzuweisen. Schwierige Lektüre, da reich an metaphysischen Erklärungen.

Guide to Angkor von Henri Parmentier (EKLIP, Phnom Penh) ist ein klassischer Tempelführer aus den 40er Jahren im Taschenformat, geschrieben von einem anerkannten Experten der Khmer-Architektur.

* **The Ancient Civilization of Angkor** von Christopher Pym ist ein faszinierendes Werk über das Leben und die Zeit der antiken Khmer mit einer Vielzahl von Darstellungen, vom Handel über die damaligen Sitten bis hin zur Kultur. Sorgfältige Beschreibungen über so spezielle Themen wie den Fang von Eisvögeln oder die Beförderung gewaltiger Steinblöcke für den Tempelbau.

* **Angkor: An Introduction to the Temples** von Dawn Rooney (Odyssey) ist ein übersichtlicher Führer mit guten Hintergrundinformationen sowie Übersichtsplänen von allen wichtigen Tempelstätten. Liegt inzwischen in vierter Auflage vor.

Biografien

Brother No. 1 von David Chandler (Silkworm Books, Chiang Mai) ist ein sorgfältig erarbeitetes Werk über das Leben von Pol Pot mit jedoch zum Teil kritikloser und wenig hilfreicher Übernahme von zweifelhaften Details über andere führende Gestalten der Roten Khmer.

Hun Sen, Strongman of Cambodia von Harish C. Mehta und Julie B. Mehta (Graham Brash, Singapore) ist ein offenes und akkurates, wenn auch ausgesprochen höflich gehaltenes Porträt, auf der Grundlage von Interviews mit Hun Sen persönlich sowie mit Familienangehörigen und Mitstreitern.

Warrior Prince, Norodom Ranariddh von Harish C. Mehta (Graham Brash, Singapore) ist eine kontroverse Biografie des Führers der Partei FUNCINPEC, Prinz Ranariddh. Wegen Sihanouks Missbilligung in Kambodscha verboten.

Sihanouk, Prince of Light, Prince of Darkness von Milton Osborne (University of Hawaii Press) ist eine sachkundige Bewertung des widersprüchlichen Naturells des Herrschers und Würdigung seines nur allzu menschlichen Charakters.

Deutschsprachige Empfehlungen

Angkor von Henri Stierlin, aus der Reihe „Architektur der Welt“ (Fribourg 1970, Office du Livre), mit vielen äußerst detaillierten Lageplänen, Grund- und Aufrissen sowie Schwarzweißfotos.

Angkor von Donatella Mazzeo und Chiara Silvi Antonini, aus der Reihe „Monumente großer Kulturen“ (Wiesbaden 1974, Ebeling), ein großformatiger Bild- und Textband, der neben fantastischen Aufnahmen der Tempel auch einige Fotos von Skulpturen aus dem Museum Guimet (Paris) enthält, alle in Farbe.

Angkor von Madeleine Giteau (Stuttgart 1976, Kohlhammer), ein gewichtiger Bild- und Textband mit einer Fülle von Farb- und Schwarzweißfotos, der anhand von Reliefs, Inschriften und anderen Dokumenten ein lebendiges und umfassendes Bild der Kultur von Angkor zu Beginn des 13. Jhs. unter der Regierung von König Jayavarman VII. entwirft und das Alltagsleben in den Dörfern und Städten, im Palast und in den Tempeln rekonstruiert.

Die Khmer, herausgegeben von Gabriele Fahr-Becker, in: *Ostasiatische Kunst*, Bd. 2, S. 8–37 (Köln 1998, Könemann) ordnet Kambodschas Kunst in die Kunst Südost- und Ostasiens ein, das Ganze präsentiert in einem prächtigen Bildband.

Der Traum von Angkor von Heinz Kotte und Rüdiger Siebert (Bad Honnef 2000, Horlemann) versammelt Reportagen, Porträts, Interviews und Kurzgeschichten zu Kambodscha, Vietnam und Laos.

Sagen und Legenden der Khmer, herausgegeben von Ruth Sacher (München 1988, Beck), erzählt Geschichten vom Ursprung und Aufstieg, Glanz und Verfall des Reiches der Khmer.

Die Welt der Tempel und Pagoden. Kunst und Kultur Südostasiens unter dem Einfluß Angkors von Henri Stierlin (Bayreuth 1979, Gondrom) präsentiert sachkundige Beschreibungen von südostasiatischen Tempeln mit Schwerpunkt auf Angkor. Reich bebildert.

Liebesgeschichten aus Kambodscha, herausgegeben von Christian Velder (Zürich 1971, Manesse), versammelt märchenhafte Erzählungen über das vielfältige Leben im Reich der alten Khmer.

Märchen der Khmer, herausgegeben von Ruth Sacher (Leipzig 1979, Insel), ist eine Auswahl von Schöpfungs- und Tiermärchen, Märchen über Ehe und Familie, Königsmärchen und Parabeln mit ausführlichen Kommentaren.

Die Stadt der tausend Drachen, herausgegeben von Prof. Dr. Hans Nevermann (Kassel 1956, Erich Röth), stellt Götter- und Dämonengeschichten, Sagen, Volkserzählungen und Volkslieder aus Kambodscha vor.

Götterthrone im Urwald von Hans-Joachim Krug (Berlin 1943, Keil Verlag) ist eine mit zahlreichen Skizzen und Schwarzweißfotos ausgestattete Reisebeschreibung mit Schwerpunkt auf Angkor und Abstechern nach Java und Sri Lanka.

Sprache

Kambodschas Nationalsprache ist das zu der austroasiatischen Sprachenfamilie gehörende **Khmer**, das auch im Mekong-Delta und in Teilen von Thailands Nordosten gesprochen wird – es bildete zudem die Grundlage der thailändischen Hofsprache. Viele Khmer-Begriffe gehen auf zwei klassische indische Sprachen zurück: Sanskrit, das sich in der Funan-Epoche einher mit der Ausbreitung des Hinduismus etablierte, sowie Pali. Im Laufe der Zeit trugen Elemente des Malaiischen, Chinesischen, Vietnamesischen, Siamesischen, Französischen und Englischen zur Weiterentwicklung der Sprache bei.

Obwohl die Bewohner größerer Städte und vor allem die Einheimischen in den Touristenzentren in zunehmender Zahl ein elementares Englisch sprechen, erschließt das Erlernen auch nur weniger Khmer-Wörter die Herzen der lokalen Bevölkerung. Abseits der Touristenpfade sind geringfügige Kenntnisse des Khmer überaus hilfreich.

Die Khmer-Sprache hat eine relativ einfache Struktur und Grammatik – und im Gegensatz zu den Nachbarsprachen ist sie **nicht tonal**. Der Satzaufbau entspricht der Subjekt-Verb-Objekt-Anordnung des Englischen, doch die Adjektive werden wie im Französischen den Substantiven nachgestellt. Die Verben unterliegen keiner Konjugation, und die Tempora werden durch eine Hinzufügung vor dem Verb kenntlich gemacht: Zum Beispiel weist das Wort *nung* auf eine in der Zukunft stattfindende Handlung hin. Es gibt weder Artikel noch einen Plural (die Menge wird durch eine vorangestellte Zahl oder Wörter wie „einige“ oder „viele“ beziffert).

Wer sich in der Anwendung des Khmer versucht, wird von den Kambodschanern alle erdenkliche Hilfe erhalten und geduldig wiederholte Wörter zum besseren Erlernen präsentiert bekommen. Die eigene Verstehensfähigkeit wird allerdings auf harte Proben gestellt, denn die regionalen Dialekte weichen zum Teil stark vom Standard-Khmer, das in Phnom Penh gesprochen wird, ab. Ein anderes Problem besteht darin, dass die Einheimischen eine starke Neigung zur Bildung verkürzter, komprimierter Sätze haben – viele Wörter werden einfach ausgelassen, um die Konversation kurz und knapp zu halten.

Die Khmer-**Schrift** ist eine kunstvolle Mischung aus Schlingen und Schnörkeln, die aus 33 **Konsonanten** und 23 **Vokalen** besteht. Die Vokale sind über, unter und zu beiden Seiten neben den Konsonanten angeordnet. Geschrieben wird von links nach rechts ohne Freiräume zwischen den Buchstaben, und die Sätze enden mit einem kleinen Satzzeichen, das ein wenig an die Zahl 7 erinnert.

Es gibt einige **Lehrbücher** zum Selbststudium des Khmer. *Multilingual Books* (💻 www.

multilingualbooks.com) produziert Grundkurse auf CD-ROM und Kassette, die auf Reisende ausgerichtet sind, und stellt auch einen Intensivkurs für diejenigen zur Verfügung, die größeren Ehrgeiz entwickeln und tiefer in die Materie vorstoßen wollen. Diese Produkte sind gut, aber nicht gerade billig. Eine Alternative ist David Smyths *Colloquial Cambodian* (Routledge) mit optionaler Begleitkassette. Auf den Märkten Psar Thmei und Psar Toul Tom Pong in Phnom Penh ist das ausgezeichnete Taschenwörterbuch *Seam & Blake's English–Khmer* (US$3–4) zu finden, in dem die Begriffe in Khmer-Schrift und romanischer Transliteration aufgeführt sind. Dieselben Läden halten das nützliche *United Nations English–Khmer Phrase Book* bereit, dessen phonetische Angaben jedoch ein wenig zu wünschen übrig lassen. In deutscher Sprache gibt es *Kauderwelsch: Khmer für Globetrotter* von Claudia Götze-Sam und Sam Samnang.

Aussprache

Einige Laute des Khmer haben kein westliches Äquivalent und erfordern zu ihrer Beherrschung ein wenig Zeit und Übung. Die beste Art des Erlernens besteht darin, den Muttersprachlern genau zuzuhören und ihnen nachzusprechen. Kambodschaner nutzen das Instrument der Intonation, um einer Aussage Nachdruck zu verleihen, doch beim Erlernen des Khmer sollte man auf eine monotone Aussprache achten, um in der späteren praktischen Anwendung eventuellen Missverständnissen vorzubeugen.

Die **Transliteration** des Khmer in die lateinische Umschrift wurde bislang nicht standardisiert, sodass unterschiedliche Ansatzpunkte zu zahlreichen verschiedenen Schreibweisen auf Landkarten oder Speisekarten der Restaurants führen. Ein rudimentäres System wurde zur Zeit des französischen Protektorats entwickelt, doch es blieb in den Kinderschuhen stecken und findet heute nur selten Anwendung.

Konsonanten

Die meisten Konsonanten werden ähnlich wie im Deutschen ausgesprochen. Doppelkonsonanten werden deutlich voneinander getrennt gesprochen. Zu beachten ist die Aussprache folgender Konsonanten:

dj	wie in **Dsch**ungel
gn	wie in Champi**gn**on
ng	wie in si**ng**en
k	gutturaler unbehauchter Laut wie in frz. **c**omment
p	stimmloser, unbehauchter Laut wie in frz. **p**olice
t	stimmloser, unbehauchter Laut wie in s**t**ark
tsch	wie in Rä**dch**en

Vokale

a	kurz wie in m**a**tt
aa	wie in B**a**r
aä	kurzes „a" übergehend in „ä"
ai	wie in **Ei**
ao	wie in M**ao**
aö	von a zu ö übergehend, Lippen nicht gerundet
á	wie „o" in K**o**ch
e	wie in B**e**tt
ee	wie in B**ee**t
eä	wie in „m**ä**hen"
ey	wie in engl. p**ay**
i	wie in F**i**nnland
ia	wie in **ih**r
ii	langes „i" wie in v**ie**l
o	wie in H**o**ngk**o**ng
ö	dunkles „ö", weiter hinten als das deutsche „ö" gesprochen
öa	dunkles „ö" zu „a" übergehend
ó	kurz wie in m**o**chte
œ	wie **ö**, aber weiter hinten gesprochen
u	kurzes „u" wie in Schm**u**ck
uu	langes „u" wie in Fl**u**t
ü	dunkles „ü", weiter hinten das deutsche als „ü" gesprochen

Nützliche Begriffe und Sätze

Die höfliche **Anredeform** für Männer lautet *look*, die für Frauen *look srey*. In formellen Situationen stellen sich Kambodschaner meist vor, indem sie diese Termini dem vollen Namen (bei Erstnennung des Familiennamens) voranstellen. Obwohl Reisende unterwegs oft nach ihren Namen gefragt werden, verwenden Kambodschaner im alltäglichen Umgang eher selten die Namen anderer Menschen und bevorzugen eine Spannbreite von respektvollen Höflichkeitsformen. Die bei der Anrede verwendeten Begriffe sind je nach Umgangssituation entweder distanziert höflich oder vertraulich und familiär, und sie werden selbst bei einem ersten Zusammentreffen mit einem fremden Menschen benutzt. Die Wahl der Anredeform hängt zum einen von dem Geschlecht des Gegenüber ab, zum anderen spielt auch die Altersdifferenz eine Rolle. Eine ältere Person wird meist (sowohl höflich als auch familiär) mit *yiay* oder *ta* (Großmutter oder Großvater) angesprochen, doch je nach Altersabstand finden auch die Anredeformen *miing* und *puu* (Tante und Onkel) sehr häufig Verwendung. Verbreitete Anredeformen für jüngere Menschen sind *kmuay proh* und *kmuay srey* (Neffe und Nichte) oder im familiäreren Sprachgebrauch *p-oon proh* und *p-oon srey* (jüngerer Brüder und jüngere Schwester). Man sollte in dieser Beziehung gut zuhören, welche Wörter die Kambodschaner verwenden, und sich nach ihrem Vorbild richten.

Begrüßungs- und Höflichkeitsfloskeln

hallo (formell / informell)	*djum riap sua / sua-sdey*
willkommen	*swa-kum*
Wie geht es Ihnen?	*neak sok sa bay tee?*
Es geht mir gut	*khgnom sok sa bay tee.*
auf Wiedersehen (formell / informell)	*djum riab lia / lia haöy*
bis später, auf ein anderes Mal	*djuab knia thngai kraoy*
bitte	*som*
Könnten Sie bitte ...	*agn-djögn*
danke	*ákun*
Entschuldigung	*som toh*

Grundbegriffe und Redewendungen

ja (ausgesprochen von Mann / Frau)	*baat / djah*
nein	*tee*
groß	*thom*
klein	*toodj*
kommen / gehen	*mau / töw*
haben (auch für: dort ist / sind)	*mian*
schlafen	*keeng*
nehmen	*yook*
Wie ist Ihr (e) ...	*neak ... ey?*
Name	*tschmuah*
Nationalität	*djun-djiat*
Woher stammen Sie?	*neak mau pii próteh naa?*
Ich komme aus ...	*khgnom mau pii próteh ...*
Deutschland	*allömang*
Schweiz	*swih*
Österreich	*otrih*
Sind Sie verheiratet?	*neak riab kaa haöy rüü nöw?*
Wie viele Kinder haben Sie?	*neak mian koon pon maan neak?*
Ich habe (noch) keine Kinder.	*khgnom át toan mian koon.*
Ich habe ein Kind / zwei Kinder.	*khgnom mian koon muay / pii.*
In welcher Unterkunft wohnen Sie?	*neak snak nöw ey na?*
Sprechen Sie Englisch / Kambodschanisch?	*neak djeh niyiay phiasa ángleh / khmaä rüü tee?*
Ich spreche ein wenig ...	*khgnom djeh tick-tick*
Ich verstehe nicht.	*khgnom sdab men baan / khgnom át yul.*

Wie alt sind Sie?	*neak ayu pon-maan tschnam?*
Noch nicht	*át toan*
Ich weiß nicht.	*khgnom át döng.*
Es gibt keine ... / wir haben nicht ...	*át mian ...*
ausverkauft, nicht mehr da	*áh haöy*
Es geht nicht, nicht zu machen.	*át baan.*
Kein Problem!	*át pagnaha!*
Einen Moment bitte	*som djam pon tick*

Transport und Orientierung

Wohin wollen Sie? (auch als Grußform)	*töw naa?*
Ich gehe zum / zur ...	*khgnom töw ...*
Ich möchte zum / zur ... gehen	*khgnom djáng töw ...*
Wo ist (der / die / das) ...	*nöw aä naa?*
Apotheke	*farmasii*
Bahnhof	*sthanii roteh phlööng*
Bank	*thoniakia*
Botschaft, laotische	*sthaantuut law*
Botschaft, thailändische	*sthaaantuut thai*
Botschaft, vietnamesische	*sthaantuut viatnaam*
Busbahnhof	*sthaanii laan krong*
Flughafen	*djomnát yun-hóh*
Gästehaus	*phtiah somnak*
Geschäft	*haang*
Hotel	*santhaakia/ootaäl*
Landungsbrücke, Pier	*kómpung phaä*
Markt	*phsaa*
Museum	*saara-muntii*
Polizeistation	*poh poolih*
Postamt	*preysanii*
Restaurant	*phoodjaniyathaan / restorang*
Taxistand	*sthaanii laan taksii*
Wechselstelle	*kanleäng doo luy*
geradeaus	*töw tráng*
Bitte anhalten.	*som tschub tii nih.*
nach links / rechts (abbiegen)	*(bát) tschweeng / sdam*
Norden	*tih khaang djöng*
Osten	*tih khaang kaöt*
Süden	*tih khaang tboong*
Westen	*tih khaang lek*
Bus	*laan thom*
Cyclo	*siikloo*
Minibus	*laan dáb-pii kanleäng*
Motorradtaxi	*motodub / moto*
Taxi	*taksii*
Expressboot	*kaanoot löán*
Bummelboot	*kaanoot*
kleines Boot	*tuuk*
Wo bekomme	*khgnom tröw tign*

ich ein Ticket?	*sámbot nöw aä naa?*
Was kostet es nach ...?	*töw ... pon maan?*
Fahren Sie nach ...?	*töw ... tee?*
Pro Person?	*muay neak?*
Fährt dieses (Fahrzeug) nach ...?	*laan nih töw ... rüü tee?*
Wann fährt ... ab?	*... nih djegn töw maong pon maan?*
Wie lange dauert es bis nach ...?	*dál ... áh pon maan maong?*
Ist ... weit entfernt?	*... djngay tee?*
Es ist (kein) ein weiter Weg	*(át) tschngay*
Wie teuer ist der	*tschnuol ... tiang áh*
Charter des ...?	*neak yoo pon maan?*
Keine anderen Passa-	*kom totuoel neak*
giere mitnehmen!	*dámnaö tiat*
Sind Sie mit dem Preis einverstanden?	*támlai nih baan tee?*
Ist dieser Platz frei?	*kánlaäng nih tumnee rüü tee?*
Er ist frei.	*tumnee tee.*
Er ist besetzt.	*min tumnee tee.*
Was ist mit dem Fahrzeug?	*laan nih kaöt tee?*
Bitte einen Toilettenstopp!	*khgnom som tschub bát djööng!*

Übernachtung

Sind Zimmer frei?	*neak mian bántub rüü tee?*
Einzelzimmer	*bántub sámrab muay neak*
Zweibettzimmer	*bántub kraä pii*
mit	*mian ...*
Badezimmer	*bántub tœk*
Fenster	*báng-uadj*
Klimaanlage	*masin trádjeh*
Toilette	*bángkun*
Ventilator	*dánghal*
Warmwasser	*tœk kdaow*
Was kostet eine Übernachtung?	*muay yup pon maan?*
Kann ich das Zimmer sehen?	*khgnom som mööl bántub baan tee?*
Können Sie einen Rabatt einräumen?	*djoh bántick baan tee?*
Kann ich ... haben?	*khgnom som ...?*
eine Bettdecke	*phuay*
ein Moskitonetz	*mung*
ein Telefon	*turasab*
den Zimmerschlüssel	*sao bántub*
Toilettenpapier	*krádah bángkun*
ein Handtuch	*kánsaäng puah koo*
Wie viele Nächte	*neak snak nöw tii nih*
bleiben Sie?	*pon maan yub?*
Können Sie das Zimmer fertig machen?	*som sámat bántub nih.*
Kann ich das Zimmer wechseln?	*khgnom som doo bántub baan tee?*
Dieses Zimmer ist...	*bántub nih ...*
voller Moskitos	*mian muh djraön*
zu laut	*thláng peek*
Haben Sie einen Wäscheservice?	*mian baok khao-aw?*

ANHANG

Verleihen Sie Fahrräder / Motorräder?	*mian káng / moto sámrab djual?*

Einkaufen und Geldwechsel

Wo gibt es ... zu kaufen?	*kee mian luk ... nöw aä naa?*
Haben Sie ...?	*neak mian ...?*
Kerzen	*tian*
Kleidungsstücke	*kaow-aw*
Medizin	*thnam*
Räucherstäbchen gegen Mücken	*thub-muh*
Seide	*soot*
Seife	*saabu*
Souvenirs	*robáh anusavrii/ suuveniir*
Waschpulver	*saabu baok khaow-aw*
Zahnpasta	*thnam doh thmegn*
Zigaretten	*baarey*
Wie heißt das hier?	*nih haw awey?*
Wie viel kostet dies?	*thlai pon maan?*
Sehr teuer!	*thlai nah!*
Können Sie ein wenig Rabatt einräumen?	*djoh bon tick baan tee?*
Ich habe nur Riel / Dollars.	*khgnom mian taä rial / doolaa.*
Ich möchte Geld wechseln.	*khgnom djáng doo luy.*

Notfälle und Krankheit

Hilfe!	*djuay pháng!*
Dieb	*djao*
Mein Pass wurde gestohlen.	*kee baan luadj paspoor khgnom.*
Ich habe mein (e/en) ... verloren.	*khognom bat ... .*
Mein Rucksack / Koffer ist weg.	*kaaboob / vaalii khgnom bat.*
Es gab einen Unfall.	*mian kruah- thnak.*
Bitte bringen Sie mich ins Krankenhaus.	*som djuun khgnom töw muntii peet.*
Bitte rufen Sie einen Krankenwagen.	*som haw laan peet.*
Ich fühle mich nicht wohl.	*khgnom min sruol khluon tee.*
Ich brauche einen Arzt.	*khgnom tröwkaa kruu peet.*
Ich habe ...	*khgnom ...*
Durchfall	*riak*
Fieber	*krun*
Schmerzen	*tschüü*
Wo ist die Toilette?	*báng-khun nöw aä naa?*
Gibt es hier Landminen?	*nöw tii nih mian miin rüü tee?*
Ich habe mich verirrt.	*khgnom vung-veeng phlöw.*

Zahlen

null	*soon*
eins	*muoy*
zwei	*pii*
drei	*bey*
vier	*buon*
fünf	*pram*

sechs	*pram-muoy*
sieben	*pram-pii/pil*
acht	*pram-bey*
neun	*pram-buon*
zehn	*dáp*
elf, zwölf, etc.	*dáb-muoy, dáb-pii, ...*
zwanzig	*moophey*
einundzwanzig, zweiundzwanzig, etc.	*moophey-muoy, moophey-pii*
dreißig	*saamseb*
vierzig	*saäseb*
fünfzig	*haaseb*
sechzig	*hokseb*
siebzig	*djetseb*
achtzig	*paätseb*
neunzig	*kawseb*
hundert, zweihundert, etc.	*muoy-rooy, pii-rooy, ...*
hunderteins	*muoy-rooy muoy*
tausend, zweitausend, etc.	*muoy-poan, pii-poan ...*
zehntausend	*muoy-möön*
hunderttausend	*dáp-möön*
eine Million	*muoy-lian*
erstens, zweitens, etc.	*tii-muoy, tii-pii, ...*

Uhrzeiten und Daten

Die Uhrzeit wird üblicherweise in folgender Reihenfolge ausgedrückt: Nennung des Wortes für Stunde, gefolgt von der Stundenzahl selbst, dann die Anzahl der Minuten und abschließend die Nennung des Wortes für Minute. 05.05 Uhr heißt diesem Schema zufolge *maong pram, pram niatii*. Hinzugefügt werden noch die Wörter morgens, nachmittags oder nachts, um die korrekte Tages- oder Nachtzeit zu definieren. Im Geschäftsbereich verwendet man gewöhnlich die 24-Stunden-Zählung, und die Monate werden in Zahlen ausgedrückt – Oktober heißt somit *khaä dáb*.

Wie viel Uhr ist es?	*maong pon maan?*
Stunde	*maong*
Minute	*niatii*
Morgen	*peel prœk*
Mittag	*thngai tráng*
Nachmittag	*peel roosial*
Abend	*peel yub*
Nacht	*peel yub*
Tag	*thngai*
heute	*thngai nih*
morgen	*thngai sa-aäk*
gestern	*msel-megn*
Montag	*thngai djan*
Dienstag	*thngai áng-kia*
Mittwoch	*thngai put*
Donnerstag	*thngai próhóh*
Freitag	*thngai sok*
Samstag	*thngai saw*

Sonntag	*thngai atit*
letzte / nächste / diese ...	*... mun / kraoy / nih*
Woche	*atit*
Monat	*khaä*
jetzt	*eylöw nih*
später	*peel kraoy*
noch nicht	*át toan*
soeben	*ámbagn mign*
schon	*haöy*

Essen und Trinken

Da es zur Bestellung der meisten Khmer-Gerichte genügt, das gewünschte Nahrungsmittel und die Zubereitungsart zu nennen (gebratenes Schweinefleisch mit Ingwer heißt also *sadj djruuk tscha khgney*), sind im Folgenden die Khmer-Bezeichnungen für verschiedene Zutaten sowie die üblichen Garmethoden aufgelistet. Auch einige landestypische Gerichte sind aufgeführt. Um darauf zu verweisen, dass eine bestimmte Zutat nicht im Essen oder im Getränk enthalten sein soll, muss ihr *át dak* (nicht hineintun) vorangestellt werden – wer keinen Zucker im Getränk haben möchte, muss also sagen: *át dak ská.*

Zubereitungsarten und allgemeine Begriffe

(mit hoher Hitze) gebraten	*tschaa*
gebratene Zutat mit Ingwer	*tschaa khgney*
süß-sauer	*djuu aäm*
gegrillt	*ang*
geschmort	*dot*
Speise (zubereitet)	*ma-hoob*
Brot	*num-pang*
Ei (Huhn)	*pong moan*
Ei (Ente)	*pong tia*
Glutamat (Geschmacksverstärker)	*bii djeeng / msaw sub*
Pfeffer	*mrik*
Salz	*ámbel*
Zucker	*ská*
Dessert	*báng-aäm*
Ich bin Vegetarier.	*khgnom át gnam sadj.*
Ich möchte abends essen (nützlich für Vorbestellungen in Restaurants, die gewöhnlich spät nachmittags schließen).	*thngai nih khgnom djáng gnam bay l-ngiat.*
nicht süß (sehr nützlich für Getränke)	*át p-aäm*

Fleisch, Geflügel und Fisch

Ente	*sadj tia*
Fisch	*trey*
Frosch	*kángkaäb*
Huhn	*sadj moan*
Innereien, Eingeweide oder Magen	*kröáng knong*
Krebs	*kdaam*
Rindfleisch	*sadj koo*
Schweinefleisch	*sadj djruuk*
Tintenfisch	*trey mök*

ANHANG

Gemüse (bonlaä)

Aubergine	*tráb*
Blumenkohl	*phka katnaa*
Bohnen	*sándaäk*
Bohnensprossen	*sándaäk bándoh*
Chilischoten	*mteh*
Erdnüsse	*sándaäk dey*
Gurke	*trásák*
Kartoffel	*dámloong barang*
Knoblauch	*khtöm*
Kohl	*spey*
Kopfsalat	*sal-lat*
Küchenkräuter	*djii*
Mais	*poot*
Möhren	*karot*
Paprika	*mteh phlaok*
Pilze	*phset*
Tomate	*peng poh*
Winde	*trákuon*
Zwiebel	*khtöm barang*

Suppen (sámláá/sub) und Currygerichte (karii)

amok trey	in Bananenblättern gekochtes mildes Fischcurry
khá	Suppe mit karamellisiertem Zucker
sub tschnang dey	Fondue-ähnliches Gericht, wird im Tontopf am Tisch gekocht
sámláá mdjuu kröáng	leicht scharfe Suppe mit Rindfleisch, Wildbret oder Huhn, gewürzt mit Zitronengras, Kurkuma (Gelbwurz) und Galgant.
sámláá mdjuu viatnaam	vietnamesische süß-saure Suppe, gewöhnlich auf der Basis von Fisch (oder Huhn) mit Ananas, Tomaten, Lotosstängeln und (gelegentlich) Ei
sámláá ngam ngöw	Hühnersuppe mit Limonen und Kräutern
sámláá tráyoong djek sadj moan	Hühnersuppe mit Bananenmehl (gelegentlich auch mit Fisch oder Ente statt Huhn)

Nudel- (mii) und Reisgerichte (baay)

baay sadj moan/sadj djruuk	Reis mit gebratenem Huhn / Schweinefleisch
báábáá sáá	ungewürzter Reisbrei
kuitiaw	Reisnudeln
kuitiaw sub (sadj ...)	Reisnudelsuppe (mit ... fleisch)
loot tschaa	gebratene Nudeln
mii kágndjáb	Fertignudelgericht (aus der Tüte)
num bagn djok	flache weiße Nudeln, kalt serviert mit Currysauce

Beliebte Fleisch- und Gemüsegerichte

tschaa bánlaä krupmuk	gebratenes Gemüse (gemischte Sorten)
tschaa khatnaa djiamuay phset	gebratener Pak-Choi (Senfkohl) mit Pilzen
tschnang phnum phlööng	Fleischstreifen, gegrillt am Tisch über Kohlebrennern

dámloong barang djian	Pommes frites
djey yáá	Frühlingsrollen
moan dot	gebratenes Hühnerfleisch
sadj koo ang	gegrilltes Rindfleisch mit Gemüse und Kräutern

Obst (phlaä tschö)

Ananas	*mnoah*
Apfel	*phlaä paom*
Banane	*djeek*
Drachenfrucht	*phlaä srákaa neak*
Durian	*thuureen*
Guava (Guajave)	*trábaäk*
Limone (Limonelle)	*krodj tschmaa*
Longan (Drachenauge)	*mian*
Lychee	*kuleän*
Mango	*svay*
Mangosteen	*móngkhut*
Orange	*kroodj poosat*
Papaya	*le-hong*
Pomelo	*kroodj thlong*
Rambutan	*saw maw*
Sapotill (Breiapfel)	*le-mot*
Stachelannone („Sauersack")	*tiab barang*
Tamarinde	*ámpil*
Wassermelone	*öwlök*
Weintrauben	*tum peang baay djuu*
Zimtapfel	*tiab*

Snacks (djám ney aahaa) und Kuchen / Gebäck (num)

bagn tschaäw	pikante Pfannkuchen mit Bohnensprossen, Schweinefleisch und Garnelen
bok le-hong	Papaya-Salat
tschuuk	Lotossamen
krolan	Klebreis im Bambusrohr
kröáng khlaäm	abendlicher Snack aus Fleisch und Gemüse
djeek ang	gegrillte Bananen
djruak	eingelegtes Gemüse
num paow	gefüllte Teigtaschen
num dong dot	Kokoskuchen
num eclair	Eclair (französisches Gebäck)
num ánsám djeek	Klebreiskuchen mit Banane
num kdaam	Croissant (wörtlich: Krebskuchen)
num pang patey	Sandwich mit Pastete
num barang	französischer Kuchen
num sruay	Keks, Plätzchen
pong tia brey	„1000-jährige Eier" (in Salzlake konservierte Enteneier)
pong tiakoon	angebrütete Enteneier
práhok	fermentierte Fischpaste

sadj kriam	Trockenfleischstreifen
sdaw	bitterer Salat aus der Region Siem Reap
tœk králok	eine Art Fruchtdessert, oft sehr süß und, wenn ein Ei dazugeschlagen wird, schaumig

Getränke (pheese-djeak)

Eis	*tœk kák*
Tee	*taä*
Eistee mit Zitrone	*taä tœk kák kroodj tschhmaa*
heißer Zitronentee	*taä kdaw kroodj tschmaa*
starker Khmer-Tee	*taä krolab*
Kaffee	*kaafee*
schwarzer (Eis-) Kaffee	*kaafee khmaw (tœk kák)*
weißer (Eis-) Kaffee	*kaafee tœk dáh koo (tœk kák)*
Milch	*tœk dáh koo*
Sojamilch	*tœk sándaäk*
Sirup	*siiro*
Zuckerrohrsaft	*tœk ámpöw*
Saft der jungen Kokosnuss	*tœk doong*
Coca-Cola	*coocaa*
Bier	*sraa bia*
Palmwein	*tœk thnaut djuu*
Frucht-Shake	*tœk králók*
gemischter Früchte-Shake	*tœk králók dak krupmuk*
Flasche	*dááb*
Dose	*kámpong*

Glossar

A

Abacus – flache Kapitelldeckplatte

Achar – ausgebildeter Laienpriester in der Pagode

Airavata – dreiköpfiger Elefant

Ananta – „Unendlichkeit", Beiname der Weltenschlange Shesha

Aow – traditionelle Oberbekleidung für Männer und Frauen

APSARA – Behörde zum Schutz und zur Verwaltung von Angkor und der Region um Siem Reap

Apsara – himmlische Nymphe in der buddhistischen Tradition; auch bekannt in der hinduistischen Mythologie; geboren aus dem Kirnen des Milchozeans

Arjuna – König und Chef der Adelsfamilie Pandava; Schüler der Hindu-Gottheit Krishna

ASEAN – (Association of Southeast Asian Nations) politischer und wirtschaftlicher Verband südostasiatischer Staaten

Asura – Dämon aus dem Ramayana

Avatara – Verkörperung göttlicher Wesen beim Herabsteigen auf die Erde

B

Banteay – Zitadelle, befestigte Anlage

Barang – umgangssprachliche Bezeichnung für Franzosen, die jedoch auch generell für Ausländer angewendet wird

Baray – Wasserreservoir, Stausee, künstliches Becken

Basrelief – Flachrelief, bei dem die aus dem Stein gemeißelten Figuren oder Gegenstände nur ein wenig aus der als Hintergrund dienenden Fläche herausragen

Bodhisattva – im Buddhismus ein Wesen, das die vollständige Erleuchtung erlangt hat, jedoch auf den Einzug ins Nirwana verzichtet, um den Menschen ebenfalls auf diese hohe Stufe zu verhelfen

Brahma – Schöpfergott, eine der drei zentralen Gottheiten des Hinduismus

Brahmane – Angehöriger der höchsten Kaste des Hinduismus, hinduistischer Priester

Buddha – „Der Erwachte"; einer, der zur Erleuchtung gelangt ist

C

Chedi – glockenförmiger Stupa, Beisetzungsort von Verbrennungsasche

Chook – grüne Samen der Lotosblume

Chunchiet – Angehörige der Bergstämme

CPP – Cambodian People's Party (Kambodschanische Volkspartei)

Cyclo – dreirädrige Fahrradrikscha mit Sitzbank für Fahrgäste vor dem Fahrer

D

Deva – Gott (Sanskrit)

Devaraja – Kult des Gottkönigs, bei dem der Monarch absolutistische Macht innehat; von Jayavarman II. etabliert; dem Kult zufolge verschmilzt der König im Augenblick des Todes mit einer Gottheit

F

Frangipani – *Plumeria rubra*, auch: Tempelbaum oder Pagodenbaum

FUNCINPEC – Front Uni National pour un Cambodge Independent Neutre, Pacific et Cooperatif, die royalistische politische Partei

G

Gamelan – traditionelles indonesisches Instrumentalensemble, zu dem u.a. Gongs, Xylophone und Trommeln gehören

Garuda – mythisches Wesen, halb Mensch, halb Vogel; das Tragtier des Hindugottes Vishnu

Giebel (auch: Ziergiebel) – Teil über dem Türsturz eines Eingangs

Gopuram – Tempeleingang mit Turm

H

Harihara – das zur Einheit der göttlichen Essenz verschmolzene Götterpaar Shiva und Vishnu

Heng – mythischer kambodschanischer Vogel

Hol – Seidenhemd, Seidenstoff und diesbezügliche Webmethode

Howdah – Sitz auf dem Rücken des Elefanten

I

Indochina – Kambodscha, Laos und Vietnam

J

Jambudwipa – „Süßes Fruchtland", bester der sieben Kontinente aus Indiens Mythologie

Jataka – Erzählungen aus den früheren Leben Buddhas

K

Kabun – Kombination aus Oberteil und Rock

Kala – Gott der Zeit und somit des Todes und Verfalls, meist dargestellt mit vorstehenden Augen und Klauen sowie ohne Unterkiefer

Kapokbaum – „Baumwollbaum" (liefert Polstermaterial)

Kaurava – Adelsfamilie, Kontrahentin der Adelsfamilie Pandava in dem frühhinduistischen Epos Mahabharata

Khapa – Chunchiet-Korb mit Schulterriemen, der auf dem Rücken getragen wird

Khmer – die einheimische Bevölkerung Kambodschas (austauschbar mit „Kambodschaner") und zugleich Name ihrer Sprache

Koh – Insel

Koki-Baum – auch: Kokir-Baum *(Hopea odorata)*

Kompong – Dorf an einem Fluss oder See

Kramar – karierter Schal, Umschlagtuch

Krishna – achte Inkarnation des Hindugottes Vishnu in menschlicher Form

L

Lakshmi – Gattin des Vishnu in all ihren Inkarnationen; Göttin des Glücks und Reichtums

Laterit – weiches poröses Gestein, das in der Sonne zu hartem, widerstandsfähigem Material trocknet

Leahng – Höhle

Lingam – phallisch geformte Steinsäule; Symbol für die Hindu-Gottheit Shiva

Lokesvara – Bodhisattva des Mitgefühls und Erbarmens

ANHANG

M

Mahabharata – eines der beiden bedeutendsten altindischen Epen (das zweite: Ramayana); wichtige Quelle des Hinduismus; erzählt von den Auseinandersetzungen der Familienklane Kaurava und Pandava um die Macht im Norden Indiens

Mahout – Elefantenführer

Makara – mythologisches Meeresungeheuer mit dem Leib eines Krokodils und einem Elefantenrüssel, Stilelement der Bildhauerei

Meru – goldener Berg als Heimat der Götter, Zentrum des Universums der hinduistischen Kosmologie

Mudra – Hand- und Fingerhaltung in der buddhistischen Ikonographie

N

Naga – mythische, oft vielköpfige Schlange, ein Schutz gewährendes Symbol, das in der Architektur von Angkor häufig verwendet wird

Nandin – Sanskrit: Nandi; Tragetier Shivas

NGO – (Non-governmental Organization) nichtstaatliche Hilfs- oder entwicklungspolitisch tätige Organisation

Nirvana – Endziel des Buddhismus, Status der Loslösung von den Begierden und Befreiung aus der Abfolge der Wiedergeburten

P

Pandava – Adelsfamilie, Kontrahentin der Adelsfamilie Kaurava in dem frühhinduistischen Epos Mahabharata

Phnom – Berg oder Hügel

Phum – Dorf

Pinpeat – traditionelles Musikensemble

Popael – Baumart aus der Familie der Geißblattgewächse *Caprifoliaceae*

Prajnaparamita – buddhistische Göttin der weisen Voraussicht

Prang – Pagode im Stil von Bayon

Prasat – Tempelturm

Preah – Bezeugung des spirituellen Respekts für Götter und heilige Männer, auch in der Bedeutung von „heilig“

Q

Quincunx-Form – Gestalt der Zahl fünf auf dem Würfel, nach der die Tempeltürme mancher kambodschanischer Anlagen arrangiert sind

R

Rahu – Dämonisches Ungeheuer mit Monsterkopf und ohne Leib, das regelmäßig Sonne und Mond verschlingt

Raksasa – böser Geist, riesenhafter Dämon

Rama – siebte Inkarnation des Hindugottes Vishnu und Held des Ramayana

Ramayana – eines der beiden bedeutendsten altindischen Epen (das zweite: Mahabharata), das etwa um 300 v. Chr. verfasst wurde. Es erzählt die Geschichte von König Rama, einer Inkarnation des Gottes Vishnu, und seiner Gemahlin Sita

Reamker – vereinfachte kambodschanische Version des Ramayana

S

Sampot – Seidenrock, traditionelles Beinkleid

Sangka – gebildeter Mönch

Shiva – gleichzeitig Zerstörer und Erneuerer; eine der drei zentralen Gottheiten des Hinduismus

Sita – Gemahlin des Rama im Ramayana, die nach Lanka entführt und wieder befreit wurde

Skanda – hinduistischer Kriegsgott

Spean – Brücke

Srolao – endemische Holzart

Staatstempel – Haupttempel für den persönlichen Gott des Gottkönigs; Tempelberg

Stele – senkrecht stehender Stein mit Inschrift

Stuck – gut formbare und schnell härtende Masse aus Gips, Kalk, Sand und (Leim-) Wasser, die für Dekorationen an Ziegelbauwerken verwendet wird

Stung – Fluss mittlerer Breite, schmaler als ein Tonle

Stupa – s. Chedi

T

Tempel – im kambodschanischen Kontext ein antikes Gebäude oder eine Gruppe von Bauwerken, die von Königen zur Ahnenverehrung oder Beherbergung eines Devaraja-Gottes errichtet wurden

Tempelberg – Tempelanlage als Repräsentation des heiligen Berges Meru

Tonle – breiter Strom

Toul – niedriger Erdwall

V

Vihara – buddhistischer Tempel, Hauptgebäude eines Wat; Sanskrit: Kloster

Vishnu – Welterhalter; eine der drei zentralen Gottheiten des Hinduismus

W

Wat – buddhistische Klöster und angeschlossene religiöse Bauwerke, in der gängigen Literatur als „Pagode" bezeichnet

Y

Yaksha – männliche Waldgottheiten, die Naturkräfte symbolisieren; der Ikonografie dienen sie als Tempelwächter, dargestellt mit vorquellenden Augen, Fangzähnen und grimmigem Blick

Yama – Herrscher über die Unterwelt, Todesgott

Yeak – Riesen als Torwächter

Index

ANHANG

Kartenverzeichnis

Landkarten und Pläne

Tempel